民商法学家(第17卷)

张民安 主 编

社交媒体隐私权研究
——新信息性隐私权(二)

张民安 主 编
林泰松 副主编

·广州·

版权所有　翻印必究

图书在版编目（CIP）数据

社交媒体隐私权研究：新信息性隐私权（二）/张民安主编；林泰松副主编. —广州：中山大学出版社，2021.8
（民商法学家·第17卷/张民安主编）
ISBN 978-7-306-07241-2

Ⅰ. ①社… Ⅱ. ①张… ②林… Ⅲ. ①互联网络—隐私权—研究—中国　Ⅳ. ①D923.04

中国版本图书馆 CIP 数据核字（2021）第 125621 号

SHEJIAO MEITI YINSIQUAN YANJIU

出 版 人：	王天琪
策划编辑：	蔡浩然
责任编辑：	蔡浩然
封面设计：	方楚涓
责任校对：	王延红
责任技编：	何雅涛
出版发行：	中山大学出版社
电　　话：	编辑部 020-84110283，84113349，84111997，84110779，84110776 发行部 020-84111998，84111981，84111160
地　　址：	广州市新港西路135号
邮　　编：	510275　　传　真：020-84036565
网　　址：	http://www.zsup.com.cn　　E-mail:zdcbs@mail.sysu.edu.cn
印　刷　者：	佛山市浩文彩色印刷有限公司
规　　格：	787mm×1092mm　1/16　45印张　715千字
版次印次：	2021年8月第1版　2021年8月第1次印刷
定　　价：	99.00元

如发现本书因印装质量影响阅读，请与出版社发行部联系调换

内 容 简 介

社交媒体隐私权是近年来新出现的一种隐私权。

本书介绍了社交媒体隐私权的产生、发展和未来发展的趋势，论述了社交媒体用户对社交媒体应享有的隐私权和用户隐私不被泄露的途径，分析了隐私权合理期待理论在社交媒体当中的适用，认为政府应对社交媒体用户的隐私权提供有效的法律保护。书中还通过司法判例对社交媒体隐私权进行了说明。

本书内容新颖，理论前沿，案例丰富，适合民法学者、律师以及高等院校法学专业的师生阅读，对我国立法机关的工作人员也具有重要的参考价值。

主编特别声明

　　提出新观点，倡导新观念，援引新资料，解决新问题，推动中国民商法理论的创新和民商法学的进步，是《民商法学家》一贯的宗旨，也是《民商法学家》主编一直以来所追求的目标。

　　《民商法学家》主编张民安教授和副主编林泰松律师凭借良好的专业素质、外语水平及与国内外民商法理论界和民商法实务界的良好关系，从理论和实务、国内和国外两个角度诠释了当代民商法的最新理念，揭示了当代民商法案例中所蕴含的内涵，提升了我国民商法的理论水准，为我国立法机关科学地制定民商法提供了理论支撑，为我国司法判例科学妥当地解决纷繁复杂的民商事案件提供了理论指导。

　　尊敬的读者，如果您在《民商法学家》中读到所援引的案例、法官的判词、学者的精辟论述和提出的学术观点，并且在撰写文章或者出版著作时引用，请您遵守最基本的学术规范和尊重作者最基本的权利，加上"转引自张民安主编的《民商法学家》"等字样，以体现对作者艰辛劳动的尊重。因为，学术虽然是开放的，但是，作者的劳动是应当得到保护的，只有这样，在学术上倡导新观念、提出新观点的学者才能真正体现其价值。

序　　言

　　1997年，世界上第一个社交媒体网站SixDegrees诞生；1997年到2001年，AsianAvenue、BlackPlanet和MiGente等社交媒体紧随其后诞生，它们均允许用户创建个人主页、专业主页和约会主页。2001年至2003年，新一波的社交网站浪潮便以迅雷不及掩耳之势席卷而来，包括Ryze、Tribe.net、LinkedIn和Friendste等开始进入人们的视野。从2003年开始，大批的社交网站破茧而出，其中许多社交网站开始成长为迄今为止仍然闻名遐迩的社交媒体，诸如Facebook、MySpace和Twitter等。在今时今日，社交媒体已经成为最耀眼的"明星"了，其受众时时刻刻围绕在社交媒体周围，须臾不可或缺地在社交媒体上建立、拓展、加深彼此之间的社会交往关系，无论是在所认识的人之间还是在陌生人之间，均是如此。[①]

一、社交媒体的界定

　　社交媒体（social media，média social）也被称为社交网站（social media sites）。Danah Boyd和Nicole Ellison对社交媒体做出了界定，他们指出，所谓社交媒体，是指一种网络通信平台，是网络公司为了让用户实施下列各种各样的活动而提供的网络服务，该网络服务允许用户从事下列活动：其一，创建并拥有独一无二的个人主页，其中包括用户自己提供的内容、别人提供的内容和系统提供的数据；其二，公开创建别人可以访问并查看的好友关系；其三，消费、生产或与好友联系人所提供的用户生成内容信息流进行交互。[②]

　　笔者对社交媒体做出如下界定：所谓社交媒体，是指私人网络公司所建立的一种交互式的数字媒介技术（interactive digitally-mediated

---

[①] 达那·M.博伊德、妮可·B.埃里森：《社交网站的定义、历史和隐私》，缪子仪译，载张民安主编《社交媒体隐私权研究——新信息性隐私权（二）》，中山大学出版社2021年版，第2页。

[②] Nicole B. Ellison & Danah M. Boyd, Sociality Through Social Network Sites, in The Oxford Handbook of Internet Studies, at 158 (William H. Dutton ed., 2013).

technologies），通过虚拟社区（virtual communities）和网络（networks），它们允许用户在其中创作、分享、交流信息、思想、兴趣、经验和从事其他社交活动。①在当今社会，媒体多种多样，除了报纸、杂志之外还存在电视、电台和电影等，除了互联网之外还存在社交媒体。虽然媒体多种多样，但是，所有的媒体均可以分为三类：其一，传统媒体，包括报纸、杂志、电视、电台和电影。其二，网络内容提供商所提供的新闻网站，如雅虎新闻网站等。其三，社交媒体，如Facebook和Twitter等。

虽然社交媒体与新闻媒体等大众媒体均属于媒体的组成部分，但是，社交媒体与传统媒体之间仍然存在重大差异。

首先，社交媒体是私人网络公司建立的。私人网络公司之所以建立社交媒体网站，其目的在于，通过让网络用户在虚拟社区从事各种各样的社交活动，以及社交媒体网络公司从事商事活动尤其是广告推广活动而实现盈利的目的。换言之，社交媒体的所有权人是商人，他们建立社交媒体的目的在于盈利，让网络用户在社交媒体当中从事社交活动仅仅是商人从事商事活动的方式。而传统媒体尤其是新闻媒体则不同，它们的目的在于通过自己的报刊、电视等向社会公众发布或真实或虚假的新闻信息，虽然它们也是商人，但是，它们并不是地地道道的商人，因为它们享有一定的免责特权。即便它们发布的信息是虚假的，并因此给新闻事件当中的人物造成了名誉甚至隐私损害；如果它们是善意的，是为了满足社会公众的信息知情权，则它们无须对他人遭受的名誉或者隐私损害承担赔偿责任。这就是传统新闻媒体享有的相对免责特权。②

作为支持用户在线互动的平台，社交网络的商业模式包括在与第三方支付的交易当中使用用户数据。在使用这些服务时，社交网络服务用户通常只需要支付很少的费用，或者根本不需要支付任何费用。不过，他们需要提供自己的有关数据，而社交网络服务通过与第三方

---

① Social media, https://en.wikipedia.org/wiki/Social_media; Média social, https://fr.wikipedia.org/wiki/Média_social.

② 张民安：《无形人格侵权责任制度研究》，北京大学出版社2012年版，第334—350页。

的协议将这些数据货币化。根据社交网络对用户个人数据所做出的精确分析,这些协议主要涉及在该平台的用户界面中掺入个性化广告。

其次,社交媒体的媒介方式不同于传统媒体的媒介方式。社交媒体的媒介方式是 Web 2.0。所谓 Web 2.0,是指一种交互式的数字媒介技术,通过与其他产品、系统和设备的整合与兼容,它形成了以用户为目标,强调用户生成内容、易用性、参与文化和互操作性的网站。[1] 而传统媒体则不同,它们的媒介方式并不是网络,尤其不会是 Web 2.0 网络,而是传统的纸质媒介。

再次,社交媒体的内容并不是由私人网络公司制作、发布或者分享的,而是由千千万万分布在世界各地的用户自行制作、发布或者分享的。传统媒体则不同,它们的内容完全由媒体的所有者制作、发布、分享,除了被动的阅读之外,其他人无法在传统媒体上制作、发布、分享任何内容。如果说传统媒体的力量源自媒体所有者的话,那么,社交媒体的力量则源自大量的用户。

最后,社交媒体的主要目的是让用户通过网络从事社会交往活动。而传统媒体则不同,它们的目的或者在于发布信息,或者在于宣传。顾名思义,社交媒体的目的在于让网络用户通过私人网络公司所建立的各种各样的社交网络从事社会交往活动,因为,通过诸如 Facebook、MySpace 和 Twitter 等社交网络,用户能够注册服务、创建个人资料、查看其他用户的页面并在其他用户的页面上发布内容、发送消息,以及成立并加入某个社会团体、邀请成员参与某个事件、使用同一网络寻找其他成员并与其他成员联系。[2]

实际上,社交网络的成功主要归功于用户愿意将自己的信息与别人分享。[3] 在过去的 15 年间,社交网络平台呈指数级增长,吸引了大量的用户,并促进了越来越多的在线活动。在整个发展过程中,社

---

[1] Web 2.0, https://en.wikipedia.org/wiki/Web_2.0.

[2] Danah M. Boyd, Nicole B. Ellison, Social Network Sites: Definition, History, and Scholarship, Journal of Computer-Mediated Communication. 11 (2007), available at http://jcmc.indiana.edu/vo 13/issue 1/boyd.ellison.html.

[3] Danah M. Boyd, Nicole B. Ellison, Social Network Sites: Definition, History, and Scholarship, Journal of Computer-Mediated-Communication. 11 (2007), available at http://jcmc.indiana.edu/vo 13/issue 1/boyd.ellison.html.

交网络积累了来自世界各地用户的海量数据。有关统计数据是令人惊讶的。平均每月有 300 亿条内容在 Facebook 上被分享。① Flickr 上拥有超过 50 亿张的图像,每分钟的上传量达到 3000 张。② 据估计,Twitter 的用户平均每天发布 1.9 亿条推文。③

不过,社交媒体并不仅仅是网络用户从事社交活动的方式。近些年来,一些公众人物尤其是政府官员也热衷于在社交媒体上创建自己的个人主页,而且,他们创建自己主页的目的显然与大多数网络用户不同,因为他们在自己的主页上所发布的内容主要是政治性的。最典型的是美国前总统特朗普。在过去 4 年当政期间,特朗普不仅在推特公司的网站上建立了自己的个人账户,而且还发布了多达 36000 条推特信息,并因此成功地吸引了 8800 万粉丝。④ 不用看特朗普的推文就知道,他所发布的信息几乎与社交活动无关,而仅仅同政治和政策有关。

二、社交媒体的影响力

问题在于,在当今众多的媒体当中,究竟是传统媒体、新闻网站还是社交媒体的影响力更大?

在新闻网站和社交媒体网站问世之前,传统媒体一枝独秀、一家独大,无论是报纸还是电视等均是如此。在 20 世纪,《纽约时报》和《华尔街日报》的吸引力惊人。同样,在 20 世纪,美国广播公司和全国广播公司等也曾经风靡一时。但是,在今时今日,随着新闻网站尤其是社交媒体的流行,传统媒体几乎萎靡不振,曾经的强者形象

---

① Jenise Uehara Henrikson, The Growth of Social Media: An Infographic, Search Engine Journal (Aug. 30, 2011), http://www.searchenginejournal.com/the-growth-of-social-media-an-infographic/32788/.

② Jenise Uehara Henrikson, The Growth of Social Media: An Infographic, Search Engine Journal (Aug. 30, 2011), http://www.searchenginejournal.com/the-growth-of-social-media-an-infographic/32788/.

③ Jenise Uehara Henrikson, The Growth of Social Media: An Infographic, Search Engine Journal (Aug. 30, 2011), http://www.searchenginejournal.com/the-growth-of-social-media-an-infographic/32788/.

④ 《美国总统特朗普被科技巨头封禁引发争议的三个重要问题》,BBC News,中文,2021 年 1 月 16 日,https://www.bbc.com/zhongwen/simp/world-55666142。

已经被社交媒体所取代。2020年,社交媒体Facebook的用户高达27亿,YouTube的用户多达20亿,WhatsApp的用户也多达20亿。① 试问,全世界有哪一家报纸的读者或者哪一家电视台的观众能够多达20亿?

因为社交媒体的影响力太大,因此,它甚至能够在相应平台上封杀有权有势的政治人物,最典型的例子莫过于推特公司封杀美国前总统特朗普。借口特朗普的言论存在问题,推特公司在2020年年末决定永久关闭当时还是总统的特朗普在推特上开设的个人账户,并且宣布永久禁止当时还是总统的特朗普使用其推特账户。其后,Facebook(脸书)和YouTube也采取了同样的措施。为了彻底封杀特朗普,科技公司巨头谷歌(Google)、苹果(Apple)和亚马逊(Amazon)同时下架了特朗普支持者广泛使用的应用程序Parler,停止为Parler提供相关网络服务。推特公司封杀特朗普的事件引起了广泛的国际关注,人们纷纷谴责社交媒体权限过大,认为它们越界了。因为他们认为,作为私人网络公司,这些社交媒体无权剥夺人们享有的言论自由权。②

是什么让社交媒体具有如此大的能耐,动不动就封杀上至一国总统下至普通民众?当然是因为社交媒体拥有海量用户。为何普通社会公众如此青睐社交媒体?Bareham认为,普通社会公众之所以热衷于使用脸书等社交媒体,是因为不论是网名相差十万八千里,还是他们各处天涯海角,脸书均为他们通过互联网发展和维持友谊提供了与众不同的方式。③ 实际上,包括脸书在内,社交媒体创造并维持新的人际关系的能力可能是这种社交网络最重要的功能。James Grimmelmann认为,用户在脸书当中发展出来的人际关系和传统的面对面之间的人际关系有着相似的结构。脸书为用户提供了一个平台,通过这个平台,用户可以实现三个方面的作用,即塑造社会身份、建立相

---

① https://www.statista.com/statistics/272014/global-social-networks-ranked-by-number-of-users/.

② https://www.bbc.com/zhongwen/simp/world-55666142.

③ Hope Bareham, The Creation and Maintenance of Relationships with Social Networking Sites: How Facebook Has Recreated the Way Friendships Are Formed, Digital Literacies Blog (Apr. 25, 2011), http://digitalithb.wordpress.com/2011/04/25/final-paper-digitalliteracies/.

互关系，以及积累社会资本。①

具体来说，脸书的第一个主要功能是，用户可以通过脸书学会如何向别人展现自己，并因此让自己获得身份认同，因为，像脸书这样的社交网站通过允许用户自由塑造身份来满足其身份塑造的需求，用户完全可以自由决定是否、何时和上传什么样的照片和个人资料。②脸书的第二个主要功能是，它能够让用户通过脸书自由决定与什么人以什么样的方式建立和维护他们之间的人际关系，因为，社交网络既是用户结识新朋友的一种方式，也允许用户通过彼此之间的互动方式维持或者加深彼此之间的人际关系。③脸书的第三个主要功能是，它能够让分散于世界不同地区的用户通过脸书建立拟制的社区，因为，某位用户使用脸书会激励其他用户也使用脸书，在看到其朋友注册脸书后，他人也更有可能注册脸书。此外，脸书的网络空间允许用户在虚拟空间中重建现实生活里的社交网络，这种结构也引导用户通过添加更多的人为好友来扩展其网络。④

三、社交媒体对用户隐私权构成的严重威胁

在当今世界，隐私权不仅已经成为他人享有的一种最主要的、最重要的主观权利、人格权，而且还构成他人享有的一种最主要的、最重要的人权，因为此种原因，除了国内法对他人的隐私权提供保护之外，国际法也对他人享有的隐私权提供保护。不过，对他人隐私权提供保护的国内法也罢，国际法也罢，它们所针对的主要是他人在现实生活当中所享有的隐私权。例如，保护他人在家庭生活当中的私人生活免受侵犯。再例如，保护他人在公共场所当中的私人生活免受侵犯，因为就像美国联邦最高法院曾经指出的那样，如果他人与其女朋友在闹市窃窃私语，那么，他们对其窃窃私语的内容仍然享有隐私权。

在以现实生活当中的私人生活作为核心建立隐私权保护制度时，

---

① E. g., James Grimmelmann, Saving Facebook, 94 *IOWA L. REV.*, p.1151.
② James Grimmelmann, Saving Facebook, 94 *IOWA L. REV.*, p. 1152.
③ James Grimmelmann, Saving Facebook, 94 *IOWA L. REV.*, pp.1154-1155.
④ See James Grimmelmann, Saving Facebook, 94 *IOWA L. REV.*, pp.1156-1158.

人们所建立的隐私权保护制度是否能够在社交媒体当中适用？如果社交媒体公司本身侵犯自己网络用户的个人资料、个人信息，它们是否应当对用户承担隐私侵权责任？在要求网络公司承担侵权责任时，网络公司自身公开的隐私政策是否足以对它们自身提供保护？如果政府执法人员在社交媒体当中收集用户的个人资料、个人信息，他们实施的那些行为是否构成侵犯用户隐私权的行为？这些问题并非总是清清楚楚的。无论如何，人们普遍认为，既有的隐私权的法律保护制度无法有效地保护社交媒体用户享有的隐私权。

首先，社交媒体公司本身就存在收集自己用户的个人资料、个人信息的极大动力，因为，他们收集的个人资料、个人信息越多，则他们针对用户的广告就越有效率。其次，用户的个人资料、个人信息存在泄漏的极大可能性。在过去的几年间，用户的个人数据泄露事件不仅频频上演，而且数量还如同滚雪球般不断增加，因为包括 Facebook 和 Yahoo 等社交媒体巨头在内都曾经发生过数据泄露事件。例如，脸书曾经泄露了 5000 万的用户数据，① 除了打击用户对社交媒体的信心之外，用户个人数据泄露的事件甚至还会严重威胁到用户的个人人身安全。再次，某些社交媒体没有足够重视用户个人资料、个人信息的安全，它们的所作所为几乎等同于将用户裸露在社会公众面前并因此让他们成为透明人一样。例如，虽然作为一个广受追捧的火爆健身应用程序，PumpUp 坐拥 600 万以上的用户，但是，它不仅没有为服务器设置任何密码，而且还允许任何人访问用户的健康数据和个人信息。② 最后，即便网络公司的安全措施做得足够严实，既不会产生用户个人资料、个人信息泄露的问题，也不会产生让用户裸露在社会公众面前的问题；但是，在政府执法人员要求网络公司提供某一个敏感人物或者犯罪嫌疑人的个人资料、个人信息时，网络公司几乎都是来者不拒，往往无条件地将用户的资料、信息交给执法人员。

---

① Louise Matsakis, The FTC Is Officially Investigating Facebook's Data Practices, WIRED (Mar. 26, 2018, 12: 05 PM), https://www.WIRED.COM/story/ftc-facebookdata-privacy-investigation/ [https://perma.cc/ELR2-DURR].

② Zack Whittaker, Fitness App PumpUp Leaked Health Data, Private Messages (May 31, 2018).

四、《民商法学家》第17卷对社交媒体隐私权的关注

社交媒体就像磁铁一样吸引着越来越多用户的加入，MySpace、Facebook、Cyworld 和 Bebo 这些社交网站时至今日已经吸引到数量惊人的用户；甚至对于许多人来说，社交网站已经成为他们日常生活和实践中难以割舍也密不可分的一部分。社交媒体的兴起不仅吸引了越来越多用户的加入，它们自身的能力和无可比拟的覆盖范围也使得大量的学者和行业研究人员将目光聚焦在它们的身上。为了解社交媒体的实践、含义、文化、意义和用户对网站的参与，来自不同领域的学者对社交媒体进行了一系列研究。[①]

在我国，社交媒体则远离学术视野，很少有学者从单纯的学术方面对其做出研究，因此，何为社交媒体？社交媒体与传统媒体之间存在什么差异？为何社交媒体能够在传统媒体之外获得兴盛的发展态势，而传统媒体为何在今时今日逐渐呈现出萎靡消退的态势？社交媒体会给我们的生活尤其是隐私生活带来什么样的风险？我们应当如何在社交媒体时代对社交媒体用户的隐私权提供有效的法律保护？社交媒体用户隐私权的保护是寄托于社交媒体公司自律还是通过立法者的制定法予以规范和保护？等等，包括我国民法学者在内，几乎没有学者做出回答。

《社交媒体隐私权研究——新信息性隐私权（二）》（《民商法学家》第17卷）第一次从单纯的学术方面对社交媒体隐私权做出了系统性的分析和研究。本著作共四编：第一编为社交媒体隐私权总论，对社交媒体和社交媒体隐私权涉及的一般理论和一般制度做出了分析，包括社交媒体的概念、历史发展，社交媒体在保护用户隐私权方面所存在的问题，用户对待自己在社交媒体当中的个人信息、个人资料的态度和影响，社交媒体隐私权的性质，以及社交媒体隐私权的分析架构等。第二编为社交媒体用户的隐私权，对社交媒体用户的个人

[①] Danah M. Boyd, Nicole B. Ellison, Social Network Sites: Definition, History and Scholarship, Journal of Computer-Mediated Communication. 11 (2007), pp. 210 - 211；达那·M. 博伊德、妮可·B. 埃里森：《社交网站的定义、历史和隐私》，缪子仪译，载张民安主编《社交媒体隐私权研究——新信息性隐私权（二）》，中山大学出版社2021年版，第2 - 3页。

信息、个人数据如何受到社交媒体网络公司的保护、保护所存在的问题以及克服所存在的保护问题等内容做出了系统性的分析和研究。第三编和第四编均为社交媒体时代的隐私合理期待,所分析和讨论的问题是,社交媒体的用户是否能够对自己在社交媒体账户当中发布的内容享有合理的隐私期待?如果享有合理的隐私期待,他们对社交媒体账户当中的哪些内容享有合理的隐私期待?在用户享有合理隐私期待的情况下,如果行为人尤其是执法人员要获得用户账户当中的个人信息、个人数据,他们应当经过哪些程序?等等。实际上,第三编和第四编讨论的问题也仅仅是隐私的合理期待理论在社交媒体当中的适用。[1]

隐私的合理期待理论认为,如果公民对其被政府执法人员所搜查或者扣押的场所或者财物享有主观上的隐私期待,并且如果公民对这些场所或者财物所具有的隐私期待是合理的,则政府执法人员就不得对公民的这些场所或者财物实施搜查行为或者扣押行为;否则,他们实施的搜查行为或者扣押行为就侵犯了公民对这些场所或者财物所享有的隐私权,除非他们在实施搜查行为或者扣押行为时完全遵守了《美国联邦宪法第四修正案》所规定的条件和程序的要求,或者虽然他们没有遵循《美国联邦宪法第四修正案》所规定的条件或者程序的要求,但是,他们符合美国联邦最高法院所确立的各种各样的例外规则。[2]

在1967年的著名的Katz v. United States一案[3]当中,美国联邦最高法院首次确立了隐私的合理期待理论。之后,美国联邦最高法院将该种理论适用到大量的案件当中并因此让这一理论成为美国隐私权法当中的重要理论。虽然美国学者对联邦最高法院在1967年的Katz一案当中所提出的隐私合理期待理论持这样或者那样的批判态度,但是,该种理论不仅在美国站稳了脚跟,还因此成为美国隐私权法领域的一个重要理论,而且溢出美国并且走向世界,成了对加拿大、英国

---

[1] 张民安主编:《隐私合理期待总论》,中山大学出版社2015年版,第1—56页;张民安主编:《隐私合理期待分论》,中山大学出版社2015年版,第1—32页。
[2] 张民安主编:《隐私合理期待总论》,中山大学出版社2015年版,序,第1—7页。
[3] 389 U.S. 347 (1967).

和欧盟产生重大影响的理论。①

《民商法学家》第17卷之所以能够顺利出版,除了主编和各著译者的努力之外,还得益于中山大学出版社和蔡浩然编审的鼎力支持,在《民商法学家》第17卷即将出版之际,本书主编真诚地对他们表示由衷的感谢!

张民安教授

2020 年 3 月 8 日

于广州中山大学法学院

---

① 张民安主编:《隐私合理期待总论》,中山大学出版社2015年版,序,第1—7页。

目　　录

第一编　社交媒体隐私权总论

社交网站的定义、历史和隐私……………达那·M. 博伊德
妮可·B. 埃里森　著　缪子仪　译
- 一、导论……………………………………………………（1）
- 二、社交网站的定义………………………………………（3）
- 三、社交网站的历史………………………………………（7）
- 四、有关的学术研究………………………………………（16）
- 五、本专题部分概述………………………………………（21）
- 六、结语……………………………………………………（22）

拯救脸书……………詹姆斯·格里梅尔曼　著　袁姝婷　译
- 一、导论……………………………………………………（24）
- 二、脸书隐私的社交动态…………………………………（32）
- 三、行不通的解决方案……………………………………（54）
- 四、可能有效的解决方案…………………………………（68）
- 五、结语……………………………………………………（78）

基本权利还是自由：网络隐私与社交媒体网站共存的理论
……………哈基姆·里兹克　著　邓梦桦　译
- 一、导论……………………………………………………（80）
- 二、隐私与社交媒体网站的共存之道……………………（83）
- 三、共同的追求、不同的手段和相反的结果……………（86）
- 四、欧盟和美国保护网络隐私的基础……………………（93）
- 五、美国不应该采用欧盟的隐私权法……………………（96）
- 六、结语……………………………………………………（100）

隐私已沦为一纸空谈：论社交网站的公共属性和对用户人权产生的影响 …………… 诺亚·莫尔 著 缪子仪 译
 一、导论 …………………………………………………（102）
 二、社交网站对用户享有的广泛人权所产生的影响 ……（106）
 三、社交网站对广泛人权实施的控制行为 ………………（112）
 四、国家在人权管理方面的任务和作用 …………………（132）
 五、公法规范 ………………………………………………（135）
 六、社交网站领域适用公法规范的益处 …………………（140）
 七、结语 ……………………………………………………（145）

脸书与在线隐私：态度、行为和后果 ……… 伯恩哈德·德巴汀
    詹妮特·P.洛夫乔伊 安·凯瑟琳·霍恩
    布里塔尼·N.休斯 著 袁姝婷 译
 一、文献综述 ………………………………………………（147）
 二、研究方法 ………………………………………………（155）
 三、研究结果 ………………………………………………（159）
 四、分析与论述 ……………………………………………（168）
 五、结语 ……………………………………………………（172）

隐私权和社交媒体的分析框架 … 罗杰·克拉克 著 缪子仪 译
 一、导论 ……………………………………………………（174）
 二、隐私权和社交媒体 ……………………………………（179）
 三、对隐私权和社交媒体的分析 …………………………（187）
 四、启示 ……………………………………………………（193）
 五、结语 ……………………………………………………（195）

社交网络隐私权 ………………………… 康妮·戴维斯·鲍威尔 著
    林泰松 袁姝婷 译
 一、导论 ……………………………………………………（197）
 二、社交网络的兴起 ………………………………………（199）
 三、社交网络用户隐私权的定义 …………………………（200）
 四、社交网络用户控制权的丧失 …………………………（209）
 五、试图通过出台隐私权法解决问题 ……………………（210）
 六、社交网络领域的隐私侵权行为 ………………………（212）
 七、结语 ……………………………………………………（215）

在社交网站上保护儿童不受性侵的思考
································ 苏珊·汉利·邓肯 著 邓梦桦 译
一、导论 ··· (216)
二、社交网站概述 ······································· (219)
三、社交网站的好处和风险 ····························· (221)
四、减少危险的途径 ···································· (229)
五、为什么这些努力是无效的 ·························· (237)
六、提出的解决方案 ···································· (242)
七、结语 ··· (255)

第二编 社交媒体用户的隐私权

社交媒体背景调查的诞生 ········ 雪利·桑德斯 著 缪子仪 译
一、导论 ··· (257)
二、社交媒体背景调查简史 ····························· (259)
三、社交媒体背景调查概述 ····························· (265)
四、结语 ··· (277)

论社会规范助推下的隐私保护 ············ 奥伦·佩雷斯
伊法特·纳赫米亚斯 尤塔姆·什洛莫
尤里·斯泰默 著 缪子仪 译
一、导论 ··· (278)
二、揭开助推的神秘面纱 ······························· (282)
三、社会规范助推会对他人的隐私权造成威胁吗 ····· (285)
四、社会规范助推的使用——以隐私权监管为视角 (301)
五、结语 ··· (317)

绩效工资模式：社交网络公司的高管应为其违反数据隐私
保护的行为负责 ········· 利特尔·赫尔曼 著 袁姝婷 译
一、导论 ··· (320)
二、美国的隐私法律框架 ······························· (323)
三、笔者建议采用绩效工资模式 ······················· (330)
四、绩效工资模式可能面临的挑战 ···················· (341)
五、结语 ··· (345)

论 Facebook 对用户隐私的威胁 …………… 哈维·琼斯
　　　　乔斯·希拉姆·索特伦 著　缪子仪 译
　　一、导论 ……………………………………………（346）
　　二、研究背景 ………………………………………（348）
　　三、先前的学术研究 ………………………………（351）
　　四、研究原理与研究方法 …………………………（352）
　　五、终端用户与 Facebook 的交互 ………………（358）
　　六、Facebook 与《公平信息处理条例》…………（367）
　　七、隐私威胁模型 …………………………………（371）
　　八、结语 ……………………………………………（383）

关于 Facebook 的已故用户：社交网络中不断变化的政策
　　…………………… 达米安·麦卡林 著　邓梦桦 译
　　一、导论 ……………………………………………（386）
　　二、Facebook：有规则及相关政策的网络服务 …（387）
　　三、Facebook 政策选择的演变 …………………（393）
　　四、数据遗产规划服务的兴起 ……………………（405）
　　五、立法的解决方案 ………………………………（407）
　　六、结语 ……………………………………………（408）

脸书的实名制政策与用户隐私权 ……… 陈舜伶 著　袁姝婷 译
　　一、导论 ……………………………………………（411）
　　二、社交媒体的实名制政策——基本理由和批评意见 …（413）
　　三、Facebook 的用户是否有权控制自己的信息 ………（420）
　　四、《通用数据保护条例》是否能够开启一种新的监管
　　　　模式 ……………………………………………（423）
　　五、结语 ……………………………………………（427）

第三编　社交媒体时代的隐私合理期待（上）

社交媒体用户对其社交媒体的隐私合理期待
　　………………… 史蒂芬·E. 亨德森 著　温馨 译
　　一、关于社交媒体历史的简要介绍 ………………（429）
　　二、信息性隐私权 …………………………………（431）

三、《美国联邦宪法第四修正案》和社交媒体 …………… (436)
四、制定法和社交媒体 ………………………………… (445)
五、结语 …………………………………………………… (448)

隐私合理期待设置：社交媒体和《存储通信法》
………………………… 克里斯托弗·J. 博尔切特
费尔南多·M. 平圭罗　大卫·陶 著　邓梦桦 译

一、导论 …………………………………………………… (449)
二、《存储通信法》背景的简要介绍 …………………… (451)
三、《存储通信法》法理解释的差异 …………………… (458)
四、《存储通信法》的修改 ……………………………… (469)
五、结语 …………………………………………………… (472)

《美国联邦宪法第四修正案》和在线社交网络
………………………… 内森·彼得拉谢克 著　邓梦桦 译

一、导论 …………………………………………………… (474)
二、在线社交网络的基础 ………………………………… (476)
三、在线社交网络对用户和执法部门的吸引力 ………… (483)
四、衡量在线社交网络内容中的隐私合理期待 ………… (486)
五、保护在线社交网络用户内容的重要性 ……………… (500)
六、结语 …………………………………………………… (502)

社交网络与《美国联邦宪法第四修正案》
………………………… 丽莎·A. 施密特 著　袁姝婷 译

一、导论 …………………………………………………… (503)
二、Katz v. United States 一案与隐私合理期待标准 …… (506)
三、位置追踪与《美国联邦宪法第四修正案》 ………… (508)
四、社交网络与《美国联邦宪法第四修正案》的影响 … (510)
五、《美国联邦宪法第四修正案》的原则 ……………… (514)
六、朋友和人际关系当中的隐私合理期待：社交网络
　　与假装朋友原则 …………………………………… (516)
七、社交网络与《美国联邦宪法第四修正案》：其他
　　考量 ………………………………………………… (519)
八、结语 …………………………………………………… (521)

第四编　社交媒体时代的隐私合理期待（下）

脸书与人际隐私权：第三人原则为何不能够在脸书当中适用
　　　　　　　　　　　　　莫努·贝迪　著　　袁姝婷　译
　一、导论 …………………………………………………… （523）
　二、《美国联邦宪法第四修正案》与第三人原则 ………… （528）
　三、脸书与第三人原则 …………………………………… （533）
　四、人际隐私权 …………………………………………… （549）
　五、脸书人际关系与人际隐私权 ………………………… （557）
　六、结语 …………………………………………………… （570）

社交媒体数据搜查与隐私合理期待
　　　　　　　　　　　　　布莱恩·蒙德　著　　邓梦桦　译
　一、导论 …………………………………………………… （572）
　二、隐私与社交媒体数据 ………………………………… （574）
　三、社交媒体数据与政府的情报收集 …………………… （578）
　四、重新审视对私人社交媒体数据的隐私合理期待
　　　范围 ………………………………………………… （586）
　五、结语 …………………………………………………… （598）

网络社交媒体时代隐私合理期待的再思考
　　　　　　　　　　　布莱斯·克莱顿·纽厄尔　著　　袁姝婷　译
　一、导论 …………………………………………………… （600）
　二、截然不同的隐私观：尊严、自由抑或控制 ………… （603）
　三、网络社交媒体时代不断变化的隐私合理期待 ……… （605）
　四、《美国侵权法》当中的隐私合理期待 ………………… （609）
　五、《美国联邦宪法第四修正案》当中有关数字通信的
　　　隐私合理期待 ……………………………………… （611）
　六、《加拿大权利和自由宪章》当中的隐私合理期待 …… （621）
　七、基于人格尊严保护隐私：《欧洲人权和基本自由
　　　公约》 ……………………………………………… （625）
　八、结语 …………………………………………………… （631）

论公共场所隐私权：我们对社交媒体情报享有怎样的隐私合理期待 … 莉莲·爱德华兹　拉克兰·厄克特 著　缪子仪 译
 一、导论 ………………………………………………（633）
 二、现代监视：从全景监视"老大哥"到公开信息和
   私密信息的分析 ………………………………（637）
 三、情报为警务开辟崭新天地：社交媒体情报和公开资源
   情报 ……………………………………………（639）
 四、社交媒体情报的相关法律法规 ………………（647）
 五、公开的社交媒体情报是否能够作为"隐私"而受到
   法律保护 ………………………………………（649）
 六、社交媒体时代的隐私合理期待 ………………（665）
 七、结语 ……………………………………………（670）

雇主监视与员工隐私：社交媒体和职场隐私的新现实
 ………………………………萨比·戈什雷 著　邓梦桦 译
 一、导论 ……………………………………………（674）
 二、雇佣关系的前景 ………………………………（680）
 三、禁止不合理监视的《美国联邦宪法第四修正案》 …（684）
 四、数字世界中雇主权利的范围和限制 …………（691）
 五、结语 ……………………………………………（695）

第一编 社交媒体隐私权总论

社交网站的定义、历史和隐私

达那·M.博伊德[①] 妮可·B.埃里森[②] 著 缪子仪[③] 译

目　次

一、导论
二、社交网站的定义
三、社交网站的历史
四、有关的学术研究
五、本专题部分概述
六、结语

一、导论

社交网站（SNS）的兴起就如同一颗巨大的磁铁吸引着越来越多

[①] 达那·M.博伊德（Danah M. Boyd），美国加州大学伯克利分校信息学院博士候选人，哈佛大学伯克曼互联网与社会中心研究员。
[②] 妮可·B.埃里森（Nicole B. Ellison），美国密歇根州立大学电信、信息研究与媒体系助理教授。
[③] 缪子仪，中山大学法学院助教。

用户的加入。自打它们露面，MySpace、Facebook、Cyworld 和 Bebo 这些社交网站就疯狂"吸粉"，时至今日已经吸引了数量惊人的用户；甚至对于许多人来说，社交网站已经成为他们日常生活和实践中难以割舍也密不可分的一部分。举个简单的例子，在笔者撰写本文之时，便有着成百上千的社交网站在同时运作，它们通过提供多种多样的技术支持，为人们五花八门的兴趣和实践提供了坚强后盾。虽然同为社交网站，并且它们的关键技术特征相当一致，但是不同的社交网站依旧各有千秋。造成这样的现象主要有两方面原因：一方面，社交网站周围出现的文化是多种多样的。正因如此，所以一些社交网站支持用户去维护现有的社交关系，也有一些社交网站则基于共同的兴趣、政治观点或活动去帮助志同道合的陌生人之间建立联系；一些社交网站致力于迎合不同的受众；还有一些社交网站则开足马力吸引有共同语言，或者种族、性别、宗教、国籍身份相同的用户。另一方面，不同社交网站的沟通工具和整合新信息的程度也各不相同，比如移动连接、博客和照片或是视频共享功能就不是每一个社交网站都具备的。即使具备，它们在这些功能的使用方面也各有特色。

社交网站（SNS）的兴起不仅吸引了越来越多用户的加入，它们自身的能力和无可比拟的覆盖范围也使得学者和行业研究人员将目光聚焦在它们的身上。为了解社交网站的实践、含义、文化、意义和用户对网站的参与，来自不同领域的学者对社交网站进行了一系列研究。这也是我们精心制作本期专题的原因——在本期专题中，《计算机为媒介的通信杂志》汇集了一组独特的文章，这些文章使用各种方法论技术、传统理论和分析方法分析了广义上的社交网站。而收集各方文章汇成本期专题，我们只为向读者展示这些社交网站周围的一些跨学科学术成果。

本文旨在为这个合集中的文章提供一个概念性、历史性和学术性的背景。首先，我们定义社交网站的构成；其次，我们从个人访谈、网站的公开报道和它们随时间的变化中，以这些社交网站的历史发展为视角提出观点；再次，我们回顾近期关于社交网站的学术研究成果，并尝试将主要成果与具体情况进行背景关联和重点介绍；最后，我们对收录在这一专题中的文章进行总体描述，并对未来的研究提出相关建议。

二、社交网站的定义

所谓社交网站，是指旨在帮助人们建立社会性网络的互联网应用服务，是网络公司为了让用户实施下列各种各样的活动而提供的网络服务。该网络服务允许用户从事下列活动：第一，在有限的系统内创建公开或者半公开的个人主页；第二，创建与自己关系密切的联系人列表；第三，浏览自己的联系人列表以及系统内其他用户创建的联系人列表。当然，这些关联关系的性质和命名并不是一成不变的，在不同的社交网站中，它们的性质和命名也会有所不同。

虽然社会大众也会常常把"社交网站"或"社会性网络"这些术语挂在嘴边，并且他们在使用时并不怎么会仔仔细细地去区分这些术语，但是，本文在描述这种现象时还是选择使用"社交网站"这个术语。那么，本文为什么没有使用"社会性网络"一词而是选用"社交网站"一词呢？主要原因有两个：第一个，它们强调的重点不同；第二个，它们界定的范围也不同。"社会性网络"更为强调人与人之间关系的建立，尤其是陌生人之间的关系。虽然在这些社交网站上建立人际关系也不是没有可能，但是在网络上建立人际关系并不是大多数社交网站的主要目的，而且这种方式也无法将它们与其他形式的计算机中介传播（CMC）区别开来。

同时，之所以社交网站能够异军突起，这就说明它们必有其独到之处。事实上，社交网站的独特之处不在于它们允许用户去认识陌生人，而在于它们让用户能够拥有一个平台去清晰表达和展示自己的社交网络。虽然这并不是社交网站的初心和本意，但是"无心插柳柳成荫"，最终便促成如今这样一种局面——人与人之间只有通过这些社交网站才能够建立某些联系，并且这种情况在线下联系的一些"潜在联系人"之间也频繁上演。其实，在许多大型社交网站上，许多用户并不是为了拓展自己的人脉抑或想结交点新朋友；恰恰相反，很多用户其实主要是想利用社交网站这个渠道与本身就是自己社交圈子内的人加强交流、巩固联系。所以，为强调这些社交网站的一个重要组织特征——清晰表达和展示社交网络，考虑再三之后我们还是决定使用"社交网站"这个术语。

如今的社交网站已经实现了各种各样的技术功能，它们看似高深复杂,其实不然,毕竟它们的基干都是由一个一个的个人主页组成的。这些个人主页展示出了一个清晰的好友列表,而能够被添加进好友列表中的人也都是该社交网站的用户。那么,到底什么是个人主页呢?所谓个人主页其实是他人可以塑造自我、展示自我的独特页面,简单来说,个人主页就像是他人的一份简历。你或许又会好奇,个人主页又是如何生成的呢?在进入社交网站后,用户需要填写包含一系列问题的表格,而个人主页便是由这些问题的回答生成的。这些问题通常包括一些描述性的问题,比如年龄、所在地、兴趣爱好和"关于我"的部分,简简单单便勾勒出一个人的基本情况。为了让用户的个人主页尽善尽美,这些社交网站"各出奇招"——大多数社交网站鼓励用户上传个人资料照片;有些网站通过允许用户添加多媒体内容,或把个人主页的外观和感觉弄成自己喜欢的风格来装扮个人主页;还有一些社交网站,比如 Facebook 会允许用户添加一些模块("应用程序"),以此来完善他们的个人主页。

在生成用户的个人主页之后,用户的个人主页是否允许别人查看其实最后还是由社交网站和用户自己说了算。虽然每个社交网站的情况各有差异,但是大致还是可以分成下面三种情况:首先,在默认情况下,只要使用 Friendster 和 Tribe.net,无论是否有账户,第三人都能看到用户的个人主页,这是因为这两个社交网站的主页是可以由搜索引擎自动抓取的。其次,像 LinkedIn 和 MySpace 这样的社交网站则不同。LinkedIn 根据用户是否有付费账户来控制用户可能看到的内容;而对于用户的个人主页究竟是对所有人公开还是只有好友能够查看,MySpace 则完全听凭网站用户的自由选择。最后,Facebook 采取的是一种既不同于 Friendster 和 Tribe.net,也不同于 LinkedIn 和 MySpace 的做法——在默认情况下,除非主页用户选择禁止别人查看自己的个人主页,否则属于同一社交网络的用户便可以查看彼此的个人主页。从以上情况我们也能够看出,围绕主页可见性和用户访问的结构性变化是社交网站之间彼此区别的主要方式之一。

一些主流社交网站的发布日期以及重新发布社交媒体功能的日期见图 1。

在加入社交网站之后,用户便会收到系统的温馨提示。他们可以不用绞尽脑汁地寻找好友,因为系统可比他们机灵多了,系统会比他

第一编 社交媒体隐私权总论

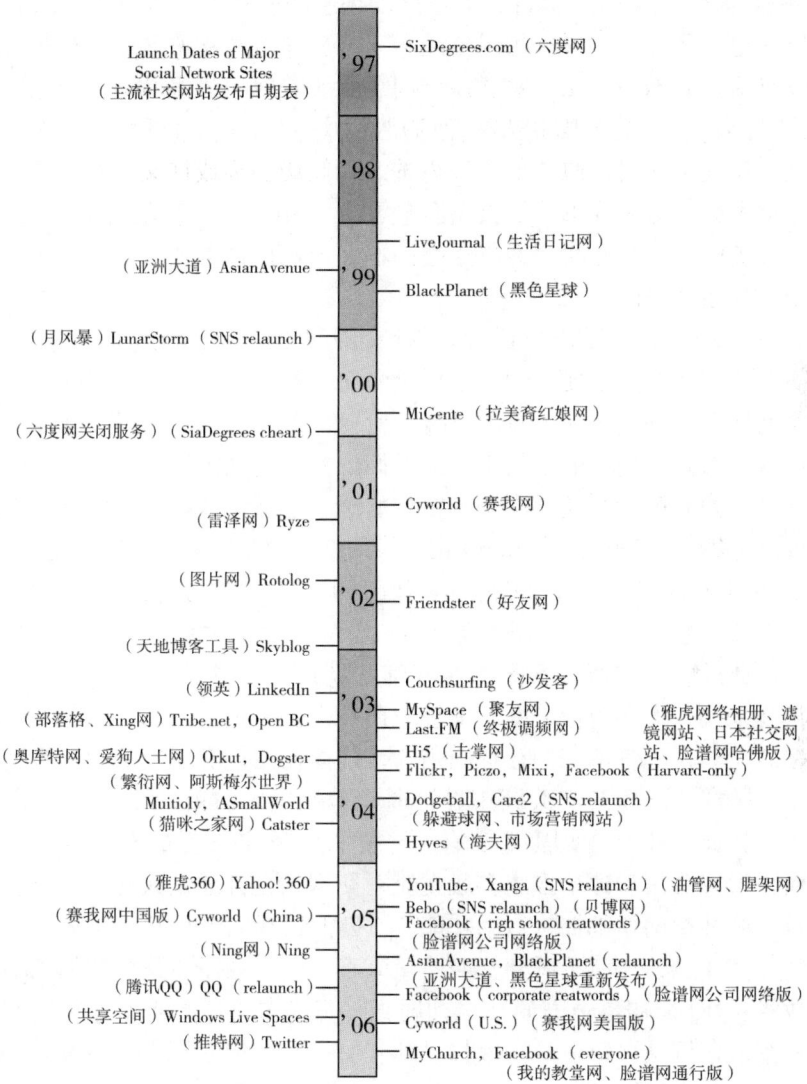

图1 一些主流社交网站的发布日期以及重新发布社交媒体功能的日期

们更先知道该社交网站中的哪些用户可能与他们具有好友关系。同时，这些代表着好友关系的标签并不是一成不变的，不同的社交网站会使用五花八门的不同标签，而其中常用的一些标签包括"好友"

"联系人""粉丝"。此外，对于好友关系的确认，大多数社交网站的做法也不尽相同——有的网站需要双方均确认好友关系，但有些却并没有这个要求。不过，这些单向的联系有时会被称为"粉丝"或"追随者"，也有许多网站称他们为"好友"。但你可别被"好友"这个词蒙蔽双眼，此"好友"并非日常口语意义上的彼"好友"，因为这种好友关系并不一定就是我们平时口中所说的牢不可破的友谊，在社交网站上相互联系的原因也并不一定就是日常生活中我们和好友交往联系的原因。

私人社交关系的公开展示是社交网站必不可少的重要组成部分，而好友列表在其中便起到一个桥梁和纽带的作用。由于好友列表中包含通往每个好友个人主页的链接，所以只要第三人点击好友列表，他们就能够浏览用户的个人主页和他们的社交关系图。在大多数社交网站上，如果第三人被允许查看用户的个人主页，那么他们便可以顺理成章地继续查看用户的好友列表。不过例外情况也不少见，比如说，一些MySpace用户会通过黑掉自己的个人主页来隐藏好友列表，LinkedIn也允许用户选择不展示自己的私人社交关系。

此外，社交网站还有一些颇为"吸睛"的独特功能。就拿留言功能来说，大多数社交网站都会为用户提供一种在好友个人主页中留言的功能，尽管不同的社交网站为该功能使用过五花八门的标签，但是该功能的本质其实大同小异，通常包括的内容就是留下"评论"。不仅如此，社交网站通常都有一个类似于网络邮件的私信功能。然而，尽管私信和评论在大多数主流社交网站上都大受欢迎，但并不是每一个社交网站都拥有这个功能。

其实，并非所有的社交网站生来都是社交网站。这样的例子不胜枚举：QQ最初是中国的一个即时通信服务软件；LunarStorm最初是一个社区网站；Cyworld最初是韩国的一个论坛工具；Skyrock（以前是Skyblog）最初是法国的一项博客服务，只是后来又增加了社交网站的功能。还有一些广为人知的网站也是如此——作为1995年推出的学校附属机构的目录服务网站，Classmates.com是在社交网站开始流行之后才开始支持清晰明确的好友列表功能；而作为早期流行的部落格（博客）社区网站，在2005—2006年即社交网站功能和结构重新推出之前，AsianAvenue、MiGente和BlackPlanet的好友功能也是非常有限的。

除了我们之前谈到的个人主页、好友、评论和私信，社交网站在功能和用户基础上也各有千秋。有些社交网站专攻照片共享或视频共享功能，还有一些社交网站坐拥内置的博客功能和即时通信技术；有些社交网站将注意力集中于移动通信（如Dodgeball），但也有一些基于网络的社交网站则恰恰相反，它们只能为有限的移动通信交互提供技术支持（如Facebook、MySpace和Cyworld）。除此之外，许多社交网站将目标群体牢牢锁定在特定地理区域或特定语言群体的用户，但是"有意栽花花不开"，无心之举却时常会收获一些出乎意料的结果——就拿Orkut来说，它在美国推出的时候就只有英语界面，但是万万没想到讲葡萄牙语的巴西人却很快成为其最主要的用户群体。还有一些社交网站也有自己的独到之处，它们在设计之时会考虑特定的种族、宗教、性取向、政治倾向或其他以身份为导向的类别。你或许想象不到，甚至还有为了狗（Dogster）和猫（Catster）创建的社交网站，虽然到头来还是需要由狗主人和猫主人来管理这些宠物的个人主页。

值得注意的是，在设计之初，虽然社交网站的初衷通常是面向广泛的群体，但是当实际运行时，网站的实际情况则完全是另外一回事。最终人们发现，大部分的社交网站最初吸引的实际上都是同类人。因此，即使这并非设计者的本意，但我们还是不难发现，经常会有一些用户群体利用社交网站上的一些典型的社会细分因素来把自己与别人隔离开来，这些因素通常包括国籍、年龄、教育水平等。

三、社交网站的历史

（一）社交网站的诞生

如果要按照前文对社交网站的定义来探索它们的历史，那么，第一个能真真正正称得上是社交网站的网站便是在1997年诞生的，这个网站便是SixDegrees。从1997年开始，SixDegrees便允许用户在网站中创建自己的个人主页、罗列自己的好友；而从1998年开始，Six-Degrees更是开辟出好友列表功能。当然，我们将它称为社交网站的鼻祖并不是因为这几个功能都是它独创的，恰恰相反，这些功能在

SixDegrees 之前本身就以某些形式存在着——首先，大多数主流的约会交友网站和社区网站上都有个人主页功能；其次，尽管其他用户看不到这些好友，但 AIM 和 ICQ 的好友名单功能也能够支持好友列表的创建；最后，Classmates.com 允许用户添加自己的高中或大学同学，并与其他添加了同样学校的用户一起上网冲浪，只不过直到几年后，用户才能创建个人主页或好友列表。尽管这些功能都不是 SixDegrees 的首创，但它被称为社交网站的鼻祖仍然是情理之中的，因为它是第一个把这些功能真真正正结合在一起的网站，可以说是名副其实。

虽然顶着社交网站鼻祖的名号，但是 SixDegrees 并没有止步于此；它继续铆足干劲进行改进和升级，接着渐渐成为一种帮助用户与别人联系并向别人发送信息的网络工具。尽管 SixDegrees 吸引到了数百万的用户，但遗憾的是，它并没有能够持续下去；在 2000 年，曾经的社交网站巨头彻底关闭了它的服务，而这也不免让人唏嘘。如今以一种"事后诸葛亮"的态度来看，它的创始人认为 SixDegrees 的失败其实只是因为它超越了自己所处的时代，虽然当时人们已经蜂拥至互联网，但是大多数人并没有把这份热情延续到扩展自己线上的朋友圈上面。有一些早期的用户抱怨说，他们在接受好友请求之后便似乎两手一摊、无事可做了。与此同时，大多数用户都表示自己对认识陌生人并没有太大兴趣。所以我们只能说，SixDegrees 的灭亡并不是自身出了什么差错，只是生不逢时罢了。

在 SixDegrees 开创了社交网站的先河之后，从 1997 年到 2001 年，越来越多的社交工具开始支持个人主页和公开化的好友列表功能之间的各种排列组合。不妨让我们逐一来看：首先，AsianAvenue、BlackPlanet 和 MiGente 允许用户创建个人主页、专业主页和约会主页——用户可以在个人主页上确认好友身份，并且无须寻求这些好友的同意。其次，与它们相类似的是 LiveJournal，在 1999 年推出后不久，LiveJournal 也在用户界面上列出单向好友关系功能。LiveJournal 的创始人事后表明，他创设该功能的灵感来源于即时信息的好友列表功能——在 LiveJournal 上，用户可以将别人标记为好友，这样一来，他们就可以追随这些好友的日志并进行个人的隐私设置管理。再次，就在 LiveJournal 推出的这一年——1999 年，韩国著名的虚拟世界网站

Cyworld 也闪耀问世，同时在 2001 年，Cyworld 也开始独立于其他网站加入社交网络的功能。最后，瑞典网络社区 LunarStorm 在 2000 年也华丽变身，当它将自己重新打造为社交网站出现时，它已经具备好友列表、留言簿和日记页面的功能。

伴随着 Ryze 在 2001 年的发布，新一波的社交网站浪潮便以迅雷不及掩耳之势席卷而来。Ryze 旨在帮助用户利用自己的商业关系网络，Ryze 创始人介绍说，最开始他主要是将 Ryze 介绍给他的朋友，而这些朋友主要是旧金山商业和技术社区的成员，其中还包括许多新兴社交网站背后的企业家和投资者。大家都怀揣着美好的愿望，尤其是 Ryze、Tribe.net、LinkedIn 和 Friendster 背后的人们，无论是在个人方面还是职业方面，大家都紧紧地团结在一起。与此同时，他们也相信，虽然同为社交网站，但是彼此之间也可以互相支持，而不是斗得不可开交。理想很丰满，现实却很骨感——从最终的结局来看，Ryze 从未获得过大众的欢迎；Tribe.net 逐渐吸引到一批符合其定位的狂热用户群（利基用户群）；LinkedIn 逐渐成为一个强大的商业服务网站；Friendster 谈不上成功，不过如果要评比"互联网历史上最大的失望之一"，那么它的意义就无人能敌了。

与任何重要现象的简史一样，社交网站也难以拥有一段属于自己的完整历史。而在下面的内容中，我们将重点讨论 Friendster、MySpace 和 Facebook 这三个重塑商业、文化和研究领域的重量级社交网站。

（二）Friendster 的兴衰

作为 Ryze 社交功能的补充，Friendster 于 2002 年推出，而它的诞生其实最初只是为了与盈利的在线约会网站 Match.com 相竞争。当大多数约会网站都专注于把用户介绍给与他们志同道合的陌生人时，Friendster 却另辟蹊径，走出一条与众不同的路线。Friendster 的初衷是为了帮助朋友的朋友相遇，它的设计其实是基于这样的假设——朋友的朋友会比陌生人更容易成为更好的浪漫伴侣。Friendster 很快便获得三个早期用户群体的关注，他们分别是博客作者、燃烧者艺术节的参与者和同性恋者，他们不仅见证了 Friendster 的起步，而且也在一定程度上重塑了 Friendster。而在悄然走红之后，Friendster 的用户规模也不断地扩大。在 2003 年 5 月,即传统的媒体对它进行宣传报道之前,Friendster 就已经在用户良好口碑的推波助澜之下发展到 30 万用户的庞大规模。

随着 Friendster 的人气不断飙升,它开始面临随之而来的技术难题和社会难题。首先,Friendster 的服务器和数据库的不足使它无法应对用户数量的快速增长,网站服务的经常瘫痪使得用 Friendster 取代电子邮件的用户感到无比失望;其次,由于用户数量的有机增长对于创建一个和谐的网络社区来说至关重要,而在这种背景下,从媒体报道中了解到 Friendster 的新用户疯狂涌入网站,这样一来,他们便将文化平衡完全打破了;再次,用户数量的指数级增长也有着消极的一面——这意味着社交环境的倒退,因为用户将不得不面对自己的老板、老同学和自己的密友,无处可躲;最后,Friendster 也开始限制其最热情、最活跃用户的活动,这让本就复杂和糟糕的情况更是雪上加霜。

最初,Friendster 的功能限制第三人查看四层关系以上用户的个人主页,通俗来讲就是朋友的朋友的朋友的朋友。于是,为了能查看更多的个人主页,用户开始通过添加熟人和长相有趣的陌生人的方式来扩大自己的查看范围。与此同时,"最受欢迎"功能的推出也间接激励着一批用户,他们开始大量"收集"好友。但是实际上,那些所谓的"终极好友收藏家"使用的都是一些代表标志性虚拟人物的个人主页,比如说名人、概念和其他类似的实体。不过,这些"冒牌货"还未存活多久就被果断扼杀,因为他们的行为把网络公司彻底惹怒了。这一怒,不仅公司将"冒牌货"们虚假的个人主页清除得干干净净,而且就连"最受欢迎"功能也一并取消。虽然很少有人真正地去创建"冒牌货",但是"冒牌货"却始终存在着,这都是因为有求才有供——有很多人都喜欢通过浏览"冒牌货"来找乐子,也有很多人使用功能性的"冒牌货"(如"布朗大学")来寻找自己认识的人。

由于 Friendster 公司积极地删除"冒牌货"和使用不真实照片的真实用户,很多人都认为这是公司发出的不共享用户兴趣的信号,再加上技术难题、社会冲突和用户与网站之间信任的破裂等多种因素,许多早期用户纷纷逃离 Friendster。然而"无心插柳柳成荫",当

Friendster在美国逐渐销声匿迹的同时，它在亚洲却重获生机——在菲律宾、新加坡、马来西亚和印度尼西亚，Friendster受欢迎的程度不断飙升，这属于意料之外的事情。

（三）社交网站成为主流

从2003年开始，大批的社交网站破茧而出，这促使社交软件分析师Clay Shirky将YASNS这个词命名为"新一波社交网络服务浪潮"。它们中的大多数要么试图复制Friendster早期的成功，要么意在获取特定的人口统计数据，所以这些社交网站大都采取以个人主页为中心的网站形式。虽然这些社交网站采取的网站形式大都相同，但是它们的侧重点可大不一样，当社会组织性的社交网站吸引着广泛的受众时，诸如LinkedIn、Visible Path和Xing（以前称为open BC）之类的专业网站则专注于商务人士；当Dogster这样的"以热情为中心"的社交网站帮助陌生人基于共同的兴趣建立联系时，Care2则致力于帮助活动家会面；当Couchsurfing将旅行者和富有的人联系起来时，MyChurch则把基督教教堂及其成员拉入网站。此外，随着社交媒体和用户生成内容现象的蓬勃发展，专注于媒体共享的网站也开始实施社交网络功能，甚至有的网站最终就转型成为社交网站，比如Flickr（照片共享）、Last.FM（音乐收听习惯）和YouTube（视频分享）。

随着硅谷涌现出大量由风险投资支持的初创企业，人们的注意力霎时间全部都转移到它们身上，于是很少有人再去关注在其他地方广受欢迎的社交网站，即使是那些由大公司建立的社交网站。很多大公司建立的社交网站都遭遇到"墙里开花墙外香"的尴尬局面，比如说，虽然谷歌的Orkut没有能够建立一个可持续的美国用户群，但是"巴西入侵"却使Orkut成为巴西的国家级社交网站；虽然微软的Windows Live Spaces（又称MSN Spaces）在美国推出时也热度平平，但是它在其他地方却广受欢迎。

就在人们的眼球全被吸引到初创企业身上时，很少有分析师或记者注意到，在距离硅谷数百英里之外的加州圣莫尼卡，MySpace正在悄然走红。据联合创始人Tom Anderson称，在2003年的时候，MySpace便开始与Friendster、Xanga和AsianAvenue等网站展开激烈竞争。不过，MySpace短时间内的快速成长与Friendster之间也有着剪不断的联系——MySpace的创始人起初是想要吸引脱离Friendster的用户，而就在这个时候，有谣言声称Friendster将采用收费系统。谣言一传开，很多用户便发布Friendster消息来鼓励大家使用别的社交网站以替代Friendster，其中就包括Tribe.net和MySpace。所以说，正是因为早期用户对Friendster的脱离，MySpace才能借Friendster之力而快速发展。在这其中还有一个非常值得注意的群体，那就是独立摇滚乐队——他们因不遵守个人主页的规定而被Friendster清出用户群体，这对其他用户脱离Friendster也起到不小的推动作用。

虽然在推出之时，MySpace并没有耗费什么脑细胞在乐队上面，但是乐队却在MySpace上备受瞩目。当时的情况大概是这样的：来自洛杉矶地区的独立摇滚乐队在MySpace上创建自己的个人主页，而为了给热门俱乐部的VIP通行证打广告，当地推广人员便想利用MySpace这个平台。此时MySpace从中嗅到一丝商机，于是它主动联系当地的音乐家，看看MySpace是否能为他们提供一些帮助。一来二去，乐队在MySpace上大受欢迎，而MySpace也随之人气大涨。不过，乐队并不是MySpace人气增长的唯一因素，乐队和粉丝之间的共生关系起到的作用也不容小觑，多种因素综合在一起，最终助力MySpace一度超越Friendster先前的用户数量。此外，乐队和粉丝间的互动实际上也是一种两全其美的行为，因为他们之间实际上是互利共赢的——乐队希望能够和粉丝保持良好的互动，而粉丝则既希望得到他们最喜欢乐队的关注，也乐于使用好友关系功能来表明自己的身份和自己与偶像之间的联系。

此外，MySpace不仅定期添加迎合广大用户需求的功能，而且它允许用户对自己的主页进行个性化设计，这一系列做法使得MySpace从一众社交网站中脱颖而出。不过，个性化主页功能的出现也并非偶然，因为MySpace并没有限制用户将超文本标记语言（HTML）添加到构成个人主页的表单当中。同时，为了支持用户生成独一无二的MySpace背景和布局，网络上还掀起过一波复制、粘贴文本的文化热潮。

从2004年开始，青少年便成为加入MySpace的主力军。与那些老用户不同，大多数青少年从来不使用Friendster。有些人加入

MySpace 是因为他们想和自己最喜欢的乐队互动，还有一些人则是被一些年长的家庭成员介绍到这个网站的。除了自己在 MySpace 上注册账号之外，这些青少年还鼓动自己的朋友也加入 MySpace。面对青少年的涌入，MySpace 并没有拒绝这些未成年用户；恰恰相反，MySpace 积极地敞开怀抱，通过改变自己的用户政策来欢迎少数派群体的加入。随着 MySpace 的蓬勃发展，它的三大用户群体也渐具雏形，他们分别是音乐家或艺术家、青少年和大学毕业后的城市社交人群。总的来说，除了通过乐队这个桥梁之外，后两个群体相互之间基本没有过多的交流。由于 2004 年的时候没有什么主流媒体对 MySpace 进行报道，所以当时很少有人注意到 MySpace 这颗社交网站领域的新星，其实它正在悄然升起，并且渐渐变得熠熠生辉。

紧接着于 2005 年 7 月，在新闻媒体界众目睽睽之下，新闻集团以 5.8 亿美元的天价将 MySpace 收入囊中。后来，由于被曝出存在安全问题，MySpace 饱受困扰——当时，MySpace 由于牵涉成年人和未成年人之间的一系列性互动而被告上法庭。一种关于性掠食者的道德恐慌迅速蔓延，虽然后来有相关研究表明这种恐慌被过分夸大，但是这件事在当时还是造成了不小的震动。

（四）社交网站的全球化现象

当 MySpace 吸引美国和国外大多数媒体的眼球时，社交网站在全球范围内也掀起了一阵狂风巨浪——在太平洋群岛，Friendster 获得了广泛关注；在巴西，Orkut 成为首屈一指的社交网站并迅速发展；在日本，Mixi 被大家广泛使用；在瑞典，LunarStorm 迅速腾飞；在荷兰，用户张开双臂拥抱 Hyves；在波兰，Grono 占领主流市场；在拉丁美洲、南美和欧洲的较小国家，Hi5 成为主流社交网站；而在英国、新西兰和澳大利亚，Bebo 便是社交潮流的化身。在中国，通过添加个人主页和让好友能够查看主页的功能，QQ 即时通信服务迅速成为全球最大的社交网站；在韩国，通过引进主页和好友功能，论坛工具 Cyworld 也迅速垄断韩国市场。

社交网站的浪潮席卷全球，具有完整社交网站功能的博客服务也顺势搭上这趟顺风车，逐渐变得流行起来。在美国，像 Xanga、LiveJournal 和 Vox 这样具有社交网站功能的博客工具吸引了广泛的受众；

在法国，Skyrock占据着不可撼动的主导地位；在包括墨西哥、意大利和西班牙在内的全球众多市场中，Windows Live Spaces则是当之无愧的龙头老大。像QQ、Orkut和Live Spaces这样的社交网站，即使不比MySpace的规模大，也完全足以和MySpace的规模相媲美。不过，遗憾的是，QQ、Orkut和Live Spaces在美国和其他国家英语媒体上的覆盖面很小，因此，我们很难追踪它们的发展轨迹。

（五）向利基[①]社区人群服务

除了我们讲到的这些开放服务之外，在面向更广泛的受众扩展市场之前，其他一些社交网站还推出过面向利基社区人群的服务。就拿Facebook来说，区别于先前社交网站面向普罗大众的特点，Facebook起初给自己的定位就是仅支持不同大学校园网的社交网站。作为哈佛大学独有的社交网站，Facebook在2004年年初横空出世。如果想拥有Facebook账户，那么，用户就必须有一个harvard.edu的电子邮件地址。这个阶段并没持续多久，Facebook公司便将注册扩展到其他高校，只不过这些用户依然需要拥有与这些机构相关的大学电子邮件地址罢了。虽然这一严苛要求使得网站相对封闭，但是它对于用户形成关于网站是私密私人社区的观念和认知却大有裨益。

从2005年9月开始，Facebook开始扩大用户群体，它先是将高中生和公司网络内的专业人士囊括其中，最终，普罗大众都开始拥有注册Facebook的资格。不过，虽然Facebook向所有人都不再限制注册，但是这并不意味着新用户就可以轻松访问封闭网络中的用户。这是因为，如果想要访问公司网络，那么，用户仍然需要适当的".com"地址；不仅如此，如果想要访问高中网络，那么，用户还需要经过管理员的批准（在笔者撰写本文之时，只有区域网络的成员资格不需要任何许可）。Facebook的与众不同还远远不止这些——比如，Facebook用户无法向所有用户公开自己的完整个人主页。此外，

[①] 利基（niche），是指针对企业的优势细分出来的市场，这个市场不大，而且没有得到令人满意的服务。按照菲利普·科特勒在《营销管理》中给利基下的定义：利基是更窄确定的某些群体，这是一个小市场并且它们的需要没有被服务好，或者说"有获取利益的基础"。

Facebook 的外部开发者还能够构建"应用程序",这让用户得以随心所欲地对自己的个人主页进行个性化设计和其他布置,例如说明电影偏好或是绘制自己的旅行史。

在大多数社交网站都将精力放在用户数量和指数级增长之时,其他一些社交网站则将目光对准更窄的受众。当然,这些社交网站的境况也各不相同——首先,有些社交网站故意限制用户的访问以显得它们有选择性和精英化,比如 aSmallWorld 和 BeautifulPeople;其次,有些社交网站受目标人群的限制往往规模较小,比如,像 Couchsurfing 一样以活动为核心的网站、像 BlackPlanet 一样以身份为导向的网站和像 MyChurch 一样以从属关系为核心的网站;最后,作为一个鼓励用户创建社交网站的平台,Ning 有它独树一帜的风格。Ning 致力于提供托管服务,所以任何希望创建利基社交网站的人都可以在 Ning 这个平台上实现自己的梦想。

尽管市场研究表明社交网站正在全球范围内迅速走红,但是目前还没有什么可靠数据显示社交网站的具体用户数量。不过,任何事物都有它们的两面性,用户数量的疯狂增长也不例外。一方面,许多公司嗅到巨大商机,用户数量的增长促使它们开始投入大量的时间、砸入大量的金钱来创建、购买、推广和宣传社交网站;另一方面,一些公司却开始阻止它们的员工访问这些社交网站。不仅公司如此,政府组织也开始采取一些应对措施,比如,美国军队禁止它们的士兵访问 MySpace,加拿大政府禁止它们的员工访问 Facebook,美国国会则已经提出禁止青少年在学校和图书馆访问社交网站的立法草案。

总的来说,社交网站的兴起表明了在线社区组织结构的转变。当致力于兴趣社区的网站的发展状况蒸蒸日上的时候,社交网站却另起炉灶,开始围绕人而不是兴趣来开展组织构建。具体而言,早期的公共在线社区是按照话题或者话题的层次结构构建的,比如 Usenet 和公共论坛;但社交网站则不同,它们是以个人或以自我为中心的网络形式构建的。也就是说,在社交网站中,个人才是自己社区的中心。这样的特质也更准确地反映出了未被媒体化的社会结构,在这种社会结构里,"世界是由网络而不是由群体组成的"。此外,社交网站功能引入的作用可不仅仅体现在在线社区方面,它们不仅为在线社区引进了新的组织框架,而且它们也带来了一片无限光明的研究前景。

四、有关的学术研究

（一）印象管理与友谊表现

首先，与其他在线环境一样，用户在社交网站上也能够自发地进行在线自我展示——在线交友简介和MUDS①就是最好的例子，而这二者也为研究印象管理、自我展示和友谊表现进程的学者提供了极其重要的研究环境。在最早一批关于社交网站的学术文章中，Boyd将Friendster定位为一个公共社交网络的中心，并认为它使得用户能够自行决定自我展示的内容并与别人保持良好的联系。后来，Donath和Boyd又对这个内容进行进一步的拓展，他们认为"私人关系的公开展示"是重要的身份信号，指引着用户在网络社交世界中前行的方向，而延伸的社交关系网络则可以用来验证个人主页中纷繁复杂的身份信息，带领用户勇往直前、一路前行。

其次，虽然大多数网站都鼓励用户对自己进行清晰而准确的自我展示，但用户展示的程度却是因人而异的。学者们针对这个问题也做了大量研究——Marwick发现，面对力求真实却僵化死板的个人主页，三种不同社交网站的用户各有奇招，纷纷怀有对付这个问题的复杂策略；Boyd则研究"冒牌货"现象，并认为个人主页不可能是完全真实的。除此之外，用户呈现自我形象的真实或有趣程度也是因网站而异的，无论是社会力量还是技术力量都会影响到用户的行为；Skog则发现，LunarStorm上的个人主页表明，用户的状态是通过活动（例如发送信息）和真实性指标（例如使用真实照片而不是图画）来衡量的，由此我们可以得出，LunarStorm上的状态功能深刻影响着用户的行为方式和他们选择透露的内容。

再次，我们来说说好友联系人的展示，这不仅是自我展示的另一个方面，同时也是个人主页用户的身份标志；而印象管理则是Friendster用户在茫茫人海中选择特定好友的原因之一。在认识到这一点后，Zinman和Donath指出，人们总希望和有趣的灵魂交往，而MySpace的垃圾邮件发送者其实就是利用用户这一猎奇心理，从而才

---

① MUDS, Multiuser domain, 在计算机领域是指多位使用者区域和多用户空间。

能顺利地为他们的垃圾邮件寻找到发送目标。

最后，在对 LiveJournal 中的"友谊"进行研究时，Fono 和 Raynes-Goldie 花了大量篇幅描述用户对私人关系公开展示的理解，以及作为社交舞台上催化剂的交友功能是如何运作的。而在列举用户的交友动机时，Boyd 指出社交网站上的"好友"与我们平时口中常说的"好友"则不同——身处社交网站中的好友就如同用户想象中的忠实观众，他们不仅能够引导用户的行为规范，而且还为用户的自我展示提供着独一无二的平台和环境。关于社交网站的学术研究其实还远远不止这些——有些学者研究将 Friendster 推荐书用作自我展示手段的情况，还有些学者则针对好友吸引力（如 Facebook 的"墙"功能）影响印象的程度进行潜心研究。

（二）网络和网络结构

一方面，社交网站在数据方面做出了不小的贡献，因为它们提供了丰富的自然行为数据来源。如果行为人使用自动收集技术或是运用公司直接提供的数据集，他们便可以轻松获取社交网站的个人资料和联系人数据。这不仅为网络分析研究人员探索交友、用户使用和其他可见指标的大规模模式提供了极大的便利，也使得那些以博客和其他网站研究为出发点的研究分析趋势得以延续。让我们举两个简单的例子来说明：一是 Golder、Wilkinson 和 Huberman 深入钻研交友和信息发送活动，这是他们研究了一个匿名数据集之后来之不易的成果，要知道，该数据集是由超过 400 万 Facebook 用户交换的大约 3.62 亿条信息组成的；二是 Lampe、Ellison 和 Steinfield 发现降低交易成本和更难仿冒的个人主页最有可能吸引到更多的好友联系人，而这一宝贵的研究成果则是他们在探寻个人主页的各要素同 Facebook 好友数量之间的关系后才辛苦得出的。除此之外，我们还惊喜地发现，这些数据在网络可视化技术方面也有它们的用武之地。

另一方面，对于友谊的网络结构，社交网站研究人员也有所涉猎。首先，通过分析人们在 Flickr 和 Yahoo! 的网络发展中所扮演的角色，Kumar、Novak 和 Tomkins 认为在网络发展中，主要有被动用户、邀请者和"网络社会进化的全程目击者"三种关键角色；其次，有大量学者对 LiveJournal 进行研究，相关的论文包括《好友关系分类的方案研究》《语言在好友关系拓扑学中的作用分析》《地理因素在交友中的重要性研究》和《关于激励人们加入特定社区的因素研究》；再次，基于 Orkut 数据产生的研究成果也不少——通过用户在某些网络社区的成员身份，Spertus、Sahami 和 Buyukkokten 最终确定了用户的拓扑结构，并建议网站可以充分利用这一点从而向用户推荐更多他们感兴趣的社区；最后，鉴于好友关系不是唯一值得研究的网络结构，Liu、Maes 和 Davenport 还针对用户的品位（最喜欢的音乐、书籍、电影等）如何构成另一种网络结构进行研究，他们甚至还将其命名为"品味结构"。

（三）在线连接和离线社交网络

如果你认为社交网站就是用来交新朋友的，那么，你可就大错特错了，因为这只是一种例外情况。而现有的研究表明，大多数社交网站其实主要维系的是先前本就存在的社会人际关系。比如，Ellison、Steinfield 和 Lampe 就认为 Facebook 的作用不在于结识新朋友，而在于维持或是巩固现有的离线人际关系。尽管这些人际关系可能不堪一击，但是你可不要忘了，通常在能成为朋友的用户之间总有一些共同的线下因素，比如两人是同校同班同学，而这也是将社交网站与早期形式的公共 CMC（新闻组）区分开来的主要考量因素之一。在这一方面，已经有学者深入调查研究在线互动和离线互动之间究竟是如何交互的。例如，Lampe、Ellison 和 Steinfield 发现，Facebook 用户使用"搜索"功能其实并非为了寻觅一个完全陌生的人相识，而更多的是为了寻找与自己具有离线人际关系的用户。Pew 也得到相类似的结果，他通过研究发现，91% 的美国青少年使用社交网站的初心就是为了与自己的朋友联系。

鉴于社交网站能够让用户之间沟通无极限，所以关于社交网站已经深深融入千家万户这一点，也便是顺理成章的事情了。在韩国，Cyworld 已经成为韩国人日常生活中不可或缺的一部分。除此之外，Choi 还通过研究发现，85% 的受访者都"将维护和巩固已有的社交关系作为自己使用 Cyworld 的主要动机"；而在美国，使用社交网站也跟吃饭、睡觉一样稀松平常——Boyd 认为，不仅 MySpace 和 Facebook 能够冲破空间的阻隔，给予美国年轻人一个即使无法与朋友面对面，也能够心连心交往的平台；而且她还提出，就好比未被媒体化的公共空间，这些社交网站其实就是支持社交的"网络公众"。

（四）社交网站的隐私问题

如今在报道社交网站时，主流媒体都将目光对准了社交网站的隐私问题，尤其是年轻用户的隐私安全。而研究人员同样也关注到这一问题，并针对社交网站对隐私的潜在威胁展开调查研究。在首批关于隐私和社交网站的学术研究中，Gross 和 Acquisti 对 4000 份卡内基梅隆大学学生的 Facebook 个人主页进行分析，并概述出社交网站上包含的学生个人信息对隐私构成的潜在威胁。比如，行为人极有可能利用个人主页中的一些常见信息（如家乡和出生日期）来破解密码，从而重置用户的社交账号密码。

首先，Acquisti 和 Gross 提出，虽然学生们心怀保护隐私的美好愿望，但是他们实际上却在泄露隐私的错误道路上越走越远。对于这个话题，不仅 Stutzman 在调查 Facebook 用户时进行过研究，而且 Barnes 也在论述"青少年不知道互联网的公共性质而出现的'隐私悖论'"时进行过探讨。此外，在分析社交网站上的信任问题时，Dwyer、Hiltz 和 Passerini 认为，信任和使用目标可能会对他人愿意分享的内容造成一定的影响。举例来说，因为 Facebook 用户对 Facebook 的信任程度要高于 MySpace 用户对 MySpace 的信任程度，所以 Facebook 用户就有更强烈的意愿在网站上分享自己的信息。

其次，在另一项检查安全问题和社交网站的研究中，Jagatic、Johnson、Jakobsson 和 Menczer 采用了一种有趣的研究方法——他们使用社交网站上可自由访问的个人主页数据设计出一个"网络钓鱼"方案。在这个方案中，他们伪装成用户在网络上的朋友，这样一来，被"钓"到的用户就会放下戒心、畅所欲言，因为这些用户认为自己是在向"好朋友"透露信息，而不是在向陌生人透露信息。同时，调查数据也让大家因隐私问题悬起的心稍稍放下了一些，因为研究数据表明，对于网络上潜在的隐私威胁，不仅不少青少年能够敏锐意识到，而且许多人还能积极主动地采取措施将某些潜在风险降至最低。此外，Pew 发现在 55% 拥有个人主页的在线青少年中，有高达 66% 的人报告说他们并没有向所有互联网用户开放自己的个人主页；而即使是在完全开放个人主页的青少年中，也有46%的青少年表示他们的主页中并不全是真实的个人信息。

再次，隐私还牵涉用户的控制能力和管理社会环境的能力。一方面，Boyd断言，尽管"信息流"功能中包含的内容原本就可以访问，但是Facebook引入该功能还是会使学生们的控制力土崩瓦解；另一方面，Preibusch、Hoser、Gurses和Berendt认为，当用户与隐私观念不同的朋友爆发冲突时，社交网站提供的隐私选项并不能提供一场"及时雨"，因为隐私选项并不能为用户提供他们所需的隐私灵活性。因此学者建议，网络公司可以在社交网站中建立一个隐私框架，这对于解决这些冲突一定是大有裨益的。

最后，当我们从法律角度看待隐私问题时，我们会发现社交网站也在挑战隐私的法律理论。Hodge认为，《美国联邦宪法第四修正案》和有关隐私的法院判例在处理社交网站的相关问题上并没有什么用武之地。例如，在没有搜查令的情况下，警察是否有权访问用户在Facebook上晒出的内容？其实，不仅这种做法的合法性取决于用户对隐私的期待，而且还取决于Facebook上的个人主页到底被认为是公开的还是私密的，然而我们的法律对此还无法明确地回应。

（五）其他

一方面，除了前文论及的研究主题之外，越来越多的学术研究将触角伸向社交网站的用户、它们的功能所支持的用户行为和其他学者未曾涉足的方面。例如，有人对种族和民族方面进行学术研究，有人对宗教进行涉猎，还有人对性别和性展开调查。这些因素既与社交网站有关，也受社交网站的影响，还在这些社交网站中被实施，最后引发关于身份是如何在这些社交网站中形成的一系列有趣问题：通过调查Orkut的"巴西入侵"现象以及由此导致的巴西人和美国人在网站上的文化冲突，Fragoso深入研究国家身份在社交网站使用中的作用；还有一些学者开始着手对社交网站的使用进行跨文化比较，比如，Hjorth和Yuji比较日本人对Mixi的使用和韩国人对Cyworld的使用，而Herring等人对比研究在LiveJournal上联通不同语言的用户的做法，只不过在这方面学者们还有很长的一段路要走。

另一方面，学者们正在记录社交网站的使用对学校、大学和图书馆的影响。首先，有的学术研究调查学生们关于在 Facebook 上拥有教授的感觉，还有的研究调查学院的参与是如何影响学生和教授的关系的。其次，Charnigo 和 Barnett-Ellis 发现，不仅图书馆管理员对 Facebook 了如指掌，而且他们还反对美国关于禁止未成年人在图书馆访问社交网站的立法提案。然而很多用户却并不领情，因为他们认为社交网站并不在图书馆管理员的权限范围之内。最后，Perkel 对社交网站没有教育意义的观点提出质疑，为此他分析 MySpace 上用户复制与粘贴的做法，并认为这就是社交网站涉及社交、技术技能两方面读写能力的强有力证据。

由于本文篇幅有限，并且关于社交网站的许多研究成果仍在出版过程中，所以本文对学术成果的概述并不全面。此外，由于我们自身的语言限制，本文没有涵盖除英语以外的其他语言文献（例如 Recuero 在 2005 年关于社会资本和 Orkut 的文章）。

五、本专题部分概述

基于先前对社交网站的研究以及计算机中介传播研究中广泛的理论传统，本专题的文章从多种理论和方法论角度探讨各种社交网站，包括 BlackPlanet、Cyworld、Dodgeball、Facebook、MySpace 和 YouTube。这些文章涉及多个方面的问题，包括关系维护、身份、表现、隐私、自我展示和公民参与等。

首先，本专题中有 3 篇文章主要针对在线和离线体验，并就二者深深交织在一起的方式提出自己的观点和见解。第一，通过运用关系辩证法，Kyung-Hee Kim 和 Haejin Yun 深入分析 Cyworld 是如何维系韩国用户的人际关系和自我关系的。通过追踪用户根深蒂固的文化信仰和活动，以及探究这二者融入 Cyworld 的在线交流和用户行为的微妙方式，他们发现在线环境强化了用户对关系维护的文化期待中某些方面的内容（例如互惠的概念），而 Cyworld 独特的功能则使用户成功逾越离线对交流的阻碍。第二，通过运用内容分析方法，Dara Byrne 探究用户在 BlackPlanet 论坛上的参与情况，由此他发现在线讨论仍然饱受困扰，而这个困扰也是离线活动用户长期遇到的"老大难"问题。第三，通过利用访谈和观察数据，Lee Humphreys 走访调查一些早期用户的做法，其中包括移动社交网络服务 Dodgeball。不仅如此,她还潜心研究网络通信重塑离线社会地理格局的方式。

其次,本专题中还有部分文章论及新兴研究方法的重要性以及它们是如何阐明行为模式的。笔者在此举出两例:第一,通过分析和建模超过127000个MySpace个人主页中列出的偏好,Hugo Liu研究用户的品位表现和兴趣表现,并从中得出独一无二的"品位地图"。第二,通过分析美国一所容纳不同学生的大学所收集的调查数据,Eszter Hargittai深刻阐明了用户的使用模式。如果没有她的研究,那么,这些使用模式将会深藏其中、无人问津。不仅如此,Eszter Hargittai还发现采用特定的网络服务与个人种族和父母教育水平之间也互有关联。

再次,本专题中也有文章涉及学者采用的研究方法,并认为目前采用的方法对现有理论具有调配、挑战和扩展的作用。其一,通过拓展信号理论,Judith Donath深刻阐释为降低社会成本,社交网站用户在对信任和身份进行管理时采取的不同策略,此外,她认为社交网站上对于关系的构建和维护其实就好比是"社交修饰"。其二,通过分析YouTube用户在视频分享中模糊界限的做法,Patricia Lange将传统的"公共"和"私人"之间的二分法推向一个更高的层次。

最后,不仅本专题部分的文章突出强调社交网站在用户生活中的重要性,而且它们也对社交网站作为一个研究主题的重要性予以高度关注。总的来说,这些文章集中展示了网络实践是如何反映、支持和改变我们已知的日常实践的,而对于用户如何呈现和隐藏自己的某些方面,以及用户如何与别人联系交往的问题,文章更是集中发力、着墨颇多。众所周知,用户使用社交网站便会留下在线痕迹,而这便为研究人员提供了前所未有的机会。幸运的是,本专题部分的学术研究正是在把握住这一大好机会,从而完成这些有助于解释在线和离线行为以及融合这两种环境的研究成果。

六、结语

无论对于从业者还是研究人员来说,在创建社交网站重要性的持续性对话方面,上述研究成果和本专题部分的内容必定是百利而无一害的。但是,"革命"尚未成功,广阔的未知领域仍有待探索。首先,从方法论上来说,社交网站研究人员做出推理论断的能力是受到实验或纵向研究缺乏的限制的；其次，尽管情况正在迅速扭转，但是关于谁在使用或没有在使用这些网站、为什么以及为了什么目的使用（尤其是在美国以外的地方），学者们对于这些问题的了解仍然是有限的，这些问题还有待于大规模的定量和定性研究。最后，若能对更难接触到的人群（包括非用户）进行更丰富的人种学研究，那么，这必将对学者们理解这些社交工具的长期性影响产生较大的帮助。

在此，我们希望本文中涉及的研究成果和本专题中的内容能为未来的研究尽一点绵薄之力，并为研究其他围绕社交网站的重要问题奠定坚实的基础。

拯 救 脸 书

詹姆斯·格里梅尔曼[①] 著　袁姝婷[②] 译

目　次

一、导论
二、脸书隐私的社交动态
三、行不通的解决方案
四、可能有效的解决方案
五、结语

一、导论

科技法的第一要务往往是弄清楚人们如何实际使用技术。我们不妨想想所谓的"幽灵驾驶"现象。脸书页面上的"幽灵驾驶"链接的是这样一段视频，两名年轻男子从一辆正在行驶着的汽车里跳出来，在汽车顶上手舞足蹈，此时的汽车俨然已经处于无人驾驶状态。这一切并不只是听起来十分危险，而是确实十分危险。至少已经有2人死于幽灵驾驶，并且网上发布的数百个"幽灵驾驶"视频当中，最有名的一个便是一名幽灵驾驶者最终被自己的车碾死。

为了应对这种明显带有风险的行为，政策制定者可以采取的方法有两种。一种错误方法是将幽灵驾驶者视为被动的受害者。当然，神志清醒的人绝不会心甘情愿地在行驶中的汽车顶上手舞足蹈。一定是

[①] 詹姆斯·格里梅尔曼（James Grimmelmann），美国纽约大学法学院副教授。
[②] 袁姝婷，中山大学法学院助教。

那辆车出了什么问题，诱使他们进行幽灵驾驶。或许所有的汽车都应该在驾驶者一侧的车窗上贴上带有"切勿离开正在行驶中的汽车"字样的标识。如果驾驶者无视了这些标识，那么任何一辆开着门窗的车可能都应当被认为是不合理的危险，诸如此类。这种思维方式的问题在于，它将关注点仅仅放在汽车上，而不是放开方向盘使汽车处于无人驾驶状态的驾驶者身上。事实上，汽车并不会导致幽灵驾驶，人才会导致幽灵驾驶。

为了保护驾驶者免受幽灵驾驶的危险，政策制定者最好还是采取另一种方法，即将重点放在幽灵驾驶者本身。他们做出这一行为的动机是什么？为什么他们低估了这一行为所带来的风险？如果他们因此受伤，究竟是哪里出了问题？假如要与幽灵驾驶者的世界观相吻合，那么政策制定者应当采取温和的、渐进式的政策，从而适应幽灵驾驶者使用汽车技术的方式。合理的应对措施包括降低幽灵驾驶的吸引力，使幽灵驾驶者意识到其中所存在的危险，以及通过调整汽车设计来帮助驾驶者即刻重新控制车辆。其关键原则就在于理解技术使用的原理，并适时对政策干预做出调整。

有关脸书的隐私问题。我们不妨再考虑一下脸书页面上的幽灵驾驶。只要拥有脸书账户，包括警察和潜在的雇主在内的所有人就都可以轻而易举地知道这2名幽灵驾驶者的名字。这些人不仅误解了幽灵驾驶所带来的物理风险，也误解了脸书所带来的隐私风险。他们并不是个例。目前已有超过1亿人将自己的个人敏感信息上传到脸书上，并且其中许多人都因此遭受了严重的损失。这些损失包括丢了工作、名誉扫地，以及令人尴尬的秘密被公之于众。

人们很容易将这些问题完全归咎于脸书。尽管如此，这一想法却是错误的。从隐私的角度来看，脸书并不是一个偷车贼，将受害者置于不利境地。恰恰相反，它是一个汽车制造者，为其用户提供了灵活的、有价值的、具有社会吸引力的工具。而脸书用户则是那些幽灵驾驶者，他们在隐私之上手舞足蹈，向全世界公开自己的个人信息。

如果我们设法通过法律和政策来缓解脸书和其他社交网站所带来的隐私风险，那么，我们就需要进行如上所述的社会和心理分析。脸书用户做出这一行为的动机是什么？为什么脸书用户低估了这一行为所带来的风险？如果脸书用户因此导致隐私受到侵犯，究竟是哪里出了问题？与这些问题的答案无关的任何回应都会很容易让事情变得更糟。例如，以技术控制为例：用户可以通过开关来避免某些细节以某些方式被共享。脸书是意料之外的技术控制无效的证据之一。它兼有严重的隐私问题和全面的隐私保护结构。问题在于，将模糊的、具有争议性的用户信息共享规范转化为有力的软件规则是非常困难的，事实上也是不可能的。一旦技术控制妨碍了社交活动，用户就会禁用它们。这个例子十分典型，而其他一些看似有吸引力的隐私"保护措施"均忽略了基本的社交动态。

本文主要以脸书为例，首次对有关社交网站的隐私法律和政策做出细致而全面的分析，共分为以下五个部分。

第一部分，除了上文之外，笔者在其余部分提供了必要的背景知识。在对一些必要术语做出解释之后，该部分还介绍了脸书的简史和技术概述。

第二部分，笔者对有关脸书隐私的社交动态进行了详尽的、有事实基础的阐述，主要包括了以下三个内容：其一，笔者解释了人们如何通过社交网站表达自己，人们如何通过社交网站建立有意义的人际关系，以及社交网站如何将这些用户视为有价值的社区成员。其二，笔者展示了这些社交动因是如何与人们用来评估隐私风险的启发式方法所紧密联系在一起的，这些启发式方法往往会导致人们认为在脸书上的活动比实际情况要更加私密。其三，笔者对脸书所引发的隐私损害进行了探究。第二部分的启示是，有关脸书的大部分隐私问题既不是无能的结果，也不是恶意的结果，相反，它们是人们热衷于使用脸书的方式的自然结果。

第三部分有关无益的政策回应，它表明，如果不关注这些社交动态，政策处方可能会出现严重错误：①将问题留给"市场"解决并不会产生最佳结果，用户对脸书的隐私风险所产生的社会误解和认知误解不会很快消散。②"更好的"隐私政策其实无济于事，一旦用户决定了其在脸书上所做出的行为，他们就根本不会关注到这些隐私政策。③"更好的"技术控制只会雪上加霜，它们将微妙而复杂的人类判断强加于不相适宜的数字盒子。④把脸书当作商业数据收集者是对问题的误解，事实上，用户自愿地，甚至迫不及待地要求网站广泛分享自己的个人信息。⑤试图限制用户对脸书的访问是徒劳无益的，因为它拥有许许多多热情而忙碌的用户，他们会反抗各种各样的限制。⑥使用户对其在脸书上公开的信息享有"所有权"是最糟糕的想法，这使得他们可以肆意践踏别人的隐私。

第四部分有关有益的政策回应，它表明，与脸书社交动态相关的建议有时也能带来一些好处。以下这些建议均试图缩小用户对其个人信息的预期情况与实际情况之间的差距：①用户发布在脸书上的信息并不完全都是公开的。用户并不仅仅因为信息被置于脸书之上就自动丧失了对其所享有的隐私权。②用户的良好名声极具价值。用户在脸书上的个人形象会对其商业信誉产生影响，如果行为人在未经同意的情况下将他人在脸书上的个人形象用于商业使用，那么该行为应当是可诉的。③选择退出必须有意义。那些没有注册脸书的人，或者在注册之后决定退出的人都应该就其不使用脸书的选择得到其他所有人的尊重。④不可预测的改变是危险丛生的。社交网站所做出的有损用户隐私期待的改变都应当被视为不公平的贸易行为。⑤完全裸露的社交网络对社会环境有害。贿赂用户使用社交网站，例如，如果用户能够吸引更多的好友注册就给予他们奖励，这种行为会产生不良的连环骗局，进而破坏人际关系。⑥教育需要给到正确的受众。以适当的方式解释有关社交网站隐私的一些关键事实，这种具有针对性的行为可能有助于阻止用户犯一些常见的错误。

第五部分当中，笔者持乐观态度，并就此做出简短的总结。

（一）社交网站、联系人与社交图谱的定义

笔者将脸书及其竞争对手称为"社交网站"。该词表述了这样一种观点，即脸书及其竞争对手都是专为通过"社交网络"联系的人们所设计的网站，社会学家用"社交网络"这一术语来描述人与人之间的交互。

笔者引用的是 Danah Boyd 和 Nicole Ellison 所提出的"社交网站"定义："所谓社交网络网站，是指允许用户在一个封闭系统内建立公开或半公开的个人资料，建立能够与自己共享连接的用户列表，查看和遍历自己的连接列表以及系统内其他用户所建立的连接列表的网络

服务。"① 该定义强调了用户之间连接的表现。用户并不仅仅可以在网站上写下有利于其他用户的话语,他还可以使用该网站所提供的工具在自己的个人资料与其他用户的个人资料之间创建一个标准的链接。社交网站使得社交网络的图形结构变得更加清晰,其中,用户是节点,而他们的连接则是链接。这种设计选择对发生在这些网站上的社交互动有着深远的影响。

上述定义的三个方面分别对应于这些网站所支持的社交互动的三个重要方面。第一个方面是个人资料,它所对应的是身份,即用户创建代表自己的个人资料。第二个方面是联系,它所对应的是人际关系,即用户与其他用户之间相互建立连接。第三个方面是遍历联系人列表,它所对应的是社区,即用户在自己的同伴当中占据了特定位置。(粗略地说,人们可以把这三个方面看作与第一人称"我们"、第二人称"你们"和第三人称"他们"一一对应)。在讨论人们在社交网站上做出何种行为以及其隐私究竟为何时,笔者将反复使用这种三元结构。

笔者将使用"联系人"一词来指称在社交网站上与某一用户之间有确切链接的其他用户,相对于许多网站使用的"好友"等术语,它对人际关系性质的描述更为中立。是否是用户在社交网站上的联系人很好界定,其他所有用户要么是联系人,要么不是联系人。在脸书等一些网站上,联系人是一种对向关系,即如果我是你的联系人,那么你也是我的联系人。而在 LiveJournal 等其他一些网站上,联系人则可能是一种非对向关系,即我可以添加你为联系人,但你不需要也添加我为联系人。有些网站还允许用户对其链接进行备注,这样他们就可以对其他用户做出更多的分类,而不仅仅是联系人与非联系人的区别,例如,Orkut 允许用户备注自己是特定联系人的"粉丝"。

"社交图谱"一词通常是指,整个用户网络及在社交网络网站上

---

① Danah M. Boyd, Nicole B. Ellison, Social Network Sites: Definition, History, and Scholarship. Journal of Computer-mediated Communication. 11 (2007), http://jcmc.indiana.edu/vol13/issueI/boyd.ellison.html. Boyd and Ellison use social network site rather than social networking site because participants are not necessarily networking or looking to meet new people; instead, they are primarily communicating with people who are already a part of their extended social network. (emphasis added).

与用户之间有确切链接的联系人,或者是指,只要同一个网站储存了所有重要的人际关系就会存在的、理想化的用户网络及确切的联系人链接。当我们谈论在某一特定网站中的用户"社交网络"时,我们通常指的是一些更模糊、更主观的东西:在网站上与某一用户互动的其他用户,即使他们不经常互动,也无论他们是否被列为联系人。脸书认为"社交网络"是指,与某一机构相关的所有用户"网络",例如,用户的"巴特内大学网络"是隶属于巴特内大学的用户联系人的集合,从而混淆了视听。"社交网站"只不过是一种"社交软件",Clay Shirky认为,其是指"支持群组通信的软件"[1]。

(二)脸书的简史与技术

社交网站最早可以追溯到20世纪90年代末。在今时今日,一些早期网站已经关闭[2],而LiveJournal等其他一些网站仍然做得很成功。2002年,随着Friendster的出现,社交网站开始进入美国大众的视野。一系列技术问题和社区管理失误使得Friendster没有能够充分发挥其被媒体广泛报道的作用。而随后,MySpace(拥有超过1亿用户)和Facebook(拥有超过1.75亿用户)逐渐取代了Friendster的地位。除此之外,还有许多其他的社交网站如雨后春笋般涌现出来,不过在下文当中,笔者将主要选取这四个网站为例做出说明。

脸书是由一名有着雄心壮志的哈佛大学学生所创建的,而它也确实获得了成功。该网站成立于2004年2月,其名字(最初叫TheFacebook.com)和灵感最初是来自向哈佛大学学生分发的涵盖学生头像照片和基本个人资料的手册。在脸书创立之初,一天之内就有1200名学生注册了该网站,并且不到一个月,哈佛大学就有半数学生都加入了该网站。随后,它迅速地发展为也向其他学校的学生提供"网络",到2005年9月,脸书宣布882所大学当中85%的学生都已经创建了各自的个人资料,而其中60%的学生每天都会登录该网站。

---

[1] Clay Shirky, Social Software and the Politics of Groups, http://www.shirky.com/writings/group-politics.html (Mar. 9, 2003).

[2] Danah M. Boyd, Nicole B. Ellison, Social Network Sites: Definition, History, and Scholarhip, Journal of Computer-mediated Communication. 11 (2007), http://jcmc.indiana.edu/vol13/issueI/boyd.ellison.html.

在今时今日，脸书对所有年满13岁且有电子邮件地址的用户开放。

脸书本质上是一种大学服务，这一点从其赋予网络的关键角色中可见一斑。"网络"是就读于同一学校、工作于同一场所或生活在同一地区的用户集合。① 脸书所提供的一些隐私设置允许用户限制其某个网络成员访问某些信息。② 如果想要进入某一大学网络或公司网络，你需要拥有一个与相关机构有关的电子邮件地址。③ 例如，只有电子邮件地址拥有"@barnett.edu"这一后缀名的人才可以访问巴特内大学网络中的用户个人资料。为了彻底贯彻这一规则，脸书的使用条款反复禁止任何人使用虚假信息进行注册。

脸书创新的速度可谓一日千里，因此只要你登录该网站，你就会惊奇地发现某些界面在一夜之间发生了变化，并且还额外提供了一项新功能。每个用户的个人资料页面都有一个"留言墙"，其他用户可以在上面留言。除此之外，还有一个私人的、类似于电子邮件的"消息"系统，和仅提示"……戳了你一下"这一消息的"戳一戳"系统。用户还可以互赠价值1美元的"礼物"（64×64像素的图标）。脸书还提供名为"照片"的照片分享功能，并且带有一个智能标签系统：只要点击任何一张照片，即使是别人所发布的照片，你就可以知道他的名字。如果他是脸书上的某个用户，这个名字就会变成链接到其个人资料。

所有这些活动都会生成丰富的事件通知流。2006年9月，脸书将这一事件通知流暴露于用户视野中。每个用户的主页都会显示"好友动态"，即来自其联系人的最新通知列表。你能够看到Seth的感情状况发生了改变，能够看到Gwen送了Marcia一件礼物，也能够看到Fred在Shar的留言墙上写下了一些话，等等。这一改变引发了人们有关隐私含义的争论。起初，脸书辩称，这些信息一直以来都是

---

① See Networks on Facebook, FACEBOOK, http://www.new.facebook.com/networks/networks.php.

② See Facebook Principles, FACEBOOK, http://www.facebook.com/policy.php?ref=pf (Your profile information, as well as your name, email and photo, are displayed to people in the networks specified in your privacy settings.).

③ Networks: Joining or Leaving a Network, Facebook, http://www.facebook.com/help.php?page=799 (follow How do I join a supported Facebook network? hyperlink).

可以为用户所获得的,用户可以直接查看变更后的个人资料。之后,它做出了一定的退让,允许用户选择某些东西不会出现在别人的好友动态当中。

从技术方面来说,脸书最有趣的功能就是它的"平台",开发者可以用其来创建与脸书网站无缝对接的"应用程序"。该平台为开发者提供了一个向脸书发布指令并从中收集信息的界面,此外还提供了一种自定义标记语言,这样,应用程序的通知和界面就会以脸书的观感呈现给用户。目前,脸书已经有成千上万的应用程序,并且其中一些已经获得了巨大的成功。比较值得注意的应用程序包括:①Lexulous,它是一种非常流行的,也可能是侵犯知识产权[1]的拼字游戏;②Zombies,在该应用程序当中,每个用户控制一个僵尸,僵尸彼此之间可以互咬;③Causes,通过该应用程序,用户可以履行自己的社会义务,寻找其他支持相同公益的用户,并进行捐款;④Quiz Creator,它会问:"你曾经是否想要拥有自己的脸书应用程序?懒得写代码?这个应用程序是专为你而设计的!只要填写一些简单的表格,你就能利用它来创建属于你自己的测试应用程序!"

应用程序几乎可以与用户脸书体验的方方面面相联系。例如,Causes会将一些内容添加到你的个人资料页面和好友动态当中;而Zombies会构建你的联系人列表,以供你决定咬谁的僵尸。目前,脸书提供了广泛的选项,用户可以选择自己的哪些个人数据应用程序能够查看,以及哪些应用程序能够识别垃圾邮件。[2]

2007年11月,脸书推出了Beacon,它是一个允许第三方网站向脸书发送事件通知的系统。例如,Epicurious.com可能会向脸书发送消息,提示Epicurious.com用户已经查看了某个食谱。通过巧妙的编程,如果用户同时登录了脸书,那么,该消息就会与其相联系起来,并出现在其好友动态当中。(紧接着,脸书的其他程序"社交广告"就会向第三方会员提供是否在其联系人看到其好友动态的通知时显示

---

[1] See Complaint at 1, Hasbro, Inc. v. RJ Softwares, No. 08 CIV 6567(S. D. N. Y. July 24, 2008), http://www.scribd.com/doc/4083968/hasbro-v-scrabulous.

[2] See Privacy, FACEBOOK, http://www.facebook.com/help.php?page=419(listing privacy options available to Facebook users).

相关广告的选项。）Beacon 提供了明显无效的退出选项：临时弹出窗口视不作为为同意，并且由于每个站点都试图发送通知，除了关闭所有网站之外，用户没有其他方法可以预先禁用 Beacon。在解决了有关的公众抗议之后，脸书实施了更好的退出程序。脸书目前正在推出"Facebook Connect"，它允许其他网站吸收脸书的个人资料和好友列表等功能。

Facebook 与其最强有力的竞争对手 MySpace 之间有所不同，其中最重要的区别在于，Facebook 是以大学这一机构为基础来塑造自身的。虽然 MySpace 拥有很多大学生用户，Facebook 也拥有很多非大学生用户，但是 Facebook 的文化规范反映了大学生的经历，而这一点是 MySpace 所没有的。即使从外观来看，这种差异也十分明显。Facebook 的用户界面受到严格控制，虽然用户和应用程序可以将文本和图片添加到个人资料当中，但这些元素只能以 Facebook 限定的位置和大小出现。与此相反，MySpace 则允许用户通过输入原始 HTML 来自由设计其个人资料页面。结果就是，Facebook 的页面往往就像现代化的大学宿舍一样整洁，而 MySpace 页面往往就像贴满东西的高中储物柜一样丑陋但个性十足。

本文将主要讨论英语国家的年轻人（30 岁以下）使用社交网站的社交动态。一方面是限于翻译资料的缺乏；另一方面则是由于在社交网站的使用上存在诸多的人口结构差异，而其中的原因和后果都还有待研究。一项针对大学生的研究发现，相比于男性来说，女性使用社交网站的可能性更大；相比于白人来说，西班牙人使用 MySpace 的可能性更大，而使用脸书的可能性则更小。与此相似的是，Orkut 在美国国内从来不受欢迎，但是它却在巴西甚至拉丁美洲和亚洲大受欢迎。

本文所获得的启示或许能够为其他国家和文化所借鉴，但为了与本文的论点保持一致，这些应用程序应该建立在仔细研究当地社交网站使用模式的基础之上。

二、脸书隐私的社交动态

脸书对其用户了如指掌。脸书个人资料总共囊括了大约 40 条可识别个人信息，包括：姓名，生日，政见和宗教观，线上线下联系方式、性别、性取向和感情状况，喜爱的书籍、电影等，教育和工作经历，照片，等等。然后，脸书为用户提供多种工具来搜索和添加潜在联系人。① 一旦你完成搜索和添加，脸书就已经对你和你所认识的人有了一个相当全面的了解。

个人资料和链接仅仅是一个开始。我们再来看上述特性和应用程序，它们都是信息共享的渠道：

（1）留言墙上的留言可以包含留言人（如在我留言墙上写下其即将到来的比萨之旅的留言人的联系人）的相关信息，被留言人（如询问我有关胡子问题的联系人）的相关信息，或者留言人即被留言人（如提及我们在大学里一起上的一门课的其他联系人）的相关信息。

（2）如果我戳了你一下，这表示我在线，并且我想到了你。

（3）赠送礼物所需的支付基础设施为个人资料和线下身份之间提供了更有力的链接，这说明选择这件礼物而不是另一件礼物。例如，一个"祝你早日康复"的气球而不是一个红唇之吻或一个光明节陀螺，至少具有别人所能够理解的意义，你所附的赠言也是一样。

（4）如果我上传了一张你的照片并贴上标签，那么，它就会记录下你的长相和你去过的某个地方。不仅如此，它还能够表明我认识你，并从中合理地推测出我是摄影者。

（5）你所玩的每个 Lexulous 游戏都会暗示你所拥有的词汇量。玩 100 款 Lexulous 游戏和玩 8 级的 Zombies 也说明了你的不同性格。

（6）你的 Causes 列表能够告诉别人你认为什么原则是重要的。

（7）Quiz Creator 可能不会揭示太多那些小测试编写者的信息，但回答小测试的全部意义在于揭示你所拥有的知识、所坚持的信仰以及所具有的偏好。

总的来说，你在脸书上的所作所为可以揭示出你的各种信息。目前来看，我只有一个 1 级僵尸这一事实当中并不涉及太多的敏感信息

---

① See Friends, FACEBOOK, http://www.facebook.com/help.php?page=441（suggest contact to current contacts）; Find People You Know on Facebook, FACEBOOK, http://www.facebook.com/findfriends.php（search for users）; Florin Ratiu, People You May Know, FACEBOOK BLOG, http://blog.facebook.com/blog.php?post=15610312130（May 1, 2008）（get suggestions from Facebook）.

(尤其是当我补充说明我玩Zombies仅仅是为了研究目的时)。但法律通常会将许多其他事实视为典型的个人资料,包括:用户的宗教信仰、性取向、组织成员身份、所出席的活动,以及外貌,并且从他人角度出发禁止行为人发现或披露这些事实。迄今为止,脸书已经有超过2亿用户及其个人资料。

如此大量的个人信息使我们不得不思考这样一个问题:为什么这么多的脸书用户将其各种各样的个人信息放在脸书上?答案是,人们之所以使用社交网站是有社会原因的,而这些社会因素恰恰不仅解释了在众所周知脸书具有隐私风险的情况下用户仍然将脸书置于重要地位的原因,而且还解释了用户总是低估脸书的这些隐私风险的原因。脸书为用户提供了一个平台,在这里他们可以塑造社会身份、建立互惠关系以及积累社会资本。这些都是重要的、原始的人类欲望,其即时性能够在人们用以评估隐私风险的机制当中引发系统性偏见。

(一)人们使用社交网站的社会因素

人们通过使用电脑进行社交活动的习惯由来已久,而新的社交软件形式也逐渐产生,并因此为用户提供了一些具有社交吸引力的产品和服务。在本文的这一部分当中,笔者将详细介绍脸书之所以能在社交方面抓住用户眼球的三个因素。这三个因素都驱使了用户公开其个人信息,并且它们都与其他用户的个人信息密不可分。

1. 用户身份

人们使用社交网站的第一个社会因素是最为显而易见的,即社交网站会让你说出自己的身份。Erving Goffman观察到,人们日常的社交活动或多或少都充满了说服别人接受你对自身所做出的评价的尝试。线上互动也并无什么不同,因为你可以使用包括聊天昵称和主页在内的任何一种方式来影响别人对你的看法。

社交网站为Goffman所提出的"印象管理"提供了一个强有力的直接工具:个人资料页面。[1]正如你对衣着和发型的选择表明了你对自身有何种看法(以及希望别人对你有何种看法)一样,你对个人

---

[1] See generally The Presentation of Self in Everyday Life (1959) applying a dramaturgical perspective to daily social interactions.

资料照片的选择同样表明了这一点。因此,许多用户会尽可能地选择展示出自己最讨人喜欢的照片。每一个额外的数据都起到揭示作用,为你的自画像添上一层色彩。对于脸书用户来说,个人资料栏并不是在列出其最重要的信息,而只是列出了其最想展示的信息。事实上,在脸书的个人资料当中,有一半的"个人"字段都涉及用户所喜爱的媒介形式,但这并不是消费主义的表现,相反地,它使得用户能够使用一种共同的文化语言就"声誉、差异性、真实性和戏剧角色"进行交流。

这些信息并不是通用的,它们都是专门为特定受众所编码的。Friendster 不允许 18 岁以下的用户注册,这种编码能够为其他青少年所理解。例如,参加"火人节"的人会在自己的个人资料中列出其节日专属昵称,如果你不是"火人",这些名字对你来说就毫无意义。再例如,虽然在字面上为假但仍然可以理解的个人资料也是虚假信息的一种:一个根本不存在的人的个人资料①或一个未经认证而自称是名人的人的个人资料。有些虚假信息是为了方便研究等目的而产生的(比如"巴特内大学"),而有些虚假信息则是有意创建的。

因此,社交网站的个人资料完全是一种社会产物:人为控制的针对特定受众的印象,既能够表述行为,也能够揭示信息。② 在 Barack Obama 的脸书个人资料当中,所有的字母和像素都是经过精心设计的,从而能够准确传递其竞选团队所想要传递的信息。笔者需要补充说明的是,个人资料并不只是能够表明用户身份,它们同样能够塑造用户身份。在社交网站环境下,你通过个人资料向联系人所展示的那个人就构成了你。长期以来,社交软件推动了用户身份的塑造,并且社交网站个人资料促进了这种动态的发展。

身份建构并不局限于用户的个人资料,其他通信活动同样能够表明你的身份。加入"达尔富尔行动小组"不仅可以鼓励你的联系人

---

① See, e. g., Beer Goggles Egads, FRIENDSTER, http://profiles.friendster.com/8032093. See generally Danah Boyd, None of This Is Real: Identity and Participation in Fniendster, in Structures of Participation in Digital Culture 132 (Joe Karaganis ed., 2007), http://www.danah.org/papers/None0frhisIsReal.pdf (describing the Fakester phenomenon).

② See Alex Williams, Here I Am Taking My Own Picture, N. Y. TIMES, Feb.19, 2006, § 9, at 1.

来共同拯救达尔富尔,还可以让他们知道你是心系拯救达尔富尔的人。类似地,其他用户在你个人资料上所留下的评论也会成为你自身形象的一部分,尽管你无法完全控制它。(Friendster将个人资料的评论称之为"感言",明确鼓励用户将其用于声誉管理。)甚至你的联系人列表也能够表明你的身份,在脸书上,就像在实际生活当中一样,你的朋友能够认出你来。

2. 人际关系

人们使用社交网站的第二个社会因素是,社交网站可以令你结交到新朋友,加深你与现有朋友的联系。分享个人信息是亲密关系的基本构成要件。早在因特网出现之前,通信技术就已经把人们紧密联系在一起了,并且许多学者都对网络人际关系的作用做出了一定的说明。

一些社交网站将自己视为用户结识新朋友的途径。通过Friend-ster的"建议匹配"和"请求介绍"按钮,用户能够利用现有的人际关系来建立新的人际关系。Friendster的"查找"个人资料栏能够触发交友选项,并且许多其他社交网站也相继采用了这种方式:无论你在脸书上勾选"成为好友"还是"约会",你都是在表明你有兴趣建立一个新的人际关系。Classmates等其他网站则将自己视为重新联系已失联朋友的途径。

不过,正如Danah Boyd所指出的那样,社交网站对于延续线下所建立的人际关系确实起到了至关重要的作用。用她的话来说,"MySpace之所以受到广泛欢迎,很大程度上是因为它支持用户与好友进行社交"。社交网站不仅为用户提供了一个新的社交环境,它们还能够有助于传递社交线索,促进用户的线下互动。朋友之间可以通过社交网站上的交谈了解彼此的情况,而这一点在纯粹面对面交流的时代却难以做到。

如果社交网站仅仅支持用户向其他用户发送信息,那么,它们相比于电子邮件和即时通信等其他电子媒体就没有任何的优越之处了。社交网站有助于用户人际关系的建立,因为它们也提供了半公开的、明确的途径来形成人际关系。添加其他某个用户为联系人的行为就是其中一种最基本的途径。这是一种具有多重含义的社交行为,包括"我是你的好友""我是你的粉丝",以及"请让我看看你仅联系人可见的博客吧"。通过"好友信息"功能,脸书使这一问题不再模棱两可,我既可以表明我在高中就认识你,也可以表明我曾经与你约过会,甚至还可以表明"我根本不认识这个人"。如果将某个用户添加为联系人,这一行为会默认他们能够访问你的个人信息,属于一种表示信任的轻微亲密行为。

这些明确的联系人链接为更加活跃的互动提供了基础。Facebook上的礼物是用户之间直接表达关心的一种方式,Friendster上用户写给彼此的感言也是一样的道理。无论是用户上传的照片还是活动邀请,抑或僵尸互咬,所有的这些都是用户之间进行互动的方式,并且这种互动是具有精神价值的。

我们应该对自己所进行的社交活动保持敏感。像戳一戳这种简单的行为也可能具有丰富的社交性质,而留言墙上的留言也可能仅仅传达出"你对我很重要"这一重要信息。[1] 有些消息看似是对全世界所有人公开,比如状态更新,但实际上它们可能只是用户与其他某个特定用户的对话的一部分。尽管 Friendster 也有私人信息功能,但 Friendster 用户往往使用感言进行更多的个人对话。脸书的"留言墙"功能可以显示两个用户在彼此的留言墙上所写下的话语,在网站的界面设计中明确使用了这种半公开的对话模式。社交网站的规范鼓励用户建立和维持人际关系,并促进公众对其的认可。

除此之外,社交网站还利用了人类所具有的、根深蒂固的互利互惠心理。人们之所以追求互利互惠,是因为这有助于他们解决集体行为问题,是因为认同礼物文化需要回赠礼物或传递礼物,是因为它是对藐视社会进步行为的摒弃,是因为人们天然具有一种模仿谈话对象行为的心理本能,是因为我们会通过模仿他人学习来行事。通过使行为—回馈这一循环变得可见和突出,脸书的设计鼓励了互利互惠行为。在你的脸书主页上,状态更新栏将"你在想什么?"这一问题与联系人对该问题所做出的最新回答放在一起。即使从表面上看来是间接通信,比如填写个人资料,它也仍然会含蓄地利用网站的工具来进

---

[1] See Danah Boyd, Socializing Digitally, Vodafone Receiver Mac., June 2007, at 4, http://www.danah.org/papers/VodafoneReceiver.pdf (Friends are expected to comment as a sign of their affection.).

行交流。

真实姓名而不是用户名,尤其是个人头像的使用使得界面更加人性化,这给人以一种进行直接互动的强烈的心理感受。通过与乞丐、电话推销员和垃圾邮件发送者打交道,我们可以从其了解到,吸引力越个人化,人们就越难以忽视。Friendster 加强了这种个性化,在联系人列表和消息中只使用名字,从而强调了亲密的语气。这些设计决策所具有的共同作用是,如果用户不注册、不回复、不暴露个人信息,那么,他就会觉得自己是个不称职的好友。毕竟,其他人都在这么做。

社交网站刺激人们建立人际关系的冲动并非巧合,而是经过精心设计的。Friendster 拥有一项"引导用户通过社交网络上传信息的方法"的专利,其旨在说服用户上传更多自己的及其他用户的照片。目前至少有 4 家公司开展了提供"分析"的业务,即通过各种各样的工具帮助应用程序开发人员研究人们如何使用其应用程序,并对应用程序进行微调以吸引更多用户。斯坦福大学甚至还开了一门编写脸书应用程序的课程,学生的最终得分取决于所吸引的用户数量。

3. 社会群体

人们使用社交网站的第三个社会因素是,社交网站能够让你确立自己的社会地位。人们往往持有这样一个简单而古老的基本愿望:被认为是自己所属的各种社会群体当中的重要成员。在社交网站上,这种想要融入社会群体并受到别人关注的期望会产生几个重要结果。

这种期望所产生的一个最基本结果是,人们会喜欢使用社交网站,即使他们没有理由比自己的好友更喜欢使用它。如果你的好友在购物中心,你会与他们一起;如果他们使用脸书,你也会使用脸书。正如 Danah Boyd 所说的那样,当我询问青少年他们为什么使用 MySpace 时,他们给出的答案很简单,即因为我的朋友们都使用它。我们可以将其称为网络外部性,或者将其称为协调博弈,又或者将其称为公地喜剧,但不论赋予它以何种名称,它都表明随着各种各样的社会群体相继注册了社交网站,现实生活中的社交网络迅速地向以社交网站为媒介的社交网络转变:如参加"火人节"的人注册了 Friendster,洛杉矶地区的人注册了 MySpace,哈佛大学学生注册了 Facebook。当然,仅仅注册是毫无意义的,你还必须提供足够的个人信息以供你的好友找到你。

在社交网站上重构现实生活中的社交网络的另一个诱因是使其形象化。通过将人际关系转化为超链接，网站使社交网络空间化，并映射了其中的人际联系。因此，在网络空间当中，人们能够看到并说出某人所处之地，Julie Cohen 称之为"具有血肉之躯的人所建立的社会实践关系"。有目的地在信息空间中活动本身就是一件令人愉快的事情，通过社交网站的遍历功能，你可以在自己的社会地理中自由航行。

这种航行的乐趣也为你提供了扩大社会视野的诱因。由于许多隐私设置是以网络距离为基础的，所以你拥有的联系人越多，你就可以看到越多的个人资料。如果你将 Seth 添加为联系人，那么他的所有联系人现在都成了你的次级联系人，而你的所有联系人现在也都成了他的次级联系人。增加这种联系能够填充你的社交地图，使你对自己的社会背景具有更丰富的视野。它也使你自己因为成为其他用户的联系人而变得更有价值，因为通过与你建立联系，他们可以开阔自己的视野。连通性事实上是一种社会货币。

除此之外，社交网站还使得用户能够达成一种不同的社会"地位"：他们在社会群体当中的地位。通过使用户的人际关系具象化、清晰可见，社交网站为用户积累人际关系提供了具有竞争性的、引人注目的新形式。例如，用户之间或许会就添加更多的联系人展开相互竞争。MySpace 具有一整套程序供你添加更多的联系人。截至 2005 年，一位喜剧演员已经累计在脸书上添加了 182000 个联系人。后来，脸书设置了 5000 个联系人的上限，博主们纷纷愤怒地对此表示抗议。当然，除了联系人数量之外，所有的数字、徽章或排名都可能会被某些人视为一场充满竞争性的比赛。的确，许多脸书应用程序都是充满竞争性的比赛，举例来说，Scrabulous、Zombies 以及其他游戏都会毫无保留地显示出每个用户的得分。在所有社会群体明显商品化的应用程序当中，我个人最喜欢的一款就是"待售好友"，有超过 230 万的用户都给彼此贴上了价格标签。

人们一直以来所拥有的想要成为理想社会群体的一员的欲望反过来也推动了社交网站被逐渐接纳和使用。一项针对大学生的研究发现，"脸书的使用情况与社会资本指标尤其是人际关系类型之间存在很强的联系"。除了友谊本身所具有的直接价值之外，你还可以通过拥有很酷的好友来表明你也很酷。当然，在某些情况下，如果这种信号发出得过于明显，那么，它就会贬值。例如，一些用户会认为，拥有过多联系人的人是"荡妇"或"妓女"。这些动态大多是，源于社交网站要求如果用户要使用软件平台就必须明确好友的地位。MySpace 有一个"排名前 8"功能，只有属于用户好友列表前列的用户才会出现在用户的个人资料中。Danah Boyd 指出，这一功能所产生的"钩心斗角效果""就像中学时所区分的最好的朋友与最最好的朋友一样"。这些表示亲密和尊重的"积极信号"会利用公开披露的个人信息来"解决好友的地位问题"。

用户身份、人际关系和社会群体并不是社交网站所独有的因素。无论互动是以线下还是线上的方式进行，它们是社会互动的基本元素。社交需求的这种冲动是一种强大的推动力，在马斯洛所提出的人类需求五层次当中，只有生理需求和安全需求排在其前面。一直以来它都居于人生阅历的中心位置，并且将永远保持这种地位。

然而，正如本文的这一部分所指出的那样，在完全保密的情况下，这些社会动力是无法得到满足的。用户身份的表现需要观众；人际关系离不开其他人的存在；社会群体是由人们所共同组成的。这些因素相互交织、紧密相连；例如，我在你的留言墙上所写下的评论表明了我的身份，肯定了我们之间的人际关系，同时也表明了我具有与你相似的社会地位。正是由于这些社会动力如此强烈，社交网站用户有时宁愿以牺牲自己的隐私来作为使用社交网站的代价就不足为奇了。

（二）社交网站的隐私风险评估

社交网站的社交动态不仅使得人们不顾隐私风险使用社交网站，它还导致人们对这些风险产生误解。人们严重依赖非正式信号来帮助其想象受众以及自己与受众之间的人际关系。脸书有条不紊地向用户传递暗示亲密的、机密的和安全的信号。我们可以合理推测出，正是这些信号让其成为社交的天然场所。

人们并不会完全理性地考虑隐私风险。相反，在考虑风险时，人们往往会使用各种各样的简化启发法：有些是心理层面的（人们会对自己所不熟知的东西感到害怕），有些是社会层面的（人们会对自己朋友所害怕的东西感到害怕），而有些则是文化层面的（人们会对威胁到自己世界观的东西感到害怕）。一项最新研究指出，在进行风险评估时，"文化对于人的认知来说优先于事实"。人们对世界如何运转的"了解"程度决定了他们对风险的感知程度。

而这些风险是隐私风险，一旦风险评估发生在社交网站领域，上述结论就具有了特殊的说服力。对于可能出现的各种各样的结果，我们绝没有分配其各自可能性的合理方法。如果拥有足够的数据，我们或许还可以在理论上对大型商业实体的统计可信度做出合理决策。但我们不能以同样的方式对联系人网络的充满复杂性的、状态不一、带有情感的社交动态做出推理。我的一个联系人在互联网上转发我的一些帖子的概率是多少？我们所能做的、往往也是下意识去做的。依靠代理来解决隐私风险，在我们所熟悉的社会环境当中，这种做法似乎很有效。不过，对于脸书来说，这些代理并不总是有效。

在考虑隐私风险时，人们所使用的第一种启发法是：一切都没问题，放心大胆地使用脸书吧。

大多数时候，在我们犹豫不决的时候，我们会做一些别人都在做的事情。从数量上来说，5000万脸书用户不可能有错；从质量上来说，你所信任的脸书好友肯定知道一些你不知道的事情。这种启发法的问题在于，它错误地假定其他用户知道脸书有多安全。用户大量使用脸书是回音效应的结果，而不是谨慎收集信息的结果。如果我们的好友都毫不犹豫地使用脸书，我们也会做出相同的行为。而我们身后的人也会认为脸书是安全的，否则我们不会毫不犹豫地使用它，以此类推。

在考虑隐私风险时，人们所使用的第二种启发法是：人多势众。

当我们感到紧张的时候，我们会和人群待在一起，因为这比独自待着更安全。他们不会把我单独挑出来，他们不可能针对我们所有人。在一个拥有超过1亿用户的社交网站上，《纽约时报》头版报道你个人的轻率之举的概率有多大？答案是并不会很高。对于暴徒和金融工具来说，这种推理思路也许是正确的，但对于有关社交网站的隐私问题来说，这种推理思路则是行不通的。有些隐私问题，比如好友动态的出现会立刻影响到使用脸书的每个人，而大多数个人风险

(比如出现跟踪者)并不取决于网站的整体规模。

在考虑隐私风险时,人们所使用的第三种启发法是:我想现在就我们两个人了。

当有外人在场的时候,我们不会说一些私事。为了确认他们是否是外人,我们根据社会启发法和空间启发法来帮助我们设想潜在的受众。脸书的设计传达了一个相辅相成的信号:这是一个私人空间,不对外人开放。当看到联系人的照片和名字时,我们很容易会想到与他们交谈的情景,但如果是在餐馆里,我们就会担心可能有隐藏的窃听者。

在考虑隐私风险时,人们所使用的第四种启发法是:这里只有我们,没有外人。

人们往往错误地认为,整个社交网站都是由和他们一样的人所组成的,例如,大学生很容易会认为,只有大学生才使用脸书。这种偏狭的观点会导致用户忽视并非每个使用该网站的人都遵守隐私规范。技术控制的可用性(以及脸书隐私政策和公关声明当中的"控制"用语)进一步促使用户从有界性的角度思考问题,尽管真正的网络边界千疮百孔。最有力的论据是,你在脸书上所说的话只会如你所想地传到你的联系人那里,而不会传到其他人那里。

在考虑隐私风险时,人们所使用的第五种启发法是:你了解我的,老朋友,老伙计。

我们不会对陌生人说自己的私事。脸书常常会让我们产生一种自己认识很多人的感觉。我们都清楚地知道这意味着,照片、名字和其他非正式接触会使每个联系人看起来都像一个熟悉的朋友。从社交的角度来看,这一点无疑是令人满意的,但灵长类动物的大脑一般只能同时维持100到200组亲密关系。并非每个人都是我们的密友,而我们因社交所具有的保守彼此秘密的个人责任感也并不总是像我们预期的那样强烈。

在考虑隐私风险时,人们所使用的第六种启发法是:我知道这些信息对你有多重要。

当我们与别人面对面说话的时候,我们也会抱有他们能够对我们所说的话保密的期待。我们很少明确地将其说出来,但往往会通过身体前倾、放低声音、触碰他们的胳膊这些动作来进行表达。而电子媒介也正是因为无法释放这种非语言信号遭人诟病。尤其是对于像脸书这样的新兴媒体而言,如果不具有成熟的规范,人们可能会对别人的保密期待产生误解,从而做出不当行为。

在考虑隐私风险时,人们所使用的第七种启发法是:住手吧!你以为我看不见你在做什么吗?

当我们对别人抱有信任时,往往是因为我们能够互相监督,也就是说,我们能够知道他们是否背叛了我们,他们也明白这一点,并且我们也知道他们所知道的,诸如此类。而对于电子媒体来说,这种合作平衡很容易被打破,人们总是因为众多的背叛和指责选择退出社交网站。我们自己在脸书上的所作所为与我们(浅薄的)被监视感之间无法相适应,而基于相同的原因,其他人在脸书上的所作所为与其(浅薄的)被监视感之间也无法相适应。结果就是,大多数社交网站所实施的监督更有利于获取用户的个人信息,而不是防止用户信息被滥用。

上述具有误导性的启发法都是由对他人个人信息的滥用所导致的。人们以为在脸书上自我暴露得越多,就会觉得越安全,即使有时事实并非如此。一旦我上传一张头像,它就会成为一个信号,告诉你可以相信我。你与为数不多的几个密友所进行的互动越私密,外人的存在就越不显眼。这就是脸书所具有的病毒性表现最明显、最令人可怕的地方。通过注册脸书并将你添加为联系人,我试图说服你放松警惕。一旦我感染了你,你也会对别人做出同样的事。

如果脸书没有促进真实的社交互动,那么,这一切都不会发生。通过脸书,用户很轻易地就获得了与其他用户建立人际关系的强烈感受,这种感受既是用户之所以选择使用脸书的有利原因,也在很大程度上对用户评估隐私风险造成了误导。这会让我们误认为脸书上的每个人都很酷,也会让我们相信,每个酷酷的人都认为脸书能够维护用户的隐私安全。但不论如何,虽然脸书上有很多虚假的东西,但社交互动却是真实的。

(三)用户隐私权所受到的损害

在上文当中,笔者已经指出了人们使用社交网站的原因以及他们对有关社交网站的隐私风险评估是由社会因素所驱动的。在本文的这一部分,笔者将对有关社交网站的六种常见隐私侵权行为模式做出说明:公开披露用户信息、对用户进行监视、社交网站具有不稳定性、用户对于彼此之间的关系存在分歧、社交网站具有溢出效应,以及使用户遭到诋毁。

这六种模式都有一个共同点,即均具有"对向"特点。当其他用户了解到用户的个人敏感信息时,用户的隐私权就会因此受到损害。而脸书更是加剧了这一损害,其他用户侵犯用户隐私权要比脸书侵犯用户隐私权更常见。由于这些隐私侵权行为模式环环相扣、紧密相关,所以笔者在此并不对有关社交网站的隐私损害进行精确的分类。由于 Daniel Solove 已经提出了一个非常好的隐私利益分类,所以笔者将适当地引用其分类进行论述。①

1. 公开披露用户信息

2006 年夏天的一个晚上,在外面喝了酒之后,伊利诺伊大学厄巴纳 - 香槟分校的一名学生 Marc Chiles 在灌木丛中小便时被警察当场发现。由于 Chiles 逃跑了,因此警察对现场的另一名学生 Adam Gartner 进行了询问。Gartner 否认自己认识这个神秘的随地小便者,但在警察登录了脸书之后却发现 Chiles 和 Gartner 之间是好友关系。最终,警察给他们两人都开了罚单。

Gartner 和 Chiles 可能更像是不良少年而不是模范生,因此,我们可能很愿意看到他们因为脸书而受到了应有的惩罚,但这个案例仍然涉及用户隐私问题。具体来说,他们是 Daniel Solove 所说的"公开披露他人私人信息的侵权行为"的受害者。正因为脸书的存在,他们所希望保密的事变得更加广为人知了。而社交网站上,不必要的信息披露现象更是屡见不鲜、比比皆是。

在社交网站上,不必要的信息披露现象最典型的表现就是,学生往往掩盖其真实年龄,并因此被权威人士揭穿。例如,一名大学生在其脸书个人资料的兴趣爱好一栏填写了"吸烟",而公司总裁发现了这一点,他也因此丧失了一次暑期实习的机会。然而,信息披露绝不仅仅限于学生。例如,有人以将脸书私人相册中的艳照发给选美大赛负责人为由对 2007 年度新泽西州小姐进行勒索。再例如,Sandra So-

---

① Daniel Solove, A Taxonomy of Privacy, 154 U. PA. L. REV. 477480 (2006).

roka 在脸书上发布了状态更新，目的是"通过这条状态让 Will 知道一切已经正式结束了"，不想这条消息却在互联网上被肆意传播。这些人都（下意识地）认为，只有少数自己所信任的人才能看到其在脸书上的所作所为，但事实证明他们大错特错。

在使用任何一种社交媒体时，人们往往都会做出一个隐含假设，即他们所面对的只有一些同侪，而社交网站则在此基础上增加了两个要素。其一，用户会在精神上更加专注于与自己现有的社交网络"对话"。其二，用户会抱有更加明确的有界性期待，换言之，并不是每个人都"应该"出现在这个网站上。然而，脸书就哪些人能够使用及哪些人不能使用所做出的规定漏洞百出。在注册社交网站账户时，有时候人们会撒谎，而有时候他们则不需要撒谎。在今时今日，大学教职人员及行政人员已经拥有了可以访问学校网络的电子邮件地址。通常情况下，校友也是如此，这也就意味着潜在雇主可以让其他校友帮他们核实有关的学生情况。

大学生往往会使用隐私的相关字眼来表达他们对脸书上所存在信息披露的愤怒。他们认为，自己的主体意识和群体意识受到了损害。他们认为，长辈们看到了自己不愿轻易示人的一面，从而导致了其理想身份受到严重的践踏。他们还认为，长辈们偷偷地在脸书上窥视自己，从而破坏了其所属社会群体的完整性。

2. 对用户进行监视

脸书对用户所进行的调查也存在隐私问题，即使调查人员并没有了解到多少个人信息。Solove 将这种隐私损害称为对他人进行监视，"也就是说用户正在受到监视"。他将其与"焦虑和不安……自我审查和抑制"，甚至"社会控制"联系在一起。就笔者来看，对用户进行监视意味着关系利益，监视者与其监视对象之间存在着一种不对等的、侵犯隐私权的关系。以学生为例，学生往往会认为，行为人在脸书上搜索其信息违反了学生与大学管理者之间，或者学生与雇主之间的关系原则。就连因脸书而被警察发现其撒了谎的 Adam Gartner 也发现了关系监视的问题。"我被扒得一丝不剩。"他认为，"他们抓我们的方式实在欠妥。"Chiles 对此表示同意，并指出："这种做法似乎有点不太公平。"他们针对学生与警察之间的关系建立了一个具有道德限制的心理模板，而警察在进行调查时使用脸书的行为就违反了这些限制。当然,在脸书上实施监视的不只是大学管理者,还包括了警察、律师①,以及私家侦探。

对于用户来说,片面性似乎是受监视问题不可回避的一个主题。我们不妨看看一个自称"脸书跟踪者"的人对道德准则所做出的解释:"对于与自己亲密的朋友,对其个人资料发表评论是没有问题的,他们希望你这么做,甚至如果你不这样做,他们可能还会不开心。对于与自己仅仅是点头之交的人来说,对其个人资料发表评论则几乎是不可能的。而介于二者之间的人就比较复杂,只有当你有合理理由来解释自己为什么要首先看他们的资料时,你才可以访问其个人资料。"

请注意这些准则当中所包含的社会规范。用户的个人资料本身就是广泛公开的。如果是你的"亲密的朋友",他们看你的个人资料当然没有问题,并且实际上是你所期望看到的。但如果是与你仅仅是点头之交的人,他们看你的个人资料也没有太大问题,只不过需要有一个社交理由。而如果是与你没有任何社交关系的人,他们可以看你的个人资料,但这不是理所应当的,你完全有权将他们拒之门外。

Lauren Gelman 将这种现象称之为"界限模糊的社交网络",你的个人资料可能会引起很多人的兴趣,但你事先并不确定他们是谁。通过使个人资料广泛公开,你能够接触到所有人,反对窥探行为的社会规范对信息的传播范围施加了暗含的限制。但是由于窥探行为往往是看不见的,所以这一社会规范很容易被违反。因此,真正的失礼可能并不是看别人的脸书页面,而是让他们知道你看了其脸书页面。

上述结论解释了用户对好友动态推送所做出反应的发展趋势。笔者怀疑,大多数脸书用户选择分享好友动态的原因和他们选择使用脸书的原因是一样的。但是,在发送好友动态时,用户清楚地知道,他们现在可以在无形中对彼此进行实时监视。另外,通过组合多个单独的数据点,好友动态显然可以轻松地塑造出一个全面的用户画像。《芝加哥论坛报》的 HeadCandy 博客通过图表说明了这一点,该图表描述了一段有关好友动态条目的关系:从"Kevin 和 Jennifer 正在恋

---

① See Vesna Jaksic, Finding Treasures for Cases on Facebook, NATLL. J., Oct. 15, 2007, http://www.LAW.com/jsp/legaltechnology/pubArticleLT.jsp?id=900005493439.

爱"到"Amy 与 Kevin 相亲近",以及"Jennifer 在 Amy 的留言墙上写下的'你这个荡妇'"再到"Kevin 目前恢复了'单身'"。

因此,脸书对用户实施了一种被认为是令人毛骨悚然的跟踪行为,并对用户心理产生了深刻的影响。用户信息的可获取性并没有发生任何改变,只是用户的注意力被转移到了行为人所实施的持续不断的、无从感知的监视上。正如 Danah Boyd 所指出的那样,即刻引发的用户抗议不足为奇。然而,随着时间的流逝,事情又恢复到了之前的平衡状态。正是因为对用户进行监视是无形的,所以你不需要去想它,而且其对用户隐私所造成的明显损害来说有所减弱。

3. 社交网站具有不稳定性

社交网站所能做的最具破坏性的事情就是改变个人信息流动的基本规则,并且社交网站经常这样做。最初,Friendster 和 Facebook 都只将个人资料保留在网站内部。而现在,这两个网站都将"受限的个人资料"公开在公共互联网上,搜索引擎可以轻而易举地发现这些个人资料。用户可以选择退出网站,但是这并不能从根本上解决问题,因为一旦用户将个人信息上传至不可公开搜索的网站之后,这些受限的个人资料就已经存在了。如果你也像大多数人一样根据网站最初运行的方式形成了隐私期待,那么,一旦网站发生改变,它们就不再有效了。

在 Solove 所提出的隐私利益分类当中,这是一个二次使用的问题:"将数据用于与最初在没有经过数据主体同意的情况下进行数据收集的目的无关的目的。"Helen Nissenbaum 就隐私问题所提出的语境完整性理论也指出了这个问题:一旦网站创造了具有特定信息"流动规范"的社会"语境",它就会通过改变信息流动的结构来违反这些规范。Nissenbaum 的理论为有关好友动态的隐私问题提供了另一种解释。这些信息没有暴露在不合适的人面前,不属于特别敏感的消息,也没有被发送到更公开的平台上。脸书所采取的做法是改变了个人资料更新信息从用户流向联系人的方式。促使"你访问我的个人资料,查看我的情况"与促使"我的活动自动发送给你"是不同的社会行为,所以,在二者之间进行切换涉及隐私价值。

社交网站总是以损害用户隐私权的方式违反信息流动规范。2005年,Friendster 推出了"谁看过我"功能,通过这一功能,用户可以发现有哪些用户查看了他们的个人资料。我们都知道，无法知道谁在社交网站上监视你可能会导致一种错误的隐私观念，所以，我们可以将"谁看过我"视为一种隐私促进措施。也许事实也正是这样，只要我们达到了平衡状态，但是在转换过程中出现令人不快的隐私侵权行为本身就是一个严重的问题。这不仅破坏了用户已经建立起来的关系，而且重新定义了用户所属群体的范围。

　　脸书信标同样也是违反语境完整性的一个典型例子，它所涉及的是进入社交网站的信息流。电子商务消费者不希望他们的购买信息被第三方所知晓，尤其不希望它被导入社交网站上。因此，将用户的购买信息置于脸书上违反了两种不同语境下的信息流动规范。信标还对某些社会认可的保密形式造成了干扰。例如，有博主抱怨称，脸书将其购买电子游戏的信息推送到了脸书动态当中，导致他儿子提前知道了这件事，并因此破坏了他为儿子准备的生日惊喜。

　　除此之外，我们还需要注意两个不必要的社交网站不稳定性问题，即漏洞和恶意漏洞，也就是所谓的安全漏洞。脸书不得不匆忙解决因其处理搜索错误，以及保持照片私密性错误①而导致的隐私泄露问题，并且在安全研究人员发现"暗恋"功能欺骗用户在其电脑上下载和安装广告软件之后，脸书禁用了该应用程序。Samy Kamkar 利用 MySpace 的个人资料定制选项编写了一个能够从一个页面蔓延到另一个页面的计算机蠕虫，并加了这样一句话："但最重要的是，Samy 是我的英雄。"该计算机蠕虫最终入侵了 100 多万个 MySpace 页面。虽然这些听起来像是普普通通的计算机安全问题，但它们事实上也受到社交网站动态的影响。以 Samy 所制造的计算机蠕虫为例，它利用了 MySpace 的身份定制功能，并由于 MySpace 用户之间形成了一个紧密相连的社交网络而得以迅速传播。

4. 用户对于彼此之间的关系存在分歧

　　《纽约时报》最近发表了一篇关于脸书"去标签化"现象的文章，该文章指出："删除标签，即将你的名字从脸书上的照片当中移除，它已经成为在大学聚会期间拯救形象的一种措施。"弗吉尼亚州

---

① Michael Liedtke, Security Lapse Exposes Facebook Photos, MSNBC, Mar. 24, 2008, http://www.msnbc.msn.com/id/23785561/.

瑞德福大学的一名大四学生 Chris Pund 说道:"一旦举行聚会,照片就会在 12 小时内被上传到脸书上,而在接下来的 12 小时内,人们就会删除标签。"另一名弗吉尼亚卫斯理学院的大三学生 Robyn Backer 则说道:"如果我拿着不该拿的东西,我就会删除标签。"她回忆起她的高中校长在网上看到学生的聚会照片,并勒令那些拿着啤酒瓶的运动员停赛。

去标签化现象的不同寻常之处在于,如果没有相应的标签,那么,删除标签的行为就完全没有必要。Robyn Backer 不想要一张自己拿着啤酒瓶的标有自己名字的照片,但她的朋友想要。Robyn 的朋友手上有一条影响其隐私的信息,因为这是一张 Robyn 的照片,但她并不尊重 Robyn 对该信息的偏好这个问题。在社交网站上,用户对于彼此之间的关系存在分歧这一问题与隐私问题是密切相关、相辅相成的。

一个照片标签不仅仅涉及两方主体,而且涉及三方主体,即拍照者、贴标签者和照片主体。脸书允许照片主体删除照片上的标签,但不要求将照片删除或转为私有。① 还需要注意的是,你可能不会看到自己没有标签的照片,而脸书也允许用户用非用户的名字为照片贴标签。当然,笔者必须补充的一点是,任何一张照片都可以包含很多人,而且可以被很多人贴标签。这些复杂性说明了一个重要的问题,即将社交网站上的每条信息都与用户一一对应起来并非易事。无论谁掌握了这些信息,他都能够以合法利益相关者不喜欢的方式使用这些信息。

由于社交网站需要明确地表达社会事实,这个问题被放大了。在现实生活中,我可以把你看作"我的工作伙伴 Bob",并把有关你和我的各种各样的零散记忆拼凑起来,包括为一场重要的演讲所做的紧张准备、在公司聚餐烧烤时进行的水球大战,以及在我生病时你为我掩饰的方法。所有这些想法都是不言而喻的。我不需要确切地说明我们的关系或其中的内容,你就是 Bob,而我可以根据各种模糊的事实及直觉,以一种特别的、情境化的方式来决定该在多大程度上信任你,或者邀请你参加什么活动。

---

① Photos,FACEBOOK,http://www.new.facebook.com/help.php?page=412.

脸书将这些社交事实具体化为明确的链接：要么我们是联系人，要么我们不是联系人。所有的一切都是明明白白的，而且预先以将我们之间的关系单一化为代价。一些网站试图通过提高连接的精度来解决这些信息的丢失。例如，Flickr允许用户将照片限制为仅对其标记为"朋友"或"家人"的联系人可见。但这种方法实在欠妥，因为我们的社会生活比任何限制性词汇所包含的要丰富得多、复杂得多。以人际关系项目为例，它旨在提供一个"描述人际关系的词汇表"，使用了包括"是……的学徒""是……的对手""大有名气""与……失去联系""……想知道"等在内的33个术语。Clay Shirky认为其中存在一些问题，他指出，人际关系项目的研究人员漏掉了"是……亲密的私人朋友""与……常常睡在一起""你不喜欢的朋友"，以及其他所有我们可以用来描述现实生活中的人际关系的词语。我们不应该期望脸书的正式描述符号与它们所代表的社会现象保持完全一致。

我们也不应该期望人们对这些描述符号表示认同。你以为你是我的朋友，而我却不认同。我们可以在现实生活中一起工作，而不需要在意你喜欢我这件事，反之则不然。但如果你添加我为脸书好友，并称"我们约过会"，我该怎么办呢？不勾选添加好友的选项，而是勾选"我甚至不认识这个人"的选项？如果这样的话，用户对于彼此之间关系的分歧就表现得很明显，有时甚至会导致双方都很懊恼。

Danah Boyd出色地记录了这一事实所带来的社会后果。MySpace用户可以选择哪些"最重要的好友"（最初是8个，现在增至40个）会出现在其个人资料页面上。因此，在这种只能容纳一小部分人的情况下，该功能要求参与者主动表明自己与其他人之间的关系。结果显而易见，往往是令人不喜的"戏剧"，尤其是对于与学校同龄人协商类似的地位问题的年轻用户来说。如果用户告诉某个朋友她并不属于自己的"前8个"好友范围之列，那么，就会导致关系问题，而使用社交网络与朋友进行联系的人们有时也会发现自己被冷落了。

就用户对于彼此之间关系的分歧而言，最悲惨的例子莫过于在Wayne Forrester身上所发生的事，在与其分居的妻子将脸书上的感情状况改为"单身"后，Forrester将她捅死了。需要注意的是，引发这一暴力事件的并不是Forrester与妻子的分居，因为他在4天前就已经搬走了。恰恰相反，是脸书的状态更新，即有关私人感情的公开声明导致了他的过激行为。

5. 社交网站具有溢出效应

人们在社交网站上的所作所为会对别人的隐私权产生影响。例如，在上文当中，我们已经知道了用户是如何上传令对方尴尬的照片的。笔者在此需要重申的是，添加联系人是开阔你在社交网络方面的视野的一种方式。反之亦然，如果你想要开阔在社交网络方面的视野，你可以采取的一种方式是添加更多的联系人。假设 Hamlet 和 Gertrude 互为联系人，那么，当 Gertrude 接受 Claudius 所提出的添加联系人请求时，Gertrude 就可能会向 Claudius 透露 Hamlet 的隐私消息。依赖网络结构来限制个人资料的可见性通常意味着离不开你的联系人及其联系人的判断力。但正如 Clay Shirky 所观察到的那样："'朋友的朋友的朋友'是'陌生人'。"

别人也可以悄无声息地泄露你的信息。如果你上的是巴特内大学，那么，你在脸书上的许多联系人可能也上过巴特内大学。即使你没有在你的个人资料中列出性格特征，通过观察社交网络上其他人所列出的价值观也足以推断出它。但通过使用 LiveJournal 上的一种简单算法，研究人员仅仅根据用户联系人的年龄和国籍就能在大多数情况下准确地预测用户的年龄和国籍。究竟你在社交网络上有多少公开的同性恋朋友才暗示你也是同性恋？此处毫无疑问地存在个人隐私利益，但同样也存在群体隐私利益。Katherine Strandburg 曾经讨论过"关系监视"的相关问题，其中网络结构本身被用来推断有关人际关系和群体活动的敏感信息。[①] 美国国家安全局的电话数据库就是最典型的例子，但 Strandburg 敏锐地指出，商业分析人员可能会开始研究社交网站的联系模式。

一个重要的潜在原因使得这些社交网站的溢出效应问题更有可能产生。一个动态的社交网站往往会不断地发展壮大。我们已经知道了

[①] Katherine J. Strandburg, Freedom of Association in a Networked World: First Amendment Regulation of Relational Surveillance, 49 *B. C. L. REV.* 741 passim (2008).

人们添加联系人的各种原因。① 其中尤其重要的一个原因就是，你很难拒绝别人所提出的添加联系人的请求。由于社交网站要求用户明确地说明与其他用户之间的关系，因此你无法巧妙地处理你不想理的人所提出的添加联系人的请求，与其明确拒绝让你们彼此都感到尴尬，还不如点击"确认"添加他为联系人来得更简单。删除联系人也是同样的道理，"我没有以前那么喜欢你了"很难说出口，因此我们选择不发送这一消息，而是直接点击删除键将他从联系人当中删除。网络正是像这样慢慢发展起来的。

这不仅导致了社交网络的庞大和密集，也导致了社交网络当中成为联系人的社会意义模糊不清。脸书上的"好友"不仅包括了那些我们在现实生活当中称之为"朋友"的人，也包括了那些我们称之为"点头之交"的人（更不用说骗子了）。联系人链接是社会学家所说的"强关系"和"弱关系"所组成的一个混合体。其中，弱关系是人际交往的基础（无论是找工作还是找配偶），而社交网站有效地增强了我们管理弱关系的有限能力。但是，我们必须为此所付出的代价是将一些隐私决策交由那些与我们并没有亲密关系的人，而这些人恰恰是那些不太可能理解或尊重我们个人隐私偏好的人。

6. 使用户遭到诋毁

由于脸书用户的身份是社会性的，它承载了用户给别人留下的印象，并把这种印象继续传递给更多的人，因此他面临着别人会破坏这种印象的风险。如果确是如此，那么，他所享有的隐私权益当中的尊严就受到了损害。Solove 所提出的隐私利益分类当中有两种隐私利益均与之相关。第一种隐私利益是"公开丑化他人形象"，即"用户形象遭到扭曲"②；第二种隐私利益是"擅自使用他人姓名或者肖像"，即"为了其他人的目的和目标而使用用户的身份或人格"。这两种隐私利益均保护他人对如何向社会展示自己享有控制权。③ 英国广播公司推出了喜剧小品《现实生活中的脸书》，它将用户所不喜欢的留言

---

① Katherine J. Strandburg, Freedom of Association in a Networked World: First Amendment Regulation of Relational Surveillance, 49 B. C. L. REV. 765.

② Daniel J. Solove, Understanding Privacy, Harvard University Press, 2008, pp. 158 – 161.

③ Daniel J. Solove, Understanding Privacy, Harvard University Press, 2008, pp. 154 – 158.

帖异化为一位"朋友"在主人公房子上所画的涂鸦。正如上述所言,你的联系人能够通过给令人尴尬的照片贴标签来玷污你的好名声,而脸书会将你的个人资料链接到这些照片。如果你的联系人足够无情,那么,他们还可以给别人的照片贴标签。由其他用户提供的数据所填充的个人资料页面可能会包括一些无用的内容、露骨的色情内容甚至更糟的内容。

首先,即使你不是脸书用户,你也可能成为脸书上诋毁行为的受害者。例如,Matthew Firsht 的一个熟人伪造了一份假的脸书个人资料,谎称 Firsht 正在寻找"我能得到的所有东西",其欠了一大笔钱,还谎称其是"伯翰姆伍德同性恋"组织的一员。这听起来或许像是一个典型的诽谤侵权案件,并且从法律上来说,社交网站作为被告可能会提出抗辩,认为是其他人伪造了假的个人资料。然而,社交网络确实与用户受到的损害脱不了干系。由于脸书的使用增加了个人资料的可信度,因此加剧了诽谤侵权的严重程度:访问者往往可能认为 Firsht 的个人资料页面是由 Firsht 本人填写的。①

其次,脸书的社交动态既可以促使群体成员之间煽动彼此做出反社会行为,② 也可以促进虚假信息的迅速传播。甚至你的联系人处理其个人资料的行为也会影响到你,毕竟他们是你的联系人。

最后,以脸书信标为例。我在网上购买的商品或做出的行为并非都能反映出我希望别人看到的样子,例如,我虽然在网上买了《生物穹顶》,但实际上可能是给我那崇拜 Pauly Shore 的 6 岁小侄子买的。从某种程度上来说,这就是一种形象的丑化,因为将我所买的《生物穹顶》和我联系在一起会有损我的判断力和名誉。即使我为自

---

① Cf. Mark A. Lemley, Rights of Attribution and Integrity in Online Communications, 1995 J. ONLINE L. art. 2, 30–39, http://web.wm.edu/LAW/publications/jol/95_96/lemley.html?svr=LAW (discussing possible privacy torts for impersonation); see also Jail for Facebook Spoof Moroccan, BBC News, Feb. 23, 2008, http://News.bbc.co.uk/2/hi/africa/7258950.stm (reporting on a three-year jail sentence for an engineer who created a false Facebook profile of a Moroccan prince).

② See, e.g., Benjamin Ryan, The Case of the Facebook Four, Now LEB., Jan. 23, 2008, http://www.nowlebanon.com/NewsArticleDetails.aspx?ID=27719 (reporting on the arrest of four Lebanese men for making crude and harassing remarks on a Facebook group dedicated to a female student and on each others Walls).

己买下了这部"电影",我仍然会对保持其私密性享有名誉利益。社交网站用户的个人资料是用户经过深思熟虑而填写的,目的是展现出用户所理想的形象。如果我经过精心挑选只在个人资料当中列出法国新浪潮电影,那么,《生物穹顶》就击中了我的痛处,因为它有失我的身份。William McGeveran 认为,信标也存在擅自使用的问题。在我的好友动态当中投放《生物穹顶》的广告侵犯了我的人格利益,包括我的名誉以及我在联系人那里的信誉,因为它具有商业背书价值。

社交网站的故事事实上就是 Danah Boyd 所谓的"社会融合"的故事。我们的社会角色离不开语境和特定受众,但当多个观众同时出现时,我们可能无法同时呈现出两种不同的形象。我们在上文当中所讨论的内容都有关融合,而实际情况是,我们在脸书上的所作所为是对外的,与我们所作所为不一致的事实却是对内的。脸书所存在的矛盾之处在于,同样的机制,一方面有助于脸书创建新的社交语境,另一方面也有助于脸书将其并置在一起。脸书既导致了社会分化,同时也促进了社会融合,这也就使得用户觉得自己的隐私权受到了侵犯。

三、行不通的解决方案

在使用社交网站时,人们往往会因为发生在他们身上的许多隐私侵权行为深感不安。如果我们能够在不造成更严重损害的情况下避免其中一些损害,那么,我们当然应该这样做。对此,有时法律会是最佳工具,有时对软件做出相应的调整可能效果会更好。而在某些情况下,放手让市场或社会规范发挥作用会更有益。当然,我们不能也不应该忧虑于防止脸书的使用对用户隐私权所造成的损害,正如法律对现实生活当中的多数损害不予追究一样,市场或社会规范也应该对脸书上的多数损害不予追究。

政策制定者面临的问题是,对于脸书来说,许多看似合理的"修复"事实上只会让情况变得更糟。在本文的这一部分,笔者将指出在不考虑有关脸书的社交动态的情况下,采取某些干预措施可能会导致灾难性的错误。如果采取干预措施影响了用户对其社交环境的感知,那么,他们就会迷失方向,并可能做出危险举动。更为糟糕的是,一旦采取干预措施阻止用户做自己想做的事,他们就会做出有力的回击。

(一) 市场力量

对隐私问题的一个可能回应是默认的,即保持原状。从这个角度来看,不论是消费者受到的隐私损害,还是现有的隐私保护法都令人担忧。如果让企业自行其是,它自然会尽可能保护消费者所重视的隐私,从而达到最佳的隐私保护水平。而如果政府进行干预,它则可能会人为地扭曲市场,使之一方面对某些技术有利,另一方面对某些技术不利,同时它还会剥夺消费者享受个性化在线体验的益处。尽管这是一个有力的论点,但它主要取决于这样一个假设,即市场力量将会竭尽全力地达到用户理想中的隐私水平。

我们有充分的理由相信,对于社交网站来说,该假设是不成立的。问题在于,用户在注册社交网站时所抱有的隐私期待与他们实际所获得的隐私之间存在着差异。而这一差异就是市场失灵,如果用户高估了自己所能获得的隐私,他们就不会与企业进行充分的谈判,企业也就会做出相应的反应,提供较低程度的隐私保护。为了拥有一个运作良好的社交网站市场,我们就需要建立一个反馈回路,否则,用户在注册社交网站时所抱有的隐私期待与他们实际所获得的隐私之间就会存在一个无法逾越的鸿沟。

我们现在应该很清楚造成这种鸿沟的社会原因了。由于各种根深蒂固的认知偏差,社交网站用户对有关的隐私风险缺乏理性思考。社交网站以某些方式改变了其架构,从而打破了用户之前所抱有的隐私期待。有时候,比如在脸书允许用户给非用户的照片贴标签时,那些遭受隐私损害的人就无法与企业进行有效的谈判。

对于在社交网站上最为活跃的年轻用户来说,一个尤其严重的问题是,事先的公开可能会导致事后的悔恨。人们往往会随着时间而改变,随着年龄的增长,他们可能会更加关心自己的隐私。青少年尤其喜欢冒险,即使事先明确知晓了相关风险,他们仍然会做一些危险的事情,比如吸烟和鲁莽驾驶,而事后他们又会感到悔恨不已。[①] 即使

[①] See Susan Hanley Duncan, MySpace Is Also Their Space: Ideas for Keeping Children Safe from Sexual Predators on Social Networking Sites, 96 *KY. L. J.* 527, 554–557 (2008).

人们通常能够对社交网站的运作方式和有关的隐私风险做出较为准确的预期,每年还是有成千上万的儿童使用社交网站,他们显然在网络隐私期待方面没有太多的经验。毋庸置疑的是,只有在受到深深的伤害之后,这些成千上万的新用户才能对隐私风险做出正确的预期。而这并非我们所想看到的。

Jonathan Zittrain 针对生成技术所做出的研究也揭示出了社交网站的社交动态并不趋向于平衡状态的原因。社交网站是社交生成平台,用户可以用新的、意想不到的和有价值的方式在社交方面对其进行重新配置。但 Zittrain 同时也说明了生成技术是如何因自身所获得的成功而成为受害者的。[1] 当社交网站还初具规模时,社交灵活性既使其引人注目,也有助于用户预测和执行隐私规范。随着新用户的大量涌入,社交网络的普及给其早期的、非正式的社交规范带来了沉重的压力。用户在早期所抱有的隐私期待往往落空了。

Danah Boyd 对 MySpace 增长情况所做出的描述体现了这一动态变化:"大多数人都会认为,不公开即安全的理论将成为网络的一个功能障碍。这多半是一个合理的假设。除非某些人特别引人注目,否则别人为什么要搜索他们呢?不幸的是,对于青少年来说,有两类人对他们十分关注。第一种是有权力支配他们的人,包括他们的父母、老师,以及地方政府官员等;第二种是试图从他们那里获利的人,包括商人和掠夺者等。在新闻集团收购 MySpace 之前,大多数成年人从未听说过这个网站,而在这之后,他们却蜂拥而至,要么是为了追踪自己所认识的青少年的一举一动,要么是为了向有购买意愿的青少年推销商品。这一转变不仅打破了想象共同体,而且影响了他们必须经常面对的实际受众。"

事实上,由于年轻人往往对半公开网络媒体充满热情,因此,在达到隐私选择的市场均衡理论所需要的稳定状态方面,我们的社会将面临一些严重的问题。高度沉迷于网络的青少年和其父母(更不用说其祖父母了)在隐私规范方面存在着巨大的分歧,如果按照我们对成年政客所使用的标准来评判这些青少年,那么网上已有的个人信

---

[1] Jonathan L. Zittrain, The Generative Internet, 119 HARV. L. REV. 1974, 198096 (2006).

息足以毁掉数百万年轻人的政治生涯。① 即使网上的个人信息再多,它们也并不会消失,人们所面临的结局只有两种,要么社会将大幅调整网络隐私规范,要么无数人将对自己年轻时在网上所做出的轻率行为感到终生后悔。不管怎样,市场力量有效运作的前提条件,即稳定的隐私偏好是行不通的。市场措施把难题留给了制造不稳定的社交动态。

(二) 隐私政策

一些隐私学者、企业和监管者均支持采取网络隐私的知情选择模式。② 根据这一观点,政府不应该制定任何具体的隐私标准,而是应该确保公司清楚地告诉消费者将如何处理他们的个人信息。一旦掌握了足够的信息,消费者就能够做出更好的选择。这种方法的关键在于隐私政策,如果一个网站的隐私政策是明确的、诚实的,那么,其用户就能够知道他们将面临什么样的后果。

有关脸书隐私政策的研究表明,知情选择模式根本不切实际。用户所知情的一切都是错误的,因为该模式忽视了人们事实上会如何做出影响隐私的决策的社交动态。脸书所精心制定的隐私政策应当成为用户做出知情选择的一个有力依据,因为它不仅包含了 TRUSTe 认证隐私章,还包含了"我们仅在有限的情况下与第三方共享您的信息"和"脸书采取适当的预防措施来保护我们的用户信息"等令人安心的声明。尽管如此,脸书用户既不会阅读这些隐私政策,也不会理解这些隐私政策,更不会依赖于这些隐私政策,当然也就不会受到这些隐私政策的保护。这完全不合时宜。大多数用户不会去阅读隐私政策,即使是阅读了,用户通常也不理解这些隐私政策。脸书用户自然也不例外。2001 年的一项调查发现,只有 3% 的受访者表示"在大多数情况下"自己会认真阅读隐私政策;而 2007 年的一项调查则发现,

---

① Emily Nussbaum, Say Everything, N. Y. MAG., Feb. 12, 2007, at 24 http://nymag.com/News/features/27341.

② Corey A. Ciocchetti, E-Commerce and Information Privacy: Privacy Policies as Personal Information Protectors, 44 AM. BUS. L. J. 55, 110 – 126 (2007).

有31%的受访者均表示"在大多数情况下"自己会认真阅读隐私政策。① 同时，有研究发现，尽管受访的消费者表示自己会关心隐私并查看网站是否有隐私政策，但他们中的绝大多数人对隐私政策的内容产生了严重的误解。2006年针对脸书用户的一项调查发现，77%的用户从未阅读过脸书的隐私政策，而且大多数用户对脸书收集和共享个人信息的方式存在误解。即使是表示自己阅读过隐私政策的23%的用户对此也不太可能理解。我们很难将责任完全归咎于用户，因为如果要求所有美国人都认真阅读他们所访问过的所有网站的隐私政策，那么，他们就会浪费价值3650亿美元的时间。由于大多数隐私政策充斥着如律师般谨慎的用语、含糊其辞的用语、各种各样的标准术语与间或出现的令人惊讶的术语、法定警告和免责声明，以及法律术语，因此用户根本难以从中获取有效信息。

如果脸书用户确实仔细阅读了其隐私政策并能够理解这些隐私政策的话，那么，他们就会知道它并没有真正地限制脸书对用户个人信息的收集和共享。以下是脸书隐私政策当中的一段明确的隐私免责声明："您在网站上所发布用户内容引发的风险均由您自己承担。虽然您可以通过设置隐私选项限制其他用户访问您的页面，但需要注意的是，任何安全措施都不是完美无缺、无懈可击的。对于您可能选择与之共享页面和信息的其他用户，我们无法控制其行为。因此，我们不能也不会保证您在网站上所发布的用户内容不会被未经授权的用户看到。对于任何规避网站隐私设置或安全措施的行为，我们将概不负责。您需要理解并知晓的是，即使在删除用户内容之后，您仍然可以在缓存页面和存档页面当中查看其副本，如果其他用户复制或存储了您的用户内容，他也可以查看其副本。"②

脸书还在隐私政策当中警告用户称，即使他们删除自己的账户，脸书仍然可能会保留其数据；即使他们没有使用脸书，脸书仍然可能会对其实施监视；脸书会将其信息用于营销目的（包括定向广告）；

---

① Zogby Poll: Most Americans Wony About Identity Theft, ZOGBY INTL, Apr. 3, 2007, http://www.zogby.com/NEWS/readNews.cfm?ID=1275 (online survey conducted Mar. 23 – 26, 2007).

② Facebook Principles, FACEBOOK, http://www.facebook.com/policy.php (emphasis added).

脸书有权自由决定是否与第三方共享其信息，以及何时与第三方共享其信息；甚至脸书有时会故意将其账号泄露出去以供别人了解。① 最为重要的是，脸书在隐私政策的最后反复强调，用户上传的所有个人信息均"可能被公开"②。

  除此之外，就其约束力而言，脸书的隐私政策仅对脸书具有约束力。包括其他用户、应用程序开发人员和执法人员在内的各种各样的行为人都可以使用脸书的数据侵犯用户隐私权。2005年，麻省理工学院的2名学生针对4所高校的脸书用户个人资料进行了研究，他们使用自动脚本下载了7万多份个人资料，占研究对象的70%以上。2008年6月下旬，脸书以侵犯用户隐私权为由，禁用了其人气排名第三（用户超过100万）的"最重要的好友"应用程序。当然，脸书的隐私政策已经明确警告用户，脸书无法控制其他用户、应用程序开发人员或执法人员侵犯用户隐私权的行为。事实上，如果博客圈的一些账户可以相信的话，那么，脸书已经难以控制自己员工的行为，他们往往将能够获取用户个人资料和用户活动信息的机会视为"职业特权"。

  因此，我们可以对知情选择理论盖棺定论：在保护用户隐私权方面，脸书可谓声名狼藉。如果人们要在同一个句子当中使用"脸书"和"隐私权"这两个词，那么，二者之间绝不会出现"受保护"这样的字眼。脸书在保护用户隐私权方面所犯下的错误不仅引起了博主、记者、学者、监察部门以及监管机构的注意，而且激起了脸书用户的公愤。其中，一个反信标组织拥有7万多名成员，一个反好友动态组织拥有70多万名成员。首先推出一个漏洞百出的功能，然后对用户投诉做出无济于事的回应，最后再做出一定的让步，脸书的这一惯用模式并不能增加其在保护用户隐私权方面的可信度。简而言之，在使用脸书时，用户不会、不能，也不应该指望脸书的隐私政策能够保护他们的个人信息。

---

  ① Facebook Principles, FACEBOOK, http://www.facebook.com/policy.php (emphasis added).

  ② Facebook Principles, FACEBOOK, http://www.facebook.com/policy.php (emphasis added).

(三）技术控制

一些学者认为，保护脸书隐私的一个更好的方法是为用户提供更好的技术控制，让他们能够看到自己的个人信息。但是，正如 Danah Boyd 对 MySpace 青少年用户进行的研究所表明的那样，社会因素削弱了技术控制："通过将其个人资料设为私有，青少年可以选择谁能够看到其内容。这可以防止父母对其进行不必要的窥视，但这也意味着，如果不邀请他们添加好友，其他同龄人就无法与他们接触。为了解决这个问题，青少年经常在社交网站上随意地与愿意和自己加为好友的人交往。"

事实情况是，用户对个人信息享有控制权的愿望与其对发生意想不到的社交互动的愿望之间可能存在着一种深层次的、不可调和的矛盾。人们很少会使用严格的事前规则来管理隐私。在考虑隐私的有关问题时，我们往往想到的是社会规则和社会角色，而不是访问控制列表和文件权限。因此，在面临选择的时候，用户几乎总是忽视或滥用技术控制，转而求助于适当的社会规范和可行性未知的非正式评估。

脸书的经验为技术控制有限的有效性提供了强有力的证据。一方面，脸书的第一个"核心原则"是，用户应该能够控制（他们的）个人信息，并且它通过为用户提供一套非常完整的隐私选项来实现这一原则。脸书首席隐私官 Chris Kelly 在国会做证时认为，脸书所实施的技术控制"广泛而精确"，他还强调，脸书的目标是通过其"隐私结构"让用户能够有效控制他们的信息。他并没有在夸大其词，在笔者看来，脸书确实拥有最全面的隐私管理界面。相比于其他几大竞争对手的用户而言，脸书用户能够对其个人信息可见性进行更好的技术控制。

然而，这些都并不重要。有调查显示，脸书用户大多要么不关心脸书的隐私设置软件是如何发挥作用的，要么不理解脸书的隐私设置软件是如何发挥作用的。一项由英国通信办公室所进行的研究发现，近一半的社交网站用户的隐私设置都是默认状态。另一项由安全供应商所进行的研究发现，近一半的的脸书用户愿意添加陌生人为联系人，并向其泄露自己的个人信息。一项以大学生为对象的研究发现，有20%到30%的大学生既不知道脸书的隐私控制是如何发挥作用的，也不知道如何改变隐私控制，甚至不知道自己是否曾经改变过隐私控制。事实上，相比于不太详尽的技术控制来说，更为详尽的技术控制可能更不利于隐私保护。在面对复杂的隐私管理界面时，计算机用户时常会感到困惑，并且很容易会被说服而采取一些旨在保护其隐私权的安全措施。脸书还需要对其复杂的隐私管理界面进行更多的维护，并且它已经因为改变用户所熟悉的隐私控制而陷入了麻烦。

事实上，更深层次的问题是社会问题。在社交软件中使用信息不存在理想的技术控制。这个想法本身就充满了矛盾，因为此处的"社交"和"技术"是两个并不相容的形容词。将"你不喜欢的朋友"纳入限制性词汇表当中并不会让其变得完整无缺，因为还有"你过去不喜欢的朋友"这样的词汇。只要社交当中的一些细微差别没有被网络的规则捕捉到，网络就无法防止它们引发隐私问题。Marc Chiles 和 Adam Gartner 希望能有这样一种技术控制，一方面能够允许他们声称是彼此的朋友，另一方面在警方调查时不表明他们的朋友关系。虽然脸书有能力增加这一控制，但这种做法无疑是愚蠢的。精细度的提高甚至还会使用户对于彼此之间关系的分歧更加严重。Chiles 或许会愿意向"大学管理者"组织的成员承认自己和 Gartner 之间的朋友关系，但 Gartner 却可能不会愿意向"大学管理者"组织的成员承认自己和 Chiles 之间的朋友关系。如果脸书增加了这一选项，他们俩之间就产生了新的分歧，或者更为糟糕的是，当其中一人意识到对方的隐私设置刚好针对自己时，他们就会感到十分不悦。

脸书的另一个"核心原则"是，用户应该"有权获得别人想要分享的信息"。如果你已经和 Alice 分享了你的信息，并且勾选了"不对 Bob 可见"，那么，脸书将无法向 Bob 展示你的信息，但 Alice 仍然可以向 Bob 展示你的信息。新泽西小姐 Amy Polumbo 想让她的朋友看到她打扮成梦游仙境的爱丽丝的照片，如果其中有人不值得信任，那么，这就是朋友的错，世界上的一切技术控制都无法对 Polumbo 有所帮助。如果说我们从数字版权管理之战中学到了什么的话，那就是对于一个真正下定决心要向第三人公开其所获取的他人信息的行为人来说，技术控制几乎毫无作用。

我们还可以用另一种方式来看待"他人想要分享的信息"。如果我想与别人分享自己的有关信息，并且由于我确实只使用了某个社交网站,那么,任何增加我分享信息难度的因素都属于该社交网站的漏洞,而不属于其功能。用户会禁用任何过度保护其隐私权的功能。很多社交网站用户的隐私设置都是默认状态就很好地说明了这一点。Lillian Edwards 和 Ian Brown 一开始不以为然地认为,"在用户建立个人资料之初,社交网站就应该提供最能保护用户隐私权的隐私设置"。不过,他们最终却发现,"对于社交网络来说,这并不是一个理想的初始状态"。如果脸书一开始就默认用户的个人资料是私密性的,那么,在创建个人资料之后,所有用户紧接着就会关闭这一隐私设置。社交需求促使了用户跨越技术障碍。

(四)商业数据收集规则

根据 H. Brian Holland 的研究,虽然用户出于个人原因和社交原因分享自己的信息,但脸书作为一个平台却能够访问每位用户的数据。[①] 个人数据高度集中于这样一个社交网站引起了十分严重的、众所周知的隐私问题。用户之所以忧心不已,一方面是因为政府可能会滥用其数据进行非法调查;另一方面则是因为社交网站本身可能会滥用其数据,无论是为了营销目的而使用数据还是以将这些数据交给第三方的方式。在许多其他情况下,我们有必要质疑平台运营商是否对其用户拥有了过多的权力。

虽然这两个问题都很重要,但是它们与我们在上文当中所详细说明的隐私问题并不相关。即使政府完全不干涉脸书的所作所为,脸书也不对用户投放任何广告,其他公司也从来没有访问过脸书用户的数据,我们所讨论的大多数问题仍然存在。可能对 Amy Polumbo 实施勒索的人不是政府间谍或数据挖掘人员,而仅仅是其社交网络当中的一个对她有些许恶意的人。这就是我们在本文当中所讨论的典型问题:我们担心我们的父母、朋友、前任和雇主会看到一些信息,就像我们担心恶意的陌生人会看到一些信息一样。

[①] H. Brian Holland, Visiting Assoc. Professor, Penn. State Univ. Dickinson Sch. of LAW, Presentation at the Computers, Freedom and Privacy Conference, New Haven, Conn. (May 21, 2008) (video of a similar presentation of the same material is available at http://www.ethics andtechnology. eu/index. php/news/comments/privacy-in-scia-network-sites-videos and slides/).

换句话说，这些都是同侪生产的隐私侵权行为。Yochai Benkler 认为，同侪生产是一种"不依赖专有权利请求权、不针对市场动机或信息销售，也不以财产和合同请求权位基础形成公司或市场交易的信息生产"模式。① 因此，我们可以对脸书文化做出如下恰当表述：出于各种各样的原因，包括个人原因和社交原因，用户自愿与别人分享自己的信息。他们既不会使用知识产权来控制留言帖，也不会买卖自己的社交资本②，更不会对自己进行等级划分。脸书具有信息共享空间的基本特征。

然而，正如我们所看到的那样，一旦涉及私人信息，我们就不会想要有真正的共享空间。共享的社交分享平台，多样化的社交动机，以及庞大的用户基础，这些因素既使得脸书引人注目、价值不菲，同时也让它成为隐私噩梦。隐私侵权行为是自下而上的，它们自发地出现在具有不同品味、目标和期待的用户的自然交互中。点对点的个人授权模式所具有的一个弊端在于，它使得用户能够传播彼此的信息。

这些问题的重点并不是属于强势一方的社交网站俯视网络用户，而是处于同一视野的用户之间平视对方。即使脸书完全遵守道德、小心翼翼，用户仍然会创建虚假的个人资料，互相窥探，并在隐私的边界上游离。因此，尽管有关隐私问题和其他网络平台的报告常常建议要对数据收集和传输实施严格的限制，但有关社交网站隐私问题的报告却将重点放在了其他地方。③

我们不妨看看渥太华大学的一个学生诊所根据《加拿大个人信

---

① Generally Yochai Benkler, Siren Songs and Amish Children: Autonomy, Information, and LAW, 76 N. Y. U. L. REV. 23 (2001).

② See, e. g., Brian Morrissey, BK Offers Facebook Sacrifice, ADWEEK (Jan. 8, 2009), http://www.adweek.com/aw/contentdisplay/News/digital/e3i9953839003c1 lce8bbfSf 762069ef9ba.

③ See, e. g., Letter from Peter Schaar, Chairman, Article 29 Data Protection Working Party, to Peter Fleischer, Privacy Counsel, Google (May 16, 2007), http://ec.europa.eu/justice home/fsj/privacy/News/docs/pr_google_16_05_07_en. pdf (expressing concern over the length of time that Google retains query logs); Complaint at 10 – 11, In re Google, Inc. & DoubleClick, Inc., FTC File No. 071 – 0170 (Apr. 20, 2007), http://epic.org/privacy/ftc/google/epicscomplaint.pdf (requesting an injunction to prevent data transfers between Google and DoubleClick as part of proposed merger).

息保护和电子文件法》（PIPEDA）对脸书提起诉讼。尽管这家诊所知道如何针对脸书收集其数据或向第三方传输其数据的行为起草起诉状，[①] 但它却将重点放在要求脸书改进向用户进行信息披露的一贯做法，并允许希望退出脸书的用户能够删除自己在脸书上的信息。国际电信数据保护工作组（IWGDPT）和欧洲网络和信息安全局（ENISA）针对欧洲所做出的报告同样侧重于改善社交网站与用户之间的沟通，而不是加强对社交网站收集和传输用户数据的限制。

这些隐私倡导人士之所以不愿意对数据传输实施适用过分严格的限制，是因为这种做法可能会彻底毁掉社交网站，不论其利弊。正如国际电信数据保护工作组报告所承认的那样："社交网络服务中的个人信息大多是用户所主动发布的，或者是在取得用户同意的情况下所发布的。"如果无法收集或发布个人信息，那么，社交网站将无法正常运行，用户也会感到无比沮丧而不是宽慰。商业数据收集规则并不是恰如其分的，因为它将隐私问题视为商业问题，而不是社交问题。

（五）使用限制

与之前的聊天室一样，社交网站同样被视为"捕食者"发现儿童并引诱他们与之发生性关系的地方。虽然最新研究表明这种担忧被严重夸大了，但实际上有些孩子确实通过社交网站认识了性侵者。

令人遗憾的是，一些立法者和司法者认为，如果想要解决该问题，那么，就应当严格限制人们访问社交网站。在美国第109届国会期间，众议院通过了《2006年打击网络捕食者法案》（DOPA），但参议院最终予以否决。该法案规定，图书馆和学校均应当在电脑上安装互联网过滤工具，从而阻止人们访问商业性社交网站。根据美国联邦通信委员会（Federal Communications Commission）在定义该词时所列出的可能需要考虑的因素，基本上所有的社交网站都属于商业性社交网站。

[①] See, e. g., Letter from Philippa LAWson, Dir., Can. Internet Policy & Pub. Interest Clinic, to Commr Stoddart, Privacy Commn of Can. 3–7 (Nov. 17, 2005), http://www.cippic.ca/documents/privacy/Ticketmaster-OPCCletter.pdf (objecting under PIPEDA to unconsented marketing and transfer of customer information to Ticketmaster affiliates).

还有一些提议则在此基础上更进了一步。例如,《打击网络捕食者法案》只适用于接受联邦教育宽带资助的图书馆,并规定图书管理员应当根据用户请求启用社交网站。而伊利诺伊州的法案将取消这两个限制。① 再例如,佐治亚州的法案②、北卡罗来纳州的法案③,以及由各州检察长所组成的联盟均表示,如果社交网站允许未成年人进行注册,那么,它就将受到相应的法律制裁。目前,各州与MySpace和Facebook之间的协议都没有禁止未成年人使用社交网站。

想要让人们远离社交网站是根本行不通的。Friendster最初不允许18岁以下的用户进行注册,但这并不能阻止18岁以下的用户通过谎报年龄来实现注册。这并不值得大惊小怪。人们想要使用在社交方面能够引人注目的技术,所以,他们会寻找各种各样的方法来绕过一切障碍。一直以来,各州检察长都呼吁社交网站使用年龄验证技术,但年龄验证也并不是什么灵丹妙药。1997年,美国联邦最高法院通过Reno v. ACLU一案的判决,废除了1996年的《通信规范法》,它指出,"目前还没有有效的方法可以确定互联网用户的身份或年龄"。④ 直到今时今日,这样的有效方法仍然没有出现。

正因为让青少年远离社交网站是不可能的,使用限制并不是个好主意。用Danah Boyd的话来说,网络为年轻人提供了一个全新的社交空间。她还追溯了一系列相互重叠的趋势,这些趋势既使得青少年享有一个同龄人的专属空间,也使得他们时时刻刻都受到成年人的监视,并丧失作为消费者以外的其他代理权。对于年轻人而言,社交网络媒体提供了一个不可或缺的网络公共空间:一个他们能够定义自己、探索更多社会角色和进行公开参与的空间。这些对于所有年龄层的社交网站用户来说都是极具吸引力的社会效益。因此,我们不应该一刀切地禁用这些具有深远意义的社交技术。

(六) 数据"所有权"

有些人认为,社交网站最大的问题是封闭和锁定。当用户不能轻

---

① S. B. 1682, 95th Gen. Assem. (Ill. 2007).
② S. B. 59, 149th Gen. Assem., Reg. Sess. (Ga. 2007).
③ S. B. 132, 2007 Gen. Assem., Reg. Sess. (N. C. 2007).
④ Reno v. ACLU, 521 U. S. 844, 855 (1997).

而易举地将其数字身份从一个网站带到另一个网站时，新用户相比于老用户而言，显然竞争力不足。一旦出现这种情况，用户就遭殃了。正如 Edwards 和 Brown 所说："用户会接受糟糕的现状，而不是想方设法复制自己在其他网站上的一切个人数据和'好友'联系。"对此，一些人认为，这种"糟糕的现状"是一种带有剥削性的无偿劳动；一些人则认为，缺乏市场纪律意味着社交网站没有对用户隐私权给予充分的重视。用户想要获得可以无缝连接的在线体验，在另一个网站上重新输入信息会十分麻烦。

上述这些问题都很严重，但是有太多的人陷入了这样的思维陷阱，即为了解决这些问题，我们应该赋予用户对其社交网站上"自身"信息的所有权。所有权理论认为，这些问题之所以会产生，是因为脸书目前对所有的用户数据享有所有权，它能够阻止用户的推出。[①] 因此，根据这一观点，用户应当对自身的个人信息享有所有权，具体来说就是，用户有权导出自己的个人信息，从脸书上删除自己的个人信息，并将这些信息提供给脸书的竞争对手。令人遗憾的是，虽然用户对个人数据享有所有权可能有助于解决竞争锁定问题，但它也会给用户带来巨大的隐私损害。不妨想想这样一个问题：如果你和我互为联系人，那么，这一事实究竟属于你的个人信息还是属于我的个人信息？如果我对有关你我的信息享有所有权，那么，我可能会将这些信息放到另一个网站上，从而侵犯你的隐私权。

以 Plaxo 推出的跨平台网站数据提取软件为例。Plaxo 是一个拥有强大社交网络功能的社交网络服务网站，该网站为用户提供了一款可以将其在脸书上的社交图谱部分导入 Plaxo 当中的工具，从而鼓励脸书用户更换自己所使用的社交网站。该工具的工作原理是加载脸书个人资料并直接从中提取相关信息。博主 Robert Scoble 试着使用了这款工具，但是很快就因为违反了脸书的服务条款而被禁了脸书账号。

[①] See Joseph Smarr et al., A Bill of Rights for Users of the Social Web, Open Social Web, http://opensocialweb.org/2007/09/05/bill-of-rights/ (Sept. 5, 2007) (listing ownership as one of three fundamental rights).

从保护用户隐私权的角度来看,脸书的上述行为不无合理性。①如果你同意成为 Scoble 在脸书上的联系人,那么,你就已经考虑了脸书的隐私规定。你可能已经调整了脸书账户设置来限制其他用户访问你的个人信息,依赖于脸书对社区规范的实施,并以符合脸书社交环境的方式展现自己。你可能没想过成为 Scoble 在 Plaxo 上的联系人。如果他能够单方面地将自己在脸书上的社交图谱导入 Plaxo 当中,那么,他就可以无视你在脸书上的隐私设置,不遵守脸书的社交规范,并将你的身份从其适用环境中剥离出来。换言之,Robert Scoble 所使用的"跨平台网站数据提取软件"破坏了成千上万人所享有的具有语境意义的隐私期待。

因此,尽管数据可迁移性可能会减少用户和社交网站之间纵向的权力失衡,但它会造成横向的隐私问题。原因在于,每个可以访问 A 社交网站上的"可迁移性"信息的人都可以将这些信息转移到 B 社交网站上。在这个过程中,他们可以转移 A 社交网站上的所有信息,无论其受到何种法律、技术或社会限制。或许 B 社交网站上的信息也受到类似的限制,但这无关紧要。除非我们已经做好明确规定每个社交网站都必须具备何种功能的打算,否则,强制地实行数据可迁移性规则会使用户信息无法受到充分的隐私保护。

基于这一原因,我们也应该谨慎对待社交网络可迁移性的技术基础设施,包括谷歌的 OpenSocial、MySpace 的 API,以及脸书的 API 等。个人信息的安全程度取决于该信息传输链中最不安全的环节。Adrienne Fel 和 David Evans 的一项研究发现,90% 的脸书应用程序所访问的用户个人信息超出了自身的需要。由于 MySpace 和 Yahoo! 之间的数据可迁移存在漏洞,Paris Hilton 和 Lindsay Lohan 的"私人"MySpace 页面被暴露给所有拥有雅虎账户的人,而其中就包括了大量的照片。② 随着社交网站数据变得更加便携,它也变得不再安全,因

---

① Juan Carlos Perez, Facebook Privacy Chief: Data Portability Dangers Overlooked, (Feb. 8, 2008), http://www.infoworld.com/article/08/02/08/Facebook-privacy-chief-Dataportability-dangers-overlookedl.html.

② See Owen Thomas, Paris Hilton, Lindsay Lohan Private Pics Exposed by Yahoo Hack, (June 3, 2008), http://valleywag.com/5012543/paris-hiton-indsay-lohan-privatepics-exposed-by-yahoo-hack.

此也不再私密。这种所谓的促进隐私保护的解决方案严重误解了社交网站上人际关系的社会本质，以至于它损害了原本应当给予保护的用户隐私权。

上述笔者所讨论的解决方案之所以行不通，是因为它们没有考虑到有关脸书的社交动态。人们基于各种各样的社交因素选择使用脸书，而正是这些社交因素导致他们严重误解了其中所涉及的隐私风险。那些将脸书视为无知之徒并认为应当限制其分享用户个人信息的"解决方案"都忽略了一点：人们之所以使用脸书是因为脸书允许其分享个人信息。

四、可能有效的解决方案

鉴于脸书用户的活跃度很高但又常常对隐私风险感到困惑，因此解决有关的隐私问题迫在眉睫。我们不应该把注意力集中在脸书上，试图规定脸书能够在何时分享用户个人信息、如何分享用户个人信息和与谁分享用户个人信息，而是应该把注意力放在用户身上。是他们决定上传自己的信息才惹得麻烦不断。如果我们能够将用户所抱有的隐私期待与他们实际所获得的隐私之间的差距缩得越小，其做出的错误决策就会越少。

这个方案并不是万能的。有些人明知自己可能会面临隐私问题。而有些人则做出了法律可能也无法改变的错误决策。无论如何，我们都有必要阻止企业故意违背自己先前对用户所做出的隐私保护承诺。更为重要的是，许多现有的人际冲突案例不能仅仅通过适当地设定隐私期待来解决。因为不同的人有不同的愿望，而有些人的希望注定要破灭。

尽管如此，法律仍然可以通过一些途径逐步促进社交网站对用户隐私权的保护，我们也不应该因为它们不是完整的解决方案而放弃在合理的范围内改善隐私问题。其中有些是法律方面的建议，它们要求监管机构制止社交网站及其用户做出隐私侵权行为。还有些则是针对社交网络运营商所提出的有可行性的、合乎道德的建议，相比于法律重拳来说，它们往往更能够发挥效用。总而言之，这些解决方案都有一个共同点，那就是它们都十分重视社交动态。

（一）公开披露他人私人事实的侵权行为

出于法律目的，"私密"信息和"公开"信息之间往往存在明显的区别。法院有时似乎认为，一旦公民的私人事实即使被少数其他人知道，他就不再对其私人事实享有隐私利益。学者们对这种二分法提出了尖锐的批评，他们认为，在日常生活中，由于社会规范和体系约束的存在，我们可以在向某些人披露信息的同时对其他人保密。① Lauren Gelman 指出，公开可获得的信息往往并不是真正公开的，因为它实际上是模糊的，而社会规范使它处于公开可获得的状态。Gelman 举了一个乳腺癌幸存者所写博客的例子，认为即使该博客对所有人公开，但它实际上仅仅针对其他同样身患乳腺癌的女性群体。

脸书就是一个典型的例子，它说明了私密信息与公开信息二分法具有误导性的原因。如果我的个人资料对除了与我关系亲密的联系人之外的其他人都不可见，并且其中一个与我关系亲密的联系人将我的所有个人资料都放到了公开网页上，从而被包括我一直试图躲避的一个跟踪狂在内的成千上万的人所看到，那么，导致我的个人信息"公开"的罪魁祸首就是背信弃义的联系人，而不是我自己。如果明天脸书打算将所有的用户个人资料完全公开，情况也仍然是如此。虽然用户的个人资料并不是什么秘密，因为它们毕竟都在脸书上，但通常来说，它们仍然属于私人信息。

Lior Strahilevitz 的社交网络隐私权理论提供了一个更好的中立做法。② 他通过对网络所进行的社会学和数学研究表明，有些信息可能会在整个社会网络中广泛传播，而有些信息则不会。他建议法院分析现实当中社会网络的实际结构及其信息流动的结构，从而判断即使在特定的被告没有予以公开的情况下信息是否仍然会人尽皆知。

由于社交网站当中的社交网络本身是可见的，因此它不失为一个好的分析样本。Strahilevitz 提出，在研究网络本身的特性时，我们需要考虑其他方面的因素，例如，"联系和超节点的出现率"，相比于在线下而言，在脸书上对其进行评估要更加容易。因此，法院有时应

---

① See Helen Nissenbaum, Privacy as Contextual Integrity, 79 *WASH. L. REV.* 136 – 138.
② Lior Jacob Strahilevitz, A Social Networks Theory of Privacy, 72 *U. CHI. L. REV.* 921.

当意识到，他们需要得出这样的结论，即尽管"出现在脸书上"，用户信息仍然保持其充分的私密性，他人能够根据 Strahilevit 的建议对行为人提起公开披露私人事实的侵权之诉。

尤其应当注意的是，虽然原始用户选择的隐私设置不能作为唯一的直接论据，但它可以很好地证明原告对争议信息的看法，以及这些信息被众所周知的程度。如果被告是原告的联系人，并通过脸书得知了原告的信息，那么，根据 Neil Richards 和 Daniel Solove 的建议，我们还应当考虑被告是否同时做出了违约侵权行为。① 公开披露他人私人事实的侵权行为和违约侵权行为并不是在所有的情况下都可以适用，但在保护网络隐私权方面，它们却不失为一个有力的法律武器。

Lior Strahilevitz 的社交网络隐私权理论应当得到适用，不过，在根据《美国联邦宪法第四修正案》（以下简称为《宪法第四修正案》）对隐私合理预期做出界定时，情况则有所不同。一方面，通过登录脸书发现 Marc Chiles 和 Adam Gartner 是朋友关系的警察无异于假装教室后排学生的秘密调查人员，警察根据《宪法第四修正案》使用这些信息是非常合理的。类似地，根据第三人原则，如果脸书用户只对少数联系人公开了某一信息，而其中一个联系人向警察透露了该信息，那么，他就无权根据《宪法第四修正案》向法院提起隐私权侵权之诉。② 另一方面，当用户使用脸书的技术控制做出隐私决策时，他们是在表达自己对哪些人能够看到其信息以及哪些人不能看到其信息所抱有的期待，社会应该视这些期待为《宪法第四修正案》所规定的隐私合理期待。因此，当警察从脸书公司处获取用户信息而不是以用户身份登录脸书，或者让别人帮他们登录脸书时，他们应当出示搜查证。一旦我们明确隐私界限，就能在一定程度上承认用户隐私期待的社交结构。

（二）公开权

William McGeveran 认为，信标和社交广告能够反复地将用户身

---

① See Neil M. Richards & Daniel J. Solove, Privacys Other Path: Recovering the Law of Confidentiality, 96 GEO. L. J. 123, 156–158 (2007).

② See Orin S. Kerr, The Case for the Third-Party Doctrine, 107 MICH. L. REV 561, 564–566 (2009).

份的商业价值用于营销目的。我们通常都会将公开权视为名人利用自己的名声赚钱的工具。信标和社交广告也起到了同样的作用,只不过范围相对较小,通过在好友动态当中投放定向广告,并附上用户的姓名和图片,脸书使用户成为诱饵。从某种角度来说,这是一项创新。正如 David Weinberger 所言,如果每个人都被网上的其他 15 个人所知晓,那么,脸书就找到了一种利用微名人"长尾效应"的商业价值的方法。

  与传统的名人代言一样,在使用用户形象进行广告宣传之前,脸书应该取得用户的知情同意。这并非什么难事。用户可以在逐次通知的基础上真正地选择加入社交广告,采用逐步进入的方式使其进入也具有合理性。但总的来说,用户同意对此是没有意义的,我们没有理由要求用户准确预测出哪些新网站和服务可能成为脸书的合作伙伴。更为糟糕的是脸书推出信标的方式:以"选择退出"而且是无效的"选择退出"为基础。用户完全可以根据有关的公开权法就这些事实对脸书提起诉讼。

  一个相关问题是,由于人们在自身的脸书形象上投入了大量的时间和精力,丧失个人资料可能会是一个沉重的打击。脸书在没有做出警告或解释的情况下就删除了用户的个人资料,这一点做得十分欠妥。当 Brandon Blatcher 和他的妻子向脸书询问其账户被删除的原因时,他们收到了骇人的回复:"令人遗憾的是,我们将无法以任何理由重新激活这个账户。这是最终决定。"脸书指出,之所以删除其账号是因为怀疑他们是用假名注册的,这个理由看似已经很充分了,但如果要将这一原则适用于 Blatcher 夫妇的案例,还有很多不足之处。脸书应当承担建立更完善的正当程序保障机制的道德义务,至少,要向用户做出通知并倾听用户的想法。[①] 通过倾听用户关于脸书应当在商业上如何使用其个人资料的想法,脸书可以进一步提高用户对塑造自身社会身份的兴趣。

---

  ① Cf. Frank Pasquale, Rankings, Reductionism, and Responsibility, 54 *CLEV. ST. L. REV.* 115, 135 – 138 (2006) (discussing due process protections for people affected by search-engine-ranking decisions).

(三) 选择退出原则

许多人都对社交网站的未来感到不确定和困惑。那些还没有完全考虑过自身隐私偏好逻辑后果的人,事实上,几乎所有人都可能会惊讶地发现,其中一些偏好结果是不一致的。但有一类期待是足够可靠的,因此,法律应该制定一个简单的、明确的规则来实现这些期待。

那些选择自始至终都不使用脸书的人已经清楚地表明了自己的隐私偏好,他们理应得到尊重。脸书过去所犯的错误能够说明其中的原因。直到2008年2月,删除某位用户的脸书账户几乎都是无法做到的,即使用户"停用"了账户,相关数据将仍然保存在脸书的服务器上。① 对此,脸书给出的解释是,在退出脸书之后,有些用户可能会想要回来并重新打开其旧账户,但这一理由不应该成为那些真正想要永久退出的用户的绊脚石。脸书对一位博主说,如果他想要关闭自己的账户,那么,他需要手动删除每一位联系人以及每一个留言帖等2500项内容。虽然之后脸书做出了让步,增加了一个"删除"选项,但即使这样,一开始也出现了漏洞:一些"已删除"的个人资料仍然能够被其他人所看到,包括联系人列表和应用程序。② 脸书还可能在用户进行注册之前就收集其信息,这一行为同样违反了选择退出原则。在2008年7月的一段时间里,脸书通过一个下拉选项向用户显示他们"尚未建立脸书个人资料的好友"。关于脸书究竟从哪里收集了这些姓名,说法各不相同,但最合理的一种解释是,它可能从被贴有标签的照片中获取了非脸书用户的姓名。类似的数据收集方式还包括脸书可能从现有用户的地址簿和即时通信好友列表中获取非脸书用户的姓名。这无疑是令人担忧的,因为非脸书用户既没有阅读过脸书的隐私政策,也没有合理的机会选择退出。

相比之下,当脸书用户给非脸书用户的照片贴标签时,脸书目前所采取的做法大多是正确的。它会提示用户提供非用户的电子邮件地

---

① See Maria Aspan, How Sticky Is Membership on Facebook Just Try Breaking Free, *N.Y. TIMES*, Feb.11, 2008, at C1.

② See Maria Aspan, After Stumbling Facebook Finds a Working Eraser, *N.Y. TIMES*, Feb.18, 2008, at C5.

址。紧接着，脸书会向非用户发送电子邮件，告知有关情况，这不仅给了非脸书用户删除该照片标签的机会，而且还给了非脸书用户选择未来不会与脸书产生任何联系的机会。

正确的一般规则能够从两个方面扩展选择退出原则。其一，一旦获得了足够多的、可以联系到他们的非用户信息（比如，电子邮件地址或IM屏幕名），脸书就应该主动向非脸书用户提供这种选择退出服务；其二，脸书还应该从其服务器上清除所有与选择退出的用户电子邮件地址相关的其他信息。故意远离脸书具有明确的社交意义，脸书应该对用户的这一要求表示尊重。

在用户可能希望加强隐私保护的特定情况下，Lillian Edwards和Ralph Brown所提出的创建更能保护用户隐私权的默认设置的观点也颇具价值。我听说了两个人不同的故事，他们都结束了长期的恋情，并且想要在不为人知的情况下修改自己在脸书上的感情状况。为了在修改时能做到严格保密，两人都花了很长时间去仔细研究脸书的隐私设置。在这个案例当中，"××将其感情状况改为单身"的公告被传遍了整个网络。对于脸书隐私界面的可用性，我们没有必要浪费时间进行更多的争论，事实上，一个简单的规则就足矣。脸书不应该发出用户结束恋情的公告，除非用户明确点击"将此消息发布到我的好友动态中"的按键。分手应该适用选择进入原则，而不是选择退出原则。类似地，脸书目前将用户加入某一局域网的行为视为他对与网络中的其他人共享自己的个人资料的许可。这种默认做法异常危险：U2乐队主唱Bono与2名19岁的比基尼女郎在嬉戏时被拍下了照片，当其中一个女孩加入拥有100多万用户的纽约局域网之后，这张照片就被公开了。

（四）可预见性

在上文的导论部分，笔者反驳了这样一种观点，即汽车应当被认为是不合理的危险，原因在于，事实上是幽灵驾驶者自身的行为导致了受伤的结果。但在某些更有限的情况下，该观点确实具有一定的价值。假设Powell汽车公司设计了一款名为Canyonero的产品，在驾驶者把脚从油门踏板上移开后，Canyonero出乎意料地左右摇摆了大约40秒。无论以何种标准衡量，这一产品的特性都是无比糟糕的，它将幽灵驾驶从一种危险行为变成了一种确定无疑的自杀行为。由于制造商通常对由存有设计缺陷的产品直接造成的损害负有不可免除的责任，因此，对于因 Canyonero 左右摇摆而导致的意外事故，Powell 汽车公司理应承担责任。一款精心设计的产品绝不会以不可预见的、危险的方式改变其效用。

然而，脸书以不可预见的、损害隐私的方式频繁地发生着改变。好友动态就是最典型的例子，它在一夜之间发生了巨大的变化，使得之前几乎不为人知的事情变得人尽皆知。Danah Boyd 解释说，脸书用户就像参加聚会的人，他们觉得自己的说话声受到了喧闹音乐"音响效果的保护"。一旦音乐停止，伴随着喧闹音乐和朋友交谈时所发出的适当音量就变成了超大音量，所有人都能听到你说话的内容。自此之后，脸书用户开始接收好友动态，但这一转变却带来了隐私问题。

法律应该如何处理隐私问题？要求脸书事先取得用户对新的数据流模式的"同意"是存在问题的。有一种强有力的观点认为，根据《欧盟数据保护指令》或《加拿大个人信息保护和电子文件法》等隐私保护法，这种改变构成了一种新的"使用"或"目的"，需要用户做出新的同意。而在美国法律体系下，这一观点难以适用，因为缺乏全面的信息隐私法意味着从一开始脸书收集用户的个人信息就不需要获得其许可。

采取明确的消费者保护措施是有广阔前景的。从这个角度来看，脸书系统的初始设计是就其如何使用用户所提供信息向用户所做出的通知，通过以一种基本的、侵犯隐私的方式改变服务，脸书违反了对用户做出通知的承诺。美国联邦贸易委员会（FTC）针对索尼 BMG 所采取的措施提供了一种有效模式。在该案当中，由于产品不符合用户对其运作方式的合理预期，消费者的隐私权面临着受到损害的风险。①

类似的推理方式也可以适用于信标等服务。只要每个人都知道信

---

① See generally Deirdre K. Mulligan & Aaron K. Perzanowski, The Magnificence of the Disaster: Reconstructing the Sony BMG Rootkit Incident, 22 *BERKELEY TECH. L. J.* 1157, 1158 –1177 (2007).

标的位置,并且如果他们愿意的话就可以将其关闭,那么,信标就没有什么问题。但是从用户的角度来看,信标是完全不可预见的。两个毫无关联的网站意识到它们有一个共同的用户,并开始把信息从一个网站传输到另一个网站十分显眼的位置,这是从未发生过的。这种未公开的设计变更使得脸书及其合作网站所提供的服务变得异常危险。

脸书本可以在好友动态和信标服务方面做得更好,这一点可以从它发布公开个人资料的行为当中得到证明。在向搜索引擎开放用户个人资料的几周前,脸书发布了一项声明,赋予用户取消选中对应的复选框的机会。即便如此,如此巨大的文化变迁,即 Danah Boyd 所谓的"脸书通过私密性使自己独树一帜",并因此与整个互联网隔离开来,其所采取的应该是选择加入模式,而不是选择退出模式。另外,脸书也并没有就公开个人资料页面提前向用户做出警告,只是提醒他们会暴露在搜索引擎面前,并且一位博主所提出的证据表明,脸书很可能在公开个人资料至少几周后才发布了这一声明。

保护消费者的规定并不是万能的。用户对信标做出的"同意"及其对允许雇主看到她醉得不省人事的照片做出的"同意"之间有着细微而关键的区别。尽管我们可以通过宣布同意为假并重新签订合同来弥补前者所犯下的愚蠢错误,但我们却不能通过重新签订合同来弥补后者所犯下的愚蠢错误。如果用户要求,脸书会很乐意将照片撤下,但他没有做出这一要求。一方面,这并不是一个有关脸书误导消费者的案例。另一方面,社会倾向本身就是一种误导。

(五) 禁止连锁信

我们已经了解到,社交网站通过现实当中的社交网络进行飞速传播。一旦传播开来,它们本身就为模因和附加组件在用户社交网络中的迅速传播提供了一个良好的环境。社交网站领域存在明显的网络效应,一个网站或应用程序所拥有的用户越多,它就越引人注目。

社交网站领域也存在明显的利益冲突。例如,Hubert 想让 Hermes 与自己一起使用 HyperPoke,但是 Hermes 可能并不想要这么做。在大多数情况下,网络效应与利益冲突是密不可分的,Hubert 和 Hermes 都具有很强的社会性,我们所能做的就是让他们自己处理彼此之间的紧张关系。病毒式口碑营销的实操大多必然超出监管范围,理论上也是如此。

然而，当 Hubert 不再仅仅是为了获得 Hermes 与其一起使用 HyperPoke 所产生的快感，而是出于其他目的想让使用 HyperPoke 时，情况可能就不一样了。如果 Hubert 为了获得 HyperPoke 所支付的报酬而说服 Hermes 使用 HyperPoke，那么，他就将 Hermes 当作一个物品，而不是自己的朋友。通过这种方式，HyperPoke 正在破坏人们之间的关系，这对 Hermes 及其与 Hermes 之间的友谊都产生了负面影响。我们尤其需要注意，社交网站的功能可能具有"社交性"，就像多层次营销计划或连锁信一样：通过贿赂或威胁现有用户竭尽所能地使用社交技巧来吸引新的用户。

幸运的是，在监督其允许运行的应用程序方面，脸书目前明智地禁止了"激励式邀请"。在该政策生效之前，应用程序开发人员有时会给予邀请其他新用户的用户以奖励。例如，一经注册你就可以使用 HyperPoke，但只有在邀请了 10 个其他新用户之后，你的等级才可能超过 1 级。在今时今日，应用程序可能都不会要求用户为了访问某一功能、信息或应用程序而以邀请、通知或者其他方式与一个或多个好友进行通信。

贿赂用户以利用他们的社交网络是非法的，这是一个有用的普遍原则。诚然，上述"人为"激励和社交应用程序固有的"自然"激励之间存在微妙的区别，但脸书禁止与应用程序的实际功能没有合法联系的病毒式激励的行为是正确的。监管机构应当警惕社交网站对社交动态的蓄意利用，并在适当情况下禁止这种行为。

（六）对用户进行教育

就有关脸书的隐私风险对用户进行教育也能够有所裨益。虽然人们总是在一些边缘问题上犯错，并且彼此之间会就隐私问题产生争论，但是对于社交网站的运作方式，人们都不赞同其中的某些基本事实。对用户进行教育能够有助于其以轻松的方式而不是从惨痛的教训当中学习这些基本知识。

然而，这种教育必须紧紧扎根于它所针对的群体。如果局外人试图就有关脸书的隐私风险对用户进行教育，他们往往就会绕过正确的群体。我们已经知道，通过隐私政策对用户进行教育是完全无效的。

而通过非权威人士对事实进行枯燥的陈述同样也是完全无效的。更糟糕的是一名夏安族警察向一群高中生所提供的"教育"。他打开了一名高中生的 MySpace 页面,声称自己曾与一名被监禁的性侵犯者分享过她的信息。该学生哭着跑出房间,因为警察告诉这名高中生,那个"食肉动物"现在会对着她的照片手淫。这不是就隐私侵权行为所进行的教育,而是隐私侵权行为。

人类学家 Dwight Conquergood 于 20 世纪 80 年代中期对班维纳难民营进行了大量的研究,从而为我们提供了一种与文化相适应的教育方式的良好榜样。营地里的医生难以向难民解释狂犬病和垃圾处理不当所带来的健康风险。这些苗族难民对医生持怀疑态度,因为抽血、问诊,以及要求病人脱光衣服,这些文化习俗均与苗族文化习俗相冲突。

Conquergood 没有试图纠正苗族人的文化观念,而是选择了包容。他举行了穿戴苗族民间传说元素和服饰的寓言人物的游行,其中包括有巨大的露齿而笑的木偶等,通过歌曲、舞蹈和谚语解释疾病预防的要点。Conquergood 取得了医生所未能获得的成功,在一次预防狂犬病的游行之后,成千上万的难民纷纷带着自己的狗来接种疫苗。Conquergood 认为,游行之所以引人入胜,很大程度上是因为苗族演员具有即兴创作和改写以使信息与文化相适应的能力。

对于年轻用户来说,文化适应性尤其重要。基于一个令人遗憾的但可能合理的假设,即在短期内社会不会对年轻人的轻率行为变得更加宽容,如果青少年和大学生能够更好地理解那些不断的发帖日后会以怎样的方式困扰他们,那么,他们的生活就会过得更好。对于目前所受到的长辈监视,青少年十分擅长就模糊的隐私边界与社交网站进行谈判,现在的问题是要帮助他们更加成熟地应对未来所可能受到的监视。然而,在 Boyd 所进行的研究当中,一个重要的主题是,由于社交网站非常有效地融入了青少年的社交模式和年轻人的生活,它们在年轻用户中非常受欢迎。除非有关 MySpace 风险的警告能与用户的生活经验产生共鸣,否则这些警告将使他们苦不堪言。

One possible Mother Clean in American Society 是一种由学生所负责的高校校报。该高校校报上充斥着说明令人尴尬的照片和个人资料是如何为雇主所用的社论和文章。事实上,高校校报通常比主流媒体更

早出现，2005年10月，在费舍尔学院的一名学生因在脸书上成立了一个针对校园安全人员的群组而被开除之后，至少十几家高校校报都发表了有关脸书和隐私的文章。如果想对有需要的人做出适当的警告，联系学生报社的编辑可能是一种有效的方法。

与文化相适应的教育方式还有助于对监管者自身进行教育。Conquergood解释说，不只病人需要从班维纳难民营的医务人员身上学到一些东西，班维纳难民营的医务人员同样需要从病人身上学到一些东西，他指出："理想的情况是，难民和救援人员之间就彼此的文化观念进行富有成效的、相互促进的对话。"对于监管者而言，研究有关脸书的社交动态是这一对话当中必不可少的第一步。

五、结语

Clay Shirky是网络社交媒体领域伟大的理论家，在其最新出版的《未来是湿的》一书当中，他对博客的受众发表了如下看法："为什么有人会在公共场合这般胡言乱语呢？答案很简单。实际上他们并没有在跟你说话。我们误读了这些看起来毫无意义的帖子，因为我们太不习惯在公共场合看到不以我们为受众的书面材料。人们以群组的形式互相发送信息，这种交流方式与人们发布信息以供成百上千人阅读有所不同。"

这短短的一段话准确指出了难以针对新社交媒体制定合理政策的一切因素。新社交媒体所采取的标准出乎意料。新社交媒体当中的消息严重依赖于语境。新社交媒体的用户考虑的是社交性而不是逻辑性。局外人很容易对其产生误解。

这听起来可能像是一个坏消息，但它实际上不是。《纷至沓来》一书所表达的更深层次的观点是，新的网络媒体及紧紧围绕着网络媒体的社交网络并不难理解，其运作方式有着潜在的社会逻辑。只要愿意花时间去了解这些社交动态，政策制定者就会发现他们的努力是有回报的。

通过将Shirky的理论应用到脸书和其他社交网站，本文证实了其基本原理。我们已经了解到，在脸书和其他社交网站上，用户身份、人际关系和社会群体这三种社交因素反复出现。用户想要并且需要进行社交，因此他们冒着隐私风险行事。一方面，我们不能也不应该打破人们的社交需求；另一方面，我们不能也不应该阻止人们进行社交。我们能做的、应该做的是，帮助他们了解社交活动的后果，为此提供更安全的方式，并保护他们免受网络攻击者的侵害。为了达到这些目的，我们既可以采取一些有效方法，也可以采取一些无效方法，而本文正是试图对这些方法做出讨论。

  总而言之，一旦新技术改变了人们齐心协力做好一件事的动态，它们就显得至关重要。一直以来，科技法所面临的挑战都是要适应这些不断变化的动态。法律是为人而制定的，如果我们忽视了这一事实，那么就需要后果自负。与幽灵驾驶一样，社交网络也可能是一种危险行为，如果想要消除这一危险，那么，我们就必须从深陷其中的人开始着手研究。这是属于他们的故事，属于让技术为自己所用的人的故事。正如Shirky所指出："人的感染力可及一切。"

基本权利还是自由：网络隐私与社交媒体网站共存的理论

哈基姆·里兹克[①] 著　邓梦桦[②] 译

目　次

一、导论
二、隐私与社交媒体网站的共存之道
三、共同的追求、不同的手段和相反的结果
四、欧盟和美国保护网络隐私的基础
五、美国不应该采用欧盟的隐私权法
六、结语

一、导论

Facebook 的首席执行官、联合创始人 Mark Zuckerberg 在一次现场讲话中提到，如果他有机会"再次创建 Facebook，那么，Facebook 将会把所有的用户信息设置为默认公开，而不是私密的……"。尽管 Mark Zuckerberg 最近遭遇了隐私泄露——他的私人照片被公开了，Mark Zuckerberg 也不太可能会改变他的信念，即"社交网络的兴起意味着人们不再期待拥有隐私"。如今，我们每个人都生活在一个网络共享的时代中，人们每一天都想要在网络上分享自己的个人信息。

[①]　哈基姆·里兹克（Hakeem Rizk），美国霍华德大学法学院法学博士、霍华德大学法律期刊高级编辑。
[②]　邓梦桦，中山大学法学院助教。

2011年，Facebook高管报告称，Facebook上每天都有40亿个"事件"被公开分享，而他们预计这个数字还会稳步上升。而推特的高管发言称，在2011年，推特用户每天在推特上发布2亿份推文，就各种热门话题发表意见。

这些网站大受欢迎是有原因的。社交媒体网站不仅为个人提供了与世界各地的朋友、家人和熟人联络的机会，而且同时也是一个能够展示个人"声音"的平台，因为在其他时候，个人的想法和意见可能并不会被注意到。社交媒体网站凭借其火爆的人气和独特的服务，已经毫无疑问地将信息共享确立为一项社会规范。

随着用户继续以如此高的频率在互联网上公开分享自己的个人信息，人们关注的焦点是"共享"是否真的取代"隐私"成了社会的最高期待，即人们不再期待保有隐私，而是期待把自己的信息分享出去让更多人看见。正如前文所述，Mark Zuckerberg和其他社交网站的首席执行官们都认为社交网站已经做到了这一点——"共享"已经取代了隐私。

社交媒体网站把信息共享描绘成了一种积极的社交互动，但他们策略性地掩盖了一种利润丰厚的商业模式，而这种模式的核心就是在线行为广告的概念。① 尽管试图让"世界变得更加开放"，并帮助人们"理解周围的世界"。② Facebook和其他社交媒体网站都与用户进行了一项交易，它们用相对免费的服务来换取了监控和营销用户在线行为的能力；当每一个用户使用这些网站服务时，技术设备会监控他们的个人行为，并收集每个用户的兴趣、喜恶等信息，积累的信息会储存在一个能够识别用户的网络文件夹中。社交媒体网站出售这些网络文件夹，而且通常是卖给网络广告公司，这些广告公司会为能根据用户的兴趣而有选择地销售产品而支付大笔的费用。

虽然社交媒体网站的出现和美国在线广告收入的持续增长可能在经济上是健康的，但这种盈利的商业模式对网络隐私和消费者的信任

---

① See Jose Antonio Vargas, The Face of Facebook: Mark Zuckerberg Opens Up, THE NEW YORKER (Sept. 20, 2010), http://www.newyorker.com/reporting/2010/09/20/100920fafactvargas.

② Mark Zuckerberg, 200 Million Strong, THE FACEBOOK BLOG (Apr. 8, 2009, 9: 27 AM), http://blog.facebook.comLblog.php?post=72353897130.

都产生了负面影响,使得网络隐私和消费者信任似乎正在渐渐消失。网络隐私包括个人隐私权,以及对互联网上储存、再利用、出售和展示个人可识别信息和非可识别信息的保护。① 它构成了消费者信任的基本基础,即个人自信地相信,当他们参与网络交易时,他们的个人信息会被适当地使用,并且只有他们授权的个体才能够访问这些信息。

随着身份盗窃和欺诈在社会中盛行,确保足够的网络隐私保护和守护消费者信任的问题已经成了一个国际议题。更重要的是,在没有国家隐私权法律的情况下,美国最近举行了国会听证会来确定,如何通过在线行为广告来平衡消费者信任和网络业务以寻求一致性和低监管负担的成功。在一份公开声明中,时任商业、制造业和贸易小组委员会主席的发言人 Mary Bono Mack 指出,尽管"美国电子商务的收入今年将首次突破 2000 亿美元,但网络空间仍然给人一种西部地区的狂野感,这让许多消费者怀疑,网络空间中是否有'治安官',或者他们是否只能完全依靠自己来保护自己和家人"。

欧盟被公认为是网络隐私保护的领头羊,它扮演了一个"警长"的角色,实施着严格的法律来让用户控制自己的个人数据。尽管人们一直认为,网络隐私正在慢慢消失,或者说根本就不存在,但美国立法机关之间的争论中心在于,美国是否应该向欧盟学习,步欧盟之后尘?特别是,美国是否应该颁布类似的隐私权法律,即让用户控制他们的个人数据?因为这同时可能会扼杀那些依靠个人身份数据的自由流动或交换来盈利的企业。

笔者认为,我们不应该在美国实施欧盟的隐私权法,相反,美国应该颁布一项国家隐私权法,而且其中需要包含一套"基本原则",这套"基本原则"既能促进经济增长,又能在没有得到用户明确同意的情况下限制实体对用户的网络跟踪,从而确保对网络用户的隐私进行了充分的保护。

---

① See Press Release, IAB, Internet Advertising Revenues Hit \$7.3 Billion in Q1 ll Highest First-Quarter Revenue Level on Record According to IAB and PwC (May 26, 2011), available at http://www.iab.netlabout the-iab/recent-press releases/press-release-archive/press-release/pr-052611.

本文的第一部分将讨论社交媒体网站是如何运作的,特别是其中涉及隐私的部分。第二部分将重点介绍欧盟和美国在规范网络隐私方面的做法,包括它们各自的基本理论。第三部分将阐述美国为什么不应该实施欧盟的隐私制度,而是应该制定一套与《消费者隐私权利法案》类似的"基本原则",给予用户充分的网络隐私保护、刺激经济持续增长,并让用户和企业对在个人自主情况下做出的决定负责。

二、隐私与社交媒体网站的共存之道

据报道,2011年有近21亿人都在使用互联网服务,网络可以说已经成为现代社会最有用的工具之一。这些服务包括社交媒体网站,社交媒体网站已经从简单的社交圈子发展到让用户积极参与在线商务的便利站点。全球近62%的成年人经常访问社交媒体网站,占互联网使用量的22%。然而,在试图利用这些网站所提供的各种服务和好处的同时,用户也将他们的网络隐私置于危险之中,因为他们通常不知道自己的个人信息会被持续地监控和交易。毫无疑问,互联网的商业化和社交网络形象带来了一个现实:"隐私伤害不再是短期的、无伤大雅的。"

随着技术继续渗透并主导着社会功能,许多隐私维权人士迫切地想要推动隐私改革,从而根除人们日益增长的恐惧心理,即"在网上,'你没有隐私'"。欧盟和美国试图通过网络隐私改革来消除这种恐惧心理。然而,在确定哪种方法最有效之前,先了解社交媒体网站如何限制隐私是至关重要的问题。

(一)社交媒体网站的运作

所有的社交媒体网站都有一个共同的目的:将人们与其他地方的人联系起来。社交媒体网络的主要目的是规划人与人之间的关系,它使"人们能够更有效地与朋友、家人和同事沟通"。因为社交媒体网站的用户保持着活跃度,并不断使用网站的服务,所以社交媒体网站能够轻而易举地实现这一目的,甚至实现更多。

Facebook、Twitter、谷歌和LinkedIn都被认为是庞大社交媒体市场中的杰出领导者。每个社交媒体网站都允许用户创建一个在线账户,这个账户让用户有机会向网络世界描述自己"我是谁"。通过提供其基本信息，如"姓名、性别、年龄、地址和兴趣/爱好"等，用户开始开发自己的个性化页面和账号信息。用户可以通过回答关于他们自己及其感兴趣的调查和问卷来补充自己的个性信息，提高他们的网络形象辨识度。随后，他们可以利用社交网站的工具来上传图片和媒体文件，包括自己制作的视频。一旦用户完善了自己的个人资料，他们就可以最大化地使用特定社交媒体网站提供的服务。用户可以下载应用程序、建立联系、了解时事热点，并获取他们朋友的最新动态。通过用户上传的个人信息和用户的网络活动，社交媒体网站现在有能力将用户跟其他与其有相似背景和兴趣的人联系起来。通常情况下，这些网站都有一种技术，即通过绘制更小、更具体的用户个人社会网络，将用户密切识别到更大的群体网络中，从而模仿出一幅社交地图。

社交媒体网站最吸引人的一个方面，就是用户几乎不需要为使用社交媒体网站的服务而付出经济成本。每个人都可以免费成为社交媒体网站的会员，创建自己的网络档案，使用社交网站的基本服务。然而，尽管一些社交媒体网站的估值高达数十亿美元，但它们是通过在线广告和网上购物来产生收入的。社交媒体网站将用户的网络活动和信息共享作为一种通过投放在线行为广告来增加收入的手段。社交地图和用户个人信息共享为公司和工程师提供了"建立业务的机会"，方法是"与……网站深度整合，获得数以百万计的用户"。发展在线业务的公司向社交网站征求网站通过积极地监视用户行为而获取的信息。随后，这些公司会购买这些收集的信息和广告空间，他们会积极地寻求途径、有效地、有选择性地宣传那些他们认为与适合特定用户相关的产品。因此，社交网络网站通过出售共享信息来实现利润最大化，而企业则通过特定宣传与用户记录兴趣相关的产品来降低运营成本。

（二）隐私的影响

Facebook 和 LinkedIn 等社交媒体网站的运营遵循一种企业哲学，即它们允许用户"控制……他们的体验，这样他们可以自由地表达自己，同时知道他们的信息正在以他们想要的方式被共享"。作为授权控制的一部分，用户可以设定允许或禁止其他人访问其个人资料的隐私设置。通过用户建立的隐私设置，用户可以指定谁能够查看他们的个人资料，以及他们个人资料的哪些特定部分可以公开。然而，即使有相当严格的隐私设置，用户仍然容易受到攻击，把自己的个人信息开放给第三方获取。

虽然社交网站似乎为用户提供了足够的隐私保护，但社交网站的隐私设置在不断变化，所以有时变得难以管理。大多数社交网站都没有默认的隐私设置。因此，用户的个人资料仍然处于对外公开的状态，除非用户在个人资料的隐私设置中选择退出。这种选择退出的方法向用户提出了挑战，即用户通常需要花费大量的时间和精力去精准理解社交网站的隐私策略和设置。据估计，每份社交网站隐私政策的平均字数在2514个单词左右，大概需要10分钟来阅读。在一个快节奏的社会中，用户不去阅读社交网站隐私政策的行为是很常见的，所以他们就会在不经意间没有建立起相关的隐私设置。此外，随着网站服务的创新，新的功能也带来了新的挑战。例如，Facebook添加了一个新的应用程序，它可以显示用户发消息的时间和地址定位，这些信息都是公开的。据称，创建这些新功能是为了增强用户的活跃度，这些新功能"允许"用户的个人资料从私密状态"恢复"到公开可访问的状态。很多挑战隐私的隐私政策依然存在，而且已经长期存在，加上社交网站的新特性及其更新，这使得用户很难管理他们的隐私设置。

此外，单独的隐私设置并不能完全限制网络cookie。这些cookie不是"美味小甜饼"，是"实时扫描人们在网页上做了什么，然后以此获知人们的位置、收入、购物偏好甚至医疗保险的信息"的技术。cookie技术使网站能够轻易地跟踪用户的在线行为，并收集用户所有上传的内容和网站所观察到的内容。即使用户离开了网站，网络cookie仍能继续工作，当用户返回网站时，它能自动识别用户及其相关信息。用户可以在他们的历史浏览记录标签中删除网络cookie。然而，网络cookie是经过加密的，它具有"在用户试图删除它们之后，仍能秘密地重新生成它们自己"的能力。这种功能实际上使用户几乎不可能来选择不被网站跟踪。事实上，偶尔被称为"无摩擦共享"的网络cookie允许网站继续跟踪用户的在线行为和活动，用户不必像前面所描述的那样随时地离开/关闭这个网站，因为即使用户已经注销了这个网站，它还是能够使用网络 cookie 技术进行跟踪。最终，社交媒体网站会激活网络 cookie，以便向网络企业和广告公司出售和交换用户的个人数据，而通常无须向用户发出任何通知。

有时，cookie 的影响是无法确定的。今年，隐私维权人士请求联邦贸易委员会和欧洲监管机构调查谷歌的活动，他们认为谷歌使用了一种代码，使 cookie 能够绕过用户已建立的隐私设置。谷歌在声明他们利用 cookie 在改善用户体验和服务质量的同时，还努力修改他们的隐私政策，现在，谷歌使用 cookie 和匿名标识符来收集用户与其所提供的服务交互时产生的所有信息。谷歌将从不同服务中收集到的所有信息组合在一起，然后在用户电脑之外的网络空间处理这些信息。但是，除非谷歌必须"为合规或法律目的而保留信息"，否则，谷歌是允许用户更新或删除这些信息的。虽然谷歌与其关联公司共享收集的信息，但谷歌明确指出，它新的隐私政策中不包括允许在其网站上做广告的公司或组织使用这些信息。

网络隐私应保护用户在互联网上的个人可识别信息和非可识别信息。但是，我们现在生活在一个身份盗窃、欺诈和个人信息暴露的时代，这可能会使个人感到羞耻。随着这些严重的隐私问题出现，一些解决方案应运而生。

（三）导致不同手段的解决方案

虽然数量不多，但一些隐私方案已经被制定了出来，以此来给用户一些信心，让用户继续放心地使用漫游和互联网上的服务。为了从成功的商业计划中保护隐私，各种公司和组织制订了旨在提供隐私安全的隐私保护计划。这些程序的范围从隐私"封条"到软件产品，消费者可以通过这些软件产品来为保护隐私付费。但是，正如前面提到的，这些程序可能会保护隐私，但也会让用户的个人隐私受到侵犯。

三、共同的追求、不同的手段和相反的结果

欧盟和美国都追求着一个共同的使命：保护各自的公民免受伤害。欧盟和美国都意识到了保护基本权利的必要性；然而，它们保护基本权利的方式各不相同。在人的尊严的概念下，欧盟坚持着它们的信念，即人的基本权利需要得到有力的保护。美国则利用广泛的自由来捍卫一个人的基本权利，同时协调一个有组织的自由社会所提出的各种要求。两国都将隐私权视为一项基本权利，但是，它们不同的观点产生了不同的结果。

（一）欧盟保护网络隐私的使命

一种普遍的现象是，如今的社会包含着一个不断发展的数字时代，其中，个人信息的收集是一项宝贵的经济资产。尽管如此，欧盟坚持保护那些个人信息被持续跟踪、收集，被从一方转移到另一方的个体。

1. 欧盟关于数据保护的隐私权法

1995年，欧盟制定了关于数据保护的隐私指令，该指令遵循两个基本原则：①保护信息隐私；②防止限制以保护隐私为目的的个人信息的自由流动。尽管这一指令在最初的确是提供了足够的隐私保护，但欧盟领导人，如Viviane Reding，考虑到大量的技术在不断进步，进步的幅度也越来越大，所以他们试图对这一指令进行更新。

关注"加强个人对自己数据控制的必要性"，立法机关建立了网络隐私保护的"支柱"：①被遗忘权；②透明度；③默认的隐私；④不考虑数据位置的保护。这些保护隐私的支柱促进了一个多方面的"选择加入"（opt-in）框架，网络用户通过行使和取回其同意来进行信息控制。个人不再有责任去证明网络实体收集他们的个人资料是不必要的。相反，数据控制人员承担着更重的责任，他们要证明他们保存和收集个人信息的行为是必要的。透明度为网络用户提供了获取信息的能力，特别是关于自己的哪些个人数据正在被跟踪和收集，以及这些数据是如何被使用的信息。立法的目标是实施一个全国性的标准，在这个标准之下，隐私可以从一开始就得到保护，而不需要付出任何"相当大的操作努力"。立法所期望的结果是网络实体所收集的个人资料只用于指定用户所指定的用途。

当欧盟意识到前三个支柱可能还不够时，它通过最后一根支柱，坚定了其完成网络隐私改革的愿望。作为一项强制措施，最后一根支柱让世界各地的所有组织都注意到，无论数据的位置在哪里，欧盟的隐私权法都适用。如果一个组织或公司在欧盟的市场内经营，或者欧盟的公民是它的消费者,那么即使该组织不位于欧盟的地理范围内,欧盟的隐私权法对其也适用。虽然没有正式的方法来确保欧盟以外的公司会遵守欧盟的隐私权法,但欧盟的各个委员国已经将广泛的自由裁量权和权力授予隐私监管机构。因此,随着对原隐私指令中规定的四个充分性标准的增加,Facebook 和 Twitter 等社交媒体网站在欧盟经营并针对欧盟消费者开展商业活动时,将不得不采取合理的隐私保护措施。不管影响如何,欧盟都将实施相关法规来保护隐私权这一基本权利。

2. 欧盟隐私权法的影响、解释和实施

欧盟的政治和经济使命是使所有成员国的法律标准化,努力使它们成为一个统一的市场,使人员、商品、服务和资本能够在成员国之间自由流动。作为独特政治框架的一部分,每个成员国都保留了作为独立主权国家的地位,同时将部分决策权委托给欧盟内部的立法三角。由欧洲议会、欧洲联盟理事会和欧洲委员会组成的这一立法三角拥有颁布指令的权力,这些指令不强制规定会员国实现预期结果的方式,但要求会员国要达到一个特定的结果。因此,1995 年的《数据保护指令》及其拟议的修订都旨在加强网络隐私权,然而,虽然每个成员国都实施了相应的立法,但结果似乎并不理想。

如所有事情一样,每一个行动都会引起相应的反应,因此,每一种监管都需要付出相应的代价。[①] 更严格的隐私准则旨在增加消费者的信任,从而使其购买更便宜的商品和服务。[②] 为用户提供更多隐私保护的行为增加了在线业务在效率和公平方面的成本。法律规定,在线企业必须保留用户数据的详细记录,并快速响应用户任何关于数据的特殊用途的查询。与效率的概念相反,仅这一项就需要更多的经营时间和人力,从而增加总的经营成本。在公平方面,在线企业可能会遇到消费者拒绝同意企业使用其信息的情况。因此,在线业务和直销

[①] Gregory Shaffer, Globalization and Social Protection: The Impact of EU and International Rules in the Ratcheting Up of U. S. Data Protection Standards, 25 *Yale Journal of International Law*, 1, 17 (2000).

[②] Viviane Reding, Vice President, European Commn, The Reform of the EU Data Protection Directive: The Impact on Businesses (May 18, 2011), available at http://europa.eu/rapid/press-releaseSPEECH-11-349_en.htm.

公司都放弃了从个人数据交换中获得的潜在收入。

从本质上讲，通过遵守相关的法律，私营企业决策的主权受到了约束。对于欧盟以外的企业来说，试图"充分"遵守规定会产生额外的成本。为了达到"充分"的程度，企业或组织必须满足一组标准，这些标准规定了企业或组织必须：以特定的目的处理数据且受影响的用户有权知晓这些目的，提供信息来确保公平处理所有受影响的用户，只能在具有同等保护水平的国家中才能把信息转让给第三方。这种沉重的合规负担对外国就业、出口和企业构成了重大风险。

此外，成员国决定指令执行的方式。通过这种内在的力量，指令中各种关键条款的解释已经增加了欧盟和企业的成本。有一个关于同意条款的例子。一些成员国将这一条款解释为用户需要"明确给予"同意，并且有时候需要做出书面同意。而其他的成员国将这项规定解释为包括默示同意。由于对指令存在很多种解释，网络企业面临着越来越高的交易和运营成本，因为它们试图遵守指令和成员国的各种法律。在行政上，由于成员国不服从和不同的法律解释，欧盟当局面临着一个增加的执行成本。随着欧洲经济衰退，这些成本只会加剧其衰退。

（二）美国寻求网络隐私法的实施

美国只有一个部门与部门之间的隐私制度，没有包罗万象的隐私权法，因此，美国寻求实施一项国家隐私权法，该法律将与美国的判例保持一致，同时平衡电子和网络隐私保护的需要。自由包括个人的隐私利益和对自主权的尊重。然而，在最近的奥巴马隐私权利法案中，自由是否会保护消费者而不是保护企业这个事实还没有定论。

1. 美国现行的隐私权法

美国法理学已经认定隐私权与不正当或未经授权的入侵有关。[①] 这些对隐私的挑战主要集中在"不合理的入侵"这个概念上，通常涉及的是政府或媒体的入侵，即"影响宪法自由和安全的本质"。正是通过这些挑战，美国联邦最高法院（以下简称"最高法院"）才得

---

① See Olmstead v. United States, 277 U.S. 438, 478 (1928) (Brandeis, J., dissenting).

以根据美国宪法中所使用的自由原则来构思隐私权的本质。

根据《美国联邦宪法第四修正案》（以下简称《宪法第四修正案》），最高法院支持用两步分析法来确定政府行为人是否实施了不当的搜查或扣押行为。① 法院第一步是先评估受害者是否表现出对隐私的实际或主观期待。② 如果答案是肯定的，最高法院就会进行第二步，即通过探究这种期待是否为社会承认的合理期待而得出结论。这一法律框架使法院得以捍卫其信念，即隐私权是"文明人最珍视的权利"。③ 但与此同时，最高法院承认个人自主权的价值，即要求公民对自己的决定和相应行为负责。

通过这种思维方式，法院禁止行为人侵犯家庭的神圣性。④ 从法院的角度看，一个人的神圣性包含了"一个人一生中可能做出的最亲密的、最私人的选择"。⑤ 这些选择源于每个人内在的尊严和自主权，这些选择要求法律在《美国联邦宪法第十四修正案》的范围内对其予以妥善的保护。自由的核心是，这些选择包括了妇女堕胎的权利⑥、同性伴侣从事性行为的权利⑦以及控制子女抚养的权利。⑧ 这一判例表明法院不愿意破坏个人自主权的价值，以及法院如何界定我们作为一个人到底是谁。⑨ 更恰当的说法是，隐私维权人士一直认为隐私权包括保护隐私不受媒体侵犯的权利。⑩ Samuel D. Warren 和 Louis D. Brandeis 质疑，当媒体超越了行为规范的界限时，美国法律是否会

---

① Katz v. United States, 389 U.S.347, 361 (1967).

② Matthew L. Hodge, Comment, The Fourth Amendment and Privacy Issues on the New Internet: Facebook.com and MySpace.com, 31 *Southern Illinois University Law Journal* 95, 100 (2006).

③ See Olmstead, 277 U.S. at 477.

④ See Generally Lawrence v. Texas, 539 U.S.558 (2003) (invalidating a state LAW that prohibited sodomy between two consenting partners within the sanctity of their home).

⑤ Planned Parenthood of Southeastern Pennsylvania v. Casey, 505 U.S. 833, 851 (1992).

⑥ See Generally Planned Parenthood of Southeastern Pennsylvania, 505 U.S. at 833.

⑦ See Lawrence, 539 U.S. at 578.

⑧ See Pierce v. Socy of Sisters, 268 U.S. 510, 534 – 535 (1925).

⑨ See Planned Parenthood of Southeastern Pennsylvania, 505 U.S. at 851.

⑩ See Generally Samuel D. Warren and Louis D. Brandeis, The Right to Privacy, 4 *HARV. L. REV.* 193 (1890).

保护隐私？这些杰出的法律人士认识到现有设备的能力及其潜在的技术进步，他们主张加强隐私保护，使之免受新闻界权力范围之内邪恶势力的侵害。几十年过去了，最高法院间接地接受了他们的观点，认为隐私保护包括保护隐私不受媒体侵犯。

虽然隐私维权人士很早就游说要保护隐私不受媒体的侵犯，但没有人考虑过这样一个未来，即创新最终会发展出造福人类但涉及严重隐私问题的社交媒体网站。随着互联网开始在美国公民的生活中占据重要地位，立法机构通过了为特定领域的特定个人提供隐私保护的法律。例如，1988 年的《儿童网络隐私权法》就禁止针对儿童市场的网站收集儿童的个人信息。[①] 1974 年的《隐私权法》确立了一套公平信息行为准则，这套准则规定了联邦机构能够如何收集、维护、使用和传播存储在其记录系统中的公民个人身份信息。[②]《公平信用报告法》要求信用报告机构收集个人信息时要公平、准确、保护个人隐私。[③] 尽管这些法律涉及了一些隐私问题，但仍然没有一部针对私营企业的、解决它们跟踪和传播可识别的个人信息的一般性隐私权法律。

2. 立法机构提出了隐私权法案的提案

由于没有针对 Facebook 和谷歌等私人企业追踪和收集用户个人数据的一般隐私权法，美国立法机构已经感受到来自美国公民的压力，即他们要制定这样的法律。最近的隐私泄露事件引发了热议，一些社交媒体将一些用户的个人信息泄露给了用户不想让其知晓其信息的对象。

为了平息争议，美国联邦贸易委员会（Federal Trade Commission）发挥了积极作用，要求社交网站必须对其行为负责。在 2009 年，Facebook 决定改变用户的隐私设置，将用户的个人信息包括好友列表和应用程序的使用数据提供给公众和 Facebook 的关联公司。[④] 美

[①] 15 U.S.C. § § 6501 – 6506 (2006).

[②] 5 U.S.C. § 552 (a) (2006).

[③] 15 U.S.C. § 1681 (2006).

[④] Press Release, Fed. Trade Commn, Facebook Settles FTC Charges That It Deceived Consumers by Failing to Keep Privacy Promises (Nov. 29, 2011), http://ftc.gov/opa/2011/11/Privacy settlement.shtm.

国联邦贸易委员会在调查 Facebook 并对其提出八项指控后,与 Facebook 达成了一项和解协议。在协议中,Facebook 同意未来在没有得到用户明确统一的情况下,不改变它的隐私设置。在 2011 年,Twitter 被美国联邦贸易委员会指控,原因是那年黑客入侵 Twitter,取得了该网站的管理权限,并造成了多起安全漏洞事故。[①] 而相关方关于这项指控也再次达成和解,Twitter 同意在未来采取更强有力的安全措施。尽管很活跃,但美国联邦贸易委员会仍然是一个促进消费者保护、关注反竞争商业行为的独立机构。在促进变革的同时,美国联邦贸易委员会通常会在行为或损害发生后采取行动。因此,立法机关在过去一年内举行了几次国会听证会来讨论美国在实施隐私改革方面应采取何种途径。国会的议员们也提出了各种提案,比如《禁止追踪法案》。虽然这些提案没有通过,但奥巴马政府提出了《消费者隐私权利法案》,以打击网络公司追踪和收集个人数据的复杂手段。人们相信这项法案将成为"指导保护隐私工作和确保互联网隐私持续创新的蓝图"。

通过广泛征求意见,《消费者隐私权利法案》试图通过使互联网行业领袖和国会共同努力来加强隐私保护,以便能够勾勒出那些"应该在隐私权法中得到体现"的原则。该法案避免阻碍社会的创新,希望实施灵活的行为准则来确保互联网经济实现成功前景,这将直接对美国经济做出贡献。该法案向美国联邦贸易委员会授予了强大的权力,让它可以监督公司执行它们的公开承诺,通过行为准则作为法案设计的一部分,从而来增强美国及其贸易伙伴之间的互操作性。最终的结果是达到隐私利益和经济持续增长的平衡。在这个框架下,《消费者隐私权利法案》提出了国家隐私权法的以下基本要素:①个人控制;②透明度;③探寻背景;④安全;⑤可行性和准确性;⑥关注信息收集;⑦责任。

有了这些构建的基本要素,公司必须遵守"合理"的限制,限制其收集用户个人的数据实践。公司必须评估其商业习惯所带来的隐私风险,并设置"合理的保护措施"。它们必须考虑与之建立关系的消费者的年龄和成熟度,将个人信息的使用和披露限制在与建立该关

---

① See Twitter, Inc., 151 F.T.C. 162, 167-169 (2011).

系和提供相关信息的背景相一致的目的上。公司只能收集不超过必要数量的用户个人信息，并向消费者提供"合理的措施"以获取和纠正收集的个人信息。消费者有权控制其个人信息的收集、使用和传播。这项权利要求公司在隐私风险和数据收集方面保持透明。然而，这一建议成功的关键因素在于问责制，即公司应由执法当局问责，以确保遵守公司这些原则。

奥巴马政府提出的《消费者权利法案》表面上模仿了欧盟的隐私保护指令及其最近提出的修正案，但实际上是提出了一种"合理的"网络隐私改革方法。虽然不是法律，但它为立法机关制定国家隐私权法提供了蓝图。这项法案表面上支持了企业和经济增长，但实际上却体现了关于自由的美国法律体系，平衡了隐私利益和有组织的自由社会的需求。值得关注的是，这份蓝图是否是网络隐私改革的必要指导方针？

四、欧盟和美国保护网络隐私的基础

"消费者的信任对于数字经济的持续增长至关重要……要让企业在网上取得成功，消费者必须感到安全。"[①] 包括奥巴马总统在内的国际领导人已经认识到，在线行为广告等技术创新不仅促进了在线业务的增长和繁荣，而且也促进了国民经济的发展。更重要的是，这些领导人已经将消费者的信任视为在线业务实现高利润目标的核心因素。在承认消费者信任价值的同时，网络企业仍然积极地进行它们的战略追求，通过降低成本来获得更大的利润。他们可以有选择地只销售用户可能购买的产品，并在统一的隐私系统下运营，从而降低运营成本。随着社交网站盈利，在线业务运营成本降低，并且由于用户的个人资料始终由第三方跟踪和处理，用户的网络隐私逐渐消失。因为缺乏有效的隐私权法来为网络用户提供足够的隐私保护，立法机关一直在推动隐私立法或颁布隐私权法案来提供缺失的保护。虽然欧盟和

---

① Press Release, White House, We Can't Wait: Obama Administration Unveils Blueprint for a Privacy Bill of Rights to Protect Consumers Online (Feb. 23, 2012), available at http://www.whitehouse.gov/the-press-office/2012/02/23/we-can-t-wait-obama-administration-unveils-blueprint-privacy-bill-rights.

美国都认为网络隐私改革是必要的,但它们采取了不同的途径。不同途径背后的不同方法概述了有关网络隐私保护的现行法律和法律提案。

(一)保护作为基本人权的隐私权:欧盟对网络隐私的保护方法

欧盟在防止社交媒体利用个人身份信息的方面发挥了积极的作用,它将用户的网络隐私作为一项基本人权来加以保护。从这个角度看,欧盟颁布了隐私权法,让用户对自己的个人数据拥有更大的控制权。例如,用户有权删除他们所选择的任何个人身份信息。根据"选择加入"的概念,欧盟将用户的网络隐私置于网络企业的经济目标之上。在如此强硬的立场下,笔者好奇以上的结论从何而来。表面上看,答案显然来自欧盟的管理文件,但事实是,它存在于促成欧盟形成的历史中。

在几个独立的国家为了全体居民的福祉而团结起来以促进"文明、进步和繁荣"时,"人的尊严是一种社会概念"就成了欧盟的核心观点。由于两次世界大战、一场大屠杀和阶级分化的社会基础设施,欧盟认为,保护这一社会规范将减轻并可能消除未来任何导致人类流血、耻辱和羞辱的可能。

直到21世纪,欧洲一直被一种制度化的阶级划分体系所困扰。这种明显的等级制度很早就开始了,巨大的经济差距引发了不平等的政治权力。政治和司法官员以保护精英阶层的方式设计和执行法律,让工人阶级和中产阶级持续为平等而斗争。而通过这些经济和政治斗争,一场"反对……地位特权的缓慢成熟的反抗"就形成了。这场斗争是法国大革命等历史事件的导火索,随着"二战"期间纳粹和法西斯政权的出现而达到顶峰。

在恢复政治秩序、振兴爱国主义和为下层阶级提供工作和面包的理想背后,希特勒(Hitler)和墨索里尼(Mussolini)分别在德国和意大利获得了政治控制权。虽然这些政权建立在社会驱动的原则下,但它们最后演变成了独裁统治,产生了人类所经历过的、最令人发指的行为。尤其是希特勒对犹太人的屠杀行为,他试图消灭整个种族,因为他认为任何比阿里乌斯民族更弱的种族都是劣等的。这些令人震惊的侮辱使欧洲大陆处于屈辱状态,迫切需要进行社会改革。

在关于社会改革的构想中,欧盟将人权、民主和法治原则作为其主要的价值观。欧洲联盟通过确立这些价值观念,坚持了联合国大会所建立的框架。1948年,联合国大会制定了《世界人权宣言》,这份宣言表明了联合国大会的信念,即保护"人类大家庭中所有成员的固有尊严和……不刻扣减的权利是世界自由、正义与和平的基础"。1999年,欧洲各国政治领导人召开会议,起草了《欧洲基本权利宪章》。该文件将人的尊严定义为一项必须受到尊重和保护的不可侵犯的权利。欧盟赞成该宪章所体现的理想和原则,并将该宪章纳入了欧盟的宪法。[①] 欧盟宪法的起草者没有给错误留下任何余地,他们明确地写道:"欧盟是建立在尊重人类尊严、自由、民主、平等、法治和尊重人权价值观之上的。"经历过一段人权被无视的历史之后,显然,欧盟将不惜一切代价保护其公民作为人的尊严。

(二)商业发展:美国试图保持网络隐私和经济创新的共存

由于没有一部全面的隐私权法,美国试图通过在造成监管负担的过度监管和无法保护自由利益的监管缺失之间找到一个平衡的"最佳点"来打破现在的僵局。这个"最佳点"将作为一个指南来提供指导,确保产业保护美国的消费者,同时禁止政府过度干扰市场的行为。换句话说,这个"最佳点"让美国有了"保护消费者的聪明办法","在被允许的情况下……电子商务将继续蓬勃发展"。

是什么促使美国去制定一个既不有利于网络企业也不有利于网络用户,而是旨在满足各方要求的隐私制度?与欧盟相似,答案在于美国立国的根本原则。自由不仅点燃了独立战争的战火,也点燃了人们建立一个没有暴政的国家的热情。这个伟大国家的开国元勋们寻求建立一个孕育于自由之中、献身于人人生而平等这一原则的新国家。虽然他们最初关注的是政府压迫和个人自由,但他们明白,从一切形式的压迫中获得自由并为所有人争取自由的制度将促进国家

[①] Treaty of Lisbon Amending the Treaty on European Union and the Treaty Establishing the European Community, 2007 O.J. (C 306) 13.

的繁荣。因此,他们起草美国宪法的目的是"建立正义,保证国家安全,提供共同防御,促进普遍福利,确保自由的福祉……"。自从英国的政治暴政中获得国家独立以来,美国允许自由的本质指引其未来的步伐。

因此,"'自由'是一种政治价值"的观点已经完全融入了美国的法理学,在美国,没有正当的法律程序,政府不能侵犯或侵害公民个人的自由利益。美国最高法院虽然没有完整定义过"自由"一词,但它包括一个"理性连续统一体"和"一个产生于其他具体的保障中……或产生于自由社会所要求的经验中的概念"。通过这一宽泛的定义,最高法院保持了其坚定的观念,即宪法保护的权利是那些对自由的基本功能至关重要的权利。① 然而,最高法院赞成并承认,一个有组织的自由社会要求不断重塑自由的总体规划,使最高法院有能力平衡开国元勋们的最初意图与一个不断发展的社会需求。

当前的社会需求之一是保护公民的网络隐私。尽管美国历史将自由与不当的政府干预结合在一起,但在处理私营部门的自由(包括网络商业追踪)方面,美国政府却鲜有作为。

五、美国不应该采用欧盟的隐私权法

为了应对严重的隐私风险,即每个公民都有可能受到严重伤害的隐私风险,美国将会如何在促进经济创新的同时消除对隐私的威胁?答案就在于作为建立这个杰出国家的基本工具——自由这个原则之中。

正如美国法理学的历史所示,自由一直在拯救着世界,解决着社会需求及其变化对个人权利的威胁。就像过去一样,自由的概念及其解释将允许国会和司法成员分别制定和执行隐私权法,这将促进自治,促进经济增长,并同时保持着问责制。

尽管存在缺陷,但奥巴马政府的《消费者隐私权利法案》可以作为一种资源来说明自由是如何能够确保适当的网络隐私改革的。尽管国会议员可能"对立法的必要性持怀疑态度",但国会应该颁布一

---

① See Taylor v. Louisiana, 419 U. S. 522, 540 (1975) (citations omitted); Duncan v. Louisiana, 391 U. S. 145, 148 (1968); Griswold v. Connecticut, 381 U. S. 479, 493 (1965).

项隐私权法,以复制《消费者隐私权利法案》所体现的原则。显然,人们会担心政府的立法跟不上技术的进步,从而对互联网的发展带来不利影响。然而,通过行业领袖的支持,我们可以制定出既能保证灵活性,又包括实用的数据收集原则的隐私权法。

(一) 自由促进对自治的尊重

每一天,网络消费者都在决定直接还是间接地上传其个人的身份信息。当他们使用社交媒体网站提供的服务时,他们会提供个人信息,包括个人兴趣、活动、住所、工作、想法和其他他们不一定想让公众看到的信息。为了与他人建立联系而做出的这些决定可以被认为是决定自由和自治的核心部分。从本质上说,这些决定为这些人创造了机会,让他们可以继续定义自己的存在。

然而,因为网络消费者在行使自主权,所以这些网络用户必须认识到网络活动中固有的隐私风险。通过持续不断的关于隐私的公开报道,用户经常被告知,在任何特定时刻,他们仍然容易受到任何潜在隐私漏洞的攻击;然而,他们仍然继续使用这些有价值的服务。这真的意味着用户对其隐私没有合理的期待吗?网络用户是否通过持续使用这些互联网服务的行为,接受了其背后的潜在风险,从而放弃了隐私要求?虽然网络消费者看起来似乎对隐私没有表现出合理的期待,但现实远非如此。消费者对隐私的合理期待与用户成为网站的会员时,或使用这些公司的服务时所产生的关系有关。对隐私的期待藏在消费者信任的概念之中,就连行业领袖也承认,如果没有消费者的信任,他们的网络业务就会失败。

这些行业领袖认为,自我监管能够让每个企业更好地获取消费者的信任。[1] 而欧盟做出了另一项决定并制定了严格的法律,让用户可以完全控制自己的个人数据,实施了一种"选择加入"的方式,并赋予个人被遗忘的权利。[2] 奥巴马政府的《消费者隐私权利法案》虽

---

[1] See Ullman, 367 U. S. at 542.
[2] Viviane Reding, Vice President, European Commn, Your Data, Your Rights: Safeguarding Your Privacy in a Connected World (Mar.16, 2011).

然也倾向于个人控制,却把重点放在了用户和网络业务之间的关系上。① 有了这个重点,奥巴马政府认识到自治对经济繁荣的价值,并表现出执政的灵活性,使自治不仅能够与经济增长共存,而且还能促进经济的进一步增长。为了实现这一目标,企业为用户提供"适当的控制",包括"撤销或限制同意的手段"。② 这种灵活性平衡了用户上传个人信息时的自主权和企业寻求提供有效服务的合同安排之间的关系。

灵活性将使自治得到尊重,使经济继续繁荣。通过"适当的控制"授予个人控制权,个人将更容易地利用社交媒体服务,而企业将不会受到需要增加运营成本的"选择加入"框架的限制。

(二) 保持经济的持续增长

"一旦我们走错一步,我们需要承受的风险就太大了。"③ 众议员 Mary Bono Mack 的发言准确地描述了经济形势。事实不言自明。在美国,每年的网上零售额已经达到 1450 亿美元。互联网通过直接经济价值为美国经济提供了 1750 亿美元的利润。④ 这包括了 850 亿美元的网络零售交易、700 亿美元的互联网服务价值以及 200 亿美元的广告服务价值。⑤ 这种经济上的成功源于持续的技术进步,包括通过个人数据跟踪来进行有效的网络行为广告推送。由于互联网对经济的影响严重依赖技术的持续创新,因此,国会议员"怀疑国会或政府监管机构是否有能力在不破坏互联网的前提下跟上互联网创新和蓬勃的步

---

① Press Release, White House, We Cant Wait: Obama Administration Unveils Blueprint for a Privacy Bill of Rights to Protect Consumers Online (Feb. 23, 2012).

② Press Release, White House, We Cant Wait: Obama Administration Unveils Blueprint for a Privacy Bill of Rights to Protect Consumers Online (Feb. 23, 2012).

③ Balancing Privacy and Innovation: Does the Presidents Proposal Tip the Scale? Before the Subcomm, on Commerce, Manufacturing, and Trade of the H. Comm. on Energy and Commerce, 112th Cong. (2012).

④ Press Release, White House, We Cant Wait: Obama Administration Unveils Blueprint for a Privacy Bill of Rights to Protect Consumers Online (Feb. 23, 2012).

⑤ Press Release, White House, We Cant Wait: Obama Administration Unveils Blueprint for a Privacy Bill of Rights to Protect Consumers Online (Feb. 23, 2012).

伐"是可以理解的。① 然而，若能维持消费者的信任，那这最终将是对互联网经济速度的保持。

因为意识到了消费者信任的重要性，所以欧盟主要通过"选择加入"框架来解决其隐私问题。欧盟的隐私法规定，企业要进行其信息实践前，必须得到用户的明确同意，用户有权删除自己的数据，公司也必须保持高度的透明度。公司被要求保留详细的记录，并回答消费者提出的任何询问。此类隐私立法的问题在于，它会增加在线业务的运营成本和效率成本，从而阻碍互联网的经济创新。利用个人数据进行有效广告宣传的能力为网络企业带来了更大的利润。消费者能够只看到对他们重要的商品，从而减少在互联网上花费的时间，这对他们是有益的。这种隐私立法的效果是通过其实施来体现的。企业普遍面临合规成本，对经济和就业构成威胁。此外，拟议中的《消费者隐私权利法案》寻求实施一项灵活的指导方针，以促进经济增长。它关注的是用户与企业之间形成的契约关系的本质。根据这一拟议的立法，公司将有义务只收集和使用为实现其在建立关系后的目的而需要的个人数据。如果企业希望将数据用于其他目的，那么，它们必须使用高度透明的信息，并以一种易于操作的方式向消费者披露这些目的。因此，企业仍然可以通过使用个人数据进行有效的广告宣传，而不受严格的限制。

《消费者隐私权利法案》没有对企业施加有限的、严格的限制，反而促进了经济创新。互联网行业领袖认为，它能更好地应对"不断演变的互联网生态系统"带来的担忧。② 然而，拟议中的《消费者隐私权利法案》只寻求实施一套指导行业领袖和国会议员的基本原则。它促进了行业领袖和政府当局之间的交流。尽管监管很可能不受欢迎，但事实是，企业仍出于经济目的操纵用户的个人数据，所以监管还是必须的。与拟议的《消费者隐私权利法案》类似的立法能够确保行业遵守公平的商业习惯。

---

① Balancing Privacy and Innovation: Does the Presidents Proposal Tip the Scale? Before the Subcomm. on Commerce, Manufacturing, and Trade of the H. Comm. on Energy and Commerce, 112th Cong. (2012).

② Press Release, House Comm. on Energy & Commerce, Manufacturing, and Trade Subcommittee Discusses Presidents Privacy Proposal (May 29, 2012).

（三）问责制仍然是网络隐私改革成功的关键

有时候，互联网具有欺骗性，用户可能不知道他们的个人信息是如何被使用的。这种不为人知的感觉带来了一种可能性，即第三方可能会为了经济利益而剥削用户。

一方面，问责制将有助于减轻这种担忧。欧盟没有将问责制作为其隐私制度的关键支柱。① 相反，欧盟与执法部门对话，不考虑数据的位置来执法。② 换句话说，所有在欧盟市场上运营或针对欧盟公民的企业都必须遵守欧盟隐私法。欧盟为了保证执行，设置了隐私监管机构，但也并不能确保效果。

另一方面，《消费者隐私权利法案》寻求让企业对其保护隐私的公开承诺负责。它向美国联邦贸易委员会授予了强大的权力，以确保企业信守承诺。问责制的这一部分内容再次把目光放在了消费者和在线公司之间形成的契约关系之上。公司将有动机不再欺骗网络用户或绕过隐私设置来获取利润。此外，随着消费者对网络公司言行一致的想法感到更加放心，消费者的信任度也会增加。这种问责制有助于美国及其贸易伙伴之间的商品和服务的国际交换。由于企业遵守类似于《消费者隐私权利法案》的隐私法，外国政府会相信它们公民的隐私不会被美国的企业所利用。《消费者隐私权利法案》以问责制为重点，增加了消费者信任的安全性。这种价值只会有助于信息的自由流动和经济增长。

六、结语

尽管国会领导人可能没有"听到"公众对隐私立法的强烈呼吁，但网络隐私改革的必要性是显而易见的。③ 问题是，美国的网络隐私

---

① Viviane Reding, Vice President, European Commn, Your Data, Your Rights: Safeguarding Your Privacy in a Connected World (Mar. 16, 2011).

② Viviane Reding, Vice President, European Commn, Your Data, Your Rights: Safeguarding Your Privacy in a Connected World (Mar. 16, 2011).

③ Balancing Privacy and Innovation: Does the Presidents Proposal Tip the Scale? Before the Subcomm. on Commerce, Manufacturing and Trade of the H. Comm. on Energy and Commerce, 112th Cong. (2012).

改革应该是什么样的？随着谷歌和 Facebook 等网站追踪用户的个人数据，然后将这些数据出售给希望有效营销其产品的企业，互联网为经济提供了推动力。很明显，美国的网络隐私改革不是抑制经济创新；如果公司希望用户继续使用他们的服务，那么，消费者就必须感到安全才能够信任公司。消费者的信任是这个商业计划继续取得成功的必要条件。如与《消费者隐私权利法案》原则相似的立法，将通过灵活地平衡经济创新的需要和保护隐私的社会需要，来增强消费者的信任。

隐私已沦为一纸空谈：
论社交网站的公共属性和对用户人权产生的影响

诺亚·莫尔[①] 著 缪子仪[②] 译

目 次

一、导论
二、社交网站对用户享有的广泛人权所产生的影响
三、社交网站对广泛人权实施的控制行为
四、国家在人权管理方面的任务和作用
五、公法规范
六、社交网站领域适用公法规范的益处
七、结语

一、导论

　　红唇媚眼，妖娆美丽，我想大家不会不知道那朵时刻散发着暗夜气息的黑色大丽花——Rose McGowan。除了以美国女影星的形象示人之外，从2017年开始，Rose McGowan不仅勇敢跳出来痛斥并抵制好莱坞的性虐待丑闻，而且她还在目前沸沸扬扬的"我也是"运动（#MeToo）中担当着不可或缺的主心骨角色。在从事这些活动的过程

[①] 诺亚·莫尔（Noa Mor），美国海法大学网络法律与政策中心研究员，海法大学法学院博士。
[②] 缪子仪，中山大学法学院助教。

当中，Twitter 一直是 Rose McGowan 向各方猛力开炮的有力武器，比如，她就是通过 Twitter 才将 Harvey Weinstein 强奸自己的事情揭露出来并昭告天下的。

然而，在 2017 年 10 月 12 日，也就是上述事件掀起轩然大波并引来舆论哗然和公众激烈讨论之后，Twitter 竟然暂时停用了 McGowan 的 Twitter 账户；虽然 Twitter 在通知中表明暂时停用账户是因为 McGowan 的推文违反 Twitter 的相关规定，但是它却并没有明明白白地指出到底是哪些推文有问题、推文违反的到底又是何种规定。Twitter 这一行为可谓一石激起千层浪，于是，Twitter 的一位发言人不得不出面公开解释说，Twitter 暂时停用 McGowan 的账户其实是因为她的一条推文中包含有一个私人电话号码。

不过，这种苍白无力的解释显然对于平息这场风波来说无济于事——不仅停用 McGowan 账户的行为使得用户对 Twitter 群起而攻之，而且还引发一波长达 24 小时的抵制 Twitter 活动（即名为#Women Boycott Twitter 的活动）。同时，在账户被停用期间，McGowan 既无法利用 Twitter 平台进一步为抵制性虐待行为公开发声，又无法促进舆论对这一问题的公开讨论和进一步发酵，还无法挺身而出支持有过类似惨痛经历的女性，在社会互动中寻求慰藉也成了可望而不可即的事情。对于所有这些由 Twitter 问题丛生的决策过程造成的不幸结果，本文会在后面详细展开论述。

作为社交网络时代当之无愧的主宰，社交网站（SNSs），尤其是 Facebook 和 Twitter 不仅在全世界范围内呈星火燎原之势迅速蹿红，而且它们还在全球五花八门、纷繁复杂的网络相关冲突中发挥着举足轻重的作用，这些冲突包括网络欺凌羞辱、黄色内容、知识产权、仇恨言论和数据安全。

在本文看来，这些社交网站提供的平台就好像一个个数字化活动场所，而人权则在这些活动场所中被精心塑造、设计和分配。具体而言，这些数字化活动场所依赖于两个维度：

第一个维度与受社交网站影响的广泛人权息息相关，其中包括公民的政治权利、经济权利、社会权利和文化权利。社交网站之所以能够影响范围如此广泛的人权，其关键原因就在于这些社交网站上蓬勃发展的强大社会动力所提供的信息资源和社会公共重要资源（socialcommunal resources）。一方面，对于涉及生活各个领域的信息而言，比如金融、健康、政治、文化、宗教和就业方面的信息，信息资源能够源源不断、马力全开地驱动这些信息的创造和传播，而这对用户在这些领域实现自身权利来说大有裨益；另一方面，社会公共资源则在提供社会道德方面大放异彩，比如社会互帮互助、社会支持和集体活动，而这些社会道德则使得一些行为和活动在社交网站中变得随处可见，其中包括同事间互帮互助、互相建议、学生向同龄人伸出援手、公民组织示威活动和工人集体罢工。

第二个维度则涉及社交网站对上述广泛人权的一种控制；通过社交网站运作中多种多样、花样繁多的种种行为和实践，社交网站逐渐获得并培养改善着这些控制行为。具体来说，本文侧重于将这种控制行为分为五类：一是监视行为，二是分析行为，三是审查行为，四是涉及社交网站和相关机构之间关系的行为，五是驱逐个人用户和相关社区的行为。在对社交网站用户的种种人权进行复杂有效的控制方面，上述五类行为一直在为社交网站披荆斩棘、保驾护航。

综上所述，上述两个维度创造出了一个数字化的活动场所，在这个活动场所中，社交网站用户所享有的人权不断地被精心设计、塑造和分配。伴随着这种现象产生的好处，它所反映出的人权制度却不禁令人忧心忡忡，因为用户的人权往往不成比例地、不透明地或不适当地受到各种阻碍。

此外，相比于这些新兴数字化活动场所对用户人权产生的总体影响，其他私人实体对人权的影响可谓小巫见大巫，特别是在网络世界之外就更是如此。这种现象简直就是社会契约理论和"国家是社会公众的受托人"这种观点最好的写照，因为它极为响亮地呼应着国家在人权管理方面无可替代的作用。

鉴于社交网站具有如此突出且不容忽视的公共属性，所以社交网站理所应当拥有适用于自己的公法规范，例如，比例原则（proportionality）、合理性原则（reasonableness）和说明理由原则（reason-giving），这些都是最初用来指导国家的自由裁量权并防止该权力被滥用的公法规范。虽然这些公法规范在适用和范围上可能风格迥异、各不相同，但是它们却无一例外是各个司法制度长久以来不可或缺的基本组成部分。

如果我们能将公法规范应用到社交网站领域，那么，不仅这种做法能强力敦促社交网站更加设身处地地为用户考虑，而且在制定政策、实施相关行为和处理用户的不满情绪时，社交网站还可能会认真从各个方面考虑用户的人权问题。

就拿本文开篇的 Rose McGowan 一案来说，适用诸如合理性原则等公法规范可能会让结果变得大不一样。就合理性原则的适用而言，如果 Twitter 因此采取更合理、更冷静的决策。那么，无论是 McGowan 的言论自由权、McGowan 追随者和其他用户获取相关信息的权利，还是消除性虐待方面的公共利益，这些权益都不会再被 Twitter 视而不见并弃如敝屣；恰恰相反，Twitter 可能还要反过来审查自己到底有没有公平适用相关规定，抑或是审视自己到底有没有歧视某些用户和受众。

如果在该案中适用比例原则，那么，不仅 Twitter 将有责任确保停用 McGowan 账户的行为确实符合这种制裁行为的预期目的，而且这还会促使 Twitter 更倾向于采取对 McGowan 和其他用户的人权侵扰性最小的措施。打个简单的比方，在适用比例原则的情况下，Twitter 可能就会要求 McGowan 重新编辑她的推文，而不是简单粗暴地停用她的账户，或是使用自动工具去警告那些推文中包含电话号码的用户。

如果在该案中适用说明理由原则之类的程序性公法规范，那么，这不仅可能会迫使 Twitter 跑得比兔子还快，从而迅速去告知 McGowan 所违反的具体规定和违反规定的具体内容，而且这类公法规范还可能会要求 Twitter 为 McGowan 提供适当的申诉制度和上诉机制，其中包括听取 McGowan 意见的渠道、让 McGowan 接受合理决策的渠道和让 McGowan 访问包含类似案例的匿名数据库的渠道。

除了上述提到的优势之外，在社交网站领域引进公法规范能带来不少益处：第一，适用公法规范可以促进与用户在线活动有关的各种理想民主价值，比如促进社交网站问责制的出台、促进社交网站透明度的提高和加强公众与法院对社交网站的制衡力度。① 第二，适用公

---

① See Martin Shapiro, The Giving Reasons Requirement, 1992 U. CHI. LEGALl F. 179, 18081 (1992).

法规范对用户来说简直是天降神兵，因为这不仅能够赋予用户更多权利、帮助用户确定他们对社交网站所享有的隐私期待、让用户在要求社交网站做出回答时更有沉甸甸的底气，而且还能鼓励用户踊跃参与、激励用户通过种种在线渠道挺身而出，从而勇敢地去维护自身的合法权益。① 第三，适用公法规范甚至可能提升社交网站的合法性，并大大增强用户对社交网站的信任，从而促进一种良性循环。② 第四，由于公法规范在地方和超国家法律制度中都备受认可，所以在超国家甚至辐射全球的基础上，公法规范完全可以作为一项基础法律标准来要求社交网站承担相应义务。此外，在这一基础标准之上，每个司法管辖区还可以因地制宜，根据自身情况进行相应的校准和调整。③

　　本文将大致按照以下的布局方式展开论述：第一部分将论述用户受社交网站影响的广泛人权；第二部分将讨论社交网站所实施的可能影响这些广泛人权的控制行为；第三部分将探讨国家在人权管理方面发挥的作用；第四部分将研究能够适用于不同司法管辖区的国家的公法规范；第五部分将调查并论证在社交网站领域适用公法规范的优势与益处。

二、社交网站对用户享有的广泛人权所产生的影响

　　在社交网站创造的新兴数字化活动场所的两个维度中，第一个维度就与受社交网站影响的广泛人权有着千丝万缕的密切联系。总的来说，社交网站所影响的人权范围极其宽泛，这些权利既包括公民的政治权利，比如言论自由、思想自由、宗教自由、集会自由、示威自由、选举权和被选举权，又包括经济、社会和文化权利，比如受教育

---

① See Jodi L. Short, The Political Turn in American The Social Contract or Principles: Power, Rationality, and Reasons, 61 *DUKE L. J.*, at 1821 (2012) (same).

② See Peter Cane, Records, Reasons and Rationality in Judicial Control of Administrative Power: England, the US and Australia, 48 *ISR. L. REV.* 309, 321 (2015).

③ See Peter Cane, Records, Reasons and Rationality in Judicial Control of Administrative Power: England, the US and Australia, 48 *ISR. L. REV.* 309, 321 (2015).

权、文化权和雇员所享有的各种权利。①

你或许会百思不得其解,并好奇到底是什么东西在为社交网站撑腰,好让它们适当地影响如此广泛的人权;其实,这一关键法门既在于社交网站中蓬勃发展的强大社会动力,也在于社交网站所扮演的维护社会关系的角色。作为一种特殊的社交媒体,社交网站在"维护和加强社会联系的人际交流"方面可谓是一把好手。② 在 Jose van Dijck看来,与其他社交媒体相比,社交网站最为与众不同的点就是它们"主要致力于促进个人或群体之间的人际交流"并"建立起基于个人、专业或地理的联系"。打个简单的比方,大多数用户都在利用社交网站去巩固和维护自己与家人、朋友之间的线下关系。凭借着这种无与伦比的重要作用,社交网站这片沃土上的社会动力焕发着勃勃生机,这些社会动力在推动着社交网站不断奋勇前进的同时,也产生了两种关键资源:信息资源和社会公共资源。而本文接下来就将探讨,就社交网站对用户的广泛人权所产生的影响而言,这两种资源必有自己无可取代的一席之地。

(一)信息资源

首先,无论是网络线上关系还是线下关系,它们既无一例外地都建立在信息交流的基础之上③,又都是创建信息和传播信息不可或缺的重要组成部分。④ 考虑到社交网站是维护社会关系的一项重要杀手锏,所以有人提出这样的观点也就不足为奇了,即"想要交流和分享内容的热切渴望是用户使用社交网站最主要的驱动因素"⑤。同时,

---

① See generally International Covenant on Civil and Political Rights, arts. 1&2, Dec. 19, 1966, 999 U. N. T. S. 171.

② Nicole B. Ellison & Jessica Vitak, Social Network Site Affordances and Their Relationship to Social Capital Processes, in The Handbook of the Psychology of Communication Technology 203, 207 (S. Shyam Sundar ed., 2015).

③ See Andrea L. Kavanaugh et al., Weak Ties in Networked Communities, 21 Information Sociology 119, 119 (2005).

④ Daniel Z. Levin & Rob Cross, The Strength of Weak Ties You Can Trust: The Mediating Role of Trust in Effective Knowledge Transfer, 50 Mgmt. SCI. 1477, 1477 (2004).

⑤ Nicole B. Ellison & Danah M. Boyd, Sociality Through Social Network Sites, in The Oxford Handbook of Internet Studies 151, 159 (William H. Dutton ed., 2013).

这种信息交换和社会关系之间的密切关系也是 Boyd 和 Ellison 所提出的社交网站定义的基石。①

Danah Boyd 和 Nicole Ellison 指出，所谓社交网站是指一种网络通信平台，是网络公司为了让用户实施下列各种各样的活动而提供的网络服务，该网络服务允许用户从事下列活动：第一，创建并拥有独一无二的个人主页，其中包括用户自己提供的内容、别人提供的内容和系统提供的数据；第二，公开创建别人可以访问并查看的好友关系；第三，消费、生产或与好友联系人所提供的用户生成内容信息流进行交互。② 在 Boyd 和 Ellison 看来，社交网站属于一种通信平台。③ 与他们在早期定义中提出的个人主页是一种静态的"自我描述"相比，不仅修改后的新定义开始注意到个人主页的动态性和构成个人主页的不同信息来源④，而且新定义还突出强调社交网站当前所提供的导航和用户参与机会。就这些参与机会而言，它们主要建立在丰富多彩的信息流基础之上，一个接着一个的用户生成内容在信息流中相互联接，让用户应接不暇。⑤

其次，通过社交网站中无时无刻不在发生的人际交流，无数的内容交互创造着涵盖五花八门的话题且数量惊人的信息线索；同时，这些不可胜数的信息又会通过纷繁复杂的好友关系和社交模式流向四面八方。在这些数都数不清的社交模式中，一种亮眼突出的模式便与关系维护和关系培养息息相关。具体而言，用户可能会通过一些举动传递各种各样、包罗万象的信息，这些举动既可能是普通随意的通信、对好友请求做出的真诚回答和面对询问的诧异反应，也可能是社会支持的信号（例如在好友表达痛苦悲伤的帖子下面进行评论，从而抚

---

① See Danah M. Boyd & Nicole B. Ellison, Social Network Sites: Definition, History, and Scholarship, 13 J. Computer-Mediated Communication. 210, 211 (2008).

② Nicole B. Ellison & Danah M. Boyd, Sociality Through Social Network Sites, in The Oxford Handbook of Internet Studies, at 158 (William H. Dutton ed., 2013).

③ Nicole B. Ellison & Danah M. Boyd, Sociality Through Social Network Sites, in The Oxford Handbook of Internet Studies, at 158 – 160 (William H. Dutton ed., 2013).

④ Nicole B. Ellison & Danah M. Boyd, Sociality Through Social Network Sites, in The Oxford Handbook of Internet Studies, at 153 – 155 (William H. Dutton ed., 2013).

⑤ Nicole B. Ellison & Danah M. Boyd, Sociality Through Social Network Sites, in The Oxford Handbook of Internet Studies, at 155 – 158 (William H. Dutton ed., 2013).

慰他们心灵的创伤），抑或表达喜爱和认可的标志。例如，用户点击"喜欢"按钮或标记其他用户。与此同时，当用户通过这些举动来表达对内容发布者的关注时，内容发布者内心的期待也会随之如野草一般疯长，因为他们的内心会暗暗期待着能收到一些网络代币（tokens）作为回报。毕竟，通过大力鼓励用户去"提前预付"各种商品，不仅这种互惠互利的现象可能存在于双人关系中，而且它在更为普遍的公共环境中存在也不是没有可能。此外，上述许多举动的公开不仅能够创建别人都能看到的"联系标志"（tie signs），而且还能显示出用户之间的亲密关系，这样一来，用户友谊的小船也就更稳固了。一言以蔽之，对于用户和好友联系人之间交流的内容来说，无论这些联系人是勾肩搭背的亲密好友、旗鼓相当的同龄人、高高在上的老板还是其他人，上述所有的行为举动无一不在为这些内容的循环创造和传播助上一臂之力，而这毋庸置疑也会进一步促进政治、社会、文化、宗教、科学、教育和健康等方面信息的大规模产出。

同时，鉴于任何一种新闻都无可避免地会受到上述这些社会模式的影响，因此，新闻也免不了要踏上其他内容所走的那条老路，即通过社交网站被消费、共享和传播。这一点不必多言，因为大量用户通过社交网站获取新闻就已经将这一点体现得淋漓尽致。

再次，除了好友关系和社交模式之外，用户间的"弱联系"（weak ties）也是创造和传播信息方面不容小觑的王牌角色，而所谓弱联系，是指用户与那些属于朋友和家庭环境之外、联系较弱的人之间的人际交往纽带。幸好有社交网站为用户提供平台，从而为维护这种弱联系提供简单便捷且成本低廉的支持，否则弱联系这种关系可能早就消失得无影无踪了。鉴于这些弱联系能够联结各式各样的社会关系，所以它们对信息流动有着不可磨灭的贡献；同时，也多亏了弱联系具有这样的功能，用户才能从中获取丰富多彩的观点，并有机会获取数量庞大的信息和全新的机会。就社交网站提供的信息资源而言，它们既是社交网站上蓬勃发展的人际交流的重要组成部分，又紧紧依托于社交网站内容的创建、交流和传播。这些信息资源可能从四面八方而来，横跨五花八门的话题，涉及生活的方方面面；当这些信息资源源源不断地传播和聚合时，它们就渐渐成为用户行使广泛权利能力的重要组成部分。比方说，如果用户想要实现选举权和被选举权，那么，他们就需要有关议程和手头候选人的各种公正可靠的信息；同样，如果用户想要实现工作权，那么，掌握有关就业机会、专业创新、相关市场性质和竞争对手等信息就必不可少。

最后，说到社交网站所提供信息资源的重要性和后果，绕不开的经典案例就是鼎鼎大名的Packingham一案。① 在该案中，美国联邦最高法院认为禁止性侵者（sex offenders）使用社交网站的法律规定违反了《美国联邦宪法第一修正案》，因为"不仅社交网站是他人了解时事、查找招聘广告、在现代公共场所畅所欲言和细心聆听的重要渠道来源，而且它们还能带领其他人去探索人类思想和知识的广阔未知的天地"。②

（二）社会公共资源

介绍完信息资源，社交网站中旺盛蓬勃的社会动力所提供的第二种关键资源就要闪亮登场了，这位大牌主角就是社会公共资源。概括而言，社会公共资源的重点在于社会道德和集体道德，比如用户使用社交网站所提供的社会支持、互帮互助、公民参与和集体行动。

首先，这些社会公共资源深深依赖于信任和归属感等情感，而信任和归属感往往也贯穿并根植于社交网站的土壤之中；社交网站既会大力鼓励某一群体成员或社区成员的归属感，也会去激励用户查创建自己的集体身份。此外，这种信任和归属感往往会出现在较为清晰明确的社区之中，例如，某个城市的居民、某一学院的学生、某一专业的人员、有共同政治议题的议员或有相似健康问题的用户等，毕竟，"今时的社交网站已不同往日……如今的社交网站已经华丽变身为最新兴、最完整且可以形成虚拟社区的在线社交场所"。

其次，无论是在社区环境中建立的联系还是社区成员之间的联系，它们通常也都与信任息息相关。信任既激励着用户提出各种问题和请求，又能增加这些问题得到正面和适当答复的可能性，还能从用户的角度提高相关信息的价值。简单概括来说，用户之间的联系不仅创造着责任和动机，而且它们还能使得信息交流更为高产、高效；紧

---

① Packingham v. North Carolina, 137 S. Ct. 1730 (2017).
② Packingham v. North Carolina, 137 S. Ct. 1734 (2017).

接着，这些联系造成的影响又会反过来进一步扩大用户之间的信任，如此一来，就会循环往复地形成一种良性循环。此外，无论是让作为社区成员的用户为实现某些共同目标而共同努力奋斗，还是促进用户积极主动地加入各种讨论话题和进行公民政治参与，信任都是一剂无比管用的灵丹妙药。同时，如果这些作为社区成员的用户还属于少数群体或其他弱势群体的话，那么，社区联系的重要性可能还会更上一层楼，因为对于这些用户来说，"登录 Facebook 就是他们建立安全可靠的社区、共享资源或悄然播下政治变革种子的一种方式"。

再次，上节内容中提到的信息资源的弱联系，其实，弱联系在社会公共资源方面也有其别样的用武之地。相较于"强联系"常常被视为是巩固社区联系的一股坚不可摧的力量，弱联系则是公民参与的重要活力源泉。由于通过弱联系而与别人联系的用户往往会向多个社会关系网络广撒网，所以这些用户往往会被认为有超高积极性、高参与度、热衷于公民参与和较强的社区依赖度[①]；同时，鉴于社交网站是支持弱联系强大有力的臂膀，所以弱联系的用户还能够依托社交网站将自己的地位和影响力提升一个高度。如果用户就社交网站上五花八门的话题展开热切讨论和审议的话，那么，这也会在一定程度上激励公民参与。[②] 换言之，通过人际交流联系去传递信息也是鼓励公民参与的制胜法宝。

复次，从上述讨论中我们不难看出，社交网站所提供的社会公共资源能够形成有信任感和归属感的环境，而反过来，这种信任感和归属感又能与其他因素一起产生社会支持、互帮互助、集体行动和公民参与等现象；紧接着，这些道德情感和现象又会共同创造出各种社会公共行为的一种标准，从而使得一些行为活动在社交网站中变得随处可见，比如同事间互帮互助、互相建议、学生向同龄人伸出援手、公民组织示威活动和工人集体罢工；而这些行为活动又会促成重头好戏的上演——它们可以帮助用户实现各种公民政治权利、经济权利、社

---

① See Andrea L. Kavanaugh et al., Weak Ties in Networked Communities, 21 Information Sociology, at 128 (2005).

② Thomas J. Johnson et al., United We Stand?: Online Social Network Sites and Civic Engagement, in A Networked Self: Identity, Community, and Culture on Social Network Sites, at 202 (Zizi Papacharissi ed., 2010).

会权利和文化权利。

最后,通过阐明社交网站是如何成为创造、生产、交流和传播公众信息的来源,以及社交网站是如何成为互帮互助、社会支持和公民参与的活力源泉,本节内容其实就是在论述信息资源和社会公共资源是如何推动社交网站去深刻影响用户广泛人权的;而社交网站的这一属性也就构成第一个维度,即作为酝酿和分配用户人权的数字化活动场所的第一个维度。在下一节内容中将接着探讨第二个维度,那就是社交网站所实施的可能影响这些广泛权利的控制行为。

三、社交网站对广泛人权实施的控制行为

接下来,让我们将目光投向数字化活动场所的第二个维度——社交网站所实施的影响用户广泛人权的控制行为。一言以蔽之,这种控制机制是通过五花八门的控制行为建立和获得的,这些行为既是社交网站运作过程中不可或缺的一部分,又潜移默化地以不同方式和程度影响着用户的人权。在这些纷繁复杂的控制行为中,本文将重点讨论以下五大类行为:一是监视行为,二是分析行为,三是审查行为,四是涉及社交网站和相关机构之间关系的行为,五是驱逐个人用户和相关社区的行为。总的来说,上述五类行为相辅相成,共同对社交网站用户的各项人权进行着严格紧张、复杂多变的控制。

此外,你可能会大惑不解——究竟社交网站为什么能够对如此广泛的人权施加影响呢?事实上,社交网站的这种影响能力主要取决于它们作为在线中介机构的性质,因为这能够为它们提供相当大的权力,从而去确定和处理信息资源和社会公共资源的性质与范围。同时,随着社交网站中的算法和人工智能工具与日俱增,这种控制机制也应该越来越多地结合这些语境进行理解。具体而言,人工智能技术如今开始被集成到社交网站五花八门的功能之中,鉴于在社交网站做出决策之时,这些技术既能够确定社交网站内部的信息流,又能够"马力十足地驱动着用户体验的几乎所有方面"[1]。所以社交网站的控制行为简直是如虎添翼,因为人工智能技术在进一步放大和加强社交

---

[1] Kim Hazelwood et al., Applied Machine Learning at Facebook: A Datacenter Infrastructure Perspective (2018).

网站对用户人权的控制能力。

（一）监视行为

（1）社交网站实施的监视行为范围宽得无边无际，这些行为不仅涵盖了用户个人、专业和社会生活的方方面面，而且还会涉及用户的政治议程、文化伦理背景和他们在不同领域的感受和偏好。虽然社交网站监视的信息主要是用户与别人或有限受众分享的信息（特别是私人信息），但是，社交网站收集和使用的大量信息还可能涉及用户打从心底里没打算与任何人分享的数据信息；这种信息可能与用户的网上冲浪模式息息相关，例如用户搜索过的内容、曾"点击"的链接、阅读或观看某一内容的时间，抑或是用户在观看视频时打开声音或切换到"全屏模式"的操作历史。此外，社交网站收集的数据信息还可能涉及用户的精神状态和心理状态，甚至是连用户自己都不熟悉的迹象。

（2）随着时间的推移，无论是从横向还是纵向上来看，社交网站的监视能力都突飞猛进地向上迈了一大步。一方面，这种能力的横向增长取决于社交网站所依赖的各种资源，其中包括被收购的公司（例如 Facebook、Instagram 和 WhatsApp 等）、合作平台、网站或移动应用程序；另一方面，这种能力的纵向增长则反映着社交网站通过添加新的跟踪功能所获信息类型的丰富性。就拿"社会插件"提供的跟踪功能来说，"喜欢"按钮会被插入第三方网站之中，其中就包括那些可能涵盖个人敏感信息的网站（例如健康网站和政府网站），这就使得社交网站能够基于 cookie 技术去监视用户（和非用户）的网页浏览活动。

（3）随着社交网站对算法和人工智能技术的容纳与接受，这不仅使得它们所进行的监视行为大有长进，而且还进一步加强社交网站的控制能力。之所以会有如此神效，主要还是因为这些人工智能技术能够允许社交网站通过各种工具进行超大规模的监视和分析，其中包括匹配照片和视频、从文本中提取有用信息和提供人脸识别技术。

（4）现在你的脑海中可能会不禁充满疑问——社交网站的监视行为究竟是如何影响用户广泛人权的呢？换言之，就向社交网站用户提供的信息资源和社会公共资源而言，这种监视机制要如何去确保这些资源的可用性呢？事实上，正如 Foucault 所言，所谓监视是指一种由强制可见性（coerced visibility）诱发、并为行使纪律惩戒权（disciplinary power）的主体所提供的控制方法。同时 Foucault 还指出，可见性能够"确保行为人牢牢地攥住自己对他人行使的权力，因为正是'持续不断并且总是能被别人看见'这一事实才会使得受过惩戒的他人去保持安分守己的状态"①。在社交网站实施大规模监视行为的语境下，不仅上述的强制可见性和自律性同样顺理成章地成立，而且由于社交网站监视行为引发的"行为正常化"，它们还可能导致"寒蝉效应"（chilling effect）。② 此外，社交网站实施的监视行为甚至会阻止用户去与某些信息、个人和群体进行交流和互动；这样一来，用户想要充分享有实现广泛人权所需的信息资源和社会公共资源基本上就相当于天方夜谭。具体而言，这种限制可能会涉及角角落落、方方面面，其中包括用户的财务或健康状况、政治观点、用户面临的社会或宗教困境，抑或用户深埋心底而不愿意分享的许多事情；有时在用户获得知识和形成信仰、观点的萌芽阶段，这些限制甚至都会突如其来地现身。

（5）如果有些用户紧闭心门，不愿意创造或分享某些信息或与某些人进行交流互动，那么，总体的信息和社会公共图景就可能会是扭曲和不完整的；紧接着，这可能会导致所有用户在社交网站内适当实现自己广泛人权这件事直接化为泡影。③ 不仅如此，某些算法的功能和性质可能会让上述结果雪上加霜，比如在向用户显示信息时，社交网站很可能会优先考虑已经收割一定人气的热门内容。

（6）为了敲黑板强调前述有关寒蝉效应可能阻碍用户广泛人权的观点，笔者在此还是要搬出 Foucault 的观点来说说事，镇一镇场面——Foucault 认为，除了被监视者的可见性之外，"纪律惩戒权"

---

① Michel Foucault, Discipline and Punish: The Birth of the Prison 187 (Alan Sheridan trans., Vintage Books 2d ed. 1995) (1977).

② Ben Marder et al., The Extended Chilling Effect of Facebook: The Cold Reality of Ubiquitous Social Networking, 60 Computers in Human Behavior. 582, 583 (2016).

③ Eg, Complaint for Declaratory and Injunctive Relief at 23 – 24, Knight First Amendment Inst. v. Trump, 302 F. Supp. 3d 541 (2018) (No.1: 17 – cv – 05205), 2017 WL 2952634.

本身"是通过其不可见性来被行使的"。① 这套理论在社交网站的语境下依旧能够适用,由于社交网站是在用户看不到的暗处实施监视行为,并且这些行为总是笼罩在大片迷雾之中,所以,这对用户的人权会造成不容小觑的挑战。

(二) 分析行为

社交网站实施的第二类控制行为就是分析行为。

(1) 在通常情况下,所谓分析行为或是"社交分类"行为,就是指为了对用户进行评估、测量、比较和判断,社交网站根据各种标准对用户进行归类、分类和聚类的过程。同时,分析行为不仅是通过监视行为去实现控制权的一个突出表现,而且它甚至还可以理解为是将每个个体都描绘成案例的行为。在 Foucault 看来,所谓分析是指一种"既构成知识分支的客体,又构成权力分支的支柱"的一种行为。② 回到社交网站的语境中,所谓分析行为可能是指"任何形式的个人数据自动处理行为,其中包括使用个人数据去评估他人某些个人方面的行为,特别是分析或预测与他人工作、经济状况、健康、个人偏好、兴趣爱好、可靠性、行为、地理位置或运动有关的方面"③。

(2) 社交网站实施分析行为的目的可不止一种,这其中最为昭然若揭的目的就是投放定向广告。作为社交网站商业模式的一块重量级基石,定向广告既能用创造出的滚滚高额利润补贴社交网站的运营,又能指导社交网站所实施行为的方方面面。同时,通过社交网站投放的定向广告内容可能和你脑海中想的大不一样,因为这些广告绝不仅仅限于传统意义上的产品和服务;恰恰相反,它们会包括个人、团体、非营利组织、政治广告等丰富多彩的宣传内容。

(3) 除了商业化定向广告之外,社交网站的分析行为可能还会涉及非商业内容——社交网站会使尽浑身解数去将一般的非商业内容进行个性化,从而将这些内容显示并供给用户使用,其中就包括在用

---

① Michel Foucault, Discipline and Punish: The Birth of the Prison 187 (Alan Sheridan trans., Vintage Books 2d ed. 1995) (1977), at 187.

② Michel Foucault, Discipline and Punish: The Birth of the Prison 187 (Alan Sheridan trans., Vintage Books 2d ed. 1995) (1977), at 191.

③ Regulation (EU) 2016/679.

户的朋友圈、新的好友等页面提供推荐内容。总的来说，这类分析行为不仅能够促使用户参与社交网站内容的积极性高涨，还能提高用户对社交网站的依赖度，从而一而再再而三地增加使用这些社交网站的时间。

（4）虽然分析行为带来的好处很多，但是它们背后却也潜伏着无穷危机，因为这些分析行为可能会以种种意想不到的方式危及用户的人权。概括而言，这些危机主要包含以下四个方面：

第一，就社交网站根据用户兴趣而为他们量身定制信息的行为而言，这很可能会导致大名鼎鼎的"过滤泡泡"现象（Filter Bubbles）现身江湖。所谓"过滤泡泡"现象其实是指社交网站放大用户偏好的内容，而牺牲代表不同观点和群体的内容的一种现象；在这种现象中，与用户观点相悖的意见和内容压根就没有立足之地和容身之所，呈现在用户面前的将是一副扭曲且不完整的信息和社会公共图景。同时，这种现象不仅使得用户在生活各个领域形成观点、建立关系和做出决策的基础摇摇欲坠，而且它还会对用户实现人权的能力造成不可磨灭的影响，毕竟这种能力与该领域的公平信息结构有着剪不断的联系；更可怕的是，它甚至可能会成为用户在必要情况下恰当把握现实并采取个人、公民或政治性行动的一块巨大绊脚石。此外，鉴于用户在这种情况下会只与自己感兴趣的内容、个人和群体进行互动，所以这会逐渐逐渐培养出一个个"志同道合的小团体"（likeminded cliques），从而使得一个个负面影响接踵而至，比如社会两极分化、刻板印象和不再愿意对自己不同的人付出真心信任。简单来说，除了会大肆影响不同用户的平等权利和平等机会之外，上述负面影响还可能会给错误信息、虚假新闻和虚假谣言的传播再添助力，而这反过来又会成为用户依靠社交网站中的信息资源和社会公共资源来实现人权道路上的障碍。

第二，社交网站创建的用户档案会默默设下一道难关，因为它们可能牢牢掌控着各个生活领域向用户提供的机会和资源的范围。由于这些档案的存在，某些用户和群体既可能会莫名其妙地就受到不公不利的待遇，又可能有突如其来的绊脚石去阻碍他们进行社会流动，还可能会出现一些规定去规避一些禁止上述不公做法的条例。具体而言，社交网站的分析程序和用户档案不仅可能影响保险公司收取保险费的多少（根据用户个人账户中确定的健康风险）、影响用户获得理想贷款的可能性，甚至决定是否要向用户提供住房广告，而且就连用户的就业潜力或进入某些教育机构的可能性也难逃这种影响的魔掌。就拿 Facebook 来说，无论是 Facebook 让广告商将不同族裔群体排除在广告受众之外，还是 Facebook 将目光锁定在反对犹太人的用户身上，这些行为都将上述风险体现得淋漓尽致。此外，虽然有时表面上看上去风平浪静，但是社交网站可能神不知鬼不觉地就已经通过用户分类造成了歧视或不公平的机会分配局面，这连用户自己、非政府组织或政府机构可能都难以察觉。① 正如 Michael Fertik 所说："如果你一开始就站在数字化轨道的错误一边，那么，你压根不会看到一些名列前茅的信贷机构所提供的贷款，更不用说去意识到贷款对于自己解决当下个人或专业事务的燃眉之急来说大有裨益。"②

第三，社交网站所创建的用户档案很可能会涉及用户的一些极度敏感的信息，比如用户的个性、兴趣偏好和社会关系；这样一来，社交网站不费吹灰之力就能确定用户的薄弱点，从而促使各类社交网站或其他利益相关者下黑手去滥用用户的薄弱点。③ 具体而言，不仅这些用户档案可能会围绕着用户的社会、情感或心理状态打转，而且还会阻碍用户的隐私权和自主权，并造成一些额外且不必要的损失。打几个简单的比方：一是 Facebook 就曾告诉过广告商它们完全有能力实时监控用户的帖子和照片，从而去确定青少年到底在哪些情形下会感觉到"一蹶不振""不知所措""焦虑不安""一无是处"和"失败透顶"。④ 二是政治性定向广告领域也可能会肆意滥用这些用户档案，因为有了这些档案在手，政治人物和政治团体就能够随时根据用户的个性属性去适当调整自己在社交网站上的宣传风向。三是最近掀

---

① Kate Crawford & Jason Schultz, Big Data and Due Process: Toward a Framework to Redress Predictive Privacy Harms, 55 *B. C. L. REV.*, at 99 – 101 (2014).

② Michael Fertik, The Rich See a Different Internet Than the Poor, SCI. AM. (Feb. 1, 2013, 4: 00 PM).

③ See Yuval Kamiel & Amit Lavie-Dinur, Privacy in New Media in Israel: How Social Networks are Helping to Shape the Perception of Privacy in Israeli Society, 10 J. INFO. COMM. & Ethics Socy, at 271 – 273 (2012).

④ Sam Levin, Facebook Told Advertisers it Can Identify Teens Feeling Insecure and Worthless, *GUARDIAN*. (May 1, 2017, 3: 01 PM).

起轩然大波的剑桥分析（Cambridge Analytica）丑闻也在说明这一点，即用户的心理特征是政治性定向广告不可多得的好帮手，这主要是因为这些用户档案会围绕用户的五大人格模式展开（所谓的"大五人格理论"或"OCEAN"），即开放性、责任心、外倾性、宜人性和神经质性①，接着再将这些信息与收集到的其他用户数据紧密结合起来。②

第四，社交网站实施的分析行为还可能会将监视行为引起的"寒蝉效应"推向万丈深渊。换言之，鉴于社交网站会向用户不断显示与用户此前使用模式大为相似的信息，这可能会在用户耳边不断敲响警钟，提醒他们社交网站正在实施广泛的监控行为，从而使得用户开始或加剧自我约束，并且让用户不愿意敞开心扉与某些内容或人进行互动。

（三）审查行为

下面将介绍社交网站的第三类控制行为——审查行为。从宏观上来看，不仅社交网站千方百计地对审查行为进行复杂而精密的部署，而且审查行为现在还越来越依赖于自动过滤机制。③ 如今，通过塑造和改变用户可利用的信息资源与社会公共资源，社交网站的审查行为深刻长远地影响着用户的广泛人权。具体而言，社交网站主要可以在三个不同的时间节点实施审查行为，即事前、事中和事后；虽然这三类审查行为在对用户人权的影响方面似乎大同小异，但是每一类行为又都有它独一无二、无可替代的属性，这一点我们必须予以充分考虑。④ 此外，在本文看来，尽管删除某些内容是必不可少的，但是社交网站仍然应当谨慎小心、头脑冷静地去对待。在接下来的内容中将

---

① Opinion 3/2018: Opinion on Online Manipulation and Personal Data, EUR. DATA Protection Supervisor 8 (Mar. 2018).

② Opinion 3/2018: Opinion on Online Manipulation and Personal Data, EUR. DATA Protection Supervisor at 8 – 9 (Mar. 2018).

③ Community Standards Enforcement Preliminary Report, FACEBOOK TRANSPARENCY (Nov. 2018).

④ Kate Klonick, The New Governors: The People, Rules, and Processes Governing Online Speech, 131 HARV. L. REV. 1598, 1635 – 1647 (2018).

详细探讨这三类审查行为究竟是如何影响用户所享有的广泛人权的。

（1）事后审查行为。所谓社交网站的事后审查行为，就是指社交网站删除先前已经存在内容的行为；无论社交网站是基于用户报告而被动删除，还是基于自发审查而主动删除，抑或基于危险内容搜索的算法而删除相关内容，这些行为都属于事后审查行为。① 总而言之，审查行为是一种大家见怪不怪且随处可见的行为，这种行为极有可能会危及社交网站中的信息资源和社会公共资源，从而对用户的广泛人权产生不可磨灭的影响。② 对于持有相同观点、陷入同样困境或在相同泥潭中挣扎的用户来说，封杀社交网站中的内容就意味着阻碍用户与该内容涉及的个人和群体相接触。同时，事实上，在阐明公共话语的限制和确定"对"与"错"之间的规范界限方面，社交网站长期以来都扮演着挑大梁的角色。我们在此不妨回顾一下文化历史创作中有关裸体的经典案例——2016年，一张照片让社交龙头老大Facebook霎时间受到各路人马的围剿。这件事还得从一位挪威作家发布的照片说起。挪威作家Tom Egeland在Facebook上发布过一篇以纪念越战为主题的帖子，同时他还在其中附上了一张越战照片。结果万万没想到，Facebook却以裸体照片为由，迅速地将帖文和照片删除得干干净净。然而，事实上，这张名为"烧夷弹的女孩"（Napalm Girl）的照片曾一举斩获普利策奖。在这张赫赫有名的照片中，一位越南女孩被汽油弹炸伤后浑身赤裸逃离、痛苦万分的场景被镜头捕捉了下来。此事一出，可谓一石激起千层浪，公众将不满的矛头直指Facebook，而紧接着最为戏剧化的事情是，在挪威总理Ema Solberg也在自己的Facebook账户中上传这张照片之后，她的帖子也被删除得无影无踪。最终，Facebook不得不出面低头认错，并表明，比起删除照片所能保护的公共利益，允许该照片存在所获的价值要远远来得多得多。按理来说，Facebook从这件事中理应已经吃到不少苦头，然而，目前看来，Facebook显然还没有认真吸取教训并长点记性——根据最

---

① Kate Klonick, The New Governors: The People, Rules, and Processes Governing Online Speech, 131 *HARV. L. REV.* at 1638 – 1647 (2018).

② Maayan Perel & Niva Elkin-Koren, Accountability in Algorithmic Copyright Enforcement, 19 *STAN. TECH. L. REV.* 473, 491 (2016).

近的报道,意在刻画女性丰满肉体的国宝级雕像也中了枪;因为在经过审查之后,Facebook 竟以"裸露色情"为由将一张载有史前雕像维伦多夫的维纳斯(Venus of Willendorf)的照片蛮横删除。

无独有偶,Facebook 还在一个与艺术息息相关的案例中栽过跟头:面对坐落在意大利博洛尼亚市的著名海神 Neptune 的标志性雕像,Facebook 竟然也无知透顶地将涉及该雕像的照片以色情图片为名删除。此外,除了上述涉及裸体的照片之外,社交网站还可能会审查并禁止广告含有它们认为"不受欢迎"的身体照片,并且也会密切关注仇恨言论和与涉及恐怖的内容,而本文都将对这些慢慢展开论述。同时,在制定自己的审查政策时,社交网站所享有的自由裁量权可能会远远超出你的想象。一方面,国家机构或超国家机构压根没有为此制定出明确的法律界限。即使有一些相对具体的法律规定,例如《德国网络透明法》(German NetzDG)和《行为守则》,往往是把重心放在审查速度和审查数量方面,而不是去深思熟虑地指导和限制社交网站的审查行为。另一方面,虽然社交网站的审查行为在实体上和程序上都深陷困境乃至困难重重,但是这反过来也给予了社交网站一定的自由裁量权。

在这些重重的困难之中,有一项压力山大的挑战就是社交网站很难去识别特定内容的语境,而截至目前本文讨论过的案例也都与这项挑战脱不了干系;尽管人为审查中也会出现这种问题,但是在算法决策或混合审查的语境下,这种问题就会更为扎眼。具体来说,如果社交网站没头没脑地就从相关内容中进行无意义的提炼,那么,许多完全合法的(甚至是广受欢迎的)内容就会无端受到错误审查,例如一些尖酸讽刺和搞怪模仿的内容可能会被错误认定为仇恨言论,还有一些公共领域的内容则可能会被错误认定为知识产权受保护的内容。

此外,社交网站的审查行为还缺乏透明度和必要的正当程序:①与监视行为如出一辙,由于审查行为在大多数情况下也是悄悄进行的,所以我们想要了解这些审查行为的实际范围和性质基本上是难上加难;②那些用于指导社交网站审查政策的确切标准和规定有时也含混不清,并且它们只三言两语且有所保留地向用户传递信息,这就使得用户根本捉摸不透社交网站所允许的行为边界到底在何方,从而也就无法相应地去调整自己的行为;③虽然确实有内部申诉系统,但是诸如 Facebook 之类的社交网站却并不是每次都允许用户进行申诉。

不过，无论如何，我们始终要铭记在心的一点就是，删除相关内容或限制访问内容并不是社交网站审查行为的全部内容；除这二者之外，在信息流、搜索结果和社交网站的其他部分中，通过向用户显示按优先顺序排列的相关内容，我们还应当敏锐地注意到由此出现的一些更加难以捉摸、更加纷繁复杂和基于算法的审查手段。①

（2）事前审查行为。为了能预先控制用户上传的内容，社交网站如今也开始转变风向，越来越多地开始实施事前审查行为。不过，事前审查行为主要是由算法机制来执行的，人为审查并没怎么参与其中。

打个简单的比方，在知识产权的语境下，除了按照美国和其他司法管辖区的法律规定实施常规的"通知－删除"程序（notice and takedown procedure）之外，Facebook 做的还远远不止这些。正如 Facebook 所言，它目前还在使用一种名为 AudibleMagic 的第三方技术，以此来使知识产权所有人能够对相关内容进行数字化采样，并防止侵权视频被别人上传至社交网站。同时，对于仇恨言论、恐怖内容、儿童色情和垃圾邮件等其他类型的信息，事前审查行为也大有用武之地。依笔者之见，随着时间推移、岁月变迁，事前审查行为可能会变得愈发普遍，并呈星火燎原之势逐渐蔓延。此外，从负面结果来看，除了事后审查中的挑战与困难依旧适用之外，事前审查这种通过提前阻止内容出现来排除言论的方法弊端也不少：①事前审查行为会对用户的言论自由造成不可磨灭且难以预估的损害；②不仅提前阻止内容发布可能会一刀斩断本应出现的所有相关社会交互，而且还会阻碍相关内容本应产生的社区创建或社区成长；③事前审查行为既可能会限制用户对被删除内容进行监督，又可能会在用户对相关内容合法性发表意见方面设下重重障碍；④由于事前审查行为总是不露声色地进行，加之各路利益相关方可能心怀鬼胎地想要压制或封杀某些内容，所以事前审查行为想要不受到各方影响几乎是难上加难。

虽然事前审查行为可能带来一定的负面影响，但是，这绝不意味

---

① E.g., Mark Zuckerberg, FACEBOOK (Jan. 11, 2018), https://www.facebook.com/zuck/posts/l 0104413015393571.

着事前审查行为就应当退出时代大舞台,只是社交网站在这样的背景下应当更加慎重行事罢了。

(3)事中审查行为。首先,除了上述两种审查行为之外,通过对记录实时事件的内容进行限流或限制访问,社交网站还可以实施事中审查行为。先说说实时记录,抛开社交网站的表达工具共有的闪光点不谈,实时记录还具有一些无可比拟的别样优势——作为一种行之有效且成本良心的工具,用户既能够通过实时记录指出政府执法人员和其他行为人有失公正、玩忽职守或不当歧视的行为,又能够在法律诉讼中底气十足地证明这些不当行为的存在,还能够让社会公众的无数双眼睛聚焦在相关事件上。一言以蔽之,在社交网站的语境下,实时记录事件可以产生社会支持、精神帮助、物质帮助或其他社会福利,而实时记录的用户在事件进展过程中甚至就能享受到这些福利。其次,在一般情况下,不仅社交网站会欣然允许用户拍摄实时视频,而且它们对于实时记录的重要性也心知肚明。就拿 Facebook 来说,Facebook 之所以在自己的动态消息(News Feed)算法中不遗余力地推广实时视频,为的就是大大增加这些内容被查看和交互的可能性。然而,凡事有利就有弊,这反过来也会让社交网站在过滤此类视频时费上一番周折。比如 Facebook 就宣称它正在测试如何使用人工智能工具,从而在用户实时记录和现场直播的过程中去识别和屏蔽相关内容;而在这一努力取得成效之前,Facebook(和其他社交网站)可能会通过一些相对简单粗暴的措施去阻止实时记录内容,例如禁用用户的账户。① 再次,除了希望压制某些类型的言论之外,社交网站有时实施事中审查行为其实是为了防止人际交互的展开,因为这种交互有时可能会左右现场事件的走向。② 2016 年的 Gaines 一案就曾上演过这样悲惨的一幕——一位 23 岁的年轻母亲 Gaines 在家带着她 5 岁的孩子,这本应是一副岁月静好的画面,然而事实却是 Gaines 正在与警方进行对峙,双方僵持不下。在僵持的过程当中,Gaines 在 Facebook

---

① Mathew Ingram, Facebook Shuts Down Live Stream of Shooting at Police Request, *FORTUNE*(Aug. 5, 2016).

② Ian Sherr, How Facebook Censors Your Posts (FAQ) CNET (Sept. 9, 2016, 9:58 AM).

和 Instagram 账户上实时记录并发布着自己与警方激烈对峙的视频画面。警方气得咬牙切齿，因为在他们心中，正是其他用户在那儿煽风点火，而这帮人的评论就是阻止 Gaines 乖乖举手投降的罪魁祸首。为了阻止 Gaines 受到其他用户的怂恿和煽动，警方选择求助于 Facebook 来紧急停用 Gaines 的账户，Facebook 也就乖乖顺着警方的意思照办了。① 在接下来的对峙期间，警方将枪口直接对准 Gaines；伴随着一声枪响，Gaines 倒地而亡，她的还不知世事的孩子最终也不幸受伤。最后，鉴于社交网站千方百计地在奋力推广实时记录和现场直播，加之这类视频在增强用户权利方面实在是好处颇多，所以事中审查行为可能将来要走的路还很长；不过我们也必须承认，事中审查行为同时也在向用户的人权下战书，因为该行为会限制向用户提供的信息资源和社会公共资源。

（四）涉及社交网站和相关机构之间关系的行为

涉及社交网站和相关机构之间关系的行为不仅会深刻影响用户的广泛人权，而且它们和社交网站与相关机构（国家或超国家）、代表之间的关系有着密不可分的联系。总的来说，涉及社交网站和相关机构之间关系的行为大体上可以分为三种：一是信息分享行为，二是限制用户访问相关内容的行为，三是公务员或公共机构使用社交网站账户的行为。这三种行为既描绘反映着社交网站和相关机构之间多层次、多方面的关系，又有着向前和向后推进的无穷动力，下文就将详细讨论这一问题。

（1）信息分享行为。首先，如果要说到影响社交网站和政府机构之间关系的重要因素，那么，绕不开的话题就是信息分享行为，即社交网站向政府机构提供用户相关信息的行为。由于社交网站如今坐拥数目惊人且丰富多彩的个人信息，所以，政府执法机构已经紧紧将目光锁定在了这块"肥肉"身上；也正因如此，"无论是有针对性的还是有计划的，也无论是用于执法还是用于外国情报"，政府执法机构实施的监视行为现在总免不了要"与少数技术公司团结合作"，而

---

① Mathew Ingram, Facebook Shuts Down Live Stream of Shooting at Police Request, *FORTUNE* (Aug. 5, 2016).

这些技术公司就包括社交网站。正如 Alan Rozenshtein 所言，这些介于政府机构和个人信息数据之间的公司就好比一个个"监视中介"（surveillance intermediaries）。其次，虽然社交网站有时会乖乖按照既定法律程序去与各国政府机构分享用户个人信息，但是在缺乏充分法律监管的"监管灰色地带"，这些信息也可能会巧妙作为当事方之间非正式且不透明关系的一个组成部分被提供给政府机构；而为了绕过搜索用户个人信息数据时可能面临的重重宪法障碍，政府机构可能会亲自出马与社交网站进行合作。同时，以一些社交网站自愿公布的透明度报告为窗口，我们也能从中窥见一些端倪，其中就包括信息分享行为的范围、性质和社交网站与政府机构之间联系的其他表现形式。① 笔者在此还是要拽出 Facebook 来举例——从 Facebook 的报告来看，美国政府向 Facebook 提出请求的次数一年比一年多。2017 年上半年，美国政府机构向 Facebook 提交过 32716 份涉及用户个人数据的申请，共涉及 52280 个用户的账户；而 Facebook 在批准这些请求时的合规率则高达 85%，如此高的请求接受率可谓无人能及。此外，在通常情况下，用户可能压根不知道自己的一些个人信息数据已经到了政府机构手中；之所以会下此论断，主要是因为 Facebook 于 2017 年上半年收到的美国政府机构请求中，竟有一半以上都包含禁止 Facebook 告知相关用户的禁止披露命令。再次，纵观全局，社交网站在政府监视行为中起到的作用可能会远超你我的想象。一方面，社交网站能够充当政府监视行为的左膀右臂；而另一方面，通过使用各种法律工具（例如"程序主义"和"好讼主义"）和相关技术（例如端到端加密法），社交网站也可能去限制政府监视行为。由此我们也不难看出，在政府机构请求获取个人信息方面，社交网站享有着巨大的自由裁量权。最后，如果社交网站选择向政府机构分享用户的个人信息，尤其是以不清不楚、毫不透明的方式去分享的话，那么，不仅用户的隐私权岌岌可危，而且社交网站带来的寒蝉效应也会进一步加重；这样一来，用户通过社交网站来与其他用户和信息接触的自由就

---

① See FACEBOOK TRANSPARENCY, Transparency Report: Government Requests for User Data, https://transparency.facebook.com/govemmerit-data-requests（last visited Feb. 3, 2019）.

免不了要大打折扣。同时，一旦政府机构和社交网站强强联手，未经法律授权的审讯和逮捕行为可能也会一个接一个地出现，到那时，用户的人权又怎能不受影响？此外，作为"监视中介"，社交网站无可避免地会影响到政府应对五花八门挑战的能力；因此，用户诸如生命权之类的其他基本人权难免就会受到影响。

（2）限制用户访问相关内容的行为。首先，与信息分享行为略有不同，限制用户访问相关内容的行为既涉及国家机构，又涉及超国家机构。简单来说，如果某一特定内容在某一司法管辖范围内是违法的，但该内容却并未违反社交网站的政策，那么，社交网站就可能会限制用户在所涉地理区域内获取相关内容。事实上，有许多例子一而再再而三地表明，通过获取地方法院命令或其他法律资源的支持，相关机构很有可能会去滥用社交网站的这一行为，从而去压制用户的批评言论并阻碍公众监督。就拿最近在俄罗斯发生的一个案例来说，在Instagram 上，有一位小有名气的俄罗斯反对派人士四处声称俄罗斯官员腐败得不像话，而这番吸引眼球的操作也带来了直接后果——在俄罗斯互联网审查员的再三敦促之下，Instagram 乖乖地将与这位反对派人士有关的内容删除得一干二净。在许多人看来，在俄罗斯这项请求的背后其实暗暗潜伏着一个风险，那就是俄罗斯下一步很有可能会封锁该社交网站并阻止它继续在俄罗斯运营下去。就社交网站和相关机构之间的这种合作而言，它们也能够被视为是更广义审查伙伴关系的一个组成部分。正如欧盟和几个互联网巨头建立的伙伴关系一样，这种关系的核心目的就在于以迅雷不及掩耳之势消除仇恨言论和恐怖言论，而最能体现它们这种伙伴关系的非《打击网络非法仇恨言论行为守则》（以下简称《行为守则》）莫属。2016 年，Facebook和 Twitter 这两位稳坐社交网站领域头把交椅的巨头签署了《行为守则》；根据《行为守则》，如果这些社交网站收到据称非法内容的报告，那么，它们就会"根据相关规则和社区准则"去评估这些内容的合法性。具体而言，不仅《行为守则》的规定能够促进社交网站与欧洲国家机构之间进行其他方式的合作，而且它还鼓励社交网站齐心协力，从而共同让仇恨言论消失得无影无踪。

除此之外，2017 年设立的全球打击恐怖主义互联网论坛（the Global Internet Forum to Counter Terrorism）也在为这种伙伴关系添砖加瓦、积极助力；通过该论坛促成的合作，共享行业哈希数据库（Shared Industry Hash Database）华丽丽地闪亮登场，对于在五花八门的社交网站上横行的非法内容来说，该数据库可谓社交网站对相关内容进行事前审查的大功臣。首先，许多社交网站虽然开口声称非法内容是每个网站独立根据自己的政策而删除的，但是仿佛更有可能的情况是，在某个社交网站进行过审查之后（即使是不合理的审查），其他社交网站便会跟在该网站的后面纷纷效仿，从而将相关内容也视为非法内容；这样一来，各大社交网站之间的合作很可能会直接错误地将某些合法内容一棒子打死而很难再有翻身的余地。其次，虽然欧盟在确定相关内容合法性方面表现得极为宽容大度，但是它对被删除内容的删除速度和数量却不留一点情面。[①] 如果真的想要正确理解《行为守则》所反映的合作关系，那么，我们还需要考虑《行为守则》签订的特殊背景，虽然相关社交网站是"自愿"接受该《行为守则》，但是这种接受却是在欧盟委员会赤裸裸地威胁要以其他方式加以管制并在必要时处以罚款的背景下做出的。最后，就审查行为而言，社交网站也并不总是可怜巴巴地处于被相关机构剥削或胁迫的地位，它们也不是没有可能自发启动审查行为。还是拿 Facebook 来说，为了给 Facebook 在中国的运营开辟一条光明大道，Facebook 如今在绞尽脑汁地努力开发相关审查机制。由此我们不难看出，社交网站和相关机构之间的关系根本就不是单一的，而是一种多层次、多方面的关系；这种关系由各种纷繁复杂的利益和动机组成，它们不仅对于信息资源和社会公共资源的形成影响深远，而且它们对用户的广泛人权也有着不容小觑的影响。

（3）公务员或公共机构使用社交网站账户的行为。涉及社交网站和相关机构之间关系的第三种行为就是公务员和公共机构使用社交网站的行为。在如今这个万物为媒的时代，不仅公务员和公共机构使用社交网站早已不是什么新鲜事，而且社交网站和公共行为人之间也越来越离不开彼此。无论是国家元首、部长、州长、国会议员、市政人员和城市首脑，还是其他公务员和国家官员，他们如今常常泡在社

---

① See Code of Conduct on Countering Online Hate Speech-Results of Evaluation Show Important Progress, EUR. COMMISSION: JUST. & CONSUMERS (June 1, 2017).

交网站中不能自拔；不管是政府、法院、部委、政府办公室和公共服务机构，还是各种国家和公共机构，它们也张开怀抱将社交网站揽入怀中。有了社交网站之后，公务员和公共机构现在常常使用社交网站来与公众真诚沟通、虚心接受反馈，并将一些更新动态及时告知公众。除此之外，就像弗吉尼亚东区法院说的那样，社交网站甚至还能作为"治理工具"大展身手。举例来说，大家现在常常对美国总统特朗普"Twitter 治国"的行为津津乐道，Twitter 对此当然也乐见其成，毕竟特朗普的行为能够使得 Twitter 的用户人数像滚雪球一般疯狂增长。

作为 Twitter 的全球新闻内容合作主管，Peter Greenberger 就曾对此指出："Twitter 如今的影响力或相关性可以说是前无古人、后无来者，虽然太阳每天照常升起，但是每天的新闻可有着一百八十度大转变。无论是报纸上的头版头条还是网络上吸引眼球的火爆头条，或是电视上的头条新闻，它们往往都与总统在 Twitter 上发的消息或公众对这条推文的反应息息相关。不管发生什么事，不管是力挺政府还是盼望政府下台，用户都可以从 Twitter 中去了解政府下一步要怎么办，比如用户完全可以从反对党的回应推文中去窥见一斑。"①

然而，尽管公务员和公共机构使用社交网站的行为能够为社会公众带来前所未有的机会，公务员、公共机构与社会公众进行直接沟通也不再是天方夜谭，但是这一类行为同样也可能会阻碍用户的广泛人权。本文就两方面阻碍来谈一谈：一方面，作为公务员、公共机构与公众之间沟通交流的媒介，社交网站会对这种交流的性质和特征产生重大影响。概括而言，这种交流主要取决于社交网站的体系结构、政策和算法机制，而这些算法机制又牢牢掌控着社交网站的页面将以何种方式和范围显示给用户。事实上，这方面有一个颇具代表性的案例——在 Knight First Amendment Inst. v. Trump 一案中，哥伦比亚大学骑士第一修正案研究所（the Knight First Amendment Institute at Columbia University）和其他原告一纸诉状将美国总统特朗普和其他人

---

① Robert Andrews, Twitters Greenberger on News Platform for Advertisers, Beet. TV at 2：33 - 2：50；3：03 - 3：20（Apr.16, 2017）.

告上法庭。① 原告们愤愤不平地声称，他们之前在 Twitter 上对总统多加指责、出言不逊，结果总统直接无情将他们屏蔽，从而根本无法"查看总统的推文、回复推文、查看与推文相关的讨论或是参与这些讨论"②。原告们因此辩称，总统的屏蔽行为不仅剥夺了他们参与"公共论坛"的权利，而且还违反了《美国联邦宪法第一修正案》。③ 2018 年 5 月，美国联邦最高法院最终选择支持原告的观点。④ 法院指出，虽然原告几乎没怎么提及社交网站在该论题中的作用，但是我们还是应当时刻将这一问题谨记在心，因为就整体围绕着宪法辩论的问题而言，这些问题与社交网站提供的技术支持全都脱不了干系，毕竟社交网站赋予公务员像任何其他用户一样在一秒钟之内屏蔽相关内容的能力。然而万万没想到的是，法官在最终裁判准备递交前不久却又将裁判紧急召回；这就表明，如果特朗普选择使用的是 Twitter 提供的"静音"选项而不是去"屏蔽"原告，那么，这个案件也就不至于闹得沸沸扬扬了。⑤ 另一方面，就公务员广泛使用社交网站的行为和社交网站的标准、架构和性能之间相互作用产生的影响而言，除了能够确定社交网站的特点和性质之外，这种影响在别处也略见端倪。例如，为了尽情享受公务员、公共机构作为用户提供的滚滚商业利益，社交网站可能会顺势而为去改变自己的政策——就拿 Twitter 来说，Twitter 最近快要被舆论淹没了。由于 Twitter 没有及时删除特朗普涉及朝鲜问题的推文，社会公众纷纷跳出来炮轰 Twitter 有违自己的政策，所以 Twitter 手脚麻利地快快更新了自己的政策。⑥ 根据 Twitter 最新的政策规定，在判断相关推文有没有违反相关规定的时候，推文的"新闻价值"和它是否符合公共利益也是必不可少的考量因素。虽然 Twitter 政策的这番修订表面看似没有什么可吐槽的点，

---

① Complaint for Declaratory and Injunctive Relief at 23 – 24.
② Complaint for Declaratory and Injunctive Relief at 2 – 3.
③ Complaint for Declaratory and Injunctive Relief at 3.
④ Knight First Amendment Inst. v. Trump, 302 F. Supp. 3d 541, 580 (S. D. N. Y. 2018).
⑤ Trump Told Mute Twitter Critics, Not Block Them, by New York Judge, *BBC News* (Mar. 9, 2018).
⑥ Bill Chappell, declaration of War Means North Korea Can Shoot Down U. S. Bombers, Minister Says, NPR (Sept. 25, 2017, 12: 53 PM).

但是它却实际反映着公众代表在社交网站政策设计中不容小觑的巨大影响,而在某些情况下,这种影响在社交网站非正式版本的政策中就足以看得一清二楚。例如,根据相关报道,在与特朗普相关的搜索结果中,Twitter 在幕后伸出小黑手而将某些负面搜索结果尽数删除;虽然这种行为可能表明社交网站愿意朝着利益较多的方向去调整自己的政策,以此来牢牢拴住人们使用社交网站的心,但是这种调整对其他用户的权利来说可能是一场噩梦般的灾难。

(五)驱逐个人用户和相关社区的行为

最后便是社交网站实施的第五类控制行为,即通过禁用账户、群组和屏蔽相关页面来驱逐个人用户和相关社区的行为。

(1)驱逐个人用户的行为。为了驱逐个人用户,社交网站有时会使出禁用账户这招杀手锏。总的来说,禁用账户的时间和范围可能会因人、因事而异,它可能是永久的,也可能是暂时的;它可以是相对的(例如允许用户消费相关内容,但不允许用户生成内容),也说不准是绝对的(例如禁止用户登录自己的账户)。[①]

说到暂时和相对禁用账户的例子,本文一开篇的 Rose McGowan 一案就是一个再恰当不过的案例,笔者在此便不再多言。除此之外,一位富商的案件也颇具代表性——在 2017 年,一位富商声称本国官员贪污腐败,紧接着,他的 Facebook 账户就很应景地被禁用了。虽然 Facebook 随即出面声称并无大事,禁用账户全都是误会和失误罢了,接着还态度诚恳地将该富商的账户进行恢复;但是没出几个月,Facebook 又再次将该富商的账户禁用,可以说是相当讽刺。尽管 Facebook 也承认自己收到过该国政府代表的投诉,但是它却坚持声称,禁用账户主要还是因为该富商曾违反了 Facebook 的政策,即用户禁止公开别人的个人信息。

事实上,正是社交网站通过禁用账户而将用户剔除的行为,这才突然将社交网站提供的信息资源和社会公共资源剥夺一空,从而让用户享有的广泛人权岌岌可危。具体而言,社交网站通过剥夺用户消

[①] E. g., Disabled Accounts, FACEBOOK: Help CTR., https://www.facebook.com/help/185747581553788 (last visited Feb. 3, 2019).

费、分享、分配信息或与其他用户、群组或页面交互的权利来驱逐用户,不仅这种行为极其严重地限制了用户广泛的公民权利、政治权利、经济权利、社会权利和文化权利,而且该行为还可能会强力阻碍用户查阅公务员的最新情况、与公共卫生机构谈天说地、提高专业水平或参与各种教育团体精彩纷呈的讨论。不仅如此,社交网站驱逐用户的行为还将用户账户中聚合资产的所有权问题推到了台前,例如喜欢、好友、帖子和照片到底应当何去何从。

此外,面对禁用账户行为对用户人权构成的巨大威胁,指导该行为的标准却一点都不给力,因为这些标准既缺乏透明度,更谈不上有可预测性。一方面,由于社交网站有时不置一词就禁用用户的账户,所以用户对于到底哪些行为会导致自己的账户被禁用根本就是一头雾水。① 另一方面,如果用户想要去评估社交网站会不会向自己发出警告或禁用自己的账户,抑或预测禁用账户行为的性质和持续时间,那么,这更是难上加难。② 此外,鉴于用户很难联系到社交网站代表去吐槽抱怨,加之社交网站提供的自动申诉机制实在是很不完善,所以上述这些问题只会更棘手、更难办。③

(2)驱逐相关社区的行为。除了用户可能会被社交网站驱逐之外,也可能强制关闭那些联系志同道合、惺惺相惜用户的群组和社区,这些群组和社区或许也逃不了被驱逐的命运。就这些群组和社区而言,它们不仅能够为用户提供交流信息和参与各个领域的重要环境,而且这些领域和环境还堪称360度全覆盖,其中包括政治、健康、家庭关系、教育、爱好、娱乐等。一方面,与驱逐个人用户一样,驱逐相关社区的行为也毋庸置疑且无可避免地会限制社交网站提供的信息资源和社会公共资源;另一方面,话又说回来,在驱逐相关社区的语境下,这些资源往往只会涉及特定或有限的主题(和人)。

---

① Disabled Accounts, FACEBOOK: Help CTR., https://www.facebook.com/help/185747581553788 (last visited Feb.3, 2019).

② Disabled Accounts, FACEBOOK: Help CTR., https://www.facebook.com/help/185747581553788 (last visited Feb.3, 2019).

③ See My Account is Suspended, (Name Not Authentic) How Can I Contact Facebook?, FACEBOOK: HELP Community, htq) https://www.facebook.com/heip/community/question/? id=10205954842851666 (last visited Feb.3, 2019).

简而言之，有些社区可能代表的是多数人嗤之以鼻、争议重重甚至被严加抵制的观点，还有些社区则只聚集着零零星星的用户，并为少数派用户提供一个安全的环境来消费、产出和讨论他们的信仰、关切和观点。① 而一旦社交网站关闭、驱逐这些社区和群组，这些好处将不复存在。

以下打几个简单的比方：

第一，有一位反移民的德国选择党（Alternative for Germany, AfD）政治家曾大肆发表种族主义言论，而《泰坦尼克号》（*Titanic*）杂志则在 Facebook 上戏谑打趣地模仿该政治家发过推文。作为德国无人不知、无人不晓的时事讽刺杂志，尽管这本杂志响当当的名头后面簇拥着数 10 万粉丝用户，但 Facebook 还是毫不留情地禁用了其账户。②

第二，时隔几个月后，Facebook 再度出手关闭掉芝加哥大学的学生群组。事情是这样的，本来学生们在这个群组里畅所欲言，他们可以自由自在地匿名咨询或提出与学习和校园生活有关的各种问题，然而，在某个学生发帖冷嘲热讽法国人之后，这个群组便没能逃过被 Facebook 关闭的命运。

第三，极富争议的极端主义团体也曾遭到驱逐。回想起那场"右翼势力团结一心"的夏洛茨维尔暴力事件，现在想起来都让人胆战心惊，心有余悸。在那次事件之后，Instagram 和 Facebook 便都选择将几个右翼极端主义团体账户陆续关闭。

第四，吸引或领导某些群体的用户个人账户被禁用产生的效果和关闭社区产生的效果有时不相上下。你可能早就听说过充满传奇色彩的黑人活动家 Shaun King，他在社交网站上可是坐拥大约 80 万粉丝的牛人。然而，在他将涉及种族主义电子邮件的截图上传到社交网站之后，他的个人账户就直接被禁用了，这样不就和 80 万人的群组被关闭没什么区别了吗？同样，在文章开篇禁用 Rose McGowan 个人账

---

① Lil Miss Hot Mess, Facebooks Real Name Policy Hurts Real People and Creates a New Digital Divide, GUARDIAN.（June 3, 2015, 7：30 AM）.

② Ivana Kottasova, Is Germanys New Hate Speech Law Killing Press Freedom?, CNN Media（Jan.4, 2018, 12：53 PM）.

户的案例中,由于数十万人的网络生活都会因此受到打击或重创,所以该行为也可能会被视为驱逐相关社区的行为。

综上所述,不仅上述行为的每一类都影响着用户的广泛人权,而且它们还配合默契,共同创造出了一种对这些权利行之有效的控制制度。也正因如此,在如今这个纷繁复杂的数字化场所中,用户的人权才能得到精心创造、设计和分配。

四、国家在人权管理方面的任务和作用

首先,从传统上来说,人权管理的任务一直是与国家牢牢捆绑在一起的;国家既决定着公民享有人权,又决定着公民在何时表达思想、如何表达思想、如何接触别人的思想、如何与别人你来我往、职业选择、下海经商、自由漫步、遵循国家文化和宗教习俗、接受良好教育和接受健康服务等。

其次,如果一定要追根溯源的话,那么,国家影响人权这种理论的繁茂根系下面自会有"一片丰沃古老的土壤"。一言以蔽之,这种理论背后强大的力量源泉就是西方政治思想家的累累学术成果,即社会契约理论和"国家是社会公众的受托人"的理论。就拿洛克(John Locke)来说,在那本堪称里程碑式的著作《政府论(下篇)》[①] 中,洛克曾深刻审视国家的信托作用,并认为国家的目标就在于保障公民的人权价值。[②] 洛克断言,公民齐心协力建立起的社会秩序主要就旨在确保自己的生活、自由和个人财产,而这些可以一股脑打包,统称为"财产"(property)。[③] 洛克接着解释说,在"自然状态"下,虽然公民确实能够做自己的主人,但是他们的权利却因不断受到别人的侵入、威胁而岌岌可危;因此,建立国家就是为了更

[①] John Locke, Second Treatise of Government (Thomas P. Peardon ed., 1979) (1690).

[②] Dieter Grimm, Sovereignty: The Origin and Future of a Political and Legal Concept 30 (Belinda Cooper trans., 2015).

[③] John Locke, Second Treatise of Government (Thomas P. Peardon ed., 1979) (1690), at 70 – 71.

好地保障公民的这些权利。① 后来，卢梭（Jean-Jacques Rousseau）的传世之作——《社会契约论》问世。② 在这本颇负盛名的著作中，卢梭既阐述了自己对理想政治共同体的看法，又权衡了国家建立所带来的利益和损失，并热情澎湃地强调这种交换对公民个人来说简直是百利而无一弊。卢梭解释说，虽然公民会因社会契约而失去了自己的天赋自由权和随心所欲、为所欲为的无限权利，但是他们赢得的却是公民自由权和财产所有权。③ 换言之，这种让自己服从于国家的自我选择会使公民获得当下的自由权。④ 同时，跟随着前人踏出的步步足迹，后来的学者同样也指出，理论上的权衡无疑是建立政治社会的正当理由。例如，在 Thomas Paine 看来，公民建立政府并赋予政府以保护自己权利的权力。换言之，公民一边用自己的某些天赋权利去换取保护自己安全和财产的公民权利，一边又同时保留自己的思想自由、意志自由和言论自由。综上所述，社会契约理论和它所带来的理论性权衡加在一起，共同构成了"国家是社会公众的受托人"这种理论；在将国家管理和分配人权的巨大权力来源阐释得清清楚楚的同时，该理论还强调国家促进和保护这些权利的义务。

再次，不仅该理论开始被各种各样的司法管辖区所接受，比如全世界都知道的美国《独立宣言》，而且该理论也慢慢开始具备"现实世界的法律含义"。同时，该理论的重要性在 Evan Fox-Decent 和 Evan J. Criddle 的著作中也可见一斑，他们指出："就人权而言，它们主要源于国家与受国家权力制约的公民之间的信托关系，在这种关系中，公民会乖乖服从于国家的现行行政权力。虽然该信托关系授权国家代表公民去行使权力，但是这种权力也不能恣意妄为，而是要受到严格

---

① John Locke, Second Treatise of Government (Thomas P. Peardon ed., 1979) (1690), at 70-71.

② Jean-Jacques Rousseau, The Social Contract or Principles of Political Right (H. J. Tozer trans., 1998) (1762).

③ Jean-Jacques Rousseau, The Social Contract Or Principles of Political Right (H. J. Tozer trans., 1998) (1762), at 19.

④ Jean-Jacques Rousseau, The Social Contract Or Principles of Political Right (H. J. Tozer trans., 1998) (1762), at 19.

的限制。"① 此外,这种信托关系还赋予国家建立法律秩序和管理公民的权力,国家完全可以手握这些权力去"界定公民的一些权利并纠正公民的某些错误"。② 不过,前提是,这些行为一定要高度符合国家促进人权的义务。有一些学者甚至会将国家的这一义务与国家主权相挂钩,比如 Cridle 和 Fox-Decent 就曾指出,"由于公民赋予国家的权力会由尊重、保护和实施人权的义务所构成并受其限制,所以国家主权同样会由人权构成并受到人权的限制",当国家没有履行尊重人权的义务时,这种不作为的行为就会从源头上去削弱国家主权。同时,Ann Peters 还曾指出,不仅国家主权会受到人权的限制,而且这种限制主要还深深依赖于国家主权的人性与尊重人权和利益的需要。

复次,相对于雄霸一方的强国来说,人权和公共利益可谓脆弱得不堪一击,而这种脆弱性既是公法沉甸甸的基石,也是公法作为一个单独的法律分支出现的缘由所在。与私法"规范私人主体之间事务"的特征截然相反,公法"规范的是私人主体与公共机构之间的事务"。事实上,国家影响人权和人类需要这一理论早已被纳入最基本的公法主旋律之中,而这些主旋律中最重磅级的就是法治原则。作为现代国家建立的一种伟大产物,法治原则具有各种各样的含义和解释;不过无论它的含义怎么变,它的核心内涵都是要求"任何影响到公民合法权利、义务或自由的行为都必须有严格的法律依据",而这种经过授权的法律依据则会给国家的自由裁量权套上一层枷锁,从而防止政府肆意滥用自由裁量权。同时,在有些人的眼中,法治原则的内涵甚至还远远不止这些,而是还包括诸如公平、正义之类的额外要求。此外,大家还需知晓,国家权力与公民人权之间的天然紧张关系也推动着现代宪法不断发展,不断勇攀高峰——鉴于现代政府享有的权力着实广泛,加之只有对这些权力加以限制才能确保公民享有的自由权,因此,现代宪法的核心就是在赋予政府权力和维护公民个人自由之间寻求一个平衡点。

---

① Evan Fox-Decent & Evan J. Criddle, The Fiduciary Constitution of Human Rights, 15 *LEGAL THEORY*, at 301-302 (2009).

② William Blackstone, Commentaries on the Laws of England §48 (S. Sweet, Chancery Lane, 19th ed. 1836).

最后，由于设计和管理人权的任务既与国家紧密相连，又是国家的重要作用之一；所以，当社交网站作为设计和分配人权的新场所如雨后春笋般冒出来的时候，不仅公民广泛的政治、经济、社会和文化权利开始受到纷繁复杂且颇为有效的控制制度约束，而且社交网站还与国家的上述作用遥相呼应，从而反映出社交网站不容忽视的公共属性。依笔者之见，社交网站的这种公共属性，恰恰证明了将公法规范应用于社交网站领域是多么重要。

五、公法规范

为了顺应时代的潮流，也为了限制国家权力，从而更好地维护人权，一系列公法指导规范和原则应运而生。总体而言，这些原则不仅往往与公平正义和自然法有着千丝万缕的联系，而且还包括比例原则、合理性原则、说明理由原则等一系列标准。

根据所涉司法管辖区及其历史、法律和社会风尚，这些公法规范在适用和范围上可能风格迥异、各不相同；不过，无论如何，它们无一例外是各个司法制度长久以来不可或缺的基本组成部分。一般来说，虽然每个司法管辖区都有自己的公法规范，即管理国家公共事务（res publica）的一套工具和纪律，并且不同国家在这些公法规范的"密度和厚度"上可能各不相同；但是在看待和适用这些公法规范的方式上，共通点也许并不是一个都没有。事实上，不仅这些共通点与现今被讨论的热火朝天的"宪法全球化"息息相关，即"宪法正在成为超越民族、国家边界的一项奋斗事业"，而且它们还依赖于一些共同的模式。

（一）比例原则和合理性原则

首先，说到公法规范，很多人脑海中跳出来的第一个名词恐怕就是比例原则。作为宪法裁判中举足轻重的原则之一，当公民权利受到行政行为的限制时，比例原则便粉墨登场了；从本质上来说，比例原则主要旨在调整行政行为的目标与实现该目标的手段之间的关系。其实，如果去翻翻比例原则的历史，它最早诞生在德国这片沃土之上——在法治原则和基本权利的本质之上，德国联邦法院首次确定起比例原则的几块重量级基石；虽然比例原则在当时还是名不见经传的不成文原则，但是不仅德国联邦法院认为该原则应当具有宪法性地位，而且认为它"肩负着保护德国公民基本权利的重担"。

以德国为起点，比例原则逐渐开始在欧洲大地上迅速传播并生根发芽，后来甚至漂洋过海扩展到欧洲以外的其他司法管辖区，比如加拿大、新西兰和以色列。现如今，不仅比例原则开始成为"主宰世界各地宪法法院和最高法院案件的明星角色"，而且正如一些人所断言的那样，比例原则现在反映的是"全球性的宪法标准"。就比例原则的基本结构而言，大多数法院在运用时遵循的都是这样一个路径：在评估相关目标的合法性之后，法院便会从三个方面判断相关行为是否符合比例原则：①行为人采取的手段必须足以促进目标的实现（即"适当性原则"）；②行为人采取的手段必须是对公民权利造成侵害最小的手段（即"必要性原则"）；③通过进行损益分析，公民权利受到的损害与所获收益之间必须取得一种适当的平衡（即"狭义比例原则"）。不过，值得注意的是，尽管比例原则的基本结构大同小异[1]，但它具体的适用情况和相关解释可能会随特定的法律制度而有所不同。此外，在超国家的层面上，比例原则也自有其立足之处；无论是说明理由原则法院（the courts of the European community）、欧洲人权法院（ECHR）还是世界贸易组织（WTO），它们都无比重视比例原则。

其次，在行政法和宪法中，特别是在普通法国家中，还有一个赫赫有名且数一数二的原则就是合理性原则。与比例原则大为相似的是，合理性原则可以理解为是一种旨在防止国家滥用权力的工具，同时它也表明了一种拒绝绝对权力的立场。[2] 其实，在英国，合理性原则往往会与"温斯伯里不合理性原则"（Wednesbury unreasonableness）相伴而出、如影随形；简单来说，温斯伯里不合理性原则既和"任何一个理性机构都不会做出的荒谬决定"息息相关，[3] 又涉及广

---

[1] E. Thomas Sullivan & Richard S. Frase, Proportionality Principles in American law Controlling Excessive Government Actions 5 (2009).

[2] See W. R. Wade C. F. Forsyth, The Social Contract or Principles, at 294 (11th ed., 2014).

[3] See W. R. Wade C. F. Forsyth, The Social Contract or Principles, at 302 (11th ed., 2014).

义上的"缺乏相关性的考量"和错误。抛开合理性原则和比例原则之间的区别不谈,① 这两个原则似乎也颇为有缘地"有许多高度重合之处",毕竟"不符合比例原则的行政行为常常会被视为不合理行为"。此外,由于比例原则正在通过欧洲人权法院和欧洲法院的判决逐步渗透到英国法律之中,因此,在这种背景下,许多人开始开足马力主张英国也应当将比例原则作为一项独立的原则进行适用。

最后,在世界普遍认可接受比例原则的大潮流下,② 美国的司法审查制度却独树一帜,十分显眼地存在着。在评估相关法律或行为是否违法时,美国的法院会紧紧围绕着三重审查基准(three tiers of scrutiny tests)打转。具体来说,这三重审查基准对相关行为或法律有宽严各不相同的要求:一方面,根据相关行为或法律的目的性质的不同,三重审查基准将这些性质分为合法的、重要的和符合正当的政府利益);另一方面,根据相关行为或法律与其目的之间的关联度的不同,三重审查基准将关联度分为合理的、实质性相关的和必要的(或紧密相关的、无可替代的)。

根据这些不同的分类,法院所适用的审查基准类型也会有所不同;打个简单的比方,如果是公民的某些基本权利受到威胁或公民被进行种族分类的话,那么,法院就会适用严格审查基准,即最高级别的审查基准。虽然美国的这种做法仿佛是一种与众不同的存在,但是,明眼人其实都能看出,《美国联邦宪法》显然在概念上与比例原则和合理性原则有不少共通之处。就拿合理性原则来说,Martin Shapiro 就曾指出,"《美国联邦宪法第一修正案》其最深处的心里话是想表明,'如果美国联邦最高法院认为公民享有的某些言论自由不合理,那么,美国国会不得制定任何法律来对这种言论自由加以限制'"③。此外,在 20 世纪,也就是三重审查基准没有登上历史大舞台之前,美国的法院通常还是在用单一的合理性原则标准对政府规定

---

① See W. R. Wade C. F. Forsyth, The Social Contract or Principles, at 316 – 318 (11th ed., 2014).

② Vicki C. Jackson, Constitutional LAW in an Age of Proportionality, 124 YALE L. J. 3094, 3096 (2015).

③ See Martin Shapiro, The Giving Reasons Requirement, 1992 U. CHI. LEGALI F., at 191 (1992).

进行评估。① 也正因如此，不仅近年来开始有人高声呼吁恢复合理性原则，而且采用诸如比例原则等一般性司法审查标准的呼吁声也是一浪高过一浪。②

（二）说明理由原则

所谓说明理由原则，是指行政机关在做出决策时必须要说明相应的理由。③ 在这一原则的语境下，由于"决策者在做出决策前会更仔细小心地权衡利弊，而不是不经大脑简简单单地通过法定程序做出决策"，所以，决策过程的质量会显而易见地提高。④ 在美国，不仅该原则早已载入《美国联邦行政程序法》（Administrative Procedure Act，APA）之中，⑤ 而且它的身影在判例中也越来越频繁地出现。⑥ 此外，如果要判断行政机关的行为能否适用《美国联邦行政程序法》中的"任意和反复无常"标准，⑦ 那么，美国联邦最高法院就需要审查行政机关做出的决策"是否考虑过相关因素，是否存在明显的判断错误，以及"事实基础与所做决策之间是否具有合理联系"。为了进一步把这一审查标准阐释得明明白白，美国联邦最高法院曾在1983年的State Farm一案中指出："在通常情况下，如果行政机关依据国会不打算考虑的因素而做出相关决策、完全没有考量某一重大方面就做出相关决策、做出说理与证据背道而驰的决策或做出不符合行政机关专门知识的相关决策，那么，这些决策就会被视为'任意且反复

---

① Tara Leigh Grove, Tiers of Scrutiny in a Hierarchical Judiciary, 14 *GEO. J. L. &PUB. POLY* 475, at 488 (2016).

② Tara Leigh Grove, Tiers of Scrutiny in a Hierarchical Judiciary, 14 *GEO. J. L. &PUB. POLY*, at 487–489 (2016).

③ Jodi L. Short, The Political Turn in American The Social Contract or Principles: Power, Rationality, and Reasons, 61 *DUKE L. J.* 1813 (2012) (same).

④ See Martin Shapiro, The Giving Reasons Requirement, 1992 *U. CHI. LEGAL1 F.*, at 191 (1992).

⑤ 5 U.S.C. § §500–596 (2012).

⑥ Sidney A. Shapiro & Richard E. Levy, Heightened Scrutiny of the Fourth Branch: Separation of Powers and the Requirement of Adequate Reasons for Agency Decisions, 1987 *DUKE L. J.* 387, 405–407 (1987).

⑦ 5 U.S.C. §706 (2) (A).

无常的'决策。"①

事实上，不仅如今"《美国联邦行政程序法》的说明理由原则已经发展成为一种实质性的要求，即行政机关在做出决策时必须要说明完整甚至是大致正确的理由"，而且《美国联邦行政程序法》还要求在制定行政规章的过程中，行政机关要及时向公众发出通知并允许公众发表意见；另外，公众参与、公众监督和立法透明也需要被纳入其中。此外，美国之外，在其他司法管辖区我们依旧能看到说明理由原则的身影。就拿英国来说，虽然英国的行政官员并不需要履行说明理由的义务，但是他们却需要履行一些特定的普通法义务，这些义务在自然正义和《公平听证规则》（the Fair Hearing Rule）中都有迹可循；而当行政官员要履行这些具体义务时，他们便可能会需要提供一些"充分"的理由，这些理由既要清晰明确并富有解释性，又需要涉及各种实质性问题。

总的来说，说明理由原则无论对于实体正义还是程序正义来说都大有裨益；若仅就后者而言，Doody 一案可谓将这一点体现得淋漓尽致——在该案中，英国法院认为，"如果公民可能因为行政机关做出的某项决策而受到不利影响"，那么，他们应当享有能够提出抗辩的权利；为了达到这种效果，行政机关理所应当向这类公民告知相关要点，从而让他们对"到底是哪些因素可能影响自己的利益"做到心中有数。② 不过，不管怎么说，面对说明理由原则在美国法律中的地位，英国法律还是只能在背后望尘莫及；之所以会出现这样的局面，其中一个原因就是"英国法律侧重于行政官员做出的个人决策，而美国法律则更侧重于行政规章的制定"③。此外，放眼全球，绝大多数国家其实也都承认说明理由原则，例如，欧洲联盟法院就曾指出，说明理由原则不仅能够确保司法审查顺利有效地推进，而且它还能保护可能受到不利影响的公民。

---

① Motor Vehicle Mfrs., 463 U. S. at 43.

② Regina v. Secy of State for the Home Dept, ex-parte Doody: HL 25 Jun 1993 (Lord Mustill), at 106.

③ See Peter Cane, Records, Reasons and Rationality in Judicial Control of Administrative Power: England, the US and Australia, 48 *ISR. L. REV.*, at 310 (2015).

六、社交网站领域适用公法规范的益处

（一）为什么是公法规范而不是其他法律规范

首先，在前文的讨论中已经探讨过社交网站是如何以设计和分配人权的数字化场所登上历史舞台的，并且提出社交网站的这一特征强烈地呼应了国家的作用。在笔者看来，恰恰就是社交网站的这种公共属性，证明了将公法规范应用于社交网站领域是多么英明的决策；毕竟公法规范既在各个司法管辖区都发挥着至关重要的作用，又能够给国家在管理人权方面的巨大权力套上一层枷锁，并同时促进实体正义和程序正义。

其次，鉴于私法并没有对人权产生什么重要深远的影响，并且私法面对当前存在的种种挑战还是心有余而力不足，所以在社交网站领域内适用公法规范可以说是势在必行。具体来说，一方面，私法往往由一些特定且受限制的规定组成，而这些规定通常难以在一般的网络领域中独当一面，尤其是在面对社交网站领域出现的新问题时更是派不上什么用场，而这就会导致该领域出现许多"法律真空"地带；在这种情况下，虽然社交网站作为商业公司能够大把大把地捞钱，但是却没有足够的法律激励措施来促进和保障用户的人权。同时，由于相关立法过程总是相当漫长的，所以这些立法往往只能在社交网站快速飞驰的车轮后面被动地跟着跑；另一方面，面对五花八门的社交网站中层出不穷的挑战，公法规范却能提供一系列广泛的标准，不管社交网站的某些行为是不是会落入某特定规定调整的范围，这些标准一样能够为社交网站在各个领域的自由裁量权提供整体性的指导。

再次，面对如今公法和私法之间界限逐渐模糊的大趋势，将公法规范适用于社交网站领域仿佛与该趋势的步调更为一致。说得更详细一些，在这样的大趋势下，公法和私法之间的传统界限正在受到有史以来最大的挑战，其中包括国家主权逐渐遭到侵蚀、国际机构的权力迅速膨胀、政府服务开始出现私有化并进行外包、财大气粗的私人机构如雨后春笋般涌现、公司逐渐获得"曾经专属于政府的强制权力"也不再稀奇。

而在网络语境下，公法和私法之间界限逐渐模糊的现象只会是有

过之而无不及，这在美国最近的一些判例中已可见一斑——比如在 Packingham v. North Carolina 一案中，不仅法院认为社交网站提供的服务与用户实现言论自由等宪法性权利密切相关，① 而且它还认为公务员在社交网站中的账户属于"公共论坛"（Public Forums）。② 再比如，在 Sandvig v. Sessions 一案中，美国哥伦比亚特区联邦地区法院指出，"互联网监管将划定界限的问题已经推至风口浪尖，这可是公共场所和私人场所在物理空间的划分上从来没碰到过的问题"。③ 为了快马加鞭赶上时代的迅速发展，将公法规范适用于社交网站领域已经是刻不容缓。

最后，接下来，本文将进一步探讨公法规范要如何适用于社交网站领域才能大显身手。不过，笔者在此必须要指出，本文绝不是要一口断言公法规范应当毫无保留、丝毫不差地完全适用于社交网站领域或其他领域；恰恰相反，本文只是想要表明，不仅这些公法规范的本质与社交网站对用户广泛人权产生的影响能够完美契合，而且它们也是应对社交网站带来的一系列挑战的上乘之选。

（二）形成以用户为导向的决策过程

首先，在本文看来，如果将公法规范适用于社交网站领域，那么，对于社交网站在运作过程中涉及的所有领域来说，相关决策过程可能都会在冷静高效和以用户为导向方面更上一层楼。同时，在制定相关政策、采取不同做法、制裁用户和处理冤情之时，公法规范也能促使社交网站将用户的人权更加放在心上。

其次，如果将公法规范适用于社交网站领域，尤其是将它们用于促进前文提到的信息资源和社会公共资源，那么，这必将获得人人拍手称快的大好结果。换言之，在社交网站的语境下，不仅适用比例原则、合理性原则等具有约束力的原则可能会激发决策者更加深思熟虑地审议人权问题，而且可能激励决策者从决策过程之初就开始采取更

---

① E. g., Packingham v. North Carolina, 137 S. Ct. 1730, 1735–1736 (2016).

② Eg, Knight First Amendment Inst. v. Trump, 302 F. Supp. 3d 541, 549 (S. D. N. Y. 2018).

③ Sandvig v. Sessions, 315 F. Supp. 3d 1, 12 (D..D. C. 2018).

为温和的行为。就拿前文中列举的三个公法原则来说：①在面对社交网站向人权下的一封封战书时，比例原则可以提供一种适用于各个领域的结构化理论，从而去指导社交网站并鼓励它们做出对用户侵害性最小的选择。打个简单的比方，如果社交网站打算启用自动审查这种新功能，那么，从阻碍和影响用户人权的角度来说，由于自动审查会最大限度地损害信息资源和社会公共资源的提供，所以，它造成的影响应该"被限制在最小范围内"。为了达到这种效果，社交网站能采取的措施扳着指头都数不过来，这其中就包括加强和校准自动审查的技术能力，抑或是加强人为审查的力度来防止过度审查或一些白痴错误。同时，在某些情况下，通过"屏幕警示"或限制观看某些内容的用户年龄，这种影响也能够被限制在最小范围内，并且某些社交网站其实已经在现实中将这些措施付诸实践了。再比如，鉴于事前审查也会对用户人权产生种种不利影响，所以，社交网站也应当采取相应措施来将这种影响限制在最小范围内。此外，根据比例原则，由于社交网站实施的审查行为所带来的益处还必须要超过其对用户人权造成的影响，所以，在判断这一标准的时候，我们还需要分出一些心力和适当的权重放在艺术中包含的权利和价值观上面，比如裸体艺术、知识产权受保护内容的合理使用、讽刺政治的帖子和揭露贪污腐败或性虐待的帖子。②在面对审查行为带来的种种影响时，适用合理性原则有时达到的效果也完全可以与比例原则相媲美。具体来说，根据合理性原则，如果社交网站坚持实施极度损害用户人权的广泛审查行为、不考虑所有的相关因素或考虑一些歧视性标准，那么，它们的行为就会被认为是不合理行为。同样，即使是美国严格的司法审查制度也一样会表明，如果用户享有的相关权利会"狭义上减少"（narrow tailoring）或存在"影响更小的替代方案"，那么，社交网站实施的行为就属于违反《美国联邦宪法第一修正案》的行为。③说明理由原则对用户人权能起到的作用可也绝对不能小觑。虽然该原则看似披着一层程序性原则的皮，但是，它对社交网站所做决策的质量产生的影响可不是闹着玩儿的。就审查或任何其他领域所做决定的质量。比如说，如果社交网站打算将自己的政策、行为变化进行内化，那么，这时就轮到说明理由原则闪亮登场了——在这种情况下，社交网站就需要千方百计地通过各种各样的渠道向公众说明理由，其中包括主动公开披露（例如定期披露）或被动披露（由用户或非政府组织等提出披露请求）。

前文已经提到过，通过推动社交网站直接与用户或相关权利主体进行沟通交流，说明理由原则会促使社交网站在做出重大决策时不再对用户视而不见，因此，用户在决策制定过程中的地位可以说是扶摇直上。这样一来，如果你想说明理由原则和其开放性所带来的诸多好处，那么，你就会知道 Facebook 的说法简直就是无稽之谈——Facebook 曾自以为是地说："我们才不要时时刻刻地分享我们的政策细节呢，因为我们不想鼓励用户千方百计去找出变通之道。"① 同时，不仅说明理由原则可能促使社交网站向被制裁的用户说明采取制裁的具体原因（例如删帖或禁用账户），而且该原则所体现的逻辑和价值观都表明，社交网站既需要在优化用户的申诉机制和与社交网站代表的沟通渠道方面加把劲，又需要建立一种通过电话或聊天就能与社交网站取得联系的帮助中心，还应当更积极地考虑记者、活动家等行为人提出的诉求，即对相关不当行为事件能够自由自在地发表评论。

再次，除了上述三大原则之外，还有许多其他公法规范的闪光点也不应当被掩盖，比如诚实守信原则和程序正当原则，毕竟它们同样大大有助于社交网站做出更负责任、更开放和更合理的决策，从而更好地保障用户人权。打个简单的比方，其中有一些公法规范可能会要求社交网站制定适当的申诉制度，以此来给用户一个畅所欲言、各抒己见的空间；还有一些公法规范则会要求社交网站制定适当的上诉机制，以此让受制裁的用户能够访问包含类似案例的匿名数据库。

最后，在形成以用户为导向的决策过程方面，公法规范的作用还远远不止这些：①当社交网站采取较为严厉的禁用账户行为时，有的公法规范会要求社交网站将相关财产（好友列表、信息、照片和视频等）汇总起来供受制裁的用户使用，甚至帮助用户将该类财产转移到其他社交网站账户中去。②由于一些公法规范规定社交网站有义务设计和通过一些机制来防止别有用心之人肆意滥用数据，所以公法规范对许多信息安全问题来说也是天降的大救星。③就令人头疼的数

---

① Monika Bickert, At Facebook We Get Things Wrong-But We Take Our Safety Role Seriously, *GUARDIAN*. (May 22, 2017, 6:59 PM).

据泄露问题而言，公法规范还可能强制要求社交网站在事件发生后立即告知用户，对相关事件进行及时且公开的调查，并千方百计采取一切措施去尽量减少损失。④关于公务员屏蔽相关用户等让大家大为不满的行为，适用公法规范可能会促使社交网站静下心来好好反思一下自己的责任。在这种环境下，社交网站或许会采用一种更为用户设身处地着想的架构，从而要求公务员说明屏蔽的理由，并将该类屏蔽事件的数据进行透明化。

（三）社交网站领域适用公法规范的额外益处

除了上述提到的优势之外，社交网站领域适用公法规范还能带来不少益处：

首先，适用公法规范可以促进各种各样的理想民主价值，比如促进社交网站问责制的出台、促进社交网站透明度的提高和加强公众与国家机构对社交网站的制衡力度。同时，公法规范既可以反映出我们是如何将用户和用户人权视若珍宝的，又可以帮助用户确定他们对社交网站所享有的隐私期待，还可以在鼓励用户踊跃参与各种沟通渠道方面助力一把。此外，适用公法规范甚至可能提升社交网站的合法性，并大大增强用户对社交网站的信任，从而促进一种良性循环。

其次，根据自己特定的政治、社会和法律文化，各个司法管辖区还可以因地制宜去适用公法规范。虽然这些公法规范可能因法律制度的不同而各有千秋，但是它们却是这些法律制度不可或缺的重量级组成部分。换言之，通过现有或指定的法律工具，抑或通过立法或裁判等多重渠道，公法规范在各个司法管辖区加以适用根本就是小菜一碟；例如，无论是美国的"国家行动"理论还是《英国人权法案》中的条款，它们可都是充当相关法律工具的不二之选。

最后，由于公法规范在地方和超国家法律制度中都备受认可，所以在超国家甚至辐射全球的基础上，公法规范完全可以作为一项基础法律标准来要求社交网站承担相应义务。本文必须要指出，如果没有一个共同的法律框架来指导社交网站的行为，那么，后果必将不堪设想。虽然有些人心中的担忧也不是没有道理，比如在恰当评估社交网站带来的风险和收益、就社交网站应当承担的义务形成统一战线、实现法律确定性、鼓励用户踊跃参与并积极实现自己权利方面，这些困难可谓一山更比一山高；但事实上，在基础的法律层面之上，每个司法管辖区都可以根据自身情况进行相应的校准和调整。此外，在宪法全球化的热潮下，解决这些问题或许已经指日可待。

七、结语

首先，社交网站提供的平台就好比一个个数字化活动场所，而人权则在这些活动场所中被精心塑造、设计和分配。

其次，若是要追根溯源，那么，这些数字化活动场所的出现与两个维度息息相关：一个维度是受社交网站影响的广泛人权，其中包括公民的政治权利、经济权利、社会权利和文化权利；另一个维度则是社交网站对上述广泛人权的一种控制，通过社交网站运作中多种多样、花样繁多的种种行为和实践，社交网站逐渐获得并培养改善这些控制行为，其中包括监视行为、分析行为、审查行为、涉及社交网站和相关机构之间关系的行为、驱逐个人用户和相关社区的行为。

再次，通过这两个维度共同作用、碰撞出火花，不仅社交网站对用户广泛人权的形成和分配产生着不容小觑的总体影响，而且这也极为响亮地呼应着国家在人权管理方面无可替代的作用。

复次，鉴于社交网站具有如此突出且不容忽视的公共属性，所以社交网站理所应当拥有适用于自己的公法规范，从而强力敦促社交网站更加设身处地地为用户考虑。

最后，在社交网站领域引进公法规范还能带来不少意外之喜，甚至是扳着指头都算不过来的益处，其中包括促进社交网站问责制的出台、鼓励用户踊跃参与，甚至形成一种超国家甚至辐射全球的基础法律标准。此外，在这一基础标准之上，每个司法管辖区还可以因地制宜，根据自身情况进行相应的校准和调整。

脸书与在线隐私：态度、行为和后果

伯恩哈德·德巴汀[①]　詹妮特·P. 洛夫乔伊[②]
安·凯瑟琳·霍恩[③]　布里塔尼·N. 休斯[④] 著　袁姝婷[⑤] 译

目　次

一、文献综述
二、研究方法
三、研究结果
四、分析与论述
五、结语

如果没有了 Facebook，那么，我们很难想象学生们将会过着怎样单调的生活。自 2004 年 Facebook 问世以来，该社交网络服务就在学生当中迅速流行开来，成为他们进行社交互动、构建个人身份以及建立社交圈的一种基本工具和一面镜子。社交网站已经深深地渗透到用户日常生活的方方面面，作为一项普及性技术，一旦它们被人们所广泛采用、变得无处不在、被认为是司空见惯的，它们就会变得无形、

[①] 伯恩哈德·德巴汀（Bernhard Debatin），美国俄亥俄大学新闻学院教授。
[②] 詹妮特·P. 洛夫乔伊（Jennette P. Lovejoy），美国波特兰大学传播学系副教授，美国俄亥俄大学新闻学院博士。
[③] 安·凯瑟琳·霍恩（Ann-Kathrin Horn），德国莱比锡大学传播学院硕士。
[④] 布里塔尼·N. 休斯（Brittany N. Hughes），美国俄亥俄大学新闻学院学士。
[⑤] 袁姝婷，中山大学法学院助教。

不易察觉。普及性技术往往会导致人们意想不到的一些后果，例如，对公民所享有的隐私权造成威胁，以及使公共领域和私人领域之间的关系发生变化。针对这些问题，学者们已经在各种各样的互联网语境和应用程序方面做出了研究。在线社交网络所引发的隐私问题比比皆是，具体包括：他人个人信息的无意泄露、因流言蜚语而导致的他人名誉受损，对他人不必要的联系和骚扰或跟踪，因回溯功能而导致的类监控效果，第三人对他人个人数据的使用、黑客攻击和身份窃取。随着对隐私问题的关注度不断增加，人们开始呼吁对"影响隐私的系统"的态度和行为加以注意。

本文对在 Facebook 上所存在的隐私侵权行为以及用户如何理解其隐私权所受到的潜在威胁进行了调查。其中尤其值得注意的是，笔者研究了 Facebook 用户对隐私问题的感知情况、他们所采取的应对策略。为此，我们将首先说明 Facebook 在隐私保护方面所存在的缺陷以及对用户行为和隐私权的现有研究，然后，我们将列出理论背景和假设，并展示定量和定性实证研究的结果。最后，我们将根据这些研究得出一些结论。

一、文献综述

（一）隐私权与 Facebook：有形与无形

上述隐私问题得到了有关 Facebook 的几份报告和几项研究的证实。作为监管机构的国际隐私组织（Privacy International）指控 Facebook 在隐私保护方面存在着重大缺陷，并将其列为"实质性而全面性的隐私威胁"的第二名。在这一排名当中，只有 Google 的隐私安全得分比 Facebook 更低，成了倒数第一，而其他 6 家公司的隐私安全得分则和 Facebook 一样，均为倒数第二。这一排名主要考量的是社交网站进行数据匹配、数据挖掘以及向其他公司进行数据传输的情况，尤其是 Facebook 所具有的一项奇怪政策，即它"还可能收集报纸、博客、即时通信服务等其他来源的用户信息以及其他 Facebook 服务用户的信息"。

早在 2005 年，Jones 和 Soltren 就发现了 Facebook 设置所具有的严重缺陷，而这些缺陷会对隐私泄露和数据挖掘有所助长。差不多在

Facebook问世2年之后，用户输入密码仍然没有经过加密，因此很容易被第三人所截获。这种情况在后来得到了纠正。由于Facebook在用户个人资料页面上使用了可预测的URL，因此，第三人通过一种简单算法就可以下载整个学校所有公开的学生资料。Jones和Soltren还指出，Facebook会从其他来源收集用户信息，除非用户明确选择退出。截至2007年9月，Facebook已经不再继续向用户提供选择退出的选项，但其数据收集政策仍然有效。

即便是Facebook最受推崇的隐私保护功能，即限制个人资料仅对好友可见，在Facebook问世后的头3年里也暴露了弊端：用户在设限的个人资料当中所发布的信息会出现在搜索结果中，除非他（她）对此选择退出。直到2007年6月底，一篇科技博客公开揭露了这一漏洞并与Facebook取得了联系，这个故障才最终得以修复。最近Facebook似乎是由于公关需要对个人资料限制功能进行了一些完善，使其更加人性化、更加全面，但它仍然具有严重的缺陷。

2006年9月，Facebook推出了"好友动态"这一新功能，它可以跟踪和向用户显示其好友的在线活动，包括上传图片、结交新朋友、在别人的留言墙上留言等。虽然这些个人行为均不属于隐私，但是Facebook在用户所有好友的个人主页上公开显示所有这些信息，这一行为彻底激怒了用户，因为他们觉得自己的信息遭到了暴露，并且丧失了对自身信息的控制权。用户纷纷在Facebook上建立起各种各样的抗议组织，其中就包括拥有70万名成员的"反Facebook好友动态学生组织"。随后，为了平息用户的愤怒和不满，Facebook引入了隐私控制的功能，它能够支持用户决定好友动态显示哪些内容以及向哪些人显示这些内容。

2007年夏天，第三方开发人员开发了一个程序平台并投入使用，随之而来的是各种各样的应用程序的相继推出，它们能够跟踪用户行为，以及将个人资料中的信息用于定向广告，而这些行为都不利于激发用户对Facebook隐私政策的信任。最值得注意的是，Facebook广告平台引发了一系列严重的问题。为了充分利用社会大众的信任和口味，Facebook的"Beacon"在线广告系统对包括在线购物等在内的用户行为进行了跟踪。Facebook将这些信息广播给了用户的好友。2007年11月，这一行为最终引起了用户的强烈抗议，他们还在Facebook 以电子方式签署了一份标题为"Facebook，停止侵犯我们的隐私！"的请愿书，并在短短的2周内就获得了超过7万名用户的支持。为了对此做出回应，Facebook 推出了一项允许用户选择退出广播的功能，然而 Beacon 仍然继续收集"用户在参与 Beacon 的第三方网站上的活动数据，即使用户退出登录 Facebook 并拒绝向其 Facebook 好友广播自己的活动"①。

除此之外，Facebook 与警局或美国中央情报局（Central Intelligence Agency）等政府机构之间的关系和合作也引发了人们更多的隐私关切。例如，2006年夏天的一个晚上，伊利诺伊大学厄巴纳–香槟分校（University of Illinois at Urbana-Champaig）的一名学生 Marc Chiles 在外面喝了一夜酒之后，在灌木丛中小便时被警察当场发现，而现场唯一的目击者 Adam Gartner 否认自己认识这名违法者，于是，警察转而求助于 Facebook。警察通过 Facebook 查到了他正在寻找的违法者以及 Gartner 的好友列表。最终，Chiles 因在公共场所随处小便而被处以145美元的罚款，而 Gartner 则因妨碍司法公正被处以195美元的罚款。不仅如此，《爱国者法》还允许各州政府机构绕过 Facebook 的隐私设置，从而调查应聘者。② 一个以"Facebook 上所发生的一切会只留在 Facebook 上吗？"为主题的在线视频指出了不同的 Facebook 投资者与 In-Q-Tel 之间所具有的一些联系，而其中的 In-Q-Tel 是由美国中央情报局所创办的一家非营利性风险投资公司，主要任务是基于美国中央情报局的信息技术需求投资某些科技公司。Facebook 的首席隐私官 Chris Kelly 认为该视频"对我们的隐私政策做出了曲解""所指出的联系不合逻辑"，但他并没有对其中的观点做出实质性的反驳。③

第三人可以利用 Facebook 进行数据挖掘、网络诈骗以及实现其他恶意目的，这更是招致了人们的批判和不满。大学生们能够轻而易举地创建包含详细个人信息的数字档案，而一个足够聪明的数据窃取者甚至可以通过其个人资料当中的信息推断出近一半用户的社会安全

---

① Perez, J. C. (2007, November 30).
② NACE Spotlight Online (2006).
③ Kelly, C. (2007, June 4).

号码（通常情况下是根据 5 位数的邮政编码、性别、出生日期来做出推断）。① 社交网络也是挖掘群体关系或共同兴趣信息的理想工具，第三人可以将其用于进行网络诈骗。例如，Jagatic、Johnson、Jakobsson 以及 Menczer 在印第安纳大学挑选出了一些大学生，以其为对象进行了一项网络诈骗实验，并通过社交网站获取了这些大学生好友的有关信息。② 在社交网络当中，该实验出人意料地取得了高达 72% 的成功率，而在对照组当中，成功率却只有 16%。Jagatic、Johnson、Jakobsson 以及 Menczer 补充认为，不同研究人员所进行的其他网络诈骗实验也产生了类似的结果，我们无疑会得出这样的结论，即社交背景下的网络攻击导致人们忽视了重要线索，放松了警惕，变得更加脆弱了。③ 由于许多用户公开了自己的地址和课程安排，因此，潜在的跟踪者不费吹灰之力就能找到他们，这也导致其极易受到攻击。④ 随意处理用户图片、伪造用户个人资料以及公开令人尴尬的个人信息来骚扰用户，这些都是 Facebook 上常见的恶意侵权行为。⑤

虽然 Facebook 所具有的隐私缺陷已经得到了很好的记录，并被新闻媒体所报道，但对于这些问题在 Facebook 用户的社交世界中究竟会如何发展，以及用户对这些问题的了解和关心程度究竟如何，相关方面的研究还相对较少。Govani 和 Pashley 针对 Facebook 用户隐私意识进行了一项小样本研究，他们发现，虽然超过 80% 的调查对象对隐私设置有所了解，但其中仅有 40% 的用户真正使用过这些隐私设置。超过 60% 的用户个人资料均包含了特定的个人信息，比如出生日期、家乡、兴趣、感情状态和照片等。⑥

Jones 和 Soltren 所做的研究表明，74% 的用户知道 Facebook 隐私选项的存在，但其中仅有 62% 的用户真正使用过这些隐私选项。⑦ 与

---

① Gross, R., & Acquisti, A. (2005).
② Jagatic, T., Johnson, N., Jakobsson, M., & Menczer, F. (2005). Social phishing. December 12, 2005, Indiana University, Bloomington. Retrieved September 22, 2007, from http://www.indiana.edu/~phishing/social-network-experiment/phishing-preprint.pdf.
③ Jagatic, T., Johnson, N., Jakobsson, M., & Menczer, F. (2005).
④ Acquisti, A., & Gross, R. (2006).
⑤ Kessler, T. R. (2007, May 25).
⑥ Govani, T., & Pashley, H. (2005).
⑦ Jones, H., & Soltren, J. H. (2005).

此同时，Jones 和 Soltren 还发现，用户不仅自愿公开大量的个人信息，其中超过 70% 的用户都公开了包括自己的年龄、性别、位置和兴趣等在内的人口统计数据，而且对 Facebook 的隐私设置、隐私政策和服务条款漠不关心，其中 89% 的用户均承认自己从未阅读过隐私政策，91% 的用户均承认自己对服务条款知之甚少。用户对 Facebook 隐私政策和服务条款的漠不关心、一无所知事实上是普遍存在的。① 通过前后对比研究，Govani 和 Pashley 发现，大多数学生并没有改变其 Facebook 隐私设置，即使他们事先已经了解到自己享有这项权利。② 一些学者所做的研究表明，社交网站用户自愿公开其私人信息的行为与他们公开对隐私问题表示关切的行为之间几乎没有什么关系。③ 不过，Higgins、Ricketts 和 Vegh 所做的一项最新研究却表明，用户实际上所具有的风险感知与其对在网上受到损害的恐惧程度之间具有显著的相关性。因此，Higgins、Ricketts 和 Vegh 建议，应提高隐私保护水平，增强用户主页访问的透明度，以及为了减少不良行为而促进用户对公开个人信息所面临的风险的了解。

  Tufekci 还认为，学生可能试图"限制其个人资料对预期受众的可见性，但由于数据的持久性，他们很少能够意识到、关切未来受众可能做出'一时的'隐私权侵权行为，或者不愿意针对未来受众可能做出的'一时的'隐私权侵权行为采取措施"④。如果想要限制个人资料的可见性，最显而易见、最易于采取的做法就是将其设置为仅对"好友"可见。然而，Ellison、Steifield 和 Lampe 却发现，在密歇根州立大学当中，只有 13% 的学生用户自己的 Facebook 个人资料设置为仅对"好友"可见。⑤ 不仅如此，在网络世界当中，"好友"的范畴既十分宽泛，也模糊不清，它可能是任何一个人，包括亲密的朋友、点头之交的熟人，甚至只知道其网上身份的陌生人。Jones 和 Soltren 通过研究发现，在所有的调查对象当中，2/3 的用户从不与陌生

---

① Acquisti, A., & Gross, R. (2006).
② Govani, T., & Pashley, H. (2005).
③ Dwyer, C., Hiltz, S. R., & Passerini, K. (2007).
④ Tufekci, Z. (2008).
⑤ Ellison, N., Steinfield, C., & Lampe, C. (2007).

人交朋友，而这也就意味着，1/3 的用户愿意与陌生人成为朋友。①

密苏里大学一个名为 Charlie Rosenbury 的学生通过实验证明了上述结论，他编写了一个计算机程序，并添加了 25 万人为自己的好友，而其中有 30% 的用户均对此予以了同意。与此相类似地，IT 安全公司 Sophos 创建一份虚假的个人资料，从而证明为实现窃取身份的目的而对 Facebook 用户进行数据挖掘并非难事。研究人员发现，在其联系的 200 人中，41% 的用户均泄露了自己的个人信息，要么是通过回复该虚拟用户的方式（此时他们的个人资料暂时是可见的），要么是通过即刻添加该虚拟用户为好友的方式。通过这些泄露出来的信息，第三人完全能够"针对个人用户或企业发送诈骗邮件或开发恶意软件、猜测出用户的密码、冒充他们，甚至跟踪他们"。

上述结果表明，Facebook 及其他社交网站对用户的隐私权保护构成了重大风险。与此同时，在线社交网站又广受欢迎，似乎给用户带来了更多的满足感。事实上，一些研究发现，用户在不断地协调和缓解感知隐私风险和预期利益之间的传统和矛盾。② 正如 Ellison、Steinfield 和 Lampe 所指出的那样，在线网络所带来的最大益处可能就是，建立和维持人际关系和友谊所产生的社会资本。③ 这种社会资本的产生和延续是建立在用户自愿向几乎所有受众公开其私人信息的基础上的，正因如此，Ibrahim 将网络视为"一个风险丛生的、用户个人信息均为可交易和交换的社会资本的社区"④。因此，我们不难发现，相比于那些不是在线社交网络用户的人来说，社交网站用户要更加倾向于冒险。⑤

因此，我们可以假设，虽然在电话调查等其他语境中，大多数人会毫不犹豫地拒绝公开详细的个人数据，但预期的满足感却会促使社交网站用户提供以及频繁更新这些数据。因此，社交网站为精准营销和定向广告提供了一个理想的、具有海量数据的环境，尤其是在其将用户个人资料与 Beacon 等跟踪用户行为的功能相结合时。这种商业

---

① Jones, H., & Soltren, J. H. (2005).
② Ibrahim, Y. (2008).
③ Ellison, N., Steinfield, C., & Lampe, C. (2007).
④ Ibrahim, Y. (2008).
⑤ Fogel, J., & Nehmad, E. (2009).

潜力或许能够解释 Facebook 的估值之所以达到了天文数字的原因，尽管这一点还有待证实。自从 Microsoft 在 2007 年秋季表示有意以 2.4 亿美元收购 Facebook 1.6% 的股份以来，Facebook 的估值就已经高达 150 亿美元。①

然而，对于普通用户而言，第三人通过 Facebook 侵犯用户隐私权、进行数据聚合以及可能将用户数据用于商业用途，这些行为往往是无形的、不易察觉的。从这方面来说，Beacon 所引发的丑闻实属意外，因为用户意识到了 Facebook 对其数据进行广泛收集，以及对其行为实施监控的行为。Facebook 的所有人很快就从中得到了教训：在 Facebook 当中，看似无害的用户资料和社交互动这些有形的部分必须与无形的部分完全区分开来。就好比在一座冰山中，我们所能看到的只不过是 Facebook 冰山模型的其中一角（见图 1）。

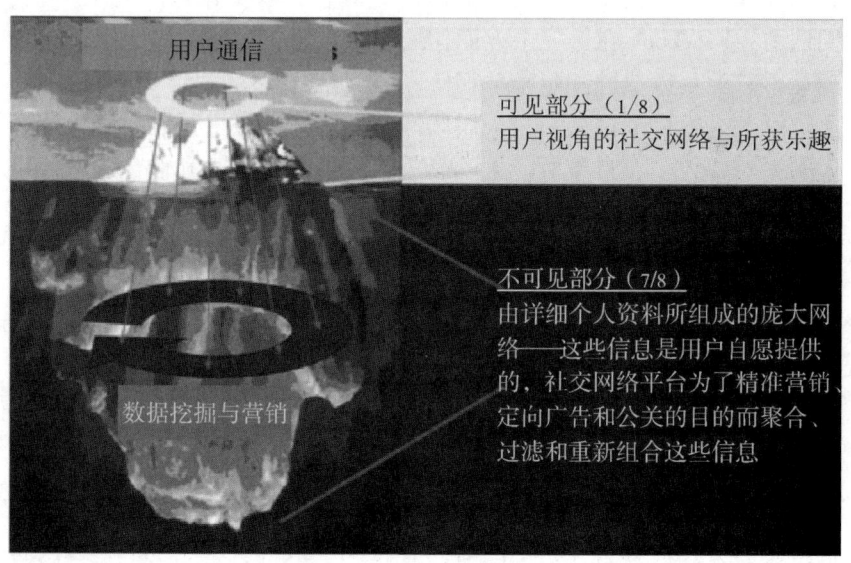

图 1　Facebook 冰山模型

除此之外，无形的部分能够源源不断地从用户互动和自我描述等

---

① Arrington, M. (2008, June 28).

有形的部分当中获得数据。为了保证有形部分与无形部分的分离（以及维持用户提供和不断更新其个人数据的动力），所有利用这些数据的营销和广告都必须是不引人注目的、秘而不宣的，不能像 Beacon 的原始版本那样直接出现在用户的面前。

（二）理论依据

我们所研究的理论框架综合了三种媒介理论，包括"使用与满足"理论、"第三人效果"理论和"仪式化媒介使用"理论。

虽然本文的研究并没有检验这三种媒体理论的正确性，但它们作为分析背景以及说明研究结果并将其语境化的框架与本文的研究是息息相关的。使用与满足理论考量的是，人们如何使用媒介来满足他们各种各样的需求，主要分为以下三方面：其一，消遣和娱乐的需求；其二，建立和维持准社会关系的需求；其三，身份建构的需求。[1] 我们认为，Facebook 在这三个方面均给用户带来了充分的满足感，这种满足感甚至足以战胜其隐私关切。

第三人效果理论认为，人们倾向于认为大众媒介信息对别人所产生的影响要大于对自身所产生的影响。这种自我感知和对他人的假设之间的差异就是第三人效果理论当中所谓的知觉假说。[2] 虽然该理论对于人们支持对媒介信息有所限制（即行为假说）有着深远的影响，但我们更侧重于知觉假说：Facebook 用户如何看待其使用 Facebook 对隐私权所造成的影响，以及由此带来了哪些后果？通过与使用和满足理论相结合，第三人效果理论能够很好地解释效果感知的某种经济性，即消极的副作用归咎于别人，而积极的影响归功于自身。

媒介仪式理论认为，媒介不仅被用于传播信息或娱乐产业，它们也常常作为人们日常消遣的一种方式。一般而言，媒介仪式与临时结构密不可分，例如，在特定的时间收看某个最喜欢的电视节目以及将收看某个最喜欢的电视节目作为一种特定的社交仪式，比方说，收看朋友聚会社交仪式等。[3] 可以预见的是，Facebook 的使用至少在某种

---

[1] Blumler J. G., & Katz, E.（Eds.）.（1974）.
[2] Brosius, H. B., & Engel, D.（1996）.
[3] Couldry, N.（2002）.

程度上已经仪式化，并且潜移默化地融入了其用户的日常生活，也就是 Max Weber 所提出的常规化。通过与使用与满足理论、第三人效果理论相结合，媒介仪式理论能够进一步解释 Facebook 取得巨大成功以及用户对隐私问题缺乏关注的原因。

根据上述文献和理论，笔者提出了以下四个假设和四个研究问题。

1. 假设

假设一：即便没有大多数，我们仍然可以说，很多 Facebook 用户对社交网络服务所存在的隐私问题均知之甚少，因而也极少使用他们的隐私设置。

假设二：

（1）对于大多数 Facebook 用户来说，在线社交网络所带来的益处能够胜过公开个人信息所带来的感知风险。

（2）与此同时，由于 Facebook 的仪式化使用，用户往往会意识不到它在自身生活当中所具有的重要性。

假设三：相比于自身所面临的隐私风险，Facebook 用户更容易感知到别人所面临的隐私风险。

假设四：相比于得知别人的隐私权受到侵犯，如果 Facebook 用户得知自己的隐私权受到侵犯，那么，他们更有可能更改其隐私设置。

2. 研究问题

研究问题一：Facebook 对用户究竟有多重要，在用户的社交生活中扮演着什么样的角色？

研究问题二：Facebook 在多大程度上成为日常仪式的一部分，或者创造了自己的仪式？

研究问题三：Facebook 在制造和传播流言蜚语方面扮演了什么角色？

研究问题四：Facebook 产生了哪些负面影响，尤其是在侵犯用户隐私权方面？

二、研究方法

2007 年春季，笔者以美国中西部一所大型综合性大学的 119 名在校大学生为对象进行了一项在线调查。由于涉及一个新的研究领域，相关数据难以获取，而且在线调查依赖于自我选择机制，随机抽样难以实现，因此这一样本无疑是合理的。[①] 除此之外，笔者还从在线调查对象当中选择了 8 人（2 名男性和 6 名女性），于 2007 年 6 月对其进行了开放式的、深度的面对面访谈。

（一）在线调查

在线调查问卷一共包含了 36 道多项选择题。受访者首先需要回答一些关于 Facebook 使用习惯的基本信息，包括：持有账户的时长（6 个月、1 年、2 年、3 年、3 年以上），检查账户的频率（每月几次以下、每月几次、每周几次、每天 1 次、每天 3 次以上、每天 5 次以上），以及每一次使用 Facebook 的平均时长（5 分钟、15 分钟、30 分钟、1 小时、1 小时以上）。

受访者需要详细区分其在个人资料中公开了哪些个人信息，包括：①基本描述，如性别、感情状态、性取向、生日、家乡、政治观点、宗教观点。②联系方式，如电子邮件、电话号码、家庭住址、宿舍及房间号、网站。③个人兴趣，如最喜欢的电视节目、电影、书籍、名言、音乐。④教育经历，如研究领域、所获学历、就读的高中。⑤工作经历，如单位、职位。⑥业余活动，如所参加的活动、地点。受访者还需要说明其注册的是哪种名字，即他们是使用了自己的真实姓名、不含姓的名、昵称还是虚构的名字，以及是否上传了自己的个人资料照片、其他朋友的照片，或者宠物的照片等。

为了了解用户在隐私保护方面采取了哪些措施，调查问卷包含了以下问题：①是否熟悉 Facebook 隐私设置（是/否）；②是否对自己的个人资料进行了保护（是/否）；③通过何种方式对自己的个人资料进行了保护，选项与 Facebook 实际所提供的选项相一致："不清楚""对所有联系人及所有好友可见""仅对某些联系人及某些好友可见""仅对好友可见""对不同的个人资料做出不同的设置"。受访者需要进一步回答这样的问题，即何时调整了隐私设置，选项包括："开始使用 Facebook 时""在弄清楚如何调整隐私设置时""在有个

---

① Riffe, D., Lacy, S., & Fico, F. (1998).

人资料的一段时间之后"。调整隐私设置的原因是什么,选项包括:"我一直较为谨慎""我听说过一些有关的报道""不记得"。对于上述所有的问题,受访者只能在所提供的选项当中选择一个作为答案。

为了评估好友对于用户使用 Facebook 所起到的作用,受访者需要回答其拥有多少好友,以及其会接受什么样的"好友",选项包括:"仅我认识的人""我所听说过的人""所有添加我为好友的人"。为了评估 Facebook 所带来的一些益处,受访者分别被问及 3 个问题:①你是否认为 Facebook 有助于你与好友和其他人进行互动(是/否);②你是否认为如果没有 Facebook 账号的话,你和好友之间的联系会更少(是/否);③在你的日常生活中 Facebook 扮演了什么样的角色(非常重要/不重要)。另外,为了评估用户使用 Facebook 所获得的益处,对于最后三个问题,如果受访者的回答为"是",那么,得分就为1;如果其回答为"否",那么,得分就为0。而这三个回答的平均得分就是最终的感知"益处"得分。

为了调查 Facebook 的潜在风险,受访者需要回答其在 Facebook 上是否遇到过以下三个问题当中的一个或者全部:①不必要的殷勤、跟踪,或者骚扰;②具有毁损性的流言蜚语;③个人数据被别人窃取或滥用。对于这三个问题,受访者都可以选择是或否。如果受访者的回答为"是",那么,得分就为1;如果其回答为"否",那么,得分就为0。虽然这些问题没有对真实负面事件与感知负面事件做出区分,但可以合理假设的是,由于这一分类的主观性,我们能够将它们视为感知风险。紧接着,受访者还需要表明他们对这些负面事件所做出的反应,如"我并没有因此而做出任何改变""我对个人资料和隐私设置设限了""我注销了 Facebook 账户"。

受访者还需要进一步指出,这三种负面事件是否都可能发生在别人身上,选项同样为(是/否),如果该问题的回答为"是",那么受访者的反应是:"在听说了这样的事件之后,你是否更改了自己的账户设置?"["我并没有因此而做出任何改变""我对个人资料和隐私设置设限了""我注销了 Facebook 账户"。受访者又被问到:假如你听说这样的事件,你是否会改变自己的账户设置选项为(是/否)"我并不会因此而做出任何改变""我会对个人资料和隐私设置设限""我会注销 Facebook 账户"]。

为了确定对自身感知风险与对别人感知风险之间的差异，我们对这两种情况的得分分别进行了加总并取平均值，而将后者减去后者的得分就是第三人差异分数。换言之，第三人差异分数反映的是受访者所感知的负面事件对别人所产生的影响与负面事件对自己所产生影响之间的差异。需要重申的是，感知益处得分、对自身感知风险得分，以及对别人感知风险得分的数值范围均为 0 到 1，因为对于组成这些得分的各个问题，如果受访者的回答为"是"，那么，得分就为 1；如果其回答为"否"，那么，得分就为 0。因此，对其进行加总并取平均值之后的最终得分仍然保持在 0 到 1 这个范围内。

最后，受访者还需要提供其人口统计变量，包括性别、年龄和国籍等信息。

（二）深度访谈

我们还从在线调查对象当中选择了 8 人（2 名男性和 6 名女性），于 2007 年 6 月对其进行了开放式的、深度的面对面访谈。在在线调查问卷的最后，我们询问了受访者其是否愿意就使用 Facebook 的情况和隐私权侵权经历参与一个面对面的访谈。我们不仅通过查看调查问卷的答案和说明（如隐私权受到侵犯的个人经历）对众多的受访者进行了系统的筛选，而且同时考量了其可用性。在定性研究当中，研究对象往往是根据研究问题来进行选择的，例如倾向于与主题相关的、内容丰富的叙述，因此，对于我们的访谈来说，随机的、具有统计代表性的样本既不可取，也没有必要。[①] 为了保护受访者的隐私权，访谈均采取了匿名方式。在签署同意书之前，受访者会收到一份关于研究目的和道德规范的书面说明。访谈遵循了一般性访谈导引法，所用时间为 45 至 90 分钟。

我们对访谈进行了记录、转录，然后综合运用了定性内容分析、类型归约分析和解释学/修辞学解释来做出分析。[②] 在面对尚未形成完整结构且需要做出初步理解的新领域时，这种定性分析尤其富有成

---

① Wrigley, B. J. (2002).
② Fisher, W. R. (1987).

效。① 它主要是基于对资料的归纳总结和分析范畴的归纳发展，并在此基础上进行演绎适用，从而对数据做出解释。我们将受访者使用 Facebook 的隐私权侵权经历主要分为以下几类：其一，隐私权受到侵犯；其二，遭遇背信弃义；其三，存在越界行为；其四，面对流言蜚语；其五，Facebook 的常规化或仪式化使用。

不仅如此，我们还具体指出了下列用于解释的修辞格：其一，夸张——表明重要性和（或）投入情感的有趣的、不寻常的表达；其二，隐喻、类比和明喻——尤其是在涉及受访者如何概念化 Facebook 及其使用时；其三，省略和用典——尤其是对内涵和背景知识含蓄的、间接的提及；其四，道德判断和价值陈述。我们从语义强度、频率和效价的角度对受访者所做出的说明进行了审查，从而重构受访者对自身经历和情感投入的理解。

通过提供访问 Facebook 用户的意义建构过程的渠道，定性分析为调查结果奠定了更加坚实的基础。在下文当中，笔者将就受访者对 Facebook 使用和隐私问题的态度和行为、受访者对与 Facebook 的相关性、吸引力和使用有关的叙述，以及受访者在 Facebook 上隐私权受到侵犯的经历做出进一步的分析。

三、研究结果

（一）定量调查

在所有的调查对象（$n=119$）当中，女性占一半以上（68%），并且以美国人为主（95%），他们的年龄大多在 22 至 24 岁之间（27%）。其中，半数的受访者持有 Facebook 账户的时间为 2 年及以上，37% 的受访者查看 Facebook 账户的频率为每天 1 次，25% 的受访者查看 Facebook 账户的频率为每天 3 次，23% 的人受访者查看 Facebook 账户的频率为每天 5 次。平均而言，50% 的受访者每次使用 Facebook 的时间不超过 15 分钟，20% 的受访者每次使用 Facebook 的时间不超过 30 分钟，20% 的受访者每次使用 Facebook 的时间不超过 5 分钟。超过 1/4（29%）的受访者均表示，只要在线，他们的 Face-

---

① Patton, M. Q. (1990).

book 账户就会一直处于打开或激活状态。近 18% 的受访者表示，自己在 Facebook 上经历过负面事件，比如不必要的殷勤、跟踪、骚扰、具有毁损性的流言蜚语，或者数据被盗。47% 的受访者表示，他们之所以限制别人访问其个人资料是因为自己一直较为谨慎；38% 的受访者表示，他们之所以限制别人访问其个人资料是因为自己听说过一些有关的报道。另外，大多数受访者（83%）都认为，Facebook 有助于自己与好友和其他人进行互动。

根据假设一，Facebook 用户对社交网络服务的隐私设置知之甚少，因此可能很少使用其隐私设置。这一假设得到了部分证实。而与假设 1 相反，我们通过卡方检验发现，"熟悉" Facebook 隐私设置和利用该隐私设置之间具有显著的相关性，事实上，绝大多数的 Facebook 用户（91%）声称自己确实熟悉 Facebook 所存在的隐私问题，并且可能利用隐私设置对其个人资料设限（77%），如果假设 1 成立，根据卡方公式可以计算出（1）= 16.3，$p < 0.001$。然而，卡方公式检验结果同时也表明了，那些不熟悉隐私设置的用户（9%）也更有可能对自己的个人资料不采取任何的保护措施。换言之，虽然大多数用户都熟悉隐私设置并对自己的个人资料采取保护措施，但也有少数不熟悉隐私设置的用户对自己的个人资料不采取保护措施。

然而，只有 69% 的受访者表示，其确实更改了 Facebook 的默认隐私设置，大约 50% 的受访者表示，其将 Facebook 个人资料设置为"仅对好友可见"。关键在于，此处所说的"好友"并没有一个统一的、通用的定义，因为相对多数的用户（38%）拥有 300 个以上的 Facebook 好友，24% 的用户拥有 200 至 300 个 Facebook 好友，18% 的用户则仅拥有 100 至 200 个 Facebook 好友。另外，10% 的受访者表示会接受"所有添加我为好友的人"为 Facebook 好友，37% 的受访者表示会接受"我所听说过的人"为 Facebook 好友，52% 的受访者则表示只会接受自己认识的人为 Facebook 好友。不仅如此，超过 90% 的受访者使用了自己的真实姓名注册 Facebook，并填写了自己的性别、出生日期和家乡。超过 90% 的受访者上传了自己的照片，以及朋友、家人、宠物的照片等。4/5 的受访者在自己的 Facebook 个人资料中注明了自己的兴趣、最喜欢的电视节目、音乐和电影、研究领域、就读的学校以及电子邮件地址。大约 1/3 的受访者提供了具体的联系方式，比如电话号码、家庭住址、宿舍及房间号。

上述问卷调查结果均与假设1的观点有所不同，表明了尽管绝大多数用户声称自己熟悉Facebook的隐私设置并对自己的个人资料采取保护措施，但是他们仍然允许诸多的"好友"访问其详细的个人信息。因此，假设1得到了部分证实，原因在于，尽管大多数受访者声称了解Facebook的隐私设置并对自己的个人资料设限，但少数不熟悉隐私设置的受访者并不会对自己的个人资料设限。还有就是，有关受访者行为的问卷调查结果不同：用户上传了海量的个人信息，对其采取了并不理想的访问限制措施，这实际上导致了许多人都能在用户本人并不知情的情况下访问这些信息，而这进一步说明了受访者对社交网络服务所存在的隐私问题可能确实知之甚少。

根据假设二的（1），Facebook所带来的益处似乎能够胜过用户公开个人信息所带来的感知风险，这一假设得到了证实。为了评估使用Facebook所带来的感知益处和风险之间的差异，我们采用了配对样本t检验。不妨回想一下上文当中所提到的感知益处得分和感知风险得分，它们均是根据受访者对3个问题的答案所计算出来的，对于每一个问题，如果受访者的回答为"是"，那么，得分就为1；如果其回答为"否"，那么，得分就为0。调查结果表明，受访者确实认为益处（平均值为0.75）胜过风险（平均值为0.28），$t(118) = 13.10$，$p < 0.001$。

根据假设二的（2），由于Facebook的使用常规化，用户往往会意识不到它在自身生活当中所具有的重要性，这一假设并没有得到证实。我们通过卡方检验发现，Facebook的使用频率与感知重要性之间具有显著的相关性，卡方公式可以算出（1）$= 9.07$，$p < 0.01$。具体来说，相比于预期来说，有更多的受访者表示其使用Facebook的频率至少为"每天1次"，并且表示Facebook在其日常生活中"非常重要"或"重要"。同样地，相比于预期来说，有更多的受访者表示其使用Facebook的频率不足每天1次，而且Facebook在其日常生活中并不重要。值得注意的是，那些已经将使用Facebook作为日常习惯的人似乎更能意识到它的重要性，而这一结果与假设（2-2）恰恰相反。

根据假设三，相比于自身所面临的隐私风险，Facebook用户更容易感知到别人所面临的隐私风险。为了研究对自身风险感知与对别人风险感知之间的差异,我们采用了配对样本 t 检验。不妨回想一下上文当中所提到的对自身感知风险得分,它是根据受访者对相关问题的答案(即如果受访者的回答为"是",那么得分就为 1,如果其回答为"否",那么,得分就为 0),进行加总并取平均值所计算出来的,对别人感知风险得分同样也是如此。结果表明,对自身感知风险(平均值为 0.07)和对别人感知风险(平均值为 0.38)之间存在着显著的差异,$t(118) = (10.60, p < 0.001$。简而言之,相比于自身所面临的隐私风险,受访者更容易感知到别人所面临的隐私风险。这一调查结果进一步说明了第三人效果可能产生。

根据假设四,相比于得知别人的隐私权受到侵犯,如果 Facebook 用户得知自己的隐私权受到侵犯,他们更有可能更改其隐私设置,这一假设得到了证实。我们通过卡方检验发现,更改 Facebook 隐私设置的可能性与所经历隐私权侵权的类型(发生在自己或别人身上)之间具有显著的相关性。卡方公式可算出 $(1) = 6.23, p < 0.05$。该分析仅包括了表示自己亲身经历过隐私权侵权($n = 23$)或听说别人经历过隐私权侵权($n = 41$)的受访者。具体来说,在亲身经历过隐私权侵权的受访者当中,其中 80%($n = 17$)的人更改了其隐私设置,而在听说别人经历过隐私权侵权的受访者当中,其中只有 42%($n = 17$)的人更改了其隐私设置。因此,相比于预期来说,在亲身经历过隐私权侵权之后更改其隐私设置的受访者要更多,而在听说过别人经历隐私权侵权之后更改其隐私设置的受访者则更少。

(二)定性访谈

我们主要从以下四个方面进行了定性分析:其一,常规化,Facebook 在用户的日常生活中所起的作用;其二,仪式化,社交和媒体仪式是 Facebook 的典型用法;其三,谣言工厂,Facebook 是流言蜚语的加速器和增强器;其四,隐私权侵权,Facebook 对用户产生的实际负面影响。

1. 常规化——只是为了保持联系

有的学生们指出,其使用 Facebook 的主要原因是为了和好友保持联系。Anne 说:"只是为了保持联系,只是想看看别人都在做什么。"Emily 说："Facebook 之所以很重要是因为它的便利性，通过 Facebook，她可以找到别人的电话号码和电子邮件地址，或者向别人发送消息。"这样的答案也证实了学生们能够使用 Facebook 轻而易举地获取对方的联系方式，与对方进行交流，并了解彼此的生活状况。但 Facebook 的便利性不仅仅表现在这些方面。Shannon 认为："在使用 Facebook 时，你仿佛和你所有的好友都在一起，却不需要和他们真的待在同一个房间。"用户无须真正融入人群就可以实现社交。

受访者通常每天花在 Facebook 上的时间都长达 1 小时，普遍的模式似乎是，他们每天会多次查看自己的账户，每次只会花几分钟，而不是每天查看自己的账户一两次，每次花更长的时间。大多数受访者均承认，Facebook 在其生活中至关重要，因为它有助于自己与"家乡的朋友"保持联系。Jessica 起初声称 Facebook 在其日常生活中并不太重要，但后来终于承认自己会习惯性地查看别人发布在 Facebook 上的照片，因为这些照片是必不可少的聊天主题。同样，Meghan 一开始坚称 Facebook 在其生活中并不重要，但也承认 Facebook 已经成为自己生活中不可分割的一部分。考虑到她在 Facebook 上拥有 500 多个好友，我们可以合理地假设，这一行为可能是为了淡化和合理化 Facebook 对其重要性。

总而言之，这些访谈的内容表明，Facebook 已经成为学生生活中一个至关重要的部分，并逐渐成为一种典型的普及性技术。用户通过使用 Facebook 获得了满足感，它主要是由于与众多其他用户建立社交联系的便利性和可行性。

2. 仪式化——带有安全网的仪式

与 Facebook 的常规化密切相关的是它的仪式化。根据调查，学生们往往以一种仪式化的方式加入 Facebook，将其作为一种仪式。由于 Facebook 的会员起初仅限于大学生，因此，他们基本一上大学就注册了 Facebook，可能是从同龄人那里听说的，并且迫于其压力。Brian 分享了自己注册 Facebook 的趣事，他说："其他人都有 Facebook 账号，而我是整个校园里仅有的 5 个没有注册 Facebook 的人其中之一。"虽然他一开始说自己"非常反对使用 Facebook"，但最终还是注册了 Facebook，因为他的女朋友为他建立了一份个人资料，这迫使他妥协了。紧接着他修改了账号密码，自此之后就一直使用 Facebook。

在 Facebook 上，用户行为通常是高度仪式化的。最典型的例子就是 Jessica 有查看朋友照片的习惯，她说道："是的，因为在周五和周六人们通常会外出，我想在周四人们也会外出。在周日人们会上传照片。如果在周日、周一人们会更新个人资料，那么，你就能看到每个人的照片。至少大多数人，我的大多数 Facebook 好友都是如此。"

事实上，Jessica 每周都要和朋友们一起参加周末的社交活动，这一惯例与集体观看、重播最喜爱的电视节目等其他媒介仪式并没有什么不同。有趣的是，尽管她喜欢拍很多照片，但她也清楚地了解自己并没有对该仪式做出反馈，因为她没有上传自己的照片。来自同辈的压力似乎并不足以让她分享自己的照片，然而，她想窥探别人的日常生活，这似乎证实了上述 Facebook 用户无须真正融入人群就可以实现社交、无须实际参与就可以进行亲密而有距离的窥视的观点。

Facebook 似乎也有自己的不成文规则来规范接受好友请求这一仪式。Emily 解释道，在 MySpace 上，用户与陌生人也可以成为好友，"但在 Facebook 上，只有你认识的人才是你的好友……我认为这是 Facebook 的一条不成文规则，也是 MySpace 的一条不成文规则"。由于处在周围都是自己认识的人这样一个可预见环境，Emily "感觉更安全"，因此相比于 MySpace，她更倾向于使用 Facebook。不过，Facebook "好友"不一定是真正的朋友。相反，人们似乎可以利用 Facebook "好友"的身份与别人保持一种仪式化的距离，同时确定彼此之间的某种社会关系。Anne 很好地说明了这种微妙的平衡，她认为，那些和她一起出去玩的真正的朋友与 Facebook "好友"之间有着本质区别，因为她和 Facebook "好友"仅保持有限的联系。

尽管 Facebook 有自己的加入仪式，但它似乎也支持年轻大学生在离开家乡时所经历的分离仪式。正如 Ellison、Steinfield 和 Lampe 所指出的那样，我们可以将其视为一种"维持型社会资本"，它有助于人们维持潜在的有益联系，并缓解其因失去老朋友而遭受的悲痛。[1] 在我们的访谈当中，Anne 指出："我们都不会再回到家乡了。"她拥有 700 个 Facebook "好友"，她还补充说道，Facebook "好友"就是

---

[1] Ellison, N., Steinfield, C., & Lampe, C. (2007).

那些"我们慢慢不再与之是朋友"的人。

Facebook 仪式化使用的例子非常具有启发意义。它们不仅证明了 Facebook 在大学生日常生活中的重要性,而且还揭示了 Facebook 在其生活中所发挥的重要的社交和情感功能。一方面,Facebook 为用户提供了仪式化的加入方式和仪式化消费其内容的机会,另一方面,它也重新定义了友谊一词,并为用户提供了一个特殊的安全网,避免其与朋友失去联系。

3. 谣言工厂——加速流言蜚语的产生和传播

所有受访者都认为 Facebook 助长了流言蜚语,但他们似乎只是将其视为使用 Facebook 所产生的副作用,而不是其主要组成部分。学生们倾向于把 Facebook 主要看作一种增强社交联系的工具,只有当被问到具体话题时,他们才会承认自己对通过 Facebook 尤其是通过好友动态所产生的流言蜚语有亲身体验。对于这一特点,受访者表达了各种各样的复杂感受。其中大多数人都不喜欢它,普遍看法是它助长了流言蜚语。

Anne 坦言自己从一开始就"不喜欢"好友动态功能,尽管如此,她还是会出于好奇查看好友动态。Brian 曾经在 Facebook 上经历过最极端的隐私权侵权形式,他表示自己非常不喜欢好友动态功能,因为当黑客侵犯其隐私权时,它助长了谣言的产生和传播。Brian 明确表示,谣言超越了可以容忍的界限。Anne 和 Brian 都认为,感情状态是 Facebook 八卦的重要组成部分。Brian 指出,一旦感情状态发生改变,谣言就会随之而来。这表明,由于好友动态功能这种谣言机制的存在,流言蜚语更加难以抑制,不过,它同时也强调了 Facebook 世界与现实世界的相互联系。

Emily 对 Facebook 谣言轻描淡写,她指出,尽管 Facebook 可能会加快谣言传播的速度,但事实上谣言无论如何都会存在。Emily 喜欢好友动态功能,认为感情故事是唯一"有趣"的好友动态。然而,她和男友并没有立即在 Facebook 上公布他们的恋情,因为她认为感情状态是创造和保持自身良好形象的一种重要工具。她认为,只有在处于一段认真的恋爱关系时才应该使用这一工具。虽然她认为自己不会受到 Facebook 谣言的影响,但事实证明,她实际上非常注重形象管理,而这只是谣言所产生的另一种影响。

Meghan 解释道，如果没有 Facebook，一些有关人们感情状态的谣言就不会存在，或者至少不会传播得那么快。同样地，如果没有 Facebook，Jessica 也就无法参与到某些"八卦新闻"当中。她和家乡的一个朋友通过讨论另一个女孩的照片，并对其体重指指点点而保持联系，仿佛她们有一个共同的敌人一般。她承认，如果没有 Facebook，另一个女孩的体重根本就不会成为一个话题。学生们一致认为，照片是谣言的重要来源。就像 Meghan 和 Jessica 指出的那样，照片会被断章取义，并成为流言蜚语的中心话题。对于不适当的、令人不悦的，或者通过非法行为获取的图片所带来的风险，受访者都一清二楚。Shannon 指出，有些照片并不应当公之于众。所有人都知道有人会因为未成年人喝酒的照片而惹上麻烦，人们普遍关注损害控制。一些学生还提到，未来的雇主可能会查看其个人资料，而这些学生并不想毁了自己的职业生涯。

总的来说，流言蜚语在 Facebook 上扮演了至关重要的、不可或缺的角色。它们不仅因好友动态系统的运作方式而有所助长，而且从某些方面来说，它们还提供了保持社交平台活跃性和趣味性的社会黏合剂。在推出好友动态功能时，Facebook 的创始人可能就已经意识到了社会大众对八卦的兴趣，以及八卦在社交网络中所起到的作用。事实上，即使学生们并不想承认，或者根本没有意识到，但散布流言蜚语确实是其使用 Facebook 的一个关键因素。

4. 隐私权侵权——超越法律和道德的界限

受访者展示了自己在 Facebook 上所遭遇的各种各样的隐私权侵权经历，这也在不同程度上改变了他们对此做出的反应。Brian 遭遇了最极端的隐私权侵权方式，他的个人资料受到了多次入侵，导致他两次删除了自己的个人资料，并在第二次受到入侵后使用了严格的隐私设置。在首次受到攻击时，黑客不仅更改了 Brian 所加入的一些 Facebook 小组，而且还更改了其"兴趣"来暗示（错误地）他是同性恋。对此，Brian 仅将其当作一场玩笑而未予理睬，修改了密码，然后回归了日常生活。当时，他对隐私选项还不甚了解。没有想到的是，第二天，黑客竟然再次入侵了 Brian 的个人资料，将密码改了回去，并更改了一些其他的内容。Brian 只好又把它们改了回来，并说："好了，真的够了，这个玩笑到此为止，赶快停手吧。"第三天，

Brian的个人资料完全被更改了，其中包括Facebook小组和个人兴趣，并且他的头像被更换成了一张有着他的头和一个色情明星身体的图片。黑客还向Brian的大一室友提出了与其恋爱，并将他的状态改为"我只是在开玩笑。我现在因为出柜而非常难过"。

令Brian沮丧的是，所有的这些变化都通过好友动态公开了。这一事件促使Brian删除了他的个人资料，并在3个月内暂停使用Facebook。但由于认为Facebook是"与人们保持联系的一种便捷手段"，Brian用一个新的电子邮件地址重新注册了Facebook，他相信黑客们已经结束了游戏。然而，就在6个月之后，他的个人资料再次遭到攻击，这次的对象是向他的女朋友。黑客们使用了同一个篡改过的头像，同时还增加了《怪物史莱克》电影中的驴子这一角色，并将其标为Brian的女朋友。Brian再次删除了个人资料，并创建了另一份没有绑定学校电子邮箱地址、具有严格隐私设置的个人资料。整个事件不免让Brian猜测究竟是谁干的，理由又是什么。他还坦言自己对此感到非常难过，尤其是因为他的女朋友也成了攻击对象。值得注意的是，Brian一直没有放弃使用Facebook，并一次又一次地选择回归。这个例子说明了，将Facebook作为社交工具使用所带来的益处和满足感颇多，甚至可以胜过极端负面体验所产生的不良影响。

Peter在Facebook上也遭遇过隐私权侵权的经历，并且促使其删除了自己的个人资料。由于一个Facebook小组的成员不赞成男人穿某种衣服，因此他与小组里的另一个男人发生了争吵。在两人通过电子邮件和留言墙帖子展开你来我往的唇枪舌剑之后，对方把整个对话都贴在了他的小组简介上，这也就导致这些内容被公开，并且Peter无法删除或更改这些内容。为了撤掉这些内容，Peter不得不删除自己的账号并建立了一个新账号。紧接着他又对自己的个人资料设限，使其仅对好友可见，并将好友的数量从原先的500个削减到大约26个他真正认识的人。对此，Peter给出的理由是，他希望能够自由表达自己的想法，避免被不了解他的人所评判。

另外2名受访者则在Facebook上经历了不必要的联系。有人通过Facebook获取了Anne的信息，并向其发送了"不知所云的"即时短信，随后Anne删除了其在Facebook的个人资料当中的账户名。在Facebook上收到有关其手机号码的信息之后，她还删除了自己的手机号码。虽然 Anne 已经限制了其个人资料仅对好友可见，但是对于她所拥有的 700 个 Facebook "好友"来说，这一限制似乎毫无意义。Shannon 回忆道，她在一个聚会上向一个男人借了一条围巾，随后自己就遭到了跟踪。大约一两个月后，他给她发了电子邮件，给她家打了电话，要求她归还他的围巾。这个男人告诉她，他是通过 Facebook 找到她的，然后从学校的通信录中查到了她家的电话号码。这个看似无害的事件让 Shannon 感到十分不适，她因此加强了自己的安全设置。

上述事迹表明，在 Facebook 上，隐私权侵权并不只是一种假设的可能性，而是真实存在的。这种对用户私人生活的侵扰行为会导致其感到愤怒、失控和恐惧。与此同时，用户似乎采取了两种相辅相成的应对策略，即技术策略和心理策略。其中，技术策略是完善隐私设置，而心理策略则是将所遭遇的隐私权侵权事件整合并转化为一个有意义的、最终没有威胁的语境。如果用户知道或至少猜到谁是侵权行为人，那么，他们就会感到可控并从中获得安慰。侵权行为人往往会被认为是不成熟的人或懦夫，隐私权侵权事件也往往会被淡化为恶作剧、例外情况，或者其他世界所发生的事，正如 Brian 在反思自己受到黑客攻击一事时说道："其实这并不能只怪 Facebook，早在 Facebook 出现之前这种事就已经存在了，你可以不使用它，这都无关紧要。"

四、分析与论述

本文主要探讨了 Facebook 所存在的隐私问题、Facebook 隐私设置、感知益处和风险、常规化和仪式化以及隐私权侵权之间的关系。

问卷调查的结果表明，尽管 Facebook 用户认为自己了解隐私设置并充分利用了这些设置，但是显而易见的是，他们对隐私设置的理解可能存在偏差。除此之外，正如假设的那样，在线社交网络所带来的益处能够胜过公开个人信息所带来的感知风险。相比自身而言，人们更倾向于将隐私风险归咎于别人。相比得知别人的隐私权受到侵犯，如果 Facebook 用户得知自己的隐私权受到侵犯，他们更有可能更改其隐私设置。

而定性访谈的结果也证实了上述问卷调查的结果。尤其值得注意的是，我们所进行的这些访谈证明了 Facebook 是如何与日常惯例和仪式融为一体的，以及它创造了多少自己的惯例和仪式。Facebook 的常规化使用及其对日常生活的融入表明，它已经成为社会资本所不可或缺的一种工具以及与众多其他用户保持联系的一个纽带。对于用户来说，Facebook 所带来的益处胜过了隐私关切，即便是在他们遭遇各种各样的隐私权侵权的情况下。

总而言之，我们所得到的研究结果进一步证实了先前其他学者有关社交网络，尤其是对常规化、隐私意识、隐私设置和信任所做研究的结果。[1] 已有研究也发现，在用户所声称的对隐私的理解和谨慎与其针对详细的个人信息实际所采取的必要措施之间存在着一定的差异。[2] 在我们的研究当中，虽然 Facebook 用户声称自己熟悉隐私设置并使用了隐私设置，但事实上，他们仍然接受那些仅仅是听说过或者根本不认识的人为"好友"，因此，大多数用户拥有诸多的 Facebook "好友"，而这些"好友"都能够广泛获得其所上传的个人信息，包括全名、生日、家乡以及各种各样的照片等。

不仅如此，许多用户也并没有更改默认的隐私设置，而是保留了并不严格的初始设置。因此，从理论上来讲，用户可能理解在 Facebook 上发布个人信息所存在的风险，但由于社交网站希望用户提供这些信息（这毕竟是社交网站的目的所在，即让别人了解名字背后的用户本人），并且这些信息表面上仅对"好友"可见，用户因而误以为自己已经采取了充分的保护措施。因此，尽管许多用户表示自己已经预见到使用 Facebook 账户所带来的风险，但与感知益处相比，这些风险似乎显得微不足道。或许大学生们对通过科技（如 Twitter、短信、即时消息、社交网络账号、Second Life 等）来构建个人形象和维持通信太过痴迷，对他们来说，如果不提供这种方式进行通信就会导致其社会性死亡。

与问卷调查结果不相一致的是，受访者低估了 Facebook 对他们的实际重要性。我们可以这样来说明 Facebook 融入学生生活的程度：Facebook 确实是一种普及性技术，它能够为用户带来诸多的满足感，

---

[1] D. Boyd & Ellison, N. B. (2008).
[2] Dwyer, C., Hiltz, S. R., & Passerini, K. (2007).

已经彻底与学生日常生活融为了一体。这种满足感一部分是源于用户能够对好友进行亲密而有距离的窥视，并通过好友动态和好友上传的照片传播那些流言蜚语。正是因为通过好友动态能够了解用户的一举一动，流言蜚语最终得以产生和传播。

　　Facebook支持用户与众多其他用户保持表面的社会关系。在网络理论中，这一现象被称为"信息流当中的弱联系"[1]，但这并没有抓住社交仪式的社会心理功能，这一点在访谈中变得十分明显，目的是使人们保持仪式化的距离。人们通常会认为不良后果和负面影响只会发生在别人身上：只要他们没有遭遇隐私权侵权的亲身经历，至少一些用户似乎会从第三人效果的角度考虑隐私风险。另外，作为一种社交工具，Facebook所带来的便利性和满足感似乎胜过了隐私关切，即便是在他们真的遭遇了隐私权侵权的情况下。这一点在受访者Brian的例子中得到了很好的体现，尽管其个人资料多次受到黑客入侵，但他还是不顾一切地回归了Facebook。然而，隐私权侵权行为的受害者所倾向于采取的应对策略表明了，受影响的用户迫切地想要重新获得控制权。对用户的个人资料和好友数量实施限制不失为一种合理策略，有助于减少恐惧和无力感的意义构建策略同样也是一种合理策略。尽管这些策略是适当的，但它们是依情况而定的、投机取巧的，而不是严格意义上的理性行为的表现，否则用户一开始就不会忽视Facebook所带来的隐私风险。

　　虽然通过上述数据来证实第三人效果（相比于自身所面临的隐私风险，用户更容易感知到别人所面临的隐私风险）可能具有误导性，因为在现实生活当中，用户可能听说别人所遭遇的各种各样的问题和负面事件，而对于自己所可能面临的风险却只有单一的、片面的理解。事实上，我们所做的调查表明了，相比于听说别人经历负面事件，如果Facebook用户亲身经历负面事件，那么，他们更有可能采取措施或保护自己的信息。因此，虽然第三人效果在衡量隐私权侵权的潜在风险方面表现得较为明显，但实际上促使用户使用更加严格的隐私设置的是其自身的隐私权侵权经历，而不是别人的隐私权侵权经历。这意味着，风险是对环境的系统性投射，只有当它们从潜在风险

---

[1] Dwyer, C., Hiltz, S. R., & Passerini, K. (2007).

变成实际侵权行为时,用户才会相应地改变自己的行为。因此,我们可以发现这样一种模式,对于那些还没有经历过隐私权侵权的用户来说,实际风险微不足道、不值一提。

Facebook 用户向定义并不统一的好友提供了不计其数的详细个人信息,这与 Acquisti 和 Gross[1]、Jagatic 等人[2]以及 Jones 和 Soltren[3] 对数据挖掘和网络诈骗所提出的关切相呼应。虽然大多数受访者对隐私问题都有基本的了解,但他们往往满足于仅仅通过 Facebook 的隐私设置实施限制的方式,实际上并没有获得真正的控制权。尽管很多用户对自己的个人资料设限,但他们似乎并没有完全认识到一点,即他们的隐私保护程度与其好友的数量、接受朋友的标准以及个人资料所包含个人信息的数量和质量息息相关,他们反而会十分慷慨地公开这些资料。换言之,正如 Tufekci 中所指出的那样,用户根本没有意识到或不关心一时的隐私权侵权行为(数据持久性所带来的隐私问题)。[4] 这是在复杂的社会背景下,人类行为所导致的意想不到的、难以理解的后果的一个典型例子。由于计算机系统的黑盒本质导致这种错觉的出现[5],以及台式电脑和 Web 1.0 的技术接口逐渐演变为联网的社交接口,所以,以用户为导向的 Web 2.0 系统进一步掩盖背后的复杂过程和交互,也就是看不见冰山中不可见的部分。

毫无疑问的是,更强大的隐私保护软件是在 Facebook 和类似社交网站上建立更安全的网络的必要条件。然而,由于理论上社交网络服务旨在降低隐私保护水平,最大程度地利用用户所自愿提供的社交信息,隐私缺陷变得愈发棘手。[6] 因此,在公开大量个人数据并对可能包括数据窃取者以及可能将这些数据用于商业用途的第三人在内的几乎所有人可见之前,小心谨慎的用户都必须进行仔细的成本效益分析。总之,无论是从技术层面上来讲,还是从社会文化和伦理道德层面上来讲,如果想要更安全地使用社交网站,用户都必须扭转自己的

---

[1] Gross, R., & Acquisti, A. (2005).
[2] Jagatic, T., Johnson, N., Jakobsson, M., & Menczer, F. (2005).
[3] Jones, H., & Soltren, J. H. (2005).
[4] Tufekci, Z. (2008).
[5] Johnson, S. (1997).
[6] Ibrahim, Y. (2008).

态度，努力成为一个负责的、决策明智的、具有较高水平计算机知识的用户。

和大多数研究一样，本文的研究也存在着一定的局限性。首先，定量结果主要依赖于我们所进行的一项探索性调查，而由于该调查使用了以未经证实的心理测量特性为依据的方法，因此，它对利益结构的衡量可能不像预期的那样可靠和有效。其次，一些变量（比如，花在 Facebook 上的时间或 Facebook 好友的数量）被视为分类而非定量，因此，分析将这些变量作为表面的衡量标准。这种方法的一个不足之处在于丧失了分类的可变性，可能会因而掩盖非线性联系。其次，由于样本数量较小，且在线对同一所大学进行抽样相对方便，因此，调查的普遍性可能受到了一定的限制。再次，社会期望偏差导致了受访者所自行提供的数据准确性可能不高。最后，我们的研究使用了横断式设计，并不能从中推断出因果关系。而且，由于这些数据仅仅反映了 2007 年中期的情况，因此，它们不能用于预测 Facebook 用户未来的行为模式。

Facebook 从未停止向前发展的脚步。新的应用程序和隐私保护功能不断被开发并投入使用。我们可以预见，随着技术框架的变化，用户的态度和行为也会相应地有所改变。如果能够进行一些纵向随访研究，看看用户的态度和行为是如何随时间变化的，这自然再好不过了。如果能够探究出社交网站是否会与用户一起成长、如何与用户一起成长，它们是否在用户的生活中保持永久的、常规化的特征，以及如何转化为用户的长期隐私保护策略，这也是一件有趣的事情。除此之外，在未来的研究当中，我们还应当进一步讨论感知满足与风险感知之间的关系，以及促使用户改变隐私相关行为的中介因素。只有这样，我们才能更好地制定用户教育战略，并就有效的、透明的隐私保护方法提出建议。

五、结语

本文的研究综合利用了定量和定性研究的方法，探究了在线社交网络使用和隐私问题之间的关系。研究结果表明，对于用户来说，使用 Facebook 所带来的满足感往往胜过了所面临的隐私风险。用户最常采用的隐私保护策略莫过于通过限制好友访问来降低其个人资料的可见性，但它事实上是一种非常薄弱的机制，仅仅是一种权宜之计，并不能真正有效地保护用户隐私权。大多数用户似乎都没有意识到，限制好友访问其数据并不能充分消除他们所提供数据的数量、质量和持久性所带来的风险。毕竟，将个人资料的可见性限制为"仅对好友可见"只不过是将其限制在冰山中可见的部分这一范畴内。只要用户自愿地、持续地上传大量的个人数据，源源不断地填充冰山中不可见的部分，那么，他们就会面临隐私风险。鉴于目标年龄人群的属性、流言蜚语、骚扰、黑客攻击、网络诈骗、数据挖掘和第三人滥用个人信息等行为的出现并不仅仅是一种假设，而是社交网络当中所真实存在的，所以本文建议，年轻人应当对隐私风险有更进一步的了解，从而真正改变自己的行为。笔者希望本文的研究结果能够对此做出一定的贡献，以增加社交网络用户的计算机知识。

隐私权和社交媒体的分析框架

罗杰·克拉克[①] 著 缪子仪[②] 译

目 次

一、导论
二、隐私权和社交媒体
三、对隐私权和社交媒体的分析
四、启示
五、结语

一、导论

首先,所谓社交媒体是指一系列网络服务的统称,虽然这些网络服务支持用户彼此之间分享内容、见解、经验和观点,但是它们大多时候却是以对服务提供商有利的方式提供服务。在2004—2005年之间,社交媒体与"Web 2.0"和"社交网络"等概念一起登上历史舞台。自此以后,它们便开始在互联网的沃土上蓬勃发展、大放异彩。

其次,正如Best[③]和笔者自己[④]所言,我们几乎找不到任何关于

[①] 罗杰·克拉克(Roger Clarke),澳大利亚新南威尔士大学法学院客座教授,澳大利亚国立大学计算机科学研究院访问教授。

[②] 缪子仪,中山大学法学院助教。

[③] D. Best, Web 2.0: Next Big Thing or Next Big Internet Bubble? Lecture Web Information Systems, Technische Universiteit Eindhoven.

[④] R. Clarke, Web 2.0 as Syndication, Journal of Theoretical and Applied Electronic Commerce Research 30.

"Web 2.0"清楚明白、连贯流畅的术语解释。与"Web 2.0"相比，社交媒体的境遇可谓半斤八两，不仅对于社交媒体到底包含哪些内容众说纷纭，而且大多数理解和解释都含混不清。例如，在 Kaplan 和 Haenlein 看来，所谓社交媒体，是指"一组基于互联网的应用程序，这些应用程序不仅建立在 Web 2.0 的核心思想和技术基础之上，而且它们还允许用户创建内容并交流自己所创建的内容"[①]。虽然这种解释差强人意，但是为了提出表 1 中的分类方案，两位学者将社交媒体相关理论应用于媒体研究领域的社会存在度和媒体丰富度与社会过程领域的自我展示和自我披露（见表 1）所做的研究却颇有分量。

第一种理论是社交网络分析理论。如果想要对参与者和他们之间的"关系"或联系进行建模，那么，社交网络分析理论是公认的不二之选。因为社交网络分析理论通常强调联系的重要性，它不仅常常淡化甚至忽略参与者的属性，而且每个参与者行为环境的其他方面也常被忽略不计。鉴于社交媒体服务提供商绞尽脑汁地利用各种形式的图形和推理技术，因此，在社交媒体的语境之下，网络关系不仅可能建立在明确的联系之上，例如，书签、"好友"、关注、"喜欢""+1"和点赞，它们还有可能以通信联系（例如电子邮件和聊天消息）和隐含联系（例如标签、访问相同的网站或购买相同的书籍等）为基础。

表 1 社会存在度和媒体丰富度

项目	低	中	高
	博客	社交网站（例如 Facebook）	虚拟社交世界（例如第二人生）
高自我展示水平和低自我披露水平	协同工作项目（例如 Wikipedia）	内容社区（例如 YouTube）	虚拟游戏世界（例如魔兽世界）

[①] A. M. Kaplan and M. Haenlein, Users of the world, unite! The challenges and opportunities of social media, (Jan-Feb 2010) 53 (1) *Business Horizons* 59, 61.

社交网络分析理论认为，为了尽可能多地吸引流量和聚集人气，社交媒体服务提供商如饥似渴地寻求基于正反馈循环的网络效应，①其中尤以极端情形——"从众效应"（Bandwagon Effects）为甚。这些网络效应不仅依赖于用户兴奋情绪的产生，而且基于既定的联系和推定的亲密关系，它们也取决于用户与不计其数的第三人之间的推广。许多商业上大获成功的社交媒体都有一个共同的制胜法宝，那就是激励一定数量用户的表现欲和暴露癖，因为这样可以激发千千万万用户的偷窥行为（通过偷窥和观察来获得满足感）。对于社交媒体服务提供商来说，虽然用户的自我暴露在吸引流量方面卓有成效，但是第三人的曝光更具有无可替代的价值。②

第二种理论与社交网络分析理论略有不同，认为社交媒体内容项之间的联系之所以对服务提供商而言举足轻重，不是因为它们提供用户服务，而是因为它们为社交联系提供支持。③ 主流的社交媒体服务很少强调对"小团体"（团结紧密的团体）和"社交圈"（松散的团体）等群体进行密切管理，因为与公开活动带给服务提供商的滚滚利益相比，小型社交网络内活动所带来的利益根本不足挂齿。然而，由于这些团体对自己内部事务的保密性有着高标准、严要求，因此，对于许多参与小团体和社交圈的用户而言，服务提供商这种差别管理行为对他们的隐私权有着严重的负面影响。如今，社交媒体也在努力向消费者和营销公司的观点看齐，即传达企业形象和信息、塑造消费者舆论和建立消费者购买动力。在这样的背景下，Kaplan 和 Haenlein 提出的分类方案的优势和弊端都一览无遗：一方面，无论对于社交媒体服务提供商还是面向消费者群体的企业来说，这种分类方案都似乎是它们的观点和需求量身定做的；另一方面，由于遵循"以消费者

---

① ML. Katz and C. Shapiro, Systems Competition and Network Effects, （Spring 1994）8 (2) *Journal of Economic Perspectives* 93.

② A. A. Adams, Facebook Code: SNS Platform Affordances and Privacy, （2014）23（1）*Journal of Law, Information and Science*.

③ J. Hendler and J Golbeck, Metcalfes LAW, Web 2.0z and the Semantic Web, （2008）6（1）Web Semantics: Science, Services and Agents on the World Wide Web 14.

为猎物"的传统思维①,该分类方案并不能很好地反映社交媒体服务所"剥削"的用户利益。如果该分类方案能够专注于用户交互、内容广播和内容协作领域的功能与特色,那么,它必将更好地为社交媒体的用户提供服务。②

再次,社交媒体服务提供了五花八门且相互交融的功能,这些功能可以归类为以下三种③:①交互工具,如电子邮件、聊天/即时通信、短信、语音和视频会议;②广播工具,如网页、帖子、博客、微博、图片内容社区、视频内容社区、幻灯片内容社区和用户地理位置;③共享工具,如维基百科、社交书签、社交新闻和社交游戏。

如果回顾2000年以来出现的社交媒体服务,那么,我们会发现一波又一波新的浪潮不断涌现,势不可挡。这些浪潮依次集中在博客(如博客系统、博客点和生活日记网)、语音通话(如网络电话)、社交游戏(如好友网和Zynga)、虚拟世界(如第二人生)、社交书签(如社交书签网)、社交新闻(如掘客网和红迪网)、视频社区(如YouTube和Vine网)、图片社区(如雅虎网络相册、谷歌照片、照片墙和拼趣网)、社交关系网(如Plaxo网、领英、Xing网、奥库特网、脸谱网、Buzz网和谷歌+)、微博(如推特和汤博乐)和用户地理位置(如四方网和纬度网)等方面,在绕了一大圈之后,最终这些浪潮又回到即时通信上面(如瓦次普和色拉布)。在这一波波来势汹汹、不断更迭的社交媒体浪潮中,一些社交媒体服务在时代的浪潮中昙花一现,一些社交媒体服务在大浪淘沙之中昂首挺胸,还有一波又一波的社交媒体服务则以迅雷不及掩耳之势迅速崩溃。事实上,这些社交媒体服务的某些方面并不会随着服务的崩溃而消逝,恰恰相反,它们可能会逐渐演变为未来社交媒体服务的长期性特征;因为它们满足的不仅是用户心中由时尚驱使的欲望,而且有更深层面上的人性需求。

---

① R Clarke, Trust in the Context of e-Business, (February 2002) 4(5) Internet Law Bulletin 56.

② R Clarke, Consumer-Oriented Social Media: The Identification of Key Characteristics, (January 2013) Xamax Consultancy.

③ R Clarke, Consumer-Oriented Social Media: The Identification of Key Characteristics, (January 2013) Xamax Consultancy.

复次，虽然当代社交媒体服务可以很好地满足用户的享乐主义需求，但是，一部分用户也心知肚明自己正在被社交媒体服务提供商利用。由于服务提供商中不乏狂妄自大、目中无人之徒，它们这些行为可谓一石激起千层浪，因此，越来越多颇具影响力的评论员开始用自己的言论武器向它们开火，这也使得越来越多的用户开始意识到自己被服务提供商利用的程度。① 如今，鉴于用户和隐私权的问题层出不穷，再加之其他种种因素，我们不得不开始怀疑社交媒体是否还拥有足够的用户信任来维持自己前10年的迅猛发展之势。长期以来，虽然他人的隐私权一直是企业和政府机构手中的一枚重要的战略棋子；但是在这样的背景下，一大批打着"隐私权友好"旗号的社交媒体服务却频频遭遇"滑铁卢"。例如，以用户群体利益为导向的Diaspora、duuit、Gnu社交网和开放社区等社交媒体前途一片黯淡；再比如，虽然色拉布（Snapchat）声称自己的服务主打瞬息信息，但色拉布最终却被指控为欺诈，因为它发布的声明对用户极具误导性。

最后，依笔者之见，人们苦苦等待"生产性消费者"（prosumer）出现的局面可能很快就要扭转，"生产性消费者"的出现也不再遥遥无期。所谓生产性消费者，是指Toffler在1980年提出的一种现象，早在1970年，Toffler就预见到未来将会产生一种生产者即消费者或消费者即生产者的现象。② 后来，Tapscott和Williams③不仅在自己的《Brown和Marsden，规范代码》④一书中使用生产性消费者这一概念，而且他们还在《Bruns，从生产性消费者到生产性使用者》⑤一文中将这一概念扩展到生产性使用者（produser）的层面。具体而言，所谓生产性消费者是指以下两种情况：其一，积极主动的消费者（如消费者要求并期望与生产者进行交互）；其二，生产者与消费者

---

① S. M. Petersen, Loser Generated Content: From Participation to Exploitation 7, (March 2008) 13 (3) First Monday.

② A. Toffler, Future Shock (Pan, 1970) 240–258; A Toffler, The Third Wave (Pan, 1980) 275–299, 355·356, 366, 397–399.

③ D. Tapscott and A D Williams, Wikinomics: How Mass Collaboration Changes Everything (Portfolio, 2006).

④ I. Brown and C. T. Marsden, Regulating Code (MIT Press, 2013).

⑤ A. Bruns, From Prosumer to Produser: Understanding User-Led Content Creation (paper presented at Transforming Audiences, London, 3–4 September, 2009).

(如那些期望自己能够利用数据内容进行交互的群体)。如果有足够比例的用户能够成长为生产性消费者,那么,在面对口碑差的社交媒体服务提供商之时,不仅用户的愤懑不满情绪有望攀上一个高峰,而且这样的局面也会对其他用户的选择构成不小的冲击和影响。

综上所述,当前需要一种既可以识别又可以攻克隐私权难题的方法。出于这种考量,首先,在回顾隐私权的性质之后,本文将其中的核心思想应用于社交媒体领域进行分析;其次,本文主要探讨信任的概念,并为相伴的一系列概念提出可操作性的定义;再次,根据上述分析框架,本文提出有关社交媒体的构想和影响,其中包括既能兼顾用户和服务提供商的利益、又能解决隐私权问题的建设性建议;最后,本文对通过上述分析所产生的未来研究方向与研究机会进行相关探讨。

二、隐私权和社交媒体

(一) 隐私权

首先,我们必须明确,隐私权是一个多维结构而不是一个单纯的概念,因此,如果想要对隐私权下定义,争议就无可避免。笔者认为,许多传统的定义方式根本不切实际,它们要么只迎合那些有权有势组织的需求而忽视他人的需求,要么就只能作为一种指导运营决策的方法而别无他用,这其中就包括 Schoeman[1]、Hirshleifer[2]、Lindsay[3] 和 Nissenbaum 的定义方式。[4]

其次,鉴于传统定义方法存在弊端,本文选择将隐私权定义为一种权益。同时,为了避免隐私权向商业利益低头而沦为一种单纯的经

---

[1] F. D. Schoeman, Philosophical Dimensions of Privacy: An Anthology (Cambridge University Press, 1984).

[2] J. Hirshleifer, Privacy: Its Origin, Function and Future, (1980) 9 (4), *Journal of Legal Studies* 649.

[3] D. Lindsay, An Exploration of the Conceptual Basis of Privacy and the Implications for the Future of Australian Privacy Law, 7 (2005) 29 (1), *Melbourne University Law Review* 131.

[4] H. Nissenbaum, Privacy in Context: Technology, Policy, and the Integrity of Social Life (Stanford University Press, 2009).

济性权利，本文不仅选择保留隐私权作为一项人权的定位，而且在讨论隐私权固有多维结构的基础上还丰富了隐私权的基本定义。事实上，关于隐私权有一个由来已久并且根深蒂固的定义：所谓隐私权，是指他人在维持自己个人空间时享有的权益，这种权益不受任何人、任何组织的侵扰。

最后，放眼全球范围内关于隐私权的讨论，它们共同的弱点就是将自己的目光总是局限在数据保护范围内；然而，隐私权的概念可远比数据保护要广泛得多。至少从1996年以来，隐私权的四维体系便一直在使用；本文在此对该四维体系进行分析，并且在本节内容最后临时增加隐私权的第五维内容进行讨论。

1. 个人身体隐私权

个人身体隐私权关系到个人身体的完整性，从最广义的层面上来说，所谓个人身体隐私权，是指个人免受酷刑和接受治疗的权利。具体来说，如果行为人对他人实施强制性免疫接种、强制性治疗如肺叶切开术和绝育、未经同意给他人输血、强制他人提供自己的体液和身体组织样本、强制要求他人进行生物特征测量，那么，他人的身体隐私权就会遭到侵害，行为人就应当就自己的侵权行为承担责任。此外，对于社交媒体来说，如果社交媒体以物理性的方式、通信监测、数据监测、定位或跟踪行为而使他人人身安全面临风险，那么，它们的行为也会侵犯到他人的个人身体隐私权。

2. 个人行动自由权

所谓个人行动自由权，是指他人能够按照自己的意愿行事而免受任何不合理监控的权利。由于与个人行动自由权相伴相随的有许多敏感问题，如性取向、习惯、宗教习俗和政治活动等，所以许多关于个人行动自由权的分析（尤其是在欧洲）都将讨论范围扩展到个人自治、自由权和自决权的层面之上。

首先，无论对于社会、经济还是政治行为来说，侵犯他人的个人行动自由权都会产生令人不寒而栗的影响。其次，"私人空间"这个概念对于他人行为或他人行动的各个方面而言至关重要，私人空间不仅与"私人场所"（如家中和洗手间隔间）有关，而且也与"公共场所"有关。只不过在公共场所中，附近少数人对他人的随意观察与系统性的观察记录大有不同，这两种行为在公共场所带来的后果可谓相差十万八千里。最后，如今有许多隐私侵权行为开始从物理空间转移到电子空间，这使得无论是行动监视行为还是隐私威胁都急剧增加。基于以下四个方面的原因，笔者认为他人身边已经"危机四伏"：①对于他人当场实施的行为，先前行为人只有在行为地附近才能观察到这些行为，而如今不仅身处他处的行为人也可能观察到这些行为，而且他人很可能对于自己被观察这件事一无所知；②受声音、图像、视频和电子记录等影响，如今行为人在未来很长一段时间内依旧可以细细观察他人瞬时发生的短暂行为；③不仅他人的短暂行为有可能在未来多个场合中被重新发现，而且这些行为还有可能被循环使用；④对于社交网络，先前行为人如果不通过密集的物理性监视就无法进行监测，而如今行为人完全可能从电子流量中推断出他人社交网络的情况。

3. 个人通信自由权

所谓个人通信自由权，是指他人享有使用各种媒体相互交流而免受任何人或任何组织例行监视的自由；如果行为人实施隐匿他人邮件、使用定向麦克风、使用带有或不带有录音设备的窃听器或电话拦截等行为，那么，他们的行为就会侵犯到他人的个人通信自由权。由于如今许多隐私侵权行为开始从物理空间转移到电子空间，基于以下三个方面的原因，笔者认为，通信监视行为和隐私权隐患都在如滚雪球般迅速增加：①不仅先前他人的短暂交流、通信行为已经转换为机器读取的形式，而且这些交流通信还可以临时存储，特别是在他人使用电子邮件、在线聊天、短信和语音通话的情况下。②针对存储或中转在相关设备中的机读通信内容，如今行为人正在想方设法地获得这些信息的访问权限；由于相关法律保护他人免受政府和公司不当侵扰，因此不仅行为人这些行为此前一直都被法律明令禁止，而且这也导致关于"数据保存"主动权的激烈争论日趋白热化。③对于那些曾被贬为阴谋论的事情，如今人们却广泛认为它们是稀松平常的既成事实。例如，在没有任何正当理由的情况下，美国和一些迄今所谓相对自由国家的国家安全机构完全可能例行访问他人的电子通信内容，它们的行为不仅在许多情况下合法性存疑或没有合法授权，而且有时这些行为甚至完全违反相关法律规定。①

4. 个人数据隐私权

首先，个人数据隐私权有时也被称为"数据隐私权"或"信息隐私权"，与之相关的监管措施则被称为"数据保护措施"。所谓个人数据隐私权，是指他人享有自己的相关数据不被自动提供给任何人或任何组织的权利；即使别人掌握了相关数据，他人也能够对该数据和数据的使用行使相当程度的控制权。如今，个人数据隐私权可谓炙手可热的"明星"，大量分析、文章都抛开隐私权的其他维度不谈而只围绕着它进行讨论。

其次，最近事态的发展不仅深刻改变着长期以来的平衡，而且它们也带来一波新的风险，这种现象在以下四个方面表现得尤为突出：①他人先前从未被记录过的敏感数据如今很可能被行为人获取，其中包括网络定位、小额购物记录、网购、检索关键词、网站浏览记录、访问内容、地理位置和能够回顾并实时跟踪的位置轨迹；②通过数据挖掘和"大数据"技术，政府和公司会对来自四面八方、各个渠道的大量个人数据项目进行整合和利用；③由于少数社交媒体服务提供商的利己私心和它们压倒性的市场支配力，目前存在大量使用、保留和披露个人数据汇总信息的现象；④由于各国议会未能根据数字时代的发展因时调整先前的长期保护措施，加之以"反恐"措施需要权力为借口，政府机构被授予了大量且过度的权力；因此在很多情况下，政府机构根本不受任何常规限制（例如司法令状）就能够轻而易举地访问敏感的个人信息。

最后，如果我们刨根究底的话，那么，我们会发现隐私权风险自1995年以来急剧升级的背后有两个重要因素——一方面，相关组织大大增加对匿名行为和使用假名行为的反对力度；另一方面，相关组织对于他人行为必须与其"真实身份"相关联的要求也大大提高。②出于匿名行为减少、内容数字化、云服务、政府侵权行为和著作权保

---

① D Ellsberg, Edward Snowden: saving us from the United Stasi of America, *The GUARDIAN*. (online), 10 June 2013.

② A Krotoski, Online Identity: Is Authenticity or Anonymity More Important, *The GUARDIAN*. (online), 19 April 2012.

护快速发展等多种因素的考量，笔者认为，现在需要在隐私权四个维度的基础上再添加一个或多个其他维度，以下就是极有可能存在的第五个维度。

5. 个人经历隐私权

首先，如果他人的阅读、浏览、人际通信、电子社交网络、实体会面和与别人的电子联系受到监视，那么，他们理所当然会感到自己的隐私权岌岌可危。然而，当前有一项重要的产业正在蓬勃发展，该产业可以从来源广泛、内容多样的个人数据中推断出他人的兴趣爱好和态度观点。

其次，曾经属于他人私密信息的图书馆搜索记录（通过网络搜索引擎记录）、书籍购买记录（通过电子商务记录）和阅读活动记录（通过电子书记录和授权数据库）已经今非昔比，它们不仅比以往任何时候都更能"深入人心"，而且行为人还能凭借这些记录更准确可靠地推断出他人的兴趣爱好、形成的影响和态度观点。此外，多年以来，他人对于隐私权的担忧显而易见——他们不仅对于"匿名阅读权"奋力争取，[1] 还力争更广泛的"在不受监视的情况下私下阅读作品的权利"。[2] 综上，笔者认为，考虑到该种隐私威胁的多样性和强度，将个人经历隐私权相关的一系列问题视为隐私权的第五个维度是当下必不可少的举措。

最后，如今欧盟对美国企业和政府滥用他人个人数据的担忧明显加剧，[3] 这似乎不仅体现了欧盟对个人通信自由权、个人数据隐私权和个人行动自由权的承认，而且这在某种程度上也体现了欧盟对个人经历隐私权的承认。

---

[1] J. E. Cohen, A Right to Read Anonymously: A Closer Look at Copyright Management, in Cyberspace (1996) 28 *Connecticut Law Review* 981.

[2] G. W. Greenleaf, ZIPZ Phone Home: Privacy as Part of Copyrights Digital Commons in Hong Kong and Australian Law, in L Lessig (ed), Hochelaga Lectures 2002: The Innovation Commons (Sweet & Maxwell Asia, 2003).

[3] European Commission, Proposal for a Regulation of the European Parliament and of the Council on the protection of individuals with regard to the processing of personal data and on the free movement of such data (General Data Protection Regulation), 25 January 2012, COM (2012) 11 final 2012/0011 (COD).

（二）社交媒体语境下的隐私权

在早期阶段，时事评论员就发现 Web 2.0、社交网络服务和社交媒体中普遍存在着大量固有的隐私威胁。[1] 就隐私威胁的产生而言，虽然任何一种社交媒体都脱不了干系，但是社交网络服务（SNS）的内在风险和其服务提供商的侵权行为却可谓"更胜一筹"。因此，本部分内容选择将目光聚焦在社交网络服务相关的问题之上。

首先，许多社交网站的发展都不是一帆风顺的。比如，作为最早的社交网络服务之一，Plaxo 在发布之初便饱受非议[2]；再比如，在通过 Google+ 成功打入市场之前，Google 也曾在 Orkut 和 Buzz 上面遭遇过两次"滑铁卢"。此外，无论是 Orkut、Buzz 还是 Google+ 都曾遭受过严厉抨击，因为它们不仅严重侵犯自己网站用户的隐私权，而且它们的行为还波及那些被用户披露的第三人的隐私权。最终，谷歌的律师智囊团辩称，Gmail 和谷歌其他服务的用户对这些网络服务中的信息"不享有合理的隐私期待"。

其次，如果要讨论社交媒体语境下的隐私权，那么，绕不开的一个话题就是 Facebook；这倒不是因为 Facebook 多年来稳坐许多国家社交网站市场的第一把交椅，而是因为它在检验隐私侵权行为的界限方面"贡献"颇多。关于 Facebook 的种种行径，Bankston[3]、Opsahl[4]、《纽约时报》[5]、McKeon[6]、Boyd、Hargittai[7] 和英国广播公司（BBC）[8] 都曾进行过整理总结。

---

[1] R. Clarke, Very Black Little Black Books (February 2004) Xamax Consultancy.

[2] R. Clarke, Very Black Little Black Books (February 2004) Xamax Consultancy.

[3] K. Bankston, Facebooks New Privacy Changes: The Good, The Bad, and The Ugly, (9 December 2009) Electronic Frontier Foundation.

[4] K. Opsahl, Facebooks Eroding Privacy Policy: A Timeline (28 April 2010) Electronic Frontier Foundation.

[5] G. Gates, Facebook Privacy: A Bewildering Tangle of Options, The New York Times (online), 12 May 2010.

[6] M. McKeon, The Evolution of Privacy on Facebook, May 2010 mattmckeon.com.

[7] D. Boyd and E. Hargittai, Tacebook privacy settings: Who cares? (July 2010) 15 (8) First Monday.

[8] BBC, Tacebook U-tums on phone and address data sharing, BBC News (online), 18 January 2011.

Lankton 和 McKnight 曾在文章中探讨过自己的研究调查结果:①

(1) 针对 Facebook 过去 5 年来的不良行径,Opsahl 曾进行过情况总结,他指出:"当 Facebook 初出茅庐之时,它是一个可供用户与他们选择的群体进行交流的私人空间;不久之后,它摇身一变为默认情况下公开用户大部分信息的平台;时至今日,它不仅变成一个用户别无选择而只能公开某些信息的平台,而且 Facebook 还可能会与它的合作伙伴网站共享这些公开信息,并将这些信息用于确定广告投放目标。"②

(2) Facebook 首席执行官 Mark Zuckerberg 曾说过的几句 "名言警句" 在坊间广泛流传,这也使得 Facebook 剥削、利用用户的形象更加深入人心,其中最具代表性的就是 "我们正在构建一个社交为默认选项的网络"③ 和 "他们相信我,这群蠢货"。后来,Facebook 市场营销主管的虚伪行径加之 Zuckerberg 姐姐的照片事件使得事态更加恶化——Zuckerberg 的姐姐误将自家照片公开在 Facebook 上,但是,由于这张照片被空载数据获取管理系统记录下来,因此,该照片旋即被其他用户转发至另一家社交网站 Twitter 上。④ 事实上,在隐私权和社交媒体领域,往往是业内高管的自私言论才最能博得大家的眼球并令人记忆犹新;例如 Scott McNealy 的名言 "你已经没有隐私权了——别抱幻想了"⑤,还有 Eric Schmidt 的金句 "如果你有些东西是不想让别人(Google 及其用户)知道的,那么,你在一开始就不应该把这些内容公开"⑥。

---

① N. Lankton and D H McKnight, What Does it Mean to Trust Facebook? Examining Technology and Interpersonal Trust Beliefs/ (2012) 42(2) Data Base for Advances in Information Systems 32.

② K. Opsahl, Facebooks Eroding Privacy Policy: A Timeline (28 April 2010) Electronic Frontier Foundation.

③ M. Shiels, Facebooks bid to rule the web as it goes social, BBC News (online), 22 April 2010.

④ A. Adams, Facebook Code: SNS Platform Affordances and Privacy, (2014) 23 (1) *Journal of Law, Information and Science*.

⑤ P. Sprenger, Sun on privacy: Get over it Wired (online), 26 Jan. 1999.

⑥ R. Esguerra, Google CEO Eric Schmidt Dismisses the Importance of Privacy, (10 December 2009) Electronic Frontiers Foundation.

(3) 在 2012 年,有一位社交媒体铁杆拥护者曾得出过一项糟糕透顶的结论,他指出:"通过迄今为止收集到的用户信息,社交网络服务依靠这些信息来确定广告投放目标从而赚得盆满钵满。然而,Zuckerberg 却一而再再而三地一拍脑门就做出决策,这些决策不仅有时是错误的构想,而且更多时候是沟通不畅的网络服务政策变更,它们都使得那些曾经属于私密的用户信息立即变成公开状态。如此一来,不仅大家对于隐私权、权力和利润的潜在担忧逐渐浮出水面,而且国内和国际监管机构都开始对 Facebook 公司开展更为严密的审查……Facebook 不仅以专横霸道的态度和方式对待用户的个人信息,而且它也并没有事先与用户进行协商甚至沟通;虽然 Facebook 在整个社交网络领域逐渐坐稳它的霸主地位,但是,无论是 Zuckerberg 不断公开宣称隐私权已经消亡殆尽的行为,还是他似乎在强行实施新社会规范的行为,都使得用户越来越担心并怀疑 Zuckerberg 和 Facebook 根本不可信。"①

再次,社交媒体功能总体而言可以分为三大类。

第一类社交媒体功能就是人际交互工具。就人际交互工具而言,虽然用户通常假定自己的对话是私密的,并且这些对话在许多情况下会受到各种形式保密协议的约束;但是,社交媒体服务提供商身处对话用户中间,并且它们几乎在所有情况下都免不了进行一番操作——先存储用户对话,接着将临时通信内容转换为存档文字,最终赋予自己利用这些内容的权利。此外,为了使相关信息只能在内部流通,服务提供商可谓无所不用其极;这样一来,相关信息只能被公司独自利用,而它们的用户却无法利用外部和标准化的信息服务。

第二类社交媒体功能是内容传播。虽然它的性质与出版有关,但是隐私问题仍然以五花八门的形式不断涌现。一方面,为了获得"帖子",社交网络服务提供商鼓励(在某些情况下甚至强制)用户自我披露个人主页数据;另一方面,为了惩治或鉴别出那些接收特定传播内容的用户,比如相关传播内容违反刑法或民法、违反服务提供商的利益或被服务提供商视为具有低级趣味,服务提供商还可能通过监控视图内容从而侵入用户的私人空间。针对第二个方面,最主要并

---

① R. O. Connor, Facebook is Not Your Friend, (15 April 2012) Huffington Post.

且最棘手的问题是最先传播相关内容的用户可能无法保护自己的身份;由于不赞成传播内容的组织或个人大有人在,特别是有些组织或个人还可能对用户的安全构成威胁,因此,如果它们想方设法获取用户的身份,那么,后果将不堪设想。此外,对于整个社会而言,"举报者"的存在至关重要——由于公共利益很多时候是相抵触的,特别是在行为人有严重违法行为的情况下,比如不合理地披露敏感信息、故意做出有害的虚假陈述和煽动暴力;因此,如果这时有举报者伸张正义,那么,这些行为就有可能得到应有的追究。虽然这表明社交媒体精心构建的"使用假名"模式是合理的,但是这并不能成为社交媒体强制所有用户披露甚至公开发布他们真实身份的合理理由。

第三类社交媒体功能是内容协作。虽然该功能与内容传播功能有所重叠,但是它主要面向的是共享或来源多样化的内容而不是来源单一的内容。在内容协作功能语境下,社交网络服务提供商充分利用内容社区的力量,即所谓的"联合行动"[①],虽然这种方法行之有效,但是它也同时带来一系列的隐私问题,即使是像指标共享这种内容最贫乏的形式也可能给用户带来不可估量的隐私风险,比方说如果用户给某个可能招致谴责的话题进行投票,例如,恋童癖、种族主义、大屠杀和对某个专制政权的批判等,那么,他们的个人信息也会随之暴露在许多人面前。

最后,鉴于当前稍显混乱的社交媒体服务不仅严重损害到用户的隐私权,而且它们还可能会逐渐破坏服务提供商的商业模式,因此,我们需要一些有建设性且切实可行的方法来解决这些问题。

三、对隐私权和社交媒体的分析

本部分内容不仅为充分理解社交媒体方面的隐私权提供良好的基础,而且还以指导设计决策的方式去构建该基础。本部分先对"信任"这一概念进行回顾,虽然学术和商业文献不仅几乎将焦点全部集中在"信任"的积极概念上,而且还常常全然排除"不信任"的消极概念,但是,笔者认为,这两个概念都需要理解和解决。因此,

---

① R. Clarke, Web 2.0 as Syndication, Journal of Theoretical and Applied Electronic Commerce Research 30.

本文在此提出相关的框架和定义，以期使读者能够认识和评估信任相关因素的种种影响。

（一）相关概念

首先，"信任"这个概念起源于家庭和社会环境，同时，它与文化亲和力相互依存性也息息相关；就本文而言，"信任"主要涉及的是在社会、经济交往中，别人的可信度或其他方面相关的因素。事实上，他人对别人的信任程度往往与承担风险的意愿程度密切相关。本文在此采纳 Yamagishi 的观点——Yamagishi 没有将"信任"视为一种"对自然、道德秩序进行坚守和实现的期待"，而是将"对能力的期待"和"对意图的期待"这两种信任区分开来。[①] 根据这种观点和本文所述内容，笔者选择采用以下具有操作性的定义：所谓信任，是指他人对别人行为的一种有信心的依赖。

其次，随着环境的不同，信任的重要性可谓有天壤之别，其中关键的影响因素包括风险暴露的程度、风险暴露持续的时间和保险是否可用、负担得起并有效。此外，在他人对别人知之甚少或能力远小于别人的情况下，信任扮演的角色也至关重要。

就信任这个概念来说，它在自己最初产生的社会环境之外早有应用，其中与本文息息相关的是它在经济环境中的广泛应用：从理性的角度来看，所谓信任是指消费者对未来合作可能性的一种计算。本文主要将目光集中在交易各方的可信度或相关方面，而不是关注可交易事项的质量、该事项是否满足消费者的需求、交付过程、交易事项顺利进行所依靠的基础设施和机构的可靠性。在 1994 年之后的近 20 年间，随着电子商务服务提供商努力克服企业和消费者之间采用电子交易的阻碍（通常被称为 B2C[②] 电子商务），"信任"的决定因素也开始吸引无数目光；因此，不仅 B2C 电子商务相关文献中涉及信任的论文比比皆是，而且它们大都对"信任"进行了具体而细致的研究。

再次，文化亲和力在某些 B2C 环境中是切实可行的，如消费者

[①] T. Yamagishi, Trust: The Evolutionary Game of Mind and Society, (Springer, 2011) 28.
[②] B2C，是指电子商务的一种模式，也是直接面向消费者销售产品和服务商业零售模式。

与信用社等合作社之间的交易，那句耳熟能详的口号——"他们就是我们"就是最好的例证。然而，对于营利性公司来说，由于公司法要求公司利益必须被置于所有其他利益之上，所以，除了与消费者之间建立一种假惺惺的信任之外，它们若想与消费者建立起其他信任近乎是天方夜谭。

第一，笔者曾在其他文章中分析过在B2C电子商务中建立积极信任代理的基础。一方面，信任不仅可能源于双方之间的直接关系（如合同关系和先前的交易），而且还有可能源于消费者的经历（如先前的交易、试用交易和间接经历）；另一方面，在缺乏上述相对强大信任来源的情况下，消费者则可能需要依靠"参考信任"，例如，受委托的合同安排、口碑和声誉指标。根据相关学者对eBay交易的研究，目前存在经验证据表明，如果忽略交易准备问题的情况，那么，"企业声誉的质量对商品价格具有一致的、具有统计学意义的积极影响"。不过，由于声誉对价格的影响"逐渐变小"，因此有人认为，从籍籍无名之士口中传出的声誉价值并不是那么重要。

第二，对于信任而言，单纯的品牌名称是虚假且徒劳无益的信任基础。在所有形式之中信任度最低的就是元品牌（meta-brands），一方面，"认可印章"（seal of approval）之流虽然代表着某种形式的认可，但是这些认证机构的知名度可并不比它们声称要认证的企业高；另一方面，比起维护消费者的利益，经营元品牌的企业通常更愿意在保护自己利益方面劳心劳力。

第三，如果交易双方的市场力量能够达到一种合理平衡，那么，双方的利益就有可能反映在双方订立的合同条款中。然而，不仅B2C商务很少出现这种情况，而且在B2C电子商务中，这种情况的出现也是少之又少。虽然从理论上来说，让消费者获得足够的市场力量以确保双方达成合理平衡的合同条款切实可行，尤其是通过合并消费者购买力或对消费者权利进行立法是理想的形式，但理想与现实相差甚远，交易双方的权力要想达到有效平衡相当困难。

第四，最近在B2C电子商务中，大量信任处理方法都开始选择采用 Mayer、Davis 和 Schoorman 的理论;[1] 这使得企业可信度的主要构成要素为能力、诚信、慈善和网站质量,比如 Lee 和 Turban[2]、Salo 和 Karjaluoto[3] 就曾在自己的文章中采用这种理论。但是,作为一种基于营利性组织利他行为假设的理论,笔者认为,该理论能够提供的价值似乎少之又少。因为在实践中,企业经常通过树立具有文化亲和力的形象来建立信任,它们通常有两种较为常用的手段:第一种手段是向经常购买自己产品的消费者提供经济利益,只不过它们在预测收益时使用的不是经济术语而是一种含有社会因素的术语,即所谓的"忠诚度计划";第二种手段是使用广告、社论式广告和促销活动,从而将社会正面形象投射到品牌名称和品牌标志上。综上所述,如果我们想要使研究与社交媒体实践紧密相连,那么,我们的研究就需要以反映现实的模型为基础,而不是建立在诸如"企业慈善"之类的假想结构之上。

复次,在 20 世纪的"大众营销"和"直接营销"时代,企业通过"把消费者当成猎物"这一理念收获颇丰。因此,当 B2C 电子商务在 20 世纪 90 年代末期出现时,诸如营销公司之类的企业依旧选择循着这条旧路往前走。然而,时代在进步,理念和观点也应当与时俱进;为了证明旧的理念早已不再适合如今的新环境,笔者曾在自己的文章中对以营销公司为代表的企业的一系列失败举措进行罗列和说明,其中包括信息高速路上的广告牌(1994—1995 年)、封闭的电子社区(1995—1997 年)、推送技术(1996—1998 年)、垃圾邮件(1996 年至今)、信息中介(1996—1999 年)、门户网站(1998—2000 年)和秘密采集数据(1999 年至今)。但是,不仅习以为常的理念一时半会儿很难消失殆尽,而且营销人员在很大程度上仍然将消费者视为猎物,因此,必须有一些涉及信任对立面的术语。

如果我们按照惯例假定信任既可以存在、也可以不存在,那么,

---

[1] R. C. Mayer J H Davis and F D Schoonnan, An Integrative Model of Organizational Trust,(1995)20(3)*Academy of Management Review* 709.

[2] M. K. O. Lee and E Turban, A Trust Model for Consumer Internet Shopping, (Fall 2001)6(1)*International Journal of Electronic Commerce* 75.

[3] J. Salo H. Karjaluoto, A conceptual model of trust in the online environment, (September 2007)31(5)*Online Information Review* 604.

所谓缺乏信任,是指他人对别人行为的可靠性缺少信心或信心不充分的一种感觉。不过,仅凭该概念还远远不够,因为它不能解决以下情况:这种情况与他人是否存在积极的感觉毫无关联,在这种情况下,虽然有消极因素存在,但该消极因素并不仅仅是缺乏积极的交易动机,而是代表一种积极的阻碍。鉴于"负面评级"的概念也无法满足这种情况,因此,笔者试着提出以下补充术语和定义:所谓不信任是指他人对别人不可靠行为的一种积极相信。在 B2C 电子商务相关的文献中,虽然很少有文章提及对待"不信任"的处理方法,但是这也并不是全然无迹可寻,比如 McKnight 和 Chervany[1] 的文章以及 Riegelsberger 和 Sasse[2] 文章中关于"信任破坏者"(Trustbuster)的概念都可以作为相关参考。

最后,如果要阐释清楚 B2C 电子商务中市场支配力的行使,那么,我们还需要一个进一步的概念。一方面,绝大多数 B2C 商务都会受到企业强加的服务条款的约束,虽然这些条款对企业而言具有可观的优势,但是,消费者从中能够获取的好处却寥寥无几;另一方面,社交媒体服务提供商在 B2C 电子商务中强加条款的现象也比比皆是。在这种大环境下,我们根本没有基于文化亲和力的信任可言。虽然消费者可以选择服务提供商,但是,对于消费者而言,服务提供商强加的条款始终是弊大于利的。因此,笔者在此提出一个独立的术语以指代一种次等信任形式:所谓强制信任,是指在缺少重要信任因素的情况下,他人对别人行为可靠性的一种期望。

(二)信任因素的类别

首先,我们有必要区分几种不同类别的信任因素。

(1)所谓信任驱动因素,是指足以使他人决定是否采用相关决策的因素。

---

[1] D. H. McKnight N. L. Chervany, While trust is cool and collected, distrust is fiery and frenzied: A model of distrust concepts, (Proceedings of the 7th Americas Conference on Information Systems, Boston, 3 - 5 August, 2001) 883.

[2] J. Riegelsberger M. A. Sasse, Trustbuilders and Trustbusters: The Role of Trust Cues in Interfaces to e-Commerce Applications, (Presented at the 1st IFIP Conference on e commerce, e-business, e-govemment (i3e) Zurich, 3 - 5 October 2001) 17 - 30.

（2）所谓信任影响因素，是指对他人进行交易的可能性产生积极影响的因素。

（3）这些定义既包含社会交易和经济交易，也将作为当事人的自然人和法人涵盖其中。此外，不仅这些自然人有着不同的社会角色，比如消费者、生产者和生产性消费者，而且法人的角色也多种多样，其中包括社会非营利性组织、慈善机构等非营利性组织、营利性公司和政府机构。

为了对信任因素类别更好地描述并帮助读者理解，笔者对各个概念之间的关系主要以跷跷板的形式描述，而且它们旁边都有每个类别相关的常用术语加以补充（见图1）。

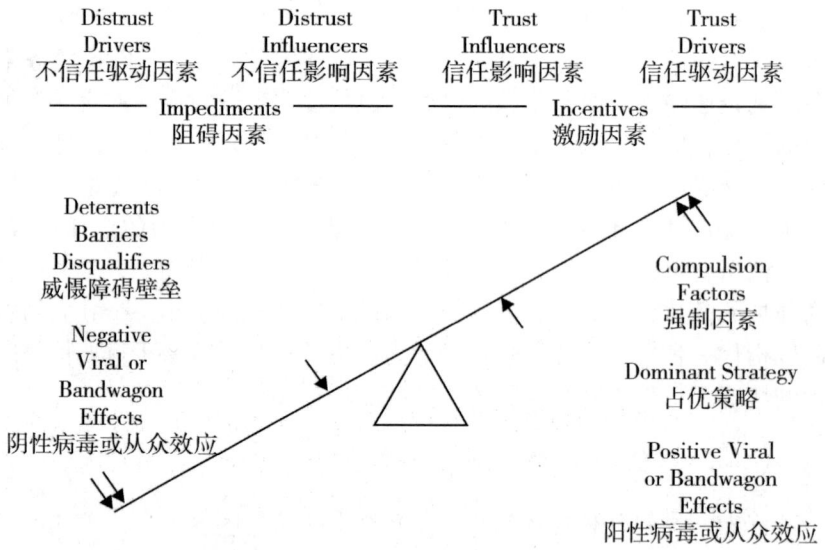

图1 对信任因素类别的描述

其次，由于一些信任因素通常只适用于消费者，因此，这些特质可以用来对特定交易商品市场或商品类别进行总体分析。同时，因为消费者对许多因素的态度因人而异，所以，该分析框架最好在最小级别进行应用，即单个消费者的单个决策，如此才能达到"物尽所值"

的效果。在很多情况下，如果我们能对消费者群体进行细分并从每个细分群体的角度进行分析，那么，我们就有可能达成一种有效的折中解决局面；在这样的局面下，信任驱动因素很可能被表述为情境化的术语。

再次，就信任因素的每个类别而言，笔者在此拿商业关系列举四例：①如果企业被证明丧失交付能力，那么，该情形属于不信任驱动因素，如破产；②如果企业既具有低成本又具有功能优势，那么，该情形属于信任驱动因素；③如果企业奉行"拒绝退货"政策，那么，该情形通常属于不信任影响因素而不是不信任驱动因素，而"七天之内全额退款"则通常是信任影响因素；④企业经常在人性的弱点上大做文章，如果它们使用"仅限今天半价"之类的手段，那么，影响因素就很有可能会转化为驱动因素。

最后，除了商业类别之外，信任因素的其他类别不仅包括交易商品的质量、可靠性和安全性，而且还包括与消费者的情况及需求相符的条件和隐私权；而本文则主要围绕后者进行。

四、启示

（一）社交媒体服务制度设计

对于制度设计者来说，信任因素分类框架的提出可谓如虎添翼，因为该框架使得制度设计者们可以集中力量专攻最重要的方面。由于享乐主义和时尚是用户选择并使用社交媒体服务的驱动因素这一点不必多言，因此，必须确定并解决那些阻碍用户选择社交媒体服务的不信任驱动因素。

首先，虽然有些隐私因素会对所有或大多数用户产生严重深远的消极影响，但实际上大部分隐私因素要么仅与特定用户群体相关，要么仅在特定情况下或特定时间段内与特定用户相关。最典型的特殊用户群体有两种，一种是那些可能会因自身身份、位置或敏感信息的披露而受到安全威胁的用户；另一种是非常重视自身隐私权并且希望远离公众视线的用户。

其次，由于笔者曾在其他文章中对特定隐私功能做出过详细分析，因此本文对此不再赘述。在这些特定隐私功能中，有一些功能堪称不信任驱动因素的"典范",其中包括依靠上述框架中的"强制信任"手段、要求用户申报他们的常用身份或真实姓名和默认用户向服务提供商披露自己的地理位置。除了驱动因素之外,对于"不信任"的分析还需要扩展到影响因素层面;因为一部分负面因素很可能会让服务提供商周身环绕一圈不可信的光环,尤其是在这些负面因素经常影响用户意识的情况下。如此一来,用户与服务提供商之间的关系会逐渐变得脆弱不堪而不是信任满满。

再次,如果想要消除不信任因素,那么,服务提供商可以采取一系列积极措施。比如,增强服务条款的透明度;进行隐私影响评估,包括小组讨论和与宣传组织磋商;在出现隐私风险时采取缓解措施;在出现实际隐私损害时拟定对策和对有关隐私损害的询问和指控做出回应准备。

最后,虽然克服不信任因素可以使服务提供商获益匪浅,但是关注信任驱动因素和信任影响因素不仅也能使它们受益良多,而且许多情况下还能够使用户从中受益。对于服务提供商而言,这些信任相关因素主要包括全面清晰且稳定的隐私设置、保守的默认设置、为用户提供管理个人主页数据的途径、基于同意而非单方面更改服务条款、支持用户使用虚假姓名和多种身份标识、为代理服务器和其他混淆工具提供内置支持和指导等。总之,比起客户端——服务器架构中固有的权力集中模式,具有分散存储、传输路径的点对点架构才更能使用户趋之若鹜。

(二)未来研究方向

针对社交媒体服务市场上的隐私问题,不仅铺天盖地的媒体报道为研究提供了一批数量可观的原始材料,[①] 而且鉴于相对正式的研究文献正如雨后春笋般萌芽,因此,该领域当前存在大量做出重要研究贡献的机会。

首先,本文进行的分析很容易引起一系列相关问题研究,如哪些因素是驱动因素,又有哪些因素仅仅是影响因素?这些因素扮演的角

[①] R. Clarke, Consumer-Oriented Social Media: The Identification of Key Characteristics, (January 2013) Xamax Consultancy.

色取决于情境因素吗？如果是，这些情境因素又是什么？影响因素之间的平衡点在哪里？他人会以什么价格出售隐私？他人又会花多少钱来购买隐私？个人因素和情境因素在多大程度上决定驱动因素？个人因素和情境因素又在多大程度上影响所谓的平衡点？

其次，Kaplan 和 Haenlein 谈到的有关平衡点研究的范例非常耐人寻味，笔者认为这或许能给大家带来不小的启发。Kaplan 和 Haenlein 指出，在 2008 年 12 月，快餐业巨鳄汉堡王开发出一个 Facebook 应用程序——用户每从 Facebook 网站中删除 10 个好友，汉堡王就会给用户免费提供一份巨无霸汉堡。这项活动共计有 20000 多名用户参与，为了换取免费的汉堡，总计 233906 个好友被无辜"牺牲"。仅仅一个月后，Facebook 就出于隐私方面的考虑紧急叫停"汉堡牺牲品"活动。这项活动简直让人惊掉下巴，因为在此之前谁又能想到友谊的价格连每打 2 美元都不到？[①] 与此同时，该活动也表明，既然用户能够廉价贱卖自己的隐私，那么，他们的隐私同样也能够以低廉的价格被别人购买。

最后，针对此类研究，虽然有各种各样的研究方法可供使用，[②] 但是笔者并不推崇调查这种研究方法，因为调查不能只提供相关性有限的"便利性数据"和考察他人口中的所作所为，况且他人所说的往往只是自己脑海中的设想而已。如果想要解决上述研究问题，那么，其他研究方法的前景其实更为光明，特别是对他人实际行为的实地研究、涉及受控环境中他人实际行为的实验室实验、证明研究和实现相关服务或功能的开放源代码。

五、结语

涉及社交媒体服务的隐私问题不仅在不同用户群体中因人而异，也会随时间的推移因时而变。有些用户有时会因自我披露信息或被别人披露信息而面临严重的安全风险；有些用户大多时间都在遭受隐私

[①] A. M. Kaplan and M Haenlein, Users of the world, unite! The challenges and opportunities of social media（Jan-Feb 2010）53（1）*Business Horizons* 67.

[②] R. D. Galliers, Choosing Information Systems Research Approaches in R. D. Galliers（ed）Information Systems Research: Issues, Methods and Practical Guidelines（Blackwell, 1992）144.

侵害之扰；还有些用户根本不喜欢被强迫公开和披露自己的个人信息，他们更喜欢过封闭宁静的生活。此外，不仅负面的公众反应和媒体报道不时地使许多社交媒体服务提供商陷入舆论漩涡，其中包括Facebook、Google和Instagram；而且有迹象表明，这种情况正在变得越来越频繁，也越来越密集。

总之，本文展示的分析框架提供出一种新思路和新方法。就社交媒体制度设计者来说，本文旨在使它们通过该方法明确自己服务中需要注意的方面，从而防止自己的服务遭受重创或使自己的服务在目标市场中斩获大批粉丝。就研究人员来说，本文可使他们通过应用该分析框架深入了解各种形式隐私问题的重要性。

社交网络隐私权

康妮·戴维斯·鲍威尔[①] 著　林泰松[②]　袁姝婷[③] 译

目　次

一、导论
二、社交网络的兴起
三、社交网络用户隐私权的定义
四、社交网络用户控制权的丧失
五、试图通过出台隐私权法解决问题
六、社交网络领域的隐私侵权行为
七、结语

一、导论

社交网络已经大大更改了社会成员之间彼此交互的方式。在今时今日，社交网络用户能够用手机对他们日常生活当中的点点滴滴做出实时的评论。由于社交网络提供了前所未有的海量信息和沟通新媒介，该项技术已经对隐私权法的适用构成了巨大的挑战，并因此造成了法律层面的各种冲突以及社会对于隐私权的各种看法。1890 年，Warren 和 Brandeis 在《哈佛法律评论》上发表了著名的文章《论隐

[①] 康妮·戴维斯·鲍威尔（Connie Davis Powell），美国贝勒大学法学院副教授。
[②] 林泰松，法学博士，国信信扬律师事务所主任、高级合伙人。
[③] 袁姝婷，中山大学法学院助教。

私权》①，对新兴技术和新闻媒体侵犯公民私人生活的行为表示了严厉的谴责和批评。② 他们写道："公民的人身和财产受到法律的完全保护是一项基本的法律原则，其与普通法一样历史悠久，但人们常常会发现重新界定这种保护的确切性质和范围是十分必要的。政治、社会与经济变革使得新的权力类型不断得到承认，而普通法与时俱进的发展也满足了社会的需求。"③

《你已经毫无隐私可言了，忘记它吧》④ 一文对社交网站瞬息万变的隐私政策表示了不满和愤怒，⑤ 本文是在该文的基础上写作的。⑥ 该文采用了 Warren 和 Brandeis 在《论隐私权》中的观点⑦，从而倡导确立一种新型的社交网络隐私侵权行为。⑧ 本文旨在最终确立这种隐私侵权行为，并且对其优缺点以及创设社交网络侵权责任的政策考量做出评估。

本文分为以下四个部分：首先，笔者介绍了社交网络作为一种主要沟通媒介的兴起；其次，笔者探究了人们对隐私权不断转变的态度、社交网站用户已经发生变化的隐私期待，以及这种隐私期待的产生；再次，笔者总结了各方对社交媒体进行立法的现实需求，以及现有的这些建议不足以保护用户隐私权的原因；最后，笔者建议对四种隐私侵权行为当中的其中三种进行扩张，从而涵盖人们对隐私权不断

---

① Samuel D. Warren & Louis D. Brandeis, The Right to Privacy, 4 *HARV. L. REV.* 193 (1890).

② Samuel D. Warren & Louis D. Brandeis, The Right to Privacy, 4 *HARV. L. REV.* 206 – 207.

③ Samuel D. Warren & Louis D. Brandeis, The Right to Privacy, 4 *HARV. L. REV.* 193.

④ Scott McNealy, CEO of Sun Microsystems, has been attributed to this quote. Edward C. Baig et al., Privacy: The Internet Wants Your Personal Info. What's in It for You?, Bloomberg Businessweek, Apr. 5, 1999, at 84, available at http://www.businessweek.com/1999/99_14/b3623028.htm.

⑤ Connie Davis Powell, You Already Have Zero Privacy. Get Over It! Would Warren and Brandeis Argue for Privacy for Social Networking?, 31 *PACE L. REV.* 146 (2011).

⑥ Connie Davis Powell, You Already Have Zero Privacy. Get Over It! Would Warren and Brandeis Argue for Privacy for Social Networking?, 31 *PACE L. REV.* 147.

⑦ Samuel D. Warren & Louis D. Brandeis, The Right to Privacy, 4 *HARV. L. REV.* 193 (1890).

⑧ Samuel D. Warren & Louis D. Brandeis, The Right to Privacy, 4 *HARV. L. REV.* 178.

转变的态度。

二、社交网络的兴起

在过去的几十年间,人们充分利用技术来建立通信的新模式。其中最为显著的是,社交网站逐渐被广泛运用于通信。一般来说,社交网络的定义是由社交网络研究人员 Nicole Ellison 和 Danah M. Boyd 所界定的,他们认为:"所谓社交网站,是指基于网络的服务,通过这些服务,用户能够在一个有限系统当中创建公开或半公开的个人资料、确定与自己分享连接的其他用户,以及查看和浏览他们的连接列表和系统内其他人创建的连接列表。"[1]

社交网络包括了各种各样的基于网络的网站,比如,Facebook、Google、Buzz、MySpace、Linkedn 以及 Twitter,通过这些网站,用户能够注册服务、创建个人资料、查看其他用户的页面并在其他用户的页面上发布内容、发送消息、成立并加入某个社会团体、邀请成员参与某个事件,以及使用同一网络寻找其他成员并与其他成员联系。社交网络的成功主要归功于用户愿意将自己的信息与别人分享。有关统计数据是令人惊讶的。平均每月有 300 亿条内容在 Facebook 上被分享。Flickr 上拥有超过 50 亿张图片,每分钟的上传量达到 3000 张。据估计,Twitter 的用户平均每天发布 1.9 亿条推文。

社交网络这一新媒介的出现已经使得人们的隐私期待发生转变。Mark Zuckerberg 指出:"人们想要获得其身边的一切信息,同时他们也想要完全控制自身的信息。"[2] 通过向用户提供隐私选项,社交网站已经承认了这种观点。虽然社交网站已经提供了这些选项,但大多数用户既没有意识到这些选项的存在,也不了解如何操作这些复杂的设置。因此,社交网站上发布的许多信息仍然是默认设置。的确,这些信息的使用或者其中所涵盖的隐私权仅仅受到用户设置以及社交网

---

[1] Danah M. Boyd & Nicole B. Ellison, Social Network Sites: Definition, History, and Scholarship, 13 J. COMPUTER-MEDIATED COMMUNICATION. 11 (2007), available at http://jcmc.indiana.edu/vo 13/issue 1/boyd.ellison.html.

[2] John Cassidy, Me Media: How hanging out on the Internet became big business, THE NEW YORKER, May 15, 2006, at 50–59, (internal quotation marks omitted), available at http://www.newyorker.com/archive/2006/05/15/060515fa-fact cassidy.

站隐私政策的影响。尽管如此，用户仍然会在网上发布色情照片、在博客上发布日常活动的点点滴滴、在网上与别人建立新关系、在网上发泄对老板和同事的不满，他们希望所发布的信息将保持其私密性，只有某些好友才能看到。用户也仍然会认为隐私是最重要的，这影响了他们使用某一社交网络的选择。人们必须搞清楚社交网络用户的这种信念是否基于现实。而这个问题的答案取决于社交网站用户如何定义他们对在线隐私的期待。

三、社交网络用户隐私权的定义

确定社交网络用户的隐私期待以及其隐私期待是否合理绝非一件易事。事实已经证明，对隐私权的概念做出界定是一个不可能完成的任务。哲学家和法律学者都曾深入探讨过隐私权的概念，也曾试图将隐私权概念化。在《论隐私权》当中，Samuel Warren 和 Louis Brandeis 发表了第一篇试图将隐私权概念化的学术文章，并将个人隐私权定义为"独处权"。Westin 指出："隐私权的含义如下：第一，独处，即与外界隔绝；第二，亲密，即只向亲密之人泄漏隐私；第三，匿名，即不希望被别人识别出来；第四，保留，即为了避免不必要的侵扰而建立一种心理屏障。"Charles Fried 认为，所谓隐私权，是指我们对自己信息所享有的控制权。Allen 则认为，所谓隐私权，是指公民无法被靠近、其精神状态或其信息无法被别人感知或被设备监视的状态。虽然目前隐私权还没有一个统一的定义，但隐私权的概念通常是由社会规范所界定的，并且这些社会规范将隐私权视为控制别人访问他人信息的权利。

如前所述，社交网站用户迫不及待地想在这些网站上分享信息，但同时又深刻地意识到隐私权对于被披露信息的重要性。社交网站用户一方面希望使用该技术，另一方面又希望继续享有对被共享信息的控制权。Facebook 认为："人们应当有权自由决定与谁分享自己的信息，并设置隐私控制来为这些选择提供保障。"Twitter 表示，其服务主要旨在帮助你与全世界分享信息，同时在隐私政策中提醒其用户：虽然你可能认为某些信息是私人信息，但并不是所有私人信息的公开都可能违反该政策。那么，社交网络用户的隐私期待是如何被设定的呢？答案是，它们由隐私政策所设定。

在2003年《加州在线隐私保护法》颁布之前①，在收集和披露网上收集的个人信息时，社交网站仅仅为用户提供寥寥无几的信息和隐私期待。事实上，《加州在线隐私保护法》的序言规定："现行法律尚未对从事网上交易的个人和实体所获得的消费者个人信息、可识别信息的安全性和保密性做出规定。"②

直到今时今日，《加州在线隐私保护法》的上述序言仍然是准确的，因为目前还没有联邦或州法律对在线网站运营商如何收集或使用信息做出规定。实际上，加州法律以及随后颁布的大量州法律都只规范了信息实践的披露。因此，社交网站用户的隐私权是由社交网站与用户之间通过网站隐私政策所签订的合同这一自我监管机制来规范的。事实证明，这种自我监管机制并不足以保护用户的隐私期待。"人们应当有权自由决定与谁分享自己的信息，并设置隐私控制来为这些选择提供保障。"这一表述充其量不过是空中楼阁。除了社交网站通过其隐私政策和使用条款授予用户的权限之外，用户并不享有其他控制权。由于社交网站能够自由界定哪些信息是公开信息，因此，我们必须指出一种非常重要但很少有人阅读的条款（它们通常出现在有关网络使用的法律术语当中）："社交网站保留修改或变更其隐私政策，以及通过提供通知采用新隐私政策的权利（所有的这些通知和变更都应当被公开在网上的某个地方，即使它十分隐蔽，但如果你真的想找到它，你就可以找到，只不过找到这些变更的概率很小，几乎为零。"该条款已经推动了Facebook等社交网络隐私政策发生许多的变化。

美国电子前沿基金会（Electronic Frontier Foundation）对Facebook使用条款所进行的研究就是一个例证，它反映了Facebook政策条款在不同时间所做的变更：

(1) 2005年的Facebook隐私政策。对于你提交给Facebook的个人信息，我们将不会将其提供给任何不属于你在隐私设置中指定分组的网站用户。

---

① Californias Business and Professions Code §§ 22575 - 22579 (West 2009).
② Online Privacy and Disclosure Act of 2002, A. B. 2297, 2001 - 2002 Leg., Reg. Sess. (Cal. 2002).

（2）2006 年的 Facebook 隐私政策。你可能不希望世界上的所有人都能够轻而易举地看到你在 Facebook 上所分享的信息，对于这一点，我们表示充分的理解，这也正是我们允许你对自身信息享有控制权的原因。我们的默认隐私设置将你的个人资料所显示的信息限制在你的学校、你指定的地点以及我们告知你的其他合理的地点范围之内。

（3）2007 年的 Facebook 隐私政策。对于你提交给 Facebook 的个人资料信息，我们将仅仅提供给至少属于你通过隐私设置允许其通过某一网络访问这些信息的 Facebook 用户（比如，学校、地理位置、朋友的朋友）。你的姓名、学校名和头像缩略图将会出现在整个 Facebook 网络的搜索结果中，除非你更改隐私设置。

（4）2009 年 11 月的 Facebook 隐私政策。Facebook 的设计宗旨是让你能够更加便捷地与任何人分享你的信息。你既可以决定在 Facebook 上分享多少信息，也可以通过隐私设置控制信息的传播方式。你应当检查默认隐私设置，并在必要时做出更改以反映你的偏好。在你分享信息时，你也应当考虑你自己的设置。如果将信息设置为"所有人可见"那么，它们就是公开信息，互联网上的每个人可以访问这些信息（包括没有登录 Facebook 的人），这些信息可以通过第三方搜索引擎索引到，可能与你在 Facebook 之外的东西有关（比如，在你访问其他网站时），任何人都可能是在不受限制的情况下获取或产生这些信息。你在 Facebook 上所发布的某些信息的默认隐私设置是"所有人可见"。当然，你可以查看并更改默认隐私设置中的默认设置。

（5）2009 年 12 月的 Facebook 隐私政策。某些信息，比如你的姓名、头像、好友列表、喜欢的页面、性别、地理区域和所属网络，均被认为对所有人公开，包括 Facebook 增强的应用程序，因此它们没有隐私设置。但是，你可以使用搜索隐私设置限制其他人通过搜索查找到这些信息。

（6）2010 年 4 月的 Facebook 隐私政策。如果你连接到一个应用程序或网站，那么，它将访问你的基本信息。基本信息一词包括了你和你朋友的名字、头像、性别、用户 ID，以及通过"所有人可见"这一隐私设置所共享的一切内容。你在 Facebook 上所发布的某些信息的默认隐私设置是"所有人可见"。因为需要两个连接，所以你的隐私设置只能控制谁能在你的个人资料页面上看到这些连接。如果你对此感到不适，那么，你应该考虑删除（或者不建立）这些连接。

（7）2010年9月的Facebook隐私政策。当我们使用"公共信息"一词（有时我们称之为"所有人可见的信息"）时，我们指的是你选择公开的信息，以及公众所能获得的信息。选择公开你的信息听起来意味着，任何人包括不使用Facebook的人都可以看到它们。

选择公开你的信息也意味着：①即使不使用Facebook也可以将这些信息与你联系起来（即你的姓名、头像、Facebook资料、用户ID等等）；②如果有人在Facebook或公共搜索引擎上进行搜索，这些信息会显示出来；③你和你的朋友所使用的游戏、应用程序和网站均可以访问这些信息；④所有使用我们应用程序接口（API）比如图形应用程序接口（Graph API）的人均可以获得这些信息，有时候在你发帖时（比如你在某个页面的留言墙留言或使用我们的评论插件就某一新闻文章发表评论），你不能选择观众。这是因为有些帖子总是公开的。一般来说，你应当假设，如果你没有看到共享图标，那么，信息就将是公开的。

下列信息始终是公开的，并且被视为你决定公开的信息：①姓名，它有助于你的朋友和家人找到你。如果你不愿意分享真实姓名，你可以随时停用或删除账户。②头像，它有助于你的朋友和家人认出你。如果你不愿意公开你的头像，你可以用鼠标选中照片，点击"更换照片"，然后将其删除。③网络，它有助于你在选择"朋友和网络"作为自定义受众之前了解你将与谁共享信息。如果你不愿意公开你的网络，你可以停止使用该网络。④用户名和用户ID，它们支持你向头像或页面发送自定义链接、通过你的Facebook电子邮件地址接收电子邮件，并有助于使得Facebook平台成为可能。[①]

随着Facebook隐私政策的每一次明显变化，隐私政策的篇幅也变得越来越长。但最令人不安的是，Facebook的每一次政策更改都削弱了用户的控制权。美国电子前沿基金会成员Kurt Opsahl认为，通

[①] Information We Receive and How it is Used, FACEBOOK, http://www.facebook.com/about/privacy/your-info#everyoneinfo（last visited on Jan. 25, 2012）.

过允许对发布在其网络上的信息进行真正的控制，Facebook 获得了核心用户群。虽然社交网站所做出的更改均在社交网络的权限范围之内，但上述时间表似乎更像是一种偷梁换柱的伎俩。用户在注册网络时的隐私期待与现实控制其网上信息的期待之间存在着天翻地覆的差异。图 1 是由美国国际商业机器公司研究员 Matt McKeon 所制作的，它展现了一个显示出用户控制权被削减的可视化图像。

McKeon 所制作的这个图像表达了这样一种观点："Facebook 相当刻意地削弱其服务最初所基于的隐私保护。"这实际上是一个偷梁换柱的伎俩：虽然做出了美好的承诺，却呈现出截然不同的结果。[①]

尽管 Facebook 屡次对其网络隐私政策做出了更改，但 Facebook 坚持认为，它所推出的隐私政策和应用程序足以让用户控制自己的个人信息。[②] 所以，问题仍然是，用户对社交网络的隐私期待是什么？Daniel Solove 提出了一个非常有趣的观点，他认为，社交网络用户的隐私权并不是基于保密或披露，而是基于"传播"和"可访问性"的理念。[③] 社交网站用户的隐私期待是通过确保社交网络的隐私设置和隐私政策受到尊重来保持对传播和可访问性的控制权。在 United States Department of Justice v. Reporters Committee for Freedom of the Press 一案当中，美国联邦最高法院指出：普通法及其对隐私的字面解释都包含了公民对其个人信息的控制权。在一个有组织的社会当中，很少有事实始终不为别人所知晓。因此，普通法对隐私权的保护程度部分取决于所谓的私人事实的传播程度，以及随着时间的流逝成为私人事实的程度。根据 Webster 最初对私人信息所做出的界定，如果信息仅为某个人、某一群体、某一类人而所有或使用，而不是被公

[①] Dan Tynan, How Facebook Pulled a Privacy Bait and Switch, PC WORLD (May 11, 2010, 7: 58 AM), http://www.pcworld.com/article/196023/howfacebookpulled_aprivacybait and switch. h tml.

[②] See Bobbie Johnson, Privacy no longer a social norm, says Facebook founder, *The GUARDIAN*. (Jan.10, 2010, 8: 58 PM), http://www.GUARDIAN.co.uk/technology/2010/jan/1 1/facebook-privacy.

[③] Daniel J. Solove, Conceptualizing Privacy, 90 *CALIF. L. REV.* 1152 – 1153.

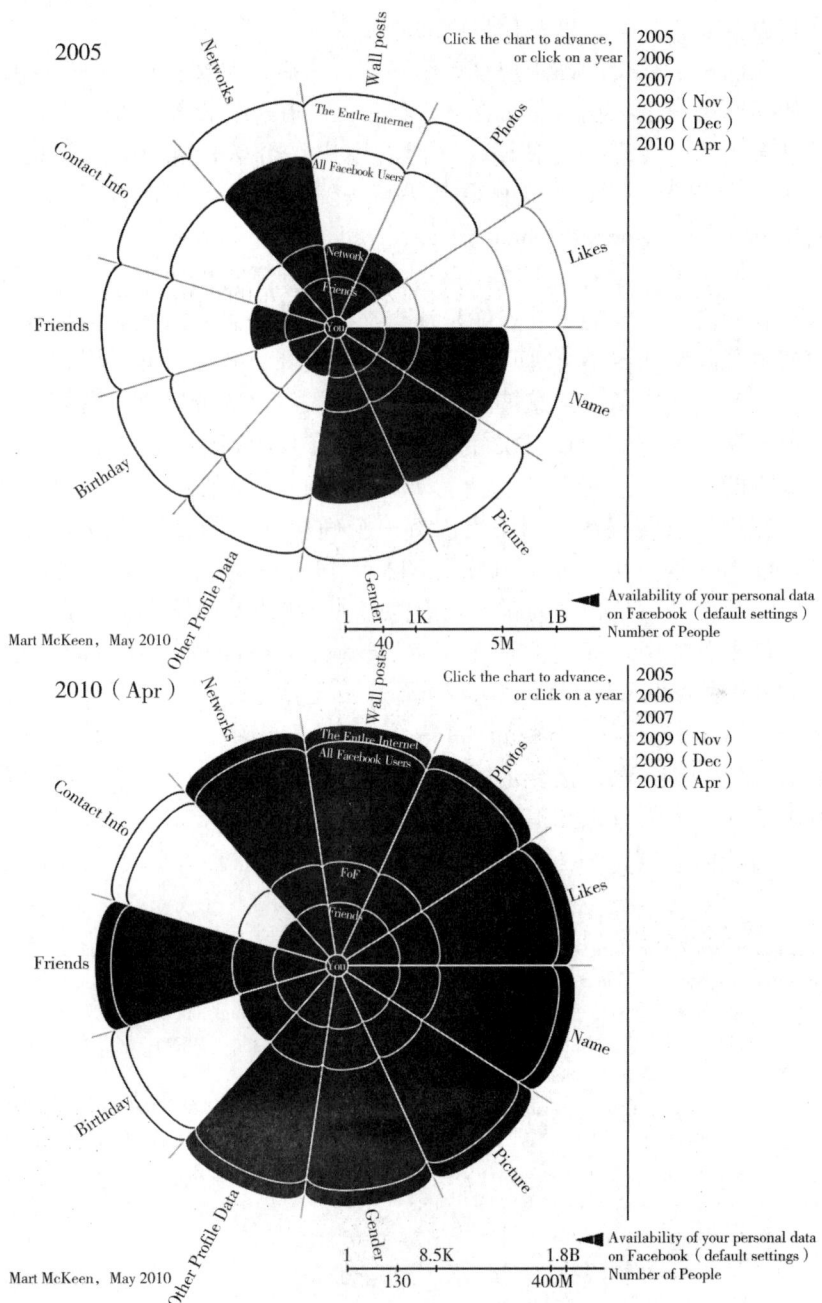

图1 用户控制权被削弱的可视化图像

众自由获取，那么，这些信息就属于私人信息。①

在确定了社交网站用户享有隐私期待之后，本文在这一部分要回答的问题是，这种期待是否合理。换言之，在社交网站上是否存在一种社会公认是合理的隐私期待（或者用户是否享有自由披露信息的控制权）？② 上面引用的美国联邦最高法院对 United States Department of Justice v. Reporters Committee for Freedom of the Press 一案所做出的判决，恰恰说明了社交网站用户在主观上所享有的隐私期待。③ 那么，我们需要确定的第二点就是社交网络上的信息披露是否会导致用户的主观隐私期待不合理。为了做出这一判断，我们有必要回顾一下侵权行为法当中私人信息披露与公开信息披露之间的区别。在公开披露他人私人事实的隐私侵权行为当中，为了使诉讼事由存在，行为人所披露的事实必须是私人信息。如同隐私权本身的定义并不明确一样，在隐私权侵权行为当中也没有一个确切的"隐私"概念。我们唯一能做的是举出一些公开信息和私人信息的例子。许多法院均发现，一旦公开，任何信息都不再是隐私。④ 在谈及向第三人披露信息时，最主要的两个案例便是 Y. G. v. Jewish Hospital of St. Louis 一案⑤ 和 Multimedia WMAZ, Inc. v. Kubach 一案。⑥

在 Y. G. v. Jewish Hospital of St. Louis 一案当中，原告一对无法怀孕的夫妇在被告医院接受了体外受精。⑦ 这次手术十分成功，并且只有医院和一方的母亲知道这对夫妇进行了试管婴儿。这对夫妇对此没有做出任何披露，因为其所属教会谴责这种做法。在怀孕几个月之

---

① U. S. Dept of Justice v. Reporters Comm. for Freedom of the Press, 489 U. S. 749, 763 – 764 (1989) (citations omitted).

② Fourth Amendment privacy jurisprudence requires for standing that there be a subjective expectation of privacy. See Katz v. United States, 389 U. S. 347, 353 (1967).

③ Reporters Comm. , 489 U. S. at 763 – 764.

④ See, e. g., Gill v. Hearst Publg Co. , 253 P. 2d 441, 443 – 444 (Cal. 1953); Melvin v. Reid, 297 P. 91, 93 (Cal. Dist. Ct. App. 1931) (stating there can be no privacy in that which is already public); Cefalu v. Globe Newspaper Co. , 391 N. E. 2d 935, 939 (Mass. App. Ct. 1979); Penwell v. Taft Broadcasting, 469 N. E. 2d 1025, 1028 (Ohio Ct. App. 1984).

⑤ 795 S. W. 2d 488 (Mo. Ct. App. 1990).

⑥ 443 S. E. 2d 491 (Ga. Ct. App. 1994).

⑦ 795 S. W. 2d at 492.

后,这对夫妇被邀请参加在医院举行的庆祝体外受精项目五周年的聚会。摄影师和当地电视台的记者出席了该聚会,虽然原告拒绝接受采访,并且"竭尽所能"地避开拍摄,但晚间新闻仍然使用了他们的影像,其画外音说由于参与了体外受精项目,该(匿名)夫妇可能会生下三胞胎。在报道结束之后,这对夫妇受到了教会的惩罚,丈夫在工作单位受到了嘲笑。医院争辩说,原告与其他40人一同参加了该聚会,从而放弃了就其参与体外受精项目所享有所有隐私合理期待。法院驳回了这一抗辩,认为原告参加聚会显然只是选择向其他同样进行试管婴儿的夫妇披露其参与。在参加该聚会时,他们并没有放弃自己保持其体外受精的情况和过程私密性的权利,普通公众均应当尊重这种权利。

同样地,在 Multimedia WMAZ, Inc. v. Kubach 一案①当中,一名 HIV 病毒测试呈阳性的男子向亲戚、朋友、医务人员以及艾滋病互助小组成员等共约60人透露了自己的病情。Kubach 同意在当地电视台的节目当中讨论艾滋病问题,条件是,必须要用数字技术对观众隐藏其真实身份。负责数字化的电视台工作人员由于设置太低而无法恰当地隐藏 Kubach 的身份,在节目播出之后,Kubach 被他所在社区的成员认出来。电视台认为,Kubach 已经放弃了自己所享有的隐私期待,因为他向朋友、亲戚、熟人和医疗服务提供者披露了他的艾滋病毒状况。法院没有支持被告的观点,认为 Kubach 仅仅向"关心他的人或者同样患有艾滋病的病友"披露了相关信息。

上述案例表明,即使公民向数十人公开了自己的信息,并且他们可以不受法律或合同限制地随意传播这些信息,那么,出于隐私侵权行为法的目的,这些信息仍然可以保持"私密性"。这种类型的隐私被称为"有限的隐私",它不仅出现在公开披露他人私人事实的隐私侵权行为当中,也出现在侵扰他人安宁的隐私侵权行为当中。例如,在 Sanders v. American Broadcasting Companies, Inc. 一案②当中,美国广播公司(ABC)的一名调查记者获得了一份电话通灵师的工作,并用隐藏的摄像机揭露了电话通灵行业的欺诈行为。一位名叫 Mark

---

① Kubach, 443 S. E. 2d at 494 n. 1.

② Sanders v. Am. Broad. Cos., 978 P. 2d 69.

Sanders 的同事与该记者的部分对话被美国广播公司黄金时段的直播节目播出，随后 Mark Sanders 向法院提起诉讼。被告美国广播公司辩称，因为 Sanders 的同事可以偷听双方的对话，所以，其对该对话并不享有隐私合理期待。法院不同意这种观点。法院认为："该案直接提出了有限的隐私期待的问题……就侵扰他人安宁的隐私侵权行为而言，隐私并不是一个二元的、全有或全无的。我们的隐私期待在社会上得到了不同程度的认可，也存在着细微的差别：在特定的环境当中，人们的隐私期待并不是完全的或绝对的，但这一事实并不会使得这种期待在法律上变得不合理。'一个人可以被别人所看到，这一事实并不意味着可以在法律上强制要求他被所有人看到。'"

社交网站用户的信息披露与这些案例非常相似。然而，在涉及社交网站信息披露和获取的案件当中，无论是法院还是陪审团都不愿意承认这种有限的隐私权。举例来说，在 Pietrylo v. Hillstone Restaurant Group 一案①当中，一些员工因为在 MySpace 的一个名为 Spec-Tator 的群上发布帖子而被解雇。该案的陪审团驳回了原告认为被告侵犯其隐私权的诉讼请求。陪审团解释说，尽管 Spec-Tator 是一个"旨在保护原告私人事务和私人关切的独居、安宁之空间"，但其最终发现，原告对 MySpace 群组并不享有隐私合理期待。

与此相类似地，在 Moreno v. Hanford Sentinel, Inc. 一案②当中，法院拒绝承认有限的隐私期待，并且坚持认为，一旦信息被发布到社交网络上，它就是公开信息。法院指出，在 Cynthia Moreno 所发表的一篇抨击家乡的帖子当中并不存在私人事实的问题，因为"一件已经公开或者已经成为公共领域一部分的事情不再是私人事实"。法院认为，原告 Moreno 对于这些信息将保持私密性并不享有任何的隐私合理期待；同时指出，Cynthia 期待只有某些人能看到这个帖子的事实并没有对上述观点产生任何更改。一旦在 MySpace 上发布了这篇文章，Cynthia 就已经向公众公开了。她的潜在观众不计其数。

从这些有关 MySpace 案例之间的明显差异当中，我们可以看出人们对社交网站如何运作缺乏了解。正如上面所讨论的那样，用户可以

---

① No. 06 - 5754, 2008 U. S. Dist. LEXIS 108834 (D. N. J. July 24, 2008).
② 91 Cal. Rptr. 3d 858 (Cal. Ct. App. 2009).

指定他们希望保密的信息,也就是说,他们只与同一网络中的其他人共享,因此,他们享有有限的隐私期待。隐私控制权的使用在有限隐私的规范定义当中运行良好。① 事实上,如果我们采纳和使用 Lior Strahilevitz 在网络隐私理论当中提出的网络理论原则,将有助于确定先前所披露的信息是否存在有限的隐私利益。② Strahilevitz 建议,确定在信息披露之后是否存在隐私利益的适当法律分析应当是"在信息首次被披露给除被告以外的第三人之后,当事人各方应当享有何种期待。"③ 换言之,如果信息最初仅仅被披露给某一群体,那么,即使这个群体再大,这些信息也应当被视为隐私。因此,社交网站所提供控制权的使用为用户建立了隐私合理期待,尽管这种期待是有限的。

四、社交网络用户控制权的丧失

想要获得隐私权并不是需要将什么东西隐藏起来,而是要保证享有控制权。通常情况下,隐私与隐藏无关,而是与创造开放的空间有关。如果你始终铭记隐私是保持一种控制感,你就能理解为什么隐私未死。我们有充分的理由进行公共参与,一直都有。但想要出现在公众面前并不意味着想要丧失控制权。④

2006 年 9 月,在 Facebook 推出其"新闻订阅"功能时,人们首次对违反用户隐私期待的信息披露提出了强烈抗议。该功能允许将 Facebook 用户的活动显示给同一网络内的好友。具体来说,该应用程序监控其成员页面上的活动,如用户人际关系状态的变化、用户好友列表当中的新成员,以及最近最喜欢的歌曲或兴趣清单,并将这些信息发送给其他网络成员。虽然这些信息通常被认为是公开的,但朋友

---

① As the court stated in Sanders, there are degrees and nuances in privacy. Sanders v. Am. Broad. Cos., 978 P. 2d 67, 72 (Cal. 1999).

② See Lior Jacob Strahilevits, A Social Networks Theory of Privacy, 72 *U. CHI. L. REV.* 919 (2005).

③ See Lior Jacob Strahilevits, A Social Networks Theory of Privacy, 72 *U. CHI. L. REV.* 988 (2005).

④ Danah Boyd, Making Sense of Privacy and Publicity, SXSW (Mar. 13, 2010), http://www.danah.org/papers/talks/2010/SXSW2010.html.

们不再需要访问用户的页面就可以收集这些信息,这个念头让用户感到十分不安。最终,大量的抗议网页出现了,Facebook 因而实施了隐私控制,允许用户对其信息将被传播给谁进行控制。有趣的是,Zuckerberg 承认:"我们真的搞砸了。一般来说,你能为用户提供的控制权越多越好。如果用户能够对他们所做的每件事都享有控制权,那么,你就永远不会让他们感到不适。"①

尽管上文引用了 Zuckerberg 对用户控制隐私重要性的理解,但事实上,最严重的一次丧失控制权事件发生在 2009 年 12 月,当时 Facebook 对其隐私政策做出了最具争议的一次更改。这一更改导致大多数信息都是默认向所有人公开,因此,用户的个人资料可以被公开搜索。"控制权"是通过弹出窗口向用户提供的,它要求用户重新设置自己的用户偏好。具体来说,弹出窗口要求用户向"所有人"公开信息,或者保留初始设置。不出所料,用户绕过了弹出窗口,并在不知情的情况下将其偏好默认设置为"所有人可见"。由于这种屡见不鲜的、令人遗憾的行为,修改后的隐私政策均变成了公开信息:"用户姓名、头像、好友列表、喜欢的页面、性别、地理区域和所属网络。"而在做出这一更改之前,默认公开的信息仅仅只有用户姓名和所属网络而已。

五、试图通过出台隐私权法解决问题

由于社交网站一直是主要的通信方式,隐私倡导者和美国国会逐渐意识到问题的存在,并开始采取相应的措施。美国电子隐私信息中心(EPIC)和其他隐私倡导者共同向美国联邦贸易委员会提交了投诉,原因是 Facebook 在 2009 年更改了其隐私政策。除此之外,该投诉还指出,这些更改的呈现方式以及最终对个人隐私设置的修改都是具有欺骗性的,违反了《美国联邦贸易委员会法》的规定。在美国电子隐私信息中心的推动下,美国联邦贸易委员会对 Facebook 展开

---

① Warren St. John, When Information Becomes TMI., *N. Y. TIMES*, Sept. 10, 2006, http://www.nytimes.com/2006/09/10/fashion/I0FACE.html. (quoting from Mark Zuckerberg, An Open Letter from Mark Zuckerberg, FACEBOOK (Sept. 8, 2006, 2: 48 AM), http://blog.facebook.com/blog.php?post = 2208562130).

了调查，该项调查于 2011 年 11 月 29 日结束，并以和解告终。该和解协议要求 Facebook 向消费者提供明确的、显而易见的通知，并在超出现有隐私设置范围之外分享其信息之前获得消费者的明确同意。其中，与隐私相关的最有意义的和解条件是，在使用任何"超出为用户所建立的隐私设置所施加的限制范围之外"的信息之前，必须获得用户"明示的肯定同意"。美国电子隐私信息中心还针对隐私政策变化的时间表提出了另一项投诉，美国联邦贸易委员会对这些更改是否符合和解协议产生了质疑。

美国电子前沿基金会的倡导包括通过社交网络权利法。该法主要涉及三项权利：①知情决策权，即让用户能够就有关访问和使用用户数据的隐私政策做出真正的选择；②控制权，即要求社交网站通过有限的使用许可确保用户对其数据使用和披露享有控制权；③离开权，如果用户不再希望成为社交网络中的一部分，则他们能够删除其数据和账户。美国电子前沿基金会认为，如果社交网站确立并遵守上述原则，那么，将为社交网络服务提供一个良好的创新环境，同时有助于保护用户的隐私权和控制权。

除了隐私倡导者纷纷对社交网站和隐私政策产生兴趣之外，美国国会也开始审查社交网站所采取的隐私保护措施。[1] 在认识到其可能对隐私和通信所产生的一般影响之后，美国国会于 2010 年 7 月 28 日举行了听证会。[2] 该听证会将重点放在了确定政府是否对监管社交网站有足够的兴趣，或者是否应当维持现状。[3] 参议员 John Kerry 和 John McCain 分别提出了网络隐私权法案，这些法案实际上维持了自我监管体制的现状，但是，他们同时也提出了一项类似于隐私权倡导者所提出的商业隐私权法案。众议员 Cliff Steams 也在众议院提出了

---

[1] See generally Online Privacy, Social Networking and Crime Victimization: Hearing Before the Subcomm. on Crime, Terrorism, and Homeland Sec. of the H. Comm. on the Judiciary, 11 th Cong. (2010).

[2] See generally Online Privacy, Social Networking and Crime Victimization: Hearing Before the Subcomm. on Crime, Terrorism, and Homeland Sec. of the H. Comm. on the Judiciary, 11 th Cong. (2010).

[3] See generally Online Privacy, Social Networking and Crime Victimization: Hearing Before the Subcomm. on Crime, Terrorism, and Homeland Sec. of the H. Comm. on the Judiciary, 11 th Cong. (2010).

一项类似的法案。另外,众议员 Ed Markey 目前也提出了一项移动设备隐私权法案,再次试图让用户有权控制数据访问和数据跟踪。

从和解协议、拟议的各种权利法案,以及已经提交给美国国会的各项法案当中,我们明显可以看出,人们十分担忧,随着技术的进步,隐私权(这里将其定义为对信息使用的控制权)正在逐渐消亡。人们意识到,必须在技术和立法之间取得平衡,从而确保经济增长和技术创新,同时保护社交媒体用户的隐私期待。然而,所有的这些措施都不足以阻止社交媒体服务重蹈覆辙。

六、社交网络领域的隐私侵权行为

政治、社会及经济变革均需要新权利的确立,而普通法也要与时俱进,才能满足社会的需求。"[1]

隐私倡导者提出并试图通过隐私权法案解决社交网络的监管问题。虽然这些努力值得赞扬,但拟议的法律以及目前的和解协议仍然存在不少漏洞。正如上文所述,对用户来说,主要的"胜利"是社交网站被要求就隐私政策的所有变更向其做出通知并取得其同意。然而,我们必须了解这样一个事实:越来越多的用户根本不阅读用户策略!由于用户所具有的这种倾向,如果社交网站在没有人阅读用户策略的情况下向其做出通知,或者在用户能够绕过它直接进入网站的地方悄悄地显示通知,这些行为是否能够满足上述要求?该社交网站是否遵守了和解协议的精神和字面规定?又或者用户自己没有阅读用户策略本身是否存在错误?这些问题的提出暴露了目前在监管社交网站行为方面所存在的漏洞,同时继续允许联邦机构监督下的自我监管制度的泛滥。

正如《你已经毫无隐私可言了,忘记它吧》一文所指出的那样,在美国,传统的法律法规并没有充分解决社交网站所面临的隐私挑战。[2] 隐私倡导者、美国联邦贸易委员会以及美国国会都发现,我们有必要保留用户对信息披露的控制权,一旦做出限制访问的选择,这

---

[1] Samuel D. Warren & Louis D. Brandeis, The Right to Privacy, 4 *HARV. L. REV.* 193.

[2] Connie Davis Powell, You Already Have Zero Privacy. Get Over It! Would Warren and Brandeis Argue for Privacy for Social Networking?, 31 *PACE L. REV.* 147.

种控制权就应当得到行使。接下来的问题就是，法院应当认识到可以在这些网络上以有限的形式保证公民所享有的隐私期待。普通法中存在一种不依赖于立法的救济。扩大隐私侵权行为的范围，更确切地说是扩大公开披露他人私人事实的隐私侵权行为、侵扰他人安宁的隐私侵权行为，以及擅自使用他人姓名或者肖像的隐私侵权行为的范围，这可以充分地解决始终困扰社交网站用户的各种问题。

在具体讨论扩大隐私侵权行为的范围之前，我们有必要简单地回顾一下侵权法背后的理论。Prosser 和 Keeton 认为，侵权行为理论的基本要素之一是威慑力：预防未来损害的"预防性"因素在侵权领域一直占据着相当重要的地位。法院不仅关注对受害者的损害赔偿，而且也关注对行为人的警告。一旦法院的判决公开，被告认识到自己可能要承担责任时，当然就有强烈的动机去防止损害的发生。对行为人施加责任的原因之一往往是有意提供这种激励。

构成侵权行为理论的基本因素似乎可以解决社交网站用户所面临的在线隐私权被削弱的问题。目前，社交网站没有理由停止更改隐私政策，和解协议、权利法案或拟议的在线隐私权法案也没有起到任何威慑作用。因此，侵权行为法的实施是合乎时宜的，因为它为行为修正提供了激励，通过行为责任增强了威慑作用，并且规定了损害赔偿。在社交网站的背景下，"如果他人确定了隐私设置和参数，那么，行为人未经许可并披露这些信息就将构成'法定损害'，其损害最终是使得他人丧失对信息传播和信息使用的控制权，即行为人侵犯他人的隐私权。如果这种隐私权侵权行为构成法律所规定的损害，那么，要求行为人进行赔偿就是正当的，因为一项不法行为本身所造成的精神痛苦已经被确立为损害赔偿的基础之一"。因此，从逻辑上说，隐私侵权行为可以扩展到包含社交网站用户目前所界定的隐私在内。

《侵权法重述（第二版）》对公开披露他人私人事实的隐私侵权行为做出了界定："如果行为人所公开的事实关乎他人私人生活方面的事务，并且这些事务同时符合下列两个条件，那么，他应当就其侵犯他人隐私权的行为对他人承担法律责任：①所公开的事实会令一个有理性的人高度反感；②所公开的事务不属于公众有权关切的事务。"

如果想要扩大公开披露他人私人事实的隐私侵权行为的范围使其与现有的隐私理论相适应，那么，我们还需要增加第三项内容："在社交网络上公开此前被限制公开的信息"。这样，就能为上述条款提供必要的补充。① 《侵权法重述（第二版）》对侵扰他人安宁的隐私侵权行为也做出了界定："如果行为人故意以物理性或其他方式侵扰他人的独居、安宁、私人事务、私人关切，并且这种侵扰行为令一个有理性的人高度反感，那么，他应当就其侵害他人隐私的行为对他人承担法律责任。"②

如果想要扩大公开披露他人私人事实的隐私侵权行为的范围，那么，我们将需要做出以下修改："如果行为人故意以物理性或其他方式侵扰他人的独居、安宁、私人事务、私人关切，或者未经通知和同意，访问或监视他人通过隐私设置施加限制的电子信息，并且这种侵扰行为令一个有理性的人高度反感，那么，他应当就其侵害他人隐私的行为对他人承担法律责任。"这一增加针对未披露信息将被用于何处的行为，以及在隐私设置被确定后未经同意有违所披露内容的行为施加了责任。

《侵权法重述（第二版）》目前对擅自使用他人姓名或者肖像的隐私侵权行为做出了界定："如果行为人擅自使用他人的姓名或者肖像，那么，他应当就其侵害他人隐私权的行为对他人承担法律责任。"③ 如果想要扩大这一侵权行为的范围，我们需要进行如下修改："如果行为人擅自使用他人的姓名、肖像或者受限数据，那么，他应当就其侵害他人隐私权的行为对他人承担法律责任。"此处所指的"受限"应当包括在隐私设置的范围之内收集或披露的所有信息。这一修改针对故意使用以与用户确定隐私设置不一致的方式所获取的数据的行为施加了责任。

上述对现行侵权法所做出的细小修改不仅有利于社交网站遵守自身隐私政策以及与美国联邦贸易委员会达成的和解协议，而且也有利

---

① Connie Davis Powell, You Already Have Zero Privacy. Get Over It! Would Warren and Brandeis Argue for Privacy for Social Networking?, 31 *PACE L. REV.* 179.

② Restatement (Second) of Torts § 652B (1977).

③ Restatement (Second) of Torts § 652C.

于通过在线隐私权法案。这些修改产生了一定的侵权责任，这将导致社交网站在做出对用户控制权产生不利影响的更改之前深思熟虑一番，即对行为人施加责任实际上影响了行为人将对其所制造或面临的风险做出何种反应。

七、结语

Facebook 的创始人 Mark Zuckerberg 曾宣称：网络隐私时代已经结束，是我们亲手终结了它。著名的隐私研究专家 Anita L. Allen 也曾指出，公民的隐私期待正在迅速降低……人们对物理性隐私权、信息性隐私权和财产性隐私权的隐私期待越来越低，而且……相对于这些隐私权而言，我们更喜欢其他产品和服务。将隐私权等同于保密的传统观点的确已经开始动摇了。然而，隐私权的新定义即他人希望对其选择披露的信息保持控制权已经出现。社交网站用户可以自由地与同一网络内的其他人分享自己的私人事务。有些用户甚至限制其信息仅对少数朋友可见。用户希望其施加的限制会得到遵守，其私人事务将在其网络内保持私密性而不是向全世界公开。

随着隐私权概念的不断发展，法律也必须规定隐私侵权责任。几十年来，由于隐私权的传统定义，侵权责任一直被用于防止隐私侵权行为的发生。但是在今时今日，新兴技术的发展和对隐私权态度的转变决定了这些法律也应当与时俱进地做出修改。而普通法恰恰非常契合这一点。总而言之，扩大和修改隐私侵权行为的范围有助于确保社交网站遵守其隐私政策以及尊重用户隐私期待。

在社交网站上保护儿童不受性侵的思考

苏珊·汉利·邓肯[①] 著 邓梦桦[②] 译

目　次

一、导论
二、社交网站概述
三、社交网站的好处和风险
四、减少危险的途径
五、为什么这些努力是无效的
六、提出的解决方案
七、结语

一、导论

美国伊利诺伊州的一名男子承认他性侵了一名在 MySpace 上认识的未成年少女。弗吉尼亚联邦大学一名 17 岁的新生被一名男子谋杀，这名男子通过她的 MySpace 博客找到了她的地址。一名纽约男子威胁一名 13 岁的女孩，扬言如果她不跟他进行视频聊天，他就要去伤害这名女孩及其家人；后来这名男子将这些露骨的照片和女孩的联系方式发到了 MySpace 上，该男子也因此受到联邦指控。一名十几岁的

[①] 苏珊·汉利·邓肯（Susan Hanley Duncan），美国路易斯维尔大学法学院副教授。
[②] 邓梦桦，中山大学法学院助教。

女孩被她在 MySpace 上认识的一个男人下药、强奸，该男子还在女孩的骨盆上刻下了"X"形的印记。一名 17 岁的男孩在 MySpace 上认识了一名 58 岁的男子，随后那个男孩在佐治亚州的农场里被该名男子绑架并猥亵。

以上这些恐怖事件的源头都可以追溯到一个新兴的互联网交流渠道——社交网站。这些网站在青少年中十分受欢迎，它们给青少年提供了独特的、独立的、不受监督的自我表达渠道，并给它们提供了"拜访"老友和结交新朋友的机会。然而，这些网站也给今天的年轻人带来了真正的危险，其中最严重的危险就是性侵犯者对儿童的伤害。这些网站还使青少年更容易参与网路欺凌和其他伤害家庭、学校和社会的破坏性行为。

社交网站的兴起带来了机遇和挑战。监管机构、立法者、律师、学校官员、儿童维权人士和家长都在努力解决与这些网站相关的许多社会和法律问题。尽管存在许多有趣的问题，但本文仅仅探讨如何在社交网站上保护儿童（包括青少年和低龄儿童）不受性侵犯的想法，因为这个问题是家长们最关心的问题。

本文首先介绍了什么是社交网站，解释了它们的运作模式，同时关注着它们不断增长的人气。数百万人已经注册成为这些社交网站的用户，而每周至少还有数千个新增注册的用户。即使是政界、商界和娱乐界的人士也越来越热衷于社交网络。目前，社交网站为青少年提供了一种参与有益行为的平台，这些有益行为能够使青少年探索、发现自我并实践社交技能。但这些网站也为破坏性和风险性的行为提供了一个聚集的场所，这些行为是有害的，而且往往会导致他人遭受永久性的身体和心理上的伤害。

本文的第二部分探讨了与这些网站相关的好处和危险，包括个人信息的泄露、网络成瘾、危险的性行为、网络欺凌、危险的社区和网络威胁。对儿童的骚扰、性教唆和剥削会对受害者产生长期的和反复发作的影响，包括抑郁、愤怒、负罪感和其他创伤后应激症状。

本文的第三部分探讨了现有的和建议的解决方案。尽管出发点是好的，但许多提出的法律和教育方面的解决方案都失败了。为了理解青少年为什么会持续从事这些危险的行为，以及为什么这些解决方案是无效的，当下的文献综述探讨了青少年如何作为决策者，以及他们为什么愿意承担风险。对大脑成熟发育的研究以及其他关于青少年冒险行为的研究，揭示了对当前社交网站安全方案修订的必要性。为了更有效率，寻求改变青少年行为的解决方案必须考虑其从事冒险行为的不同原因。目前的解决方案并没有将这些社会科学理论和医学理论结合起来，而是依赖于一些错误的假设。因此，这些解决方案对改变某些青少年的危险行为几乎没有作用。我们必须认识到，尽管青少年知道危险，但他们仍然可能从事一些危险的行为，因此，我们必须在所有的行动计划中纳入威慑措施。现代威慑理论中确定了几个有抑制作用的因素，这些隐私可以影响一个人从事某种行为的意愿。这些因素包括传统因素，如惩罚的明确性和严重性，以及道德信仰和同伴交往的附加因素。将这些因素应用到社交网站的问题上可能会产生有利的后果。

本文的结论是，在当前研究的基础上，为保护儿童安全提供一些额外的解决方案。我们必须采取多方面的方法，因为青少年从事冒险行为的原因多种多样。尽管可以针对这些思想分别撰写不同的文章，但笔者希望在这篇文章中能够就这个问题提供一个概述，并且这个概述能够促进不同方法之间的对话、交流。作为法律解决方案中的一部分，社交网站应该被激励着去进行年龄分级管理，而分级管理的成本不应该只由社交网站承担。为了进一步促进年龄分级管理，儿童和成年人在注册社交网站时谎报年龄的行为应该受到惩罚。当决定起诉共享私人文件的行为人侵犯版权时，唱片公司利用了人们害怕遭受惩罚的特性。只有当惩罚的风险大于人与人之间共享的好处时，不法的共享行为才会改变。这些结果给我们带来了希望，即将类似的策略应用到社交网站上时可能能够有效地改变青少年的行为。仅仅靠法律的制裁无法解决这个问题的广泛性。我们必须实施既能传达信息又能帮助改变社会规范的教育内容。开展更多活动来教育青少年了解这些风险的行为，虽然很有吸引力，却很少能够改变青少年的行为，因为许多青少年高估了这些风险。这并不是说应该取消教育。相反，教育应该得到改进，从而来更好地教育家长了解与这些网站相关的风险，以及如何更有效地监管儿童的电脑使用。

我们还可以利用教育来帮助改变社会规范，创造出一种保护儿童安全、阻止他们做出本文所讨论的危险行为的氛围。道德约束和社会规范阻止人们做出某些行为，但前提是人们对社会规范的认知必须是准确的，而青少年在评估其同龄人参与高风险行为的时候却往往不是这样。改变青少年对这些社会规范的认知并不容易，但过去的社会规范运动为我们采取必要的步骤来交流和认可在社交网站上培养积极和安全行为的规范，提供了很好的指导。

二、社交网站概述

在几年前进入网络世界之后，社交网站在互联网上越来越流行。这些社交网站的起源可以追溯到创建 Facebook 的两名哈佛学生，Facebook 网站是目前众多社交网站中最早出现的。为了让学生名录更具互动性，这两位创业的学生开发了让一个学生共享信息的平台，并由此引发了一场社交网络热潮。这些网站允许用户发布个人信息、查看其他人的个人信息、参与留言和博客，并且所有的这些行为都是免费的。

Facebook 的竞争对手迅速崛起，每天都有更多的社交网站出现。美国联邦调查局估计现在至少有 200 个不同的社交网站存在，据《福布斯》杂志报道，MySpace 是用户人数最多的网站。MySpace 在全球拥有超过 1.75 亿个注册账号，并且浏览 MySpace 网站的人比浏览 Google 的人还多。

尽管 MySpace 要求用户必须年满 14 周岁，但是青少年以及比他们更小的孩子们还是蜂拥而至。MySpace 最初只向成年人提供服务，但它后来降低了年龄要求，从 16 岁降到了现在的 14 岁。孩子们经常谎报年龄，这使得准确统计 MySpace 等网站上的儿童数量几乎是一项不可能的任务。但我们知道 12 到 17 岁之间的孩子在互联网上花费了大量的时间，特别是在社交网站上。一项由 comScore 公司进行的研究显示，2000 年 2 月，青少年平均的上网时间为 1233 分钟。其中，有 262.5 分钟花在 MySpace 上，124.4 分钟花在 Facebook 上。这两组数字都比前一年有所增长，其中 MySpace 增长了 9%，Facebook 增长了 33.6%。时代华纳网络（AOL）是唯一一个比 MySpace 占据更多青少年时间的网站。

在社交网站上注册账号的青少年的数量持续增长。2007 年，一项与美国失踪与受虐儿童服务中心合作进行的研究发现，在 1070 名受访青少年中，71%的人在社交网站上都有个人账号。这个数字比前一年增加了10个百分点。如今，越来越多的青少年在自己和朋友的个人账号下发表评论，而不是写博客。

然而，社交网站并不只是为孩子们准备的，认识到了这一流行新趋势的公司们希望将社交网络现象转移到商业领域。这些公司正在开发新产品，以此来允许员工和客户通过共享"书签、小组讨论和标签"的方式来促进合作。公司还会访问现有的社交网站并调查应聘者和现有员工的个人资料、帖子和其他相关的内容。美国大学与雇主协会（National Association of Colleges and Employers）的一项调查发现，26.9%的受访公司会通过社交网站或互联网寻找应聘者的相关信息。一些公司还发现社交网站对调查很有帮助，比如帮助律师寻找证人。

除了青少年和企业，娱乐行业最近也掀起了社交网站热潮。为了激发观众的兴趣，《老爸老妈浪漫史》（How I Met Your Mother）的制片人不仅在CBS网站上以剧中一个虚拟的角色发布了一篇博客，还在MySpace上创建了一个该角色的个人主页。政治家们也在利用这项技术，所有主要的总统候选人在竞选时都有在MySpace上发力。传媒大亨、新闻集团（News Corp）的总裁鲁伯特·默克多确信MySpace会一直保持着高人气，于是在2005年，他斥资5.8亿美元收购了MySpace的所有者Intermix Media。

2006年有报道称，雅虎愿意为收购Facebook支付近10亿美元。这位Facebook的创始人此前曾提出以20亿美元的价格将该网站出售给维亚康姆公司。这些网站的要价很高，其部分原因是收购的公司急于在这些网站上做推广。谷歌同意在3年内给MySpace支付9亿美元来投放其文本广告和横幅广告。包括塔吉特（Target）、NBC和宝洁（Proctor & Gamble）在内的主流公司也有在MySpace上做广告。这些社交网站的数量和受欢迎程度只会随着它们越来越融入商业世界，以及拓展到其他技术渠道的现实而增加。像AirG这样的公司已经在开发如何将社交网站拓展到手机应用上。这是一个自然的过渡，因为一些用户的资料内容来自用手机拍摄的视频和图片。社交网站不仅是人们一时兴起的潮流，它还有一个强大的未来。

三、社交网站的好处和风险

青少年正在大量地使用社交网站,人们不知道是否应该鼓励还是劝阻他们的这些行为,又或是应该保持中立的态度,不同的人有不同的想法。这个答案可能取决于一个人如何看待收益及其风险。一些学者虽然认识到了社交网站潜在的危害,但也认为媒体夸大了社会网站会导致道德恐慌的风险。这一立场很容易忽视社交网站上性侵者的数量,以及越来越多青少年使用手机这一现实。尽管有一些数据显示,青少年可能会注意到与安全有关的信息,但一项研究结论仍然指出,在接受调查的青少年中,8%的青少年实际上同意与网友见面。

当然,并不是每一个见网友的青少年都会被性侵,但这其中潜在的风险不是凭空想象而来的,也并没有被夸大。美国人口普查局的数据显示,2005年美国有17079000名14至17岁的儿童。[①] 如果这其中有70%的儿童(11995300人)注册了社交网站账号,而8%的青少年与网友见面,那么,这里面就有956424个儿童可能会陷于危险之中。即使这些儿童中有一小部分实际上是被恳求、威胁或以其他方式被诱骗进入危险中的,这个数量仍然是一个很大的数字。据媒体报道,2007年上半年,北卡罗来纳州的总检察长发现该地区一共发生了100多起成年人通过MySpace侵害儿童的犯罪事件。[②] 随着潜在的犯罪嫌疑人越来越多地发现这些网站,以及这些网站所提供的机会(包括猎艳等的机会),我们可以预料,这些侵害儿童的犯罪数量很可能会增加。

此外,怀疑这些数据夸张的想法可能是错误的,因为要量化处于危险中的儿童的确切数量是不可能的,毕竟他们中的许多人并不向父母或其他成年人报告其所遇到的情况。但无论如何,我们并不需要知道了确切的数字之后才来进行监管。若使用一个仅仅分析伤害发生可能性的监管公式,那我们就没有抓住问题的关键。当危险发生的时

[①] U. S. Census Bureau, http://www.census.gov/compendia/statab/tables/o7sool I. xls (last accessed July 11, 2007).

[②] Gary D. Robertson, MySpace Finds 29000 Sex Offenders, July 25, 2007, http://abcnews.go.com/print?id=3409947.

候，我们必须考虑损害的严重性，因为损害的后果很严重，所以哪怕只有一个儿童面临危险，那也是不可忽视的。尽管本文开头所讨论的侵犯事件可能并不是每天都发生，但这样的事件所留下的创伤之大，足以让我们深入探讨对社交网站性侵的监管问题，即使这个问题的答案只帮助了一小部分儿童，即那些受到侵犯的儿童。公共卫生和公共安全问题的性质要求我们必须采取较多的行动，即使这些伤害发生的可能性很小。

尽管公众对社交网站可能存在道德恐慌，但一些评论员和学者似乎有着一种反恐惧情绪，认为除了家长更好地监控儿童的网络行为之后，没有其他的解决方案。他们把这个问题框定为要么不制定任何规则，要么就彻底封杀 MySpace。这是一个不幸的想法，因为我们可以做到在保留社交网站好处的同时，减少青少年所面对的一些风险。除了放任和封杀这两种极端的方法之外，我们还有多种选择。本文在下一节将探讨社交网站的好处和风险，以及当其风险成为现实之后可能带来的危害。

（一）社交网站所带来的好处

一般来说，互联网，尤其是社交网站，可以对青少年产生积极的影响。社交网站为青少年提供了表达自我的渠道，在这里，青少年可以以自己独特的方式来展现自己。此外，它们既是青少年们与其他志趣相投的人交流的场所，也是展示青少年艺术和音乐能力的场所。最后，学生会以获取信息为目的而使用这些网站，就像企业和大学会用这些网站上的信息来评价应聘者和申请者一样。[①] 例如，申请大学的学生可以访问自己意向大学的学生账号来获取资料，通过查看图片和阅读博客来确定这所大学是否适合自己。

1. 练习社交技巧

社会化过程的一部分是发展出一种被同伴接受的自我认同。社交账号帮助青少年展示出他们的身份，因此他们会花费大量的时间来创建和修改他们独特的个人资料。用户通过选择不同的背景和布局，还

[①] Anne Macleod Weeks, About Face The Other Side of Social Networking, EDUC. WEEK, Mar. 14, 2007 (copy available from author).

有不同的背景音乐来个性化或"宣传"自己的个人主页,吸引其他人的访问。一个典型的个人主页中包括了该用户的兴趣、生活(地址、家乡、星座),还有该用户和他/她朋友的照片,照片上通常是暗示性的姿势。

MySpace 上的用户个人资料中也会显示该用户的博客或日记,这让我们想起了在中学时期写过的日记,而与传统日记不同的是,这些日记可以根据用户的隐私设置来确定是否对公众开放。社交网站中的互动功能允许博主在写文章时"附上一张他们正在听的 CD、正在读的书、正在看的电影或正在玩的电子游戏的图片"。用户通过这些个人资料来了解其老友的更多信息,并且结交新朋友。用户被鼓励着去认识更多的人,从而组建一个庞大的朋友网络。大多数用户的个人资料中都有一节用于展示朋友对他的评价。这些评论可以发展成朋友之间持续的对话。青少年可以尝试用问候语、回复和其他帖子来获取其同龄人对这些内容的反应。

2. 指导社会互动

像 MySpace 这样的社交网站提供的不仅仅是青少年的账号资料。为了帮助用户结识其他志同道合的人,社交网站支持用户关注其感兴趣的话题,如"男同性恋、女同性恋、双性恋""时尚与风格""文学与艺术""宗教与信仰"等。[①] 聊天室里讨论的话题也多种多样。这些少数群体将青少年与那些和他们有着共同兴趣的同龄人联系起来,给他们提供一种归属感和支持,这种支持可能是他们在自己的社区或学校里感受不到的。

3. 创造私人的社交空间

社交网站的好处之一,同时也是其风险所在,即它们通常不会受到成年人的严密监控。这给了青少年一个探索和"闲逛"的地方,在这里不像在商场或游廊里一样受到父母或其他成年人的密切关注。大部分青少年都生活在父母、老师和其他权威人士的监控之下。有一个和朋友一起去的空间给了青少年一个参观和探索的地方,帮助他们发展自己的独立性。

---

① MySpace, Groups Home, http://groups.myspace.com/index.cfm?fuseaction = groups. categories&z = i (last visited Feb. 9, 2008).

4. 体验不同的身份感

社交网站的匿名性让青少年有机会摆脱他们在社区和学校里被贴上的刻板印象和别人眼里的形象。青少年可以在网上拥有不一样的身份，他们可能不愿意在现实生活中暴露这种身份，因为他们害怕受到社会的异样眼光。你不知道你的某个网友是否是个大胖子，是否不爱运动或十分害羞。与在现实生活中相比，青少年在网上体验另一种身份的风险要小得多，他们可以自由地成为另一个人。

（二）社交网站所带来的风险

尽管有着以上这些好处，社交网站也有其阴暗的一面。因为青少年认为现实生活相比与他们的虚拟生活，更具有匿名性，因此他们可能会在网上冒现实中可能不会冒的风险。青少年的技术能力往往远超他们的判断力和批判性思维能力，这使他们更有可能从事冒险行为。他们能够十分熟练地操纵电脑，因此，在面对电脑上的新情况时，往往因为过于自信而粗心大意。研究表明，不断变化的电脑屏幕，使得青少年受到多重感官输入，其快速变化的图像也影响着青少年的思考能力，使他们更容易冒险。

与社交网站相关的危险行为包括个人信息的泄露、网络成瘾、危险的性行为、网络欺凌、危险的社区和网络威胁。在网上进行多种危险的行为，如发送和发布个人信息、发表粗鲁或下流的评论，与网友交流、与网友谈论性等，会增加儿童在网上受到欺骗的风险。这种欺骗，特别是性引诱和性侵等行为，可能对儿童造成十分严重的伤害，而且往往是永久性的身心损害。尽管存在这些严重的风险，一些家长却没有像监督孩子进行非虚拟活动那样仔细地监督他们使用电脑。有些家长不像他们十几岁的孩子那样精通技术，他们不知道社交网站，更不用说它们的风险了。青少年在使用电脑方面具有一定程度的保密性，许多青少年坦率地承认，他们会向父母隐藏自己的账户，如果父母删除了他们现有的个人账号资料，他们还会使用备用的电子邮件账户来开设新账号。在一项调查中，超过 1/3（38%）的家长没有浏览过他们十几岁孩子的 MySpace 页面，43% 的家长不知道他们十几岁的孩子使用 MySpace 的频率。许多家长似乎也不与他们的孩子讨论这个问题——62% 的家长从未与他们的孩子谈论过 MySpace 或其风险。

1. 个人信息的不安全泄露

青少年在聊天室和社交网站上透露了太多信息。社交网站比聊天室更危险，因为用户在社交网站上可以分享更多的身份信息，而且发布在社交网站上的信息可以比在聊天室里的信息保存得更久。MySpace 或 Facebook 的用户只需仔细阅读已注册的个人资料，就可以收集有关儿童的重要个人信息，而不需要跟孩子们交谈。获取这些个人资料的信息比在网上搜索要容易得多。尽管媒体、学校和家长试图教育青少年不要在网上泄露个人信息，但一些青少年仍然明确地在他们的页面上写上了个人信息，如地址、姓名和学校。而青少年在不知情的情况下也会在照片中透露身份信息，比如当他穿着印有学校和班级的衬衫时。一项关于青少年博客的研究揭示了"孩子们自愿提供了太多的信息"。有 2/3 的受访者表示他们在网上公布了他们的年龄和名字（至少是名字，有些还公布了姓氏），而有 60% 的受访者表示他们公布了自己的位置和联系信息。20% 的受访者公布了自己的全名。其他青少年也表明他们在网上上传了自己的学生卡和驾照。[①] 青少年不仅在网上上传了可识别的信息，而且经常发布一些记录了非法活动的信息或图片。因此，政府执法人员现在开始利用这些网站帮助逮捕罪犯。

即使青少年自己采取了适当的预防措施，他们的朋友也可能使他们暴露于危险之中。因为青少年可以为他们的朋友创建 MySpace 账户。此外，即使一个用户删除了自己的某些信息，但这些信息可能留存在他的朋友那里，而用户是允许查看自己朋友的朋友的资料的，所以被删除的信息可能也很容易被发现。例如，Jane Doe 可能不会在网上公布她的学校或家乡，但她的三个朋友可能会公布了这些信息，这使得性侵者能够相对容易地找到她。

2. 网络成瘾

青少年认为社交网站"完全让人上瘾"。青少年使用互联网的次数和频率不断增加，使得互联网风险从最初的干扰儿童的学业和其他活动，拓展到网上"拉皮条"和网络唆使犯罪的风险增加。因为对

[①] Rhonda Goetz, Is MySpace Stealing Your Child's Future, Jan. 18, 2006, http://ezinearticles.com/?Is-MySpace-Stealing-Your-Childs-Future?&id=13o75o&opt+print.

学生的学习有所干扰,"新泽西州帕特森的一个罗马天主教教区禁止该区的学生注册 MySpace 账户,称这是对他们时间的不恰当利用"①。比起对学习的干扰,青少年对社交网站的沉迷更令人担忧,它放大了性侵犯者在网上引诱未成年人的能力,以及青少年从事危险行为的可能性。在一项针对美国和新西兰女孩的研究中,研究人员证实,一个女孩上网的时间越长,她越有可能从事危险的行为。

3. 危险的性行为

一些青少年会使用社交网站来与其他人调情,甚至进行更危险的性接触。通常,用户会在他们的个人资料中发布极具暗示性的图片,并使用撩拨性的语言。为了拥有尽可能多的朋友,不同的用户之间往往存在一定程度的竞争。这种寻找朋友的行为,在青少年用户中被称为"寻花问柳",这会促使青少年们发布挑逗性的照片或一些内容不恰当的博客文章来吸引更多的人关注他,甚至吸引很多陌生人来加他的好友。

青少年经常与其他用户讨论性问题,有时甚至与成年人讨论。至少有一项与此相关的研究表明,有4%的未成年网民与陌生的网友谈论性。青春期前的8—13岁孩子,在父母不知情的情况下,似乎也在进行不恰当的性谈话。谈论性对于孩子们来说是一件特别危险的事情,因为在这个年龄,孩子们都缺乏必要的认知能力来处理这些性话题。这些性讨论对于女孩们的最终影响是不确定的,但最近的研究结果却证实了这个年龄的女孩会在网上谈论性。一项研究调查了1300名青春期前的女孩五年内在互联网聊天室里进行的关于性的活动。这项研究现实,有惊人数量的青春期前儿童精通了性语言,了解了很多性知识,并且愿意与陌生人谈论这些话题。至少有10%的女孩与研究人员谈论了关于性和她们自身性经历的话题。尽管研究人员告诉这些女孩们他已经60岁了,但她们还是很乐意和他交谈此类话题。95%的受访女孩表示,她们的父母不知道她们曾经有过性行为,也不知道她们在网上与年长的成年人谈论过这些事。

有些人会认为,年轻人通过在社会环境中进行语言和身体表达的经历,自然而然地发展了社交技能,而人们在网络空间中表达的表达

---

① Irene E. McDermott, I Need MySpace, 14 (4) SEARCHER 22 (2006).

方式也没有什么不同，因此不需要新的解决方案。其实这里的不同之处在于，过去几代人的社交经历都是面对面进行的，而且大多数是在餐馆、溜冰场和游廊等公共场所进行的。然而，互联网上的社交经历更危险，因为与其他场所进行的交流不同，这里没有面对面的互动，所以青少年无法根据他从别人那里得来的视觉线索来调整自己的行为。如果在现实中的商场里，一个女孩可能不会和一个60岁的男人调情。此外，青少年们常常单独使用社交网站，而且没有同伴来帮助他们改变某些行为。

4. 网络欺凌和网络威胁

社交网站为网络欺凌提供了新的途径。一项全国性的民意调查显示，美国有1300万6至17岁的儿童受到过网络欺凌。这些骚扰和威胁行为以电子邮件、网页、即时消息、文本消息和社交网站上帖子的形式出现。由于评论是匿名的，所以人们会减少很多顾忌，与面对面交流相比，这种匿名形式会产生更多粗鲁的、无礼的和内容不恰当的帖子。网络欺凌的影响包括导致他人陷入尴尬境地、受到诋毁、伤害自尊，甚至可能导致自杀。

5. 危险的社区

社交网站上的群组在带来一些好处的同时，也存在着巨大的风险。有一种不幸的事实是，患有抑郁症的儿童可能会与其他有危险行为的孩子交往，并接受和认同某些令人不安的想法和不健康的观点。此外，孩子在社交网站上可能会遇到性侵者。性侵者，尤其一些有恋童癖的性侵者，经常在社交网站上寻找自己的"猎物"。据美国司法部估计，"每时每刻都至少有五万名性犯罪者在互联网上搜寻着自己的犯罪对象，即儿童受害者"。已经被定罪的性犯罪者很容易在MySpace上被找到。在使用性犯罪者软件数据库后的短短12天时间里，MySpace报告称它已经确认并删除了"上千个"性犯罪者所注册的MySpace账号。在2个月后，MySpace将这一数据修正为29000个。

媒体和政府执法部门报道了一个又一个可怕的性侵事件，这些事件中，性侵者和受害儿童都是在MySpace上认识并交流的。尽管对任何形式的监管回应都持批评态度的人认为，社交网站上的性骚扰统计数据被媒体错误地报道和夸大了，但最近的一项研究报告显示，10—

17岁的青少年中有13%的人是在网上被性引诱而受害的。超过一半的性骚扰（57%）来自成年人。虽然在过去的5年中，被引诱性侵的儿童比例下降了6%，但320万儿童仍然面临着危险的互联网性侵犯，这是一个令人必须持续关注的问题。这个比例的下降可能具有误导性，因为在过去的5年里，使用互联网的儿童数量增加了，因此，被性侵的儿童数量实际上可能并没有减少。这些数字没能反映出许多未上报的性骚扰事件。只有25%的儿童表示，当他们受到互联网上的性骚扰时会告诉父母，而会向警方、互联网服务提供商（ISP）或其他权威机构报告的儿童则更少。在2000年，超过2/3的青少年（69%）和比这数量更多的家长（76%）不知道如何在网上举报性骚扰。

虽然不是所有的性引诱、性骚扰都会升级为性侵，但这种骚扰或引诱本身就会伤害儿童。性骚扰通常始于性侵者在网上与儿童谈论性话题、发送色情图片，然后在交谈中取得孩子的信任，最后，这些性侵者会与孩子们见面。这一引诱过程的每一步都在逐渐减少孩子们的反抗和拒绝，使性侵者能更容易地对儿童实施骚扰、侵害。而社交网站使性侵者和儿童之间最初的交流互动（如加好友、聊天等）变得更加容易。

（三）性骚扰和性侵的影响

性骚扰和猥亵会对儿童产生长期的有害影响。性引诱和性骚扰对年幼孩子造成的伤害比对青少年的更大。当骚扰具有侵略性，或骚扰发生在远离家庭的电脑上时，孩子们所感觉到的痛苦会更多。侵略性的骚扰包括，性骚扰者会试图通过邮件、电话或上门联系孩子。被猥亵的儿童会遭受身体和心理的双重伤害。身体上的创伤可能包括性病和身体的破损、撕裂和瘀伤。此外，许多被性侵的儿童会感到抑郁、孤僻、愤怒、内疚或经历其他心理障碍。这些感觉经常以噩梦、痛苦的回忆、胃痛、头痛等形式出现。如果他或她被虐待的照片或视频被上传到互联网上，那么，儿童会进一步受害。

四、减少危险的途径

(一)法律途径

社交网站所出现的这些特殊问题指出了在法律和理论上定义互联网本质的挑战。特别是,一些学者认为互联网是一种空间类型,是虚拟空间,而另一些人则认为互联网是一个论坛或沟通的方式。法院对互联网的定义将会影响法院在审查法规时选择将要适用的审查级别。因为未能将互联网归类为一个公共论坛,所以《美国联邦宪法第一修正案》的保护力度被大大地降低了。

对这些以及其他关于社交网站言论自由问题的研究需要我们在其他地方再对这些问题进行单独的深入探讨。它们很重要,却超出了本文的讨论范围。然而,正如笔者对社交网站的运作及其潜在危险的讨论所标明的那样,这些网站远远不仅仅是发表言论的场所。它们要么是一种人们通过电子方式见面的空间,要么是一种人们通过互联网来建立真实关系的实体空间的替代品。然而,与此同时,危险不仅仅是指互联网是物理空间的替代,而是其特性和不受监管的方式相结合后,使互联网的管理变得很困难,互联网中关系的形成不受人物的现实存在和已知身份的责任约束。

本文的这一节内容概述了以前的法案和被提议的法案,这些法律试图处理互联网技术和围绕它的独特问题。

1. 背景

在社交网站出现之前,美国国会通过了几项有关儿童网络安全问题的主要法案(见表1)。这些法案试图保护儿童免受互联网上有害和内容不合适的材料的伤害。这些法案都面临着法律上的挑战,许多法案被发现是违宪的,因为它们过于宽泛,不能精准地为政府的目的而服务。

表 1　1996 年以来美国就儿童网络安全问题通过的主要法案

法案	通过年份	主题	相关案例	现状
《通信规范法案》	1996	在互联网上发布淫秽内容的行为是犯罪	美国公民自由联盟诉 Reno 一案，521 U.S. 844（1997）	被废止
《禁止儿童色情制品法案》	1996	禁止传播儿童露骨的色情图片	Ashcroft 诉言论自由联盟一案，535 U.S. 234（2002）	被废止
《儿童在线保护法案》	1998	所有传播对未成年人有害内容的商家不得让未成年人进入他们的网站（要求用户提供信用卡号码或其他年龄证明）	美国公民自由联盟诉 Ashcroft 一案，535 U.S. 564（2002）；Ashcroft 诉美国公民自由联盟一案，542 U.S. 656（2004）	美国联邦最高法院裁定违宪，地方法院批准了永久禁令
《儿童互联网保护法案》	2000	强制公立学校和图书馆安装互联网信息过滤器	美国图书馆协会诉美国一案	以多数票通过
《2003 年终止剥削儿童检诉及其他作为法令》	2003	旨在纠正《禁止儿童色情制品法案》禁止虚拟儿童色情资料的缺陷	无	—
《网上引诱儿童法案》	1998	利用互联网以引诱和教唆未成年人从事性行为为目的而传播未成年人联系方式的行为是犯罪	美国诉 Giordano 一案	裁定符合宪法（根据商业条款）
《禁止向儿童寄送来路不明资料法案》	1998	利用互联网向未成年人发送淫秽资料的行为是犯罪	无	—

除了这些联邦法律之外，美国各州也讨论儿童和互联网的话题。州法律包括：①反垃圾邮件法案：要求网站给发送给儿童的成人材料贴上标签；②资助执法行动，提高官员检控互联网罪行的能力；③完善教育方法，教孩子如何明智和安全地使用互联网；④为学校及图书馆制定合理使用互联网的政策；⑤鼓励保护儿童的业界措施和技术手段。①

美国的五个州都要求互联网服务提供商和 IT 工作者在工作范围内遇到儿童色情内容时要及时报告。②

2. 针对社交网站的法律

除了保护儿童免受互联网上色情和其他有害内容的侵害外，政府也采取了许多联邦和州一级的行动以解决聊天室和社交网站上性侵犯者侵害儿童的问题。在 2006 年和 2007 年，联邦和州立法人员提出了几项法案，以确保儿童在使用这些极具人气的新网站时的安全。

（1）联邦法律。

第一，《打击网络侵犯者法案》——2006 年，美国国会议员 Michael Fitzpatrick 提出了一项限制儿童在学校和图书馆的网络上访问 MySpace 等社交网站的法案。具体来说，该法案试图修订 1934 年的《通信法案》，要求完善学校和图书馆的全面服务支持，以保护未成年人免受商业社交网站和聊天室的侵害。③ 尽管该法案在众议院以 410 票支持 15 票反对获得通过，但在参议院却未获通过，所以未能成为法律。国会议员 Mark Kirk 在 2007 年 2 月再次提出了这项法案。④ 跟它的前身一样，新提出的法案试图保护儿童免受"时髦"聊天室和社交网站上性侵犯者的侵害。该法案将要求学校和图书馆证明他们实施了一项保护儿童不接触淫秽、色情或对未成年人有害的内容的网络安全政策。此外，学校必须将儿童对聊天室或社交网站的访问

---

① See National Conference of State Legislatures, Children & the Internet, http://www.ncsl.org/programs/lis/kidnet/about.htm (last visited Feb. 9, 2008).

② See National Conference of State Legislatures, Child Pornography Reporting Requirements (ISPs and IT Workers), Dec. 17, 2007, http://www.ncsl.org/programs/lislkidnet/reportreqo603.htm.

③ H. R. 5319, 109th Cong. (as passed by House, July 26, 2006).

④ H. R. 1120, 110th Cong. (as introduced Feb. 16, 2007).

限制在"以教育为目的"和"有成年人监督"的情况下。同样地,对于未成年人在没有得到父母许可的情况下而访问这些网站的请求,图书馆必须拒绝,并且图书馆必须告知父母们这样一个事实,即性侵犯者可能会利用这些网站来"寻找猎物"。该法案授权联邦贸易委员会(Federal Trade Commission)在该法颁布后120天内定义"社交网站"和"聊天室"。最后,联邦贸易委员会需要在180天内提醒公众注意互联网上性侵犯者的危险,特别是社交类网站。

第二,美国国会第719号决议和第431号决议,2007年通过的禁止性侵犯者法案——该法案要求性犯罪者注册在线标识符,例如,可以与社交网站共享的、社交网站上特殊的电子邮件地址或个人账号资料,这也是《性犯罪者登记和信息披露法》的一部分内容。社交网站可以向司法部长申请这些信息,以便筛选新用户或将其与现有的、记录犯罪者的数据库进行比较。不遵守该法案的处罚包括罚款和长达10年的监禁。该法案将商业社交网站定义为拥有以下两项功能的一个商业运作的互联网网站:①允许用户在其创建的网页或个人资料上提供个人信息,并且这些信息可以向公众或其他用户公开;②提供与其他用户沟通的机制,例如论坛、聊天室、电子邮件或即时通信工具。

第三,美国国会第837号决议和第3499号决议,《防止成年人协助剥削青少年的互联网法案》与前两项要求学校、图书馆或性侵犯者采取行动的法案不同,该法案要求的是互联网服务提供商(Internet Service Providers,ISPs)要采取行动。① 该法案修订了先前有关处理互联网上儿童色情内容和互联网提供商举报儿童色情内容的法律。其中最受关注的是法案的第六部分,即要求互联网服务供应商要记录、保留用户的信息,包括保留用户的个人身份信息,例如,可以链接到Internet协议地址的姓名和地址。互联网业界人士和隐私权倡导者都反对这项法案。这项法案是仿照欧盟去年通过的一项类似规定而

---

① H.R.837, 1ioth Cong. (as introduced Feb.6, 2007).

制定的。① 作为提案人之一的德克萨斯州参议员 John Cornyn 认为,这项法案将为执法部门起诉网络性侵犯者提供必要的前提。

(2) 州法案和州提案。

迄今为止,社交网站为保护儿童安全所做出的努力还不够。MySpace 没有实施年龄验证程序、家长许可要求或提高其最低的注册年龄要求。即使在 MySpace 网站上确认了性犯罪者的身份后,MySpace 最初也拒绝向州司法部长公布这些人的账号。由于互联网行业对家长担忧事宜的反应令人失望,许多州都提出了相关立法,尽管提案内容各不相同,但都将对社交网站的所有者、儿童和性侵犯者有所影响。

第一,美国禁止网络引诱和教唆未成年人的法律——美国 43 个州明确禁止了行为人用网络手段来引诱和教唆未成年人的行为。然而,其中一些法律只禁止引诱和教唆 15 或 16 岁以下的儿童。② 美国失踪与受虐儿童服务中心明确 15 至 18 岁的儿童是最容易受到引诱和教唆的群体。因此,弗吉尼亚青年网络安全工作组建议修改弗吉尼亚的法规,禁止对未满 18 岁的未成年人进行性引诱。工作组还建议,对比受害者大 5 岁或 5 岁以上的行为人判处更严厉的刑罚。最后,工作组建议修改法律,允许没收用于在线引诱儿童的设备,并将在线引诱儿童列为无法保释的犯罪。

第二,要求父母许可的法案——佐治亚州的一项法案规定,社交网站的运营商不得允许未成年人"在未经父母或监护人许可的情况下,在社交网站上创建或更新其个人主页",否则,社交网站会涉嫌违法。③ 此外,该法案要求社交网站要随时允许父母访问未成年人的资料。第一次犯罪被视为是轻罪,但第二次及以后的犯罪将被视为重罪,判处 1 至 5 年的监禁和/或不超过 50000 美元的罚款。北卡罗来纳州也通过了类似的法案。

第三,禁止在学校和图书馆访问社交网站的法案——2007 年 2

---

① Ellen Nakashima, Bill Would Make ISPs Keep Data On Users, *WASHINGTON POST*, Feb. 13, 2007, available at http://www.washingtonpost.com/wp-dyn/contentlarticle/2007/oz/2/AR2007021201337.html.

② NEB. REV. STAT. § 28-320.02 (Supp. 2006).

③ Ga. S. 59, 2007 regular session (Jan. 26, 2007).

月9日，来自伊利诺伊州的参议员 Matt Murphy 提交了一项法案，法案的主题是禁止公众在图书馆和公立学校的所有电脑上访问社交网站。① 这个提议的法案甚至比《打击网络侵犯者法案》更加严格，因为它拒绝所有的访问，不管有没有父母的许可或成年人的监督。

第四，要求图书馆使用互联网专用接入卡的法案——俄克拉荷马州的一项法案要求：①成年人要现场监督未成年人的互联网使用情况；②电脑配置屏蔽淫秽色情内容的过滤器，同时要屏蔽"有可能允许性侵犯者接触任何18岁以下儿童的社交网站"②。

此外，13至18岁的儿童必须有一张互联网专用接入卡，这张卡需要在警告家长这些网站遭遇有性侵犯者的危险后，获得家长的许可才可以发放给儿童。

第五，要求 MySpace 验证年龄的法案——康涅狄格州的司法部部长 Richard Blumenthal 是一个由44个州组成的联盟的会长，这个联盟要求 MySpace 采用年龄验证程序。除了需要父母的许可之外，康涅狄格法案要求社交网站"采用并实施某种程序来利用其可以独立获取的资料，从而确定用户在注册时所提供的个人身份信息的准确性，这些信息可能来自于用户本身、用户的父母和监护人"③。Blumenthal 在国会总务委员会阐述该项法案时，敦促议员们通过这项提案，并对该行业关于年龄验证过于困难和无效的说法提出了质疑。④ 他指出："拒绝年龄验证在技术或成本方面都没有借口。如果我们能把人送上月球——或者发明互联网——我们就可以可靠地去检测出用户年龄。"

第六，要求对性犯罪者定等级的法律——2007年3月21日，肯塔基州州长签署了一项法案，要求所有性犯罪者在性犯罪者登记系统中要求的登记人资料清单中，提供他们的"电子邮箱、即时信息账

---

① Il1. S. 1682, 95th Gen. Assembly, ist Reg. Session (Feb. 9, 2007).
② OK H. 1715, 51st Leg. ist Reg. session (Feb. 5, 2007).
③ Conn. H. 6981, 2007 Reg. Sess., (committee substitute Mar. 8, 2007).
④ General Law Committee, An Act Concerning Social Networking Internet Sites And Enforcement of ElectronicMail Phishingand Identity Theft Laws (Mar. 8, 2007) (testimony of Richard Blumenthal, Connecticut Attorney General).

号、聊天账号和其他互联网通信身份"。① 任何"故意提供虚假、误导性或不完整信息的人,第一次犯为 D 类重罪,以后每次犯为 C 类重罪"。

(二) 教育途径

除了法律解决方案,针对性的教育运动也在进行之中。美国司法部、美国广告委员会和美国失踪与受虐儿童服务中心发起了三场活动来强调社交网站所出现的问题:

帮助打击网络侵犯者运动(HDOP):一项旨在教育家长关于网络性侵犯者风险的运动②,"不要相信此类信息";一场旨在青少年避免性侵犯者的运动,"上传之前请三思";一场旨在教育青少年关于发布个人信息的危险性的运动。

所有这些运动都使用了印刷制品、广播和电视内容来宣传。第一年(2004 年)发起的活动使用了广告宣传,目的是教育家长了解网络危险,并鼓励加强其对孩子的监管。第二年的广告针对的是青少年,警告他们不要建立"盲目"关系。第三年的教育活动于 2007 年春季开始,目标是提醒少女在网上发布个人信息的危险性。广告委员会报告说,观看了第一组广告的家长更有可能与孩子谈论网络安全问题。除了这些多媒体宣传活动外,某些州的法律还要求开设有关互联网安全的课程,作为要求学校制定互联网授权使用政策的一部分。学校使用的主要课程之一是 I-Safe 计划,该计划得到了国会两党成员的支持。而另一个众所周知的互联网课程是 NetSmartz 课程。

互联网运营商应该砸他们的网页上投放安全教育内容。例如,MySpace 上可以放一个安全板块,专门用于提示用户和家长安全问题。网站上还可以放置处理在线安全问题的其他网页的链接。为了显示其对安全的承诺,MySpace 在 2006 年聘请了前司法部检察官 Hemanshu Nigam 来领导其安全工作。

我们还需要对这些网络安全广告进行后续研究,因为并非所有的

---

① Ky. REV. STAT. ANN. § 17.510 (West 2006).
② National Center For Missing and Exploited Children, HDOP: Help Delete Online Predatorshttp://www.missingkids.com/adcouncil/ (last visited Feb. 9, 2008).

公共教育活动都有效。过去打击非法吸毒、吸烟和无保护措施的性行为的运动没有取得预期的效果。目前的研究发现，这些运动可能会增加青少年对这些现象的思考，但很少改变他们的实际行为。例如，全国青少年禁毒媒体运动就未能达到预期效果，该运动始于1998年，耗资14亿美元。一项研究报告指出，禁毒运动并没有改变或直接影响青少年与毒品有关的行为，反而实际上可能"促进了已经了解毒品的青少年的认知，即吸毒很普遍"。青少年似乎特别抵制那些鼓励父母与孩子讨论吸毒问题的广告。

最近一项研究分析了一家烟草公司赞助的一则针对青少年和家长的广告，发现媒体的努力在改变青少年相关行为方面是无效的。这种针对家长的广告，不仅效果不佳，反而使孩子产生了更强的吸烟意愿。研究人员将这一结果归因为青少年会更加希望自己能够做决定。该研究还发现，烟草公司针对年轻人的广告（"三思而后不吸烟"）还不如国家赞助的强调吸烟影响健康的公告健康广告有效。烟草公司发出的信息往往会影响国家赞助广告的效果。

针对互联网安全教育的研究进一步引起了人们对教育效果的担忧，至少对于某些特定群体来说，这种教育确实是无效的。第二份青少年互联网调查（YISS-2）得出了结论：青少年被网络性侵的数量比例虽然有所下降，但这种下降并不适用于少数族裔的儿童或贫苦家庭的儿童。研究人员假设，这些预防性的信息并没有像传递给中产阶级白人青年那样传递到这些家庭。造成这种差异的一个原因可能是，作为一个群体来说，少数族裔的群体和弱势群体的青少年是互联网的新用户，因此，对网上性侵显得不那么谨慎。同样，他们的父母可能对互联网相关的风险也不太了解。此外，研究人员推测，富裕家庭的电脑可能配备了更好的技术设备，这些设备可以让孩子远离有问题的网站。当然，我们需要在这一领域进行更多的研究，以更好地确定造成这种差异的确切原因。如果得出的数据支持这样的结论，即信息没有很好地传递给这些群体，那么，政策制定者需要重新考虑该如何分发相关信息。

但是，就算信息到达了其目标群体，它也不一定有效，一项研究回顾了许多学校使用的I-Safe课程，发现教育信息可能不会改变行为。虽然研究发现青少年在参与课程后，其网络安全知识发生了积极而显著的变化，但他的行为却没有相应的变化。我们仍然需要进行更多的研究，因为在研究开始时，孩子们没有从事实质性的危险行为，所以他们行为上是否会有重大变化是不可预料的。

五、为什么这些努力是无效的

社交研究继续揭示了青少年大脑、心理学和行为决策框架之间的奥秘。最近一项发表在《公共利益杂志》的有关心理科学内容的研究表示，来自康奈尔大学和坦普尔大学的研究人员试图将分散在许多学科（如心理学、社会学、儿科、公共卫生）和特殊问题的专门社区（如吸烟、艾滋病预防、酗酒和吸毒）上的青少年决策和冒险的理论结合起来。这方面论述详细的专著为我们了解青少年的行为提供了有益的见解。这项研究提供了必要的背景数据，但若需要制定有效的解决方案来保证儿童在社交网站上免受性侵犯时，这些资料还有待整合。此外，解决方案未能纳入威慑理论的内容，青少年在注册这些网站时谎报年龄的行为不会受到惩罚，因此，他们中的许多人可能不太会改变其危险的行为。一个兼顾多方面的解决方案必须包含威胁理论的概念，从而来激励某些儿童。

（一）青少年对风险的认识不足

青少年多是冒险者。他们的一些危险行为包括：没有安全措施的性行为、吸毒、酗酒、抽烟和危险驾驶。在青少年中预防或减少这些行为有助于在他以后的生活中消除上瘾和不健康的行为模式。由于冒险的机会随着青少年探索新的自由和社会界限而增加，青春期对执政者、家长和教师来说都是一个关键时期，在这个阶段，我们可以塑造青少年对以上这些危险行为的应对方法。

许多理论试图解释为什么一些青少年可能无法充分认识到风险并做出合理的决定。其中，一些人关注的是人们普遍持有的、关于青少年人格特征的观点。在过去，一个常见的假设是，青少年无法处理风险和做出适当反应的原因是，他们需求刺激，感觉自己不可战胜，并且以自我为中心。然而，最近的研究对这一关于青少年的假设提出了质疑，并建议将更多的注意力放在人们（包括青少年）做出决定的不同方式上。不同的决策模型，包括传统的和现代的，解释了人们在面对风险时做出决策的各种方式。

青少年可能不会以同样的方式处理所有的风险,青少年的决策模式可能与成年人不同。根据各种各样的因素,青少年可能会谨慎地、后知后觉地或直觉性地做出决定。因此,青少年可以被归类为"深思熟虑型风险承担者""后知后觉型风险承担者"或"直觉型(基于直觉的)风险承担者",尽管他们在特定情况下可能会偏离他们主要的决策方法。某些青少年没有一个正式的决策过程,而只是做出反应。其他青少年则会因为某些直接反应而放弃正式做出的决定。相比之下,"深思熟虑型风险承担者"群体的青少年会使用一个传统的决策过程,或目标导向的方法,这都会让他在做出决定之后平衡自己的选择和可能的后果。但这种类型之下的青少年也存在许多变体,但所有的这些变体都会平衡决策可能导致的风险(包括风险的可能性和严重性)与收益,从而会形成自己的一个经过深思熟虑的、有意识的决策过程。

在这种模式下,如果认为收益大于风险,那么,青少年就会从事危险行为。例如,调查人员发现,尽管知道饮酒或吸烟的风险,但孩子们还是会喝酒或吸烟,因为他们认为吸烟给他们带来的益处大于风险,而低估或忽视了长期吸烟会导致的后果。即使使用相同的决策模型,青少年的选择可能也与成年人不同,在预测行为可能带来的风险时,青少年所感知到的利益因素会成为比风险因素更强的决策指标。神经科学证实,在青春期,青少年可能会更多地关注奖赏而不是代价,这取决于他们的大脑是如何发育的。因此,成年人对风险和好处的理性分析可能超出了青少年的认知能力,特别当青少年倾向于选择行为所带来的利益,而无法准确地感知行为的风险和好处时。

与决策的平衡模型相反,一些理论家假设青少年的决策是基于一种根据经验的直觉反应,而这种直觉反应与青少年决策时所处的环境有关。与深思熟虑的理性决策方法不同,风险规避者利用一种更直观的方法来进行决策,即使用 Gist 或原型来辅助决策。Gist 是"对信息或经验的一般意义的模糊心理认知",而原型是"对事物类别的标准或典型例子的心理认知"。

根据这一理论,如果行为很可能会导致危及健康的灾难性后果,那么这里就没有风险平衡可言。此时就应该避免风险,因为"灾难的发生可能性是确定的"。成熟的决策者在这方面会比青少年表现得更好,因为直觉来自经验。例如,青少年会比成年人花更长的时间来回答诸如"把头发点着是个好主意吗""喝一瓶清洁剂是个好主意吗""和鲨鱼一起游泳是个好主意吗"之类的问题。发育神经科学的发展为这些决策理论提供了支持。科学家们发现,青少年的逻辑推理能力和成年人的几乎没有区别。

相比之下,社会心理能力如"冲动控制、情绪调节、延迟满足和抵制同伴影响"则需要更长的时间来培养。神经科学研究发现,大脑中有两个网络,一个是社会-情绪网络,另一个是认知控制网络,当青少年做出决定时,这两个网络会相互争斗。社会-情绪网络会对社会和情感的刺激做出反应,它在青春期时会变得非常活跃,在青春期青少年面临这些刺激时,更是会变得高度活跃。当青少年与同龄人在一起或受到情感刺激时,这种网络往往会克服发展较慢的认知控制网络。

这一关于青少年大脑自然成熟的新信息有助于解释为什么青少年会选择冒险行为,尽管他们知道这样做的代价。总之,青少年与成年人相比,总是会做出不那么理性的决定。如果青少年使用传统的平衡方法决策模型,那么,他们可能会得出错误的结论,即认为收益大于风险,因为他们过于重视收益。他们在使用更现代的决策模型时也处于劣势,因为他们缺乏有助于形成直觉的经验。最后,青少年大脑不同部分的发育速度不同,认知控制功能的发育速度较慢。

目前,关于青少年如何做决定的研究提供了"什么样的策略会影响青少年行为变化"的见解。在传统的平衡方法模型下,加之教育青少年认知"生命的脆弱性、风险的严重性、行为的好处和障碍",这种模式应该能使青少年的行为发生变化。从理论上讲,当青少年意识到危险大于好处时,他们应该会避免这种行为。但是,与认为青少年的冒险行为是由于缺乏意识的理论相反,现在的研究表明,青少年实际上高估了风险。讽刺的是,如果青少年接受了正确的信息教育,认识到实际的风险低于他们所认为的程度,那么,这种教育可能会导致青少年冒险行为的增加。正如下文将会详细讨论的那样,我们有必要修改法律,让青少年对自己在社交网站上谎报年龄的行为负责,这使得谎报行为的风险超过青少年因谎报年龄而从社交网站获得的好处。否则,"深思熟虑型"青少年可能不会停止这种谎报行为,因为他已经认识到了谎报的成本并不大。

对于那些非"深思熟虑型"的后知后觉风险承担者来说,以上交流风险和收益的效果会更差,因为他们会无意识地、自发地承担风险。在这些情况下,对儿童的监督和监控能更好地降低风险,特别是对那些年纪更小、生活经验更少的孩子。直觉型和后知后觉型的风险承担者也可能受益于基于 Gist 的干预,即"在环境中遇到警示性线索时,Gist 会自动识别(无意识识别)"。我们需要对青少年进行更多的研究,以确定如何最好地为直觉型和后知后觉型风险承担者设计和实施这类干预措施。下面讨论的道德责任和社会规范将有助于使青少年更自觉地选择从事安全行为,而不需要进行风险/收益分析。

(二) 对威慑理论认识不足、威慑措施实施不力

有效的社会问题解决方案通常会包含一个威慑理论,但在社交网络环境中却不是这样。在我们将对谎报年龄的惩罚纳入法律之前,许多儿童将继续从事不安全的行为,而不必担心受到惩罚。因为受到惩罚的可能性很小,如果我们惩罚了一部分青少年,那么至少能够稍微扭转局面,使得风险大于收益,最终改变他们的行为。惩罚的风险同时也会促使父母对孩子的行为进行更严格的监督。有大量的文献阐述了关于惩罚的威慑理论及其能否有效地改变人们的行为。研究表明,一个人放弃犯罪的决定是由多种因素造成的。其中包括道德信仰、社会对朋友及其父母的否定以及对惩罚的恐惧。其他研究人员会质疑这三个因素的真正意义,并认为一个人过去的经历在抑制犯罪中起着更重要的作用。自制力低和与同伴的交往也被认为是影响犯罪发生的可能性或犯罪倾向的重要措施。

传统的威慑理论认为,当风险大于收益时,人们会在权衡成本和收益后选择不从事风险行为。当确定(危险行为会被检测到)很快(能被快速检测到)就会受到严厉惩罚时,威慑就起作用了。虽然威慑理论并没有得到全部人的支持,但在社交网络环境中,它的作用不应该被忽视。研究威慑理论在解决其他社会问题中的作用,可以说明人们对惩罚的恐惧可以在改变社交网络环境行为的方面发挥作用。2004 年,路易斯维尔大学的 George Higgins 教授进行了一项研究,分

析了威慑理论在软件盗版中的作用。Higgins 教授希望通过系统研究威慑行为对这一非法行为的影响，来填补关于威慑理论和软件盗版的文献空白。这项研究试图确定之前的调查人员识别出的哪些因素（如道德价值观、同伴关系、家庭成员的发现、惩罚确定性和严重性等）会促使一个人使用盗版软件。Higgins 教授对 382 名大学生的调查和分析结论支持了先前的威慑理论研究。具体来说，他发现，一个人的羞耻感、家人的反对和惩罚的确定性是打击盗版的重要因素。但是 Higgins 教授在惩罚严重性方面的发现并不是结论性的，他建议未来的研究要继续深入，以更好地预测它在这种特定环境下对行为的影响。最后，他得出结论，威慑行为可以在解决软件盗版和其他计算机犯罪方面发挥作用。

Higgins 教授的研究为政策制定者提供了重要的见解。由于惩罚的确定性会影响个人的决策，因此，我们必须建立一定的制度，使得执法人员能够获取违法者的信息。Higgins 教授建议，教育机构应该通过举报违规行为来帮助解决这一问题。此外，要增加惩罚的确定性，我们需要足够的资源来调查和起诉这些罪行。最后，信息需要广泛传播，让公众认识到与盗版有关的风险和惩罚。因此，任何教育的组成部分不仅要说明某种行为为什么是错误的，而且必须确定人们实施这种行为后会受到的处罚。

唱片业已经实施了一项关于此类的成功策略，即通过惩罚个体来威慑其他行为人，如果个人在网络上分享了未经授权或没有版权的文件，那么，他可能就会受到处罚。Matthew Sag 教授在他的文章中探讨了唱片业起诉利用互联网侵犯版权的行为人和合理性，Matthew Sag 教授认为唱片业的这项决策是有意义的，并且也奏效了。他认为，即使人们知道侵犯版权是违法行为，他们也不会改变自己的做法，除非"违法行为被发现的可能性和惩罚的力度超过了该行为所带来的好处"。因此，唱片业对终端用户的起诉是有意义的，因为这将改变行为风险与行为收益之间的等式，使得人们对惩罚的恐惧超过了从互联网上非法共享音乐所获取的好处。唱片业这样做的目的是卖出更多的唱片，赚取更高的利润，而不是为了自身的利益去消灭点对点的共享网络。针对终端个人文件共享者的诉讼实现了唱片业的这一目的，因为这些人很可能因为害怕被起诉而改变他们的行为，不去买卖盗版音乐。这一策略似乎奏效了，至少在非法下载方面是这样。最近调查的受访者也证实，以诉讼为主题的宣传促使他们决定停止非法获取音乐的行为。

六、提出的解决方案

因为儿童的决策方式与成年人不同，想要冒险的原因也与成年人不同，所以对待儿童问题，我们要采取多种办法。对于像这样涉及年龄和经历的复杂问题，我们没有简单的解决办法。因此，我们必须仔细审查社会所提出的解决方案，以免产生使问题变得更糟糕的意外后果。许多批评法规的人，主张解决此类问题只需家长的监控，但其实他们忽略了青少年决策背后的理论和数据。由于教育工作可能无法平等地惠及所有儿童或改变青少年的行为，所以其他方法也是必要的。

联邦和州政府都进行了针对社交网站的立法，试图从不同的角度解决这个问题。这些立法的重点是罪犯和互联网服务提供商。尽管这些立法符合宪法，或者这些立法总体上是有益的，但迄今为止，它们未能充分阻止儿童为了注册账号而谎报年龄以及在社交网站上的其他行为。法律需要"限制不成熟的判断产生不利后果的可能性"。通过年龄分级制度来把不同年龄段的孩子隔离开，使他们能够接触到的内容不同，可能会比试图改变青少年对网络行为的看法来得更加有效。最后，目前的解决方案忽视了道德责任和社会规范的作用，如果我们能正确地认识到这些，就能有力地制止一些不可接受的行为。

（一）法律方面的解决方案

新颁布的社交网络立法内容和提案可能与宪法的精神不符。对规范社交网站中的言论自由和其他宪法问题的法律审查需要在其他地方进行单独而深入的处理。它们很重要，但超出了本文的讨论范围。但是即使这些法案通过了宪法的挑战，在文章第四部分中提到的法案都没有涉及改变孩子的行为。相反，他们专注于要求互联网服务提供商、学校领导和图书馆去行动，从而更好地监控儿童访问社交网站的情况，或者帮助执法部门阻止性侵犯者进入这些网站。因此，我们仍有必要提出专门针对解决儿童危险行为的法规制定的建议。

1. 网站分级制度

如前所述，社交网站的吸引力源于其作为青少年自我表达和交流的渠道的作用。此外，笔者阐述了现有的立法和提案未能解决一个根本问题，即儿童为了能访问社交网站而谎报年龄的行为。要消灭这种行为，让孩子自觉地不谎报年龄的方法，是为孩子们提供与其年龄相适应的社交网络体验。当孩子们面对两种选择，即一种是谎报自己的年龄来访问多年龄段网站；另一种是诚实地进入同龄人经常访问的网站时，至少有些孩子会选择后者。网站将不同的年龄组分开的举措将会大大地降低孩子们所面临的互联网风险。

目前，像 MySpace 这样的社交网站，很少限制不同年龄组青少年之间的交流。该网站规定注册用户必须年满 14 岁。年龄为 14 岁或 15 岁的用户，其个人资料将自动设置成隐私模式。对于 16 岁及以上的用户，MySpace 会显示其所有的个人资料，包括该用户或其朋友发布的所有评论、博客条目和照片，除非用户选择将这些个人资料标记为私密文件。

互联网服务提供者应该在不同的年龄组之间建立起更多的界限。成年人永远不应该去访问这些儿童的社交网站主页。此外，年龄较小的青少年也应该与稍年长的青少年分开。有一种想法是，我们可以针对特定的年龄组而精准开放某些网站，例如，针对 12 岁至 15 岁的儿童开放某些特定的网站，针对 16 岁至 19 岁的儿童开放另一些特定的网站。20 岁及以上的成年人还可以访问第三种网站。另一种想法是我们可以按学校的班级来施行分级制度。例如，某个网站只对大一和大二学生开放，而另一个网站则只对高年级学生开放。这种想法对验证孩子的年级有一定的挑战，但这种想法是为了防止不同年龄段的孩子混在一起，因为他们的成熟度和发展程度有很大的不同。如果互联网服务提供商拒绝自觉地做出这些改变，那么，我们就应该通过规定这些行业规范的联邦立法。

年龄分级的意义十分重大。年龄的不同往往决定了青少年们各方面的不同。十二三岁的孩子还缺乏必要的认知能力来理解互联网的复杂性，包括互联网可以与陌生人直接联系的能力。他们也缺乏理性处理性信息的能力。立法机关承认了在其他领域的年龄发展差异。例如，有专门的法律规定哪些年龄和多少数量的儿童可以在日托班上课。这些规定认为，生理发育的差异要求人们要将5岁的儿童与婴儿分开管理。同样的考虑也存在于虚拟世界中。

2. 全部账户私密化

大幅度降低风险的方法是将所有账户私密化。在目前的系统下，除了14岁和15岁的用户外，其余所有的账户都是公开的，除非这些用户选择将他们的个人资料设为私密。这一制度间接地鼓励16岁以下的儿童谎报自己的年龄，从而获得16岁以上的用户才能享有的特权。公开的信息资料使性侵者很容易在网上锁定未成年人。而限制性侵者接近儿童的措施自然减少了危险发生的可能性。没有父母会把孩子留在一个可能有5万个性侵者的地方，然而，公开的资料却可能导致这种结果。如果无法将所有的账户都私密化，那么，应该只有成人的账号可以公开。许多成年人不会反对私密化自己的账户，因为现在很多成年人都选择了这个选项。成年人可以选择申请公开账号，但他们必须经过验证年龄的筛选过程。有兴趣的成年人可以书面提出申请，并附上他们的驾照和出生证明的复印件。MySpace将根据数据库检查这些信息，以确认此人是成年人，而不是已被定罪的性侵犯者。增加这一安全认证将大大改善现有的制度，使性犯罪者更难侵害未成年人。

3. 惩罚违反年龄规定的人

应该通过立法来惩罚那些谎报年龄的社交网络用户。这些立法内容可以参考当前禁止未成年人在购买烟酒时使用虚假的身份证件。社会已经认定，试图规避购买这些物品的年龄限制的行为，是要受到惩罚的，保障未成年人安全和健康的公共政策给这些惩罚提供了合理性。互联网上的危险行为，如饮酒或吸烟，可能会给年轻人带来灾难性的后果。社会对待与电脑有关的危险，不应与对待未成年人饮酒或吸烟的危险有任何不同。

对使用虚假身份的惩罚因州而异，可能包括监禁、罚款和强制社区服务。同样地，如果人们在社交网站注册时谎报年龄，可能会受到更严厉的惩罚，比如对成年违规者处以监禁和罚款，对未成年人处以强制社区服务的要求。通过改变性侵者及其受害者的行为，这一策略可以实现重要的社会福利和公共政策目标。当没有达到法定购买年龄的未成年人因试图购买香烟或酒水而受到惩罚时，公众不会感到愤怒。为了达到同样的效果，公众需要接受更好的教育，要让公众明白，儿童在互联网上与性侵犯者的互动比儿童抽烟、饮酒的行为更加危险。

在青少年和成年人想为了进入不同年龄分级的网站而谎报年龄时，只有当他们认为这种行为会受到的惩罚是确定的、严厉的、迅速的，惩罚的威慑才会有效。这一点的实现需要资源。在司法部部长 Alberto Gonzales 的领导下，美国司法部已将保护儿童免受电脑相关犯罪（如传播淫秽色情制品和性引诱）的侵害列为优先事项。为此，国务院于 2006 年 5 月设立了"安全童年项目"，这是一项协调了联邦、州和地方执法部门起诉性侵者并营救受害者的行动。这一雄心勃勃的计划包括对联邦、州和地方执法部门的培训，还有提供社区意识的教育措施。这一举措为调查和惩罚谎报年龄的社交网络用户提供了必要的支持。此外，美国失踪及受虐儿童服务中心已经与几家联邦机构、州和地方执法机构以及国家工作组合作，开始运营 CyberTipline①。这一举报热线收集有关儿童可能遭受性侵的所有线索。② 截至 2008 年 1 月，Cybertipline 已经收到超过 50 万份线索举报。③ 这些线索会上报到针对网络侵害儿童犯罪的特别工作组项目，该项目组负责此类犯罪的调查和逮捕事项。也许这个热线和其他举报途径为互联网服务提供商和其他有知识的人提供了可以用来举报谎报年龄的儿童和成年人的机制。

准确的年龄验证是实施这一方法的最大障碍之一。批评者认为，在技术进步到使年龄验证变得更容易、更准确之前，实施这种策略还为时过早。但即使没有非常有效的年龄核查程序，明显谎报年龄的行为人仍然可以被发现和起诉，这将起到威慑作用。MySpace 报告说，它已经删除了那些它认为未满 14 岁的用户的账户，并终止了他们的会员资格。执法部门可以与 MySpace 合作，发现、清除和惩罚明显的违法行为。例如，来自马萨诸塞州佩珀尔市警察局的警探 William

---

① 一项为网络儿童性侵而开设的国家集中报告系统。

② National Center For Missing and Exploited Children, Reporting Categories, http://www.missingkids.com/missingkids/servlet/PageServlet?LanguageCountry = en-US&PageId = 2447.

③ National Center For Missing and Exploited Children, Cybertipline Fact Sheet, http://www.missingkids.com/en-US/documents/CyberTiplineFactSheet.pdf(last visited Mar. 12,2008).

Greathead 就与 MySpace 合作，识别并删除了其社区中超过 51 名未成年人的用户资料。① Greathead 侦探与其他警官合作搜索了 MySpace 网站，寻找明显的谎报年龄者，并且很容易就找到了他们。②

被惩罚的儿童传递出了这样一种信息：年龄要求是被强制执行的。与其他解决方案相比，这种方法引发的宪法问题更少，因为这种要求给互联网服务提供商的负担会比要求他们核实所有用户的年龄要小得多。互联网服务提供商可能会辩称，他们已经采取措施删除了其网站上明显违规的用户账号，要再抽空遵守这项新政策可能有些困难。但这的确是一个可行的短期解决方案。要找到一个长期的解决办法，就必须建立准确、有效、经得起宪法审查的年龄核查机制。

4. 通知家长

此外，当孩子注册社交网站时，父母需要收到相关通知。许多父母不知道他们的孩子有一个社交网站账号，这使得监控变得非常困难。儿童和性侵者们都知道 MySpace 并不总是强制执行年龄限制的要求，这只会鼓励孩子们忽视年龄限制。若是知道 MySpace 会定期向父母通报自己的账户信息，孩子们就不会谎报年龄，也会更小心地发帖，因为他们的父母可能会向他们要求查看其个人资料。通知家长可以通过要求任何在社交网站上注册的人都要填写信用卡信息来实现。这种方法在过去曾被建议作为年龄验证的一种方法，但它可能被认为是不可行的，因为孩子们可以偷偷地使用父母的卡。为了弥补这个漏洞，网站可以在用户进行信用卡信息注册时收取一笔很小的费用。如果这样做了，家长就会注意到账单上的费用，并询问孩子有关费用的问题。这种方法将大大提高家长对孩子在线活动的认识和监控。虽然最近来自宾夕法尼亚东部地区关于信用卡和《儿童在线保护法案》的意见认为信用卡注册作为年龄验证工具是无效的，但是这种方法可以被分离出来解决其他问题。③

---

① Matt Gunderson, Police Delete Minor Users From Website, BOSTON GLOBE, Feb. 23, 2006, available at http://www. boston. com/news/local/massachusetts/articles/2006/0o/z3/policedelete-minor_usersfromwebsite/.

② Telephone Interview with Detective William Greathead, Pepperell Massachusetts Police (May 16, 2007).

③ ACLU v. Gonzales, 478 F Supp. 2d 775 (E. D. Pa. 2007).

根据《儿童在线保护法案》的规定，如果社交网站规定用户需要提供信用卡信息才能访问一些对未成年人有害的内容，那么，即使未成年人访问了这些内容，网站也可以免责。Reed 法官发现，信用卡无法核实年龄，因为许多未成年人可以使用信用卡，而某些信用卡发卡机构禁止其他人使用它们的卡来验证年龄。尽管 Reed 法官正确地认定了信用卡作为年龄的验证存在多种问题，但信用卡发卡机构的通知仍然可以让家长或其他成年人注意到，使用信用卡的个人已经注册了 MySpace 账户。这些通知为家长提供了在 MySpace 上删除其孩子的个人资料或与孩子讨论如何正确使用社交网站的机会。

一些人以一些家庭没有信用卡或这种方法会对低收入家庭产生不公平影响为由而拒绝这一解决方案，那是由于他们没有认真地审视这种方法。虽然有些家庭没有信用卡，但是基于拥有信用卡的家庭的绝对数量，这个解决方案能够发挥很大的作用。可以为少数没有信用卡或不愿使用信用卡进行网上交易的家庭设计替代方法。例如，孩子和家长可以共同填写一个简单的申请表来为孩子申请社交网站账户。政府机构，如图书馆，可以见证签名以及证明家长签名的真实性。填妥的表格连同所需的图书馆盖印可以一同送交至 MySpace。这些替代方法可能不太方便，而且需要更长的时间，但这并不一定会影响言论自由。为了挽救一个孩子因被性侵而导致的痛苦，为信用卡验证方案的实施而补充一个替代方案是非常合理的。这两项提议都将显著增强家长对其孩子社交账户的了解，为他们提供更多的机会与孩子讨论关于网络安全问题和适当网络行为的问题。

另一种选择是，MySpace 可能要求个人在注册时提供家庭地址。然后，公司可以寄信通知家中的成年人关于最近的注册情况。与信用卡对账单一样，这封信也向父母提供了通知。这种方法可以效仿当前关于银行账号操作的做法，即当网上账户的密码或其他信息被更改时，银行就会发出通知。错误的地址很容易被现有的数据库和配置文件发现并删除。为了对家长保密，孩子们会注册一个真实的住址，但那可能不是他们自己的住址。社区里的成年人需要接受教育，告诉他们如果他们在自己的地址收到一封信时该如何回应。当然，并不是所有的成年人都会联系 MySpace，但如果这些成年人和孩子都知道有这样一个通知程序，那么对许多孩子来说，威慑作用就是存在的。

(二) 教育方面的解决方案

虽然相对简单，但是我们不能仅停留在法律的规定层面。一些评价家和学者会反对这些监管方法，因为他们相信惩罚的威慑对于危险行为的改变是无效的。他们会提出，某些研究和文献得出的结论是，惩罚的威慑在诸多方法中只能发挥最小的作用。他们认为，如果只有有限的社会资源可以用来执行法律规定，而且行为人还存在着多种作弊机会，那么，惩罚的威慑就几乎无法改变儿童的行为。对社交网站实施年龄限制的措施可能就属于这两类情况。另一些人可能更喜欢非监管的策略，因为他们认为提议的法案是对风险的过度反应，并且对青少年太苛刻了，所以他们更喜欢结合父母监督和改变社会规范的解决方法。这种方式比较不具有侵略性，因为这些人觉得此时面临的是家庭问题而不是政府问题，所以不需要动用法律的制度。在他们看来，社会不喜欢或不支持对在社交网站上谎报年龄的儿童进行惩罚，因为在如今的政策背景下，无论是从经济上还是行业上来说，监管制度都是不受欢迎且行不通的。最后，因为互联网存在于全球各个角落，互联网上的实体来自各个国家，因此会存在一种风险，即美国法律可能在很多方面不适用，或者很难适用于非美国实体。有些人认为，司法问题的复杂性和这种无边界技术的操作性问题使得很难出现一个能彻底解决问题的法律方案。

这些理由都有一定的道理，但它们不应该完全否定一种法律途径。相反，这些担忧证明，应该采取多管齐下的方法，将教育、道德问责和法律制裁结合起来。并不是所有的人都有自己的是非观，对那些有这种约束的人来说，法律制裁只是强调了道德信仰和社会规范。但是，改变行为不仅需要法律和惩罚的威胁，还需要教育的帮助。通过向青少年和家长传授有关这项技术及其风险的原始信息，教育可以帮助他们改变行为。在设计互联网安全宣传活动时，政策制定者和行业领导者应该吸取以往关于其他行为的广告宣传活动所留下来的经验教训。但仅仅提供信息可能不会改变任何行为，而且还可能反向激励，出现我们不想要的后果。因此，教育也需要帮助建立起旨在保护儿童网络安全的社会规范或道德氛围，从而降低本文中所提到的危险行为发生的可能性。

1. 利用教育提供信息

（1）对父母的教育。以往的研究结果发现，对于促进互联网安全来说，针对家长的广告可能不是最有效的。因此，最初针对家长的几组反对网络性侵运动的广告，与2007年直接针对青少年的广告相比，其敦促父母加强监管的广告效果可能要差一些。青少年骨子里无视权威的特点使得放送直接与青少年沟通的广告会是更好的办法。虽然这些媒体信息可能是无效的，但家长仍然需要教育。家长可能对社交网站缺乏必要的了解和应有的态度，这是必须纠正的，因为家长的监督和指导会极大地影响青少年的行为。父母的青少年的关心与青少年在网络上的行为息息相关。例如，在一项研究中，所有同意与陌生人见面的女孩都从未与父母讨论过网络安全问题。最近的一项研究发现，跟不与父母讨论网络安全的青少年相比，经常与父母谈论网络安全的青少年与陌生人见面的可能性更小。研究还发现，如果青少年与父母谈论过网络安全问题，那么，他们就不太可能泄露个人信息。虽然对于年龄大一些的青少年来说，同龄人的影响可能会比父母的影响大一些，但对于小一点的孩子来说，父母的影响仍然起着重要的作用。父母的不赞同会比同伴的不赞同影响更大，往往会在阻止孩子从事危险行为方面起到关键作用。当代威慑理论认识到了羞耻、内疚和尴尬等感觉在一个人的决策过程中所起的作用。如果自己上传的、带有暗示性的图片和露骨的性语言有可能会被家长看到，那么，青少年可能就会从事更加适当和安全的行为。

当父母清楚地向孩子们传达他们对吸烟、酗酒、吸毒、性行为和拉帮结派的反对意见时，青少年就会从事危险性较小的行为。由于父母对社交网站缺乏认识和欣赏，他们对孩子使用社交网络的意见和家庭规则也不明确。因此，父母的监督和沟通在制定更安全的社交网络解决方案中扮演着重要的角色。许多评论家把家长的监督视为良方，但他们却没有意识到每个家庭在时间、内容和形式上的细微差别。

调查人员可以帮助决策者继续研究这些问题，探索应该从什么年龄段开始干预、补偿父母干预的最佳策略，以及父母需要获取哪些信息才能成为有效的沟通者。

政策制定者面临的挑战是如何教育家长，同时又不让孩子产生抵触情绪。政策制定者应该考虑通过大众广告以外的媒介传播信息。可以在职场中、学校寄给家长的通知书中传递信息，甚至可以在家长的税务清单中传递信息。这种方法可以确保家长和其他成年人不用在疏远青少年的情况下接收信息。

这些信息必须包括给成年人的一些社会资源，包括网上的信息资源，成年人可以通过这些资源来了解更多关于这个问题的信息。许多家长看到自己的孩子在 MySpace 上的个人资料时都很震惊。但是，在家长更好地了解这项技术之前，不可能对青少年有更多的监控和更好的交流。需要在更大程度上去系统地探索如何以非传统方式来教育父母。

（2）研究广告，比较行业广告和政府广告的效果。不同的因素可能会影响禁烟运动的效果，但这同样应该在互联网安全的背景下进行探究，以确定是否有太多的广告使信息混乱、稀释或混淆。

此外，政策制定者需要确定，如果教育活动针对的特定群体（如少数民族和家庭不太富裕的儿童），在他们可能无法得到教育信息的时候，教育活动是否会有效。另一类儿童可能面临更大的风险，那就是患有抑郁症的儿童。一项研究表明，抑郁的青少年比正常的同龄人更有可能在网上与陌生人交谈。这一结论表明，某些教育活动需要更加关注高风险儿童。然而，对问题青少年的识别和关注引发了一系列道德问题，包括这样做的好处是否大于坏处。

政府应该资助针对"发布前请三思"广告的研究，从而确定它是否会导致青春期女孩改变她们的发帖习惯。如果青少年变得更有知识的同时，还会在网上继续进行一些危险的行为，那么也许我们应该重新评估是否需要花费数百万美元来资助这项运动，或者把这些资源应用在其他方面，比如设计一个更有效的年龄验证程序。仅仅让青少年了解其所面临的风险并不会改变他们的行为，因为他们中的许多人没有使用一个合理的决策过程来恰当地平衡风险和收益。即使了解了风险，他们依然可能会低估风险。对风险更加准确的描述可能会提高青少年对风险的现有认知，使他们感到自己没有那么脆弱，并在不经意间使决策的天平倾向于感知到的好处。我们需要进行实证研究来确定目前的运动对不同决策风格的青少年是否有效。

我们应该研究网络安全信息的内容。在一项由美国失踪与受虐儿童服务中心和青少年司法和犯罪预防办公室合作的研究中，研究人员发现，大多数安全信息的内容都是教育儿童不要和陌生人说话。然而，这种信息的传播忽略了一个事实，即每三个年轻人中就有一位的好友名单上有陌生人。这项研究的发起人建议，与其试图改变这一在青少年中被广泛接受的做法，即与陌生人成为网友，不如建议他们在网上与陌生人交流时保持谨慎。

给学生提供建议的做法可能会阻碍其固有的风险承受能力的发展。每个人的风险承受类型不同，在个人成长的过程中，对风险的认知发展会迫使每个人不断地学习如何权衡风险和收益，而不是每次都断然避免风险。如果需要对不同年龄段的人传播不同的信息，那么，政策制定者和社会科学家应该讨论哪些信息，如何避免混淆这些信息。理想情况下，青少年在发帖时会屏蔽他们不认识的人，但一些青少年可能更容易接受安全信息，即不是网上的任何一个人都是潜在的犯罪者，他们可以在网上结识新朋友，所以，他们在处理相关信息时应该更加谨慎。

应分析和优化教育的形式和方法。当儿童使用电脑时，需要定期提醒他们有关的风险和安全措施。但大多数的教育应该在学校里进行，而不是在孩子们访问社交网站时进行。社交网站上定期出现的包含警告和安全提示的弹出式信息会帮助那些无法整天照看孩子的家长和其他成年人。我们应该进行研究来确定青少年是否真的更加关注这种弹出式信息，它的优点是与即时信息相似，并且在青少年浏览相关网站时就会自动弹出，其内容与网站有直接的关联性。

（3）研究人员应该探索，应该在孩子多大年纪的时候对他们进行这些风险教育。越来越多的儿童使用互联网和社交网站，然而，由于缺乏经验，年幼的儿童可能无法在行为决策过程中权衡风险和收益，或者缺乏必要的直觉反应。对这些孩子来说，监督仍然比教育更重要。成年人必须监控他们的电脑使用情况，使用一些如过滤器之类的技术工具来帮助消除风险。

2. 利用教育来改变社会规范

由于经典威慑理论和理性选择模型存在不足之处，学者们在许多不同的情境中都认识到，除了法律制裁之外，社会规范也可以阻止人们做出一些不被社会接受的行为。"道德信仰、同辈的目光"和"害怕被社会不认可"等态度和情绪也会促使人们不去做一些不被社会接受的行为。如果一个人认为某种行为在道德上是错误的，那么，他们可能就不会去权衡做这件事情的成本和收益，而是有一个更直接的反应，就是拒绝做出这些行为，因为这些行为被社会视为"禁区"。

社会规范理论认为，人类的行为方式通常会遵循群体的行为方式。1991 年，Bob Ellickson 出版了《无需法律的秩序——邻人如何解决纠纷》一书，这本书在法律界引发了一场关于社会规范在人们行为的改变中可能扮演何种角色的持续讨论。[①] Ellickson 的前提是，常识性的规范比法律更能规范人们的行为，因为对大多数人来说，学习法律和遵守法律的成本仍然很高。Ellickson 总结说，在成员经常接触的亲密组织中，在规范某些行为方面，社会规范比法律规则发挥了更重要的作用。书中关于牧场主的案例研究证实，牧场中的纠纷是通过非正式的社会规范，而不是通过法律体系来解决的。这些非正式的社会规范影响了联系紧密的群体中的成员，因为与群体中其他成员合作的好处对每个成员都产生了积极的结果。此外，进行合作的个体可以避免集体对他产生不合群的看法或进行制裁。Ellickson 的研究留下了一个问题，即这些社会规范在松散的群体中是否能有同样的效果。在联系松散的群体中，个人行为可能更难改变，因为行为的改变可能不会对行为人产生积极影响，而且没有可识别的群体来对不服从组织的人进行制裁。

Michael P. Vandenbergh 教授试图在自然环境的背景下处理这个问题，他研究了社会规范是否会影响个人排放有毒物质的行为。有些人会认为，基于 Ellickson 的研究，在联系松散的群体中，社会规范几乎没有作用，因为他的研究指出了群体中的紧密联系对于规范行为的影响是必要的。Vandenbergh 提出了疑问，社会规范是否会影响人们焚烧垃圾的行为，因为这通常发生在人数较少的环境中，即不是在一个联系紧密的群体中。虽然知道这种污染行为会对健康和环境造成危害，但是那些危害可能都太过遥远，无法抵消这种行为低成本的好处，即用这种方式焚烧垃圾花费的时间短，需要的精力和金钱也少。

虽然社会规范看起来在影响这些类型的行为方面作用很小或没有

[①] Robert C. Ellickson, Order without Law: How Neighbors Settle Disputes, Harvard University Press, 1994, pp. 1-316.

作用，但 Vandenbergh 教授辩证地指出，如果社会规范的重点是激活个人的行为规范，那么，即使个人得到的回报是消极的，社会规范也可以影响联系松散的群体中的个体行为。

将社交网站归类为紧密或松散的社区是很困难的，因为它们同时具有这两类社区的属性。每个人的社交群里都有熟人和陌生人，而且人们在网站上还可以匿名，这些网站上也在上演着社会的制裁，制造着人们的羞耻感。因为目前的研究似乎发现了与这两个群体分别相关的规范，所以除了满足学术上的好奇心外，要将社交网络精确地定义为其中之一的群体似乎是不必要的。

改变社交网站的特定行为规范可能比在其他环境中改变要困难得多，因为青少年经常把互联网视为另一种现实。正是因为把互联网与现实世界区分开来，所以对青少年要适用不同的规则。此外，由于没有家长的参与，没有家长指导他们建立相关规则，青少年在这个新的社会中基本上是孤独的。社会可能无法为社交网站建立起一套规范、礼仪和道德体系。这可能导致青少年在社交网站中的决策无法基于现有的指导规则。

然而，社会规范在人们的决策过程中扮演着重要的角色，社交网站对社会规范的缺乏或对社会规范的错误解读，为政策制定者、研究团体和家长提供了填补空白的机会。目前，一些青少年并不认为在注册网站时谎报年龄、与陌生人进行性对话，或与网友见面的行为违反了社会习俗。尽管这至少在某种程度上，与他们在现实世界中的行为背道而驰。此外，青少年可能对规范有错误的认识。例如，他们可能认为每个人都在谈论性或发布挑逗性的图片，所以他们也需要这样做。一项社会规范运动可以帮助确定人们的认知是否与规范不同，如果不同，我们就可以向青少年提供更准确的信息，帮助引导他们进行更健康的网上行为。这样的社会规范运动对其他行为，如酗酒和吸毒也有效果。由于开创了预防药物滥用和促进健康的社会规范方法，Perkins 教授和 Berkowitz 教授的研究重点主要集中在年轻人身上，作为一个群体他们往往会受到同龄人的强烈影响。他们发现，对于高危和有害的行为，如药物滥用、暴力和欺凌，很多时候人们会错误地理解问题，认为破坏性的行为是同龄人之间的常态。而事实上，大多数人都有健康的态度和负责任的行为。然而，这种对问题行为的误解会导致非常严重的后果,当青少年从事不健康的行为时,要么是因为他们认为这在同龄人中是"正常的",要么是为了努力融入群体。

社会规范试图通过使用"关于社会环境的准确信息,以积极的群体规范的形式影响着人们广泛的行为变化",从而来使青少年消除认为同龄人都在从事危险行为的想法。Perkins 教授和 Berkowitz 教授提出了这个方法来尝试纠正大学生对同伴饮酒行为的误解。在他们的研究中,他们发现大学生认为他们的同龄人饮酒的频率和数量都比实际上喝酒的频率要高、数量要多。这种误解会导致学生们与同龄人喝酒的时候,会比其他时候喝得更多。[1] 研究人员假设,如果能告知学生,同龄人实际上的饮酒量,那么,他们将会自觉地减少自己喝酒的量。

社会规范运动始于收集关于同龄人之间行为标准的可信数据。媒体活动、互动节目和其他教育场所被用来传达同龄人的态度和其行为的真实面貌。这种方法与现有的"恐吓"活动形成了鲜明的对比,后者侧重于健康风险和其他危险,但被证明是无效的,因为学生们认为这种负面影响相对不太可能发生。社会规范方法在信息暴露、改变学生对同龄人饮酒的看法以及阻止学生饮酒方面非常成功。

这种方法在高中和初中的学生群体中也取得了类似的结果。[2] 社会规范方法在其他社会问题上也取得了成功,包括安全带的使用、性侵犯和同性恋恐惧症。一个基本的社会规范运动包括五个阶段:开始的规划阶段、初始数据收集阶段、战略发展阶段、实施阶段和评估阶段。

Perkins 教授和其他学者已经制定了一个循序渐进的实施手册,其中包括案例研究和其他设计社会规范活动的有用技巧。当然,这超

---

[1] H. Wesley Perkins and David Craig, A Multifaceted Social Norms Approach to Reduce High-Risk Drinking: Lessons from Hobart and William Smith Colleges 29 (2002), http://www.higheredcenter.org/pubs/hws.pdf see also Haines, Perkins, Rice and Baker, supra note 277 at 13 – 14.

[2] S. Christensen & M. Haines Communities Use A SocialNorms Approach to Reduce Teen Alcoholand Tobacco Use: Two Case Studies in Selected Abstracts from the 2004 Conferenceon the Social Norms Model, The Report on Social Norms: Working Paper #14 (Paper Clip Communications 2004).

出了本文的讨论范围，笔者的专业是为社交网站的健康使用设计一个全面的社会规范活动。然而，政府机构和基金会应该资助一些研究来确定：社会规范是什么？青少年是否准确地理解了这些规范？然后设计有效的渠道，向青少年提供有关同龄人规范的信息。当人们对社会规范的理解与实际规范不同时，社会规范运动可能会产生很大的影响（可能是好的影响，也可能是坏的影响）。类似于在规范大学生饮酒项目中所使用的方法可以用来确定这些问题的答案。社交网站中很可能存在一些信息脱节，比如，在饮酒行为中所反映的，这可能导致青少年从事危险的行为，因为他们要么认为这是正常的，要么是他们想要被同龄人接受。常识告诉我们，青少年从事冒险行为的次数越多，他们遭遇不幸的风险就越大。并不是所有发布挑逗性图片或进行网络性爱的青少年都会被色狼骚扰，就像不是所有酗酒或玩喝酒游戏的青少年都会受伤或死亡一样。但是，由于错误的认识而增加冒险的行为只会增加发生真正危险的可能性。

一场社会规范运动可能会产生比教育运动更大的影响，教育运动仅仅试图通过把重点放在社交网站的风险和危险上来吓唬孩子。我们需要在 2002 年举行的"减少青少年生活风险"会议等会议上来探讨这些和其他创造性的战略。学者们与来自政府机构和基金会的与会者一起讨论了青少年为什么会从事冒险行为以及减少风险的策略。会议的议程包括赌博、烟草、怀孕、HIV/STD 和酒精/毒品的演讲和讨论，但不幸的是，可能因为社交网络的话题太新了，所以并没有被列入议程讨论。这样的会议应该重复举行，以便不同的学者能够在多个学科之间分享研究成功和理论经验，从而促进全面战略措施的实施。

七、结语

社交网站的新奇程度和人气程度让许多人感到惊奇、意外。一些评论家曾预测，社交网站的流行将会是短暂的，当青少年发现了下一个大热潮时，就会抛弃他们。随着社交网站的迅速发展并成为主流文化的一部分，这些预测似乎有些不合时宜。虽然社交网站对儿童有很多好处，但也存在多种风险，其中最严重的就是使儿童暴露在了性侵者的面前。

在社交网站上保障儿童的安全仍然是一个艰巨的挑战，因为青少年的神经发育使他们很难避免风险。此外，并不是所有的青少年都以同样的方式思考问题和做出决策。目前的行为学和神经科学的研究表明，当下为解决这些问题而正在实施的方法在改变青少年的行为方面可能是无效的。

我们需要制定一个涉及教育、法律制裁和社会规范等方面办法。反对法规管理的人们支持将风险教育作为唯一的策略，但他们忽视了，青少年经常高估风险，而不是低估风险，而且即使这样，他们还是选择从事风险行为。由于注重风险和对危险的传统教育可能对某些青少年无效，甚至可能适得其反，所以，法律制裁是必要的。惩罚谎报年龄的孩子对其他青少年有强大的威慑作用。

社交网站应该主动地实施年龄分级制度，如果有必要，那么，我们可以通过立法来强制网站实施年龄分级制度。此外，当孩子们注册社交网站账号时，这些网站应该通过要求提供信用卡信息或向家庭寄信的方式通知家长。这将鼓励父母监督他们的孩子并与之进行沟通，这两种方式都被证明对青少年的行为有很大的影响。

社会规范必须成为任何解决方案的一部分。社会规范常常被忽视，但社会规范在抑制人们从事危险行为方面发挥着强大的作用。我们要更多地思考如何制定关于社交网站的社会规范，鼓励社交网站准确理解这些社会规范，因为这些措施对于改变人们的危险行为和维护儿童的安全来说，可能都具有非常重要的意义。让学校、家长和社区发挥作用的全方位措施，辅之以法律制裁，是改变社会规范来造福社会和保护儿童的最佳方案。

第二编 社交媒体用户的隐私权

社交媒体背景调查的诞生

雪利·桑德斯[①] 著　缪子仪[②] 译

目　次

一、导论
二、社交媒体背景调查简史
三、社交媒体背景调查概述
四、结语

一、导论

社交媒体背景调查是当今谋杀他人隐私权的致命武器，对此深信不疑的人并不在少数。[③] 对于任何渴望挖掘他人犯罪证据的人来说，这些背景调查可谓一站式服务。

[①] 雪利·桑德斯（Sherry Sanders），美国南方大学法律中心法学博士。
[②] 缪子仪，中山大学法学院助教。
[③] See Kashmir Hill, Feds Okay Start-up That Monitors Employees' Internet and Social Media Footprints, *Forbes*, June 15, 2011, at 1.

我们不妨设想以下两种情形：

第一种情形——假设潜在雇员 A 和他的朋友在小镇上狂欢尽兴一晚后回到自己的车中。虽然朋友们都在聚会上推杯换盏、誓要不醉不归，但是作为代驾司机，A 就像 20 世纪 90 年代穿越来的人一样坚持只喝苏打水和白开水。当 A 进入汽车时，他的朋友递给他一个空啤酒瓶并拍照记录下这一瞬间，后来这位朋友又将这张照片发布在 Facebook 上。这时问题来了，这张照片会成为 A 醉酒驾驶的证据吗？

第二种情形——假设一个江湖骗子入侵潜在雇员 B 的 Twitter 账户。当骗子仔细阅读 B 的个人主页时，江湖骗子就可在键盘上打字，随心所欲地表达自己的想法。在一篇充斥着大量对黑人和墨西哥人亵渎贬损言论的帖子下面，这位江湖骗子大肆发表评论，其中一条评论涉及让所有黑人卷铺盖回到他们的祖国，因为骗子认为只有这样做美国的犯罪率才能降低。这时问题又来了，如果 B 已经数月无暇上 Twitter 并且对自己 Twitter 个人主页被黑这件事一无所知，那么，江湖骗子骗子冒名发表的评论会成为 B 是一个种族主义者的证据吗？

由以上两种情形我们可以看出，雇主不再是唯一手握雇员"生杀大权"的人；除了雇主之外，还有许多形形色色的人有可能通过单击鼠标和浏览个人主页来决定雇员的命运。随着美国联邦贸易委员会（FTC）最近的核准，美国信用报告机构（CRA）从社交网站（SNS）上收集相关雇员的信息以进行背景调查已不再是天方夜谭。[①] 根据信用报告机构或人力资源主管的主观判断，准雇员甚至有可能在一只脚踏入办公室门之前就被告知"您被解雇了"。为了在雇员伤口上再多撒一把盐，只要是雇员过去 7 年间在社交网站上发布的信息都将成为可供使用和攻击的对象。[②] 虽然雇主和信用报告机构同样也需要遵守《美国联邦公平信用报告法》（FCRA，以下简称《公平信用报告法》）[③]，但是上述行为还是会引发一系列不容小觑的问题，比如

[①] Jennifer Preston, Social Media History Becomes a New Job Hurdle, *N. Y. Times*, July 21, 2011, at Bl.

[②] Jennifer Preston, Social Media History Becomes a New Job Hurdle, *N. Y. Times*, July 21, 2011, at Bl.

[③] See Kashmir Hill, Feds Okay Start-up That Monitors Employees' Internet and Social Media Footprints, *Forbes*, June 15, 2011, at 2.

对雇员隐私权的侵犯、错误的信息报告和所有参与该行为的行为人及第三人所要承担的责任。

本文旨在研究社交媒体背景调查的法律后果，并阐释为什么这种行为对于潜在雇员和现任雇员而言弊大于利。本文第一部分内容将重点讨论社交媒体和《公平信用报告法》的目的；本文第二部分将重点关注信用报告机构向潜在雇主所报告的内容，以及在未使用合理程序的情况下，信用报告机构就报告错误信息行为可能承担的责任；本文第三部分将重点研究雇主、雇主使用社交网站的行为在何种情况下会被视为歧视行为或侵犯雇员隐私权的行为，以及雇主未进行社交媒体背景调查的行为将会如何导致雇员对雇主过失雇佣行为的索赔；接下来，本文将重点讨论社交网站是否必须遵守《公平信用报告法》，如果不必须的话，那么，它们在何种情况下应当对侵犯雇员隐私权的行为承担责任。本文第四部分将论述雇员是否有可能因侵犯自己隐私权的行为而承担责任。

二、社交媒体背景调查简史

（一）社交媒体的诞生

在过去几年中，社交网站的使用率如同滚雪球一般与日俱增。这些社交网站如今已经是大多数人形影不离的伙伴，有数据表明，55%的18—24岁群体在社交网站上有自己的个人主页，1/3的35—44岁群体经常在线上活跃发帖，近20%的45—54岁群体在社交网站上晒出过自己的个人主页。

自1997年以来，社交网站逐渐受到众人的追捧。那时，所谓社交网站是指一种允许用户创建个人或企业关系网络的网站服务。在1997年到2001年之间，用户可以在五花八门的社交网站上创建自己的专业主页、个人主页和约会主页，从2003年开始，为了试图复制早期社交网站的成功，大批新兴社交网站破茧而出。

所谓社交网站，是指网络公司为了让用户实施下列各种各样的活动而提供的网络服务，该网络服务允许用户从事下列活动：一是在有限的系统内创建公开或者半公开的个人主页，二是创建与自己关系密切的联系人列表，三是在自己的个人主页中发表评论、发布信息、图片和视频。①

到了 2004 年，Facebook 横空出世。虽然 Facebook 起初定位的用户群体只有大学生，但是 Facebook 从 2005 年 9 月开始逐渐扩大用户群体，它先是将高中生和公司网络内的专业人士囊括其中，② 最终普罗大众都开始拥有注册 Facebook 的资格。随着社交网站的迅速蹿红和用户数量的疯狂增长，许多社交网站媒体开始将枪口对准社交网站潜在的隐私问题，人们开始担忧《美国联邦宪法第四修正案》到底是否涵盖行为人通过社交网站实施的侵犯他人隐私权的行为。

曾发生的两起案件都将矛头直指 Facebook。根据《美国联邦窃听法》（the Federal Wiretap Act，以下简称《窃听法》），Facebook 被指控侵犯用户的隐私权。③ 首先，在 In re Facebook 一案中，鉴于《窃听法》明确规定"如果行为人是向社会公众提供电子通信服务的实体，那么，它们不能故意向除收件人或预期通信对象以外的任何人、任何实体泄露任何通信内容"④，法院由此判定，由于原告未能证明 Facebook 故意向广告商提供用户信息，所以，Facebook 的网站用户无法获得相应赔偿。⑤ 其次，路易斯安那州首府巴吞鲁日的一名居民最近也对 Facebook 提起诉讼，他指控 Facebook "收集用户互联网习惯相关信息的行为违反《窃听法》和其他法律"⑥。然而，法院至今还没有对该案做出裁决。

随着有关隐私侵权行为构成的争论日趋白热化，毋庸置疑的是，社交网站的使用早已大大超出它们成立之初为聚集一帮志同道合、兴趣相似用户的目的。虽然社交网站最初是围绕在线社区设计的，但是它们如今却逐渐将重心转向个人，也就是说在社交网站中，个人才是

---

① Tom Funk, Social Media Playbook for Business: Reaching Your Online Community with Twitter, Facebook, LinkedIn, and More 8 (2010).

② David Kirkpatrick, The Facebook Effect: The Inside Story of the Company That is Connecting the World 30 – 36 (2010).

③ In re Facebook Privacy Litig., 791 F. Supp. 2d 705, 710 (N. D, Cal. 2011); Bill Lodge, BR class-action suit targets Facebook, The Advocate, Oct. 11, 2011, at 1A.

④ In re Face book Privacy Litig., 791 F. Supp. 2d 705, 712 (N. D. Cal. 2011).

⑤ In re Face book Privacy Litig., 791 F. Supp. 2d 705, 712 (N. D. Cal. 2011).

⑥ In re Facebook Privacy Litig., 791 F. Supp. 2d 705, 710 (N. D, Cal. 2011); Bill Lodge, BR class-action suit targets Facebook, The Advocate, Oct. 11, 2011, at 1A.

自己社区的中心。① 这种新结构被称之为"自我中心网络"②，这种网络结构为行为人提供了独一无二的好机会。在这种网络结构中，他们不仅有机会对特定人群进行研究，而且他们还有可能挖掘到他人的犯罪证据。

（二）《公平信用报告法》向隐私权领域注入活力的尝试

在1970年10月26日，美国国会制定并通过《公平信用报告法》。③ 该法案旨在促进信用报告中的公平性和准确性，而信用报告机构则在收集和评估他人信用和其他相关信息中起着举足轻重的作用。

首先，信用报告机构不仅需要尊重他人的隐私权，而且还应确保自己在收集和向第三人报告信息时是公平公正的，这些是它的使命所系，也是职责所在。此外，信用报告机构必须使用一切"合理程序"来确保所报告信息的准确性。

其次，信用报告机构可能会根据他人的信用、性格、声誉、个人名誉和生活方式来收集汇总信息。为了更好地评估他人作为雇员时的就业、晋升、调动和留用情况，这些信息也可能用于雇佣目的。

再次，信用报告具有一定的限制，只有在书面告知雇员背景调查可能用于雇佣目的的情况下，信用报告机构才能向雇主提供一份包含潜在雇员或现任雇员信息的信用报告。换言之，信用报告必须以雇员书面同意对自己进行背景调查为前提。

复次，如果雇员由于信用报告中的信息而被雇主拒之门外或解雇，那么，雇主必须提供该报告的副本和概述文件，该概述文件中应当写明雇员根据《公平信用报告法》所享有的权利。

最后，信用报告机构所报告的不利信息可以追溯到7年之前。如果信用报告机构故意或过失违反《公平信用报告法》，那么，它们应当就其侵权行为对他人承担相应的赔偿责任。

---

① Danah M. Boyd & Nicole B. Ellison, Social Network Sites: Defini tion, History, and Scholarship, Journal of Computer-Mediated Communication, (2007).

② Danah M. Boyd & Nicole B. Ellison, Social Network Sites: Defini tion, History, and Scholarship, Journal of Computer-Mediated Communication, (2007).

③ Fair Credit Reporting Act, 15 U.S.C. §1681 (2006).

(三) 对《公平信用报告法》做出解释的相关案例

1. 雇主出于雇佣目的合理使用雇员的信用报告

《公平信用报告法》第1681b（b）（2）（A）（i）条规定，如果雇主"在获取信用报告之前的任何时间"以书面形式对雇员提出请求，那么，雇主便可以基于雇佣目的对雇员进行背景调查。① 拿 Kelchner v. Sycamore Manor Health Center 一案来说，在该案中，美国联邦第三巡回上诉法院认为"在获取信用报告之前的任何时间"这一表述语义清晰且内涵明确，该表述表明雇主在"雇佣关系期间的任何时间都可以获取雇员的信用报告"。② 这意味着，只要雇员与雇主签订一揽子的一次性授权书，那么，雇主便有权获得雇员的个人信用报告。此外，虽然雇员有权拒绝雇主获取自己的个人信用报告，但是《公平信用报告法》中却没有任何规定禁止雇主解雇或惩戒那些拒绝被获取报告的雇员。

2. 信用报告机构对错误信息或未核实信息应承担的责任

鉴于《公平信用报告法》第1681e（b）条并没有要求信用报告"尽可能准确"，因此，许多法院都允许信用报告机构使用"技术上准确"作为抗辩来避免承担责任。③ 然而，Koropoulos v. Credit Bureau, Inc. 一案在这方面可谓独树一帜——在该案中，美国哥伦比亚地区上诉法院驳回了被告有关技术上准确的抗辩。④ 为了确定被告的行为到底有没有违反第1681e（b）条，上诉法院另辟蹊径地进行一种均衡考量（balancing test）⑤，即对相关信息给信息接收者留下误导性印象的可能性、准确信息的可获得性和被告获得相关信息的负担进行综合考量。⑥ 再三权衡之后，上诉法院才最终做出判定。

---

① 15 U.S.C. § 1681b（b）（2）（A）（i）（2006）.
② Kelchner v. Sycamore Manor Health Ctr., 135 F. App'x. 499, 502（3d Cir. 2005）.
③ Neil Vanderwoude, The Fair Credit Reporting Act: Fair For Con sumers, Fair For Credit Reporting Agencies, 39 Siu. U. L. Rev. 395, 401 – 402（2009）.
④ Neil Vanderwoude, The Fair Credit Reporting Act: Fair For Con sumers, Fair For Credit Reporting Agencies, 39 Siu. U. L. Rev. 395, 401 – 402（2009）.
⑤ Koropoulos v. Credit Bureau, Inc., 734 F.2d 37, 42（D.C. Cir. 1984）.
⑥ Koropoulos v. Credit Bureau, Inc., 734 F.2d 37, 42（D.C. Cir. 1984）.

3. 信用报告机构故意和过失违反《公平信用报告法》的情形

首先,《公平信用报告法》规定,"如果信用报告机构故意违反《公平信用报告法》,那么,它们应当就其对他人造成的损害承担相应的赔偿责任"①。根据该规定,如果信用报告机构"明知实施某项行为会侵害他人的权利,但它们对他人的权利漠不关心,并且它们在明知和有意的情形下仍然实施该行为",那么,它们的行为便构成故意违反《公平信用报告法》。② 在 Saenz v. Trans Union, LLC 一案中,为了确定信用报告机构实施行为时的意图到底达到何种程度才能构成"故意",塞恩斯法院选择采用美国联邦第三巡回上诉法院的犯罪意图标准。③ 塞恩斯法院认为,如果信用报告机构明知自己所实施的行为违反法律规定,或者信用报告机构虽然不知道自己实施的行为违反法律规定,但是它们鲁莽行动,对自己实施的行为是否会违反法律规定漠不关心,那么,信用报告机构的行为就构成"故意违反《公平信用报告法》"④。在该案中,赛恩斯法院不仅将"故意"解释为"蓄意和有目的性"⑤,而且它还认为即使信用报告机构展现出"恶意或者邪恶动机",它们也不一定需要就其行为对他人承担赔偿责任。⑥ 按照赛恩斯法院对法条的解读,如果信用报告机构故意误导或隐瞒他人的信息,那么,它们的行为一般情况下都会构成故意违反《公平信用报告法》。⑦ 但是,如果信用报告机构只是未能在报告错误信息后将其删除,或者在删除错误信息后又输入错误的信息,那么,它们的行为并不会构成"故意违反《公平信用报告法》"。⑧

其次,根据《公平信用报告法》第1681o(a)条,如果信用报告机构因过失违反《公平信用报告法》,那么,它们应当就其对他人

---

① 15 U.S.C. §1681n (a) (2006).
② Pinner v. Schmidt, 805 F.2d 1258, 1263 (5th Cir. 1986).
③ Saenz v. Trans Union, LLC, 621 F. Supp. 2d 1074, 1086 (D. Or. 2007).
④ Saenz v. Trans Union, LLC, 621 F. Supp. 2d 1074, 1086 (D. Or. 2007).
⑤ Casella v. Equifax Credit Info. Servs., 56 F.3d 469, 476 (2d Cir. 1995).
⑥ Bakker v. McKinnon, 152 F.3d 1007, 1013 (8th Cir. 1998).
⑦ Reed v. Experian Info. Solutions, Inc., 321 F. Supp. 2d 1109, 1116 (D. Minn. 2004).
⑧ Reed v. Experian Info. Solutions, Inc., 321 F. Supp. 2d 1109, 1116 (D. Minn. 2004).

造成的损害承担相应的赔偿责任。① 简而言之，针对信用报告机构的过失行为，如果他人想在法庭上胜券在握，那么，他们必须证明信用报告机构的过失行为同时具备以下四个要素："第一，信用报告机构提供的信用报告中存在错误信息；第二，信息错误与信用报告机构没有遵循合理程序来确保信息尽可能准确之间存在因果关系；第三，他人遭受损害；第四，他人遭受的损害与信用报告中的错误信息之间存在因果关系。"②

在 Thompson v. San Antonio Retail Merchants Association 一案中，美国联邦第五巡回上诉法院认为，如果要判断信用报告机构为确保信息准确无误而采取的程序到底是不是合理程序，那么，法院应当基于一个一般理性人在相同情况下会采取的措施来综合判断。此外，该法院还认为，《公平信用报告法》第1681e（a）条所述的合理程序因素在诉讼中必不可少，因为根据该条规定，除非他人证明信用报告机构没有采取合理程序，否则，他们无法就信用报告机构的过失行为提起诉讼。他人要么必须证明信用报告机构将他们的相关信息用于非法目的，要么必须证明系统性错误（systematic error）的存在，而所谓系统性错误则是指反复多次发生的错误。

最后，对于信用报告机构到底能将相关信息用于哪些目的，《公平信用报告法》第1681b（a）条为信用报告机构提供了一份白名单，该清单将信用报告机构使用信用报告的合法目的一一列出。③ 根据这份清单，信用报告机构完全可以出于雇佣目的获取信用报告并将该报告提供给第三人。一言以蔽之，如果信用报告机构向第三人披露信息是出于第1681b（a）条允许的合法目的，那么，我们便大可不必进一步讨论它们遵循的程序到底是否合理；这也意味着，在这种情况下，他人不提起诉讼才是明智之举。而从另一个角度来说，为了避免自己对错误报告承担责任，信用报告机构也可以证明自己已经遵循一切合理程序来确保信息准确无误。不过值得注意的是，许多巡回上诉

---

① 15 U.S.C. § 1681o（a）(2006).
② Cortez v. Trans Union, LLC, 617 F.3d 688, 708 (3d Cir. 2010) (citing Philbin v. Trans Union Corp., 101 F.3d 957, 963 (3d Cir. 1996)).
③ 15 U.S.C. § 1681b（a）(1-6)（2006）.

法院都选择将责任推给陪审团，这导致判断程序合理性的难题许多时候都留待陪审团来解决。

4. 侵犯他人隐私权或歧视他人的情形

首先，从相关案例来看，如果第三人是出于雇佣目的而使用他人的信用报告，那么，他们的行为其实并不属于歧视性行为。①

其次，从总体而言，他人依据《公平信用报告法》提起诉讼可以达到一种一箭双雕的效果：第一，确保信用报告机构所报告的信息准确无误；第二，保护他人的隐私权免受非法行为侵害。②

最后，《公平信用报告法》第1681h（e）条规定，除非相关信息是"恶意或故意侵害他人的虚假信息"，否则，他人不得针对向信用报告机构提供信息的人提起隐私侵权之诉。③ 这意味着，如果第三方公司向信用报告机构提供他人的信用信息，那么，它们就受该条款保护而免受诉讼之扰；但是如果第三方公司不仅提供虚假信息，而且它们提供该信息时还意图"恶意或故意侵害他人"，那么，它们的行为就要另当别论了。④

三、社交媒体背景调查概述

2011年的夏天，美国联邦贸易委员会在信函中表明，信用报告机构很可能会通过社交网站对潜在雇员和现有雇员进行背景调查；在获悉这个消息之后，互联网霎时间炸开了锅，全网上下热议纷纷。该信函指出："联邦贸易委员会隐私和身份保护部门的工作人员一直在对社会情报公司（Social Intelligence Corporation）进行调查研究。所谓社会情报公司是指一种提供背景调查服务的公司，为了对他人进行背景调查，这些公司会从互联网和社交媒体上收集大量的公共信息，而大量雇主则会在雇员就业前使用这种服务以便对他们进行背景调查。我们的调查旨在确定这些社会情报公司到底是否遵守《公平信用报告法》……目前我们已完成调查并决定目前暂不会采取进一步

---

① Pettus v. TRW Consumer Credit Serv., 879 F. Supp. 695, 698 (W. D. Tex. 1994).
② Myers v. Bennet Law Officers, 238 F. 3d 1068, 1074 (9th Cir. 2001).
③ 15 U. S. C. § 1681h (e) (2006).
④ Lofton-Taylor v. Verizon Wireless, 262 F. App'x. 999, 1002 (8th Cir. 2008).

的行动。"[1]

联邦贸易委员会的信函一出，铺天盖地的文章在报纸、杂志和在线上如雨后春笋般涌现，它们纷纷指出该信函意味着联邦贸易委员会已经允许信用报告机构继续通过 Facebook、Twitter 和 MySpace 对他人进行背景调查。那么，问题来了，联邦贸易委员会的信函到底意味着什么？

（一）他人的隐私权呜呼哀哉，信用报告机构难辞其咎

在社交媒体背景调查中，社会情报公司可谓冲锋陷阵的头一号信用报告机构，它们从社交网站上获取雇员的正面和负面信息，接着再将用这些信息生成的报告提供给雇主。所谓负面信息是指雇员进行的非法活动，比如吸毒、发表种族主义言论、参与种族主义活动或发布露骨色情的视频或图片；所谓正面信息则是指雇员进行的一些积极的正能量活动，其中，包括花时间投身于慈善事业或志愿者活动、参与行业博客和获得外部奖励及认可等。社会情报公司在自己的官网上表示，只要雇主有需求，它们就会对雇员重新进行一次背景调查。虽然社会情报公司必须根据《公平信用报告法》的要求将相关信息保存7年以上，但是它们表示自己不会吃老本，这些过时的信息绝不会被重复使用。[2]

在从社交网站收集雇员信息的过程中，虽然社会情报公司和其他信用报告机构也在试图遵守《公平信用报告法》，但是出现问题也当在情理之中——信用报告机构所报告信息的准确性和它们何时应当对自己的过失报告行为负责都是相伴相生的问题。不知大家是否还记得文章开篇的两种假设情形，这两种情形表明眼见可并不一定为实，仅凭一张图片或区区一页个人主页所获得的信息可能与真相相距十万八千里。然而，不仅信用报告机构聘请的信息调查人员往往掌握着潜在雇员职业生涯的生杀大权，而且他们恰恰很多时候仅凭自己的主观判

---

[1] Letter from Maneesha Mithal, Assoc. Dir., Federal Trade Commission Division of Privacy and Identity Protection, to Renee Jackson (May 9, 2011).
[2] Kashmir Hill, Social Media Background Check Company Ensures That Job-Threatening Facebook Photos Are Part Of Your Application, *Forbes*, June 20, 2011, at 1.

断就对这些雇员盖棺定论。如果潜在雇员 A 因为 Facebook 上的那张照片而错失成为卡车司机的良机,或者潜在雇员 B 因为 Twitter 账户中的种族主义言论而被心仪公司拒之门外,那么,他们应该怎么办?

1. 信用报告机构何时应当对自己的错误报告行为负责

首先,虽然《公平信用报告法》旨在保护他人的合法权益,但是它在就业语境下却往往无能为力。2004 年的一份报告指出,参与调查的信用报告中有 25% 的信用报告包含严重错误,这些错误极有可能导致他人在信贷或就业方面吃闭门羹。此外,高达 79% 的信用报告要么包含严重错误,要么存在其他某种错误。纵观相关案例,几乎没有法院因信用报告机构的错误报告行为而为他人提供救济。不过,Koropoulos v. Credit Bureau, Inc. 一案算是这其中凤毛麟角的特例——与之前的大多法院恰恰相反,美国哥伦比亚地区上诉法院驳回了被告有关"技术上准确"的抗辩。①

在该案中,原告曾拖欠贷款,不过,最终他还是将该笔款项一并还清。然而,由于作为信用报告机构的被告将该笔款项列为坏账,因此原告数次被拒绝获得信贷资金。上诉法院认为,如果报告中的信息使信息接收者对他人产生误解,那么,该信息就是所谓的错误信息。此外,上诉法院还对相关信息给别人留下误导的可能性、准确信息的可获得性和被告获得准确信息的可能性进行综合考量,从而开创出适用于此类案件的均衡考量方法。

其次,如果将这种均衡考量方法应用到开篇的两种假设情形之中,那么,我们会发现,要想辨明信用报告机构是否可能就它们的错误报告行为而对潜在雇员 A 和 B 承担责任依旧困难重重。在第一种情形中,如果信用报告机构根据 Facebook 上的照片而向雇主报告潜在雇员 A 曾是一个酒驾司机,那么,该报告不仅从技术上而言是准确的,而且它也符合大多数巡回上诉法院确立的标准。但是,我们心中其实都知道,潜在雇员 A 是代驾司机而且他根本没有喝酒,这张颇具误导性的照片仅仅是因为醉酒好友在 A 周围玩至兴起摁下了快门。如果潜在雇员 A 要求信用报告机构删除该信息却并无成效,那么,不仅错误的信息会被继续报告,而且该信息还会给雇主留下 A

---

① See Koropoulos v. Credit Bureau, Inc. 734 F.2d 37, 42 (D.C. Cir.1984).

是个醉驾司机的误导性印象。然而，想要在误导性印象的分量和信用报告机构获取准确信息的负担之间取得平衡可绝非易事，因为社交媒体背景调查不是一种对他人的信用、犯罪前科或工作经历的常规调查，所以，它的信息无法像常规背景调查中的信息一样轻而易举就能得到核实。举例来说，如果信用报告机构轻松致电商人或债权人就能核实他人信用报告中包含的信息是否准确，那么，它们获取该信息的负担就很小。虽然"负担小"这件事已经一目了然，但是在权衡误导性印象、照片背后的真相和信用报告机构获取该信息的负担时，依旧无人知晓法院到底会不会依据第 1681e（b）条判定信用报告机构就其报告错误信息的行为承担责任。

再次，第二种假设情形也大同小异。如果信用报告机构仅凭 Twitter 账户上的帖子就将潜在雇员 B 报告为种族主义者，那么，该报告仅从技术上而言依旧是准确的。但是，如果信息报告机构在潜在雇员 B 报告错误信息后仍不更正，那么，此时均衡考量方法就派上了用场。根据假设情形二中的事实，不仅潜在雇员 B 几个月来都无暇访问自己的 Twitter 页面，而且还有人趁机黑进她的账户，这表明发表种族主义言论的罪魁祸首根本不是潜在雇员 B。尽管如此，审查这些信息的雇主还是免不了会误认为潜在雇员 B 是一个种族主义者，这样一来误导性信息带来的威力似乎更胜一等。因此，比起信息"在技术上准确"而言，法院更可能将天平倾向于误导性信息。虽然前面的分析过程还算畅通无阻，但是在评估信用报告机构的负担时，拦路虎就出现了——如果信用报告机构将社交网站上收集到的信息反馈给雇主，并且该网站因用户常常言过其实和说谎而臭名昭著，那么，此时法院又应当如何评估信用报告机构获得准确信息的负担？针对将均衡考量方法应用于社交媒体背景调查所产生的问题，笔者建议，法院应当仅仅考虑相关信息给别人留下误导性印象的可能性和信息的准确性。此外，鉴于信用报告机构总是表明自己很难找到其他信息来证明所报告信息的准确性，法院还应当考虑信用报告机构员工到底能不能胜任这些职责。

最后，虽然大概只有1/4的信用报告含有严重错误，① 但为了让信用报告机构就其错误报告行为承担责任，深受错误报告行为之害的他人必须克服信用报告机构关于"技术上准确"的抗辩。如果他人可以避开"技术上准确"的抗辩并让法院适用均衡考量方法，那么，他们因信用报告机构的错误报告行为而获得赔偿的胜算就会大大增加；至于为何不能有十成的胜算把握，这是因为法院到底会如何看待信用报告机构获得准确信息的负担还是一个未知数。

2. 信用报告机构何时应当对自己的过失行为或未遵循合理程序的行为负责

首先，我们不妨先来看两个相关案例。在 Stevenson v. TRW, Inc. 一案中，法院判定被告应当就其过失行为承担责任。② 在该案中，原告告知被告自己的个人信用报告中含有错误信息；他本来自信满满地以为自己的报告已经被更正，结果却发现有的错误信息依然原封不动地待在原处，还有的错误信息虽然被删除，但是重新输入的信息仍然是错误的。由于被告不仅在重新调查原告的争议时怠惰因循，而且它还没有及时删除错误信息和待核实信息，所以法院最终判定被告的行为属于过失行为。

在 Philbin v. Trans Union Corp. 一案中，为了确定信用报告机构在收集或报告信息方面是否存在过失行为，美国联邦第三巡回上诉法院列出了过失行为的以下构成要件：③

第一，他人的信用报告中存在错误信息。④ 就拿文章开篇第一种假设情形来说，因为潜在雇员A事实上并没有喝酒，因此，该情形满足本构成要件。如果信用报告机构向雇主报告潜在雇员A是醉酒驾驶的司机，那么，该信息就属于错误信息。

第二，信息错误与信用报告机构未能遵循合理程序之间存在因果关系。⑤ 就信用报告机构到底有没有遵循合理程序而言，法院做出的

---

① Alison Cassady & Edmund Mierzwinski, Mistakes do Happen: A Look at Errors in Consumer Credit Reports 4 (2004).
② See Stevenson v. TRW, Inc. 987 F.2d 288, 298 (5th Cir. 1993).
③ Philbin v. Trans Union Corp., 101 F.3d 957, 963 (3d Cir. 1996).
④ Philbin v. Trans Union Corp., 101 F.3d, at 963 (3d Cir. 1996).
⑤ Philbin v. Trans Union Corp., 101 F.3d, at 963 (3d Cir. 1996).

判定可谓五花八门。在 Boris v. Choicepoint Services 一案中，Boris 告知被告的索赔报告中关于先前的保险索赔存在错误信息，①但是 Boris 万万没想到原先错误信息被更正之后，取而代之的是更多的错误信息。② 鉴于信用报告机构并没有澄清报告中存在的误导性信息，因此，法院认为它并没有遵循合理程序。③ 回到第一种假设情形中，信用报告机构报告的任何有关潜在雇员 A 是酒驾司机的信息也都具有误导性。对比看来，其实该情形与 Boris 一案的情形相去无几——在 Boris 一案中，有关原告先前的保险索赔信息存在错误，而假设情形一中潜在雇员 A 是酒驾司机的信息也不准确。因此，如果信用报告机构在潜在雇员 A 请求后仍然不更正信息，那么，它也可能会因未遵循合理程序而违反《公平信用报告法》第 1681e（b）条。不过，由于美国联邦贸易委员会制定了"合理程序的最低要求标准"，所以，只有当雇员能够证明"系统性错误"的存在时，信用报告机构才会就其侵权行为承担责任。④ 换言之，即使信用报告机构本身确实存在错误报告行为，但如果这个错误没有达到系统性错误的程度，那么，潜在雇员 A 也很难获得赔偿。⑤

第三，接下来两个构成要件是他人必须证明自己遭受损害，并且这种损害与信用报告中的错误信息之间存在因果关系。⑥ 第一种假设情形轻而易举就能满足这两个构成要件，因为潜在雇员 A 完全可以证明他是因为信用报告机构提供的报告而被拒绝雇用的。不过，还有一点需要注意——只有克服合理程序标准，潜在雇员 A 才能就信用报告机构的过失行为提出索赔请求。

其次，我们再回到第二种假设情形中。如果潜在雇员 B 能够克

---

① See Boris v. Choicepoint Servs., 249 F. Supp. 2d, at 855（W. D. Ky. 2003）.
② See Boris v. Choicepoint Servs., 249 F. Supp. 2d, at 855（W. D. Ky. 2003）.
③ See Boris v. Choicepoint Servs., 249 F. Supp. 2d 851, 862（W. D. Ky. 2003）.
④ Ruth Desmond, Comment, Consumer Credit Reports and Privacy in the Employment Context: The Fair Credit Reporting Act and the Equal Employment For All Act, 44 U. S. F. L. REV, at 922（2010）.
⑤ Ruth Desmond, Comment, Consumer Credit Reports and Privacy in the Employment Context: The Fair Credit Reporting Act and the Equal Employment For All Act, 44 U. S. F. L. REV, at 922（2010）.
⑥ Philbin v. Trans Union Corp., 101 F. 3d 957, 963（3d Cir. 1996）.

服合理程序标准,那么,她也能就信用报告机构的过失行为提出索赔请求。从以上构成要件来看,一是由于潜在雇员 B 根本没有发表评论,因此信用报告中关于她是种族主义者的信息属于错误信息;二是如果信用报告机构未能更正该误导性信息,并且该错误行为达到系统性错误的程度,那么,信用报告机构就有可能因未遵循合理程序而违反《公平信用报告法》第 1681e(b)条;三是由于职业发展的机会受影响、大好前程被耽误,因此,潜在雇员 B 无论在经济上还是精神上都会遭受损害;四是正是信用报告机构提供给雇主的错误信息导致潜在雇员 B 被拒绝雇用,因此,二者之间具有因果关系。

最后,在处理与就业有关的问题时,法院通常难以适用合理程序标准,这与就业的紧迫性和必要性密不可分。一方面,许多求职者或雇员都无法连续要求信用报告机构更正错误信息,因为他们根本没有时间去耗费这个功夫;另一方面,许多人囊中羞涩,他们不仅家外有待付的账单,而且家中还有嗷嗷待哺的孩子,所以,他们根本无法等到系统性错误发生来证明信用报告机构存在过失行为。如果潜在雇员或现任雇员想要证明信用报告机构未能遵循合理程序,那么,这种可能性可谓微乎其微。

(二)他人的隐私权难以得到保障,雇主是罪魁祸首之一

首先,雇主在决定提供职位之前会使用社交网站来调查潜在雇员,这早已是大家心照不宣的事情。根据《纽约时报》的报道,75%的公司要求招聘人员对应聘者进行调查。① 此外,有70%的招聘人员因为网上的信息而将应聘者拒之门外。②

其次,为了避免法律风险或被指控为歧视行为,许多雇主选择使用信用报告机构生成的雇员信用报告。③ 如果雇主想要将获取的背景

---

① Jennifer Preston, Social Media History Becomes a New Job Hurdle, *N. Y. Times*, July 21, 2011, at B4.
② Jennifer Preston, Social Media History Becomes a New Job Hurdle, *N. Y. Times*, July 21, 2011, at B4.
③ Social Intelligence, http://www.socialintel.com/social-media-employment-screening/.

调查用于就业目的，那么，他们必须以书面形式告知雇员。① 鉴于此，雇主理应在书面文件上留下一方空间以供雇员表明自己同意接受社交媒体背景调查。

最后，由于《公平信用报告法》在告知、同意、访问和强制执行方面并没有为求职者和现任雇员提供充分保护，因此，雇员和雇主必须采取相应的措施来保护自己、捍卫自己的权利。

1. 雇员应仔细阅读所有雇佣文件

一方面，在签署任何雇佣文件之前，潜在雇员应当将文件从头到尾仔细地阅读一遍。为了确定自己有多少客户在签署在线销售协议之前会阅读条款和相关条件，GameStation 公司最近进行了一项耐人寻味的调查。② 该公司在协议中混入一项名为"出卖灵魂条款"的规定，根据该条款，客户在法律上有义务为 GameStation 提供自己的灵魂。③ 在这项调查中，选择出卖灵魂的客户竟然高达88%，④ 这不仅意味着有88%的客户在签订协议之前没有认真阅读协议条款和相关条件，⑤ 而且这也应当在潜在雇员心中敲醒警钟——他们应当多花点时间去仔细阅读受雇前或雇佣期间需要签署的任何文件。此外，如果雇主想要对雇员进行背景调查，那么，他们必须在雇佣文件中涵盖相关条款以便告知雇员。⑥ 与之相对的，雇员也应当向人力资源人员核实自己的背景信息将从何处被获取。采取这些措施不仅能使潜在雇员防止信用报告机构或人力资源人员从社交网站上收集他们的背景信息，而且这样做还能使雇员保持警惕，让他们有时间删除自己个人主页中的不利信息或确保自己的个人主页不向普罗大众公开。

另一方面，雇员还应当意识到根据《公平信用报告法》，如果他们已经签署一份涵盖背景调查条款的雇佣文件，那么，他们就相当于授权雇主可以在雇佣关系期间的任何时间获取自己的信用报告。⑦ 只

---

① 15 U.S.C. §1681b (2006).
② Joe Martin, GameStation: "We own your soul", Bit-Gamer (April 15, 2010).
③ Joe Martin, GameStation: "We own your soul", Bit-Gamer (April 15, 2010).
④ Joe Martin, GameStation: "We own your soul", Bit-Gamer (April 15, 2010).
⑤ Joe Martin, GameStation: "We own your soul", Bit-Gamer (April 15, 2010).
⑥ 15 U.S.C. §1681b (2006).
⑦ Kelchner v. Sycamore Manor Health Ctr., 135 Fed. App'x. 499, 502 (3d Cir. 2005).

要雇佣期间签订的一揽子一次性授权书在手,无论是雇员被雇用后的第5年、第10年还是第20年,雇主都可以理直气壮地合法调查雇员的背景。① 而反过来的情况却大不相同,如果雇员拒绝授权雇主获取他们的信用报告,那么,《公平信用报告法》就几乎没有任何用武之地。② 总之,绕了一圈我们还是回到这个棘手的问题上——想要将《公平信用报告法》应用到雇佣相关的问题上可谓困难重重。虽然雇员谨慎对待自己所签署内容的行为无可非议,但是这种谨慎却可能使他们陷入困境,因为这样一来《公平信用报告法》便很难为他们提供救济;在这种情况下,社交媒体背景调查的应用和泛滥只会徒增潜在雇员和现任雇员遭受雇主侵害的可能性。

2. 无论调查社交网站与否,雇主都有可能为此承担责任

首先,"如果雇主依据虚假的正面信息行事,那么,他们就要承担与新雇员之间信任破裂而产生的投资成本;如果雇主根据虚假的负面信息行事,那么,他们就可能永远无从得知自己所失机会的性质和程度"③。一言以蔽之,社交媒体将雇主置于一种进退两难的尴尬境地——无论雇主在雇用之前有没有通过社交网站对雇员进行背景调查,诸如"过失雇佣行为、骚扰索赔、歧视性索赔和其他法律问题"之类的法律后果都有可能在前方向他们招手;如果雇主在雇用之前没有通过社交网站对雇员进行背景调查,或者他们没有根据社交网站上雇员的相关信息采取相应措施,那么,他们的行为就可能被指控为过失雇佣行为。例如,我们假设潜在雇员A的确存在酒后驾驶行为,在这种情况下,如果卡车公司在Facebook上发现该信息后依然选择雇用A,之后A在工作中因饮酒而导致别人受伤,那么,此时该公司就可能因自己的过失雇佣行为而对第三人承担责任。再比如,如果律师事务所在知道潜在雇员B在Twitter上的言论后依然选择雇用B,之后B由于客户的种族而未能尽心尽力地充分代表客户,那么,此时该事务所就可能因自己的过失雇佣行为而对客户承担责任。综上所

---

① Kelchner v. Sycamore Manor Health Ctr., 135 Fed. App'x. 499, 502 (3d Cir. 2005).
② Kelchner v. Sycamore Manor Health Ctr., 135 Fed. App'x. 499, 502 (3d Cir. 2005).
③ Virginia G. Maurer & Robert E. Thomas, Getting Credit Where Credit is Due: Proposed Changes in the Fair Credit Reporting Act, 34 Am. Bus. L. J. 607, 622 (1997).

述，通过调查社交网站而对雇员进行背景调查似乎对雇主而言是利大于弊的。但也要注意，如果雇主由于社交网站上发现的负面信息而对雇员采取拒绝雇用等行为，那么，这些行为还有可能会被指控为歧视性雇佣行为。①

其次，如果雇主依据应聘者的"性别、性取向、年龄或种族"做出是否雇用的决定，那么，他们很可能会被应聘者以歧视性雇佣行为之名起诉，因为该部分内容属于美国联邦法律保护的地盘。② 作为美国联邦法律之一，《公平信用报告法》在保护雇员免受歧视行为侵害方面义不容辞，它要求雇主在从社交网站上收集信息之前应当以适当方式告知雇员。尽管该规定的出发点是保护雇员的合法权益，但是它在就业领域起的作用却可谓差强人意，因为雇员很多时候会担心自己由于拒绝背景调查而丢了饭碗。

最后，如果雇主违反《美国联邦平等信用机会法》、未将背景调查的可能性告知潜在雇员或现任雇员、未告知雇员因信用报告中的信息而被拒绝雇用或解雇，那么，他们还可能因故意违反《公平信用报告法》第1681n（a）条而承担责任。事实上，无论是自己进行社交媒体背景调查还是委托信用报告机构进行，雇主都有可能侵犯潜在雇员的隐私权：一方面，信用报告不仅会披露雇员的私密信息（通常是片面信息），而且还会迫使雇主得出"关于雇员经历和行为的误导性结论"；另一方面，社交媒体背景调查只会给雇主留下有关雇员道德或动机方面的错误印象。

虽然雇员的个人主页上有林林总总的信息，但是这些信息可能完全不足以反映事实真相或图片全貌，眼睛所见与真实情况很有可能相去甚远；在这种情况下，雇主便极有可能在不了解信息背景与真相的情况下产生误解。此外，如果雇主不仅与某个应聘者私交甚密，而且社会公众还无法访问该应聘者的个人主页，那么，雇主的行为也可能会侵犯其他雇员的隐私权。

---

① Arthur Yermash, Employer Legal Issues For Online Social Net working, Legal Brief, (Aug. 2010).

② Arthur Yermash, Employer Legal Issues For Online Social Net working, Legal Brief, (Aug. 2010).

（三）他人的隐私权呜呼哀哉，社交网站脱不了干系

首先，关于社交网站是否必须遵守《公平信用报告法》，或者它们是否向信用报告机构提供了他人的信息，目前众说纷纭。《福布斯》（Forbes）的一篇文章曾认为 Facebook 并没有参与上述这些行为。① 该文章指出，Facebook 近日向社会情报公司发出勒令停止通知函，这表明社会情报公司的行为可能已经违反 Facebook 的服务条款。② 如果 Facebook 之类的社交网站必须遵守《公平信用报告法》，那么，他人理应可以依据本法提起隐私侵权诉讼；但是事实却并非如此，目前涉及 Facebook 的隐私侵权诉讼基本上都是依据《窃听法》提出的。③ 例如，In re Facebook 一案，在该案中，用户就 Facebook 未经同意就将他们的个人信息提供给第三方广告商的行为提起集体诉讼。④ 比如，路易斯安那州巴吞鲁日的 In re Facebook Privacy Litig. 一案，在该集体诉讼案件中，原告指控 Facebook"收集用户互联网习惯相关信息"的行为违反了《窃听法》。⑤

其次，如果潜在雇员 A 和 B 在某种程度上认为社交网站正在向信用报告机构或雇主披露他们的信息，那么，他们也可以依据《公平信用报告法》《窃听法》或任何其他相关的联邦法律向社交网站提出索赔请求。在上文提到的 In re Facebook 一案中，由于法院认为原告未能证明 Facebook 是故意向第三人提供信息，因此原告没能获得赔偿。⑥ 总之，从目前的情形来看，似乎涉及社交网站侵犯他人隐私权的诉讼总是绕不开《窃听法》，因为当前几乎没有任何证据表明社交网站参与过社交媒体背景调查行为。

---

① Kashmir Hill, Senators Worried Job Seekers "Unfairly Harmed" By Social Media Background Checks, Forbes, Sep. 20, 2011.

② Kashmir Hill, Senators Worried Job Seekers "Unfairly Harmed" By Social Media Background Checks, Forbes, Sep. 20, 2011.

③ In re Facebook Privacy Li tig., 791 F. Supp. 2d 705, 712（N. D. Cal. 2011）; Bill Lodge, BR class-action suit targets Facebook, The Advocate, Oct. 11, 2011, at 1A.

④ In re Facebook Privacy Li tig., 791 F. Supp. 2d 705, 711 – 712（N. D. Cal. 2011）.

⑤ Bill Lodge, BR class-action suit targets Facebook, The Advocate, Oct. 11, 2011, at 1A.

⑥ In re Facebook Privacy Li tig., 791 F. Supp. 2d 705, 711 – 713（N. D. Cal. 2011）.

(四)他人的隐私权呜呼哀哉,他人自身也并非平白无故

首先,虽然"隐私容忍度"因人而异,但社交网站用户却不约而同地渴望知道其他人都在做些什么。① 不仅如此,他们还痴迷于告知别人自己当前的所作所为或所思所想。事实上,正是这些"渴望"盲目地引导用户一不小心就成为侵犯自己隐私权的垫脚石。

其次,虽然《公平信用报告法》在"告知"层面上无法为雇员提供充分保护,但它也并不是一无是处——根据《公平信用法》的要求,雇主和信用报告机构至少应当提醒雇员清理整顿自己的个人主页。既然社交网站允许用户随心进行隐私设置,② 那么,作为用户的雇员就应该充分利用好这个机会。如果雇员可以通过隐私设置等方式采取预防措施,那么,不仅他们能避免向法官证明信用报告机构或雇主未遵守《公平信用报告法》,而且与社交媒体背景调查相关的大部分问题也都将迎刃而解。

最后,如果雇员想要避免承担信息错误或过失报告行为的证明责任,那么,摆在他们面前的选择显而易见:①雇员可以删除所有存在问题的图片和帖子,这样可以防止这些图文带来不必要的联想、歧义和误解;②通过隐私选项,雇员可以将自己的个人主页设置为仅对好友可见,这样有助于防止好友以外的人查看他们发布的任何信息;③雇员可以暂时或永久地删除自己的个人主页内容。一方面,至少在找工作时,暂时删除个人主页算是一条应急的锦囊妙计;另一方面,如果雇员想要全面保护自己的隐私权免受侵害,那么,永久删除个人主页才是他们的不二之选。虽然永久删除的做法对于有些人来说过于极端,并且这样做也无法保证页面确实会被永久删除,但是潜在雇主和现任雇员的心中必须警钟长鸣,因为在雇佣关系期间,雇主只需动动手指头就有权在任何时间访问雇员的个人账户。③

---

① Erik Qualman, Socialnomics: How Social Media Transforms the Way We Live and Do Business 5 (2009).
② Erik Qualman, Socialnomics: How Social Media Transforms the Way We Live and Do Business 5 (2009).
③ Kelchner v. Sycamore Manor Health Ctr., 135 F. App'x. 499, 502.

四、结语

社交媒体背景调查不仅问题丛生,而且由于《公平信用报告法》适用于雇佣关系所遇到的问题悬而未决,这些丛生的问题愈演愈烈。如果甄别信息是真实的、夸大的还是谎言这件事困难重重,那么,雇员的未来又怎能由那些仅凭主观判断和错误方法的信用报告机构人员说了算?笔者认为,信用报告机构人员手握雇员的"生杀大权",这些权力实在是太大了。虽然雇员可以通过法院渠道来纠正违反《公平信用报告法》的行为,但木已成舟,潜在雇员被剥夺的大好前程或养家糊口的收入已很难再弥补。或许眼下联邦贸易委员会应当重新考虑是否允许社交媒体背景调查的行为,毕竟除了上述问题外,"隐私权保护派的参议员 Al Franken 和 Dick Blumenthal"也都表达过自己对这种行为的不满。① 如果说他人的隐私权之前还一息尚存,那么,此时笔者能肯定地说,社交媒体早已将他人的隐私权完全破坏了。②

---

① See Kashmir Hill, Feds Okay Start-up That Monitors Employees' Internet and Social Media Footprints, *Forbes*, June 15, 2011, at 1.

② Mirna Bard, 99 Favorite Social Media Quotes and Tips, Social Media (Apr. 6, 2010).

论社会规范助推下的隐私保护

奥伦·佩雷斯①　伊法特·纳赫米亚斯②　尤塔姆·什洛莫③
尤里·斯泰默④　著　缪子仪⑤　译

目　次

一、导论
二、揭开助推的神秘面纱
三、社会规范助推会对他人的隐私权造成威胁吗
四、社会规范助推的使用——以隐私权监管为视角
五、结语

一、导论

首先,在当代监管实践中,将行为经济学的观点纳入监管工具箱中可谓大势所趋⑥,而行为经济学中的助推理论（nudges）和除偏机制（de-biasing mechanisms）更是这其中不容忽视的重头戏。⑦ 纵观全球,这样的例子很多:在2010年7月,英国成立了一个行为洞察团

---

① 奥伦·佩雷斯（Oren Perez）,美国巴伊兰大学法学院院长。
② 伊法特·纳赫米亚斯（Yifat Nahmias）,美国巴伊兰大学法学院博士。
③ 尤塔姆·什洛莫（Yotam Shlomo）,美国巴伊兰大学法学院环境管理诊所经理。
④ 尤里·斯泰默（Uri Stemmer）,美国本古里安大学计算机科学系助理教授。
⑤ 缪子仪,中山大学法学院助教。
⑥ Pete Lunn, Regulatory, Policy and Behavioral Economics 25–55 (2014).
⑦ Oren Perez, Can Experts be Trusted and What Can be Done About it? Insights from the Biases and Heuristics Literature, in Nudge and the Law: A European Perspective 115.

队（the Behavioral Insights Team，BIT），即大名鼎鼎的"助推小组"（Nudge Unit），该小组潜心致力于用心理学和行为经济学的观点来制定并实施公共政策。而不甘落后的美国也是紧随其后，抱着"运用行为科学理论带领政府以多种方式昂首迈进 21 世纪"的殷切期望，时任美国总统奥巴马在 2015 年颁布行政命令并成立"白宫社会与行为科学智囊团队"（the White House Social and Behavioral Sciences Team）。事实上，从这两个例子和无数事例中，我们不仅能够领略到决策者是如何逐步将"社会规范助推"纳入监管工具箱中的，而且还能看出从环境监管、食品健康再到金融监管等不同领域，社会规范助推是如何在这些领域大显身手的。

其次，"助推"一词或许对大多数人来说都是一个初来乍到的新鲜面孔。事实上，所谓助推是指在既不限制他人选择、也不显著改变激励的情况下，以一种可预见的方式在选择架构（choice architecture）的任何方面去改变他人行为的一种方法。通过这个广泛的定义，一举获得诺贝尔奖的 Thaler 和 Sunstein 确立出范围广泛、五花八门的各种具体助推方法，其中就包括利用他人对社会规范的敏感性来进行助推。

具体而言，所谓"社会规范助推"是指通过告诉他人别人在做什么，从而促使他人改变自己行为的一种方法。社会规范助推之所以赫赫有名可不是没有道理的，它的成功之处在于充分利用他人倾向于用别人行为来指导自己行为的心理。同时，如果别人的行为尽可能地与他人相关并且足够明确具体，那么，这种行为的影响力就会达到巅峰状态。然而，社会规范助推却犹如一把双刃剑：一方面，不仅社会规范助推的出现为决策者一系列的福利促进行为提供了崭新途径，而且当这些助推针对每个个体独一无二的特征量身定制时，它们就能在精妙复杂的呈现和最佳效果方面达到一种极致。而另一方面，由于"量身定制"往往少不了对个人信息的收集和处理，因此，隐私问题便顺理成章地成为使用社会规范助推所逃不开也躲不掉的基本问题。可是迄今为止，很少有学者和决策者将关注点放在这些隐私威胁可能造成的潜在影响上。①

再次，如果实现公共政策目标必须要使用他人的个人信息，那么，为了保护他人的隐私，"去识别化"（de-identification）便成为首选之策。所谓去识别化，通常是指去除特定的识别标记，例如，姓名、电子邮件地址和社保号码等。然而，凡事有利就有弊，识别化技术自身不仅有着重大的局限性，而且此前轰动一时的事件已经暴露出它的这一致命短板——在该事件中，Netflix 发布出关于用户观看习惯的匿名信息，结果万万没想到，这些数据竟然被别有用心的人士拿来与 IMDB 评论（一个关于媒体信息的在线数据库）的公开数据库相互参照，从而使得许多用户被重新识别出来。在过去的 10 年中，各路人马都曾强调去识别化技术作为隐私保护工具所根深蒂固的局限性；然而，不知他们可曾注意到，无论是这种局限性还是这些不容忽视的隐私风险，它们与基于个人数据传播的社会规范助推息息相关。

复次，虽然社会规范助推的背后暗涌着无数汹涌的隐私风险，但是本文并不认为决策者应该就此将社会规范助推抛在脑后；恰恰相反，在本文看来，为了消除这些隐私问题，决策者应该采用一种与众不同的隐私框架。一言以蔽之，比起当前这种点对点的去识别化技术，这种全新的隐私框架不仅能够为他人的隐私权提供更为可观的隐私保护，而且它还能够在隐私问题与社会规范助推的政策优势之间寻求到一条绝佳的平衡之道。

你可能会无比好奇这么厉害的隐私框架到底是何方神圣，其实它就是数据分析中用来确保隐私保护的一种正式数学框架——差分隐私（Differential Privacy）。所谓差分隐私，并不是一种单一的方法，它其实是指一种阐明隐私保护解决方案要求的定义或标准；通过在数据中引入"噪声"（noise）②，差分隐私能够使任何特定个体更难被去识别化。由于在差分隐私的框架下，隐私不再仅仅具有输出属性，而是具有生成输出的计算属性；因此，在不少人心目中，差分隐私是一种

---

① See Andreas Kapsner & Barbara Sandfüchs, Nudging as a Threat to Privacy, 6*REV. PHI. PSYCH* 455 (2015).

② See generally Cynthia Dwork, Differential Privacy: A Survey of Results, Theory & Applications of models of Computation 1, 1, 3 (Apr. 2008).

能够保护他人隐私免受侵犯和攻击的有效方法。① 虽然在社会规范助推的语境下，差分隐私确为一种能够减少隐私风险且行之有效的上乘之选，但是纵观浩如烟海的法律文献，笔者却并没有在任何一篇文献中寻觅到这种观点的身影。② 鉴于此，本文试图从理论上和经验上来填补这一块空白，并尝试阐明在社会规范助推的语境下，决策者是如何运用差分隐私技术来保护他人隐私权的。

不过，如果想要使用差分隐私算法，那么，在准确性和他人隐私权之间做一些权衡是在所难免的；虽然更多的"噪声"会更好地保护他人隐私权，但与此同时，不仅计算的准确性会随之降低，而且社会规范的助推效果也会紧随其后地变差。故而决策者应当始终谨记，天下没有免费的午餐——不仅隐私权和代价二者往往如影随形、相伴相生，而且实现"完美无缺"的隐私权保护基本上属于天方夜谭。不过，我们也无须灰心丧气，至少客观来说，差分隐私这种框架既能够使决策者保持社会规范助推的良好优势，同时也能够保护样本个体的隐私权。

最后，本文将大致按照以下结构谋篇布局：第一部分将简要介绍助推理论，而社会规范助推则是其中的重中之重。为了评估社会规范助推的实施所可能引发的隐私损害，第二部分将制定相关框架并将探讨社会规范助推在助推使用过程中的每一个环节所可能导致的隐私风险；此外，该部分内容不仅主要将目光放在信息交流过程中的隐私风险和该过程最终导致的隐私风险，而且还将阐述这些风险极有可能在今后几年中以难以预料的方式进一步演变。第三部分将探讨去识别化技术在平衡数据效用和隐私利益的立法工作中成效如何，并从中得出更有效的监管是必不可少的。针对这种情况，本文不仅建议采用基于差分隐私模型的解决方案，而且还提出了隐私权与助推效果之间可能的一条平衡之道；此外，为了阐明隐私风险和差分隐私框架的夺目闪光点，本文还采用相关假设情景案例和与有关用水量的真实数据。作

---

① See Alexandra Wood et al., Differential Privacy: A Primer for A Non-Technical Audience, 21 *VANT. J. ENI. & TECH. L.*, at 235 (2018).

② See, e.g., Andrew Chin & Anne Klinefelter, Differential Privacy As A Response to the Reidentification Threat: The Facebook Advertiser Case Study, 90 *N. C. L. REV.* 1417, 1427 (2012).

为结尾,第四部分将概述本文的核心要点并最终对全文做出总结。

二、揭开助推的神秘面纱

首先,在 Richard Thaler 和 Cass R. Sunstein 具有里程碑式的著作——《助推:事关健康、财富与快乐的最佳选择》一书中,"助推"一词惊艳亮相并首次露出它的庐山真面目。作为当之无愧的行为经济学鼻祖,Thaler 和美国颇负盛名的法学家 Cass 对"助推"做出界定,他们认为,所谓助推,是指"在既不禁止他人的任何选择、也不显著改变经济激励的情况下,以一种可预见的方式在选择架构的任何方面去改变他人行为的一种方法"。换言之,助推理论关注的是在考虑到已知直觉和偏见的情况下,如何使他人的选择行为发生预期变化。为了更好地说明助推在改变他人选择行为方面的无穷潜能,Thaler 和 Sunstein 还举出随处可见的自助餐厅例子;他们认为,他人的选择既是他们各有所爱的偏好结果,同时也是自助餐厅食品摆放方式所缔造的结果。Thaler 和 Sunstein 指出,当食品的放置顺序被悄悄改变时,他人选择的食品也会神奇地随之发生变化。[①] 在许多场合,虽然"助推"一词常常被大家不假思索地随手拿来使用,但如果要从严格意义上去使用,那么,不仅行为人不能用政策工具去显著改变他人所面临的物质激励(例如使用税收政策或制裁手段),而且行为人也不能使用监管工具去迫使他人乖乖遵循特定的路径(例如授权或禁令)。换句话说,虽然"助推"的终极目的是推动他人朝着特定的方向前进,但是"助推"并不是去限制他人原本可能的选择;恰恰相反,"助推"是保护他人选择的。而除了上述两种限制之外,公法对"助推"也有一定的要求,那就是"助推"的使用应当增加被助推者或整个社会的福利。

其次,在 Lehner、Mont 和 Heiskanen 看来,"助推"具体有下列四种方法集群[②]:①信息的简化和框架化;②选择架构的物理化(改

[①] Richard H. Thaler Cass R. Sunstein, Nudge: Improving decisions about health, wealth, and happiness, Yale University Press, New Haven, 2008, pp. 1 – 6.

[②] Matthias Lehner et al., Nudging-A Promising Tool for Sustainable Consumption Behaviour?, 134 J. CLEANER PRODUCTION 166, 168 – 169 (2016).

变物理环境);③默认政策;④社会规范助推。虽然"助推"能够以五花八门的具体方式进行,但本文还是将目光重点放在第四种方法,即社会规范助推所带来的隐私问题之上。不过,在深入探讨本文的重点内容之前,我们不妨先来仔细了解一下到底何为社会规范助推。一言以蔽之,社会规范助推很大程度上取决于人类天生喜欢随大流和人云亦云的倾向。换言之,他人的选择和偏好总是会受到别人感知行为的影响,这种影响要么来源于同龄人的压力,要么源自他人认为别人拥有更好信息的心理。[①] 例如,如果他人观察到某个群体在从事某一特定行为,或者他人认为该群体正在以某种特定的方式思考,那么,他们就极有可能将这些信息视为正确思考或最佳行为方式的信号。反过来说,如果他人认为自己的行为或想法与"社会普遍做法"相差十万八千里,那么,"他们就更有可能改变自己的行为来获得社会认可并避免成为众人眼中格格不入的异类"。此外,鉴于大多数人都坚信别人也在关注着自己的一举一动,因此,如果他人将别人对自己的看法充分放在心上,那么,他们就会更倾向于自觉遵循社会规范,

  Solomon Asch 的从众实验就是对此最好的例证。或许大家对这一大名鼎鼎的实验早有耳闻——在这个实验中,Asch 先是向受试者展示三条线段(A、B 和 C),然后要求受试者判断并口头说出其中哪一条线段的长度和第四条标准线的长度最为相似。说实在话,这项任务简直简单得不像话,就连傻瓜或许都能答对这显而易见的答案。不过,该实验的特别之处在于,虽然每一位受试者都以为自己与其余 7 名受试者一同在房间中参与实验,但是天真单纯的受试者却并不知道,其余 7 名受试者其实是实验人员伪装的;换言之,除了受试者本人之外,其余在房间中的人员不仅是同谋,而且还提前串通好了实验中将要提供的答案。最终,实验的结果令人大跌眼镜——Asch 发现,有不少天真的受试者宁愿选择对自己亲眼看到的现实视而不见,然后跟随大多数人的选择而提供错误答案。虽然这听起来有点像奇谈怪论,但纵观运动、吸烟、毒品、青少年怀孕、肥胖、冒险、健康和许多其他生活领域的研究,这些研究事实上也如出一辙地发现,别人的

[①] See, e.g., John Beshears et al., The Effect Of Providing Peer Information On Re tirement Savings Decisions, 70 *J. FIN.* 1161 (2015).

感知行为与较为明显的决定对他人的选择有着不容小觑的影响。

我们不妨来简单总结上述观点：一方面，鉴于人们总是倾向于依靠社会规范来准确理解和有效应对社会状况，因此，如果告知他人或向他人强调大多数人在某些情况下（即社会规范）应该做什么或实际做过什么，那么，他们的行为便很有可能因此而发生改变。[①] 另一方面，上述做法还可能在无须实行任何强制措施的情况下就让他人自觉顺从地遵循社会规范。简而言之，社会规范助推方法正是充分利用并将这些精确的洞察发挥到了极致。

再次，无论是政府还是私营实体，它们都曾在五花八门的领域运用过社会规范助推——在教育领域、健康领域和节能节水领域，社会规范助推的身影可谓频频出现。举例来说，在有史以来规模数一数二的节能实验中，美国能源公司 Opower 便针对相关消费者运用过社会规范助推。Opower 公司贴心而又机智地向 60 万户家庭发送家庭能源报告，这些报告不仅包含每个家庭自身的能源使用情况，而且还包括有关邻居和同伴能源消耗情况的比较信息（即定制化助推）。简言之，这些报告专为每个家庭量身打造，这样一来他们就能轻轻松松地知道，与处于类似情况的家庭、同伴相比，自己的能源消耗情况到底处于一种什么样的水平。此外，根据每个家庭不同的能耗情况，这些个性化的能源报告还印有笑脸或愁容满面的图标。当然，最终的结果也可喜可贺——这些量身定制的个性化信息使得能源消耗量如同坐上过山车般直线降低。不过，话又说回来，由于上述这种程度的个性化助推并不是轻而易举就能随时实现的，所以在某些情况下，行为人必须通过通用消息的使用来改变他人的行为（即非定制化助推）。例如，学者们已经证明，当电梯附近张贴有写明"大多数人都更偏爱走楼梯"的通用标语时，使用电梯的人数能够足足下降 46%。这就意味着，即使是"非定制化"的社会规范助推，他们也依旧不甘落下风，并且能够尽力促成理想的社会结果。

复次，虽然我们不得不承认，无论是从环节、步骤和要求，还是

---

① Robert Cialdini et al., A Focus Theory of Normative Conduct: Recycling the Concept of Norms to Reduce Littering in Public Spaces, 58 *Journal of Personality and Social Psychology*, 1015, 1015 (1990).

从助推的要素来看,"定制化助推"和"非定制化助推"之间确实存在一些不大不小的差异;但从上述这些例子中我们也不难看出,无论是国家还是私人实体实施的社会规范助推通常都离不开收集和处理信息,因为行为人需要从这些信息中推断出应当适用何种社会规范。行为人会用这些信息来向特定的个体或群体发出信号,从而告诉他们社会上想要的或者可以接受的行为到底是什么样的,可是凡事有利就有弊,这恰恰就是隐私问题产生的源头所在。

最后,随着社会规范助推日益走进千家万户,虽然大家已经开始注意到社会规范助推引人注目的闪光点和相伴相随的缺点,但是从目前的状况来看,涉及社会规范助推所带来隐私问题的研究却少之又少。鉴于此,本文下一部分便将探讨社会规范助推所带来的隐私问题。

三、社会规范助推会对他人的隐私权造成威胁吗

在1890年轰动一时的著作——《论隐私权》一文中,Samuel D. Warren和Louis T. Brandeis首次提出隐私权理论。[①] 时隔70年,William Prosser教授又提出后来无人不知、无人不晓的隐私权四分法理论。该理论将模糊的隐私权划分为四种隐私侵权行为,与此同时,也将隐私权保护理论进一步发扬光大。[②] 岁月如梭,如今不仅隐私权已经成为决定他人能否享有一系列宪法保护的关键因素之一,而且通过各种各样的方式,隐私权现在也已经走向制度化。然而,虽然相关的学术文献汗牛充栋,但是学者们对隐私权的理论依据和权利范围却至今没有达成共识。[③]

平心而论,隐私权的概念是如此纷繁复杂,相关的文献数量也很多,这就使得仅凭笔者"一文之力"根本无法讨论清楚隐私权相关的所有问题。虽然完不成雄伟宏大的目标,但如果本文能够论述并阐明社会规范助推所产生的隐私风险,那么,笔者也就心满意足了。本

---

① Samuel D. Warren & Louis D. Brandeis, The Right to Privacy, 4 *HARV. L. REV.* 193, 195–196 (1890).

② William L. Prosser, Privacy, 48 *CAl. L. REV.* 383, 389 (1960).

③ Derek E. Bambauer, Privacy Versus Security, 103 *J. CRIM. L. & CRIMINOLOGY* 667, 672–673 (2013).

文认为，如果要充分探讨社会规范助推对他人隐私权所造成的威胁，那么，我们就大可不必把重点放在提供一个总体性、抽象化的隐私权概念上面。① 恰恰相反，将目光聚焦在那些可能对他人隐私权造成危害的形形色色的活动和行为上面才是明智之举。

　　概括而言，如果行为人要实施社会规范助推，那么，他们必不可少地要经历以下三个步骤：一是信息收集，二是信息分析，三是信息传播。事实上，这一过程与 Solove 提出的隐私侵权行为分类中的前三类行为（即信息收集、信息处理和信息传播）大同小异。从法律角度来看，这三类行为并非与生俱来就是有害或者有问题的，它们只是伴随着每一个行为步骤而随之增加隐私风险的可能性罢了。因此，就评估社会规范助推对他人隐私权构成的威胁而言，从这三类行为入手进行研究可以说再合适不过了。

　　为了更好地帮助大家理解上述理论，本文接下来的论述都将围绕下面这个案例展开：作为一家城市自来水公司，A-Water 公司不仅有志于促进节约用水，而且它对于引发消费者的行为变化也颇有兴趣。为此，公司管理委员会的一名成员灵机一动而决定采用社会规范助推来降低消费者的用水消耗水平。于是，该公司开始向每个家庭都发送一份专为他们量身定制的用水月度报告，这些报告不仅载有每个月家庭自身用水量的相关信息，而且根据每个家庭各具特色的某些特征（例如地址、房间数和家庭成员数），这些报告还将每个家庭的用水量与其邻居等相关群体的平均用水量进行比较。在这个案例中，如果 A-Water 公司企图让社会规范助推达到自己心目中的理想效果，那么，在美梦成真之前，该公司必须先"过五关斩六将"，至少经历三个阶段才行。首先，A-Water 公司必须先收集消费者用水消耗水平的相关信息。其次，A-Water 公司需要开始着手处理这些信息，从而计算出能够适用的社会规范并确定相关的邻居群体。最后，有了上述的这些做铺垫，A-Water 公司还需要向每个个体和每个家庭发送专为他们量身定制的信息。在上述的每一个阶段，A-Water 公司所从事的行为和活动都有可能会对消费者的隐私权造成威胁。笔者借这个例子是想要说明，虽然本文突出强调的隐私问题主要产生于最后一个阶段，

---

① Daniel J. Solove, A Taxonomy of Privacy, 154 *U. PA. L. REV.* at 480 – 482 (2006).

但是这并不代表其他阶段的行为和活动就无足轻重；事实上，社会规范助推每一个阶段所涉及的风险都至关重要。

（一）信息收集

在 A-Water 公司的案例中，为了设计社会规范助推，该公司的当务之急就是先收集消费者的用水量和家庭特征等相关信息。而就信息收集而言，Solove 确定了两种具体的信息收集形式——监视和审讯。[①]

1. 监视

从隐私权的角度来看，由于涉及间谍活动，所以，监视从本质上来讲颇为棘手。Solove 曾强调，监视可以涵盖范围极为广泛的活动，其中包括监视、监听和记录他人的相关信息；[②] 这些活动在有的情况下很成问题，而在其他一些情况下却根本不值一提。打个简单的比方，当他人精心打扮走在人来人往的大街上时，他们总是满怀期待能赚取别人足够多的回头率，甚至于还可能期盼别人能听一听他们引以为豪的谈话内容；然而，如果他人受到的是持续不断的密切关注和监视，那么，这些活动和行为就得另当别论了，毕竟他人很有可能会感到浑身不适且焦虑不安。此外，持续不断的监视还有可能使得他人极不自在并开始自我审视，从而进一步导致"他人的性格内容发生微妙却又伤及根本的扭转"。综上所述，监视所带来的负面后果可能远远超乎你我的想象。

为了让大家更深切地体会到监视的后果，我们不妨来看一看"全景式监狱"设想。就算很多人对此知之甚少，不过，大家至少应当对边沁提出的圆形监狱有所耳闻——边沁描绘了一座设计成圆形的监狱，一名看守坐在监狱正中央的瞭望塔里，从那里他仅凭一己之力就可以轻而易举地监视所有牢房中囚犯的活动。

边沁之所以进行这样的监狱设计主要是为了制造持续监视的假象，从而阻止异常行为并影响囚犯的行为。虽然圆形监狱和社会规范助推从表面上看起来仿佛风马牛不相及，但它们有一个不谋而合的共同点，那就是圆形监狱和社会规范助推都选择采用监视技术来评估并

[①] Daniel J. Solove, A Taxonomy of Privacy, 154 *U. PA. L. REV.* at 491 (2006).

[②] Daniel J. Solove, A Taxonomy of Privacy, 154 *U. PA. L. REV.* at 491–499 (2006).

控制他人的行为：一方面，圆形监狱旨在通过监视技术来帮助识别囚犯的可疑行为；另一方面，社会规范助推采用监视技术是为了提供必要的信息，从而使行为人能够确定他人是否偏离了某种行为标准。

回归到 A-Water 公司的案例中，为了判断适用的社会规范和消费者有没有偏离这些社会规范，A-Water 公司必须持续不断地监测消费者的用水量。这种持续的监测就好比一把双刃剑：一方面，如果这种监测发展为更广泛的监视网络，那么，它们便很有可能会对他人产生不利的心理影响；另一方面，这些对他人产生的抑制作用却能够大大增强社会规范助推的预期效果。因此，对监管机构来说，在社会规范助推的潜在监管效用和他人的隐私问题之间取得平衡就好比是一只拦路虎，想要战胜它可谓是一个不小的挑战。

或许有人对于这个问题不屑一顾，他们可能会想：这个问题有什么好讨论的？消费者难道不是已经默示授权（如果不是明示的）A-Water 公司来持续监测自己的用水情况了吗？毕竟，自来水公司向来有权向消费者收取供水费用，而收取费用的前提就是自来水公司必须对消费者的用水情况进行监测。然而，这样的想法就有点太天真了——如果将消费者的同意延伸理解为同意使用自己的信息来设计社会规范助推，那么，这实在有点过于牵强。事实证明，随着社会规范助推的使用逐渐增加并呈燎原之势蔓延到其他地区，这一问题只会更加严重。

2. 审讯

我们再来看看第二种信息收集形式——审讯。根据 Solove 的说法，所谓审讯，是指通过强迫来获取他人信息或迫使他人泄露信息的一种手段。① Solove 指出，这种强迫既不一定是直接的，也不一定要达到强制的程度。恰恰相反，这种强迫既可以是巧妙的，也可以是间接的。举例来说，由于害怕丢掉赖以谋生的工作或者承受巨大的舆论压力，我们有时会看到他人迫不得已而回答一些探究性的犀利问题，这些情况就属于巧妙而又狡猾的审讯。② 在这些情况下，由于他人单纯拒绝回答可能会造成一种他们企图隐藏某些事实的假象，所以拒绝

---

① Daniel J. Solove, A Taxonomy of Privacy, 154 *U. PA. L. REV.* at 499 – 500（2006）.
② Daniel J. Solove, A Taxonomy of Privacy, 154 *U. PA. L. REV.* at 500 – 502（2006）.

回答会使审讯双方都感到十分不适;同时,由于审讯是具有侵略性的且往往涉及个人信息披露,因此,审讯常常会对他人的隐私权构成威胁。① 我们可以闭上眼睛想象一下,他人在某些情况下或许会允许行为人出于社会规范助推的目的而收集自己的数据,而他们这样做却很可能只是为了避免被认为是"试图隐藏某些东西"。不过,话又说回来,如果一定要在监视和审讯中做选择的话,那么,在社会规范助推的语境下,审讯对他人隐私权构成威胁的可能性就小多了。

(二)信息处理

根据 Solove 的观点,所谓信息处理,是指"使用、储存和控制已被收集数据的行为"②,这一类行为或问题具体包含五种形式——信息聚合、身份识别、信息的二次利用、突破信息安全保障和信息排斥。③

1. 信息聚合

所谓信息聚合,是指以全新的方式来组合特定个体信息的行为。虽然一条孤零零的信息可能用处不大。④ 但是,如果把无数孤零零的信息结合起来,那么,它们可能会发生奇妙的变化从而产生有关他人的全新信息,而这些新信息是他人最初被收集信息时想破脑袋也不会想到的。⑤ 就拿运输公司的员工来说,假设为了提高效率,该公司在车队中安装 GPS 系统来定期收集和聚合信息。从这些信息和数据中,运输公司不仅可以一手掌握员工每天需要用多长时间完成自己的线路,而且还能了解员工在每一站需要花费多长时间。此外,通过 GPS 系统,运输公司还能够收集员工日常生活和生活方式的相关信息。虽然信息聚合本身并不一定有害,甚至它还能够促成一系列积极的结果;但不可否认的是,信息聚合也确实对他人隐私权有着不可忽视的影响,特别是当信息支离破碎或与信息的原始情境脱节时⑥,这些信

---

① Daniel J. Solove, A Taxonomy of Privacy, 154 *U. PA. L. REV.* at 500 – 502 (2006).
② Daniel J. Solove, A Taxonomy of Privacy, 154 *U. PA. L. REV.* at 504 (2006).
③ Daniel J. Solove, A Taxonomy of Privacy, 154 *U. PA. L. REV.* at 505 (2006).
④ Daniel J. Solove, A Taxonomy of Privacy, 154 *U. PA. L. REV.* at 507 (2006).
⑤ Daniel J. Solove, A Taxonomy of Privacy, 154 *U. PA. L. REV.* at 507 – 508 (2006).
⑥ Daniel J. Solove, A Taxonomy of Privacy, 154 *U. PA. L. REV.* at 507 – 512 (2006).

息就更有可能歪曲事实和扭曲他人形象。

2. 身份识别

身份识别,是指将信息与特定个体联系在一起的行为。[①] 与信息聚合的情况大同小异,身份识别也有其两面性:一方面,身份识别对于作为信息收集对象的他人来说也可能是一件好事,因为它在一定程度上可以确保只有他人才能查阅自己的相关记录;另一方面,身份识别却会削弱他人保持匿名的能力,而这恰恰是隐私权至关重要的一个支柱。[②] 例如,如果他人曾使用过商店会员卡,那么,该卡就会显示出他人经历过某种医疗程序或有特定医疗状况的相关信息。

为了更好地说明在社会规范助推的语境下,信息聚合和身份识别是如何对他人隐私权构成威胁的,不如让我们再次回到 A-Water 公司的案例中:在 A-Water 公司的计划中,关于消费者用水量的聚合信息是不可替代的关键组成部分;只有通过不断积累和聚合五花八门的信息,A-Water 公司才能够形成每个家庭的用水量模型,并从中设计出应当适用的社会规范。这个问题依然要从两个角度来看待:一方面,这些用水量模型可以帮助消费者更加自觉地节约水资源;另一方面,由于这些模型是以全新的方式组合信息,所以,它们理所当然会引起隐私问题。事实上,虽然消费者可能对 A-Water 公司的信息收集行为和处理这些信息的方式怀有一些预期,比如他们可能会预想到,A-Water 公司不仅会监测自己每个月的用水量,而且它还可能获取自己一些其他的个人信息(例如姓名和账单信息);但是信息聚合却会直接将消费者的这些预期摔个粉碎,"因为信息聚合需要将相关数据信息以崭新的、潜在的和意料之外的方式组合起来,从而揭示出远远超出消费者想象之外的事实"[③]。

鉴于本案例中的信息仅仅涉及用水消耗量,所以肯定有人会想,这对本案中消费者的隐私权根本造成不了什么危害,甚至可以说这些信息根本就微不足道。如果你也这样想,那么,你可就大错特错了——即使相关信息看起来无足轻重甚至脱离消费者本身,信息聚合

[①] Daniel J. Solove, A Taxonomy of Privacy, 154 *U. PA. L. REV.* at 515 (2006).
[②] Daniel J. Solove, A Taxonomy of Privacy, 154 *U. PA. L. REV.* at 511-513 (2006).
[③] Daniel J. Solove, A Taxonomy of Privacy, 154 *U. PA. L. REV.* at 507 (2006).

和身份识别也仍然可能导致消费者遭受隐私损害;当这些信息被用于识别某个特定的人时,这种隐私损害就会更为明显,比如 A-Water 公司就很有可能去识别那些用水消耗量出奇高的消费者的身份。抛开这个案例先不谈,如果当地医疗诊所也通过信息聚合来诱导他人改变行为,那么,后果更是不堪设想;毕竟医疗信息通常被认为是高度敏感信息,而信息的敏感度越高,它们的隐私风险也相应会越大。

3. 信息的二次利用

所谓二次利用信息,是指出于某种目的被收集和处理,接着又被用于另一目的的信息;由于信息的二次利用行为会使得他人无法控制自己的个人信息,该问题不免让人忧心忡忡。①

Solove 指出,当信息被二次利用时,它们就会"从被收集时所处的原始情境中移除出来"。② 这样一来,他人形象就极有可能被误解或被歪曲。③ 此外,在科技日新月异的今天,个人信息和数据能够被二次利用的途径几乎是无穷的,而这种无限的潜力正是二次利用行为对他人隐私权构成巨大威胁的原因所在。就拿轰动一时的"剑桥分析"丑闻来说,在该事件中,剑桥分析公司根本未经 Facebook 用户的同意就私自获取了 8700 万用户的个人数据,后来该公司还将这些数据用于其他目的,其中包括政治目的。

回到 A-Water 公司案例中,关于公司出于社会规范助推目的而处理用水信息的行为是否构成信息的二次利用,到目前为止这还是一个未知数;正如下文进一步讨论的那样,这在很大程度上取决于消费者到底是否同意 A-Water 公司出于社会规范助推目的而处理自己的信息。有的人可能会反驳说,即使 A-Water 公司的使用行为确确实实属于信息的二次利用行为,这个问题也不值得大家花费心力去考虑:一方面,这种行为并不会对他人造成什么实际损害;另一方面,后续的社会规范助推不仅能够帮助消费者更熟悉环境,而且还能通过减少消费者的用水量来为他们节省一大笔开支。然而,持这种观点的人根本

---

① Adam B. Thimmesch, Tax Privacy?, 90 *TEMP. L. REV.* 375, 426, at 381 (2018).
② Daniel J. Solove, A Taxonomy of Privacy, 154 *U. PA. L. REV.* at 522 (2006).
③ See James P. Nehf, Recognizing the Societal Value in Information Privacy, 78 *WASH. L. REV.* 1, at 23 – 24 (2003).

没有想到，信息的二次利用可能会勾勒出有关消费者的片面形象；换言之，虽然信息的二次利用对消费者造成的潜在损害可能与经济、金钱无关，但是它却可能对消费者的尊严和名誉造成无法弥补的损害；而在去匿名化技术效力有限的情况下，这一点尤为突出。此外，就算消费者会因 A-Water 公司的社会规范助推措施而改变自己的行为，他们相随增加的不安全感却也是无法忽略的事实。

4. 突破信息安全保障

有一个耐人寻味的现象，那就是无论在数据安全协议上投入多少钱，数据泄露现象总是无法被"赶尽杀绝"。在过去的几年中，数据泄露事件不仅频频上演，而且数量还如同滚雪球般不断增加。事实上，即使是 Facebook、Yahoo! 和 Home Depot 这样名声响当当的商业巨头，它们也无一例外地经历过数据泄露事件。① 退一步来说，就算窃取数据者无意关注或滥用那些被收集和处理的信息，这些数据信息漏洞仍然可能对他人造成无法预估的伤害。② 就拿 PumpUp 来说，作为一个广受追捧的火爆健身应用程序，PumpUp 坐拥 600 万以上的用户；然而，PumpUp 不仅没有为服务器设置任何密码，而且它还允许任何人访问用户的健康数据和个人信息。③ 虽然这个例子与恶意数据泄露无关，却反映出如今的数据安全问题已经随处可见。根据 Solove 的观点，无论是身份盗用、安全漏洞、信息滥用还是其他非法使用信息行为④，它们都属于"突破信息安全保障"这一类行为。⑤

Solove 指出："所谓突破信息安全保障，是指将信息和数据置于弱势状态的行为，或是使相关信息数据更容易在将来受到一系列损害的侵害行为。"⑥ 换言之，就这一类行为对他人隐私权所构成的威胁

---

① See Daniel J. Marcus, The Data Breach Dilemma: Proactive Solutions for Protect ing Consumersr Personal Information, 68 *DUKE L. J.* 555, 556 (2018).
② See Ponemon Institute, 2018 Cost of a Data Breach Study: *Global Overview*, at 8 (July 2018).
③ Zack Whittaker, Fitness App PumpUp Leaked Health Data, *Private Messages* (May 31, 2018).
④ Daniel J. Solove, A Taxonomy of Privacy, 154 *U. PA. L. REV.* at 511–513 (2006).
⑤ Daniel J. Solove, A Taxonomy of Privacy, 154 *U. PA. L. REV.* at 517 (2006).
⑥ Daniel J. Solove, A Taxonomy of Privacy, 154 *U. PA. L. REV.* at 519 (2006).

而言，这些威胁与个人数据收集保护不力而造成的潜在损害息息相关。① 回到 A-Water 公司的案例中，在讨论 A-Water 公司所掌握的信息时，突破信息安全保障的问题或许根本不值一提，因为我们很难想象会有人异想天开地去试图窃取消费者的用水量数据。不过，如果 A-Water 公司没有采取必要步骤来保护收集到的个人信息和数据，那么，一旦发生数据泄露事件，第三人就能不费吹灰之力地访问和读取公司存储的所有信息；而这些信息可就不止用水量数据那么简单了——它们将消费者的敏感信息都囊括在内，比如姓名、家庭住址、社保号码、婚姻状况和银行账户信息。因此，这个问题必须引起我们足够的重视。

5. 信息排斥

Solove 提出的最后一种信息处理形式就是信息排斥。

首先，所谓信息排斥，是指"未能告知他人或未能输入他人相关记录的情形"②。Solove 指出，由于信息排斥使他人与涉及他们的已收集数据渐行渐远，所以他人会因此产生一种无助感，这种情况与"信息的二次利用"和"突破信息安全保障"的情形如出一辙。③ 此外，鉴于他人可能会因知道行为人在实施社会规范助推而改变自己的行为，所以，如果行为人为了避免助推效果大打折扣而不让他人知道信息收集和信息处理，那么，隐私问题的情势就会变得相当严峻。

其次，从法律角度来看，除非法律明文规定，否则个人信息处理通常情况下是被法律所禁止的。就拿欧盟的相关法律来说，《通用数据保护条例》（GDPR）第 6 条规定了关于信息处理的六条合法性要求；如果行为人的信息处理行为不符合任意一条合法性要求，那么，他们就应当在处理信息之前征求他人的同意。就有效的法律同意而言，《通用数据保护条例》不仅在第 7 条中规定有效的法律同意应当满足哪些条件，而且它还在该条例第 32 条中对这些条件进行了更为具体详细的描述。其中尤为值得注意的是，任何征得他人同意的请求必须清楚明确、简单易懂，并且他人的同意必须是具体的和知情的。

---

① Daniel J. Solove, A Taxonomy of Privacy, 154 *U. PA. L. REV.* at 517–518（2006）.
② Daniel J. Solove, A Taxonomy of Privacy, 154 *U. PA. L. REV.* at 523（2006）.
③ Daniel J. Solove, A Taxonomy of Privacy, 154 *U. PA. L. REV.* at 523–524（2006）.

具体来说，他人至少应当知道行为人的身份、正在处理的信息类型、信息处理的目的和信息将会被如何使用。

我们再来看看美国的情况。与欧盟的情况截然相反，美国没有选择采用一部全面的、无所不包的法律来处理信息隐私、数据处理和数据共享问题。① 美国采用的是联邦法律和州法律相结合的做法。在这些法律中，有一些法律是针对特定部门的，它们只适用于特定领域的数据，比如健康数据和金融信息；② 而还有一些法律则适用于特定活动，比如电话营销和商业电子邮件。③ 鉴于美国涉及数据保护和隐私保护的法律五花八门，所以，我们不能说处理信息之前征求他人的同意是美国法律的强制性要求，不过，从具体情况来看，这也的确是大部分法律的一个关键要素。在上述这样的背景下，如果想要解决信息排斥的问题，那么，相对合理的解决方法就是要求行为人（即助推主体）在信息处理之前获取他人的同意。然而，虽然对涉及该问题的所有文献进行回顾远不在本文的讨论范围之内，但本文在此还是需要指出，无论用哪种标准来看待这个问题，将"知情同意"作为规避数据信息保护的方法都有可指责之处。一方面，在某些情况下（例如他人去医院看病时），由于双方存在潜在的权力差异，在这种情况下，知情同意根本只是走个过场、毫无意义；另一方面，绝大多数人其实根本懒得花费时间精力去阅读这些涉及数据信息的格式合同。

再次，我们还是回到 A-Water 公司的案例中。虽然消费者在签署 A-Water 公司的服务协议时相当于已经同意该公司的信息处理行为；但我们可曾想过，如果双方并没有就服务协议的条款进行协商和谈判，并且消费者可能实际上只是为了使用城市供水系统而迫不得已地接受这些条款，那么，在这种情况下，消费者的同意能是真正意义上的"知情同意"吗？此外，虽然"知情同意"是隐私权法和数据保

---

① See Paul Ohm, Sensitive Information, 88 S. CAL. L. REV. 1125, 1129 – 1130 (2015).

② See, e.g., Health Insurance Portability and Accountability Act of 1996, Pub. L. No. 104 – 191, 110 Stat. 1936 (1996).

③ See Paul M. Schwartz & Daniel J. Solove, The PH Problem: Privacy and a New Concept of Personally Identifiable Information, 86 N. Y. U. L. REV. 1814, 1831 – 1836 (2011).

护法的一个重要特征，但是，针对消费者同意 A-Water 公司为供水目的或公司提供的其他服务而收集信息的行为，这种同意是否意味着消费者也同意 A-Water 公司出于社会规范助推的目的处理这些信息呢？这依然是一个悬而未决的问题。总而言之，实施社会规范助推所需的信息处理对消费者隐私权构成的威胁可不小，如果 A-Water 公司不采取适当措施去保护信息和数据，那么，过去曾发生过的数据泄露的一幕只会在将来不断重复上演。今时不同往日，在过去的几十年里，个人信息不仅逐渐商品化，而且还慢慢成为可以交易的财产。虽然 A-Water 公司进行信息收集和信息处理是为了帮助消费者更好地了解自己的用水量，但这些被收集、聚合和重新创建的信息可能会给消费者带来意想不到的负面后果，例如，这些信息可能最终会落入黑客或小偷的手中。此外，编辑后的信息还有可能被 A-Water 公司用于其他情形，而这些情形却不一定是消费者同意自己的信息被分享和使用的情形。正如 Solove 所言，信息处理就好比一个"无比脆弱的架构"，这种架构将消费者置于一种弱势且相当不利的地位之中。事实上，这种脆弱性来源于消费者根本无法去检查或验证相关信息的准确性；同时，如果把实施社会规范助推的主体换成是教育、卫生或金融市场等领域运作的实体，那么，这种脆弱性不仅会相应地增加，而且还有可能更加显而易见。

最后，其实仅仅靠信息收集和信息处理不会也不能帮助 A-Water 公司"推进"消费者节约用水。如果 A-Water 公司想要促使消费者改变行为，那么，它就必须影响消费者心中公认的普遍性社会规范或社会风俗。换言之，A-Water 公司应该向消费者传递有关特定家庭用水量和附近邻居平均用水量的信息；这一类比较信息不仅是任何社会规范助推的重头戏，而且也是本文探讨的重中之重。

（三）信息传播

Solove 提出的第三类隐私侵权行为就是"涉及散布或转移个人数据的行为，或者威胁散布、转移个人数据的行为"[1]，其中，包括违

---

[1] Daniel Solove, The Meaning and Value of Privacy, in Social Dimensions of Privacy: Interdisciplinary Perspectives at 78 (Dorota Mokrosinska & Beate Roessler eds., 2015).

反保密条款、信息披露、信息曝光、进一步公开信息、敲诈勒索、盗用他人名声和歪曲行为。虽然这一类行为耐人寻味且鲜少被人提及,但当这一类行为遭遇社会规范助推时,它们对他人隐私权所造成的威胁却不容小觑。

1. 信息披露和违反保密条款

首先,就信息披露而言,它包括两个关键要素:一是行为人向第三人公开或披露过他人的真实信息,二是这种披露行为会影响第三人对他人的评价。① 当他人的信息被公开并且他们无法再对这些信息保密时,这些信息便极有可能使他们蒙羞、损害他们的名誉、阻止别人与他们联系或将他们对权威的信任毁于一旦。② 而所谓"违反保密条款"则不仅涉及信息传播,还涉及泄密。当他人将自己的信息托付给行为人时,无论行为人的身份是政府、城市供水公司还是银行,只有当他人在认为自己的信息会被保密的前提下,他们才会放心地将自己的信息托付出去。③ 因此,一旦行为人违反保密条款,他人也会随之有大受欺骗之感。④

其次,如果行为人实施社会规范助推的目的在于增加或减少他人参与(或不参与)某一特定行为的可能性,那么,行为人便很有可能会将他人置于同伴的监督之下,以此来观察他人到底有没有遵守社会规范。由于这种个人信息交流相伴相生的就是无可避免的负面社会后果,因此,行为人对于这些社会后果可以说负有不可推脱的间接责任。⑤ 在笔者看来,当涉及社会规范助推时,这些负面社会后果就会显得尤为普遍,这主要是因为在设计助推的过程中,不仅行为人会不断传播信息,而且他们还会重新划定正常、可接受的社会行为与异常行为之间的界限。

为了阐明这一点,我们将在 A-Water 公司的案例中引入两位新朋

---

① Daniel Solove, The Meaning and Value of Privacy, in Social Dimensions of Privacy: Interdisciplinary Perspectives at 78 - 79 (Dorota Mokrosinska & Beate Roessler eds., 2015).
② Daniel J. Solove, A Taxonomy of Privacy, 154 *U. PA. L. REV.* at 546 (2006).
③ Daniel J. Solove, A Taxonomy of Privacy, 154 U. PA. L. REV. at 527 (2006).
④ Daniel Solove, The Meaning and Value of Privacy, in Social Dimensions of Privacy: Interdisciplinary Perspectives at 78 - 79 (Dorota Mokrosinska & Beate Roessler eds., 2015).
⑤ Daniel J. Solove, A Taxonomy of Privacy, 154 *U. PA. L. REV.* at 486 (2006).

友——David 和 Rose。作为 A-Water 公司的忠实消费者，David 和 Rose 在过去 5 年里一直与女儿同住，一家三口悠闲自在，其乐融融。这对夫妇一直都自信满满地认为自己是一个注重环保的家庭，因为他们不仅回收利用、购买节能设备并使用环保的家用卫生用品，而且他们还公开倡导更具环保意识的消费，并积极参与抗议和示威活动来唤醒、提高人们对环境的认识。结果在 A-Water 公司开始实施社会规范助推后，他们收到的第一份用水月度报告却让他们"大跌眼镜"。根据月度报告显示的信息，David 和 Rose 发现自己家庭的用水量比公认的社会规范水平（即平均用水量）居然高很多。如果有关 David 和 Rose 一家三口用水量与社会平均用水量的比较信息被披露出来，那么，这就很可能会对这个三口之家的声誉和所在社区对他们的看法产生难以预料的负面影响；若是在干旱时期，这种负面影响就更会远超众人的想象。换言之，一旦 A-Water 公司传播这些比较信息，David 一家就可能会因不遵守社会规范而受到同伴、邻居的监督，这种监督会随之深刻地影响他们的自我形象和自尊。退一步来说，即使 A-Water 公司仅仅披露社会平均用水量而不披露每个家庭的用水量，David 一家的隐私权也依然岌岌可危——假如在 A-Water 公司开始实施社会规范助推后，相关报告结果显示 David 一家所在社区的居民用水量明显高于其他社区，那么，无论别人是不怀好意还是无心发现，他们都有可能利用这些信息得出 David 一家不遵守社会规范的结论。正如 James Nehf 所说，"虽然最终判断在总体上可能是正确的但是把这种判断放在个案中却一点也不公平"①。

再次，如果行为人没有经过他人适当同意就实施社会规范助推，那么，这种行为还可能会被视为对信任的破坏。为了探讨这一点，让我们再将视线拉回到 David 一家身上。起初看到用水报告时，David 和 Rose 都不愿相信自己的眼睛，他们甚至还给 A-Water 公司的客户服务部打电话来确认是否存在什么技术问题。结果现实给他们泼了一盆冷水，他们悲伤地意识到自己根本没有想象中那么有环保意识，这也使得他们心目中的自我形象一夜之间轰然倒塌。与此同时，David

---

① See James P. Nehf, Recognizing the Societal Value in Information Privacy, 78 *WASH. L. REV.* 1, at 25 (2003).

和 Rose 开始渴望知道 A-Water 公司还可能把他们的信息用于何处，又有哪些人可能获得这些信息。虽然 David 和 Rose 模模糊糊地记得，在最初与 A-Water 公司签订服务协议时，A-Water 公司表明会利用他们提供的信息来监测每月用水量并从中生成每个月的用水报告；但是除此之外，在签订服务协议时，David 和 Rose 心中默默地（或明确地）坚信 A-Water 公司必定会好好保护他们的个人信息。可如今，A-Water 公司却开始向大家发送个性化用水报告，这让 David 和 Rose 觉得公司违反了相应的保密条款。不仅如此，David 一家还开始惶恐不安、忧心忡忡，因为他们十分担心自己的邻居或者所在活动组织的成员会发现自己有如此高的用水量。①

在市场营销领域，有学者发现个性化广告或定向广告的使用会增加消费者对隐私问题的担忧；然而，恰恰是那些能够为消费者提供个人身份信息控制权的公司更有可能通过定向广告来吸引消费者。市场营销领域的这一研究表明，如果他人意识到自己的个人信息会被用来设计社会规范助推，那么，他们就很有可能反过来与行为人对着干，并且用危害社会规范助推效果的方式来做出回应。尤其是在假新闻满天飞、错误信息泛滥成灾的公众怀疑时代，如果他人对政府、公共机构等社会规范助推主体失去信任，那么，社会规范助推的效果必定会因此大打折扣。②

最后，在笔者看来，如果 David 一家的邻居得知他们超量用水的消息，那么，David 和 Rose 很可能会感到颜面扫地，甚至于想找个地缝钻进去。虽然很多人会对这一观点嗤之以鼻，但如果 David 和 Rose 夫妇的自我认同中就包括环保意识，那么，这些信息将对他们的公众形象和自我形象产生负面影响几乎是顺理成章的事情，若在网络暴力的语境下就更是如此。③ 再往长远点看，假设在未来某一天，David 或 Rose 决定在所在城市积极竞选并谋求一个政府职位（比如市长），那么，一旦这些负面信息在如今这个社交媒体时代飞速传播，后果不

---

① Daniel J. Solove, A Taxonomy of Privacy, 154 U. PA. L. REV. at 532（2006）.

② See Nabiha Syed, Real Talk About Fake News: Towards a Better Theory for Plat form Governance, 127 YALE L. J. F. 337, 343（2017）.

③ See, e. g., Emily LaidLaw, Online Shaming and the Right to Privacy, 6 Laws 3, 3（2017）.

用笔者多说也可想而知。

2. 信息曝光、进一步公开信息、敲诈勒索、盗用他人名声和歪曲行为

根据 Solove 的观点，信息传播这一类行为的其他形式还包括信息曝光、进一步公开信息、敲诈勒索、盗用他人名声和歪曲行为。① 不过，由于这几种行为与社会规范助推的关系并不怎么密切，所以本文在此不再赘述。

（四）侵扰行为

首先，除了上述必经的三个阶段（即三类行为）之外，事实上，Solove 还提出了最后一类行为，即侵扰他人私人事务的行为。Solove 指出，侵扰行为主要包含两种形式，即侵入行为和决策干预行为。② 所谓侵入行为，是指侵入他人私人生活的行为，而所谓决策干预行为，则是指国家或第三方干预他人个人决策的行为。③ 根据 Solove 的定义我们不难推出，助推技术的利用行为应当属于侵扰行为。此外，就决策干预行为而言，虽然这种行为常被认为会对他人的自治权和自由权构成威胁，但 Solove 却认为决策干预行为与他人的隐私权息息相关，因为他人受保护的"隐私空间"可以延伸理解为"独立做出某些重要决策的利益"④。

回到 A-Water 公司的案例中来，就 A-Water 公司收集和传播用水消耗量信息的行为而言，虽然该行为并非强制性的，但它却在试图直接和间接地干预消费者的行为（如用水）和决策过程（如用水的频率）。

其次，虽然社会规范助推不会直接将个人信息公之于众，但是他人的隐私权还是可能会因此受到意想不到的不良影响。同时，尽管本文所探讨的 A-Water 公司案例都围绕着环境行为展开，但是本文所讨论的原则同样适用于其他社会规范助推。笔者还要多说一句，即使其

---

① Daniel J. Solove, A Taxonomy of Privacy, 154 *U. PA. L. REV.* at 533 – 552 (2006).
② Daniel J. Solove, A Taxonomy of Privacy, 154 *U. PA. L. REV.* at 552 (2006).
③ Daniel Solove, The Meaning and Value of Privacy, in Social Dimensions of Privacy: Interdisciplinary Perspectives at 78 (Dorota Mokrosinska & Beate Roessler eds., 2015).
④ Daniel J. Solove, A Taxonomy of Privacy, 154 *U. PA. L. REV.* at 558 (2006).

他社会规范助推与 A-Water 公司案例中的助推大同小异，隐私损害的程度和类型也可能会因社会规范助推的不同而异。因此，对社会规范助推的两种可能情况加以区分必定是百利而无一弊的：在第一种情况下，社会规范助推是广泛的、"非量身定制的"和描述性的，这种社会规范助推不仅包括对相关社会规范的一般性描述，而且它们还针对较为庞大的群体。比如说，有的在线广告会告知公众得克萨斯州青少年吸烟的百分比，[1] 有的广告会阐明大多数大学生在聚会上的最大饮酒量，[2] 还有的在线广告会告知公众伦敦青少年卷入暴力事件的百分比。[3] 虽然这些助推也属于社会规范助推，但它们对他人隐私权所构成的威胁却微乎其微，因为这些助推所包含的信息与特定个人之间可谓毫无瓜葛。在第二种情况下，社会规范助推是为他人量身定制的个性化助推，比如 A-Water 公司实施的社会规范助推就属于这一种情况；正如本文在前面花大力气所论述的那样，这种社会规范助推实施的每一步都有可能对他人隐私权构成不小的威胁。迄今为止，学者和决策者一直在一边倒地大力鼓吹社会规范助推无与伦比的价值，他们不仅没有对社会规范助推背后暗涌的隐私风险给予必要的关注，而且也没有花费一丁点心思去寻求隐私保护与社会规范助推之间的平衡点。

最后，虽然隐私问题在社会规范助推过程中的任何一个阶段都有可能现身，但是接下来的两部分内容将主要把注意力集中在信息交流阶段的和由该阶段产生的隐私风险上。这样做主要基于两方面的原因：一方面，社会规范助推不可或缺的动力源泉主要来自他人对归属感的心灵需求、对融入群体的极度渴望和对同伴消极反应的深深恐惧；另一方面，在信息交流阶段，相关信息不再受国家或特定权力机构的控制，这些信息对于任何人来说都将变得唾手可得。一言以蔽之，着眼于信息交流阶段可以让我们深入研究差分隐私，而差分隐私不仅对于解决社会规范助推所引起的隐私问题大有裨益，而且它还展

---

[1] Social Norms + Foot Humor = Fewer Teen Smokers in Texas? NUDGE (June 14, 2011).

[2] Well Say It Again. If You're Trying to Curb Binge Drinking, Use Social Norms NUDGE (Mar. 4, 2010).

[3] U. K. Social Norms Campaign to Reduce Youth Violence, NUDGE (Oct. 24, 2010).

示出如何使用算法才能让监管机构在使用社会规范助推和保护他人隐私权之间取得平衡。

四、社会规范助推的使用——以隐私权监管为视角

在上一部分内容的讨论中我们发现，社会规范助推的背后暗藏着无数固有的隐私风险，这些隐私风险的程度和范围各不相同，它们主要取决于社会规范助推的类型、信息交流的范围、形式、信息类型和相关群体中的人数。在如今这个流量为王的大数据时代，这些隐私风险并不是只会对眼前之事产生影响，恰恰相反，它们所产生的影响会根深蒂固并长期相伴相随；这是因为一旦信息在大数据时代被传播出去，想要再收回它们简直比登天还难。然而，鉴于社会规范助推有着无可比拟、无所替代的诸多优势，因此，摆在我们眼前的是一个十分棘手的挑战，即建立一个框架，从而使得监管机构既能使用社会规范助推，同时又能为他人提供合理水平的隐私保护。[①]

从目前来看，当提到要保护他人隐私权的时候，"去识别化"是最先浮现在我们脑海中的首选之策。所谓去识别化是指减少相关信息的可识别性，具体而言，就是指将个人可标识信息（PII）变成"匿名信息"（anonymous）的过程；而所谓"匿名信息"则是指不能追溯到具体个人（即不能被重新识别）的信息。然而，现实却在逐渐偏离这一理想情境——近年来，学者们已经证明去识别化并不能保证信息在各种情况下的匿名性。鉴于社会规范助推建立在信息共享和信息交流的基础之上，因此，去识别化技术的这些局限性"牵一发就会动及社会规范助推的全身"。

在这样的背景下，面对社会规范助推，本文极力主张监管机构应当采用差分隐私框架来作为隐私保护坚实可靠的基础。在笔者看来，差分隐私框架独具魅力，它不仅能够使监管机构在将隐私风险降到最低的同时继续实施社会规范助推，而且它还能评估、预测，并在隐私保护与社会规范助推的有效性和准确性之间寻求一个合理的平衡点。

综上所述，如果要实施和依赖去识别化技术，那么，监管机构和

[①] See James P. Nehf, Recognizing the Societal Value in Information Privacy, 78 *WASH. L. REV.* 1, at 7 (2003).

决策者在平衡数据使用的效果和个人隐私利益方面必定要过五关斩六将、越过重重困难。因此，本部分内容就将探讨这些可能面临的挑战，并相对应地展示差分隐私策略的优势。

（一）去识别化技术

首先，为了保护他人免受信息收集、信息处理和信息传播的伤害，隐私权法和隐私政策应运而生；同时，为了在使用个人数据带来的社会利益与对他人隐私利益的潜在损害之间取得平衡，决策者也绞尽脑汁，试图设计一种行之有效的方法。在这样的背景下，"去识别化"横空出世。所谓去识别化技术，是指"相关组织机构可以用来从自己收集、使用、存档和与其他组织共享的数据中删除个人信息"的一系列技术；该技术旨在维持信息利用的好处，同时减少与信息传播相伴相生的隐私风险。

虽然从保护范围和保护方法上来看，世界各地的隐私权法和数据保护法可谓五花八门，各有千秋；但是，它们却在一个方面惊人地一致，那就是大多数涉及隐私权的法律都和去识别化原则密不可分。事实上，去识别化建立在一个基本假设的基础之上——如果没有个人可标识信息，那么，隐私损害也会随之消失得无影无踪。因此，绝大多数的数据保护法和隐私权法都规定，已经被去识别化的个人信息不受法律保护。这就意味着，即使行为人使用或传播已被去识别化的个人信息，他们的行为也不会构成隐私侵权行为，即行为人完全可以用合法方式去传播去识别化信息。在这样的背景下，行为人（例如A-Water公司）通常会采取措施去修改数据库的内容，从而删除或加密个人可标识信息。通过实施这一类去识别化技术，行为人在理想情况下不仅能够保护他人的隐私权，而且还能同时保证相关数据的使用效果。

其次，如果要实施去识别化技术，那么，第一步就是从数据库中删除或替换某些个人可标识信息（用化名或任意数据），例如，姓名、地址和社保号码。因此，标记个人可标识信息在去识别化过程中的地位可谓举足轻重。简而言之，如果特定的法律条款将某一类信息认定为个人可标识信息，那么，行为人在通常情况下就不能披露、共享或传播这一类信息；反过来，如果相关信息不属于个人可标识信息,那么,这些信息则既不受法律保护,行为人也可以不受任何限制地传播这些信息。

就拿美国来说,美国保护个人可标识信息的法律框架是由多种法律法规混合杂糅而成的,这其中不仅包括联邦和州级的部门性法律法规,还包括针对特定情况的法律法规。鉴于这些法律法规既没有对个人可标识信息做出统一定义,也没有制定统一适用的个人可标识信息区分规则。因此,个人可标识信息的定义因不同的法律、法规而异。比如,《美国健康保险便携性和责任法》(HIPAA)旨在保护他人的健康信息,根据该法案的规定,如果要满足隐私权规则中的去识别化标准,那么,医疗服务提供者就必须删除18项特定的个人可标识信息;再比如,《美国家庭教育权和隐私权法》(FERPA)旨在保护教育记录中的个人可标识信息,不过根据该法案的规定,行为人必须"在删除所有个人可标识信息之后"才能够发布和传播相关信息。

再来说说 Schwartz 和 Solove 的观点。在这两位学者看来,现有法律、法规主要有三种定义个人可标识信息的方法:一是同义反复法,二是非公开定义法,三是特定类型法。[①]

首先,根据同义反复法,所谓个人可标识信息是指任何能够识别他人身份的信息。一方面,同义反复法具有高度的灵活性,这就使得该定义方法可以完美适应日新月异的新技术发展;另一方面,这种灵活的结构也意味着它无法为个人可标识信息的含义提供任何有意义的指导,因为它相当于仅仅在陈述"个人可标识信息是个人可标识信息"。

其次,通过定义非个人可标识信息,第二种非公开定义法主要致力于从反面来定义个人可标识信息。Schwartz 和 Solove 认为,非公开定义法其实只是同义反复法的一种变体;同时,由于非公开定义法只着重关注相关信息是否公开,而没有考虑相关信息的可识别性,所以该定义法问题丛生。

最后,所谓特定类型法,是指建立在一系列特定类型的信息基础之上的定义方法。具体而言,如果相关信息属于法律规定的特定类

---

① See Paul M. Schwartz & Daniel J. Solove, The PII Problem: Privacy and a New Concept of Personally Identifiable Information, 86 *N. Y. U. L. REV.* pp. 1828 – 1832 (2011).

型,那么这些信息就会被自动视为个人可标识信息并受法律保护。① 虽然这种定义法为个人可标识信息划定出了一条明确界限,但 Schwartz 和 Solove 指出,这种界限可能模糊不清且包容性不强。

总而言之,以上三种定义方法不仅无一例外地具有先天缺陷,还有可能导致歧义、不确定性、信息保护过度或信息保护不足的问题。这也就意味着,如果决策者想凭借这几种定义来想出一套坚实可靠、行之有效的原则,并且试图通过该原则来设计有关隐私保护的社会规范助推是十分困难的。

我们不妨再将视线投向欧盟。根据欧盟《通用数据保护条例》(GDPR)的规定,所谓个人信息,是指"与已识别或可识别的自然人(数据主体)相关的任何信息"②。而所谓"可识别的自然人",是指"通过姓名、身份证号、定位数据、网络标识符号以及特定的身体、心理、基因、精神状态、经济、文化、社会身份等识别符能够被直接或间接识别到身份的自然人"③。鉴于《通用数据保护条例》同时承认直接和间接的识别方式,因此,该条例不仅能够与时俱进地适应科学技术的突飞猛进,还考虑到了重新识别技术潜在的拓展能力。④ 比较之下,该条例的定义方式可比早期一系列定义法有先见之明多了。此外,《通用数据保护条例》还具有一个耐人寻味的特征,即去识别化模式的连续性:一方面,由于真正的匿名信息不具备可识别性,因此,它们不受《通用数据保护条例》的保护。⑤ 另一方面,由于假名化信息可以通过附加信息或密钥(例如代码或算法)的方式重新与他人建立联系。⑥ 因此,这一类信息属于个人信息并受《通用数据保护条例》的保护。⑦

不过,虽然假名化信息受《通用数据保护条例》的保护;但是

---

① See Paul M. Schwartz & Daniel J. Solove, The PH Problem: Privacy and a New Concept of Personally Identifiable Information, 86 N. Y. U. L. REV. at 1831 (2011).
② See Commission Regulation 2016/679, art. 4 (1).
③ See Commission Regulation 2016/679, art. 4 (1).
④ See Commission Regulation 2016/679, art. 4 (1), at recital 26.
⑤ See Data Protection Working Party, Opinion 05/2014 on Anonymisation Techniques, at 5 (Apr. 10, 2014).
⑥ See Commission Regulation 2016/679, art. 4 (5).
⑦ See Commission Regulation 2016/679, art. 4 (1), at recital 26.

根据条例规定，如果行为人"对个人信息数据进行假名化处理"，那么，他们就可以卸下一部分肩上的重担，因为他们必须遵守的义务会相应地被放宽。简而言之，《通用数据保护条例》语境下的"个人信息"所包含的信息类型极为广泛。因此，虽然某些类型的信息根据美国的法律法规无法构成个人信息，但它们却可以根据《通用数据保护条例》构成个人信息。就算是这样，鉴于个人可标识信息和非个人可标识信息之间的区别高度依赖于信息所处的情境，所以，想要在二者之间画出一条明确的界限基本上不可能。

在时间的漫漫长河中，去识别化技术一直是许多人心目中的杀手锏；因为它既可以使相关组织机构收集、处理、重新利用和传播信息，又能够周密地保护他人的隐私权。① 然而，现实却可能会让这些人一下子感到失落：目前有足够的证据表明，通过匿名化或假名化个人信息数据来进行去识别化并不能万无一失地防止个人信息数据泄露。就拿轰动一时的 Netflix 竞赛事件来说，Netflix 公司本来自信满满地想用匿名化技术或去识别化技术来保护用户的个人信息数据，结果没想到现实与理想背道而驰，最终 Netflix 公司因违反《美国联邦视频隐私保护法》和加利福尼亚州的法律而惹上官司。

具体来说，事情的始末是这样的：为了公开征集比自己使用的电影推荐系统更棒的电脑算法，Netflix 公司曾高调地对外发起一项大赛，同时宣布取得第一名的参赛者将获得 100 万美元的巨额奖金，这一消息在公众反应热烈。为了使研发人员的工作能够顺利开展，Netflix 公司将对 50 万名用户发布 1000 部电影排行榜；同时，为了保护用户的隐私权，Netflix 公司还通过删除个人详细信息和用随机数字代替姓名的方式来对相关数据进行匿名化处理。结果大赛刚刚开始没几周，Netflix 公司的措施就被火速印证毫无效果——德克萨斯大学的两名研究人员声称，通过将 Netflix 数据库中所谓的"匿名"评论与在互联网电影资料库中的评论进行比较，他们不费吹灰之力就能识别出 Netflix 用户的身份。

事实上，上述 Netflix 公司的事件并不是什么百年难遇的个例，

---

① Paul Ohm, Broken Promises of Privacy：Responding to the Surprising Failure of Anonymization, 57 *UCLA L. REV.* at 1736（2010）.

这样的事情也早已不是什么新鲜事——其一，卡内基梅隆大学最近进行的一项研究表明，研究人员完全可以轻松根据各种数据库（包括公共数据库和社交网络）推测出他人的社保号码。其二，有人曾提出，如果有110万消费者的信用交易记录在手，那么，想要重新识别出90%的消费者身份根本不是什么难事。其三，过去10年间进行的一些研究表明，将匿名化技术作为保护他人隐私权的一种方式有着与生俱来的缺陷。Paul Ohm 曾指出，在平衡隐私保护和信息数据利用方面，匿名化技术早已经心有余而力不足。在 Ohm 看来，决策者和技术专家总是高傲地秉持这样一种观点，即去识别化技术"可以对相关信息数据进行细微修改，从而为隐私保护提供一双坚强有力的臂膀"；Ohm 却认为，这种观点不仅漏洞百出，而且根本站不住脚。他指出，目前现有的技术完全足以将匿名信息数据与个人可标识信息联系起来，从而直接将传统的匿名化技术打趴在地上。此外，由于公共数据库、商业数据库和其他数据库的访问难度直线下降，因此"重新识别"对于很多人来说早已变成小菜一碟。① 其四，目前还有不在少数的人持有这样的观点，如今，随着人们相关技术能力的与日俱增（比如从聚合信息数据库中推断个人信息），隐私风险直线飙升不过是分分钟的事情。

综上所述，如果第三人能够掌握重匿名化技术（re-anonymization），那么，即使相关信息数据不属于现行法律法规中的个人可标识信息，第三人也能够轻而易举地通过整合、联系其他来源的信息去识别出他人的身份。同时，即使相关信息数据从理论上不能直接识别出他人身份，可是当四面八方、多种多样的信息资源合并在一起时，"重新识别"便不再是天方夜谭。回到本文的主题中来，由于社会规范助推的本质就是信息共享和信息交流，因此，去识别化技术的这些局限性与社会规范助推有着剪不断的联系。换言之，即使相关信息数据已经被匿名化处理，社会规范助推的行为人也无法充分保证重新识别不可能发生。

为了让大家更深刻地理解重新识别问题，我们还是要借助 David

---

① Paul Ohm, Broken Promises of Privacy: Responding to the Surprising Failure of Anonymization, 57 *UCLA L. REV.* at 1723 – 1730 (2010).

和 Rose 一家来举例说明。假设最近有报告表明儿童麻疹疫苗的接种水平已经连续第三年下降，为了提高疫苗接种率，政府决定实施社会规范助推来扭转局面。在实施过程中，政府每个月都会向父母们提供最新、最前沿的疫苗接种率数据，这其中不仅包括相关的国家数据（例如，80%～90%的美国儿童在5岁之前就已经接种完全部疫苗），而且还包括父母们所在社区的相关数据（甚至是儿童所在学校的数据）。

仅就对他人隐私权造成的风险而言，政府披露这类汇总信息似乎并无大碍，也不值得一提。可是我们设想一下，假设在最后一次信息披露前的几个月，David 和 Rose 头脑一热决定搬去另一个社区开启美好新生活；而在他们搬到新社区后，相关数据却恰好显示当地学校的疫苗接种率有所下降。此时，由于担心这种现象可能会对自家孩子有所影响，所以，得知相关数据的父母可能就在家里坐不住了。为了找出罪魁祸首到底是谁，这些父母很可能会去调查社区中有哪些孩子最近刚刚去当地学校进行了注册。

不仅如此，如果邻里之间经常家长里短地话家常，大家互相知根知底，那么，任何一个邻居都可以毫不费力地推断出到底是哪个家庭没有给孩子接种疫苗。如果 David 一家被证实没有遵守社会规范，那么，他们就会受到各种形式的社会制裁；换句话说，这种身份识别的社会后果可能会远远超乎我们的想象。从这个例子中我们不难看出，即使行为人对相关数据信息进行过匿名化处理，这也丝毫不会阻碍第三人通过整合、联系其他来源的信息去识别出他人的身份。

在笔者看来，如果想要在社会规范助推的实施与潜在隐私风险之间取得平衡，那么，除了获取他人的明示同意之外，采用一个更为可靠有效的框架才是明智之选。鉴于此，本文认为采用差分隐私不失为一个良策：一方面，差分隐私的框架既不依赖个人可标识信息的相关理论，又不太容易受到整合各种信息而产生的隐私风险的影响；另一方面，就重新识别带来的隐私风险而言，使用差分隐私的算法可谓减少这种风险的灵丹妙药。[①]

[①] Arvind Narayanan, Joanna Huey & Edward W. Felten, A Precautionary Approach to Big Data Privacy 11-12 (2015).

(二) 采用差分隐私作为社会规范助推的好帮手

(1) 所谓差分隐私,是指数据分析时确保隐私保护的一种数学框架。

为了阐述清楚差分隐私的概念,我们还是要再次回到 A-Water 公司的案例中来,并提前假设 A-Water 公司实施的社会规范助推需要以某社区(包含 16 户家庭)2018 年 3 月的家庭用水量数据为基础。为了助推的顺利进行,A-Water 公司的第一步就是收集下面的这些数据(见表 1):

表 1　2018 年 3 月用水量

家庭编号	用水量(立方米)
1	1
2	3.4
3	5.3
4	6.1
5	6.1
6	6.3
7	6.6
8	7
9	7.2
10	7.3
11	7.8
12	8
13	8
14	8.9
15	9.1
16	11

如表 1 所示，1 号家庭在 2018 年 3 月的用水量为 1 立方米，2 号家庭的用水量为 3.4 立方米，以此类推。在收集完数据和信息之后，A-Water 公司便可以开始处理并计算出相关数据，例如，社会规范就相当于社区平均用水量（即中位数 7.1 [（7+7.2）／2]）。紧接着，消费者就会收到自己家庭的用水量信息和社区平均用水量信息。此时隐私风险就会开始慢慢"现出原形"，因为当这些信息与五花八门的外部数据信息结合在一起之后，它们便可能会暴露出消费者的个人信息。举例来说，为了解 9 号家庭的用水情况，如果该社区内除 9 号家庭外的所有家庭纷纷把自己从 A-Water 公司得到的信息数据结合在一起，那么，有了各个家庭的用水量信息和社区平均用水量，大家了解到 9 号家庭用水量为 7.2 立方米可谓易如反掌，毕竟这是唯一可能与中位数 7.1 相一致的数值。

由于差分隐私的理念就是为社会规范的计算增加不确定性，因此，在差分隐私的语境下，即使把其他各个家庭的用水量信息和社区平均用水量数据都结合起来，9 号家庭的用水量也仍然是个摸不透的未知数。这是因为，为了达成自己的目标，A-Water 公司在这种情况下会选择以随机选取"近似中位数"的方式来计算出社会规范，而不再将社会规范计算为准确的中位数。具体而言，根据差分隐私的要求，任何一个近似中位数的数值（比如 6.9）来自于原始数据（见表 1）的可能性与来自其他数据信息库的可能性大致上都是相同的；而在这些数据信息库中，9 号家庭的信息将会用任意一个不同的数值所替换或者完全删除。这就意味着，即使所有家庭纷纷把自己从 A-Water 公司得到的信息数据结合在一起（即各家的用水量和近似中位数，比如 6.9），他们仍然不能从中推断出任何关于 9 号家庭用水量的信息；因为无论 9 号家庭的用水量是多少，近似中位数为 6.9 的可能性几乎是一模一样的。此外，还需注意的是，差分隐私并不是近似中位数本身的性质，而是计算近似中位数的随机过程（或算法）的属性。

从更笼统的意义上来说，差分隐私的算法能够确保第三人几乎无法从 A-Water 公司传播的信息中了解到消费者的个人信息，即第三人基本上相当于是在没有任何个人信息数据的情况下进行计算的。[1] 举例而言，第三人或许能够知道 A-Water 公司的消费者是某个特定城市的居民（比如纳什维尔），不过这并没什么大不了，毕竟即使将特定的家庭成员信息（比如 David 和 Rose）完全从数据库中删除，诸如居住地一类的信息也一样可以被推断出来。但在差分隐私的语境下截然不同的是，第三人将无法推断出相关信息的具体属性，如 David 和 Rose 是 A-Water 公司的消费者。

（2）差分隐私虽然拥有闪光点，但这并不意味着它就完美无瑕、无所不能。

事实上，差分隐私既不能解决所有与社会规范助推有关的隐私问题，也无法保护他人免受行为人（即助推实体）未经授权的信息收集或信息处理行为，还无法将数据泄露事件一网打尽。不过若是与去识别化技术相比，差分隐私所提供的隐私保护还是更胜一筹，因为它不仅可以为监管机构（无论是私人机构还是公共机构）提供一种行之有效的策略，还能兼顾隐私保护和社会规范助推。

本文就以下几点说明差分隐私的缺陷：

第一，差分隐私的种种优势是以牺牲准确性为代价的。回到我们的案例中，如果 A-Water 公司想要为 David、Rose 和其他所有消费者提供隐私保护，那么，它就需要通过添加"噪声"来掩盖个人信息。说得再直白一点，如果 A-Water 公司有志于实施能够保护他人隐私权的社会规范助推，那么，它就不能再使用确切的用水量中位数数值，而只能使用一个随机近似值。就中位数的近似值而言，随着 A-Water 公司希望实现的隐私级别和添加噪声级别的不同，该数值也会随之发生改变；如果想要拥有更高的隐私级别，那么 A-Water 公司就需要添加更多的噪声，从而使计算的精确度降低。换言之，想要获得更高级别的隐私保护，中位数的近似值就需要呈现出更大的误差才行。

第二，为了在隐私保护和数据效用之间取得平衡，运用隐私损失参数进行调整是一个较为常用的方法，即传统上的"ϵ"；隐私损失参数的数值越低，隐私保护的级别也就越高。不过，就近似中位数的

---

[1] Kobbi Nissim et al., Bridging the Gap Between Computer Science and Legal Approaches to Privacy, 31 *HARV. J. L. & TECH*, at 696 (2018).

计算而言，这种方法会导致更大的误差。就拿上述 16 户家庭来说，如果 A-Water 公司将 6 立方米作为中位数（而非真正的中位数 7.1 立方米），那么，相关组别内的 5 户家庭就会接收到错误的社会规范助推，也就是说，这 5 户家庭会错误地认为自己的用水量高于或低于平均用水量（即真正的中位数）。因此，在本文看来，所谓近似中位数（与真正的中位数相比）的误差，其实就是指接收到错误社会规范助推的家庭数量（如图 1 所示）。

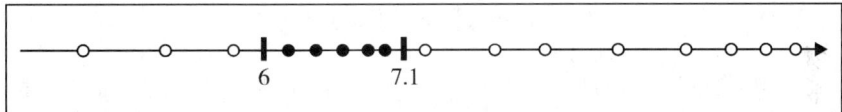

图 1 近似中位数的误差

图 1 中，16 个点代表 16 户家庭的用水量，其中，真正的中位数是 7.1，近似中位数为 6。由于有 5 个点（黑点）大于近似中位数，并且这 5 个点的数值小于真正的中位数，因此，近似中位数 6 的误差为 5。

总而言之，通过创造出一种类似于"同伴压力"的东西，社会规范助推会激励他人做出"完美理想的"行为；在这种情况下，如果有些人受到不准确的社会规范助推，那么，助推的效果毫无疑问会大打折扣。不过大家可别就此灰心丧气——如果社会规范助推在更广泛的群体中实施，或者在中位数周围人数分布密度较小的群体中实施，那么，不准确的社会规范助推所带来的影响就没那么明显了，甚至可以忽略不计。

打个简单的比方，假设 A-Water 公司是从一个有 10013 户家庭的城市获得数据，并且该城市用水量的真正中位数为 22.3 立方米。这时，如果 A-Water 公司选择运用差分隐私的算法，那么，它不仅需要事先确定渴望达到的隐私级别，还需要部署相关的隐私损失参数。虽然这个环节看似很不起眼，但是如果静下心来捋一捋，那么，我们会发现，近似中位数的误差很大程度上就取决于 A-Water 公司所选择的隐私损失参数 ϵ。为简明说明隐私损失参数对社会规范助推（基于 10013 户家庭的数据集）准确性的影响，图 2 可帮助大家理解此问题。该图使用了两个隐私损失参数：$\epsilon1 = 0.05$；$\epsilon2 = 1$；其中，前者代表高级别的隐私保护，后者代表低级别的隐私保护。

$\epsilon2 = 1$	$\epsilon1 = 0.05$	
0	31	接收到不准确社会规范助推的家庭数量
0 m^3	0.03 m^3	近似中位数与真正中位数之间的误差
0%	0.31%	接收到不准确社会规范助推的家庭百分比

图 2　使用两种不同隐私损失参数

如图 2 所示，即使 A-Water 公司实施级别相对较高的隐私保护（即 $\epsilon1 = 0.05$），也只有区区 0.31% 的家庭会接收到不准确的社会规范助推。这意味着，在 10013 户家庭中，只有 31 户家庭接收到的是不准确的社会规范助推。

第三，失败概率"β"也是一个不容忽视的参数。由于计算具有随机性，因此不同的执行方式可能会导致天差地别的结果。例如，在一些概率很小的情况下，出现的误差却可能非常大，传统上我们将这种不可信度（即失败概率）表示为 β。为了更好地理解这个概念，大家不妨思考一下下面这个抛硬币的实验：当我们在抛硬币时，我们有 0% 的概率是什么都不抛，有 50% 的概率抛正面，有 50% 的概率抛反面，还有 100% 的概率抛正面或反面，这些都非常容易理解。现在假设我们抛一个硬币 1000 次，那么，预期的抛正面的次数就是 500 次；虽然实际上能够正好抛掷 500 次正面的概率微乎其微，但我们至少可以自信地说抛正面的次数是在 450 次到 550 次之间，因为超出该范围的概率最多也就是 0.02。同时，我们还能更有信心地说，抛正面的次数将在 440 次到 560 次之间，因为此时超出该范围的概率就已经小到 0.0015 了，基本可以忽略不计。从这个小实验中我们能看出，我们做出的陈述或假设越宽泛模糊，我们对于该假设的成立就越有自信心。回到我们的案例中，β 的数值越小意味着假设成立的概率会越高，也意味着误差范围会越宽泛。换言之，如果 β 的数值小到 1/1000000，那么，"实际误差大于假设误差"这种情况发生的概率最多也就是 1/1000000。

第四，除了隐私损失参数 ϵ 和失败概率 β 之外，误差在某些情况下还取决于我们离散化近似中位数数值的方式。为了更好地阐明这个问题，我们再回想一下上述案例，在 A-Water 公司的例子中，相关消费者群体真正的中位数是 7.1，接着再考虑以下两种情况：在第一种情况下，A-Water 公司希望得到一个介于 1 到 15 之间且为自然数的近似中位数；在第二种情况下，A-Water 公司则希望得到一个介于 1 到 15 之间且为 0.1 倍数的近似中位数（即 0.1，0.2，0.3，1，1.1，1.2，…14.9，15）。这也就是说，在第一种情况下，该公司的目标是从 15 个可能的数值中选择一个近似中位数，而在第二种情况下，该公司的目标则是从 150 个可能的数值中选择一个近似中位数。一方面，A-Water 公司的离散化行为本身可能就已经将误差考虑在内，如在第一种情况下，A-Water 公司就永远无法识别到误差为零的中位数（因为误差为零的中位数不可能是整数）。另一方面，当离散化行为包含更多的数值时，A-Water 公司想要选择一个近似中位数的难度就会陡升（如需要更多的噪声）。这是因为精确度较高的近似中位数包含更多的数据信息，所以，A-Water 公司就需要添加更多的噪声。例如，比起包含更多数据信息的高精确度近似中位数（第二种情况），A-Water 公司在第一种情况的数值中（如 3 或 6）做选择要轻松得多，因为这两个数值显示的相关数据信息要少得多（即这基本上是一个是非选择题）。

从上面这个例子中可以看出，通过离散化一系列可能的近似中位数，A-Water 公司出现以下两种误差是在所难免的事情：一是离散化误差，这种误差的出现是因为 A-Water 公司的离散化行为本身可能并不包含准确的中位数；不过，如果 A-Water 公司决定在离散化行为中使用更多的数值，那么，这种误差也会随之变小。二是基于隐私保护需求而出现的，这是因为如果离散化行为包含更多的数值，那么，A-Water 公司就需要添加更多的噪声。为了把这个理论解释得更为透彻，我们还是用例子来说话——在这个例子中，我们将离散化行为中数值的数量用 X 来表示，并且 $X=1000$。一般来说，X 的值是一个能够确保离散化误差比较小的合理数值。

（3）指数机制为估计中位数的问题提供了一个良好基础。

总的来说，指数机制能够识别出误差最多为 $(2/\epsilon)\ln(X/\beta)$

的近似中位数,其中 ϵ 是隐私参数,X 是离散化行为中包含的数值数目,β 是失败概率。现在我们先假设失败概率 β 为 1/1000000,隐私参数为 1(相较之下,该参数要比当前行业实施的差分隐私好得多),离散化行为满足 $X=1000$;在这样的假设背景下,指数机制能够保证误差不会超过 42。这就意味着,除非遇到 1/1000000 的概率,否则,1000 人当中最多只有 42 人的数据可能会与近似中位数进行错误比较;而当城市人口远远超过 42 人的时候(如有 10 万人口),这个误差率似乎根本不值一提。

此外,差分隐私中还有几种高级结构。在上述假设条件下,这几种结构能够使近似中位数的识别误差最大为 $(C/\epsilon) \times 2^{\log^* X} \times \log(1/\beta)$,其中,$C$ 为数值较大的常数。这就意味着,随着离散化行为中 X 数值进行大小变化,误差增长的速度会相对缓慢许多。不过,在当前已知的结构中,不仅常数 C 的数值往往相对较大,而且只有当 X 的数值非常大的时候,对 X 中的误差具有较弱依赖性的值才会开始起作用;因此,在我们的假设条件下,如果 $X \leq 1000$,那么,不仅我们的要求能够得到满足,而且这些高级结构与指数机制之间也不会有什么天差地别。

截至目前,本文对 A-Water 公司案例的讨论都基于两个假设:①假设 A-Water 公司使用了手中掌握的所有消费者数据和信息来确定近似中位数的数值;②假设计算出来的近似数值会以用水月度报告的方式来告知所有消费者。不过,从助推的目的来说,如果想要提高计算的准确性,那么,其实少量的信息和数据就已经绰绰有余了。具体来说,用水量中位数(准确或近似)的数值不仅对消费者来说可能无关紧要,而且它们也不是助推效果的决定性因素;因此,其实 A-Water 公司根本无须披露真正的中位数和近似中位数数值,该公司只需要简单地向 David 和 Rose 说明他们的用水量是低于还是高于中位数就行了。如果 A-Water 公司使用名为"联合差分隐私"的框架,那么,误差就不再与 X 的数值之间有任何关系。换言之,如果隐私损失参数 $\epsilon=1$,失败概率 $\beta=1/1000000$,那么,A-Water 公司就能确保误差最多不超过 14,这对于改进指数机制的误差来说是一个了不起的飞跃式进步。

表 2 所示的误差主要针对的是单独的中位数计算。

表2　离散化行为三个示例的误差

X 的完整数目	X 的小数点后两位	不公开中位数	
90	0	0	$\epsilon = 1$
90	31	10	$\epsilon = 0.05$

在理想情况下，我们希望 A-Water 公司不仅仅是在每个用水报告周期内，而是应当在更长的时间跨度内保护消费者的隐私（如10年，在此期间有60个用水报告周期）。可是，在现实情况中，一方面，随着时间的推移，由于重复计算可能会暴露更多涉及消费者的个人信息，因此，为了保持总体的隐私保护水平，每次计算中就需要添加进更多的噪声。[1] 另一方面，这些噪声毋庸置疑会造成近似中位数中的误差增加。因此，在不同的特定情况下，决策者的选择也会略有差别——他们可能会要求 A-Water 公司对多个用水报告周期提供隐私保护（即相关文献中的"用户级差分隐私"）[2]，也可能会要求 A-Water 公司仅对单个用水报告周期提供隐私保护（即"事件级差分隐私"）。[3]

不过，差分隐私的隐私保障取决于隐私参数 ϵ；ϵ 的数值越小，隐私保护程度就越高，误差也就会越多。一般来说，理论文献中的研究人员都认为隐私参数 ϵ 是一个较小的常数，比如 $\epsilon = 0.1$；然而，现实却恰恰相反，目前许多应用差分隐私的产业（如苹果公司）所使用的隐私参数都是 $\epsilon = 1$ 或 $\epsilon = 2$，甚至是 $\epsilon = 8$。此外，这些产业的应用程序通常使用的都是事件级差分隐私。因此，如果想要实现隐私保护的社会规范助推，并且试图敦促决策者为此制定差分隐私的必要标准的话，那么，ϵ 遵循相关产业实行的隐私参数并实施 $\epsilon = 1$ 的事件级差分隐私才是明智之举。

---

[1]　Felix T. Wu, Defining Privacy and Utility in Data Sets, 84 *U. COLC. L. REV.* at 1137 – 1140 (2013).

[2]　指用户级差分隐私。

[3]　指事件级差分隐私。

表 3　长期受到错误助推的家庭数量

	一个用水报告周期	1 年	10 年
$\epsilon=1$；不公开中位数	0	0	51
$\epsilon=1$；公开中位数的小数点后两位	0	0	230
$\epsilon=0.05$；不公开中位数	0	52	1908
$\epsilon=0.05$；公开中位数的小数点后两位	31	60	4541

表3所示，使用 $\epsilon=1$ 能够使 A-Water 公司在更长的时间范围内（例如1年）使用社会规范助推。换言之，如果 A-Water 公司选择不披露真正的中位数（甚至不披露中位数），而是用"至少有一半家庭的用水量少于您的家庭"这样的表述，那么，不仅 A-Water 公司能使用社会规范助推长达10年的时间，而且从长远来看，隐私保护和社会规范助推之间也更容易取得平衡。

综上所述，本文认为，在社会规范助推的语境下，采用差分隐私这样的隐私保护方法有如下好处：①与现有标准相比，采用隐私权的数学定义可以更有力地保护他人免受更广泛的潜在隐私威胁，即使是在行为人难以预测隐私威胁类型的情况下也是如此。②在社会规范助推的传播过程中，即使是遇到未知的或意料之外的信息侵害，差分隐私也能够为他人的隐私权提供可靠有效的保障。这种加强版隐私保护既能使社会规范助推得到更广泛的利用，又能够大幅度地使助推效果更上一层楼。③差分隐私不仅让行为人能够在数据准确性和隐私保护级别之间取得平衡，还能使他们在五花八门的助推之间处理得游刃有余。

然而，虽然本文大费笔墨地强调了差分隐私相对于去识别化技术的种种优势，但如果想要让决策者要求所有行为人（助推实体）采用差分隐私的框架，那么，我们还必须考虑到现有立法。正如 Kobbi Nissim 等人所说，就隐私保护而言，法律方法和数学方法之间似乎隔着一条巨大的鸿沟。[①] 这主要是因为，数据保护相关法律和隐私权法

[①] See Kobbi Nissim et al., Bridging the Gap Between Computer Science and Legal Approaches to Privacy, 31 *HARV. J. L. & TECH*, at 691 (2018).

通常是针对特定情况，较为灵活并且可以进行开放式解释；而相比之下，差分隐私使用的则是一个冰冷严格的数学定义。从这个角度来说，如果决策者想要将差分隐私作为一种具有约束力的标准，那么，这似乎是一个难点。不过，在本文看来，法学方法和数学方法之间的挑战或鸿沟不应该成为决策者利用差分隐私优势的一块绊脚石。事实上，Nissim 等人在最近的一篇文章中已经证明，差分隐私在满足隐私保护相关法律的方面也能够表现得毫不逊色——建立在《美国家庭教育权和隐私权法》设定的法律标准基础之上，这些学者从中提取出数学方案，并以此来证明差分隐私的框架完全能满足该法案中的数学解决方案。上述只是法学方法和数学方法相一致的一个例子，同时鉴于数据保护相关法律和隐私权法多种多样，加之社会规范助推在"广阔天地"都大有作为，因此，本文很难就差分隐私是否能够满足隐私保护相关要求提出什么结论性的论点。尽管如此，根据 Nissim 等人的观点，我们可以断言，差分隐私的框架完全可以在保护他人隐私权的同时满足多种情况下的法律要求，即差分隐私语境下所传播的信息既不会披露任何特定的个人可标识信息，也不会让第三人从中推断出任何特定个人的属性。①

五、结语

首先，作为一种无须强制、成本低廉、相对容易实施并且行之有效的手段，社会规范助推已经日益成为监管工具箱中举足轻重、无可替代的重要组成部分。社会规范助推的出现确实为决策者一系列的福利促进行为提供了崭新途径，但同时，社会规范助推的使用背后却也暗藏着无数隐私风险。虽然社会规范助推背后的隐私风险正对我们虎视眈眈，但相关文献和监管机构却对这个问题关注甚少。为了填补这一片巨大的空白，本文有两个较为新颖的创新点：第一个创新点是分析性的，本文阐明社会规范助推从本质上来说可以对他人的隐私权构成不容小觑的严重威胁；第二个创新点是以政策为导向，本文认为针对社会规范助推的效用和损害他人隐私权的风险，将差分隐私的策略

---

① See Alexandra Wood, Bridging Privacy Definitions: Differential Privacy and Concepts from Privacy Law & Policy (Oct. 23, 2017).

用来在二者之间寻求平衡点完全是绰绰有余的。

其次,虽然世界各地的隐私权法和数据保护法都围绕着去识别化技术打转,但是不少学者已经反复表明,去识别化技术很多时候都与我们的预期效果背道而驰。为了缓解这些隐私问题,本文建议决策者不仅应充分利用差分隐私框架来增加隐私保护的可能性,还应大力挖掘社会规范助推的监管潜力。

所谓差分隐私,是指数据分析时确保隐私保护的一种数学框架。就那些被传播的信息而言,差分隐私既能确保第三人几乎无法从这些信息中了解到任何个人可标识信息,而且它在"取代或补充问题丛生的匿名化方法"方面也大有用武之地。[1]

再次,虽然差分隐私拥有如此多的闪光点,但这并不意味着它就完美无瑕、无所不能。事实上,差分隐私既不能解决所有与社会规范助推有关的隐私问题,也无法保护他人免受行为人(即助推实体)未经授权的信息收集或信息处理行为,还无法将数据泄露事件一网打尽。此外,不仅差分隐私的种种优势是以牺牲准确性为代价的(更高的隐私保护级别意味着计算的准确性降低,从而使助推效果大打折扣),而且差分隐私的算法还涉及在隐私保护和数据效用之间取得平衡的需求。

尽管如此,本文已经通过层层论述表明,基于差分隐私的算法能够创造出一种迥然不同的社会规范助推,这种助推既能为个人信息数据提供无与伦比的充分保护(基于数据的敏感性),同时又行之有效、便捷廉价。因此,与去识别化技术相比,差分隐私所提供的隐私保护还是更胜一筹。

复次,本文创设的案例主要将注意力集中在隐私问题并不那么激烈的用水消耗问题上面,这在一定程度上是因为有关该问题的相关文献较为匮乏。本文相信,鉴于全球气候变化问题日益严峻,促进水资源保护将是摆在全球社会面前的一项重要任务。在这种情况下,提高我们运用社会规范助推的能力必将是百利而无一害的。此外,无论是本文的论点还是政策建议,其实都不仅仅局限于本文讨论的案例,它

---

[1] Andrew Chin & Anne Klinefelter, Differential Privacy As A Response to the Reidentification Threat: The Facebook Advertiser Case Study, 90 *N. C. L. REV.* at 1423 (2012).

们在其他领域也依旧能够大显身手，例如，隐私风险更为突出的健康领域或金融领域。

最后，从本文的论述中我们不难看出，差分隐私在取得社会规范助推效用与隐私保护之间的平衡方面有着令人瞩目的成就，因此，本文诚挚地希望监管机构和其他研究人员既能够将本文的想法付诸实践。

绩效工资模式：社交网络公司的高管应为其违反数据隐私保护的行为负责

利特尔·赫尔曼[①] 著　袁姝婷[②] 译

目　次

一、导论
二、美国的隐私法律框架
三、笔者建议采用绩效工资模式
四、绩效工资模式可能面临的挑战
五、结语

一、导论

在过去的15年间，社交网络呈指数级增长，吸引了大量的用户，并促进了越来越多的在线活动。在整个发展过程中，社交网络积累了来自世界各地的公民的海量数据。

社交网络是一个支持用户在线互动的平台。社交网络的商业模式包括在与第三方支付的交易当中使用用户数据。实际上，在使用这些服务时，社交网络服务用户通常只需要支付很少的费用，或者根本不需要支付任何费用。不过，他们需要提供自己的有关数据，而社交网络服务通过与第三方的协议将这些数据货币化。根据社交网络对用户

[①] 利特尔·赫尔曼（Lital Helmant），以色列小野大学法学院高级讲师。
[②] 袁姝婷，中山大学法学院助教。

个人数据所做出的精确分析,这些协议主要涉及在该平台的用户界面中掺入个性化广告。

为社交媒体上的个人数据使用设计标准是一项基本任务。一方面,尝试新的商业模式可以增加社交网络的使用,以及各方在这些交互中所获得的价值。另一方面,这种数据共享商业模式对隐私的潜在危害可能带来巨大的损失,并在相当长的一段时间内造成社交媒体的预期用途产生寒蝉效应。

美国主要采用市场解决方案来应对社交媒体隐私所面临的挑战。在这个框架下,每个社交网络公司都设计了自己的隐私标准,用户可以根据这些标准选择是否使用服务。美国联邦贸易委员会(FTC)在其授权下对这一过程进行监督,从而监管商业中存在的或影响商业的不公平、欺诈性行为或惯常做法。①

正如笔者在下文中所分析的那样,这种方法为社交网络公司提供了一种强大的契机,使其不愿对用户隐私提供充分的保护。之所以会产生这样的契机,是因为在争取社交媒体为其提供更好的隐私条款方面,用户处于不利地位,而且其隐私利益被最大化收集、分析和出售用户个人数据的巨大竞争压力所掩盖。

目前的高管薪酬模式加剧了这一问题。标准的高管薪酬方案是绩效工资方案,即高管的薪酬与公司的经济绩效挂钩。这种薪酬方案促使社交媒体公司的高管外部化过度利用用户数据的相关成本。这种薪酬方案还鼓励高管冒过高的风险,追求中短期的利润,甚至为了维持用户对系统的信任而不惜牺牲股东的长期利益。

在本文中,笔者提出了一个很有前景的方法来扭转社交媒体高管的激励机制,即将社交网络公司的高管薪酬与公司的数据保护举措挂钩,从而减少社交网络当中的隐私滥用行为。具体来说,笔者建议增加传统的激励合同,即管理人员应当有一份固定工资以及一份与公司股票价格相挂钩的绩效工资,其中,绩效工资取决于隐私评级。隐私评级一年一次,将通过衡量用户对其社交网络所采取的隐私举措的知

---

① See Federal Trade Commission Act, ch. 311, § 5, 38 Stat. 717, 719 (1914) [codified as amended at 15 U.S.C. § 45 (a) (2012)] (commonly referred to as the FTCs Section 5 jurisdiction).

情情况和满意度来确定。公司的隐私官将负责绩效工资模式在公司内的应用,而公司的薪酬委员会将负责把这一评分情况纳入核心高管薪酬的参考因素之一。

笔者所提出的建议与现有的解决隐私低效现象的建议有两个重要的不同之处。一是该政策并不直接针对社交网络公司。相反,它将通过调控高管的薪酬来影响公司内部的高管,从而反映其行为所带来的益处和损害。二是该建议提供了一个动态的解决方案,根据这个方案,社交网络的隐私保护水平将适应不断变化的社会隐私标准,而不只是一个静态的、隐私标准通过立法或监管自上而下地制定并因循守旧的政策。

上述建议将极大地改善社交媒体当中的隐私保护现状。它将迫使企业高管在决策之前考虑隐私问题,并抑制他们为了追求短期利润而放弃用户隐私的动机。因此,它既可以增强用户所受到的隐私保护,又可以将高管的个人利益与公司的长期利益相结合,从而保持用户对社交网络的信任。

显而易见的是,除了社交网络之外,其他的企业均在收集用户数据,包括零售商、网络提供商、搜索引擎、网络主机等。然而,社交网络是唯一的完全以吸引用户共享信息、分析用户所共享的信息并与第三人充分利用这些信息为主的平台。[①] 根据这种商业模式,社交网站上披露的个人信息无论在质量还是数量上都比其他平台更甚,这一点不足为奇。同样不足为奇的是,匿名使用或以假身份注册是不被允许的,而且信息甚至是在用户不由自主的情况下被收集的,从而导致了隐私的外部性和分配不均。与大多数其他企业不同,社交网络市场趋于整合,这限制了隐私市场的产生和发展。因此,虽然各个平台均存在隐私风险,但社交网络领域隐私风险丛生的情况却在加重。

本文分为三个部分:在第一部分当中,笔者阐述了美国现行的数据保护法及其在社交媒体环境下所存在的缺陷。首先,讨论了同意机制的限制。其次,指出了社交网络公司将隐私问题内在化的动机受到

---

① See, e.g., Nathan Newman, The Costs of Lost Privacy: Consumer Harm and Rising Economic Inequality in the Age of Google, 40 *William Mitchell Law Review* 849, 865 (2014) (discussing Facebooks and Googles business model).

市场严重失灵的限制。最后，笔者还证明了数据使用对其他用户和非社交媒体用户都具有外部性，这意味着无论公民个人做出何种选择，隐私成本都可能会被强加到其身上。在第二部分当中，笔者提出了相关建议并说明了其优点所在。在这一部分当中，笔者不仅解释了在隐私保护的背景下调控高管薪酬的基本原理，还定义了实现绩效工资模式的预期优势所需要采取的措施。在第三部分当中，笔者讨论了对绩效工资模式可能存在的异议。在这一部分当中，笔者讨论了绩效工资模式的可能操作，以及隐私侵犯行为是"无受害人犯罪"的说法。另外，笔者还解释了利用高管薪酬来改善隐私利益，而不是促进其他社会价值观的基本原理，并对这一观点进行了一定的拓展。

二、美国的隐私法律框架

保护网络隐私的挑战一直困扰着全世界的立法者。美国一直在推动自我监管和市场解决方案。[1] 因此，在美国，在大多数情况下，个体企业以及某些行业团体有权决定自己的隐私保护水平。

美国联邦贸易委员会对这一自我监管机制进行监督，其依据是《美国联邦贸易委员会法》第5条"为了防止……商业中存在的或影响商业的不公平、欺诈性行为或惯常做法。[2] 基于该条款的授权，美国联邦贸易委员会要求企业向用户提供详细的公司数据管理政策的通知，并遵循自己所制定的政策。美国联邦贸易委员会还以这种身份调查了包括社交网络在内的公司对用户数据的使用情况。[3] 美国联邦贸易委员会实际上正在对剑桥分析丑闻进行调查，在该事件当中，脸书

---

[1] See Kenneth A. Bamberger & Deirdre K. Mulligan, Privacy on the Books and on the Ground, 63 STAN. L. REV. 251.

[2] Federal Trade Commission Act, ch. 49, sec. 3, § 5 (a), 52 Stat. 111, 111 – 12 (1938) (codified as amended at 15 U. S. C. § 45 (2012)) (often referred to as Section 5 jurisdiction).

[3] For example, in recent years, both Facebook and Google settled FTC complaints for violating their own policies. See In re Facebook Inc., No. C-4365, 2012 WL 3518280, *3 (F. T. C. July 27, 2012); In re Google Inc., No. C-4336, 2011 WL 5089551, *7 (F. T. C. Oct. 13, 2011).

泄露了 5000 万用户的数据。①

美国联邦贸易委员会关于通知和要求各公司采用"隐私政策"，用以描述公司收集和使用个人数据的做法，并在公司网站上公布这些文件。②

在某些联邦法规更加严格规制方面，比如医疗或金融信息③以及 13 岁以下的儿童信息。但以市场为基础的机制也存在例外。④ 有些州法律已经全面地采取了干涉更多的做法，对其他州产生了一些溢出效应。然而，社交网络通常不属于监管范畴。因此，它们可以自由设计自己的隐私保护措施，只要它们公开自己的标准并遵守这些标准。

社交网络领域的市场解决方案背后的理论可能听起来更有说服力。社交网络形成了双方平台，即一方连接用户、另一方连接广告商的定向广告（见图 1）。该理论认为，如果要实现社交网络的最大利益，就应当保持市场双方即用户和广告商的竞争力。社交网络对隐私的过度侵犯可能会降低用户对该服务的需求，而降低的幅度与用户对其隐私的重视程度完全相关。随着在用户当中的人气下降，该平台对广告商的吸引力也会下降。这种预期效果应该鼓励公司事先将用户的隐私关切内在化。从理论上讲，在权衡用户关切与广告商为个人数据付费的意愿之间的过程当中应该能达到最佳的隐私保护水平。

然而，现实并不支持这一理论。在现有机制下，社交网络公司不为用户提供充分的隐私保护是合理的。正如该理论所预测的那样，社交网络有强大的动机去充分利用它们所保有的个人信息，从而向广告

---

① Louise Matsakis, The FTC Is Officially Investigating Facebooks Data Practices, WIRED (Mar. 26, 2018, 12:05 PM), https://www.WIRED.COM/story/ftc-facebookdata-privacy-investigation/[https://perma.cc/ELR2 – DURR].

② See Dennys Marcelo Antonialli, Note, Watch Your Virtual Steps: An Empirical Study of the Use of Online Tracking Technologies in Different Regulatory Regimes, 8 *STAN. J. C. R. & C. L.* 341.

③ See Privacy Act of 1974, Pub. L. No. 93 – 579, 88 Stat. 1896.

④ See Childrens Online Privacy Protection Act of 1998, Pub. L. No. 105 – 277, 112 Stat. 2681 – 2728.

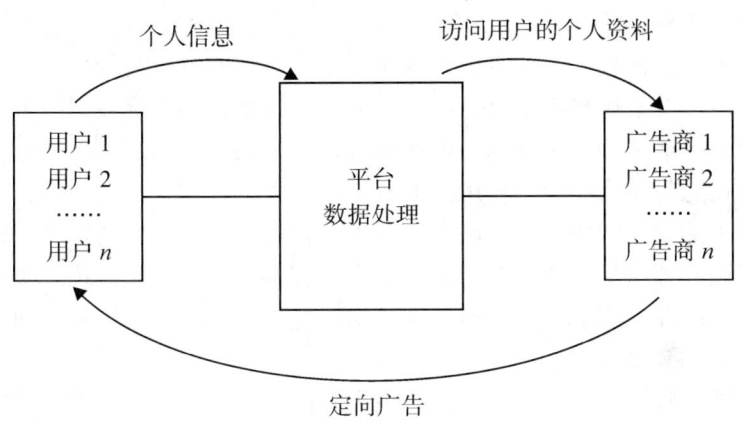

图 1　定向广告

商推销一种令其满意的产品：精准定位受众。① 不过，该理论所预测的平衡却鲜有发生：正如笔者在此处所讨论的那样，市场失灵使用户在事先就隐私保护讨价还价或事后就隐私损害采取措施时处于不利地位。在评估隐私风险和做出影响其隐私的决策时，社交媒体用户往往会遇到信息不全问题和持续性问题。考虑到其无法做出真正的选择，再加上社会都坚持希望保持在线状态，用户也几乎没有选择。最重要的是，用户面临"锁定效应"，这使得他们几乎不可能从社交媒体中全身而退。社交网络公司理性地做出回应，支持广告商享有积极利用用户数据而不是为其提供更强有力的隐私保护的权益。

阻碍用户就达成更好的隐私条款讨价还价这一主要的市场失灵与信息不全问题有关。虽然社交网络公司广泛采用隐私政策，但众所周知，隐私政策大多含糊不清、信息不全和模棱两可，社交网络公司经

---

① Steven Hodson, The Great Privacy Con of Social Media and Web 2.0, *INQUISITR* (Mar. 16, 2010), http://www.inquisitr.com/66776/the-great-privacy-con-ofsocial-media-and-web-2-0/#rcgSyKVBecZ6ZeIZ.99 ［https://perma.cc/CZT3 - NTJV］(It is that constant flow of data that is collected, correlated, mashed up with data from other sources and then put through a strainer for advertisers and marketers to feast uponfor a pretty penny at that.); see also James Grimmelmann, Saving Facebook, 94 *IOWA L. REV.* 1137, 1150 - 1151 (2009).

常变更其隐私政策,而且用户通常需要事先同意该隐私政策未来可能发生的不确定的变更。隐私设置也十分复杂、细致入微,因此,用户难以理解,而且几乎不可能用其来对不同的社交网络进行区分。

隐私政策信息不全这一点不足为奇。详细说明实际数据管理措施的政策只会损害公司的利益。如果公司的未来业务模式发生变化,或者公司与另一家在数据使用方面有不同议程的公司合并,那么,这些政策可能会吓跑用户,限制个人数据的使用。信息全面的隐私政策会让美国联邦贸易委员会发现政策当中存在的偏差,并因此招致更多的审查。因此,用 James Grimmelmann 的话来说,公司有强大的动机来保持隐私政策"华而不实"①。

隐私政策的不相关性也会产生不利的动态影响。用户理性地回应隐私政策的信息不全,从一开始就不浪费时间去阅读它们。结果就是,公司意识到其不能从采用强有力的隐私政策当中获益,于是转而起草了更加含糊不清的隐私政策,反过来又增强了用户阅读隐私政策的积极性。

除了这些含糊不清的隐私政策,用户无法通过其他方法来了解社交网络的数据管理措施。他们无法知道社交网络公司究竟收集了其哪些信息、如何分析和使用这些信息,以及谁可以访问这些信息。数据收集、分析和出售无一不是在幕后悄悄进行的,并且其中的很多行为都受到商业机密措施的保护。用户也不知道其他公司(或其第三方合作伙伴)从其他渠道掌握了其哪些信息,因而无法预测继续向信息库注入更多信息所涉及的风险。数据收集和数据分析技术也在以令人惊异的速度发展,这使得社交网络能够从用户不太活跃的信息共享中获取更多的敏感信息,同时也阻碍了用户了解公司所掌握其数据的能力。

更为糟糕的是,在许多情况下,社交网络并不知道自己正在收集什么信息以及将如何使用这些信息,这听起来可能令人吃惊。一方面,存储成本逐渐降低;另一方面,企业纷纷转变为以数据为中心的商业模式,因此,即使是小公司也要先收集用户数据,然后再决定如何处理这些数据。

---

① See James Grimmelmann, Saving Facebook, 94 *IOWA L. REV.* 1181.

用户不仅不了解公司的数据管理措施,而且也不清楚其所面临的风险。隐私是一种"信用品",其质量无法得到适当的评估。用户往往不知道自己放弃了什么,也不知道自己的数据有什么价值。我们还要考虑到,用户的想象力仅限于其所熟知的风险。例如,他们可能知道自己会在社交网站上看到各种各样的定向广告,却忽略了这样一个事实,即社交网站公司会存储和分析其数据,然后与数据经纪人和不相关的第三人共享这些数据,并且可能在未来将这些数据用于用户无法预测的用途。

但是,仅仅解决信息不全问题和显著性问题是不够的(如果可能的话)。即使用户了解事实和风险,他们也不太可能根据这些信息采取措施。一个主要原因是用户受到各种锁定效应的影响。不妨以网络效应为例。社交媒体平台的用户一方具有很强的网络效应,因为更多的用户在网络上提供了越来越多的人进行互动,从而为所有用户增加了网络的价值。这种网络效应不会出现在市场当中的广告商一方。事实上,广告商彼此之间互为竞争对手,因为他们就广告空间展开相互竞争(见图2)。用户之间的网络效应将用户与网络紧紧地绑在一起,并阻碍了用户退出网络。相比之下,网络广告商之间的竞争抵消了平台上广告商所具有的这种效应。这种不对称使社交网络的动机更倾向于满足广告商,而这些广告商更有可能转化成竞争对手。

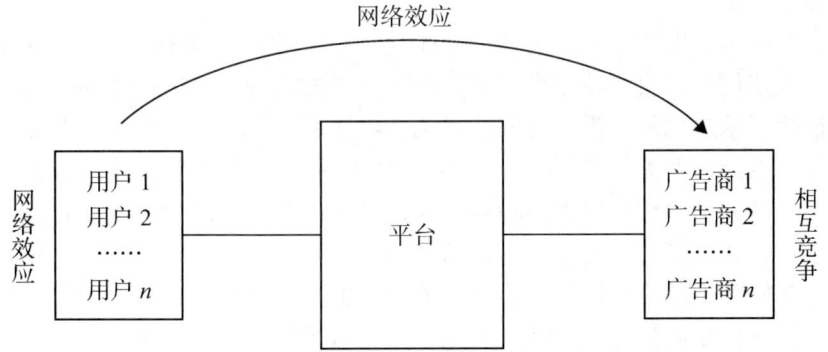

图2 广告商展开相互竞争

社交媒体用户的转化成本尤其高,从而强化了网络效应。事实上,转换到一个新的网络不仅意味着浪费时间来重建数字身份和重建网络,而且对用户来说也是一种不好的体验,如果他们的联系人仍然保留在"旧"的服务当中,在转换到新的服务时,用户向旧的服务所提供的信息可能不会被完全删除。这代表了一个对"过去行为"的捕捉:即使用户不满意其隐私标准,他们仍然可以继续使用该网络,仅仅是因为恢复匿名化是不切实际的,而且转换只会增加持有其信息的网络服务商的数量。用户也不太可能转换,因为社交网络在很大程度上是"经验品",没有实际使用就很难对其做出判断。因此,一旦用户开始使用某个平台,他会发现甚至难以对其他相似的平台进行评估。最重要的是,用户面临着集体行为和其他协调性问题,这些问题阻碍了他们就达成更好的隐私条款进行谈判。Paul Ohm 警告说,公司可以将锁定效应作为策略使用,在一开始就提供强有力的隐私保护,然后在用户被锁定后对其做出不利于用户的变更。

一些学者也注意到,除了拥有一个社交媒体账户并遵守该网络所制定的条款之外,用户没有太多选择。在一个网络无处不在的世界当中,社交网络为用户提供了其个人可以控制的网络存在。更为重要的是,想要避免使用社交媒体变得越来越不切实际。越来越多的潜在雇主、约会对象、大学招生委员会,以及其他个人或组织均利用社交媒体了解候选对象。甚至在某些情况下,只有拥有一个社交媒体账户才能获得服务。

但是,即使选择退出社交媒体是一个有效的"选择",各种各样的认知偏差也会诱使用户对此做出不恰当的选择。这些认知偏差尤其包括了乐观偏见、没有足够的远见、群体偏差、"有限理性"损失规避,以及"免费"的诱惑。社交媒体也逐渐令人产生依赖,为了诱导分享,它的用户界面被精心设计,给人以亲密、舒适、安全和信任感。自我控制偏差也起着重要的作用。一些遥遥领先于同行的社交网络开始允许用户限制其内容仅对某些其他用户可见。这一举动让人产生了一种控制信息可见性的感觉,并掩盖了这样一个事实,即对于所有网络通信来说，社交网络本身就是"沉默不语的倾听者"①。以上所述种种盘查以及其他偏差都使得公司能够利用一个理性用户所做出的隐私选择与一个现实中有可预见缺陷的用户所做出的隐私选择之间的差距。用 Oren Bar-Gill 的话来说，这些不恰当的选择形成了一种行为市场失灵，即"一种导致大量福利损失的持续性消费错误"②。

更糟的是，即使用户为自己做出了足够好的隐私决策，他们个人做出的隐私决策也会给其他用户和整个社会带来外部效应。如果某个用户所自愿披露的信息被用于推断别人的信息，那么，最明显的外部效应就出现了。数据科学方法的改进使得社交网络能够从联系人的在线行为中梳理出用户的私人信息。例如，如果某个用户的联系人涉及某个政党、同性恋团体、"美食家"论坛，那么，他就可能被视为具有相应的特征，即使用户本人选择对这些事情缄默不语。

显而易见的是，如果社交网络之间就隐私保护展开更加良性的竞争，那么，这些问题就可以得到缓解。然而，社交媒体上的隐私良性的竞争鲜有发生，原因主要有两个。

第一个原因是，社交网络面临着激烈的广告商竞争。③ 只要"免费经济"控制着在线服务，数字市场参与者就会避免向用户收费，同时利用数据与第三人进行交易。Paul Ohm 等学者将这种现象称为"谷歌嫉妒效应"④。它导致了隐私保护水平急速触底，因为公司被迫不断地收集和分析用户数据。为了保持领先地位，社交网络必须最大限度地利用其所保有的用户信息，而不是提供会限制其对用户数据的使用的、更充分的隐私保护。当然，社交网络也需要争夺用户，但是由于锁定效应和本部分所讨论的其他市场失灵，这种需求被削弱了，并且通常围绕着隐私之外的因素，比如网络规模和可用性。

---

① Fred Stutzman, Ralph Gross & Alessandro Acquisti, Silent Listeners: The Evolution of Privacy and Disclosure on Facebook, 4 *J. Privacy & confidentiality*, No. 2, 2012, at 9, https://journalprivacyconfidentiality.org/index.php/pc/article/view/620/603 [https://perma.cc/YD6P-9R24].

② Oren Bar-Gill & Franco Ferrari, Informing Consumers about Themselves, 3 *Erasmus Law Review*. 93, 119 (2010).

③ See Paul Ohm, Branding Privacy, 97 *MINN. L. REV.* 927.

④ Paul Ohm, The Rise and Fall of Invasive ISP Surveillance, 2009*U. Ill. L. REV.* 1417, 1426 (2009).

第二个原因是，强大的网络效应和本部分所讨论的其他锁定效应使得占据主导地位的社交网络的市场力量更加持久，并刺激了社交网络空间垄断的产生。除了潜在的反垄断顾虑之外，这种动态也加强了社交网站改善向用户提供隐私服务的动机，并阻碍了隐私市场的形成。现有体制背景下的现实是低效的。企业之所以采用不完善的隐私制度，并不是因为数据收集所产生的收益高于它对用户造成的损害，这意味着这种做法通过了真正的市场检验。相反，这种效应之所以能够实现，是因为企业意识到自己所采取的隐私保护措施不会改变需求，即使它们确实减少了用户福利。因此，企业得出的结论是，最好的策略是设法从用户信息中获得更高的收益，而不管这一策略所造成的损害。正如 Brian Holland 所说，在现有体制下，社交网络"能够将个人数据的益处内在化，同时将大部分成本外部化"[1]。

三、笔者建议采用绩效工资模式

在本文的这一部分当中，笔者将阐述利用高管薪酬制度以改善社交网络企业数据管理措施的建议。传统的高管合同通常由固定工资和绩效奖金两部分组成，笔者的设想是，在该合同中增加一个新的组成部分，即"隐私绩效"工资，它主要取决于隐私保护的评分。

下文将从以下三个部分展开讨论：第一部分解释了在这一背景下调控高管薪酬的基本原理；第二部分详细说明该建议的实施机制及其有效运作所必要的措施；第三部分探讨绩效工资模式所包含的益处，并说明激励报酬是改善福利的措施。

（一）高管薪酬制度的影响因素是什么

20世纪90年代以来，绩效工资一直是高管薪酬的主要组成部分。从其名称当中我们就可以看出，"绩效工资"制度是将高管薪酬与公司的经济效益相挂钩。通常情况下，薪酬合同由固定工资和奖金组成，其中奖金取决于公司的股票行情。绩效工资背后的理念是将高管的利益与股东的利益结合起来，从而实现股票价值的最大化。

绩效工资制度受到了一些批评，主要有两个方面：①有学者认

---

[1] See H. Brian Holland, Privacy Paradox 2.0, 19 *Widener L. J.* 904.

为，该制度无法实现其促进股东利益的目标；②有批评者注意到，该制度促使高管们为了提高股价而将成本外化给社会。

在社交媒体隐私保护的背景下，绩效工资模式所具有的上述缺陷表现得尤为明显。正如笔者在下文当中所讨论的那样，高管薪酬方案产生了一个代理问题，因为它们激励高管牺牲股东维持对金融体系信任的长期利益，而追求短期利润。这种薪酬方案还鼓励社交媒体公司的高管将过度利用用户数据的相关成本转嫁给用户和整个社会。为了解决这两个低效问题，我们可以通过增加社交媒体公司的标准高管薪酬来反映公司的隐私保护水平。

我们不妨首先讨论一下调控高管薪酬如何能够解决高管与长期股东之间的代理问题。尽管现在的用户筋疲力尽，但其隐私关切最终可能会对社交媒体的使用形成寒蝉效应。在广泛使用社交媒体的同时，用户确实发现社交媒体所采取的隐私保护措施令人反感。皮尤中心（Pew Center）的一项最新研究发现，80%的社交网络用户表示，他们担心自己在社交网站上分享的某些信息可能会被广告商或企业等第三人在其不知情的情况下访问。① 宾夕法尼亚大学的另一项研究表明，对于"如果公司为我提供折扣，他们在我不知情的情况下收集我的信息是一种公平的交换"这一观点，91%的受访者表示不同意（其中，77%的受访者强烈反对）。

用户也会使用一系列策略来保护其隐私。有研究记录了一些寻求隐私的行为，比如采用技术保护、在社交媒体网站上进行隐私设置、使用虚假资料，以及实行"自我审查和内容删除"。另有报告显示，脸书用户已经从分享个人信息、原始信息转向分享二手信息，比如文章和新闻报道。此外，越来越多的年轻用户退出脸书，转而加入国家私密的平台，比如色拉布和瓦次普。事实上，色拉布和瓦次普仅仅在用户群体之间更加私密，而在用户与网络本身的关系中则不然，不过，这一趋势表明，用户并非如某些人所认为的那样对隐私漠不关心。说到底，过度利用用户隐私可能会损害用户对社交媒体和以数据

---

① Mary Madden, Few Feel that the Government or Advertisers Can Be Trusted, Pew Research Center. (Nov. 12, 2014), http://www.pewinternet.org/2014/11/12/few-feel-thatthe-government-or-advertisers-can-be-trusted/[https://perma.cc/7PKN-BCRE].

为中心的商业模式的信任。

社交网络可以通过跟踪用户在其他平台上的行为，并利用日益先进的数据分析技术来弥补数据共享的减少。但是，这些策略无法持续实施，从长远来看，它们可能会加剧用户的隐私关切。隐私所引起的公众不安情绪日益加剧，这可能会促使监管机构出台规定，对社交网络的数据保护措施施加限制。

诚然，用户可能会不当地改变其分享模式（或者为了保护用户，监管机构可能会介入），但这些风险不一定会出现，不管是因为笔者在上文当中所说的锁定效应还是其他原因。然而，考虑到用户对现状的极其不安，以及共享模式发生变化的早期迹象，这不失为一个合理的设想。尽管这些风险似乎是合理的，但是，我们无法确定高管一定能够内化并缓解这些风险。其中最重要的原因就是，构建高管激励机制以实现股东价值最大化，这从本质上鼓励了过度风险行为。在这种薪酬制度下，高管因绩效高而受到奖励，但不会因绩效低而受到惩罚。"成功的高回报与失败的低（惩罚）之间的不对称"促使高管承担相应风险，希望在个人和企业之间得以实现收益。就社交网络隐私保护而言，高管更愿意冒着个人数据被过度使用的风险，从而获取数据使用的收益。这种冒险态度愈演愈烈，因为面对用户信任的长期风险需要牺牲短期会计指标，而高管薪酬与短期会计指标相挂钩。

我们也有充分的理由相信，高管系统性地低估了用户最终会因隐私受到损害而采取措施的风险。第一个原因是，众所周知的乐观偏见，笔者在上文的有关部分已经提及。乐观偏见会让高管低估用户对平台失去信任的可能性，或者低估监管机构对现状做出重大改变的可能性。第二个原因是，公司高管似乎比大多数人更不重视隐私保护，因此，可能低估了用户隐私关切的重要性。Victoria Schwartz 所进行的一项新研究指出，广泛的公司信息披露要求，再加上媒体对公司高管个人生活的关注，这使得公司高管群体中的某些人不太重视隐私。显然，这是两种不同的隐私：一种是媒体关注高管个人的传统隐私问题，另一种则是社交网络公司处理看似平凡无奇的海量用户数据。然而，相对来说，高管对分享自己的信息漠不关心，这可能会让他们意识不到，他们过度利用了用户的个人信息，并促使他们降低用户因此改变行为的风险。

现在我们来考虑这样一个问题，即在薪酬协议中加入以隐私为标准的薪酬组成部分，它如何能够抑制高管将隐私成本外部化的动机。如上所述，高管薪酬方案的设计初衷是解决高管与股东之间的代理问题，即高管将自身利益置于股东利益之上。因此，高管薪酬方案的设计目的在于使高管的激励机制与股东的激励机制相一致，而他们通常会忽视或轻视非股东利益相关者的价值，包括公司用户的隐私利益。

事实上，在社交媒体环境当中，隐私是绩效薪酬制度最天然的受害者。除了合规和法律风险的担忧之外，隐私对股价几乎没有任何影响，因为用户很少因为隐私受到损害而采取措施，至少目前是这样。利用数据来促进广告定向可能会提升业绩，尽管存在此处讨论的长期风险，因为广告商愿意花更多的钱购买精准定向广告。因为，正如上文所讨论的那样，高管不太可能担心这一现状会发生改变，他们关注的重点在于最大程度地利用用户数据，无论用户可能会因此受到何种损害。

高管无视用户隐私的动机得到了实证支持。有研究发现，"高管逃避一切主动辨识和解决隐私问题的责任。高管认为，除了遵守规制企业行为的法律之外，他们的职责是在数据使用方面保持最大的灵活性，从而确保盈利。很明显，无论是通过美国联邦贸易委员会所做出的罚款还是通过欧盟《通用数据保护条例》（GDPR）所规定的处罚，合规行为确实会产生一些将隐私内部化的动机，而这会影响跨国公司的行为。然而，仅仅遵守法律规定并不能保证充分的隐私保护，小公司甚至不可能认真地遵守法律规定。

重新设计高管薪酬，将隐私保护纳入考虑因素，这会使高管同时面临用户和公司股东因用户数据交易而承受的风险。因此，这一举措既可以矫正外部性，又可以降低管理者的代理成本。

（二）绩效工资机制

社交网络的高管薪酬应当部分取决于公司所提供隐私保护的水平。为了实现这一目标，我们应该形成一个适用于社交网络公司的隐私评级机制。绩效工资模式将由公司主管负责实施，而公司的薪酬委员会则负责将隐私评分纳入高管薪酬方案的考虑因素。

1. 隐私标准

绩效工资模式的第一个挑战是，如何衡量社交网络公司所采用数据保护的水平。对这一挑战的分析基于以下两个假设。一是隐私既不是一个静态的概念，也不是一个同质的概念。隐私是一个不断变化的目标，它随着技术、市场趋势和社会期待而不断发展。隐私偏好也是因人而异的，也就是说，有些人比其他人更重视隐私。二是太多的隐私和太少的隐私一样糟糕。除此之外，过多的隐私可能会阻碍创新（比如在数据分析领域），提高社交网络的价格（如今这些网站大多是免费的），并妨碍新型商业模式的发展。[①] 因此，我们要做的并不是倡导一种静态的、最大限度的隐私保护，而是一种能够反映不同期待，并随时间推移和社会规范而不断变化的动态标准。

鉴于上述假设，笔者所建议的评级标准既不是"客观的"标准，也不是法律所规定的标准。绩效工资模式也不应该奖励最能保护隐私的措施。本文并不旨在探究用户"需要"的"正确"隐私水平，而是尽力确保用户对其隐私利益的观点的都充分尊重。[②] 因此，隐私评级应当尽量反映用户对其个人隐私利益的观点，因为它们会随着时间推移而发生改变。

具体来说，笔者建议建立一个适用于社交网络公司的动态隐私评级机制。隐私评级主要衡量两个因素：第一个因素是用户的期待，即当用户发现社交网络公司的数据保护措施时，他们是否会感到惊讶。第二个因素是用户的满意度，即用户是否关切社交网络公司的数据保护措施。"惊讶"和"关切"在绩效工资模式种反映为社交网络平台隐私等级的处罚，高管薪酬随后将与之挂钩。

如何计量"惊讶"和"关切"？一般而言，评级具有双重目的。一是确定公司采取的隐私保护措施，比如使用定位服务、永久保存数据，以及在用户不使用产品时通过cookie和其他机制来收集数据。二是了解用户是否知道以及认可这些措施。

一方面，了解公司所采取的隐私保护措施是相对容易的。这些措

[①] See Lior Jacob Strahilevitz, Toward a Positive Theory of Privacy Law, 126 *HARV. L. REV.* 2039 – 2040.

[②] See Regulation (EU) 2016/679, art. 20, 2016 O. J. (L 119) 1 – 45.

施通常是公开的、众所周知的,或者我们可以从其隐私政策当中推断出这些措施。当然,我们也可以使用技术来披露社交媒体公司所采取的一些隐私保护措施。例如,我们可以检查某个服务提供商何时跟踪用户位置,以及它是否使用cookie跟踪其他网站上的用户。我们也可以利用技术检查公司所使用的数据保护方法。这些工具能够被用于任何一个网站,并能够协助收集社交网络所采取隐私保护措施的相关数据。另一方面,为了计量"惊讶"和"关切",隐私评级需要寻求用户对社交网络所采取隐私保护措施的反馈。要想实现这一目标,最好的方法是让社交网络调查用户的隐私习惯。我们可以选择的方法之一是通过亚马逊旗下的"机械土耳其人"网站等众包平台收集用户的观点。更好的一个方法是通过社交媒体直接接触用户,并将回复率纳入评级的考量因素,从而促使社会媒体公司鼓励他们的用户积极回复。另外,我们还可以奖励回复率高的公司,惩罚回复率低的公司。

其他数据同样可以作为该调查的补充。例如,我们可以测量一个网站的隐私政策被访问的次数,以及隐私政策的透明度。Joel Reidenberg、Jaspreet Bhatia 和 Travis D. Breaux 曾做了一项研究,他们提出了隐私策略模糊性的语义分析,为隐私政策文件提供了透明度评分。[①]该评分可以作为公司的"惊讶"程度的一个考量因素。

隐私评级应该考察社交网络所采取的哪些隐私措施?首先需要注意的是,隐私评级必须是动态的,并审视与用户相关的隐私问题,因为它们会随着时间的推移而发生改变。事实上,随着新的隐私挑战的出现,评级标准需要定期更新。例如,在今时今日,对定位服务和cookie等的使用进行调查是十分重要的。而在一年后,其他问题可能会占据主导地位,比如将用户信息转移到区块链,或者将用户信息与可穿戴技术所产生的信息连接起来。

隐私评级应该如何计算?为了计算评分,评级机构可以算出所有网络中每个因素的平均分数,并将平均分数作为基准。在最终的隐私等级当中,"惊讶"和"关切"应当具有同等的权重。公司将根据平均分数进行排名,从而确定它们的隐私评分。排名在平均分数之上的

---

① Joel R. Reidenberg et al., Ambiguity in Privacy Policies and the Impact of Regulation, 45 *J. Legal Studies* S163, S176 – S177 (2016).

公司将能够向高管发放奖金。而排名在平均分数之下的公司则将需要在其薪酬方案中对高管进行处罚。

实际上，这种机制只会涉及企业之间的比较，而不会涉及任何客观标准的比较。采用该比较机制的合理性体现在两方面：一是排名竞争可能会更好地促进企业之间展开至关重要的隐私保护；二是笔者认为社交网络可以提供较低程度的隐私保护，也可以取得较低的排名，但如果用户提前对此知情并且能够决定在这些平台上分享哪些信息等事项，那么该社交网络仍然有存续的权利。

2. 管理和促进

绩效工资模式的第二个挑战是，如何管理和促进评级系统。这方面的一个主要问题是，评级机构应该在何种框架下运营，以及应该如何融资。一种选择是，将该项任务交给私人评级公司。这种做法类似于其他行业现有的评级机制，比如，公司治理评级机构或美国酒店业评级系统。在这种模式下，独立的私人评级机构根据其设定的标准对某些行业的参与者进行评级，并对这些参与评级的公司收费。将这一模式应用于社交媒体隐私领域意味着建立一个社交网络隐私评级机构。该评级机构将制定隐私评分的标准，收集其所需要的数据，以及协助与计算评级。该机构的资金可能来自它从参与评级的社交网络处收取的费用。为了鼓励评级机构之间的竞争，并调控评级机构向参与评级的公司所收取的费用，我们可以建立多个评级机构。然而，除了价格竞争之外，还有一种风险是，多个评级机构将在隐私标准方面形成"向下竞争"。因此，只有在评级公司不制定评级标准的情况下，人们才会希望有多个评级公司。另一种选择是，在美国联邦贸易委员会的支持下实施绩效工资模式。在这种情况下，美国联邦贸易委员会将制定标准，审查社交网络公司的行为，并公布排名情况。与私人评级机构相比，这种选择的一个主要优势是合规，因为美国联邦贸易委员会在隐私保护领域占据绝对的领导地位，企业均严格遵守其制定的指南和指令。一方面，在美国联邦贸易委员会的指导下管理该系统也会产生信息优势，因为美国联邦贸易委员会能够获得有关公司所采取措施和用户隐私利益的第一手信息、最新信息，而这些信息在其他情况下也可用于制定隐私标准和政策。另一方面，在监管机构的指导下管理该项任务可能存在很大的缺陷。主要涉及的就是捕获和公共选择问题。① 具体来说，美国联邦贸易委员会可能会受到行业参与者的影响，这些行业参与者的利益（在不改变其运作的情况下获得良好的评级）将对该机构制定标准和计算评分的方式产生一定的影响。"捕获"可能会影响隐私和竞争，因为在职者不仅会推动美国联邦贸易委员会制定宽松的数据使用标准，而且还可能推动美国联邦贸易委员会制定有利于自己的标准，而新入职者可能没有政治权力和资金去影响美国联邦贸易委员会。

在权衡了私人机制和公共机制的利弊之后，实现上述观点的最佳方式是构建一个公私混合型的模式。在这种混合框架下，美国联邦贸易委员会负责制定需要审查的隐私标准，并监督绩效工资模式的部署。而私人机构则负责收集数据，计算评分，并公布排名。通过这种方式，美国联邦贸易委员会对评级过程的审查被纳入系统当中，而且标准制定功能和评级功能之间也存在一个结构上的区别，因为每一个功能都分别由一个独立实体完成。

促进绩效工资模式的最后一步是明确社交网络本身如何实现排名。事实上，在评级公司公布评分后，每个公司的内部机构都需要将评分纳入公司的高管薪酬方案。这个过程应当由首席隐私官（CPOs）或其他职位相似的人来管理。首席隐私官需要决定哪些公司高管应该遵守绩效工资模式，并根据公司隐私评分决定其薪酬。一般而言，由于在产品、财务和政策层面上，社交网络公司所做出的隐私决策居于主导地位，几乎所有高管均对界定公司用户的隐私范围发挥了重要作用。因此，如果不存在特殊情况，笔者假定所有的公司高管都会遵从这项建议。然后，公司的薪酬委员会负责设计一个公式，将排名作为一个因素纳入高管薪酬的考量范畴。为了防止有人操纵排名，笔者建议将执行委员会的工作流程列入年度外部审计的审查清单当中。

3. 绩效工资模式的采用

绩效工资模式的第三个挑战是，迫使社交网络公司采用这种模式，并在高管薪酬方案当中充分考虑排名因素。

对此，我们有两种途径。第一种途径是将绩效工资模式设计成一

---

① See Richard Pierce, Institutional Aspects of Tort Reform, 73 *CALF. L. REV.* 917, 935 No. 104 (1985).

个可选择的、自愿性的框架,并期望社交网络能够自愿地选择并采用它。第二种途径是通过监管命令(比如美国联邦贸易委员会指令)来实施绩效工资模式,或者将其纳入美国联邦贸易委员会的"最佳实践",它在法律上是自愿性的,但在事实上几乎是强制性的。①

只有在相信有大量的社交网络公司会做出这种自愿性的选择时,它才会产生共鸣,因为只有大规模地采用绩效工资模式才能扭转目前隐私保护每况愈下的趋势,并将隐私保护竞争引入系统当中。

企业是否会自愿采用绩效工资模式?一方面,如前所述,提升隐私标准符合公司的长期股东利益。如果高管寻求的保护少于股东所期望保护,股东们可以通过股东会决议或"薪酬话语权"投票来采纳这一建议。在这种情况下,如有必要,美国证券交易委员会(SEC)可以要求公司每年进行一次股东投票,从而决定公司是否应该考虑将高管薪酬与隐私评级相挂钩。另一方面,协调高管利益(即公司的长期利益)所需的隐私标准和绩效工资模式所采用的社会所期待的隐私标准之间存在差距。股东不太可能选择更高的、旨在解决公司强加给其他人的外部性(而股东实际上从中受益,至少在短期内)的隐私标准。在这种情况下,出于声誉考虑和信号效应(在隐私方面显示出对用户的优待),公司可能会选择较高的隐私标准。由于这种行为的长期危害,股东将会有更多的动机去抑制这种行为。然而,这些动因均具有局限性,不太可能充分发挥作用。

在现实世界当中,将高管薪酬与不能直接促进股东利益的目标相挂钩的这一建议通常被证实是徒劳无益的。20世纪90年代,将高管薪酬与环境影响等公司社会绩效挂钩的提议与日俱增,但从未真正得到落实。② 代理咨询服务公司 Glass Lewis 曾经建议,将短期激励与"员工离职、安全(记录)、环境问题和客户满意度"挂钩,但最终不了了之。澳大利亚证券交易所公司治理委员会(ASX Corporate Governance Council)曾经提议,将高管薪酬与多元化目标挂钩,但仅

---

① Kenneth A. Bamberger & Deirdre K. Mulligan, Privacy on the Books and on the Ground, 63 *StAN. L. REV.* 273 - 274.

② See Lori B. Marino, Comment, Executive Compensation and the Misplaced Emphasis on Increasing Shareholder Access to the Proxy, 147 *U. PA. L. REV.* 1205, 121516, 1216 No. 69 (1999).

仅获得了少数股东的支持。诚然，与其他例子相比，笔者所提出的建议给股东带来了更加直接的利益，因为从长远来看，漠视隐私很可能会损害公司的利益。不过，说到底，如果隐私标准反映的是社会利益，而不是股东自身的利益，股东仍然不太可能选择较高的隐私标准。

如果公司不自愿做出这一选择，那么，制定法规可能是一种更好的途径。实现这一目标最直接的方法是美国联邦贸易委员会制定相关法规，规定社交网络必须参与隐私评级，并将其结果纳入高管薪酬方案。或者，将绩效工资模式作为美国联邦贸易委员会最佳实践的一部分可能也就足够了，因为美国联邦贸易委员会的最佳实践通常能够快速成为行业标准。在这些"硬法"或"软法"机制下，所有的社交网络公司都将不由自主地参与隐私评级，企业也将不由自主地将部分高管薪酬与隐私评级挂钩。

(三) 绩效工资模式的优点

绩效工资模式有利于促进社交媒体整体价值的创造。它将激发整个行业有效地保护隐私，并增强用户对社交媒体平台的信任。反过来，用户信任将鼓励更多的公民为了用户、社交网络、股东和整个社会的利益而积极使用社交媒体。与此同时，只要将隐私利益内在化，绩效工资模式将维持在社交媒体行业开发新业务模式（包括利用用户个人数据的业务模式）的灵活性。另外，绩效工资模式也对信息产生了积极的影响：社交媒体公司中普遍存在的数据保护措施，以及用户对这些措施的看法将会浮出水面。这些信息可以鼓励行业内的隐私竞争，并指导其他行业的决策者。

首先，也是最重要的一点，绩效工资模式将为社交网络高管提供强大的动机，促使他们事先将用户利益内部化，因为如果不这样做，事后他们的薪酬将会受到不利的影响。实际上，将用户利益纳入高管薪酬方案能够抑制公司高管为了使短期收入最大化而进行用户数据交易。值得注意的是，绩效工资模式的一个关键部分是，用户所期望的隐私水平不受任何外部力量的影响。恰恰相反，该系统将致力于揭示和满足用户自己所期望的隐私标准。其次，通过关注用户的隐私关切，绩效工资模式能够增强用户的信任，并鼓励用户长期使用社交媒体。继续使用社交媒体是社会的需要。用户是社交网络的第一批受益者。社交网络不但为他们提供了发布和浏览内容的平台，而且也为他们提供了相互交流的平台。但用户使用社交网络也会对整个社会形成溢出效应。社交网络可以增强语言表达和创造力，促进人际联系，并且可以促成不受物理或地理限制的合作共赢。最后，社交媒体公司及其股东显然会从社交媒体的大量用户和活动中获利。绩效工资模式将使公司高管的利益与社交媒体公司及其股东的利益相一致，从而确保用户的隐私关切不会损害这些利益。

笔者所建议的绩效工资模式还有另外一个优点是信息全面。首先，作为衍生品，绩效工资模式将建立一个透明的社交网络隐私评级制度，并披露社交网络公司所采取的隐私保护措施。通过社交网络公司的隐私评级，用户无须反复地审查复杂的隐私设置就能够了解公司的隐私保护服务。其次，高管将前所未有地想要改善隐私泄露状况，而不是袖手旁观。同样地，公司及其高管也会想要去了解用户的隐私偏好，从而避免降低隐私评分。再次，最为重要的是，绩效工资模式可以在不影响个人资料适销性的情况下实现上述所有效益。基于数据的业务模式本身并不差。了解用户可以提高零售业的效率，防止营销支出的浪费，并根据用户的需求更好地定制产品和服务。绩效工资模式并不会阻碍公司开发数据的新用途。只有在用户无法接受这些新用途的情况下，高管才会受到惩罚，即使在市场失灵使其无法表示反对的情况下。最后，隐私对其他互联网企业和实体均构成了严重威胁，而其中许多企业和实体也可能从笔者的建议当中受益：①社交媒体隐私标准的提高可能会对其他行业形成溢出效应。如果通过使用一种低成本的方法向市场传达用户的隐私期待，那么，更多的公司可能会关注用户的偏好。我们还要考虑到，那些遥遥领先的社交媒体公司不断渗透其他市场，推出各种各样类型的产品和服务。他们在社交媒体领域所采取的隐私保护措施可能会影响他们在其他新领域中的行为和政策。②《美国联邦宪法第四修正案》将可适用的隐私法律标准与"隐私合理期待"联系在一起，因此，如果更多的用户期待网络公司提供更好的隐私条款，那么，用户就会享有更多的隐私。③绩效工资模式可以为各个领域的监管和执行策略提供信息，包括移动应用程序、搜索引擎和其他以数据为中心的数字服务等领域。

四、绩效工资模式可能面临的挑战

对于笔者所建议的绩效工资模式,可能面临三种挑战。

(一) 公司和高管可能操纵绩效工资模式

绩效工资模式可能面临的第一个挑战是,为了在提供较低程度的隐私保护的情况下仍然获得奖金,公司和高管可能操纵绩效工资模式。[①] 高管可以篡改用于制定公司隐私评分的报告,有选择地报告用户的回复,仅调查他们认为对隐私漠不关心的用户,或者以鼓励正面回答的方式提出调查问题。实际上,尤其是在回溯会计危机之后,在报告影响高管薪酬的因素时,高管被认为不值得相信。更重要的是,公司的薪酬委员会可以设计一个公式,通过增加其他因素来提高底线,从而对高管因隐私评分低而受到的处罚进行补偿。

值得注意的是,在公司治理中,公司和高管操纵绩效工资方案是一个众所周知的挑战,而且这种操纵绝不是绩效工资模式所特有的。例如,在《多德-弗兰克金融改革法》确立了"薪酬话语权"机制之后,就出现了补偿高管奖金损失的"纠正措施"。该机制要求公司至少每3年就高管薪酬举行一次投票。其结果是,即使在股东对薪酬进行表决前各公司减少了某些薪酬,它们也可以通过增加其他薪酬来抵消这一影响,从而产生总体薪酬净增加的效应。就公司和高管操纵薪酬而言,这种模式并不比传统的绩效工资制度差。事实上,这种模式可能更好地应对挑战。

处理可能出现的操纵的一种方法已经暗含在绩效工资模式当中。如前所述,笔者的建议是,尽可能多地依靠技术和其他外部因素来了解公司所采取的隐私保护措施,并确定公司的隐私评分,而不是完全依赖公司的报告。正如上文已经指出的那样,在今时今日,技术可能还没有(或确实还没有)达到提供制定评分基准所需要的一切信息的阶段。依赖公司的报告可能仍然是必要的。

然而,从长远来看,笔者相信技术可以有效地防止绩效工资模式

[①] See Lucian Arye Bebchuk, Jesse M. Fried & David I. Walker, Managerial Power and Rent Extraction in the Design of Executive Compensation, 69 *U. CHI. L. REV.* 754.

遭到操纵和滥用，比如选择性调查和隐私实践的不完整报告。这些任务很容易就可以达到，甚至完全不需要人工干预就可以完成。隐私绩效工资模式不容易被操纵的另一个原因是，它是由多个机构强制执行的。具体来说，虚报漏报和其他欺诈行为显然属于美国联邦贸易委员会的规制范围，该机构可以对从事此类行为的公司实施制裁。这一监管措施不仅可以在事后保护用户，而且可以在事先鼓励公司和高管遵守规定。

除了美国联邦贸易委员会之外，美国证券交易委员会也是一个执法部门，至少对于公共社交网络公司来说是这样。笔者建议将执行委员会的工作进程列入需要外部审计的审查项目清单。因此，公司的审计员需要确认公司在确定年度高管薪酬时充分考虑了隐私评分这一因素。这种机制有利于实现两个目标：①它将迫使高管和薪酬委员会充分执行绩效工资模式。②它将允许美国证券交易委员会在上市公司提交其他报告时监督绩效工资模式的执行情况。

还需要指出的是，即使不是所有的操纵都能避免，相比于现有制度，绩效工资模式还是有很大改进的。公司和高管仍然需要审查自己的行为对隐私评级的影响以及用户对这些措施的满意度，并用隐私保护的相关术语来证明自己行为的正当性。这一过程至关重要。迫使公司和高管辨别用户的隐私利益将改变用户隐私的理论。公司和高管需要清楚地表达并捍卫自己所采取的隐私保护措施，而不是认为隐私无关紧要，并宣称"隐私已死"。这种理论上的深刻变化必然会带来实践上的变化。

（二）虚构的隐私问题

绩效工资模式可能面临的第二个挑战是，它并不是针对一个法律需要解决的"真实"问题。这种批评更为极端的观点首先涉及隐私权的缺失。有学者断言，没有什么需要隐藏的人不必担心没有隐私，或者隐私只是一种腐朽的社会规范。即使那些重视隐私的人也会就绩效工资模式对社交媒体公司的关注产生怀疑。毕竟，社交媒体公司是私人企业，而不是公有企业，社交媒体公司主要是对用户自愿提交的信息进行数据分析，并将第三人可以访问的数据进行匿名化，因此，第三人通常无法知道其广告所面向的用户的身份。

笔者对这种批评的回应和上文当中的有关分析有一些重叠之处。在上文的有关部分当中，笔者认为法律干预是合理的，因为市场失灵使得社交媒体隐私空间对用户存在系统性的偏见。在此，为了对上述观点做出补充，笔者认为隐私既可以是一种中间产品，也可以是一种最终产品，也就是说，隐私既具有工具价值，也具有自身价值。笔者的研究表明，隐私损害会带来相当大的福利损失，而这种损害在社交网络的环境下会更加严重。

如前所述，隐私保护不充分的成本既包括有形的，也包括无形的。首先，有形的隐私风险包括欺诈、身份窃取、跟踪和骚扰。这种损害是严重的，可能对受害者以及整个社会均会产生长期的影响。其次，相对无形的隐私风险包括歧视、不公平待遇、声誉损害，以及价格歧视和议价能力等较低的经济损害。例如，个人数据允许社交网络和第三人对用户提供差别待遇和歧视性的待遇，而掌握不同客户信息的供应商可以轻易地攫取用户的剩余信息。最后，无形的隐私风险包括尊严、自由和自治受损等，它的产生主要是因为个人的敏感信息脱离了其控制。虽然这种损害可能是最难以捉摸的，但它们绝不是最不重要的。可能被监视的想法本身就会增加用户的不适程度，而学者们用奥威尔、卡夫卡和边沁的老大哥理论对此进行了说明。

在社交网络环境下，隐私成本急剧增加。正如上文的有关部分所说明的那样，社交网络可以在任何特定的时刻对其用户形成极其详尽的描述，而且在用户没有故意披露这些信息的情况下，它们可以做到这一点。[①] 这使得社交网络能够识别出用户最筋疲力尽的时刻，或者用户不太抗拒的时刻，并利用其为广告商牟利。引发用户的非理性行为也可能具有政治意义。例如，奥巴马和特朗普的竞选团队都针对具有特定特征的用户使用行为经济学，并联系每个潜在的用户。由于社交网络的服务条款通常禁止匿名使用或以假身份注册，社交媒体环境下的隐私成本进一步加剧。这使得公司能够非常精确地接触到个人，并将信息与一个具体的、真实的人相应地联系起来。社交网络还跟踪社交网站之外的在线用户，并收集访问其网站的非用户的信息。更重要的是，社交网络市场的整合导致大量的用户数据库被有限数量的公

---

① H. Brian Holland, Privacy Paradox 2.0, 19 *WidenerI L. J.* 894.

司所控制。正如上文的有关讨论那样，市场整合不仅不利于竞争，而且可能引发大规模的信息泄露。

重要的是，社交网络对广告商保持用户身份匿名，这一事实丝毫没有减轻人们对隐私的担忧。广告商不需要知道用户是谁，就可以不受限制地从用户的最大利益出发行事。想象一下，有一个广告商请求脸书为那些感到不安和孤独的有色人种青少年提供广告。对于营销人员将这些特征和弱点转化为利润的能力来说，了解特定的身份是无关紧要的。通过针对用户投放可能符合其个人资料同时也造成对其骚扰的广告，营销人员甚至可以在无意间骚扰社交媒体用户，例如，在客户流产之后，广告商仍然对其投放与婴儿相关的产品广告，这一点就十分令人讨厌。

值得注意的是，我们所讨论的隐私损害与公民是否实际上是一个"没有什么需要隐藏的正常人"关系不大。尽管人们普遍认为，大数据并不代表有关个人的"客观事实"。但显而易见的是，社交网络不是去为用户创建最细致入微的账户，而是更倾向于关注那些具有商业价值的特征。因此，"没有什么需要隐藏的正常人"（不管这一术语的意思是什么）也同样面临着社交网络使用其数据所带来的风险。

为了平衡这一局面，显然不是所有的个人数据使用行为都会引发这些问题。但是，在没有考虑用户利益的情况下，使用这些数据就很容易产生这些问题。本文所追求的平衡是，高管可以将用户不断变化的期待内部化，从而在利益内部化的情况下允许这些交易的发生。

（三）将高管薪酬与其他利益挂钩

绩效工资模式可能面临的第三个挑战是，将高管薪酬与其他利益联系起来是有可能的，从而激励决策者倾向于推动这些目标。然而，出于多种原因，笔者确实认为隐私保护为这样的举动提供了最好的例子。首先，公司利益和社会利益均指向同一个目标，即增强隐私保护。正如上文所讨论的那样，即使从股东的角度来看，最大限度地利用用户数据也是目光短浅的。这使得社交媒体隐私成为绩效工资模式适用的合适对象。其次，隐私经历了从过去主要受到政府威胁到今天主要受到私人机构威胁的转变。① 然而，由于上述市场失灵，市场工具还不足以处理隐私保护问题，而且由于隐私利益的动态性，监管也不太可能有效。我们真正应当做的是寻找激励市场以更符合社会隐私保护方式运作的途径，而不是实施自上而下的监管或接受现有市场运作的低效。

因此，这一工具可以扩展到与隐私问题相似的其他领域：在外部性变化较大的情况下，在企业的长期利益与社会利益均指向同一目标而高管仍然没有动力去追求这些目标的情况下，绩效工资模式是值得试用的。

五、结语

有关隐私的争论产生了两极分化的观点。一方面，有人认为，隐私是一个过时的概念。另一方面，有人认为，对个人数据的跟踪和交易本来就是错误的。将高管薪酬与公司的隐私保护措施相挂钩是一个更安全的中间立场，它既允许交易用户数据，又不鼓励滥用这些数据。常见的高管薪酬制度既产生了代理问题，也产生了外部性：它们导致高管的隐私保护程度低于社交网络所有者的理性期待，并将隐私成本转嫁给用户和整个社会。

绩效工资模式的主要优点在于，它关注的是在涉及用户数据的新机会和风险出现时，需要实时做出决策的实际参与者的动机。在动态的、瞬息万变的社交网络环境当中，为这些参与者建立一种事前激励机制，从而让他们做出反应，这一点是至关重要的。事实上，从用户之间的简单语言交流到身体特征（比如脉搏和呼吸）的共享，再到科幻小说中的未知未来，数据共享经济发展十分迅猛。如果市场的相关参与者能够事先得到激励并积极应对这些挑战，那么，这些问题将得到更好的解决。这种方法将允许社交网络不断发展和壮大，同时保持用户的完整性和信任度。这种方法也可以适用于其他正在出现和不断发展的技术领域。

---

① See, e.g., Joel R. Reidenberg, Setting Standards for Fair Information Practice in the U.S. Private Sector, 80 *IOWA L. REV.* 497, 536（1995）.

论 Facebook 对用户隐私的威胁

哈维·琼斯[①]　乔斯·希拉姆·索特伦[②] 著　缪子仪[③] 译

目　次

一、导论
二、研究背景
三、先前的学术研究
四、研究原理与研究方法
五、终端用户与 Facebook 的交互
六、Facebook 与《公平信息处理条例》
七、隐私威胁模型
八、结语

一、导论

在如今这个数据为王的时代,在 2000 个大学校园中坐拥超过 800 万用户的 Facebook[④](www.facebook.com),无疑稳坐了社交网站界的第一把交椅。但数据洪流时代,数据价值有多高,它的安全风险就有多大,当这么多详细的个人信息被统一处理并汇总到一处时,隐

[①] 哈维·琼斯(Harvey Jones),美国麻省理工学院本科生。
[②] 乔斯·希拉姆·索特伦(Jos'e Hiram Soltren),美国麻省理工学院本科生。
[③] 缪子仪,中山大学法学院助教。
[④] 与 the Facebook 相对,Facebook 是针对该网站本身的术语,笔者在整篇文章中都采用了 Facebook 这个术语。

私风险便再也无法隐藏。

如今,隐私风险无所不在:首先,大学广告管理员或警察可能会在网站上搜索学生违反学校规定的证据;其次,用户可能会提交自己的个人数据,但他们却不会意识到自己所提交的个人数据已经与广告商共享;再次,第三方可能会建立数据库,伺机把其中的 Facebook 数据进行出售;最后,网络入侵者可能会从 Facebook 盗取用户的密码甚至是整个数据库。

为了调查这些隐私风险,我们采取了几个步骤:第一,我们的目标是先分析数据公开的程度;第二,我们去分析系统为保护数据而采取的措施;第三,我们进行"威胁模型"分析,以研究这些威胁因素可能导致的不必要的数据泄露途径。通过分析,我们发现 Facebook 在大学生的生活中已经根深蒂固,但这些大学生用户却并没有限制别人去访问自己在社交网站上暴露出来的部分生活。与此同时,我们还在 Facebook 上发现了可疑的信息行为,并发现第三方正在无所不用其极地寻找个人信息。

为了更好地分析用户数据被披露的程度,我们构建出了一个网络爬虫工具来"爬取"并索引 Facebook 上的数据,并试着下载既定学校里面的每一份个人主页。通过使用网络爬虫工具,我们为整个 Facebook 中典型用户可访问的个人主页都进行索引编制,而这些用户均来自麻省理工学院(MIT)、哈佛大学、纽约大学(NYU)和俄克拉荷马大学等高校。为了更好地完善这些数据,我们对麻省理工学院的学生群体进行调查,以便确定某些 Facebook 功能的使用水平。通过研究,我们发现,高达 80% 的应届新生甚至在参加定向培训前就已经注册加入 Facebook,并且分享了大量的个人信息。同时,我们发现,大多数大学生都将 Facebook 的隐私措施束之高阁,并未放在心上。为了分析 Facebook 系统,我们调查并研究网站的各个方面和它的使用条款;除此之外,我们还将 Facebook 的使用条款与联邦贸易委员会(Federal Trade Commission)颁行的《公平信息处理条例》(Fair Information Practices)中的标准和竞争网站所设定的标准均进行了比较。尽管 Facebook 中的许多功能都能够让用户掌控自己的个人信息,但 Facebook 在个人隐私保护方面仍然存在许多明显的不足。在文章的最后,我们从奉行利己主义的第三人角度出发,寻求经济上的收益，也寻求对大学相关政策执行方面的协助。首先，我们调查有关 Facebook 信息泄露后果的新闻报道，并对收集数据的学生以及因披露过多信息而受到惩罚的学生进行采访。其次，考虑到现有的隐私安全威胁，我们构建出一个威胁模型，试图与大家探讨所有可能出现的隐私漏洞类型。再次，从系统的角度来看，我们可以对系统进行一定的改进；这样一来，既可以使用户对可用的隐私保护级别有大致的了解，又可以更好地保护用户数据，以防止有关数据信息被泄露给网络入侵者。最后，对于每一种隐私安全威胁，我们为 Facebook、Facebook 用户和大学的管理员提供建议，其中包括消除连续的个人资料账号、使用 SSL 进行登录、将"我的隐私"功能进行拓展以便将照片也涵盖在内和对终端用户进行隐私教育。

二、研究背景

（一）社交网络与 Facebook

用户在 Facebook 上的生活可谓丰富多彩。首先，他们在自己的个人主页上晒出五花八门的个人信息，其中包括照片、联系信息和喜爱的电影与书籍。其次，他们还创建自己的好友列表，并把他们在其他学校的朋友也添加进去。最后，Facebook 用户还可以添加自己正在修读的课程，并与志同道合的人一起加入各种各样的"兴趣小组"，比如"红袜国度"（Red Sox Nation）和"北加州"（Northern California）。总之，人们经常通过 Facebook 网站来获取联系信息或者将姓名与相貌进行匹配，当然了，也有的人仅仅是通过浏览网页来找乐子。

在 2004 年，当时还是哈佛大学本科生的 Mark Zuckerburg 一拍脑门，一手创立了日后社交网站界的闪耀巨星——Facebook。在一众社交网站中，Facebook 可谓特立独行，因为不同于一般社交网站面向普罗大众的特点，Facebook 只针对大学建立——在设立之初，它实际上是一个网站的集合，每个网站都针对 2000 所大学中的一所。只有拥有一个 @college.edu 电子邮件地址，用户才有资格注册特定学校的账户。除此之外，即便拥有用户资格，用户在网站上的特权也没太大用处，因为在很大程度上他们仅限于浏览注册学校学生的个人主页。

但今时不同往日。在过去的 2 年中，Facebook 已经成为家喻户晓的校园标配,使用Facebook就像吃饭、睡觉一样稀松平常;而对于Zuckerburg来说,Facebook也已经从他和朋友的业余爱好华丽变身为赖以谋生的全职工作。同时,Facebook的吸金能力也越来越强——在2005年5月,Facebook获得1300万美元的风险投资。此外,Facebook不仅向网站的用户出售定向广告,而且Apple和JetBlue这样的大公司也对它青睐有加,它们纷纷谋求与Facebook的合作来向大学生推广自己的产品。

(二)Facebook存储的信息

1. 第一方信息

除了名称、电子邮件地址和用户状态(校友、教师、研究生、员工、学生或暑期学生)之外,Facebook上的所有数据字段都有可能留为空白。因此,最基础的Facebook个人主页只会显示用户名、注册日期、学校、状态和电子邮件地址,是否公布超出这些基本字段的任何信息听凭终端用户说了算。尽管Facebook账户所需的信息量很小,但与之形成鲜明对比的是,用户可以发布的信息总量却很大。Facebook上用户可配置的设置可分为以下基本类别:个人主页、好友、照片、群组、事件、消息、账户设置和隐私设置(见表1)。

个人主页信息可以分为个人简介、联系方式、个人、专业、课程和图片。这六个类别无一例外地都允许用户将个人身份信息发布到服务器当中,在这个过程中,用户可以输入有关自己的家乡、当前居住地、其他联系方式、个人兴趣爱好、工作信息和描述性的照片。因此,我们将对既定学校中典型用户所能看到的信息数量和信息种类进行调查研究,并试着从中寻找趋势、发现规律。事实上,Facebook的功能都是以让用户进行在线互动为出发点,用户通过网站服务将彼此定义为好友,这样一来便创建了一种别人也能看见的好友关系。

表1 Facebook的功能

个人主页	包含"账户信息""基本信息""联系方式""个人信息"我的群组和好友列表
"墙"功能	允许其他用户在个人主页的空白处发布消息

续表1

我的照片	允许用户上传照片并对照片中的每个人进行标记 如果有好友在照片中对用户进行标记，该用户的个人主页中便会生成直达该照片的链接
我的群组	用户可以与其他志趣相投的用户创建群组。在群组中，用户可以晒出支持或喜爱某件事的原因、使用留言板或是寻找志同道合的小伙伴

2. 第三方信息

目前，Facebook 有两个功能是以用户的个人主页为桥梁与第三方信息建立联系的。一方面，"墙"功能允许其他用户在该用户的个人主页界面上使用各种各样的留言板，如此一来，别人便可以留言、留下生日祝福或是私人消息。另一方面，"我的照片"服务则使得用户能够上传、存储和查看照片。为了让其他用户能够更加清楚地把照片中的人和面孔一一对应，用户可以将元数据添加到照片中，这样别人就能够查看照片中的人物以及自己在照片中所处的位置。此外，照片中的标签还可以交叉链接到用户的个人主页中，用户也可以从搜索对话框中进行搜索。不过，用户若是对别人发布的某张 Facebook 照片感到反感，他们可就得费上一番功夫了——除了要求发布者删除照片之外，用户就只能通过从每张照片中手动删除自己名字的元数据标签来解决问题。跟"墙"功能不同的是，用户可以禁止别人访问自己的"墙"，但是当别人访问用户的照片时，用户就毫无办法了。

3. "我的隐私"功能

对于允许别人查看自己个人信息的用户，Facebook 的"我的隐私"功能贴心地赋予他们极大的灵活性和操作空间（见表2）。首先，在默认情况下，用户所在学校的所有其他用户都有权查看该用户发布的任何信息。其次，用户可以在隐私设置页面进行更为详细的设置，比如指定有哪些用户可以在搜索中看到自己、哪些用户可以看到自己的个人主页、哪些用户可以看到自己的联系方式和其他用户可以看到的内容。再次，用户还能够通过隐私设置页面阻止特定人员查看自己的个人资料。最后，尽管该方法并不能通过隐私设置页面实现，但是根据使用协议来看，用户有权请求 Facebook 不与第三方共享自己的信息。

表2 "我的隐私"功能设置

是否在搜索中可见	所有人可见 部分人可见
个人主页是否可见	同校的所有人可见 同校好友的朋友可见 仅好友可见
联系方式是否可见	同校的所有人可见 同校好友的朋友可见 仅好友可见
个人主页还显示	我的好友 我的上次登录 我的待办日程 我的课程 我的墙 可能想要加入的群组（多数好友所在群组）

三、先前的学术研究

无论是在 Lexis 数据库、Google 的学术论文数据库和社会科学研究网中，还是在以"Facebook 和期刊和文章"，以及一般网络查询使用的大量其他术语为关键字进行的搜索中，笔者均未找到专门针对 Facebook 的学术著作。然而，尽管目前还没有相关的期刊文章，但是仍有许多其他形式的文献供笔者进行参考。首先，目前已经有大量的公开新闻报道涉及 Facebook 的诞生、公司运作和随后的风险投资，除此之外，近期还有相关报道文章涉及第三方挖掘用户已公开信息的后果。其次，在相关领域，联邦贸易委员会也对网络隐私行为进行过研究并曾发表过相关的几份报告，其中就包括 1998 年提交给国会的名为《网络隐私问题》的报告。最后，先前有学术成果涉及社交网络领域，其中就有学术研究对 Club Nexus 展开过详尽调查。Club Nexus 位于斯坦福大学，与 Facebook 网站有许多不谋而合之处，所以该研究对本文也具有一定的参考价值。

四、研究原理与研究方法

为了研究用户是如何使用 Facebook 的，我们仔细研究了 Facebook 的使用模式。我们主要采用两种数据收集方法来详细了解用户与 Facebook 交互的方式：①我们对麻省理工学院（MIT）的学生进行有关 Facebook 功能使用情况的调查；②我们直接从 Facebook 官方网站上收集数据。

（一）热门的使用模式

我们收集和分析 Facebook 用户数据主要是为了对用户使用 Facebook 账户的方式做出论述和概括。因此，我们调查了用户创建账户的时间以及创建账户的用户属于哪些类型。虽然交友服务是社交网络研究领域的当红亮点，但是基于本文的目的，我们主要还是将目光集中在研究用户在网站服务上拥有的好友数量，并把它作为一个使用指标，进而从中寻找规律。

（二）用户调查

为了更好地向单个用户询问有关他们在 Facebook 上的行为，我们的直接用户数据收集程序主要采用纸质调查和基于 Web 的表格的方式。

首先，在设计调查问卷时，我们尽可能地减少直接性和多选性的问题。其次，这些问题主要用于揭示使用模式、对网站服务各个方面的熟悉程度和对服务质量的看法，其中包括受试者的性别、住所、身份、加入 Facebook 的时间和使用 Facebook 的情况。除此之外，问卷不仅询问了受试者对 Facebook 的服务条款、隐私政策和隐私功能的了解，而且还询问了他们对 Facebook 操作的熟悉程度。最后，我们对调查问卷精心设计。如此一来，受试者只需完成一张打印纸大小的问卷，并且大约只需要 3 分钟就能完成，并不会耽误他们太多时间。至于我们调查中使用的完整文本，读者可在本文附录中进行查看。

此外，为了使调查结果更加多样化，我们通过四种途径收集了数据：①我们在麻省理工学院（MIT）学生中心摆放了一张桌子，并利用美味的巧克力吸引来一批"吃货同学"完成调查；②我们找来麻省理工学院上公共政策课程17.30J／11.002J的同学们参与调查；③通过电子邮件，我们邀请到东校区、Burton-Conner、Simmons Hall和Random Hall宿舍楼的住校生来完成调查；④我们要求所有调查对象都要将调查内容告知其他人。通过以上四种途径，我们收集到了大量的数据。

（三）直接数据收集

我们直接从Facebook收集的数据主要遵循两个原则。一是该数据主要用于证明概念，证明用户很有可能自动从Facebook上收集大量数据；二是数据收集并非完全微不足道，所以我们需要在48小时内生成必要的脚本。同时，从Facebook上收集的数据将为我们提供一个庞大的、近乎穷尽的且具有重要统计意义的数据集，这对我们得出使用规律方面的宝贵结论将大有裨益。

（四）隐藏个人数据

在分析数据之前，我们将数据汇总到电子表格中。当我们分析的数据记录超过一组时，我们就会隐藏我们认为涉及个人身份的数据，其中包括姓名、电话号码、屏幕名称、高中和宿舍。不过，如果用户原本就没有填这些信息，这部分内容就还是会保持原状，并用"已隐藏"①来代替。

（五）从用户角度对Facebook进行简要的技术描述

总的来说，在将服务器上可用的内容进行托管和格式化方面，Facebook使用的是服务器端的超文本预处理器（PHP）脚本和应用程序，而它的内容则集中存储在Facebook服务上。Facebook的脚本和应用程序能够按需获取、处理和过滤信息，并将该信息实时传递给用

---

① 在开发用于掩盖数据的软件之前，我们进行了足够的分析，发现在所研究学校中有48位Facebook用户的电话号码为867-5309。

户，与此同时也通过 Internet 将信息传递给网页浏览器。而当用户要开始他们的 Facebook 会话时，他们便可以在服务器的顶层网站（http://www.facebook.com/.）上开始操作。

首先，在 Facebook 主页上，用户可以登录网站服务或浏览面向公众的少量信息。Facebook 的服务主页简洁明了，既不提供任何个人身份信息，也不提供任何技术见解。同时，使用 Facebook 服务有一个硬性要求，那就是，用户必须要有一个学校的电子邮件地址。如果要登录 Facebook，那么，用户就需要在页面上的相应位置输入他们的用户名和密码，然后点击"登录"，而这一操作会向服务器发送一个特殊的统一资源定位符（URL）：http://www.facebook.com/login.php?email = USERNAME@ SCHOOL. edu&pass = PASSWORD。

需要注意的是，该 URL 以明文的形式包含着用户的登录凭据，正因如此，该信息非常容易被第三方检测到。然而，在登录服务时，该服务并未使用安全套接字层（SSL）或其他加密方式。

其次，在登录过程中，服务器会向用户的网页浏览器提供一些以文本文件形式存储的信息，而其中的一些信息（例如用户的电子邮件地址）已经提前写入文件。这种设计十分贴心，因为这样一来，用户在下次登录时就无须再输入他们的电子邮件地址。在用户每次登录时，Facebook 的服务器都会为用户创建并提供一个专属于他们的验证码，而该验证码通常不会被写入文件，只是由浏览器按照文本文件会话的形式进行存储。与其他参数的固定不同，这种验证码因登录而异，每一次登录都会发生变化。

再次，一旦登录服务，用户便可以随心所欲地与 Facebook 进行交互——用户不仅可以编辑他们的个人资料、查看别人的个人资料，而且还可以添加或更改遗失的好友信息或个人身份信息。当然了，若你只是想浏览网站或探索新功能，也完全没有问题。

实际上，Facebook 上的大多数功能都是通过简单、可读的统一资源定位符（URL）来进行请求的。例如，如果用户检索个人主页，那么，服务器就会通过请求以下形式的统一资源定位符来实现以下功能：http://SCHOOL. facebook. com/prof ile. php?id = USERID。接着，Facebook 就会开始读取学校和用户账户，并针对不同情况采取不同的应对措施——如果用户请求的个人主页存在，那么，Facebook 就会向用户提供他们所请求用户的个人主页界面，为了确保隐私，Facebook还会在提供之前根据用户请求进行信息的过滤；如果用户请求的个人主页被阻止或不存在，那么，Facebook 就会自动返回用户自己的主页界面。此外，每所学校的第一个用户会被称为"创建者"，而他们个人主页的用户标识符（USERID）将会成为任何保留学校中最低的用户标识符，他们账户的创建日期也会变成 Facebook 向该学校开放的日期。而从这位敢于第一个吃螃蟹的用户之后，在每个新账户被创建时，服务器就会从第一个有效编号开始按顺序分配用户标识符。幸运的是，Facebook 拥有可读的统一资源定位符（URL）和规则格式的超文本标记语言（HTML），这使得自动获取、解析和分析相对容易了一些。至于我们和其他人是如何做到这一点的，笔者将在下一部分内容中进行探讨。

复次，每个单独的学校都拥有一个专为它们的内容而"量身定制"的 Facebook 服务器，而使用学校电子邮件地址@SCHOOL.edu 的用户就必将通过 http://SCHOOL.facebook.com 这个顶层网站。在大多数情况下，大部分的服务器都会重定向到同一台计算机上，例如，harvard.facebook.com、mit.facebook.com、nyu.facebook.com 和 ou.facebook.com 就会重定向到 204.15.20.25 上。这种架构自有它的好处，它使得 Facebook 能够根据需要轻松地将不同的学校转移到不同的服务器上。在默认情况下，对于同一所学校的用户来说，新用户个人主页的所有信息他们都可以进行访问，但任何其他学校的用户却并没有这种权限，他们根本无法看到这位新用户的个人主页。而大部分用户大概也是抱着既来之则安之的态度，因此，他们并不会为了让别人访问自己的信息而去更改这一默认设置。

最后，当用户注销 Facebook 或关闭他们的网页浏览器时，会话文本也会随之丢失。这意味着在通常情况下，用户一旦退出服务，他们必须至少输入密码才能再次使用该服务。实际上，就从 Facebook 上下载大量用户资料的方面来说，我们并不是什么第一人——通过利用 Facebook 对可预测且易于理解的统一资源定位符的使用，过去就曾有别人自动请求并保存用户信息来进行进一步分析。而为了大量下载信息，我们主要使用的是增量配置文件标识符的方法。

我们用于收集此数据的算法如下：①登录 Facebook 并保存会话

文本文件；②加载用户的主页并记下该页面的用户标识符（USE-RID）；③减少用户标识符（USERID）直到找到保留学校的第一个个人主页——"创建者"的账户，再将此号码另存为低用户标识符（USERID-LOW）；④增加用户标识符（USERID），直到找到最近（即过去一天）加入的用户的账户，再将此号码另存为高用户标识符（USERID-HIGH）；⑤对于保留学校"SCHOOL"，我们把其中从低用户标识符到高用户标识符的每个个人主页都用统一资源定位符来获取，然后再将获取的个人主页资料另存为文件：http://SCHOOL.facebook.com/prof ile.php?id＝USERID。

为了实现我们的算法，首先，我们主要使用 wget 这种"非交互式网络下载器"；其次，除了实现上述算法之外，通过更改 wget 的用户代理（为了避免服务器怀疑有人使用 wget 登录到 Facebook），我们还让 wget 假装成另一个网页浏览器；再次，为了减少 Facebook 服务器的负载并使我们的请求能"潜伏"得更深入，我们使 wget 在请求之间随机插入一个延迟；最后，我们还钻了一个系统的空子，不仅登录名和密码没有加密，而且它们还可以作为登录统一资源定位符（以电子邮件和密码对形式体现）的一部分进行发送。我们用于下载配置文件的最终应用程序是一个简短的 BASH shell 脚本，读者可在附录中对该脚本进行查看。

（六）统计学意义

1. 调查数据

在进行调查的两周过程中，共有 419 名麻省理工学院的学生回答了问卷问题。由于这些用户遍布全校，所以通过电子邮件，我们将调查集中在宿舍中进行。在受访者当中，绝大多数受访者都是本科生（90%）；而若从性别角度来看，则有 224 位女性受访者和 195 位男性受访者。基于麻省理工学院的 4000 名本科生和 6000 名研究生的学生人数，在这个统计背景下，我们可以使用统计的置信度水平和置信区间结果来探寻该调查的统计学意义。

调查组的样本量、置信度值、选择项的百分比与置信区间的公式关系：

$$S = \frac{Z^2 p(1-p)}{c^2}$$

其中，S 代表样本量，Z 是与置信度值（95% 的置信度区间为 1.96），p 是用十进制表示（最坏情况值为 0.5）的选择项的百分比，c 是用十进制表示（即 0.04 ± 0.04）的置信度区间。

对于小基数，我们使用的是校正公式：

$$S' = \frac{S}{a + \frac{S-1}{p}}$$

其中，S 是我们的原始样本大小，S′ 是我们的新样本大小，P 是我们的样本总数。

在我们看来，如果要对麻省理工学院的情况进行粗略推断，那么我们的调查结果可以说是绰绰有余。在置信水平为 95% 的情况下，相对于麻省理工学院 10000 名本科生和研究生的学生总数来说，我们的样本量为 419 个，最坏情况下答案的不确定性为 50%，而我们的置信区间为 4.68%。换言之，我们有 95% 的把握确定我们的调查回答落在真实值的 4.68% 之内。而如果置信度增加到 99%，我们的不确定性就会增加到 6.17%。

2. 采集的 Facebook 数据

在通常情况下，通过使用我们的信息采集系统，我们便可以畅通无阻地从 Facebook 收集大量用户个人资料。我们详尽下载每一份个人资料，这些资料都来源于 4 所保留学校中可访问的个人主页。因此，只要我们将结论限制在概括可访问 Facebook 个人资料的学生人数的范围内，抽样不确定性的情况就将不复存在。为了证明假设，我们尝试对某些变量进行相关性统计；不过，当要用数据来表明趋势时，我们将直接呈现原始数据。表 3 便是我们在信息下载方面的成功率的总结。

表3 四所学校学生下载个人资料的成功率

学校	个人资料数量	下载数量	百分比（%）
麻省理工学院	10063	8021	79.71
哈佛大学	25759	17704	66.16
俄克拉荷马大学	28201	24695	70.54
纽约大学	32250	24695	77.41
总计	97273	70311	72.28

3. 综合统计

为了对不同大学、不同班级和性别所披露的个人身份信息数量进行定量排名，我们建立了一个"披露得分"机制。在这个机制中，总体得分是披露程度的百分比总和（性别、专业、宿舍、高中、手机、兴趣爱好、社团、音乐、电影和书籍等）。在总体得分之下，我们又创建出两个子得分，一个用于反映可以用来联系或定位用户的联系信息（宿舍、AIM名称、手机和社团/工作），另一个用来反映用户的兴趣爱好（兴趣、社团/工作、音乐、电影和书籍）。

五、终端用户与Facebook的交互

（一）主要趋势

在下载Facebook个人资料并对用户调查结果加以处理之后，我们找寻出了以下一些Facebook使用情况的一般规律：①在建立Facebook的学校中，Facebook可谓无处不在、人尽皆知；②用户在自己的个人主页上挖空心思，花费了大量精力和时间；③学生往往在还没到大学校园之前就已经迫不及待地加入Facebook；④虽然用户铺天盖地地晒出自己的相关信息，但是他们却并没有对这些信息加以保护；⑤对于信息的发布和共享，用户并没有明确同意；⑥隐私问题因性别而异。

（二）Facebook无处不在

调查结果表明，麻省理工学院的学生几乎人人都拥有Facebook

个人主页。在413位受访者中,只有39位(9%)没有Facebook账户,而有374位(91%)受访者都表明自己拥有Facebook账户。为Facebook编制的索引似乎更加印证了这一结果——绝大多数本科生都拥有Facebook账户。尽管虚假账户也可能会使账户数量激增,但是基于Facebook用户基础与麻省理工学院的本科生非常相似,因此很大一部分Facebook用户应该都是真实的。在班级规模大约为1000的情况下,2007级、2008级和2009级的班级所对应的账户数量分别是948个、1016个和921个。大多数Facebook账户至少每个月会更新一次,这和大量用户更新自身信息的情况也是差不多吻合的。除了你的那个"她"对你的浪漫依恋之外,就算你是Paris Hilton[①]的账户,也不需要更新得那么频繁。就我们的调查样本而言,在纽约大学,仅有两个电子邮件地址的用户有可能是在搞恶作剧,而2007—2009级班级的账户数量(3850、4012、4076)也与4250的班级规模紧密对应。

(三)用户在个人主页中投入大量时间和精力

绝大多数用户时常更新自己的账户,而其中超过一半的用户在2005年11月进行过更新。[②] 这表明,不仅大多数本科生都有Facebook账户,而且大多数用户更新自己账户的频率较高。

(四)学生在上大学之前就已经加入Facebook

我们查看了2008级和2009级班级成员个人主页创建日期的分布情况,不仅2008级的班级成员已经入读麻省理工学院,并且他们在2004年5月之前已经可以使用麻省理工学院的服务器;而2009级的

[①] 直到最近,Facebook FAQ才警告用户不要创建假账户,并告诉用户每个人都知道你不是Paris Hilton。

[②] 哈佛大学的19%的个人主页、麻省理工学院Facebook个人主页的15%,纽约大学的10%和俄克拉荷马州的6%没有更新时间。由于在2004年6月之前不存在更新时间戳,因此该功能很可能是在那时实现的,并且所有未标记的个人主页都在该时间之前进行了最后更新。他的假设通过以下事实得到证实:一所学校的空白更新场数与该学校2004年6月Facebook可用之前的时间长短成正比。考虑到上次更新时间的指数尾数,这15%的用户很可能是在Facebook刚为他们的学校启动注册的用户之后更新了他们的账户。

班级则属于目前的新生班级,在 2005 年 5 月之前才拥有麻省理工学院的服务器账户。① 需要注意的是,麻省理工学院招收的新生约为 1000 人。

首先,一听闻 Facebook,2008 级的学生就迫不及待地创建起自己的个人主页,颇有相见恨晚之势,而这种事情在暑假或入学培训期间也是频繁上演。大多数 2008 级学生都在 2004 年 6 月至 2004 年 8 月期间加入 Facebook,在这段时间里,他们中有 699 人创建了个人主页。在 2004 年 5 月,大约有 100 人争先恐后地创建自己的个人主页,而其余的人也紧随其后进行创建,创建人数平均每月下降约 10 个人。而在 2008 级学生中,我们能够访问的个人主页共有 1016 个。②

其次,2009 级在这方面的表现更为显著,这也侧面印证了 Facebook 无与伦比的吸引力和强大魅力。在 2005 年 5 月到 6 月期间,2009 级共有 538 名成员创建 Facebook 账户,而目前有 921 人拥有不受限制的 Facebook 账户。

最后,这样的情况在其他学校也频繁上演,用户在创建自己个人主页时表现出的行为如出一辙。出乎意料的是,在获得电子邮件地址的一个月内就有超过 948 位(约 60%)2009 级哈佛大学新生创建自己的账户,新生在创建账户方面可谓急不可耐。而从图 1 我们可以看出,哈佛大学在创建自己账户的趋势更为明显——在大多数 2008 级新生刚注册账户的 3 个月内,2009 级新生就已经迫不及待地获取了自己的 Facebook 账户。

(五) 多数学生共享可识别的信息

在共享个人信息方面,我们有大致三个方面的发现:①不仅麻省理工学院的 Facebook 用户更倾向于提供大量个人信息,而且他们还倾向于不限制别人访问该信息;②Facebook 用户比其他人更警惕某些类型的个人信息;③用户最愿意晒出的个人信息就是自己的高中,同时用户保护自己信息的意识越来越强烈,例如,宿舍、兴趣爱好、屏幕名称、音乐品位、喜欢的电影、喜欢的书籍、社团、工作和移动电

---

① 我们的经验是,MIT 大约在这个时候发出 MIT 服务器福利。
② 请注意,这些数字可能会因国民或名人的账户而有所偏差。

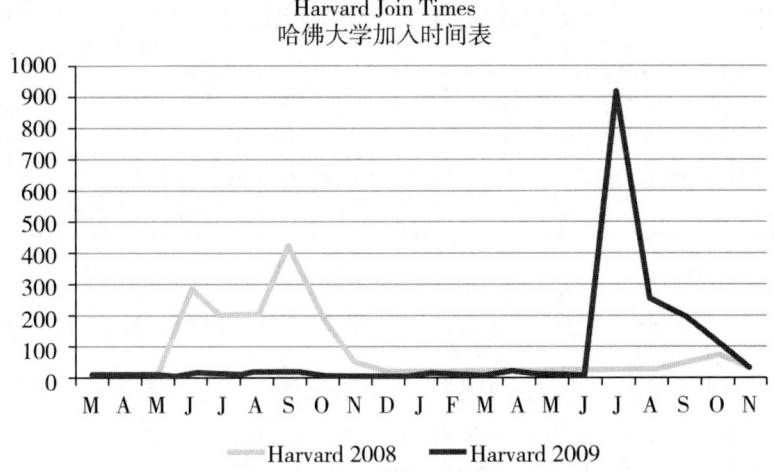

图 1　哈佛大学新生创建自己账户的趋势

话号码。

（六）最活跃的用户透露最多的信息

首先，经常更新个人主页的用户往往更加开放。在 2005 年 9 月 1 日当天及之后更新的 5279 个麻省理工学院个人主页中，我们发现，尽管相对公开的总体趋势没什么大的波动，但是用户公开所有信息的相对意愿却有所提高。

其次，如果使用另一种启发式的方法来确定活跃用户，那么，朋友众多的用户就会倾向于利用自己的个人信息，尤其是那些可能会让广告商嗅到商机的个人信息。

最后，如今的 Facebook 坐拥 800 万用户，在某些学校的普及率甚至接近 100%。一方面，如果 Facebook 继续保持这样良好的发展势头，那么，普通用户便会越来越趋向于"联系良好"的固定用户；另一方面，如果这种热潮持续下去，固定用户披露的数量也会相应有所增加（见表 4）。

表4 固定用户信息披露

项目	社团	兴趣爱好	电影	音乐	图书	性别	手机
300个以上好友的用户	81.0%	85.3%	81.7%	82.9%	76.6%	92.8%	25.6%
全部用户	51.5%	64.1%	62.7%	64.0%	59.1%	82.8%	17.1%
差额	29.4%	21.2%	19.0%	18.9%	17.4%	10.1%	8.5%

(七) 大学生共享最多个人信息，不同班级则有所差异

如表5所示，几乎在每种情况下，大学生共享的数据都比平均值要多得多。由于每年大学生都是 Facebook 新注册用户中的主力军，而大学生又最有可能披露个人信息，所以这也再次印证了先前的结论——Facebook 上出现了越来越多可被利用的数据信息。

为了确定不同课程之间是否存在统计学上的显著差异，我们尝试将披露得分与班级年份相关联，并根据披露指数、联系方式披露得分和兴趣披露得分对就读大学的年数进行了回归。[①] 在所有4所学校中，我们都采取了这个做法，最终发现所有的披露得分与班级年份均呈弱相关关系［总得分 r = -.496，联系披露得分 r = -.151，以及 -.187（兴趣披露得分）］。这也意味着，身处更"年轻"的班级和公开更多信息之间是存在着一定联系的。

(八) 大学之间的差异

在我们调查的4所大学中，我们发现学生与 Facebook 交互的方式存在着细微的差异。在这些大学中，哈佛大学为我们提供了可访问的个人主页占全部个人主页的最低百分比（66%），而麻省理工学院则为我们提供了最高百分比（79%）。与本研究中任何其他大学的学生相比，一方面，俄克拉荷马大学的学生并不怎么分享联系信息（例如住所、屏幕名称和手机号码）；另一方面，俄克拉荷马大学的学生在书籍、电影和音乐方面有着更大的兴趣。

---

① 2009级、2008级和2007级分别为0、1、2。

Facebook 在它所支持使用的每所学校中学生信息披露程度都各有差异（见表6）。不过，我们注意到的差异很可能是学校特定变量的函数，例如，学校的社交氛围、信息共享政策、有关 Facebook 使用的管理建议等。只是这些主题不在本文讨论范围之内，故在此不再多言。

表5 信息披露程度的差异

信息类别	哈佛大学	麻省理工学院
性别	22%	17%
专业	-6%	23%
宿舍	30%	23%
房间	23%	4%
高中	32%	18%
AIM 名称	26%	18%
手机	3%	10%
兴趣爱好	29%	16%
社团/工作	17%	23%
音乐	33%	18%
电影	31%	19%
书籍	31%	17%

表6 4所学校2009级学生信息披露的情况

信息类别	麻省理工学院	哈佛大学	俄克拉荷马大学	纽约大学
专业	81%	64%	91%	79%
宿舍	96%	94%	85%	89%
AIM 名称	71%	72%	62%	76%
手机	24%	27%	17%	15%
兴趣爱好	78%	81%	89%	81%

续表6

信息类别	麻省理工学院	哈佛大学	俄克拉荷马大学	纽约大学
社团/工作	49%	58%	76%	50%
音乐	77%	82%	90%	84%
电影	74%	80%	93%	82%
书籍	74%	80%	81%	77%

（九）越来越多的学生分享到有商业价值的信息

与广告商最息息相关的信息大概便是人口统计数据（年龄、性别、位置）和兴趣爱好。总的来说，超过70%的用户都愿意公开这两种信息，这也使得Facebook变身成为营销人员有关数据的宝库。此外，该兴趣数据库还可以很容易地被第三方供应商的数据库交叉引用，从而将有关用户的兴趣与当前位置的详细信息与地址、电话号码和社会保险号码相匹配。专用用户对于频繁公开此类信息的倾向尤为显而易见，而这可能也是进一步公开信息的一个主要指标。

（十）用户不必担心别人会看到自己的信息

1. "我的隐私"功能的了解与使用

总体而言，虽然用户对Facebook提供的隐私功能了如指掌，但是他们却熟视无睹，依旧没有选择使用它们。在关于"我的隐私"熟悉度调查中的389位受访者里面，有289位（74%）认为自己对"我的隐私"很熟悉。同时，在提供"我的隐私"使用情况的380位受访者中，有234位（62%）表示他们使用过该功能。鉴于许多用户积极选择不使用"我的隐私"功能，我们可以推断出，用户相信提供自己的信息并允许别人访问是利大于弊的。

2. 对Facebook隐私问题的担忧

总体上，对于Facebook的隐私政策，受访者大都明确表示自己并没有感到忧虑重重。在329位受访者中，有76位（23%）根本不关注Facebook的隐私政策，有117位（35.5%）几乎没有关注，有104位（31.6%）有一点关注，有20位（6.1%）很关注，而只有

12位受访者（3.6%）对隐私政策极度关注。

3. 与"陌生人"交友的可能性

麻省理工学院的Facebook用户更倾向于与他们认识的人成为朋友，这基本上是个心照不宣的做法。在有关这个问题的383名受访者中，有243位（63.45%）从来没有和陌生人有过交友行为，有110位（28.72%）偶尔会和陌生人交朋友，有30位（7.83%）表示自己经常与陌生人成为朋友。尽管这在大家看来似乎是一个直观的概念，但仍值得我们去进一步关注。此外，当与其他隐私功能和选择性发布功能结合使用时，"仅允许用户在现实生活中认识的人访问他们的信息"便当仁不让地成为一种Facebook安全策略中的上上策。同时，用户的这种倾向也进一步证明，与专有的在线社区相比，Facebook的使用具有更强的人际关系特征。有一个比喻用在这里再贴切不过了——Facebook的人际关系特征就好比用户在Facebook上分享信息过程中的强大心脏，无论是女人还是男人，都不太可能在他们的好友列表中去添加一个非亲非故的陌生人。

（十一）用户并未充分了解隐私权

1. 对《服务条款》（TOS）和《隐私政策》的了解程度

我们询问Facebook用户是否已经阅读过有关使用服务的Facebook政策。在389位受访者中，有353位（91%）表示没有阅读过《服务条款》；与此同时，在390位受访者中，有347位（89%）从未阅读过《隐私政策》。①

2. 对《隐私政策》的了解程度

我们让受访用户猜测，Facebook是否可以与其他公司共享信息。在374位受访者中，有174位（47%）认为Facebook无法做到这一点，而200位（53%）则认为Facebook可以。事实上，根据Facebook的《隐私政策》，Facebook确实可以与其他公司共享用户的信息

---

① 一方面，FAQ和隐私政策实际上是直接矛盾的。《常见问题解答》指出，我们不会将您的用户信息分发给第三方。另一方面，隐私政策指出我们可能会与第三方（包括与我们有关系的负责任公司）共享您的信息，然后，Facebook列出了他们可能共享信息的原因，包括法律要求和便利其业务。尽管该政策可以解释为暗示他们将不共享信息，但显然并没有明确说明，而且要求严格的阅读暗示了Facebook可以与第三方共享信息。

并把该信息用于广告或其他目的。

（十二）越来越多的风险伴随 Facebook 辐射范围的扩大而显现

对于绝大多数 Facebook 用户来说，"我的照片"功能可谓无人不知、无人不晓。在 389 位受访者中，约有 342 位（87.9%）熟悉此功能。然而，尽管大多数用户都对该功能并不陌生，但是似乎很少有人担心它万人迷外表下隐藏的不利影响。当被问及是否对别人的"我的照片"内容有任何控制权时，特别是被限制访问别人发布在网站服务上的照片时，在 416 位受访者中有 196 位用户（占 47%）说是，139 位用户（占 33%）则否认，也有 84 位用户（20%）不知道或并没有提供答案。

（十三）女性会自我审查自己分享的信息

除上述分析外，我们还比较了男性用户和女性用户的相关趋势。首先，不仅女性有更大的热情登录 Facebook 并拥有更多好友，而且女性用户的好友来自麻省理工学院的比例更高。其次，无论是男性还是女性，他们均不熟悉 Facebook 的《服务条款》和《隐私政策》。再次，在我们的调查中，女性更有可能使用 Facebook 的"我的隐私"功能，但这在统计学上意义不大。最后，女性会比男性更频繁地自我审查自己在 Facebook 上分享的信息，这一点千真万确。表 7 展示出了 4 所高校男性和女性向公众披露移动电话号码数量的相关程度。[①]

此外，我们还对不同大学自我报告的性别百分比之间的相关性进行计算，并将其与联系信息指数相关联。最终我们发现，女性人数较多的学校分享的联系信息比例也相对较低，该相关系数为 $r = -462$。

[①] 男女手机信息泄露的相关系数为 0.92，这表明在任何特定学校中，性别行为之间有着极为密切的联系。

表7 4所高校男性和女性电话号码的披露程度（按性别）

高校	男性	女性
哈佛大学	33%	26.5%
麻省理工学院	29.7%	20.5%
纽约大学	22.2%	11.6%
俄克拉荷马大学	21%	8%

（十四）男人很少谈论自己

我们将性别比例与兴趣数据的指数（用户分享兴趣、社团和喜欢的书籍等的程度）进行比较，结果我们发现，以男性为主的学校分享信息的意愿并不强烈。这也在一定程度上表明，为了避免电话骚扰和不必要的来访，女性更有可能分享自己的相关信息。而自我报告的女性百分比与兴趣指数之间的相关系数约为 $r = 625$。

（十五）结论

Facebook 就好比接受我们调查的大学中的一个机构。随着时间的流逝，Facebook 在大学生活中也日益根深蒂固，逐渐成为大学生活中不可分割却也浓墨重彩的一笔。尽管用户倾向于自我审查（尤其是女性），但是他们仍然分享了许多个人信息，而这些信息可能对许多方来说都是一块令人垂涎的"肥肉"。随着 Facebook 在大学校园中地位的日益稳固，除非 Facebook 更改它的系统参数，或是出现足够有新闻价值的隐私故事来吸引公众眼球，使用户心中警钟长鸣从而改变看法；否则，在这之前，信息披露率可能依旧会继续上升。

六、Facebook 与《公平信息处理条例》

（一）概述

1998 年，美国联邦贸易委员会发布了一份名为《网络隐私问题》的报告，该报告不仅评估了互联网上的隐私状态，而且最终被提交到国会进行审议。这份报告有着里程碑式的意义，它确立了五种"被广泛接受的公平信息处理惯例",包括通知、选择、访问、安保和救济。此外,该报告不仅涵盖了网络隐私问题的基本原则,而且还涵盖了 Facebook 保护用户隐私时需要重点关注的领域。

(二)告知

告知是公平信息处理当中首要也是最重要的要求,不仅位置最靠前,而且分量也最重。在收集信息之前,行为人(买方)必须先对信息收集及其有关信息收集的权利进行了解。按照基本的"告知"要求,在收集数据之前,行为人必须要明确告知消费者以下四部分内容的信息:

(1)告知消费者数据收集主体的明确身份、数据将会被用在何处及其用途和任何潜在的数据接收者。

(2)告知消费者所收集数据的性质。如果收集的方式不明显,那么则需告知消费者收集数据的方式(消极方式如通过电子监控,积极方式如主动要求消费者提供信息)。

(3)告知消费者他们提供被请求的数据是自愿的还是必须的,以及消费者拒绝提供被请求信息的后果。

(4)告知消费者数据收集器为确保数据的机密性、完整性和质量而采取的措施。

Facebook 的《隐私政策》就旨在满足这一"告知"要求。一方面,《隐私政策》明确 Facebook 就是收集数据的主体,并且其中有一些内容制定得非常出色。比如,有些内容明确了绝大多数情况下 Facebook 会收集到的数据,其中包括会话数据和 IP 地址等并非显而易见的数据。但另一方面,该《隐私政策》的某些部分含糊不清,有些内容甚至看起来自相矛盾,仿佛一团浆糊般令人疑惑不已。举例而言,有内容规定:"Facebook 也会从其他来源(例如报纸和即时消息服务)采集有关您的信息。无论您是否使用本网站,您的该信息都将被采集。除非您在隐私设置中明确您不希望这样做;否则,我们将使用从其他来源收集到的有关您的信息来补充您的个人资料。"就该部分内容来说,由于"我的隐私"功能中根本没有与该内容相关的设置,因此,这部分内容要么就是已过时,要么就是无根无据的睁眼说"瞎话"。退一步讲,即便 Facebook 在整体上对它所包括的信息做出了准确说明,但它的《隐私政策》的完善仍有很长的一段路要走,因为它在其他领域的适用性依旧是远远不够的。首先,《隐私政策》并没有明确数据将会被用在何处。其次,虽然《隐私政策》明晰了数据披露的潜在对象,但是它认为,只要 Facebook 单方面认为合适,任何主体都可以成为数据披露的对象,其中就包括 Facebook 的营销合作伙伴。再次,Facebook 与几家大公司来往频频、关系密切,通过为感兴趣的学生提供特殊的"群组",Facebook 不动声色地将这几家公司的营销工作整合进网站中,且整合得天衣无缝。最后,虽然这种数据披露毫无疑问是合法的,并且仅仅通过披露数据,就能不花一分钱使用到如此火爆且实用的网站服务,对用户来说仿佛也是一笔稳赚不赔的买卖。但是不幸的是,并非所有用户都了解该交易条款——根据我们的调查,有 46% 的 Facebook 用户都认为 Facebook 并不能与第三方共享他们的信息。

(三)选择

"最简单地说,选择就意味着给消费者一个机会去选择别人应当如何使用他们被收集的个人信息。具体来说,选择就相当于信息的二次使用,也就是超出完成预期交易所需的使用。"

很显然,如果用户想要加入社交网站,那么,他们就必须输入一些个人信息。但是除了这种显而易见的信息披露,还有大量其他方式的披露也在神不知鬼不觉地进行着。总的来说,主要有两种类型的信息披露:一种是向网站其他用户的披露,另一种则是向第三方的披露,而这个第三方多数情况下就是广告商。不过,Facebook 也为用户提供了隐私功能,该功能在很大程度上能使感兴趣的用户轻松控制自己的个人主页信息。

但是,隐私功能并不能"包治百病",因为还有一个问题依然存在——Facebook 可以向广告商公开任何内容,并且几乎没有任何外部力量对这种行为进行控制。关于信息披露的一揽子条款不仅允许 Facebook 向广告商披露任何内容的个人数据,而且它们还允许广告商设置不受《隐私政策》约束的文本文件。虽然的确有种方法可以要求 Facebook 不与第三方共享用户的信息,但这种方法既不对用户透明,也没有任何证据表明用户提出的要求实际上会得到满足。

（四）访问

所谓访问，是指一种权利能力，这种权利使他人不仅有权访问有关自己的数据（即查看实体文件中的数据），而且也使他人可以质疑该数据的准确性和完整性。这对于确保数据的准确性和完整性至关重要。而这种"访问"能力更多的是针对信用机构和其他组织，因为这些机构保存着一些用户可能不想公开的信息。鉴于 Facebook 以信息共享为基础且 Facebook 赋予了用户控制这些信息的能力，所以，在遵循"访问"这一原则方面，Facebook 的表现堪称完美。

（五）安保

所谓安保，是指确保数据完整性并将访问权限限制为合法获得授权的人员的过程。《网络隐私问题》中有部分内容写道，"为了确保数据的完整性，数据收集者必须采取合理的措施，例如，仅使用信誉良好的数据源并对多个数据源进行交叉引用、为消费者提供对数据的访问权限和销毁不合时宜的数据或将其转换为匿名形式"。

一方面，Facebook 对数据的用途含糊不清；另一方面，它也确实能让用户控制 Facebook 数据库中有关自己信息的存在。Facebook 的《服务条款》明确规定："您可以随时从网站上删除您的成员内容。如果您选择删除的话，那么，以上授予的许可（允许 Facebook 使用数据）将自动失效。"

安保措施包括在数据的传输和存储中进行加密、使用密码和在调制解调器无法访问的安全服务器或计算机上存储数据。如果按照这个标准来看，那么，Facebook 就得不及格了。尽管 Facebook 使用密码来保护账户并使用 MD5 散列作为授权，但是它并没有对加密进行使用——包括账户密码在内，所有的授权信息都以明文形式发送，这使得行为人从公共网络中窃取数据变得轻而易举。与当前最佳的密码保护做法相比，Facebook 的做法简直相差十万八千里。

此外，"我的照片"功能似乎也与安保原则背道而驰。一方面，在没有检查数据的准确性或适当性的情况下，第三人可以随心所欲地上传图片并将图片与自己的账户相关联，用户只能眼睁睁地看着自己的图片被上传却无能为力。即使用户试图撇清自己与照片的关系，他们所能尽的最大努力也只是删除照片中直接链接到他们个人主页的标签，仅此而已。另一方面，在 Facebook 中，我们找不到任何与照片有关的用户控件（类似于"我的隐私"）的踪影。我们发现，无须考虑隐私设置，行为人便可以从任何 Facebook 账户中访问任何 Facebook 图片，甚至连默认的 Facebook 大学控件也不需要多加考虑。比如说，即使行为人登录的是麻省理工学院的 Facebook，他们也可以请求查看斯坦福大学 Facebook 中有关 Michael Smith 的所有图片。

（六）救济

一个行之有效的自律机制应当既包括保障遵守的机制（执行机制），也包括行为人适当的追偿权（救济）。

与其他隐私原则相去无几，救济原则要求行为人（买方）了解他们可能受到伤害的方式。不过，即使行为人违反了安保原则，也没有任何政策提到系统要告知行为人此种情形。鉴于这种情况，加之考虑到下文所描述的"高级搜索"之类的隐私漏洞，针对此问题制定一个明确的政策对用户来说肯定是百利而无一害的。

此外，补救措施不仅应当包括确认用户请求，而且应当在后续过程中保持透明。如果 Facebook 能够对用户请求的结果继续追踪，那么，用户"防止自己的信息被传输给第三方"的请求将不再只是一个美好却不能实现的愿望。

七、隐私威胁模型

（一）安全漏洞

1. 隐私威胁与可行性

无论是动机不纯的外部人员偷袭漏洞，还是心怀不满的内部人员从内部搞鬼，任何一个 Facebook 上的安全漏洞都有可能坏了"一锅汤"，使 8000000 条 Facebook 数据记录陷入岌岌可危的状态。当然了，这种风险不可能彻底被扫除，因为这世界上没有任何一个网站是绝对安全的，但这并不意味着我们就可以高枕无忧。要知道，担心安全漏洞无疑是合理的，因为大型数据库通常是网络入侵者的头号目标。比如，在 ChoicePoint 的数据库遭到破坏后，有 145000 条数据记录也随之陷入险境。尽管一个小小的 Facebook 安全漏洞还不足以被利用从而进行身份盗用，但是警报并没有就此解除，因为数据库中有不可计数的个人信息，其中还有很多用户根本不愿公开的信息。

2. 与 MySpace 的比较

在 MySpace 的《隐私权政策》中，有几条条款直接涉及公司难以接受的意外情况。这些条款告诉用户，即使已经采取"合理的"措施来防止安全漏洞，公司也无法完全避免这种情况的发生，这在一定程度上就确保用户不会建立起对数据安全性的不合理期待。

在面临可能被收购的境况下，MySpace 还提醒用户要多加注意，因为 MySpace 的新主人可能不会那么谨慎地使用个人数据。此外，MySpace 关于更改隐私政策的告知要求似乎也主要针对这种情况。不过凡事都有两面性，MySpace 的《隐私政策》也有它的不足之处——在违反安保原则的情况下，MySpace 并没有相关的告知要求。

3. 针对 Facebook 的建议——安全信息披露

鉴于安全漏洞无可避免、不道德的员工也防不胜防，Facebook 当务之急应当制定有关披露个人信息的政策。Facebook 应当在《服务条款》中明确要求，对于隐私受到侵害的终端用户，Facebook 将会及时进行通知并且会赋予终端用户更多的权利。

（二）商业信息数据的挖掘

1. 隐私威胁

通过贩卖个人信息数据库，像 ChoicePoint Inc. 这样的大公司已经建立起数十亿美元的业务。而 Facebook 所拥有的由 800 万大学生数据组成的数据库更是比通常的商业数据要准确得多，这是因为用户更有动力使自己的信息变得准确。由于个人主页都是由用户自己进行管理和维护，所以社交网络中个人资料的准确性甚至可以高达 100%。如果一定要做个对比，那么，ChoicePoint 和 Acxiom 所维护的准确性存疑的数据库在 Facebook 数据库面前就相形见绌了。

2. 可行性

通过使用附录中的代码，我们对 4 所学校的 Facebook 数据进行爬取，从而创建出一个涵盖所有可访问个人资料的全面数据集。而有了这个数据集，我们就能说我们可以从网站中收集到数据。这一句话并非信口开河，事实证明，我们（两名学生）能够利用分配给我们的一堂课时间在一周内对 Facebook 进行数据挖掘。这也在一定程度上表明，不仅对 Facebook 数据进行挖掘的可行性很高，而且这也并非难事。

3. Facebook 当前采取的预防措施

Facebook 的《服务条款》规定，禁止将网站用于数据收集的目的。但是，如果行为人将网站用于数据收集等目的，那么，该条款既不提供任何保护，也不提供针对潜在行为人的追偿权。事实上，我们的数据收集行为就违反了 Facebook 的《服务条款》，因为其中有条款规定您进一步同意不收集用户的电子邮件地址或其他联系信息，用于发送未经请求的电子邮件或其他未经请求的通信。此外，您同意不使用自动化脚本从网站中收集信息或出于任何其他目的地收集信息。法院现在渐渐也开始援引诸如服务条款之类的"点击许可"（Clickwrap）协议①，但充其量只能吓唬吓唬违反该合同的人，并不能构成什么明确的威胁。由于缺少关于违反《服务条款》后果的规定，所以，对于确定要获取和使用数据信息的人来说，"终止有问题的账户"不过是个没什么震慑力的纸老虎罢了。

4. 给 Facebook 的建议——完善统一资源定位符系统

由于 Facebook 采用的是分配用户账号的方法，因此如果行为人想要下载所有可访问的个人资料，可以说是不费吹灰之力。所以，我们建议 Facebook 升级为更好的系统，从而将个人资料编号空间设置为大学中有资格获得账户的人数的 10 倍，并从中随机分配用户账号。这样一来，一旦无效的用户账号被访问，Facebook 就可以监视到这些 IP 地址或账户是否存在被滥用的迹象。

（三）数据库逆向工程

1. 隐私威胁与可行性

众所周知，Facebook 拥有一个"高级搜索"功能，该功能允许用户使用个人主页中的任何字段来查询用户数据库。比如说，用户可以在高级搜索功能中搜索来自杜克大学且喜欢 Kurt Vonnegut 的二年

---

① ProCD v. Zeidenberg.

级男生。

但是,问题在于,当他人选择隐藏个人主页界面时,他们的初心是希望其中的信息能保持私密。例如,一个麻省理工学院的学生可以把"喝醉"写到兴趣爱好中,再对个人主页进行设置以便该信息只能被他的好友看见;毋庸置疑,他在这样做时必定期望此信息是安全的。但是,实际情况却事与愿违,因为除非他能把个人资料也从搜索中排除出去,否则,该信息其实并不安全——如果行为人使用高级搜索功能搜索"喝醉",该词条仍会和这个学生的姓名关联在一起。而几个人无意发现的安全漏洞使问题变得愈发复杂化。在通常情况下,如果行为人想要在某所大学进行搜索查询,那么,他们就必须要用@thatcollege.edu 账户登录。而麻省理工学院暑期班的一名高中学生却机智地发现,如果更改查询统一资源定位符中的服务器,使其从"mit.facebook.com"更改为"school.facebook.com",那么,他就可以在没有其他学校有效账户的情况下,在任何学校畅通无阻地进行查询。除此之外,他还发现大多数字段都由账户号码索引,所以他能够系统地查询"101""102"等宿舍的用户直到获得一个完整的列表,而该列表详细列明了每个用户个人主页中显示的具体住所。尽管该学生只对以综合性方式使用麻省理工学院学生的数据感兴趣,但是有这一知识和信息在手,只要运用他所发现的这个系统漏洞,无论隐私偏好如何,任何一个人都可以轻松地重建 Facebook 上所有的个人资料。

事实上,我们进一步研究发现,现实中还真的有一名学生采用这种策略来创建其他当地学校的数据库。截至 2005 年 11 月 10 日,他都在通过 Facebook 数据库上的搜索查询功能系统地建立数据库。你可能难以想象,在短短一个月的时间里,他就收集到波士顿地区 8 所学校的 82000 多名学生的信息。

2. Facebook 当前采取的预防措施

按照 Facebook 的规定,除非行为人和搜索对象来自同一所学校,否则行为人便无法使用 Facebook 的高级搜索功能,这也将问题缩小到一定范围之内。虽然"我的隐私"功能中的"从搜索中排除我的名字"首选项已经实际上解决了该问题,但由于行为人需要通过直觉式跳跃才能明白如何使用"高级搜索"进行数据挖掘,因此用户也需要进行直觉式跳跃才能看到风险并保护自己免受风险侵害。

3. 给 Facebook 的建议——限制搜索功能

当用户把个人主页设置为"仅好友可见"时,为了防止有关信息被行为人搜索到,"高级搜索"功能应当将所有包含该用户姓名的信息都排除出去。

(四) 密码拦截

1. 隐私威胁

事实上,以明文形式发送用户名和密码也是一个安全漏洞。通过从以太网或未加密的无线流量中读取到的 Facebook 用户名和密码,网络入侵者便可以轻松获取用户的 Facebook 密码和使用这些密码的任何其他账户。出于道德层面的考虑和法律影响的考量,虽然我们没有尝试盗取用户密码,但密码盗取问题的重要性绝对不容小觑。一方面,当麻省理工学院维护以登录文本形式发送登录数据的远程登录服务器时,它便对密码盗取问题予以了重点关注;另一方面,新墨西哥大学也认为,它选择禁止用户用校园网访问 Facebook,很大程度上是出于密码盗取问题的考虑,由于大量用户都使用自己的大学电子邮箱密码作为 Facebook 密码,因此,新墨西哥大学理所当然地将 Facebook 视为自己网络安全的头号障碍。

目前,Facebook 没有采取任何措施来保护传输中的用户密码。

2. 给 Facebook 的建议——加密密码

就目前来看,业内保护登录密码的上乘之选就是使用 SSL 加密密码登录,Facebook 也不妨一试。在行业中,鉴于这些信息正在被传输,所以像 Google Mail、eBay、MIT Web-Mail 和许多其他网站都用这个做法来保护敏感信息。这可以说是一个两全其美的解决方案,因为它不仅操作简单、节约成本,而且还能消除主要的安全漏洞。

(五) 不完备的访问控制

1. 隐私威胁与可行性

当行为人在 Facebook 上搜索用户照片时,服务器使用的是这个统一资源定位符的变体:http://mit.facebook.com/photosearch.php&name = John。

Facebook 允许用户搜索照片的初心和本意是好的,并不能说它有什么错,但是问题出在没有类似于"我的隐私"这样的功能对照片加以限制。访问控制在通常情况下并不适用于"我的照片",因此,只要对查询功能的统一资源定位符进行编辑,任何大学的任何人都可以搜索并查看别人的照片。

上传容易标记难。由于用户可以轻易地上传和标记照片,但用户难以对大量的照片都进行标记,所以,行为人不费吹灰之力就能找到几乎没有访问限制的照片。

2. 当前 Facebook 采取的预防措施

Facebook 限制照片搜索功能的方式与限制常规搜索的方式相差无几,区别在于,如果行为人按名称搜索所有照片,则该行为不会受到限制。

3. 给 Facebook 的建议——限制图片搜索功能

与网站上的其他访问控制相比,Facebook 对图片搜索功能的限制就显得小巫见大巫了。在默认情况下,行为人无法在其他网站上查看他人的个人主页,但却可以查看所有的图片。所以,Facebook 有必要将"我的隐私"功能也扩展到"我的照片"功能中去,并且应当禁止行为人按名称搜索的行为。

(六)大学的监控行为

1. 隐私威胁

在大多数情况下,学生们根本意识不到大学政策与自己提供的网上信息之间存在着错综复杂的交互关系。你可能想象不到,学生在使用 Facebook 的同时,管理员其实也在使用 Facebook 来了解学生的活动。近几个月来,学生信息被披露的事件频频发生。若非眼见为实,这些学生在披露自己信息时想破脑袋也不会想到,这些信息最终会出现在院长办公室里。类似的问题不仅仅出现在像麻省理工学院这样的科技型院校,在全国各地都有出现这个情况。

2. 可行性

(1)麻省理工学院。就 Facebook 相关的案例而言,目前还没有什么引人注目的大事件发生在麻省理工学院。不过,虽然惊天动地的大事没有,小事却不少。一些关于 Facebook 的小事件频频上演,人们也越来越意识到 Facebook 在大学环境中的重要性。住宿生活组的组长 Andrew Ryder 表示，麻省理工学院并没有通过 Facebook 来积极监视学生是否有违反校规的行为；但是他也确实说过，如果有一些公众或准公众信息落入他的关注范围内，那么，在万不得已的情况下他也会采取行动。抛开他的学校身份不说，他个人还认为，Facebook 数据应当作为证据在纪律委员会的听证会上被采纳。除此之外，在没有详细说明具体案例的情况下，Andrew Ryder 提到麻省理工学院迄今为止的两起棘手的 Facebook 事件。其中一起事件的起因是一名学生在 Facebook 上发布有关另一名学生的虚假信息，并导致别人直接将这件事投诉到学生生活部；而另一起 Facebook 事件则涉及一名 2008 级新生，甚至还没入学，他就迫不及待地在 Facebook 上为自己即将在未来宿舍举办的派对呼朋引伴、大搞宣传。

（2）Cameron Walker 与费舍尔学院（Fisher College）。2005 年 10 月，位于马萨诸塞州波士顿的费舍尔学院开除了一名大二学生——Cameron Walker。Walker 不仅就此提前结束了他的大学生生涯，而且失去了再次踏入校园的资格。你也许会认为只有逃课打架的坏学生才会被开除，但费舍尔学院采取这样行为的起因却是 Walker 创建的一个 Facebook 小组。该小组的目标很特别，大家并不是为了共同的兴趣爱好而聚集，而是为了一名校园安全员而抱团在一起。该人员常常滥用职权，所以很多人都看不惯他，Walker 组织小组的宗旨就是要致力于解雇这名校园安全员。事情的发展慢慢超出了预料，学校里监视 Facebook 的官员发现了这个小组并不断向 Walker 施加压力，要求他撤除该组织，并最终取消了 Walker 费舍尔学院的学生身份。

Walker 的开除事件为大学校园的官员树立起了一个危险的先例。一方面，学生们认为自己发布到 Facebook 上的信息应当以通信、信件的方式受到保护；而另一方面，学校官员将从此使用 Facebook 上发布的信息作为证据，从而对学生进行正式的纪律处分。这个事件就此开创了学生因 Facebook 被开除的先河。当 Walker 2005 年 10 月被开除时，他还只是一名 2008 级的大二学生。他被开除不仅使得互联网信息发布行为与《学生行为守则》之间的交互矛盾逐渐浮出水面，而且也为二者交互产生的问题提供了充分论据。Walker 声称，当年他"对 Facebook 太傻太天真，幼稚地以为 Facebook 与大学之间没有任何瓜葛"。

（3）其他学校的新闻。各大学校的校报中有关 Facebook 隐私问题的文章数量呈井喷式增长，相关话题的热度高居不下。其中，有大量新闻文章都提到 Walker 事件，由此可见，近期学校开除 Cameron Walker 的事件不仅反映出 Facebook 上的行为可能带来的危害并在大家心中敲响警钟，而且还为校报提供了全新的灵感源泉和创作素材。根据我们的整理，各大学校的学报中都频现相关的警示文章，其中包括埃默里大学、乔治亚大学、达特茅斯学院、俄勒冈大学、三一学院、马卡莱斯特大学、锡拉丘兹大学、布朗大学、田纳西大学查塔努加分校、格林斯伯勒大学和宾夕法尼亚大学。

Facebook 当前并未采取任何措施来防止此类信息披露事件的发生。

3. 给大学的建议——管理者的责任

（1）站在学生的角度来看，到目前为止，Facebook 一直是一片不受行政干预的"净土"。大学政策是具有双重性的，它们既包含法律条文，也包含可实际执行的内容。一方面，可供管理者使用的大量新信息使得所谓的可执行性更加趋近于学校政策的字面含义，不过，这也会带来许多意想不到的后果。另一方面，就学校政策而言，管理者不能为所欲为、一拍脑门就制定政策。此外，在当今这个诉讼时代，他们也并没有足够的底气去选择执行学校政策；因为这样一来，不仅会使得大学的诉讼案例泛滥，而且管理者也会因分身乏术从而无法发现违规违纪行为。

（2）Facebook 正在成为大学生活中不可分割的重要组成部分，它的重要性不容小觑。如果大学的行政管理人员不去认真了解和探索 Facebook，那么，他们就无法全面了解大部分学生是如何利用闲暇时间，又是如何沟通交流的。而作为大学的行政管理人员，如果连这些信息都不知道，那么，他们就称不上是称职的管理者。

（3）大学和 Facebook 有着剪不断、理还乱的关系，大学管理者也各有各的目标和打算，出于这两方面的考虑，大学应该把自身与 Facebook 的基础交互视为一种教育性的交互。一方面，如果学生能够建立起来对隐私的合理期待，那么，在出现问题时他们便只能声称自己受到了不公平的对待；另一方面，如果大学想要使用学生在 Facebook 上的信息，那么，他们应该提前把这种意图告知学生。

4. 给大学的建议——教育学生

所谓立德树人，大学最重要的作用就是教育。为了不辱使命，大学应该教育学生关于在网上披露个人信息的潜在风险。鉴于学生获得 Facebook 账户的时间越来越提前，因此，在入学教育中就对学生进行相关知识的培训不失为一计良策，这对避免学生今后违反大学政策或受到骚扰将大有益处。

5. 给 Facebook 的建议——警告界面

滥用 Facebook 上公开信息的情况日趋严重，这已不再是什么新鲜事。在这样的大环境下，一方面，Facebook 应当为用户提供一项出色的服务，以阐明安全漏洞和外部监视的潜在危险；另一方面，在有关计算机新用途的社会规范确立下来之前，Facebook 可以明确声明它们不能为其数据的安全性提供任何保证。并且，如果用户公开自己的个人主页，那么，就视为用户已经默许其中的所有信息都可以被工作人员、工作面试官和大学行政管理人员查看。

6. 给 Facebook 的建议——"选择退出"隐私选项

在如今这个快节奏的社会中，几乎没有用户会去更改软件偏好设置，因此，将隐私保护作为一个"选择加入"的选项无疑是不近人情的。在这种时候，Facebook 便面临着两难的境地——一方面，用户的隐私需要得到保护；另一方面，Facebook 的商业模式以大量的广告浏览为基础，这不仅需要扩展浏览会话，还需要相对开放的网络环境。然而，如 Shah 和 Sandvig 在《成为实际法规的软件默认设置》中所展示的那样，则退出保护机制其实更为行之有效。他们根据研究发现，如果将无线应用协议（WAP）上的加密进行默认设置，那么 96% 的用户都会使用它，这个数据是默认情况下未进行设置的 3.4 倍。

7. 给 Facebook 的建议——合并"我的隐私"功能

与其他软件不同，Facebook 的独特之处在于它希望用户经常返回并更新自己的偏好设置（用户的好友是谁、用户的个人主页信息）。因此，为了充分利用这种独特文化，Facebook 应当将个人主页的更新功能与隐私设置功能合二为一。界面虽小，但是完全可以实现"五脏俱全"。如果单独一个界面就能涵盖个人主页基本信息和隐私设置的字段，那么，隐私设置被打入冷宫的机会必将大大降低，它出现在用户视野中的频次也将大大增加。

（七）向广告商披露信息的行为

1. 隐私威胁与可行性

目前，Facebook 与多家大公司都有商业合作关系。例如，苹果公司和捷蓝航空在 Facebook 上就拥有自己独一无二的"群组"，只要感兴趣的用户都可以自由加入。而用户加入这些群组的目的也是五花八门，有的是为了显示自己对该品牌的信任与支持，还有的则是冲着时不时发放的赠品而来。同时，Facebook 的《隐私政策》明确表示，它们可能会向第三人披露个人资料信息。所以，这也就不难解释 Facebook 为什么会和大公司合作了，毕竟有利可图。

2. 当前 Facebook 采取的预防措施

Facebook 在《隐私政策》页面提供了一个"选择退出"链接，如果用户点击该链接，那么，用户就相当于向 Facebook "提交请求"从而避免与第三人共享信息。在点击链接后，屏幕会显示"我们将尽一切努力尽快实施您做出的任何选择"的字样。虽然在该问题上为用户提供选择对用户而言显然利大于弊，但该功能不仅没有后续的行动或反馈，而且若从字面和内容上看，它也并不具有任何约束性或强制力。

3. 其他网络服务采取的预防措施

（1）Friendster。相较之下，Friendster 的《隐私政策》明显服务更成熟、目标更狭窄、处理的个人信息量也更少。Friendster 收集的信息事实上只包括用户输入到个人主页中的数据、用户的姓名、电子邮件地址、IP 地址和用户代理信息。与 Facebook 截然不同的是，需要 Friendster 同意，除非法律明确要求，否则它绝不与任何外部机构共享用户的信息。

（2）MySpace。与 Facebook 相比，MySpace 也拥有一个更加明确和奉行用户至上的《信息披露政策》。MySpace 不仅要求更明确地处理向第三人披露信息的范围，而且它还将披露范围限制在以下三个方面：①向广告客户披露信息，但用户必须已经"明确同意"接受该广告客户的信息;① ②广告客户对文本文件的使用;② ③为了执行《服务条款》、对自身进行法律保护或保护公众安全所需的信息披露。③

4. 给 Facebook 的建议——第三方"选择退出"机制的有责性和可访问性

"选择退出"的机制可谓好处多多,它既可以确保用户的信息将来不会被泄露,又能够使用户对自己的隐私享有更多的控制权。为了更好地实行这一功能,有三个方面的问题需要注意:首先,如果过程较为复杂,那么,用一种跟踪用户请求的方法将有助于增加该过程的透明度。其次,"选择退出"的链接隐藏在性质为法律合同的《隐私政策》中,所以想要选择这一选项的用户就必将查看"我的隐私"功能,这也使得该选项与法律责任之间有了密不可分的联系。最后,为了使该选项真正派上用场,Facebook 应该将它放在"我的隐私"功能中。

5. 给 Facebook 的建议——隐私政策的改进

Facebook 的《隐私政策》亟待改进,因为它不仅内容含糊不清,而且一旦网站所有者心血来潮,《隐私政策》就很有可能需要随之改变。此外,Facebook 的《隐私政策》还允许 Facebook 在自己认为适当的时候将任何信息披露给第三人。在这一方面,Facebook 应该多向 MySpace 学习,多去模仿甚至超越 MySpace 在这方面的做法。

就《服务条款》而言,一方面,一份用户至上的《服务条款》应当根据用户的选择,明确说明 Facebook 会向哪些合作伙伴共享哪些信息,而这主要取决于用户是点击第三人的广告还是加入第三人的群组;另一方面,如果 Facebook 要宣布变更《服务条款》,那么,公

---

① 可能要求用户提供个人信息,包括姓名,电子邮件地址或家庭地址或回答问题以使用户参与。我们可能会将您的个人信息转移给您明确要求从其接收信息的某些广告伙伴。

② 在用户发布网站更改后,如果用户使用该网站,则该政策将受到任何细微更改的约束。但是,如果我们将以以下方式大不相同的方式使用用户的个人身份信息,那么,我们将在网站上发布通知 30 天以进行通知。

③ 除非本隐私声明另有规定,否则,MySpace 不会将个人信息透露给任何第三方,除非我们认为符合以下三种有必要进行披露的情况:一是遵守法律要求或回应 MySpace.com 收到的传票,搜查令或其他法律程序,无论适用法律是否要求回应;二是执行 MySpace.com 使用条款协议或保护我们的权利;三是保护公众和服务使用者的安全。

司应当给予用户一段合理的通知期,这对改善用户体验也将大有裨益。

(八)缺乏用户对信息的控制

1. 隐私威胁

在 Facebook 上,用户不仅可以上传信息,还可以把该信息关联到别人的 Facebook 账户中。而"我的照片"功能便是这种类型中当之无愧的代表性功能,它允许用户上传照片并用标签在照片中人物附近做姓名标记。要知道,密苏里哥伦比亚大学的一名学生就刚刚在这个功能上栽了一个大跟头。在该案中,大学行政管理人员在 Facebook 上发现一张该学生被绑在椅子上的照片,而另一名学生则正在往她嘴里灌啤酒。生活往往比戏剧更精彩,这名学生不仅未成年,而且不久前才刚刚当选为学生会副主席。学校的风云人物却以如此方式被学校抓了个现行,其尴尬的程度可想而知。该学生不仅颜面无存,甚至还有可能"仕途"尽毁——该大学目前正在考虑解除她的学生会副主席职务。

2. 当前 Facebook 采取的预防措施

Facebook 允许用户将自己与不必要的数据解除关联,但是照片数据仍然会保留在服务器上,而这也是一项需要对系统进行持续监控的"选择加入"机制。

3. 给 Facebook 的建议——更好地限制第三方信息

在特定的数据库中,用户应当具有控制和纠正自己信息的能力。这可谓信息行为的一项关键原则,而第三人提交和关联用户信息的能力却恰恰与这项原则的宗旨背道而驰。尽管 Facebook 允许用户删除"墙"功能中的帖子并取消自己与照片的关联,但这不仅是一种"选择加入"机制,还需要对系统不断进行监控。如果 Facebook 能够修改"我的隐私"功能,并允许特定用户全面禁用这些功能,那么,用户控制自己信息的能力必定大有长进。

4. 给用户的建议——谨慎行事

用户的心中应当时刻警钟长鸣,因为每张 Facebook 上的图片实际上都没有有效的访问限制。如果想要上传图片,那么,用户最好上传不惧任何人的眼光、也不怕别人在 Facebook 上对自己评头论足的图片。

此外,一方面,用户要知道自己上传的别人的照片很有可能会被他们的高中朋友或家人看到;另一方面,如果用户做了什么不希望父母看到的事情,那么,自己在上传别人图片时就得多加注意,否则,一不小心露出马脚可就追悔莫及了。

(九) 小结

随着时间的推移,终有一天网络隐私问题将只能背靠社会常识这棵大树,也只能依靠"在社交网络论坛中恰如其分地发布内容"这种常识的逐步发展。但悲观地说,这个问题相当棘手,也并没有想象中那么容易解决。除非用户渐渐意识到社交网络背后的锋利刀刃,意识到在个人主页中提到未成年人饮酒或吸毒这种事情颇具风险性,否则,有关隐私的错误将不断重犯、有关隐私问题的悲剧也会重复上演。或许在人们看来,他人孤身一人去网友的住所已经是一件非常危险的事情,但你要知道,披露信息的风险与之相比,可以说是有过之而无不及!

此外,无论身处何方,Facebook 用户都应时刻警醒自己:管理者也有使用系统的潜在可能性,这一点至关重要。首先,我们强烈建议所有 Facebook 用户都对自己的个人主页做限制访问的设置。其次,用户不应随心所欲地将信息不经筛选就发布到个人主页中,尤其是那些违反政策行为的信息。最后,对于可访问的信息,用户仍应当时刻保持清醒并谨慎进行使用。

伴随着时间的流逝与理解的加深,这种持久的变化终将缓步而来。虽然学生做出不合理的决定,没有人会因此对 Facebook 指指点点,但 Facebook 仍应营造出一个可以培养出良好决策能力的环境,在这一点上,Facebook 义不容辞。隐私不必多言,加密应为标准,Facebook 也应大步向前,大声告知用户他们的权利和义务。

八、结语

(一) Facebook 亦有可取之处

如果一篇论文想要分析系统所构成的隐私威胁,那么,它就不可避免地需要对审视目标采取负面态度。然而，尺有所短、寸有所长，尽管 Facebook 有不足之处，但它在社交网站领域的霸主地位依旧不可撼动，它在社交网站的某些领域也是遥遥领先。在实际情况中，每所大学的 Facebook 都用防火墙有效地将自己的网站与其他网络进行完全隔离；如果同 Friendster 或 MySpace 的情况相比，Facebook 在默认情况下已经要私密得多了，毕竟 Friendster 和 MySpace 已经明确表示它们对限制个人主页信息无能为力。尽管并非完全不能收集数据，但 Facebook 系统还是使数据收集之路变得更加艰难。就拿拥有学校电子邮件账户才能进行注册这项严苛要求来说，这在很大程度上就可以有效地防止虚假账户以及进一步可能演化为的 Facebook "身份盗用"问题。

从根本上来说，Facebook 采用"我的隐私"设置模式是非常正确的选择。不过，该模式离完美还有一步之遥——无须大量工程工作，只要对隐私设置的默认情况和相关行为稍做更改，那么，当前的模式就能接近一种理想状态。

尽管"我的照片"的缺陷显而易见，但是现有的安全模式已足够强大，应付与之相关的大多数问题也绰绰有余。如果照片中的姓名搜索功能也能遵循"我的隐私"中的规则，那么，用户只需动动手指头便能轻松控制自己的数据信息了。

（二）思考

在如今这个数据时代，超过 800 万的大学生都在使用 Facebook；而与如此庞大的用户群体与火爆现象形成鲜明对比的是，至今尚未有关于 Facebook 对终端用户影响的学术研究。与任何新兴技术一样，往往在科技改变生活之后，人们才开始觉醒，才能意识到应当以适当的方式使用这项新技术。尽管早在 10 年之前，互联网就已经使在线发布个人信息成为可能；但社交网站的独到之处也恰恰从中体现，因为它们不仅仅以前无古人、后无来者的方式将个人信息的公开发布变得标准化和集中化，同时也将发布个人信息这件事推向一个前所未有的高潮。如今，过度披露个人信息和错误享有安全感的后果开始显露。尽管尚未引起全国的关注，但每周都有层出不穷的因 Facebook 而受到纪律处分的学生故事出现在大学报纸上。随着信息检索和分析工具的功能日益强大，公众也需要具备一些常识，从而知道在这些社交网站上到底什么该做、什么不该做。就如同在不采取重大预防措施的情况下不与网友见面就是一个心照不宣的社会常识，而在网上公开信息也同样需要有这样的常识，如此才能更好地保护公众的权益。

本文的研究便旨在建立这种持续性的对话机制。从纯技术角度来看，几乎没有任何对话涉及调查研究 Facebook 的保护措施，然而，Facebook 不仅是互联网上访问量最大的网站之一，而且它还包含超过 800 万年轻人的详细信息。无论对于哪个网站而言，对安保措施做模糊性处理都不可能是上乘之选，更不用说 Facebook 这样如此频繁被使用的网站。笔者坚信，对这些相关问题的持续关注，一定会使用户和将来类似的网站拥有美好的前景。

关于 Facebook 的已故用户：
社交网络中不断变化的政策

达米安·麦卡林[1] 著 邓梦桦[2] 译

目　次

一、导论
二、Facebook：有规则及相关政策的网络服务
三、Facebook 政策选择的演变
四、数据遗产规划服务的兴起
五、立法的解决方案
六、结语

一、导论

Facebook 是世界上最大的、可能也是最知名的社交媒体服务提供商。它最初是在 2004 年 2 月由哈佛大学开发的、旨在让学生们相互联系的工具，如今它已经发展成一种全球现象，仅仅在欧洲，Facebook 就拥有大概 2.432 亿用户。

现在，Facebook 已经面临着用户死亡的情形，如何处理已故用户的个人资料、数据遗留等信息，是一个需要解决的问题。随着时间的推移，Facebook 已经逐渐形成了一套围绕纪念已故朋友及其网络伙伴

---

[1] 达米安·麦卡林（Damien McCallig），爱尔兰国立大学法学院博士。
[2] 邓梦桦，中山大学法学院助教。

的账户为主题的政策。

由死者家属、媒体、隐私监管机构、财产/遗产管理行业和立法者推动的外部因素，最终会对 Facebook 政策决定产生更大的影响。本文对这些外部因素进行了分析，找出了 Facebook 政策的漏洞，并提出了一些建议，这些建议将有助于社交网络服务提供商和立法者处理已故用户的数据遗留。

为了研究和解决这些问题，本文首先介绍了 Facebook 的服务及其合同的基本条款，包括当前的已故用户政策及其实践。接下来，笔者将阐述已故用户策略的演变以及影响它们的内部和外部因素。本文没有讨论一个外部因素，即竞争对手的影响。这并不是因为作者认为没有竞争对手的影响，而是因为，迄今为止，在这方面的研究中没有出现令人信服的有力依据。此外，考虑到 Facebook 目前在社交网络市场的主导地位，竞争对手对未来政策选择产生重大影响的可能性似乎不大。

二、Facebook：有规则及相关政策的网络服务

（一）有规则的社交网络

Facebook 与其他大多数社交网络服务相似。它像一个由用户组成的"王国"，这些用户在 Facebook 中上传并与其他人共享信息、文本、图像和视频，与网络中的其他成员发展关系。个人用户会首先创建一个建立在个人资料基础上的账户，这个账户包含了一张照片和基本的个人信息，包括姓名、出生日期、联系方式和兴趣爱好。

Facebook 明确表示，这些个人资料（及其个人"大事记"）是用于个人的非商业用途，它们"代表个人，必须以个人的名义行动"。在获得许可的情况下，个人可以为他人创建一个账户。然而，以死者的名义建立账户是不被允许的。没有规定允许个人与死者共同拥有一个账户或一份个人资料。当用户上传照片、故事、更新状态和其他信息时，他们的个人资料就会以时间轴的形式增长，网络将这些事件以个人"大事记"的形式记录下来。

用户可以邀请、接收或拒绝"好友"进入自己的个人社交网络。已添加的好友也可以在该用户时间轴上的共享空间内发布内容或信

息，这些共享空间即所谓的"墙"。Facebook 还支持其他形式的人际交流，这些交流包括"私信""戳一戳（打招呼）""聊天"和"视频通话"。

个人用户可以通过"新闻推送"和"通知"功能来随时了解他们的 Facebook "好友"在做什么。这两个功能还可以更新个人用户关注或加入的"网页"或"群组"。个人用户还可以创建或加入一些"群组"。这些"群组"在 Facebook 中提供了一个封闭的空间，用户们可以在其中就共同的兴趣进行交流。"群组"可以由一个或多个用户进行管理。Facebook 同时也允许用户创建"网页"。大家对于"网页"都有一个共识：一个品牌、一个实体（一个地区或一个机构），或者公众人物都可以创建一个"网页"；这些"网页"通常都具有宣传或商业性质。这种网页服务是在 Facebook 条款中所包含的特殊条款下运行的。

商业网页只能由官方代表创建和管理。但是，一个网页必须由一位拥有 Facebook 个人资料的个人用户创建。被创建之后，网页可以由多个用户管理。登录"网页"和"群组"的不是分离的单独账户，是由个人用户（通常被称为"管理员"）在登录自己的账户后进行操作的。

Facebook 还提供许多其他服务，本文难以列举这些服务及其细节，但 Grimmelmann 教授曾准确地评论过："Facebook 的创新步伐快得十分猛烈，以至于用户登录网站后经常会发现 Facebook 的部分页面在一夜之间就发生了变化，且提供了一个新功能。"建立在 Facebook 平台上的各种产品和服务跨越了其他基于互联网的服务。这些是 Facebook 直接提供的服务，比如"社交插件"和"通过 Facebook 登录"。这些服务中最常见的就是在许多网站上可见的"喜欢（点赞）"按钮。

Facebook 还在促进应用程序（即"App"）及其他在其平台上运行的服务中充当了门户作用。Facebook 向开发人员提供了一个应用程序编程接口（Application Programming Interface，API），开发人员可以在此基础上构建和访问其服务及其内容。Facebook 还支持 OAuth 2.0 标准，该标准允许应用程序访问个人的账户并代表他们进行操作，这些操作无须储存主要的登录凭证，如用户名和密码组合。

OAuth 2.0 系统通过创造影子凭证的方式工作，影子凭证在指定的规则下限制了第三方应用程序对单个用户账户的访问。一旦获得个人用户的授权，应用程序就可以代表 Facebook 用户执行某些功能或操作。这些功能的范围受到来自 Facebook 和用户授予应用程序的特定权限的双重限制。目前，Facebook 为其影子凭证提供了两种特定的时间设置："短期凭证"，这种凭证的有效期在 1 至 2 个小时之间；"长期凭证"，这种凭证的有效期为 60 天。一位用户可以授予第三方应用程序在未来的 60 天内持续访问他们的 Facebook 账户并执行特定的功能的权限。

Facebook 扮演了支付中介的角色。作为一个基本功能，用户可以将借记卡、信用卡或 Paypal 账户与自己的 Facebook 账户连接起来。在选定的有限几个地区，即美国、英国、加拿大、法国和德国，用户可以购买"Facebook 礼品卡"，这些礼品卡可以兑取用户账户中的"电子价值余额"，也可以直接通过 Facebook 平台购买游戏和应用程序。但是，这些余额不能转到其他用户的账户上。

在用户死亡之后，遗留下来的数据可能包括用密码和登录凭证保护的账户。构成这些账户的更小单位是一些子元素，包括用户的个人资料（个人"大事记"）、各种类型的信息和交互、用户管理的网页和群组，以及可能的账户余额。这些数据遗留的命运取决于许多因素，首先是用户与 Facebook 之间的合同关系。

（二）用户与 Facebook 的合同：Facebook 的服务条款

Facebook 主要根据其服务条款和隐私政策来提供服务，这些条款也分别被称为权利和责任声明、数据使用政策。[①] 仅这两份文件就有 14000 个字，并且还有若干其他具体的服务条款、政策文件、指南和表格予以补充，其中一些内容以"引用"的形式被广泛地合并到服务条款之中，这些条款也规范着个人用户对 Facebook 的使用。Facebook 会定期修订其条款。条款的修改会在其生效前 7 天提交到 Facebook 网站管理页面进行审核。

---

① Facebook, Terms: Statement of Rights and Responsibiliies（last revised 8 June 2012）< https://www.facebook.com/legal/terms > accessed 31 May 2013.

Facebook 提供了一份标准的权利和责任声明文件。它们规定了对某些变动的特定限制，这些限制被载于文件的第 17 条。对于所有的 Facebook 用户（除了德国用户），用户与 Facebook 之间的合同将由"加州法律"管辖；德国用户将适用德国法律。然而，对于所有的纠纷，用户的法院选择权仅落在"位于加州圣克拉拉县的州或联邦法院"。

条款还明确指出，Facebook 和个人用户之间的协议"不授予任何第三方受益人权利"。未经 Facebook 书面许可，用户不得转让其 Facebook 账户，包括其管理的任何"页面"或"应用程序"。用户不得与其他人共享其账户密码，用户也被禁止让其他人访问他们的账户。第三方访问的唯一例外是应用程序访问用户账户的功能。然而，这种访问总是由用户自己授权的。

在欧盟内部，Facebook 也必须遵守数据保护立法。根据 Facebook 与美国以外用户的合同条款，Facebook 爱尔兰有限公司是服务的提供者和数据的管理者；因此，用户与 Facebook 爱尔兰有限公司的合同适用爱尔兰的数据保护法律。[1]

从这篇概述中可以清楚地看出，个人用户在操作 Facebook 账户时需要签署一份动态（时常修改）且复杂的法律协议。即使是一个拥有合理的技术和法律技能的人来说，就这些条款和政策与 Facebook 进行谈判也相当困难与费劲。这些主要条款如何影响 Facebook 已故用户账户的数据的命运，还因其他一些政策而变得更加复杂。

（三）Facebook 的已故用户政策

没有任何条款明确终止 Facebook 和死亡用户之间的合同协议。这并非特例；如谷歌（Google）在其规定中也没有这样的终止条款。然而，雅虎有一个这样的终止条款，并且雅虎因其依靠这一条款来阻止 Ellsworth 家族获取他们已故儿子的电子邮件内容而使自己臭名昭著。尽管密歇根州的奥克兰县遗嘱认证法庭要求雅虎交出死者账户里

---

[1] Data Protection Act 1988 (as amended).

的电子邮件内容，但雅虎依然没有修改他们的条款。①

Facebook 的权利和责任声明以及数据使用政策中仅仅只有一条规定是与已故用户账户有关的内容。而且它仅仅涉及 Facebook 的"纪念"过错，它声明：我们可能会"纪念"死者的账户。当我们纪念一个账户时，我们会在 Facebook 上保留其个人"大事记"（时间轴），但会限制访问和一些功能。您可以在 https://www.facebook.com/help/contact.php?show-form=deceased 中访问已故用户的个人"大事记"。如果收到一个满足了某些标准的正式请求，我们也可能会注销一个账户。②

这一规定几乎隐藏在数据使用策略的"其他一些您需要知道的事情"部分，并且链接到一份"纪念申请"表格。③ 这一条款极其模糊，它并不要求 Facebook 以特定的方式行事，它只是声明他们可以采取行动"纪念"一个账户，并可以在满足某些未指定的标准的情况下注销一个账户。④ 尽管在 Facebook 的数据使用政策中有"纪念请求"的链接形式，但关于 Facebook 处理已故用户账户的政策和程序的进一步细节可以在在线帮助中心的一系列规定中找到，在一些请求和联系表单中也给用户提供了各种选择。⑤ 帮助中心提供的具体建议如下：⑥

当已故用户的账户被"纪念"时会发生什么？如何申报已故用户或一个需要被"纪念"的账户？当已故用户出现在我"可能认识的人"中时，我该怎么办？我的个人账户正处于一个特殊的"纪念"

---

① Section 28 (United States version) of the Yahoo! Tenns of Sermice (last revised 16 March 2013) <http://info.yahoo.com/legal/us/yahoo/utos/utos-173.html> accessed 31 May 2013.

② Section VI of the Facebook, DataUse Poliq -. Some Other Things You Need to Know <https://www.facebook.com/fulldata usepolicy> accessed 31 May 2013.

③ Section VI of the Facebook, DataUse Poliq -. Some Other Things You Need to Know <https://www.facebook.com/fulldata usepolicy> accessed 31 May 2013.

④ Section VI of the Facebook, DataUse Poliq -. Some Other Things You Need to Know <https://www.facebook.com/fulldata usepolicy> accessed 31 May 2013.

⑤ dwards and Harbinja (n 4), question whether some ofthese forms and policies are merely statements of good practice rather than binding contractual terms.

⑥ Facebook (n 9).

状态；如何获取已故用户账户的资料？如何在网站上为已故用户的账户提出特殊请求？其中具体的表单或联系页面包括："纪念"请求，关于已故用户账户的特殊请求，获取已故用户账户的资料，我的个人账户正处于一个特殊的"纪念"状态，等等。

这些帮助中心的页面和表单经常在不通知用户的情况下就进行修改，而且还没有相应的工具来查看更改历史或此类更改或修订的存档。从拼凑的元素来看，似乎很明显是 Facebook 的政策主动要求纪念所有已故用户的账户。与其他一些基于互联网的服务提供商不同，Facebook 没有账户不活跃政策。Facebook 通过依靠其他用户和非用户提交"纪念"请求表单的形式来获知用户的死亡。将通知程序置于公众手中可能会带来错误报告的问题，导致活着的人被其他人无意或可能恶意地置于一种死亡状态。

2013 年 6 月，Facebook 在"纪念"请求表单"与死者关系"的选项中删除了"其他"一项。然而，"非家庭"关系的分类——明确包括朋友、同事或同学——仍然存在。目前尚不清楚这一变化是否意在加强已故用户的报告程序。在任何情况下，考虑到"虚假死亡报告"的例子，我们都不知道 Facebook 是通过什么样的程序（如果有这种程序的话）来在同意"纪念"请求之前验证这些信息或关系。

"纪念"程序的关键特性包括阻止任何人登录账户，即使是那些以前拥有有效登录信息和密码的人。任何用户都可以向"纪念"化的账户发送私信。死者生前共享的内容对共享的人仍然可见。根据隐私设置，已添加的好友可能依然能够在已故用户的朋友圈（或个人"大事记""墙"）中留言。被"纪念"的账户不会再出现在"可能认识的人"的提示或其他建议和通知中。Facebook 还会删除他们所认为的"联络信息和状态更新等敏感信息"来保护已故用户的隐私。

"纪念"程序也会阻止用户在未来的帖子、照片或信息中对已故用户进行标记。已故用户账户的未加好友或已经解除好友关系的账户，是"永久的、不可能被批准的新的好友"①。看起来似乎没有办

---

① See Death and Digital Legacy, Nebraska is Latest State to Address Digital Legacy（20 February 2012） < http://www.deathanddigitallegacy.com/2012/02/20/nebraska-islatest-tate4o-address-digital4egacy/ > accessed 31 May 2013.

法添加新的好友到已故用户的账户中,这是一个已故子女用户的父母经常提出的问题,因为子女在生前可能并没有将父母添加为好友。然而,Facebook 是否会考虑或是否会批准一个"特殊请求",即失去亲人的父母所提出的好友申请,目前还不完全清楚。

不仅仅是直系亲属可能会失去访问存储在账户中的丰富信息的机会,以纪念状态冻结账户可能最终意味着整个子网络将变得无法访问。我们还不清楚 Facebook 为了允许遗产机构或研究人员将来能访问这个子网络,已经或愿意提供什么条件。更根本的问题是,Facebook 是否应该对这些历史材料拥有这样的控制权?

尽管有这些批评,但我们必须承认,由于"网页"和"群组"可能有多个管理员,所以它们会有一个内置的继承机制;因此,两者都能在其原作者死后继续存在,只是我们需要仔细计划一下。然而,Facebook 在他们的条款中都没有提及相关内容,也没有相关政策来说明当一个管理员逝世后,他管理的"页面"和"群组"的管理层及结构会发生什么变化。

三、Facebook 政策选择的演变

(一)"纪念"是解决内部网络问题的方法吗

对已故用户的账户进行"纪念"并不是 Facebook 最初就有的功能。Mazzone 称,"在 Facebook 成立后的最初一段时间里,已故用户的账户会在 30 天后被删除"。然而,Facebook 的一位发言人曾在 2007 年建议,当 Facebook 得知用户死亡后的 30 天内,用户的个人资料将被删除,但在这一段时间里,用户的朋友们仍然可以在"墙"(已故用户的个人"大事记")中留言。这个为期 30 天的窗口,以及好友发布的相关帖子,就是 Facebook 最初所说的"纪念"。

和许多 Facebook 的政策一样,条款的用语很重要,从用语来看,似乎一个已故用户的个人资料最有可能被停用,不再允许访问,而不是被永久删除。这一点可以从 2007 年 3 月 Fought 家族的儿子 Blake 的故事中得到印证。在 Blake 死后的一个月后,也就是 2007 年的 4 月,他的个人资料被删除了,但是这份资料在 2007 年 5 月 Facebook 政策改变后又被恢复了。Facebook 的一位发言人当时证实:有一种方

法可以恢复已删除的个人资料，如果有人写信给我们的客户服务部门，那么，我们将会根据具体情况评估他们的请求。

Facebook 政策的变化（从 30 天后删除的"纪念"到今天的永久"纪念"）源自一场由大学生和其他人发起的运动，他们在 Facebook 上呼吁不要删除 2007 年 4 月弗吉尼亚理工大学枪击事件中遇难学生的资料。① 在灾难发生后的一段时间里，受害者的账户已经成为备受瞩目的纪念活动，人们在上面张贴同情和支持的信息。

这些早期的已故用户例子主要与大学生和他们的同学、朋友，或他们的父母对待死亡的反应有关。这并不奇怪，因为在早期，Facebook 主要是一个针对大学生的社交网络。② 家长们在看到孩子的死亡档案时，往往会求助于律师等外部资源，而不是像弗吉尼亚理工大学（Virginia Tech）的学生同龄人那样，在网站上呼吁改变政策。

死者的同学和朋友与父母的不同之处在于，他们也积极地参与了社交网络，因为他们很可能是 Facebook 的用户，并且他们也投入了大量时间建立自己的个人资料和朋友网络。这些同学和朋友可能还与已故用户一起创建了共同的"大事记"。Facebook 上的"大事记"并不是"一个孤立的人的代表"，它们是个人在群组中协调和塑造出的身份，这些"大事记"给了个人一种有形的（尽管是数字化的形式）表达。即使是失去这种共享共建的"大事记"中的一部分，也会受到共享共建人的天然抵制。这是 Kasket 在描述她的一个朋友暂时停用其账户时所强调的一点："当他停用他的账户时，我不再能够看到我在他的"大事记"中留言/记载的帖子、笑话和诗歌，并且他的账户停用意味着他在我的"大事记"中的留言也将会消失，这导致了一连串的不连贯评论，让我看起来好像是在和自己脑子里的人说话。"

虽然 Kasket 接受了她朋友账户的暂时性失活，因为她的朋友仍在世，但她质疑，如果她的朋友死了、朋友的资料被永久删除后，那么，她的感受会有很大的不同吗？Pennington 也证实了人们这种对 Fa-

---

① See also Facebook Group, FacebookMemmialization Is Misguided: Dad Friends Are Still Peope < https:// ww. facebook. com/groups/2785485042/ > accessed 31 May 2013.

② Grimmelmann (n 4) 1145.

cebook 上的数字友谊破裂的不安。① 虽然她只处理了一小部分样本，但她的研究发现，她的所有大学生研究参与者都从未"解除好友"过一位已故用户，尽管不这么做的理由并不一致。

（二）政策变化的外部压力

从另一方面来说，父母们会从另一个角度来处理已故 Facebook 用户的难题。在 Facebook 的早期，失去亲人的父母不太可能是活跃用户，因为他们经常无法与死去的孩子保持 Facebook 好友的状态。因此，家长们试图从外部获取账户的内容。毫无疑问，2004 年至 2005 年期间，Yahoo! 与 Ellsworth 家族围绕已故儿子的电子邮件账户爆发了一场备受关注的法律大战。对于大多数父母、家庭和律师而言，数字遗产是一个法律（遗嘱认证）问题。②

与大学生相比，父母也更可能自己设立过遗嘱，或其他家庭成员有可能让父母负责过遗产管理和遗嘱认证，即父母处理过其他家庭成员的逝世事宜。此外，未成年人或上大学年龄的孩子的死亡通常会涉及一些悲剧，如意外事故、自杀或谋杀；因此，家长们通常会与执法人员和验尸官一起工作，故而在正式的法律程序中，Facebook 来处理他们的请求似乎是一种自然的方式。

为了达到与安士澳家庭相同的结果，我们能够经常看到失去亲人的父母和家庭通过媒体造起舆论施压，要求获得一名在悲惨情况下死亡的儿童的网络社交账户。这些舆论压力将被放大，因为它们将使观众产生不正当的情绪反应，从而得到广泛地关注和报道。一个与 Facebook 发生争执的失亲家庭的新闻常常会成为国内或国际新闻故事。

随着 Facebook 用户在学生用户群体之外的惊人增长，另外三个群体在 Facebook 制定与已故用户相关的政策时变得越来越重要。这些群体包括：负责处理有数据处理和隐私问题意识的用户投诉的监管机构，与新数字环境和新数字财产规划服务做斗争的财产规划行业，面临不能将 Facebook 的技术和合同方式替代传统继承和遗产规范的

---

① Natalie Pennington, You Dont De-Friend the Dead: An Analysis of Grief Communication by College Students Through Facebook Profiles (2013) 37 Death Studies 617, 625.

② Ellsussth, No 2005 - 2296, 651 - DE (Oakland Co. Michigan Probate Court, 2005).

立法者。

（三）处理外部访问请求

2005年，22岁的Loren Williams在一次摩托车事故中丧生，当时他的母亲试图进入他的Facebook账户。这是第一次有人通过法院提出外部访问已故用户Facebook账户的问题。在Loren Williams死后，Karen得知她的儿子在社交网站上有个人资料，于是她联系了Facebook，要求它不要删除她儿子的账户。此外，她通过她儿子的一个朋友获得了他的账户密码；然而，在她开始登录后不久，Facebook就更改了密码（也可能是密码失效了），Loren Williams的账户被锁定了。经过Karen的律师与Facebook一段时间的协商，Karen与Facebook达成了一项协议，2007年，俄勒冈州穆尔特诺玛县巡回法院（Multnomah County Circuit court）下达了一项法庭命令使该协议生效，并允许Karen进入该账户，但期限只有10个月。[1]

然而，允许一名家庭成员使用已故亲人的账户而不允许复制该账户内容（即使是在一段有限的时间内）的做法现在已经结束了。Facebook何时或为何改变这一立场尚不清楚，但它结束的理由很可能是因为担心这样的做法违反了《存储通信法案》（Stored Communications Act）。《存储通信法案》是一项美国联邦法律，除非在有限的几种情况下，它禁止媒体向第三方披露电子通信。Sahar Daftary家族一案强调了《存储通信法案》在访问已故用户账户内容方面的全部影响。2008年12月，Sahar从英格兰曼彻斯特一套公寓的12层阳台上坠落身亡。她幸存的家庭成员，Anisa Daf（母亲）和Jawed Karim（亲属），要求披露她死亡前20天的账户内容。这项申请是根据美国联邦法律提出的，该法律允许外国诉讼当事人寻求法院命令来强制要求某个主体提供用于外国诉讼的文件。她的家人认为，她的账户里有"表明她在死亡前几天的实际精神状态的关键证据"，并打算将这些内容提供给英国验尸官来协助调查。Facebook反对这项申请。双方当

---

[1] Karen Williams Facebook Saga Raises Question Of Whether Uses Profiles Are Part of Digital Estates HuffPost Tech（15 March 2012）< http://www.htffingtonpost.com/2012/03/15/karen-Ailliams-face book_n_1349128.htnl > accessed 19 May 2013.

事人都同意《储存通信法》适用于该账户内的通信内容。

这个家族依靠美国联邦法律（USC 第 28 章 1782 条）来强制信息披露。在反对 Facebook 的过程中，这家人还辩称，作为 Sahar 遗产的管理人，Anisa Daf 有权同意披露该账户的内容，因此这属于《存储通信法案》（Stored Communications Act）的一个例外。Facebook 声称，根据已达成的法律，该法案下的任何例外都不能迫使他们披露当事人所寻求的电子通信，即使是根据 USC 第 28 章 1782 条寻求的。关于死者遗产管理人的合法同意是否足够的问题，Facebook 认为，鉴于他们跨司法管辖区的用户数量实在太过庞大，如果要求 Facebook 审查每个司法管辖区的法律以确定赋予行政人员的权力范围，并确认这些权力是否包括在这种情况下的同意权，将"过于烦琐"。① 即使假设 Anisa 的同意符合法案的"合法同意"要求，Facebook 也辩称，提供商的信息披露是自愿的，不是强制性的：法院不能强迫 Facebook 公布内容。②

不过，如果法院希望帮助这家人，Facebook 倒是提供了另一种选择。他们要求法院考虑：根据法律，Anisa daf，作为 Sahar daf 遗产的管理人，可以根据《存储通信法案》第 2702（b）条，合法披露 Sahar 的 Facebook 账户中的通信；要求 Facebook 披露申请人寻求的记录（前提是这些记录可以合理地被 Facebook 访问）。③

在法官 Grewal J 的判决中，他认为："判例法确认民事传票无法强迫 Facebook 等提供商提供记录，因为这样做将违反《存储通信法案》。"④ 法院没有管辖权来处理遗产管理人的合法同意问题。然而，他在判决中附上了附带意见：毫无疑问，没有什么能阻止 Facebook 得出自己的结论，即申请人有权代表 Sahar 同意并自愿提供所要求的材料。Lamm 是一名遗产规划律师，也是数字资产受托访问权的倡导

---

① See Facebook, Help Centre: Introducing Timeline < http://www.facebook.com/help/timeline > accessed 31 May2013.

② James Grimmelmann, Saving Facebook, (2009) 94 *Iowa Law Review* 1137, 1145.

③ See Facebook, Help Centre: Introducing Timeline < http://www.facebook.com/help/timeline > accessed 31 May 2013.

④ In reRequest for Order Requing Facbok, Inc. to Produce Documentsand Things, Case No C 12 - 80171 LHK (PSG) (N. D. California, 20 September 2012) 2.

者。他声称，这份附带意见声明应该会让 Facebook（和其他提供商）安心，主动披露已故用户的账户内容。他表示：这一判决最终是有益的，因为它强烈暗示（我），根据《存储通信法案》第 2702 条，法院不会反对已故用户遗产的执行人提供"合法同意"。

Lamm 还强调了法院所在地的重要性，Sahar 一案中的法院位于加州北部。根据包括 Facebook 在内的许多提供商的条款，位于北部地区边界内的圣克拉拉是它们选定的管辖地。① 然而，最近的 Ajemian v. Yahoo! 一案表明，此类法院选择条款不得适用于第三方，包括被继承人（已故用户）财产的管理人，这些管理人不知道继承人与被继承人之间服务协议的条款。②

此外，法院在 Ajemian v. Yahoo! 一案中显然采用了这样一个原则，即服务提供商放弃对账户内容的任何所有权，就像 Facebook 根据其条款所做的那样，对于遗嘱认证诉讼，更合适的管辖法院应该位于死者生前的经常居所地，或者位于遗产管理员居住的地方。尽管 Lamm 持乐观态度，但必须谨慎对待法官的附带意见。它只是重申了 Facebook 就《存储通信法案》向法院提交的书面意见。它没有承认 Facebook 害怕得出错误的结论，即管理员或执行人有权在这种情况下同意。它也忽视了这样一个事实，即就算这种同意是合法的，Facebook 也没有义务公布这些通信内容。

《存储通信法案》明确授予提供商自己决定是否披露通信内容的自由裁量权。因此，Facebook 向法院提出的命令的第二个要素，即要求法院命令他们披露家庭所要求的内容，增加了一种可能性，即在默认情况下，即使管理员提供了合法的同意，Facebook 也可以不愿主动披露此类通信。这种不情愿可能只适用于 Daftary 一案中的申请。如下所示，目前的帮助中心页面和表单似乎证实，即使获得了这样的法院命令，Facebook 也不能保证他们将提供对账户内容的访问。例如，帮助页面标题为"如何获取已故用户账户的资料"的内容表示："我

---

① See discussion at section The contract: Facebook's terms of service on Facebookjurisdiction.

② Ajemian v Yahoo! 12 - P - 178（Massachusetts CtApp, 7 May 2013）; 2013 Mass App LEXIS 73 *22.

们只会考虑一个授权代表对已故用户账户内容的请求,获取账户内容的申请是一个漫长的过程,需要您先获得法院的命令。请注意,发送请求或提交所需的文件并不保证我们将能够向您提供死者账户的内容。"[1] 这个帮助页面随后会链接到一个请求表单。[2] 这个表单会询问一系列问题,当申请人回答这些问题时,表单会提示申请人提供某些信息。首先要说明的是,除非申请人是"授权代表",否则,他的请求将不会被考虑。[3] 如果申请人是"授权代表",则 Facebook 会要求获得一份经认证的"遗嘱、长期授权书或由已故用户签署的其他文件的副本,这些文件需要证明已故用户明确希望将他们的电子通信发送给授权代表或其他人"。[4] Facebook 还要求"一份法院关于披露电子通信的命令",否则,他们将不会继续考虑这一申请。

即使在提交了这些项目之后,申请人也必须在方框内勾选同意来确认"请理解,发送申请或提交所需的文档并不保证 Facebook 将一定能够提供……死者账户的内容"[5]。Facebook 进一步表示,如果他们确定了他们"无法提供账户的资料,那么,他们就不会再分享该账户的更多细节,甚至不会再讨论'无法提供'的这个决定"[6]。授予访问权限的最终决定权似乎受到了 Facebook 的严格保护,但 Facebook 没有提供任何标准或其他信息来评估如何行使这一决定权。

此外,Facebook 区分了未成年人与成人用户对账户内容的请求。[7] 上面描述的所有细节都与已故的成年用户有关。这种区别的一

---

[1] Facebook, Ielp Cents: flow Do I Request Content fom the Account ofa Deceused Person? < https://www.facc book.com/help/123355624495297/ > accessed 31 May 2013.

[2] Facebook, Requesting Content fmm a Decemsed Persons Account < https://www.facebook.com/help/con tact/398036060275245?rdrhc > accessed 31 May 2013.

[3] Facebook, Requesting Content fmm a Decemsed Persons Account < https://www.facebook.com/help/con tact/398036060275245?rdrhc > accessed 31 May 2013.

[4] Facebook, Requesting Content fmm a Decemsed Persons Account < https://www.facebook.com/help/con tact/398036060275245?rdrhc > accessed 31 May 2013.

[5] Facebook, Requesting Content fmm a Decemsed Persons Account < https://www.facebook.com/help/con tact/398036060275245?rdrhc > accessed 31 May 2013.

[6] Facebook, Requesting Content fmm a Decemsed Persons Account < https://www.facebook.com/help/con tact/398036060275245?rdrhc > accessed 31 May 2013.

[7] Facebook, Requesting Content fmm a Decemsed Persons Account < https://www.facebook.com/help/con tact/398036060275245?rdrhc > accessed 31 May 2013.

个可能的原因是，在大多数司法管辖区，未成年人没有遗嘱能力，因此他们不能使遗嘱具有法律强制力。因此，如果未成年人希望在其死后与其他人分享他们的账户内容，那么，他们没有有效的遗嘱要件可以依赖。如果请求的内容涉及未成年人的账户，Facebook 将指示请求者请求法院命令，并且 Facebook 提供了一个标准的命令模板示范。同样的条件也适用于此，即使法院批准了命令，若 Facebook 最终保留了自由裁量权，那么，他们可能也不会披露账户的内容。

可能令人有些吃惊的是，美国联邦隐私法竟然能产生如此深远的事后影响。它回避了有关欧洲数据保护立法对已故 Facebook 用户账户影响的问题。虽然《数据保护指令 95/46/EC》赋予资料当事人某些权利来特别保护其隐私，但它也同时赋予当事人可以访问由 Facebook 这样的数据控制器来处理的个人数据的权利。《数据保护指令》对其是否适用于已故用户的内容只字未提。"资料当事人"的定义只限于"自然人"。在将《数据保护指令》转变为国内法的过程中，12个欧盟成员国已将一些有限的权利延伸至已故的数据当事人。然而，在最近德国的一起案件中，Facebook 成功地宣称，由于其总部位于爱尔兰，爱尔兰数据保护法适用于其所有欧盟用户。

因此，爱尔兰立法将"数据主体"明确限制为"活着的个人"，这意味着在欧盟，Facebook 用户死亡后，数据保护法中的访问权不会继续有效。这也意味着，Facebook 作为数据控制器所承担的数据保护义务不再适用于已故数据主体的数据。当然，权利和责任声明中包含的关于隐私和信息共享的合同义务仍然有效，因为没有条款在用户死亡后终止本协议。然而，过分批评 Facebook 的政策是不公平的。他们只是在保护他们所认为的用户对他们的隐私设置和选择所享有的期望，并且在用户逝世后继续保护这种期望。在这方面，Facebook 只是在寻找证据，证明"死者特别地希望向授权代表或其他人发布"账户内容。但此举的缺陷在于，Facebook 没有明确或主动地允许用户在活着的时候在 Facebook 平台上表明他们死后会如何处理账户的内容。因此，这种时候的隐私选择根本不是一个真正的选择，而仅仅是一个技术和合同上的默认，Facebook 似乎是在应用并寻求申请人来反驳这种做法。甚至连对已故用户账户的"纪念"程序也不是已故用户在生前可以选择加入或退出的，这也仅仅是一种违约行为。

（四）隐私规范机构的影响

2009年，加拿大隐私专员办公室进行了一次范围广泛的审查，其中一个问题就是Facebook对于已故用户账户的"纪念"程序没有得到用户的同意。[①] 加拿大互联网政策和公共利益诊所（CIPPIC）在它们对已故Facebook用户的投诉中提出了三个具体问题：①Facebook应该向用户提供明确的机会来让他们选择其账户不显示（或死后不进入"纪念"程序）他们的个人资料；②Facebook应向用户提供有关"纪念"过程的服务条款和私隐政策，其中应包括清楚的资料；③应该提供的程序，即能够让已故用户的亲属可以删除用户的个人资料。

扎克伯格认为，大多数"典型"的Facebook用户都希望自己死后能通过回忆录的形式被朋友们记住和纪念，这是"Facebook体验的重要组成部分"。因此，专员办公室认为，"纪念"账户的做法符合使用者的合理期望，而对于退出机制的选择却没有得到授权/许可。在专员办公室的初步报告中，专员建议Facebook"提供并通知用户一种方式，让他们可以选择不使用Facebook的个人信息来纪念账户"。

然而，Facebook拒绝了这一建议，声称"用户完全有能力使用其他方式来表达他们的愿望……建立一个处理信息的标准是不合适的。这将与现行的遗产处置法律规范相违背"[②]。这位专员还认为有一点很重要，那就是Facebook指出的"在死亡事件中，有关数字资产访问的服务是由私人供应商提供的[③]"。我们似乎有理由推断，Facebook认为"数字遗产规划服务"的出现可能是解决这一问题的一

[①] Office of the Canadian Privacy Commissioner, Report of Findings into the Complaint Filed by the Canadian Internet Policy and Public Interest Clinic（CIPPIC）against Facebook Inc., under the Personal Information Protection and Electronic Documents Act（16July 2009）.

[②] Monica Hortobagyi, Slain Students Pages to Stay on Facebook USA Today（9 May 2007）< http:// usatoday30. usatoday. com/tech/webguide/internedife/2007-05-08-facebook-vatech N. htm?csp = 34 > ac-cessed 31 May 2013.

[③] Monica Hortobagyi, Slain Students Pages to Stay on Facebook USA Today（9 May 2007）< http:// usatoday30. usatoday. com/tech/webguide/internedife/2007-05-08-facebook-vatech N. htm?csp = 34 > ac-cessed 31 May 2013.

个办法，有关访问或删除内容的问题可能会外包给第三方提供商。为什么Facebook认为，为用户提供选择退出"纪念"的选项将与"与遗产处置相关的法律规范"相冲突——这对死者遗产的处置提出了一个有趣的观点。当然，我们必须认识到，现在没有普遍接受的准则来决定死后财产的处置。所以，法律、文化、社会和宗教价值观和原则在不同司法管辖区中就如何处理这类问题发挥了重要作用。

这种复杂性显然造成了困难；Facebook应该遵循普通法、民法还是基于宗教的法律传统来提供解决方案？作为回应，Facebook只允许个人用户决定：如果你在活着的时候与某人分享信息，那么，你在死后也会继续与他们分享信息。从数字时代之前的标准来看，这一立场似乎是正确的；如果不这样做，那么，死者好像就会有能力从坟墓中来拿回在其生前自由分享的有形物品（比如一封信或照片）。如果要遵循这样的政策，那么，活着的朋友不仅会被剥夺其与已故用户生前的友谊，而且还会被剥夺其与已故用户之间有形的友谊纽带。所以，将传统的这种联系及其切断转换到数字领域时会出现问题，因为在网络中，这些共享的非竞争性人工制品持续存在，它的存在既取决于信息的假定所有者是否未删除信息，也取决于是否存在Facebook这样的中介机构来维护这种通信及信息存储服务，所以，这种政策遵循是有问题的。

围绕"被遗忘权"而产生的辩论也进一步表明了Facebook的立场。他们的欧盟事务主任明确承认，在网上发布个人信息的用户有权在之后删除这些信息。事实上，这是Facebook目前向用户提供的服务。然而，他们强调，这可能需要与其他用户的权利相平衡，这些用户"可能希望保留其他人发布的账户信息"。问题的关键在于信息所有者（即最初发布信息的人）如何就信息在网络上的存在这个问题中平衡自己的权利与其他人的权利，因为其他人也相信，共享的信息是由他们和信息所有者共同拥有的。这也是Facebook复杂的条文用语、表单和帮助页面相互矛盾的地方。从Kasket的例子中可以看出，信息可能会被其他人从你的个人"大事记"中删除，然而，当Facebook定义你的信息时，这包括了其他人发布到你"大事记"上的项目。当用户死亡时，这种共同的所有权就会出现纠纷，默认的"纪念"（即内存化，不选择退出"纪念"程序）就解决了保持网络上信息存在状态的问题。在不需要用户同意的情况下,监管机构接受了这种"纪念"功能。加拿大专员认为,由于他们的结论是基于用户对"纪念"过程的合理预期,Facebook 可以依赖于其所说的用户对这种行为的持续默示同意。① 然而,这是基于 Facebook 在其隐私政策中对"纪念"过程的有意义的描述。②

因此,专员建议并坚持要求 Facebook 在其隐私政策中,在个人信息的所有预期用途方面,Facebook 必须说明为了"纪念"已故用户的账户,他们会使用用户的个人信息。尽管最初有所保留,但 Facebook 最终还是接受了这一建议。尽管如此,一位用户是否真正以一种有意义的方式理解了他们个人信息在其死后的预期用途仍然值得怀疑,特别是考虑到 Facebook 许多表单和帮助页面中描述的复杂程序过程。Facebook 面对加拿大专员办公室投诉中的第三个问题的立场可能是最令人费解的——这一问题是要求亲人通过程序删除已故用户的个人资料。在专员报告的时候,Facebook 已经证实了这一程序的存在。Facebook 表示,他们尊重近亲要求完全关闭账户的请求,他们的政策是让近亲来决定是否对个人资料进行"纪念"或无限期保留。因此,尽管 Facebook 拒绝让用户自己决定信息是否可以继续存在于网络上,但在用户死亡后,家人或近亲被认为是做出这样决定的合适人选。

从那时起,这一政策不断演变。目前的政策已经删除了"近亲"这一用语,取而代之的是"经过验证的直系亲属或遗嘱执行人"。那些试图删除"亲人的账户"的人会被转到相关的表格中,在那里他们需要表明并核实他们与死者的关系。这些表格中提供的关系类别选项与"纪念"申请表上的选项相同,为了验证关系,"纪念"申请人需要上传"如死亡证明、死者的出生证明或权威证明"等文件。Facebook 声明,如果他们无法确认申请人与死者的关系,那么,他们的申请将不会被处理。如果删除账户的申请被批准了,那么,Facebook

---

① Office of the Canadian Privacy Commissioner (n 119) 68.
② Monica Hortobagyi, Slain Students Pages to Stay on Facebook USA Today (9 May 2007) < http:// usatoday30. usatoday. com/tech/webguide/internedife/2007-05-08-facebook-vatech N. htm?csp = 34 > ac-cessed 31 May 2013.

将完全删除已故用户的个人"大事记"及其所有的相关内容。

然而,目前尚不清楚 Facebook 是如何核实家族成员或遗嘱执行人的真实身份的;也不清楚在决定删除账户是否合适时使用了什么标准。Facebook 会如何裁决直系亲属之间的关系?他们在是否与亲属在"纪念"或删除已故亲人的资料上存在分歧?这仍是一个疑问。他们是否在直系亲属中有某种等级制度?关于账户删除政策的这些方面,Facebook 没有提供明确的细节。即使在没有家庭纠纷的情况下,根据要求删除个人资料也不是一件容易的事。Juliana Ribeiro Campos 母亲的事例就是一个很好的例子。据报道,她在巴西申请并获得了两项法院命令,命令要求 Facebook 删除她女儿的 Facebook 账户。

即使是爱尔兰数据保护的专员也没有在最近的社交网络审计中减少这种是否能够删除账户的不确定性。在这种情况下,一位法国用户要求删除她已故父亲的资料。根据爱尔兰专员的说法,一旦申请人提供了"她父亲的死亡证明",申请就会被执行。爱尔兰专员没有进一步调查这个问题,因此没有对标准或程序进行评估。

Facebook 允许家庭成员拥有删除已故用户个人资料的权力,这似乎是不协调的做法。因为 Facebook 的服务条款非常明确,他不常设或授予任何第三方权利。在已故用户的个人"大事记"中发布恶意信息的情况是有可能发生的。在这种情况下,家庭理应采取一些行动。然而,这种行为可以通过删除好友到已故用户账户的链接来解决,因为除了好友以外,没有人可以在"纪念"用户的账户大事记上发帖。或者家属也可以从网络上删除这些带有贬义的信息,来符合 Facebook 关于欺凌或骚扰的标准。① 因为仅仅为了一些挑衅帖子就把用户的资料从网络中完全删除的行为,与其他可选择的做法相比,是一种处理与侵害结果高度不成比例的应对。还有一种可能是,在一个大型的网络社交圈中删除一个用户个人资料的广泛影响,对于一个失去亲人的家庭成员来说未必是显而易见的。因此,某种形式的"冷静期"或"改变主意期"至少会让用户有时间更仔细地考虑各种选择,尽管目前尚不清楚删除已故用户的账户是否真的会导致其从 Fa-

---

① Facebook, Community Standards < https://www.facebook.com/communitystandards > accessed 31 May 2013.

cebook 的服务器上完全消失。①

（五）未来获取历史资料的途径

因为删除过程很简单，所以我们需要考虑另外一个方面：删除的要求是否应当在适当的时间范围内做出？在用户死亡 20 年、30 年或 50 年后发出的删除请求是否应该被处理？尽管这一点可能不会马上引起人们的关注，因为 Facebook 还不到 10 年的历史，但它确实迫使人们进行更多的政策考虑，考虑到未来可能会有数亿个"纪念"账户需要被使用和访问。是否存在这样一种观点，即当公共利益赋予了这些个人资料等数据一些重要的历史或社会意义时，这些资料的删除（甚至可能是永久地清空）不应仅仅基于个人选择？

立法者在考虑进入这一领域时应慎重考虑这一问题。正如 Zimmerman 所指出的，对我们是谁的理解很大程度上是由我们对短暂事物的连续访问决定的，这些短暂的事物捕捉了早期时间和空间的精髓。② 这种观点得到了 Desai 的呼应，他强调了保护和获取第三方中间商储存的数字产物对整个社会的重要性。③ 我们不应该忽视创建保存和访问规则的潜在公共利益，也不应该忽视促进数据遗留传承的默认做法之中的潜在公共利益。

四、数据遗产规划服务的兴起

尽管人们可以要求披露账户中的内容，但家属们往往想要更多。他们希望能够像死者生前一样访问账户。但 Facebook 拒绝此类请求，Facebook 不向任何人提供密码和用户访问死者账户的权限。这似乎是一个他们看起来不愿意改变的基本政策问题。

为了解决这一问题，数字遗产规划服务应运而生。尽管数字遗产规划服务有着宏大的头衔，但它们往往不过是密码共享计划。像 Legacy Locker. com 和 Secure Safe 所提供的服务，除了向选定的受益人传

---

① Mazzone（n 4）1679.

② Diane Zimmernman, Can OurCulture Be Saved? The Future of Digital Archiving, (2006 - 2007) 91 *Minnesota Law Review*, 989.

③ Deven Desai, Property, Persona, and Preservation, (2008) 81 *Temple Law Review* 67, 89 - 93.

递登录凭证外，还可能提供更多的功能，但它们最终取决于用户是否维护其在线账户和相关密码的列表。更基本的密码共享形式也存在。用户活着的时候可以与朋友或家人共享密码，或者他们可以在遗嘱或密码本中留下密码。如前所述，Facebook 严格禁止共享密码或允许账户持有人以外的其他人访问账户。任何人都可以激活账户的"纪念"程序，但这个程序也会阻止对该账户的未来访问，包括会阻止那些拥有有效密码的人。此外，已经查明，这种密码共享计划可能违反美国联邦和州关于未经授权访问计算机系统的法律。在美国，人们特别关注的是，仅仅违反服务条款访问规则的行为就可能成为触犯《计算机欺诈和滥用法》规定的刑事犯罪。无论是否可能提起刑事诉讼，Facebook 禁用账户登录凭证的能力，都限制了密码共享作为账户访问解决方案或其他身后服务基础的有效性。

然而，最近社会上出现了一些可以克服这些密码共享问题的应用程序，这些密码依赖于 OAuth 协议和 APIs，而不是密码的更新。Facebook 用户目前可以使用的服务包括 Ifidie 和 Perpertu。虽然两家公司都提供身后信息服务，但 Perpertu 还可以帮助用户下载已故用户的照片、时间轴或私人信息，或将这些信息从他们的 Facebook 账户中组合起来，分发给选定的受益人。使用 OAuth 协议的应用程序不会违反 Facebook 的密码共享条款。但它们会受到限制，因为服务所依赖的访问令将在 60 天后过期。因此，这些服务需要维护有效的长期访问令，并希望在此时间窗口内完成已故用户"纪念"程序并结束其验证和资料分配服务。例如，我们必须通知 Perpertu 有一位用户逝世了，然后 Perpertu 有 30 天的时间来等待已故用户家属的联系。如果没有联系，那么，30 天后他们就会下载并处理已故用户的照片、个人"大事记"和信息。所有这些都必须在用户最后一次验证访问令的 60 天内完成。因此，死亡通知的延迟或用户最后一次访问令牌验证与死亡之间的差距，或者两种情况同时发生，都将使已故用户的账户处理过程处于危险之中。此外，Facebook 不允许 OAuth 访问"纪念"账户；因此，及时向 Facebook 报告某人死亡的消息可能会让一笔数据遗产落空（变得不再能访问）。

目前我们还不清楚 Facebook 是否仅仅容忍这些服务，还是会积极参与这些服务，以形成事后解决方案。例如，Facebook 可以通过

APIs 允许用户请求对其自己的账户进行记忆、删除特定类别的数据或提供许多其他选项。Perpetu 证实他们提供服务的其他提供商,如 Gmail、Twitter 和 Dropbox,"允许通过 APIs 删除数据"。当然,Facebook 可以通过简单地改变 APIs 开发者条款来禁止这些尚处于萌芽阶段的服务。

五、立法的解决方案

访问已故用户数据的壁垒,如提供商的服务条款、隐私法和可能的刑事制裁,确认了为了使处理死者的数据遗产这一正在出现的问题变得清晰和确定,立法行动是合理的。美国的一些州已经开始立法来保护数据遗产。Beyer 和 Cha 将这些立法有效地划分为三代。第一代的立法只涉及电子邮件账户。[①] 第二代立法包括印第安纳州在内的立法则有更广阔的视野,他们增加了"电子存储文件"的部分以处理遗嘱认证的收集和管理。[②] 与特定的电子邮件立法不同,印第安纳州法律的广度可能使其能够适用于 Facebook。第三代立法包括了美国俄克拉荷马州和爱达荷州的立法,这两个州修改了遗嘱认证法律来允许个人(尤其)代表一个已故用户来"控制、引导、继续或终止死者在任何社交网站上的任何账户"。弗吉尼亚州曾通过了一项遗嘱认证法律修正案,允许未成年死者的个人代表访问未成年人的数字账户。[③] 新法律从 2013 年 7 月 1 日起生效,它规定了未成年人死亡之后的个人代表需要遵循死者数字账户的服务条款协议,以此来同意或获得账户内容的披露,除非他们之间的事项适用特定的规定,如法院命令禁止个人代表进行此类访问。

最近,内华达州通过了一项法案,其授权一名个人代表直接终止死者的任何账户,包括任何社交网站、博客、微博或电子邮件服务的

---

① Gerry Beyer and Naomi Cahn, Digital Planning: The Future of Elder Law, (2013) 9 (1) *National Academy of Elder Law Attorneys journal* 137, 142 – 148. Connecticut General Statute s 45a – 334a (b) (2005).

② Indiana Code s 29 – 1 – 13 – 1.1 (2007); as added by P. L. 12 – 2007, SECA.

③ 167 Virginia House Bill no 1752: A Bill to amend the Code of Virginia by adding in Chapter I of Titie 64.2 an article numbered 3, consisting of sections numbered 64.2 – 109 and 64.2 – 110.

账户。新法律自 2013 年 10 月 1 日起生效。目前另有 16 个州正在考虑立法处理数据遗产。这些州中有许多还将失去亲人的家庭作为其立法努力的催化剂。尽管做出了这些立法努力，但目前颁布的州法律都没有明确规定个人代表有权访问死者的数据遗产而"不用担心受到联邦或州刑法的惩罚或隐私法的惩罚"。[1] 例如，州代表 Ryan Kiesel 先生是俄克拉荷马州法案的合著者，他意识到这项法律可能会违反一些网站的服务条款，但他说"这项法律的目的是提高人们的意识，给用户一些意见"[2]。其他州的法律包含具体规定，确认在各自的法案中不应要求服务提供商披露任何违反其适用的联邦或州法律的信息。

六、结语

Facebook 与用户之间的关系以及用户之间在网络上创建和维护的朋友关系，主要由 Facebook 设定的法律（合同）和技术边界所控制。网络成员的死亡打破了这种现状。虽然 Facebook 的第一反应是删除已故用户的数据遗产，但很快"纪念"的做法就成了一种保持信息共享的手段，并使友谊的数字纽带和共同建立的档案得以超越死亡而延续。这种变化是由其他用户内部驱动的。

Facebook 网络的快速增长改变了变革的驱动力。它们不能再仅仅倾听用户寻求维护或改善它们的网络体验的声音，而是必须考虑外部因素。已故用户的家人虽然不在网络范围内，但也开始发挥他们的力量。值得注意的是，Facebook 在谁能要求已故用户的资料是否能够依然存在于网络上的问题上做出了一些让步，但这些让步不是给用户或网络朋友的，而是给死者家属的。隐私监管机构的审计除了要求用户理解"纪念"政策的条款外，没有产生任何重大的政策影响。当然，在保护死者隐私利益方面的权力通常是有限的。相比之下，遗产规划人和律师的影响力则相当大。在遗嘱认证财产方面，数据遗产的架构

---

[1] Lamrm（n 156）26.
[2] Nathan Lustig, Oklahoma Passes Law to Grant Executors Ability to Access, Delete orAdminister Online Accounts, Entnstet Blog（2 December 2010）. The hyperlink to this blog is no longer available.

仍然存在争议，这为立法者进入这一政策领域提供了机会。然而，立法方面的变化通常是缓慢的，为了填补这一空白，出现了新的解决方案，如通过登录凭证或 APIs 访问 Facebook 的数据遗产规划服务。

虽然存在问题，但这些服务也提供了 Facebook 没有的东西；它们授权用户在活着的时候做出选择，这可能决定他们的数据遗产在其死后的命运。虽然这些服务经常违反 Facebook 的条款，但它们目前似乎得到了容忍，而不是遭到 Facebook 的直接反对。Facebook 已故用户政策最引人注目的变化可能是由立法者决定的。美国目前的提议似乎支持一种遗产规划立场；账户和内容只是被视为数字资产，在去世后由个人代表加以整理。遗憾的是，这样的解决方案忽略了数据遗产问题的两个基本要素，即用户有权直接指导他们的数据遗产在其死后应该如何处理，以及公众对于促进长期保存和获取这些历史资料的利益。

我们应该向用户推行"遗嘱的主动选择"，而不是为个人代表建立默认访问权限。至少，当服务的用户选择进入数据遗产处理方案时，应将被提议的受托人访问法中的默认访问规则放在一边。处置方案可以作为服务内的功能提供，也可以外包给经批准的数据遗产规划服务提供商。社交媒体应该提示用户定期检查他们的选择。但是，这种提示不能仅仅在服务条款中予以体现，不能因为在服务条款中增加了这样一种提示就使社交媒体获得一种豁免。

立法干预还应确定和促进研究和遗产机构访问已故用户的账户。显然，用户必须选择加入这样的方案，并且选择在其死亡后多久其他人可以访问其账户。这些选项可能包括在死者死后的固定年限内开放其账户，或者，尤其是对社交媒体网站而言，可以在死者所有网络朋友死后开放其账户。社交媒体希望可以向用户提供其他层级的选择，如机构类型或研究类型。

孩子们的账户值得特别关注。虽然我们应尽一切努力促进儿童做出类似的选择，但我们可能也需要加以限制。除非父母或监护人同意，有权接收儿童数字信息的受益人仅限于家庭成员，这将有助于在已知的家庭网络中提供选择。然而，数据遗产计划和未来的账户访问计划的推动应同时针对成人和儿童。

最后，在缺乏有效的立法的情况下，Facebook 应该在它们的网络上实施这样的政策变化，以这种方式赋予用户权力，不仅有利于用户、幸存的家庭和继承人，使对死亡后的数据遗产具有确定性保护，而且还能促进遗产保护和遗产机构对遗产的利用。

脸书的实名制政策与用户隐私权

陈舜伶[①] 著　袁姝婷[②] 译

目　次

一、导论
二、社交媒体的实名制政策——基本理由和批评意见
三、Facebook 的用户是否有权控制自己的信息
四、《通用数据保护条例》是否能够开启一种新的监管模式
五、结语

一、导论

社交媒体已经逐渐成为我们日常生活当中不可或缺的一部分。在社交媒体发展初期,我们对通过社交媒体新收购的公司信心十足。作为个人,我们发现了能够表达自己的观点,以及与别人建立联系的新途径。然而,近年来,人们对使用社交媒体所带来的风险越来越感到担忧。社交媒体领域产生的"过滤泡沫"现象,即根据某个人之前在某个特定网站上所做出的种种行为,利用算法来为其提供个性化的内容,它正在逐渐取代传统的大众媒体,削弱想象的社会政治共同体。Edward Snowden 和 Christopher Wylie 早已提醒我们,社交媒体用户的隐私权受到了巨大威胁。Snowden 曝光了政府对公民的大规模监控和众多服务提供商之间的潜在合作。Wylie 指出了 Facebook 之前在

---

① 陈舜伶(Shun-Ling Chen),美国哈佛大学法学院法学博士。
② 袁姝婷,中山大学法学院助教。

允许开发人员在未经用户同意的情况下访问海量的用户数据方面所犯下的错误。不仅如此，Wylie还揭露了Facebook在监督开发者使用通过Facebook所获得的用户数据方面的持续失误和无能。

由社交媒体所推动的监控社会危险丛生，因为在这样的监控社会当中，用户会自愿地向服务提供商提供自己的数据。如果用户没有意识到作为数据点集合的自己只不过是社交媒体服务的产品而非客户，那么，我们或许不能简单地认为他们太过天真。在几个主要的社交媒体服务当中，Facebook之所以能够脱颖而出，这一方面是因为它占据了较大的市场份额，另一方面也是因为它实施了一个强有力的实名制政策。在注册Facebook时，用户不能使用假名，而必须使用真实姓名作为自己的用户名。由于这项政策的存在，Facebook用户更加担心自己在使用该平台时可能会受到政府和企业监控。实名制政策也引起了一些用户对安全的担忧。Facebook用户已经对实名制政策提出了强烈的抗议。然而，Facebook仍然坚持要求用户提供真实姓名。本文的目的正是在于说明Facebook为何应当重新考虑这一立场，并允许用户使用假名作为自己的用户名。

现有文献已经多次指出社交媒体的实名制政策所引发的几个问题：例如，用户无法清晰地区分出自己在不同的社交环境中所认识的、与之互动的联系人，从而导致其对在平台上进行交流感到十分棘手；例如，用户无法体验不同的角色、实名制政策可能会限制用户的言论自由。再例如，实名制政策可能被滥用。在韩国，对于政府实施的实名登记制度，公民可以在法庭上提出质疑，并且韩国法院认定这些制度是违宪的。但对于私人企业的实施实名制政策，一旦用户选择使用其平台，那么，他们被视为自愿接受了企业政策，然而，这些观点几乎没有任何法律依据。

公民的隐私权和数据保护可能会面临一个巨大的挑战。我们的姓名反映出了各种各样的文化和身份。本文进一步阐述了这一观点，并强调了一个人的姓名往往包含了一系列潜在的敏感信息。如果要求用户在社交媒体上使用自己的真实姓名，那么，许多用户可能会立刻暴露其大量信息，如性别、种族、宗教、社会地位、年龄等。另外，社交媒体运营商不仅会收集用户个人的行为数据，还会关注用户之间的互动。因此，Facebook能够通过实名制政策确定用户与不同性别、不同种族、不同宗教、不同社会地位，以及不同年龄的用户之间互动的模式，并从中推断出更多有关我们的信息。随着在监控社会当中公民隐私权保护意识的不断增强，我们更加需要认真思考 Facebook 的强有力的实名制政策所产生的影响，尤其是考虑到该平台可以说是最顶尖的社交媒体服务。由于隐私权保护重新受到了人们的关注，新的法律机制也应运而生，其中就包括了欧盟《通用数据保护条例》（GDPR），它为非欧盟国家提供了一种新的监管模式。在过去，德国也曾经对 Facebook 的实名制政策提出了质疑。因此，本文讨论了新的数据保护机制如何以不同的方式应对类似的质疑，以及用户能够通过哪些新途径对 Facebook 实名制政策提出质疑。

二、社交媒体的实名制政策——基本理由和批评意见

关于究竟是要求在社交媒体上实施实名制还是允许用户在社交媒体上使用假名或匿名的问题，学界对此一直争论不休。笔者将通过以下四个方面详细展开这些争论：其一，追溯不同的社交媒体服务当中所存在的争议，包括 Friendster、Facebook 和 Google+；其二，分析这些社交媒体要求用户实名制的合理性；其三，探讨这些社交媒体的实名制政策所引起的问题；其四，说明这些社交媒体所受到的批评。

（一）通过 Friendster 结识好友——社交媒体实名制及其所引起的用户反对的原因

Facebook 的实名制政策始于 2004 年，但它并不是第一家要求用户实名制的社交媒体服务提供商。第一家要求用户实名制的社交媒体服务提供商是曾经一度广受欢迎的交友网站 Friendster，在其实施实名制政策时却遭遇了用户的不满。由于不满足于既有在线交友网站的"随机和匿名"交友方式，Jonathan Abrams 于 2002 年创建了 Friendster，目的是帮助人们结识更多的好友。通过 Friendster，用户能够建立四级联系，而该平台也成了早期诸多社交媒体平台当中的一个。对此，一些用户并没有遵循该服务的设计初衷，将其用于约会之外的其他目的。而一些用户则仍然觉得该网站的架构太过局限，并试图结识四级距离之外的好友。他们通过连接到流行的假账户来改变系统的用途，从而打破自己的社交圈，结识一群新的好友。

Abrams和他的同事们都希望能够维持对Friendster的最初设计，使其扮演一个虚拟沙滩派对的角色，用户不仅可以通过好友结识更多的人，而且还会开始逐渐注销假账户。在这一过程当中，Friendster用户提出了一种观点，并且社交媒体领域的学者随后将其理论化：一切账户均是真实的，假名账户同实名账户一样具有真实性。社交媒体运营商的行为通常被定性为"Fakester种族灭绝"，而用户则呼吁进行"Fakester革命"，他们迫切地要求其他用户捍卫自己所享有的"以他们选择或设想的方式生存的权利"。但是，用户的这些集体行为并没有说服网站运营商改变其实名制政策，正如一位学者所说，对于Abrams而言，Friendster就像是一个沙滩派对，所以"他能够决定哪些人可以加入，哪些人不可以加入"。① Friendster的强势导致许多用户纷纷离开，而后来居上的Myspace则在早期社交媒体服务之间的激烈竞争当中逐渐取代了Friendster的位置。②

Friendster采用并实施实名制政策的经历事实上并不愉快或顺利，但它并没有阻止其他所有的平台运营商重蹈覆辙。其中，Facebook和Google+都是典型的例子，尽管它们的基本原理和发展轨迹并不相同。最近，另一个在线约会网站OkCupid试图取消用户名，并要求用户"以你自己的真实身份行事，不要隐藏在另一层神秘面纱之下"，而这也即刻引发了新的一轮争议。像OkCupid那样将政策从允许用户使用假名改为要求用户使用真名的做法是十分有问题的，因为在这种情况下用户在社交媒体平台上所表现或行事的方式可能与其在社交媒体平台一开始就要求使用真名的情况下所表现或行事的方式截然不同。如果用户无法从社交媒体平台的记录当中删除包括其与其他用户的互动在内的种种信息，那么，他们将不得不将真实姓名与其使用假名所从事的行为关联起来、在该网站上重新注册一个新账号，以及放弃该社交媒体服务之间做出选择。OkCupid的政策调整非常不得人心，导致该公司最终撤回了这一决定，并澄清自己并没有要求用户提

---

① Katherine Mieszkowski, Faking out Friendster, SALON (Aug. 14, 2003), https://www.salon.com/2003/08/14/fakesters/ [https://perma.cc/H8LG-FUNX].

② See Danah Boyd, None of This is Real: Identity and Participation in Friendster, inStructures of Participation in Digital Culture 149–150 (Joe Karagnais ed., 2007).

供真实姓名或依法登记的姓名。

（二）每个人都应该只有一个身份——实名制能够造就真实的社交媒体吗

Mark Zuckerberg 认为，每个人都应该只有一个身份，换言之，"同时拥有两个身份是缺乏诚信的一种表现"①。与 Friendster 所提出的有助于用户结识好友这一理由相类似，Facebook 认为，实名制政策会让用户的平台体验更加真实，使其感觉自己就像在现实生活中与真实好友交谈一般。② 然而，正如 Amber Davisson 所指出的那样，Facebook 所具有的真实性是基于这样一个假设，即我们会在现实生活中向别人透露自己的全名，然而，全名实际上仅仅用于特定场合中的人物介绍。③

许多学者都对实名制政策表示了担忧，并提到了 Erving Goffman 的自我呈现理论或 Helen Nissenbaum 的语境完整性理论。④ 一般来说，人们往往会根据特定的语境扮演不同的角色。一个人的真实生活可能被仔细地划分为物质世界当中的不同部分，而这使其能够在特定的语境中不断地呈现自己。社交媒体所实施的实名制政策平息了人们社交领域泛起的重重涟漪，使其成为一个毫不立体的网页显示，从而瓦解了这些语境，导致人们难以将各种各样的受众区分开来，进而造成持续的紧张和尴尬局面。Facebook 支持用户决定哪些人可以看到自己所

---

① Michael Zimmer, Facebooks Zuckerberg: Having Two Identities for Yourself is an Example of a lack of Integrity, MICHAELZIMMER. ORG (May 14, 2010), https://www.michaelzimmer. org/2010/05/14/facebooks-zuckerberg-having-twoidentities-for-yourself-is-an-example-of-a-lack-of-integrity/[https://perma.cc/ R75W – 3URA].

② See Amber Davisson, The Politics of Authenticity in Facebooks Real Name Policy, in 2 SOCIAL MEDIA AND POLITICS: ANEW WAY TO PARTICIPATE IN THE POLITICAL PROCESS (Glen W. Richardson Jr. ed., 2016).

③ See Amber Davisson, The Politics of Authenticity in Facebooks Real Name Policy, in 2 SOCIAL MEDIA AND POLITICS: ANEW WAY TO PARTICIPATE IN THE POLITICAL PROCESS (Glen W. Richardson Jr. ed., 2016).

④ See generally Erving GOFFMAN, THE PRESENTATION OF SELF IN EVERYDAY LIFE (1956); Danah Boyd, Its Complicated: The Social Life of Networked Teens chapter 1 (2014); see generally Helen Nissenbaum, Privacy as Contextual Integrity, 79 WASH. L. REV. 101, 118 – 133 (2014).

发布的内容，这显然是解决该问题的一种途径，但是，这种做法却并不能解决用户在特定语境下使用假名与别人互动的问题。

Bernie Hogan 指出，有些用户可能会对管理每一篇帖子的受众感到不厌其烦，因为他们十分担心实名制政策所引起的语境崩塌，而有些用户在社交媒体上可能比在现实生活中表现得更加保守。因此，真实姓名所对应的真实身份并不能保证用户会获得真实体验和互动。

与语境崩塌相关的一种观点认为，人们应当有权发展不同的人格，而互联网正是这样一个良好的空间。可惜的是，实名制政策剥夺了这种机会。虽然如此，由于实名制政策尚未被社交媒体服务提供商所广泛采用，Facebook 声称那些对尝试不同人物角色感兴趣的人可以自由地选择使用其他服务，从而就该观点做出了回应。另一种观点认为，实名制有助于防止社交媒体上出现冒名顶替的情况。然而，对于那些在注册 Facebook 之前就已经使用其笔名或艺名的人来说，Facebook 严格的实名制政策可能会带来一些问题。例如，Facebook 曾关闭了著名作家 Salman Rushdie 的账户，在对其护照进行审核后单方面将其用户名改为了 Ahmed Rushdie，因为他公务护照上所使用的姓名是 Ahmed Salman Rushdie。这一政策的实施不仅有违 Rushdie 的意愿，而且也会导致公众和那些想要联系作家或其他公众人物的人无法分辨其固定笔名和真实姓名。虽然 Facebook 最终撤回了这一决定，并在 Rushdie 通过 Twitter 公布该事件之后允许其重新使用原来的用户名，但是对于其他知名度较低的用户，或者用户名与真实姓名相距甚远的用户来说，他们可能更加难以与 Facebook 抗衡。

Facebook 并不是唯一一家实施实名制政策的社交媒体服务提供商。2011 年，Google 推出了其社交网络服务 Google＋，根据 Facebook 所提出的理由采用了实名制，并严格执行了该政策。① 这一争议导致了"nymwars"（网民因网络服务提供商采取网络实名制，向运营方提供自己真实姓名而导致的冲突）以及有关隐私保护和网络身份的争论。一些人指出，Google＋是其实名制政策的真正受害者，因为那

---

① See Ben Parr, Google Responds to Google＋Account Suspension Controversy, Mashable E（July 25, 2011）, https://mashable. com/2011/07/25/google-pluscommon-names/# 3XJsq9A35qh[https://perma.cc/XL6T-VXUT].

些继续以无聊的方式使用该服务的人影响了它的受欢迎程度。2012年，Google 放宽了政策，允许用户使用已有的假名开设一个新账户，但该公司同时也要求这些用户进行注册，并将其依法登记的姓名记录在案。大约在同一时间，Facebook 也通过"认证账户"采取了类似的做法，允许知名人士使用其艺名，但仍然要求他们在用户名或个人资料中包含自己的真实姓名。2014 年，Google + 突然取消了实名制，为给一些用户带来了"不必要的糟糕体验"做出道歉。然而，这一人们期待已久的政策调整并没有能够挽救 Google +，因为它还存在着一些其他方面的问题，而且没有能够取代 Facebook 在社交媒体市场当中的主导地位。不过，Google 及时改变了其政策。随后在 2014 年，由于 Facebook 删除或搁置了变装皇后和美国原住民用户的个人资料，Facebook 的实名制政策引发了新一轮的批判声音，并最终升级为 MyNamels 运动，关于这一点，笔者将在下文做出讨论，此处不再赘述。

（三）实名制使用户之间的联系更加容易

在谈及实名制政策时，Zuckerberg 经常强调实名制政策在让 Facebook 易于使用、有助于人们查找朋友并与他们重新联系方面所起到的重要作用。事实上，包括笔者在内的很多人都在社交媒体上找到过儿时的朋友，或者被儿时的朋友所找到。而且，这一功能可能在一定程度上增强了 Facebook 的受欢迎程度。然而，这一论点并不能支持 Facebook 采取强硬措施要求每一位用户都必须使用自己的真实姓名。正如 Danah Boyd 所指出的那样，有些 Facebook 用户已经选择使用自己的真实姓名，这并不是因为该网站实施实名制政策，而是因为他们将实名视为一种既定的社会规范。

这也可能正是同样拥有实名制政策的 LinkedIn 所引起的争议要小于 Facebook 所引起的争议的原因所在。出于社交和自我宣传的目的，那些使用商务社交网站 LinkedIn 展示自己职业性一面的人更加愿意透露自己的真实姓名。Facebook 最初只是面向少数几个大学提供社交媒体服务。早期的 Facebook 用户很可能会在现实生活中接触过彼此，并知道对方的真实姓名，或者拥有包含了对方真实姓名的线下社交圈。而在这项服务对更加广泛的公众开放之后，网站的性质也随之发生了变化。当社交媒体服务不局限于我们在某一种环境中所结识的人时,语境崩塌就将成为一个更大的问题。在 Facebook 开始面向公众提供社交媒体服务之后,有些人认为效仿早期用户用真实姓名注册完全是可以接受的,而有些人则可能有充分的理由认为用真实姓名注册是难以接受的。

(四)实名制有利于防止不良行为

人们普遍反对在网上使用假名或匿名,认为它们与恶意攻击和侮辱行为息息相关。匿名与笔名有很大的不同。在网络论坛上,匿名评论不一定是带有敌意的。事实上,绝大多数的匿名评论要么是正面的,要么是中性的。为了打击网络诽谤和欺凌行为,韩国曾经要求公民在网上发表评论前必须使用真实姓名和身份证号进行注册。然而,一方面,登记制度并没有能够有效地解决它本应解决的问题。另一方面,将假名和匿名与恶意攻击行为联系在一起会低估网络上使用假名的积极意义。评论托管服务网站 Disqus 发布报告称,相比于那些使用真实姓名注册 Facebook 的用户来说,匿名评论者发帖的频率更高,也产生了更积极的反响。学者们认为,持续使用假名有助于人们在网上建立起自己的声誉,这是一种既能明确用户义务又能保护用户隐私的方式。学者们还指出,与坚持实施实名制相比,建立社会规范和寻求技术解决方案或许能够更有效地打击网络上的不良行为。

实名制政策可能会阻止恶意的匿名言论,但如果被用作政府审查的一种工具,它们同样会阻止公民的合法言论。另外,Facebook 还因报告过于简单,以及实名制政策本身限制了用户言论或被滥用以欺负其他用户而受到批评。如果用户没有使用自己的真实姓名,他的行为就违反了 Facebook 的使用条款,并会导致账号被封。即使用户没有做出任何违反 Facebook 规定的行为,一旦根据实名制政策遭到举报,Facebook 仍然可以禁止其访问该网站,除非他向管理员提供了充分的证据。实名制政策不仅削弱了人们畅所欲言的能力,而且还降低了安全保障和隐私保护。如果家庭暴力或非法跟踪的受害者不能在 Facebook 上使用假名,那么,他们就可能会暴露于加害者面前。

Facebook 的实名制政策对边缘化群体或弱势群体所产生的影响更是令人感到担忧。Facebook 错误地认为美国原住民违反了其政策,仅仅是因为这一主流群体不熟悉他们的命名系统。跨性别者、变装皇后，以及非法跟踪和家庭暴力的受害者均指责 Facebook 的实名制政策将他们置于危险之中。由于报告出现了错误，这些人的账户均被停用，而其中的那些直言不讳者很可能成为攻击目标并遭受损害。各种组织最终联合起来发起了 MyNamels 运动，虽然没能说服 Facebook 改变其实名制政策，却迫使该公司做出了道歉，并调整了其报告机制，希望通过增加程序负担来防止错误报告的出现。新程序还包括了对所报告的用户账户进行调查，从而为管理员提供一些相关内容，尽管这项新措施实际上可能会要求弱势用户提供更多的细节信息，并可能将他们置于危险之中。MyNamels 运动增强了公众意识，让人们认识到Facebook 的实名制政策对边缘化群体或弱势群体所产生的影响。然而，这场运动的目光过于局限，导致实名制政策看似只对少数被边缘化的用户造成了不利影响，而不是对所有的 Facebook 用户均造成了不利影响。

（五）身份认证服务而非社交媒体服务

在 Google + 最初问世时，它只对那些被邀请成为 beta 测试者的用户开放。虽然 Google + 和 Facebook 一样仅面向特定的人群，但 beta 测试者与早期的 Facebook 用户并不相同，后者具有一定的物理界限，局限于少数几个大学。这或许就是尽管 Facebook 和 Google + 起初均支持实名制政策，但 Google + 的实名制政策却面临着更多阻力的原因所在。在 Google + 推出后不久，Google 的前执行主席 Eric Schmidt 就曾承认，Google + "更多的是一种身份认证服务"，而不是一种社交媒体服务，他们需要通过人们使用自己的真实姓名来"开发利用这些信息的未来产品"。这也就揭示了之所以实施实名制政策的一个鲜为人知的原因。Google 已经开始收集用户行为的相关信息，包括浏览历史和点击量等。一旦将这些行为信息与用户的真实身份联系起来，就可以实现更精准的定位，从而使他们的数据更有价值。有学者认为，Facebook 将真实性和用户实名联系在一起是一种行政理念。Facebook 将自己视为一种在线注册和身份认证服务，并要求用户使用由政府机构所认可的身份。据笔者所知，Facebook 从未承认身份认证服务是其坚持实施实名制政策的原因之一。然而，实名制为 Facebook 用户的个人资料数据增加了价值，使 Facebook 成为提供这一功能的唯一平台。拿 Facebook Connect 来说，它是一个认证应用程序接口（API），支持用户使用自己的 Facebook 账户登录到其他平台上，从而可以吸引那些将用户真实姓名与良好的在线行为联系起来的服务。

三、Facebook 的用户是否有权控制自己的信息

当国会面临 Facebook 的商业模式及其所涉及的数据收集行为是否会威胁到用户隐私权的问题时，Facebook 所做出的标准回应是，用户有权控制分享哪些内容、与哪些人分享。然而，这些回应并没有真正解决该问题。Facebook 的回应最多也只能说明用户有权控制其他用户可以看到哪些内容，而不能说明 Facebook 可以获取他们的哪些信息。这样的回应已经习以为常，看起来像是 Facebook 故意曲解问题或将问题转移到其他地方。对于媒体研究学者 Christian Fuchs 来说，Facebook 削弱用户隐私权，使他们仅有权控制哪些信息对其他用户可见，这种做法只不过是在"掩盖其对用户数据的经济监督和商品化"，而这正是其谋利的前提。

实际上，用户有权决定帖子的公开程度，在之后重新更改隐私设置或删除帖子，以及为了完善受众控制而自定义好友列表。Facebook 为用户提供了一些工具，以供其管理自己想要在网上显示的信息，并避免语境崩塌。有人对自定义好友列表功能表示了不满，认为它难以操作。而这导致了用户倾向于不使用该功能。因此，他们的一言一行也就遵循了默认的公开设置，相对于私密设置而言，Facebook 显然更喜欢这种设置。不过，即使用户不遗余力地实施这样的控制，笔者仍然担心他们会将更多的数据提供给 Facebook，包括：哪些人是他们最亲密的朋友；他们与哪些朋友经常聚会，或者与哪些朋友从来不聚会；他们愿意与哪些朋友分享哪些信息；他们会与不同的朋友去哪些不同的地方；等等。具有讽刺意味的是，Facebook 引以为傲的"用户选择"似乎是一种十分局限的选择，用户仅仅有权控制他们分享信息的范围，以及他们希望 Facebook 获取其信息的程度。

Zuckerberg 还声称，用户可以选择不让 Facebook 收集其信息。这一点是值得我们怀疑的，因为用户对 Facebook 实际所收集信息的范围知之甚少。Facebook 确实给用户提供了一些工具，以供其关闭来自第三方的信息，这样他们就不会因为自己之前在网上所做出的种种行

为接收到定向广告。这可能会给具有隐私保护意识的用户一些安慰，因为他们不会接收到行为定向广告。然而，这并不能缓解隐私保护问题，原因在于，Facebook 依然会收集某些用户的行为数据。Zuckerberg 向国会承认，数据收集是 Facebook 商业模式的核心。他们并没有向用户提供付费去广告的选项，而是认为广告是正确模式，因为它保证了其服务是免费的，并支持了更多的人使用其服务。

事实上，即使 Facebook 声称自己的业务离不开广告，并且他们更喜欢显示相关广告的功能，Facebook 也并不需要知道用户的真实姓名。如果 Facebook 使用包含用户从数据代理人处所购买数据集的真实姓名来聚合用户数据，那么，将用户的个人资料与他们的真实身份联系起来可能会增加价值。然而，电话号码或电子邮件地址在某些方面可能会更有用，因为它们更加独一无二，并且可以避免由常见姓名所引起的混淆。① Zuckerberg 指出，在社交媒体行业当中，与数据代理人进行互动是一种十分常见的做法，而 Facebook 早在 2018 年 3 月就不再采取这种做法了。如果 Facebook 只根据自身（包括该公司名下的其他服务）所掌握的数据对用户进行精确目标定位，那么，它就没有什么理由去继续实施实名制政策。

Facebook 的实名制政策有效地压制了行动主义者、边缘化群体和弱势群体的声音。在不违反任何平台政策的情况下，一旦 Facebook 认为用户违反了实名制政策，他们就必须证明自己的身份，否则他们的账户就可能会被搁置或停用。恶意的错误报告及随后的账户搁置或停用会严重影响用户表达自己意见的能力。恶意的错误报告可以被战略性地用于抑制集体行动，在关键时刻或社会变革中压制政治领袖或政治活动家。

事实上，Facebook 应当做的并不像 2015 年那样对实名制政策做出调整，而是直接取消该政策，这能够更加有效地阻止恶意的错误报告遭到滥用。即使不实施实名制政策，只要用户将实名视为平台上一

---

① See Kalev Leetaru, The Data Brokers So Powerful Even Facebook Bought Their Data-But They Got Me Wildly Wrong, FORBES（Apr. 5, 2018, 04:08 PM）, https://www.forbes.com/sites/kalevleetaru/2018/04/05/the-data-brokers-so-powerfuleven-facebook-bought-their-data-but-they-got-me-wildly-wrong/#6fb 101 b 83107［https://perma.ccVG6B-6QDU］.

种既定的社会规范，那么，Facebook 仍然可能会引导用户提供自己的真实姓名。Facebook 还可以通过完善隐私保护措施来进一步引导用户提供自己的真实姓名，包括适当审查政府就用户数据所做出的相关规定，并拒绝其中过于宽泛的规定。

就技术层面而言，Facebook 应当能够将行为模式可疑的假名账户与个人匿名账户区别开来，就像 Facebook 过去所做的那样。如果 Facebook 不再实施实名制政策，那么，在存在干涉行为的情况下，理论上 Facebook 就可以把合法的匿名用户从"假名账户"当中分离出来，并阻止其被指责为潜在的恶意攻击者。

Facebook 低估了真实姓名所包含的信息量。一般来说，我们可以根据某个人的姓名轻易地猜出他（她）的性别。从 John Doe 和 Jane Doe 这两个用词当中，我们不难辨别出匿名诉讼当事人究竟是男是女。Facebook 的数据保护政策指出，某些种类的信息如宗教信仰，它们在某些司法管辖区内受到了特别保护，并且用户有权选择是否发布这些信息。但是，Facebook 无须用户在其个人资料页面上提供这些信息就可以从其真实姓名中推断出这些敏感信息。一个人的姓名往往反映了他（她）的宗教信仰。如果父母用民族英雄、社会领袖或政治领袖的姓名给他们的孩子取名，那么，这个姓名也可能反映出父母的政治信念，并显示出孩子成长的相关信息。就某些人来说，我们可以根据他们的姓名轻易地猜出其种族或民族。不仅如此，我们还可以根据某个人的姓名推断出其出生地或原籍国，即便是不能完全确定至少也能够缩小范围。

以笔者为例，读者可以根据笔者的姓猜出我是中国人，而从笔者的名来看，读者可能会认为我并不是一个出生在西方国家的第二代移民。熟悉中文的人都知道，笔者的姓在不同的方言中有不同的发音。根据不同地区的主要方言，它在正式文件中也可以有不同的拼写。同样是姓陈，新加坡人可能会使用"Tan"而不是"Chen"，而广东人则可能会使用"Chan"。有些姓名或命名系统可能是为某些社会地位的人所专用的，尽管具有其他文化背景的人对这些规则不甚了解。在同一个国家当中，不同年代所流行的姓名也各不相同，因此，姓名还可以揭示出某个人的年龄。总而言之，一个人的真实姓名包含了各种各样的信息。尽管有些信息不容易被其他不熟悉特定语境或文化的人理解，但是开发人员能够开发技术工具来分析这些信息。

当然，真实姓名所包含的信息也可能具有一定误导性。例如，某个人的姓名听起来像是女性，但他实际上可能是男性。然而，问题的关键并不在于 Facebook 对用户姓名所做出的假设是对还是错。在根据其所收集到的其他行为数据对用户进行刻画时，他们也可能会犯错。问题主要在于，Facebook 能够通过实名制政策收集用户姓名所包含的信息，并且它能够根据所获取的信息对用户进行刻画，无论这些信息正确与否。在数据化时代，Facebook 能够根据用户的种类来做出相关决策，比如向用户推送 Facebook 认为与其相关的信息或广告。即使在某些司法管辖区内，用户有权纠正自己的有关错误信息，但他们依然需要知道 Facebook 正在收集其某些信息。而一旦 Facebook 能够通过要求用户实名来悄无声息地收集其信息时，用户就会更加难以行使这些权利。

尽管 Facebook 声称用户有权分享这些内容，但如果实名制政策得以实施，用户将无法控制分享其真实姓名所包含的那些信息，而这些信息恰恰可能是他们个人身份的基础。2016 年，Facebook 由于推送带有种族歧视的房地产广告而再次受到了批评。即使不收集用户的行为数据，使用用户的姓名以及他们经常与之互动的人的姓名这一做法就已经具有了一定的种族定性色彩。

四、《通用数据保护条例》是否能够开启一种新的监管模式

虽然 Facebook 的实名制政策招致了不少的社会批评和抗议，却很少面临法律上的挑战。由于 Facebook 是一个私人企业平台，并且用户在注册时选择了同意其使用条款，因此反对者并没有太多可用的法律工具。2015 年年初，美国原住民试图对 Facebook 提起集体诉讼。这一起诉并没有针对 Facebook 的实名制政策本身提出异议，而是指出了实名制政策的实施对美国原住民用户带来了更多的难题。鉴于美国数据保护法的规制范围有限，在美国，人们往往很难有效地挑战 Facebook 的实名制政策。

德国的两个监管机构曾经均禁止 Facebook 在德国实施实名制政策，但是 Facebook 相继向法院提出了异议，并最终获得胜诉。2018

年，德国的一个消费者保护组织针对 Facebook 实名制政策提起了一项诉讼，柏林地方法院认定，该政策违反了德国数据收集法的相关规定。Facebook 随后提出了上诉，目前仍不清楚德国联邦最高法院将做出何种裁决。① 柏林地方法院作出判决的时间刚好是在欧盟《通用数据保护条例》正式实施的几个月之前。在本文的这一部分当中，笔者将简要回顾 Facebook 在德国所面临的几次挑战，并探究作为新的互联网用户隐私监管模式，《通用数据保护条例》是否能够支持用户和监管机构更有效地挑战 Facebook 的实名制政策。

2012 年，德国石勒苏益格－荷尔斯泰因（Schleswig-Holstein）州数据监管机构发布了一项命令，要求 Facebook 停止实施实名制政策，理由是它违反了 2007 年所颁布的德国《电信媒体法》（*Telemedia Act*），该法规定，电信媒体服务提供商应当支持用户匿名或假名使用其服务。② 该项命令指出，如果用户被告知有拒绝的权利并且没有表示反对，那么，电信媒体服务提供商也可以根据假名来分析用户的使用情况，从而向其推送广告。③ 不过，电信媒体服务提供商不能将用户的真实身份与其在网上使用的假名联系起来。④ 石勒苏益格－荷尔斯泰因州数据监管机构强调，Facebook 在社交媒体行业所占据的垄断地位使得人们不得不注册其服务。⑤ 因此，石勒苏益格－荷尔斯泰因州数据监管机构坚持认为自己所发布的命令是合理的，原因在于，用户在保护隐私方面所享有的权益优于 Facebook 在选择商业模式方面所享有的竞争权益。⑥

---

① See Natasha Lomas, German Court Finds Fault with Facebooks Default Privacy Setting, TECHCRUNCH, （Feb. 13, 2018）, https://techcrunch.com/2018/02/13/german-court-finds-fault-with-facebooksdefault-privacy-settings/[https://perma.cc/RR3P-88JU].

② See Telemediengesetz [TMG][Telemedia Act], Feb. 26, 2007, BGB1. I at 179, §15 (3).

③ See Telemediengesetz [TMG][Telemedia Act], Feb. 26, 2007, BGB1. I at §§ 13, 15.

④ See Telemediengesetz [TMG][Telemedia Act], Feb. 26, 2007, BGB1. I at 179, §13 (Ger.).

⑤ See Sandra Schmitz, Facebooks Real Name Policy：Bye-Bye Max Mustermann?, 4 JIPITEC 190, 195 (2013).

⑥ See Sandra Schmitz, Facebooks Real Name Policy：Bye－Bye Max Mustermann?, 4 JIPITEC 190, 195 (2013).

Facebook 就上述命令向石勒苏益格－荷尔斯泰因州行政法院提出了异议，并获得了胜诉。① 对于 Facebook 所提出的用户数据由 Facebook 爱尔兰有限公司在爱尔兰进行处理的这一观点，石勒苏益格－荷尔斯泰因州行政法院予以了支持。② 由于数据控制者（Facebook 爱尔兰有限公司）位于欧盟成员国之一的爱尔兰，因此，该公司无论是否设有一个德国子公司来处理和存储德国用户的数据都无关紧要。石勒苏益格－荷尔斯泰因州行政法院认定，爱尔兰法律是唯一适用本案的法律，而 Facebook 的实名制政策并没有违反爱尔兰法律的任何规定。然而，法院最终并没有就石勒苏益格－荷尔斯泰因州数据监管机构所提出的实质性论点做出讨论，尽管它认同 Facebook 的强制实名制政策确实违反了德国《电信媒体法》的规定。

2015 年，德国汉堡市数据监管机构也针对 Facebook 的实名制政策发布了一项命令。与石勒苏益格－荷尔斯泰因州数据监管机构一样，汉堡市数据监管机构也认为，实名制政策违反了德国《电信媒体法》，该法赋予了用户使用假名的权利。汉堡市数据监管机构还指出，Facebook 要求用户提供官方身份证明的做法违反了德国身份证和护照法。③ 在该案当中，Facebook 单方面更改了用户的假名，而汉堡市数据监管机构认为这一行为侵犯了用户的信息自决权：它是由德国联邦宪法法院所确立的一项基本权利，目前仍为法律所承认。

对于 Facebook 提出的其只需要遵守爱尔兰法律的观点，汉堡市数据监管机构予以否决，理由是 Facebook 在德国也从事了各种各样的经济活动，而且在汉堡设有一个子公司。Facebook 就上述命令向汉堡市行政法院提出了异议。汉堡市行政法院做出了有利于 Facebook 的裁决，裁定本案适用于爱尔兰数据保护法，而爱尔兰数据保护局已经认定 Facebook 的实名制政策符合爱尔兰法律的相关规定。2016 年，

---

① See Sandra Schmitz, Facebooks Real Name Policy：Bye－Bye Max Mustermann？, 4 JIPITEC 196（2013）.

② See Sandra Schmitz, Facebooks Real Name Policy：Bye-Bye Max Mustermann？, 4 JIPITEC 196（2013）.

③ See Alex Hem, Germany Fights Facebook over Real Name Policy, THE *GUARDIAN*.,（Jul. 29, 2015）, https://www.theGUARDIAN..com/technology/2015/jul/29/germany-fights-facebookover-real-names-policy[https://perma.cc/3RQL-UJZR].

汉堡市高等行政法院最终做出了有利于 Facebook 的裁决，认为由于 Facebook 的欧洲总部设在爱尔兰，因此，汉堡市数据监管机构是否能够根据《欧盟数据保护指令》对其采取全面行动还有待商榷。

虽然汉堡市行政法院和汉堡市高等行政法院就管辖权和适用法律这两个问题做出了认定，但它们都没有对汉堡市数据监管机构所提出的实质性法律论点做出详细说明。《通用数据保护条例》对之前《欧盟数据保护指令》就管辖权问题的规定做出了修改。即使 Facebook 声称其总部位于爱尔兰，德国数据监管机构仍然可能根据 Facebook 对德国数据主体的数据收集行为来确立其管辖权。尽管爱尔兰数据监管机构可能依然是主要的监管机构，但根据《通用数据保护条例》的有关规定，德国数据监管机构可能会以作为数据控制者的 Facebook 在德国设有一个子公司，以及许多德国数据主体都可能会受到其数据处理的巨大影响为由，认为自己也享有监管权。尽管《电信媒体法》在 2017 年进行了修订，但新法保留了用户使用假名或匿名的权利。如果德国数据监管机构命令 Facebook 立即停止实施其实名制政策，那么，一旦法院裁定适用德国法，Facebook 可能就会发现自己难以做出抗辩。因此，根据《通用数据保护条例》的规定，德国公民和德国数据监管机构或许能够有更加充足的理由要求 Facebook 遵守德国法，并停止实施实名制政策。

其他欧盟公民和监管机构可能也有合理的理由来挑战 Facebook 的实名制政策。如前所述，Facebook 的商业模式和广告策略并不一定需要用户的真实姓名，收集这些数据的行为可能违反了《通用数据保护条例》当中的数据最小化原则，这也就意味着 Facebook 应当只处理那些与其运营相关的必要信息。[①] 这一观点可能会导致我们就什么是"必要的"的展开一场漫长的争论。Facebook 可能会继续辩称用户实名是其运营的核心。然而，正如笔者在上文的有关部分所提到的那样，用户的真实姓名通常包含了许多敏感信息，并且《通用数据保护条例》认为这些信息属于特殊的个人数据，包括所属种族或

[①] See General Data Protection Regulation, O. J. L. 119, Art. 5（1）（c）（2016）（［data minimization］adequate, relevant and limited to what is necessary in relation to the purposes for which they are processed）.

民族、政治观点、宗教或哲学信仰。如果想要处理这些信息,那么,数据管理者必须取得数据主体的明确同意。① 用户必须能够自由做出这一同意,并且,根据《通用数据保护条例》第 43 条的规定,如果数据主体和数据控制者处于不平等的地位,那么,同意就是无效的。② 欧盟数据主体或数据监管机构可以首先考虑这样一个理由,即 Facebook 在社交媒体行业所占据的垄断地位使得人们不得不注册其服务。除此之外,正如柏林地方法院在消费者保护组织于 2018 年所提起的一项诉讼当中所认定的那样,强制实施实名制是一种秘密收集用户"真实姓名"作为其个人数据的方式。③ 法院均可能将实名制政策视为一种秘密收集用户姓名所包含的某些特殊信息的方式。

如前所述,即使不实施实名制政策,在注册 Facebook 时用户可能仍然愿意提供自己的真实姓名,因为他们将实名视为平台上的一种社会规范,并且想要享受该平台所带来的益处,比如能够便捷搜索以及进行身份或品牌管理。在不强制实施实名制政策的情况下,只要 Facebook 根据《通用数据保护条例》的规定以透明化的、易于获取的方式对数据收集的有关情况做出说明,Facebook 或许就能够确定,那些选择真实姓名作为账户的用户已经明确同意了其数据收集行为。

五、结语

Facebook 一直以来的隐私保护实践反映出了诸多问题。针对最近所发生的剑桥分析丑闻,Zuckerberg 反复强调,用户有权控制自己的数据,包括 Facebook 收集了其多少数据用于定向广告。本文认为,如果 Facebook 继续实施其实名制政策,那么,用户就将丧失这种控制权,因为我们的真实姓名包含了各种各样的信息。欧盟《通用数据保护条例》开启了一种新的监管模式,在 Facebook 收集和处理其数据方面为欧盟公民提供了更高程度的保护。《通用数据保护条例》就管辖权所做出的新规定也在一定程度上动摇了互联网中介平台在法

---

① See General Data Protection Regulation, O. J. L. 119, Art. 9.
② See General Data Protection Regulation, O. J. L. 119, recital 43.
③ See Natasha Lomas, German Court Finds Fault with Facebooks Default Privacy Setting, TECHCRUNCH, (Feb. 13, 2018), https://techcrunch.com/2018/02/13/german-court-finds-fault-with-facebooksdefault-privacy-settings/[https://perma.cc/RR3P-88JU].

律适用方面所采取的原有策略。自 2018 年 5 月 25 日《通用数据保护条例》正式实施以来，针对大型互联网中介平台的新一轮诉讼狂潮已然袭来。为了不违反《通用数据保护条例》的规定，Facebook 已经相应地做出了一些调整，但实名制政策却不在其中。我们可以预见的是，在不久的将来，Facebook 长期以来备受争议的实名制政策就会在欧盟面临一些新的挑战，并且 Facebook 最终可能会发现，在新的法律制度下，实名制政策确实不堪一击，而且根本无法抵抗。

第三编　社交媒体时代的隐私合理期待（上）

社交媒体用户对其社交媒体的隐私合理期待

史蒂芬·E. 亨德森[①] 著　温馨[②] 译

目　次

一、关于社交媒体历史的简要介绍
二、信息性隐私权
三、《美国联邦宪法第四修正案》和社交媒体
四、制定法和社交媒体
五、结语

一、关于社交媒体历史的简要介绍

在我一生中的大部分时间，我都紧紧跟随着计算机技术的浪潮，较早地采用了这些技术。由于我的个人经历与社交媒体的发展史息息相关，因此我能够提供一些关于社交媒体历史的简要介绍。

---

① 史蒂芬·E. 亨德森（Stephen E. Henderson），美国俄克拉荷马大学法学院教授。
② 温馨，中山大学法学院助教。

在我 9 岁那年，我的父亲是国家实验室的一位物理学家，他购买了我们家第一台家用计算机。相比较如今市面上的计算机，这台名为 Heathkit/Zenith Z-100 的计算机价格实在是高得离谱，但它的三色显示屏让我至今念念不忘。在那块显示屏上，我的父亲在 Z-Basic 中用代码编写了一个纸牌配对游戏，在他的基础上我开始编写更多弹道选择。当然，与我的儿子 2 岁就开始接触我的 BlackBerry 和 iPad 相比，9 岁或许可以算得上是"高龄"了。但就像过去的学校两边都要走上坡路那般艰难，在我的青年时期，要让计算机做点有趣的事情可谓千难万难。

确实，有时候要使计算机完全正常地运转并非易事。当我 14 岁时为我的 Pascal 课程进行编程时，计算机产生了不少噪音。我父亲的"笔记本"（一台橙色屏幕的 Toshiba T3100）上的风扇"罢工"了，因此我们不得不借助吹风机上的风扇来冷却计算机。在当今崇尚"替换"的文化背景下，很难想象使用类似的方法来使电子设备起死回生。第二年夏天，我在能源系高中科学学生荣誉计划的超级计算机项目中担任新墨西哥州的代表。在我自己想象的美好的图景中，我是一个看上去十分年轻的 15 岁青年，身着招摇的短裤和 T 恤倚靠在 Lawrence Livermore 国家实验室里的 Cray-2 上。现在来看，这台计算机的处理能力可以与 iPad2 旗鼓相当，但在 1985 至 1990 年间，它是世界上速度最快的计算机。同年夏天，在 Fortran 的 Los Alamos 国家实验室中，我开始在 Sun 计算机的网络上进行流体流动模拟编程，并且也开始参与到社交媒体中。

当然，20 世纪 80 年代和 20 世纪 90 年代初的社交媒体（也被称为电子公告板系统，缩写为 BBSes）与当今的社交媒体几乎没有相似之处。因为当时的网络连接速度的极限为每秒 2.88 万位调制解调器，比我们目前所享受的速度慢了数千倍，甚至数万倍，所以它的主要应用目的并非为下载大量内容。但是，就像现代事物那样，BBS 允许交互式在线对话和娱乐。在当地的 BBS 幽默留言板上不仅有许多令人捧腹的笑话，还有许多不错的多用户文字游戏，在游戏中你被允许每天移动一个步骤。有些人仅用 ASCII 字符创建出的图形也给我留下了深刻的印象。我没有那么创意非凡，只是偷走了别人的 Bart Simpson 肖像作为自己的签名，这也预示着万维网（以下简称"WWW"）将会带来"共享"。

在大学期间，通过第一个面世的浏览器，我与 WWW 这一新生事物进行了互动。这个浏览器被称为 Mosaic，它是当今 Firefox、Internet Explorer、Safari 及其同类产品的先驱。接下来便是"美国线上"的全盛时期，MUDs 和 MOOs 中出现了第一批大型多人游戏。因此，我想我对计算机和计算机网络的依赖是逐步加深的。但在今天，像我们中的大多数人一样，我是一个"网络瘾君子"。我非常依赖 Internet 从事通信、学习、银行业务、其他商业活动以及娱乐活动。我仍然喜爱纸质书的感觉，但也喜欢能够通过单击查找单词并快速检索它们的派生词和细微差别的网络功能。而且很难想象查找纸质百科全书或字典是多么费力的一件事。我希望我的字典能够与我对话，这样我不用学习音标中上下颠倒的"e"该如何发音就可以知道单词应当如何读了。

谈论以上内容不仅是为了表明线上社交媒体并不像它所看起来的那么新潮，而且我还希望能够以此证明我是拥有一些可信度的。当然不像某些人那么多，但在关于通过计算机网络进行交流和互动这一方面，我也不是个菜鸟。不幸的是，我要说的"好消息"就到此为止了。我在 Flickr 上没有发布任何图片，在 YouTube 上没有发布任何视频，在 LinkedIn 上也没有填写个人资料。我既不写博客，也不发推文。或许最令人不安的是，尽管 Facebook 拥有多达 8.45 亿的用户，但我却一直不是这庞大用户群中的一员。直到受邀参加社交媒体研讨会后，我才终于开通了自己的 Facebook 账户。即便如此，作为一个"隐私权钉子户"，我立即关闭了大部分的功能，所以我不能要求获得该软件的完整体验。因此，尽管我相当了解社交媒体，但并不全然参与其中。不过，由于对社交媒体非常熟悉，并且在过去的 10 年里花了大量时间来思考隐私的问题，我想我接下来所发表的言论还是有一定价值的。

二、信息性隐私权

社会中大概有一小部分人声称他们对隐私漠不关心，也许 Scott McNealy 所发表的的言论，能够很好地代表这部分人的观点："你已经没有隐私可言了，赶快忘掉它吧！"①

人们的隐私在某些商业领域似乎经常不被尊重，2011年12月7日，Conan O'Brien从Facebook的创始人兼首席执行官Mark Zuckerberg那里得到了这一现象的印证："当Mark Zuckerberg发现有人入侵了他的Facebook账户并泄露了他的私人照片，以此公然无视他的隐私权时，他不仅没有勃然大怒，反而雇佣了这群人。"② 但对于大多数人而言，隐私是一项重要的价值，在历史上一直如此，至少在代议制政府中是这样。

Alan Westin的研究证实了政治哲学与贯穿西方文明的隐私之间的关系，他指出："在古代或现代的专制社会中，公民的公共生活被誉为国家的最高利益，也被视为公民实现个人成就的标志。个人、家庭、社会团体和私人之间的联合的隐私权是不可能受到法律保护的，因为隐私权这一概念被视为享乐主义且不道德。而对于该政权而言，隐私权这一概念在政治上也是高度危险的。因此，为防止社会精英群体借隐私权谋反，古代的专制社会创造了各种各样的秘密监听和监视制度。而现代极权政府则对公民的活动进行了无所不包的渗透式记录，内容涉及公民的个人、家庭和所有结社活动。相比之下，无论是古代的共和制度还是现代的民主制度，都把私人机构视为一种有价值的力量，认为其不仅能够推动社会的进步，还能够增强公民的公共道德观，所以，现代民主政府倡导个人主义和结社自由。在现代宪政民主制中，公共秩序或政府，是有用且必要的，因为它既能够提供服务，也能给公民的人身和财产提供保护。但是，宪政政府不得干预公民的私人信仰、结社自由和其他行为，因为人权法案和其他的公民自由保障都对政府的这些行为施加了限制。只有在特殊的情况，且只有通过受控的程序，政府才能这样做。"③

类似地，隐私学者Daniel Solove得出的结论是："人们自古以来

---

① Jeffrey Rosen, The Eroded Self, N. Y. TIMEs, April 30, 2000.
② The Best of Late Nite Jokes, NEWSMAX. COM, (Dec. 7, 2011).
③ Alan F. Westin, Historical Perspectives on Privacy: From the Hebrews and Greeks to the American Republic 4 – 5 (unpublished manuscript, on file with the author) (presented and distributed at the 2009 Privacy Law Scholars Conference and quoted with permission).

就关心自身的隐私。"①

至于美国的隐私权，Westin 将 1790 至 1820 年间的共和国视为第一个现代隐私制度产生的源泉，他指出："当然，隐私权一词并未出现在美国宪法或人权法案中。但是，开国元勋为美国提供了广泛的隐私权制度所需的所有关键组成部分：对抗不合理的搜查和扣押的基本宪法保障、拒绝强迫证言和强迫认罪以及《美国联邦宪法第一修正案》（以下简称《第一修正案》）中有关结社和宗教的隐私权。隐私权被写入了早期的联邦立法或法规当中，而信件的隐私权也被赋予司法保护，以防止违背写信人或收信人的意愿而被擅自公开。此外，通过废除政府内部护照、复杂精密的政府记录、政府网络以及 18 世纪末和 19 世纪初监控的其他手段，美国形成了私人自治和不受监控的社会政治传统，使早期宪法和法律规则日日都朝气蓬勃。"②

《第一修正案》中所规定的言论自由权以匿名言论的形式来保护公民的隐私权，而美国联邦最高法院将《人权法案》解释为包括对私人决策的实体正当程序保护。许多州的宪法也明确保护公民的隐私权。法律并非停滞不前，而是在每一个类别中都不断地去适应 200 多年中变化的情况。

定义何谓"隐私权"困难重重，至少部分原因是由于我们仅使用一个术语来描述多种价值。人身自主方面的权利与私人通信的权利之间肯定存在差异，然而，此两者通常都被称为"隐私权"。当我们讨论社交网络时，我们并不直接对身体的自主权感兴趣（也可以被称为"自治性隐私权"），而是对"信息性隐私权"感兴趣。但即使有了信息性隐私权，也存在着不同的概念和定义，有些人认为不可能用任何一种表达来概括这一权利。如果是这样的话，也许隐私本质上就是有争议的：大多数人都同意我们应该拥有它，但对它究竟是什么却众说纷纭。在大多数情况下，我认为信息性隐私权可以被概括为：他人能够控制其个人的何种信息被传递给别人，以及出于何种目的传

---

① Nothing to Hide：The False Trade off Between Privacy and Security 4 (2011).
② Westin, Alan F. Westin, Historical Perspectives on Privacy：From the Hebrews and Greeks to the American Republic 4 – 5 (unpublished manuscript, on file with the author) (presented and distributed at the 2009 Privacy Law Scholars Conference and quoted with permission), at 9 – 10.

递给别人。

此种以"控制"为基础的信息性隐私权理论,与 Westin 有着广泛的联系。1967 年,Westin 将隐私权定义为:"个人、群体和机构享有的能够决定何时、如何以及在何种程度上将关于自己的信息传达给别人的权利。"① Charles Fried 将隐私权描述为"公民所享有的控制别人获得其个人信息渠道的权利"②。1890 年,在 Samuel Warren 和 Louis Brandeis 的文章中,其中一个关键主题便是个人拥有的"通常能够决定在多大程度上将自己的思想、观点和情感传达给别人的权利"③。因此我认为,所谓信息性隐私权,是指一种能够控制将有关自身的哪些信息传递给别人,以及出于何种目的传递给别人的权利。

那么,为何此种控制至关重要呢? Andrew Taslitz 对此进行了解释,他指出:"人的身份是错综复杂的,不同的情况会揭示我们本性的不同方面。我们每个人都戴着各式各样的面具,其中每个面具都反映了我是谁这一问题的不同方面。我们既不希望我们的整个本性仅凭任何一副面具就得出判断,也不希望凭借我们活动的部分公开披露,就根据在特定情况下的表现将我们定义为不同于我们想要成为的人。简而言之,我们想要选择向别人展现哪一副面具;丢失任何这样的选择都是痛苦不堪的,几乎可以与自身遭受的物理性侵犯相提并论。当我们被秘密地监视时,或者当我们选择向一个听众披露的信息被暴露给别人时,我们就会失去这种选择的感觉。"④

同样地,Benjamin Goold 也阐明了隐私权的重要性,他指出:"尽管我们可以将隐私权简单地形容为独处的权利,但隐私作为一种权利,其法律地位主要源于其与自治和自决观念之间的关系。隐私极富价值,因为它对于我们正确地发展自我、建立和控制我们的个人身份以及维护我们的个人尊严是不可或缺的。因此,如果缺少隐私,我们不仅难以与别人形成可贵的社会关系(基于排他性、亲密性和分

---

① Alan F. Westin, Privacy And Freedom, 7 (1967).
② Charles Fried, Privacy, 77 YALE L. J. 475, 493 (1968).
③ Samuel D. Warren & Louis D. Brandeis, The Right to Privacy, 4 HARV. L. REV 193, 198 (1890).
④ Andrew E. Taslitz, The Fourth Amendment in the Twenty-First Century: Technology, Privacy, and Human Emotions, 65 LAW & CONTEMP. PROBS. 125, 131 (2002).

享个人信息的关系),而且维护各种社会角色和身份也变得更为困难。隐私应作为一项权利得到保护,因为我们需要它才能过上富裕、充实的生活。在这种生活中,我们可以同时扮演朋友、同事、父母和公民的角色,这些不同且经常冲突的身份之间的界限不会在未经我们的同意的情况下被打破。"

因此,信息性隐私权对于我们的人格至关重要。用信息安全专家Bruce Schneier 的话来说,"隐私权是一种与生俱来的人权,是维护人的尊严和尊重的必然需要"[1]。我们通过拥有许多不同的隐私区域而发展为一个成熟的人:有些想法仅仅是我们想要自己尝试的,有些想法我们只与配偶或非常亲密的同伴分享,有些想法则与教会信奉者共享,而有些则与专业同事共享。用 Taslitz 的术语来说,"我是谁"是所有这些不同"面具"的复杂融合,当这种结构被违背时,我们的人格就会遭受真正的伤害。传达给非预期接收者的信息并不像预期接收者那样了解文义的背景,所以该信息很可能会被误解。因此,信息性隐私权是一项重要权利,而言简意赅的"如果您没有什么可隐藏的,您就没什么可担心的"这一观点则存在严重缺陷。而且,隐私权也不会因与特定的其他人共享信息而消失,因为隐私权并不是保密。用 Thurgood Marshall 法官的话说,"隐私权要么不是绝对拥有,要么根本没有这样对立的事物"[2]。恰恰相反,隐私的可分割性对其价值至关重要。

尽管对于当前检验社交媒体隐私的项目来说可能不是必需的,但有一个常见的错误值得注意,那就是考虑"要隐私还是要安全"。这种错误的对立二分法代表了一种单一尺度:如果我们加强隐私权,则意味着将获得更少的安全性;而如果我们削弱隐私权,那么,我们将获得更多的安全性。安全性和隐私权的权衡被视为零和博弈。用 Daniel Solove 幽默而生动的话来说,这种错误的对立二分法已经在人们心中根深蒂固,"人们似乎把感到不方便和隐私被侵犯与安全联系在一起。因此,如果政府希望使公民感到更加安全,则需要让公民产

---

[1] Bruce Schneier, The Eternal Value of Privacy, WIRED.COM, (May 18, 2006).
[2] Smith v. Maryland, 442 U.S.735, 749 (1979).

生不舒服和被暴露的感觉"①。

Bruce Schneier 经常批评这种"安全戏剧",② 并纠正了这种误解:"太多人错误地将这场辩论描述为'安全还是隐私',自由需要没有入侵隐私的安全,需要保障隐私的安全。"③ 换句话说,毫无疑问,安全和隐私之间存在着某种联系,因为对于其中一方的改变有时会影响另一方。但有时候在不减少隐私的情况下提高安全性是有可能的,有时候隐私的减少不会导致安全性的显著提高。我们作为一个国家的目标一直是不仅要安全,而且要安宁,而这种安宁既需要安全又需要隐私。因此,也许在这种情况下,需要阐明安全性和隐私性是息息相关且相互影响的,获得安宁需要在这两个方面都采取充足的措施。

三、《美国联邦宪法第四修正案》和社交媒体

毋庸置疑,执法人员能够发现我们在网上所做的某些事情。电子隐私信息中心(EPIC)已获得了有关美国国土安全部方案的信息,该方案监控社交媒体,从"在线论坛、博客、公共网站和留言板"中收集信息,并将其分发给"联邦、州、地方、外国政府以及私营部门的合作伙伴"④。联邦调查局已经征求了开发类似系统的建议。⑤ 虽然这可能只是 21 世纪在通信网络中长期进行的国家安全通信分析的相等版本,但人们将会看到《洋葱报》以"Facebook 是中央情报局的产物"这一幽默提法作为回应。⑥

Google 的"透明度报告"更加具体地记录了 Google 从世界各地

---

① Daniel J. Solove, Nothing to Hide: The False Tradeoff Between Privacy and Security 4 (2011), at 35.

② See Bruce Schneier, Beyond Security Theater, 427 NEW INTERNATIONALIST 10 (2009).

③ Bruce Schneier, The Eternal Value of Privacy, WIRED. COM, (May 18, 2006).

④ EPICv. Departmentof HomelandSecurity: Media Monitoring, EPIC. ORG.

⑤ See Jim Giles, FBI Releases Plans to Monitor Social Networks, NEWSCIENTIST, (Jan. 25, 2012).

⑥ See CIA's 'Facebook' ProgramDramaticallyCutAgency's Costs, THEONION. COM, In case you are wondering, Agent Mark Zuckerberg's codename is "The Overlord."

的政府机构和法院收到的数据请求的数量。① 2011年上半年,Google收到了5950项美国刑事司法请求,要求提供与11057个账户相关的用户数据。Google在93%的时间都服从了这些请求。② 因此,这家庞大的线上服务提供商每年大约会收到12000个请求,即平均每天32个请求,这还不包括那些根据国家安全信函或《外国情报监视法》法院命令提出的请求。③

此类执法请求可能受《美国联邦宪法第四修正案》(以下简称《第四修正案》)的约束,该修正案规定:"公民享有人身、住宅、文件和财产免受政府执法人员无理搜查和扣押的权利,此种权利不得侵犯。除非政府执法人员依照合理根据,以宣誓或代誓宣言保证,并具体说明搜查地点和扣押的人或物;否则,法官不得签发搜查令或扣押令。"④ 正如Jed Rubenfeld所论证的那样,我们有权在我们的人身、房屋、文件和物品中确保安全,此种特定的语言表达确实是描述我们享有隐私权的一种好方式,因为政府进行的监视活动和对个人其他信息的搜集会影响我们的安全感。⑤ 但在判断政府的执法人员实施的行为是否构成《第四修正案》中的搜查、扣押行为时,美国联邦最高法院并没有求诸此条的"安全理论"。

对于政府执法人员的行为是否构成《第四修正案》所规定的搜查行为,美国联邦最高法院最近确认了两个判断标准:第一个为物理性标准,根据这一标准,当政府执法人员为获取公民的信息而物理性地占用其私有财产时,他们的行为就构成《第四修正案》所规定的搜查行为。⑥ 因此,警察为追踪公民行踪而在其车上安装GPS设备的行为⑦和搜查公民电脑的行为,均构成《第四修正案》中的搜查行为,因为这两种行为都物理性地侵占了公民的私有财产。第二个标准

---

① TransparencyReport, GOOGLE.
② Transparency Report: United States, GOOGLE.
③ See Ryan Singel, U.S. Requests for Google User Data Spike 29 Percent in Six Months, WIRED.COM, (Oct. 25, 2011 11:07 AM).
④ U.S. CONST. amend. IV.
⑤ See Jed Rubenfeld, The End of Privacy, 61 *STAN. L. REV.* 101, 119–122 (2008).
⑥ United States v. Jones, 132 S. Ct. 945, 949 (2012).
⑦ United States v. Jones, 132 S. Ct. 945, 949 (2012).

是有关社交媒体方面的隐私合理期待标准,根据这一标准,当政府执法人员为从社交媒体提供商处获取公民的信息而实施了侵犯公民隐私合理期待的行为时,他们的行为就构成《第四修正案》所规定的搜查行为。① 第二个标准的定义仍笼罩着层层疑云,但如下文所述,对于这一问题,判例法有着启发性意义。

对于《第四修正案》中扣押行为的定义,美国联邦最高法院在实践中也存在着两种不同的理解。不过,不同于判断是否构成搜查行为的两个标准之间是相互补充、相辅相成的,判断是否构成扣押行为的两个标准却是相互矛盾的。Paul Ohm 指出,法院有关扣押判决的两种思路存在冲突之处。② 在20世纪60年代和70年代的一系列窃听案件中,美国联邦最高法院一再认为,政府执法人员窃听公民通信的行为既构成《第四修正案》中的搜查行为,也构成扣押行为。不过,法院基本上未对得出这一结论的过程进行分析。在 Hoffa v. United States 一案中,法院认为:"《第四修正案》对公民提供的保护肯定不仅仅限于有形的事物,而是可以延伸至口头的陈述。"③ 但是,由于 Hoffa 一案的判决是基于后来臭名昭著的第三方原则做出的,因此法院并没有辨明对这类无形事物的搜查行为和扣押行为有何不同。④

在 Katz v. United States 一案中,美国联邦最高法院认为政府执法人员记录公民电话通话的行为涉及两项权利。⑤ 但是,尽管法院认为窃听既构成《第四修正案》中的搜查行为,也构成扣押行为,但并未解释为何窃听构成扣押行为。⑥ 在 Berger v. New York 一案中,法院再一次认为捕获电话对话的行为构成《第四修正案》中的扣押行为,并且同样未对这一结论做出任何分析。⑦ 10 年后,在 United States v. New York Telephone Company 一案中,法院明确指出,记录在电话上

---

① United States v. Jones, 132 S. Ct. 945, 949 (2012), at 950, 952.
② See Paul Ohm, The Olmsteadian Seizure Clause: The Fourth Amendment and the Seizure of Intangible Property, 2008 STAN. TECH. L. REV. 2, 17-31 (2008).
③ 385 U. S. 293, 301 (1966).
④ 385 U. S. 293, 301 (1966), at 302-303.
⑤ 389 U. S. 347, 353 (1967).
⑥ 389 U. S. 347, 353 (1967), at 354-357.
⑦ 388 U. S. 41, 59-60 (1967).

拨打的数字既构成对电话的搜查行为,又构成对获得信息的扣押行为。① 但是,法院仍然没有说明这一结论的理由,也没有试图定义扣押行为。②

在现代隐私合理期待的框架下,人们很容易理解为何政府执法人员对公民私人通信的窃听会构成《第四修正案》中的搜查行为:无论是从经验上还是从规范上来讲,人们对于他们的谈话有着隐私期待。当政府偷听这些对话时,就侵犯了这些隐私合理期待。然而,尽管美国联邦最高法院在有关窃听的各案件中一直认为记录行为构成《第四修正案》中的扣押行为,但却并没有对为何如此做出任何有意义的考虑和分析。取而代之的是,在每个意见中,法院都只专注于判断政府是否能够采取这些被迅速认定为构成"搜查和扣押"的争议行为。

扣押行为的现代定义通常与 United States v. Jacobsen 一案有关。在该案中,法院将扣押行为定义为"对个人占有权的某种有意义的干预"。③ 乍一看,这似乎与之前提到的一系列窃听案件相矛盾。因为窃听对话或查明拨打的电话号码并不会妨碍通话者对该信息的占有。在 Arizona v. Hicks 一案中,美国联邦最高法院并未认可窃听案件的判决思路,而是采取了此种观点。④

在 Hicks 一案中,对房屋进行紧急援助搜查的执法人员拿起了立体声设备,并记录了其序列号。⑤ 尽管法院认为此举确实构成了《第四修正案》中的搜查行为,但记录序列号的举动却并不构成扣押行为。法院指出:"我们与政府的观点一致,即仅记录序列号并不构成《第四修正案》中的扣押行为。尽管这确实是被告最终被剥夺立体声设备的第一步,但就记录序列号这个行为本身而言,它并没有'有意义地干扰'被告对序列号或设备的占有,因此并不构成《第四修正案》中的扣押行为。"⑥

---

① 434 U.S.159, 169 (1977).
② 434 U.S.159, 169 (1977), at 170.
③ 466 U.S.109, 113 (1984).
④ 480 U.S.321 (1987).
⑤ 480 U.S.321 (1987), at 323.
⑥ 480 U.S.321 (1987), at 324.

这样的解释不仅与窃听案件的判决观点相悖,而且还对"占有"假定了一个狭窄定义。可能"在整个法律理论的范围内,没有比占有更难定义的概念了"①。但布莱克法律词典对"占有"的前两个定义是:第一,在管领力下拥有或持有财产的事实,对个人财产的支配。第二,一种可以使人能够排他性控制某物的权利,排他性使用实体物的持续性宣称。②

"支配"和"排他性控制"的概念同样也与无形的事物相关。确实,如上所述,信息性隐私权的整个概念可以说是建立在控制信息的权利和能力之上。因此,如果政府获得了先前由他人排他性控制的信息,那么,政府似乎就已经有意义地干扰了占有权。不过,尚不明确法院将来是否会承认这一点。

无论搜查行为和扣押行为的确切定义究竟为何,法院都阐明了这项一般原则:"《第四修正案》保护的是人,而非处所。即便公民处于自己的家中或办公室中,如果其故意向公众公开所作所为,那其所作所为也不受《第四修正案》的保护。反之,即便公民身处闹市之中,如果其试图隐藏所作所为,那么其所作所为也能受到《第四修正案》的保护。"③

此种限制意义重大,由此警察不应成为唯一需要移开目光的人。如果您在能从街道上瞥见的窗户上贴一条消息或者在街上放些馅饼使它冷却,又或者在附近种植物,那么,一位开车或走路路过的警官是可以自由地看一眼这些物品的。根据信息性隐私权的控制理论,您已选择共享该信息。但如果您将这些物品中的任何一个装在不透明的容器中,随身携带到公共场合,则该物品仍保留了它的隐私性,警察必须采取对应的行动。

一些社交媒体是向公众开放的,例如,一个向全世界开放的博客。当用户向所有人发布公开内容时,其期望获得隐私是不合理的。因此,《第四修正案》对警察从这一类的博客上获得信息的行为并未施加约束,无论其是通过自己打开网站还是通过托管该内容的第三方

---

① Black's LAW Dictionary 1201 (8th ed. 2004).
② Black's LAW Dictionary 1201 (8th ed. 2004).
③ Katz v. United States, 389 U.S. 347, 351 (1967).

来获取的。① 对于用户选择向公众开放的 Facebook 留言墙、向公众开放 YouTube 视频、向公众开放的 Flickr 图片以及在推特公开账号上发表的推文,也统统都是如此。既然任何个人都可以不受约束的获取这些内容,则警察也应当可以。

社交媒体网站上一些功能的特性恰恰是与公开性截然相反的,这意味着在这些功能中,显然人们会保留隐私合理期待。例如,一个用户用于直接与另一个用户交流的 Facebook 消息,如果是实时的,则与电话谈话的性质类似。如果是非实时的,则与电子邮件和邮政邮件的性质类似。我们对于电话交谈、邮政信件和电子邮件都有着隐私合理期待,因此,对这些不具备公开性的功能产生的信息,我们同样有着隐私合理期待。当然,一封实体信件被收到时,收件人的隐私合理期待就开始变得与之相关,而不再是寄件人的隐私合理期待。但对于由中间机构(例如社交媒体服务提供商)持有的副本,发送方和接收方都应保留隐私合理期待。一旦消息到达了发送者意图传输的目的地,服务提供者对消息的合法权益就会下降,因为传输是其保管该信息的唯一目的。

因此,我们现在可以知道存在着两个极端:一是人们对公共帖子没有隐私合理期待,二是对即时消息和电子邮件却有隐私合理期待。那么,处于这两极之间地带的信息又要如何处理呢?我们可以把这些信息分成三类:第一类为"用户信息",即社交媒体服务商为提供服务所需的信息。这一种信息包括识别信息(用户姓名、联系方式、付款方式和账户名称)、账户类型和服务时长。第二类是"交易信息",是指社交媒体提供商需要用来促进用户所需沟通的信息。交易信息的内容包括用户与何人、何时进行了交流,因此包括一份 Facebook 的好友列表。第三类是"非公共信息",比如,Facebook 留言墙向有限的朋友发布的内容、向有限的观众发布的 YouTube 视频、向有限的观众发布的 Flickr 照片、向有限的粉丝发布的受保护的推文。当然,Facebook 和同类的网站也有其他功能,而且新功能一直在持续开发中。但是这些新功能大多与以上"向有限受众传达信息"的功能

---

① See United States v. Ganoe, 538 F.3d 1117, 1127 (9th Cir. 2008); United States v. Gines-Perez. 214 F. Supp. 2d 205, 224–226 (D. P. R. 2002).

并无本质差异,仅仅是为此提供了更多种的方式,因此也可以在上述简化的结构中进行分析。

为了确定《第四修正案》对这些类别的规定,我们需要所谓的第三方原则,即一种美国联邦最高法院的法学理论。它源于对 Katz 一案关于向公众披露信息的措辞的谨慎解读。简而言之,"《第四修正案》并不禁止获取被披露给第三方然后由第三方传输给政府机构的信息,即使该信息被披露是基于这样的假设:信息将仅用于特定有限的目的,并且对第三方的信任不会被背叛"[1]。换句话说,就政府从第三方获取信息而言,您对您传递给第三方的信息不享有任何隐私合理期待。因此,《第四修正案》没有限制执法人员访问本属于银行的银行记录[2]或本属于电话公司的电话拨号记录。[3] 我和其他许多人一样,认为这种原则是错误的,而且考虑到现代社会规范和技术,它极具破坏性。[4] 最近,在 United States v. Jones 一案中,Sotomayor 法官对这一原则提出质疑。[5] 但除非美国联邦最高法院的 5 名法官也这么认为,否则,此原则仍然将保留在联邦宪法中,并且因此有必要将这一原则应用到我们对社交媒体信息的分类中。

对于用户信息和交易信息,《第四修正案》并不提供保护。[6] 就像银行记录和电话拨号记录一样,第三方服务提供商使用这些信息来提供所需的服务,因此它完全属于第三方原则笼罩的范围之内。为了搞清楚好友墙的帖子和受保护推文应当遵循何种规则,我们可以先回到之前所说的"受保护"的一端,即 Facebook 消息。我曾主张,通过类比电话交谈和邮寄邮件可知,其也存在隐私合理期待,但这与第三方原则又是什么关系呢?实际上,法院从未做出过明确规定,但这种规则肯定是我所称的"有限的"第三方原则:人们对于提供给第

---

[1] United States v. Miller, 425 U.S. 435, 443 (1976).
[2] United States v. Miller, 425 U.S. 435, 443 (1976), at 437.
[3] See Smith v. Maryland, 442 U.S. 735, 743–744 (1979).
[4] Stephen E. Henderson, The Timely Demise of the FourthAmendment Third PartyDoctrine, 96 *IOWA L. REV*, 39 (2011).
[5] United States v. Jones, 132 S. Ct. 945, 957 (2012) (Sotamayor, J., concurring).
[6] See United States v. Christie, 624 F. 3d 558, 574 (3d Cir. 2010).

三方、以供第三方使用的信息，不享有隐私合理期待。① 这是将电话拨号信息不受保护（为公司促进通话而提供）与电话交谈受到保护（公司仅仅是渠道或受托人）相协调的唯一方法。因此，对于好友墙的帖子、受保护的推文以及类似的有限制性的交流，存在《第四修正案》中的隐私合理期待。②

但更复杂的是，对于那些曾经公开但现在不再公开的信息又要如何处理呢？一个人可能在博客上发布了一些内容，但随后删除了它。或者第三方可能会在它的公共网站上发布一些内容，然后删除了它。根据第三方原则，执法人员可以不受限制地从任何阅读了该记录并选择披露其内容的人或保留了副本并选择交出它的人那里获得这些信息。我同意这个结论，因为正如 Christopher Slobogin 和 Eugene Volokh 所表明的那样，选择共享这些信息的人拥有自主权和言论自由的利益，而这些利益高于他人对于其原始信息可能享有的隐私利益。③

如果服务提供商的员工碰巧能回忆起被删除的内容，或者更有可能的是，这些内容能够从公司的记录中获得，那么，执法人员能否通过他们访问这些信息呢？我认为在这种情况下，原发布者对于这些被删除的内容享有隐私合理期待，因此，政府执法人员获取被删除内容的行为应当受到《第四修正案》的规范。虽然这些被删除的内容曾经被公开过，但其未必一定就丧失隐私权的保障。打个比方，刑事司法记录是公开的，但当其中某些特定的记录被删除时，基于良好理由，它们就不再可被公众获取。因此，欧盟委员会提出的数据保护条例中包括了一项"被遗忘的权利"，用户能够通过行使该项权利要求第三方协助删除线上的信息。人们可以想像可能存在这样的一种情

---

① See Stephen E. Henderson, Nothing New Under the Sun? A Technologically Rational Doctrine of Fourth AmendmentSearch, 56*MERCERL. REV.* 507, 517n. 54 (2005).

② See Steven D. Zansberg & Janna K. Fischer, Privacy Expectations in Online Social Media-An Emerging Generational Divide?, 28 - Nov COMM. LAW. 1, 28 (2011).

③ See Christopher Slobogin, Transaction Surveillance by the Government, 75 *MISS. L. J.* 139, 185 - 186 (2005); Stephen E. Henderson, Beyond the (Current) Fourth Amendment: Protecting Third-Party Information, Third Parties, and the Rest of Us Too, 34 *PEPP. L. REV.* 975, 1011 -1012 (2007) (expounding on Slobogin's principle); Eugene Volokh, Freedom of Speech and Information Privacy: The Troubling Implicationsof a Right to Stop People from Speaking About You, 52 *STAN. L. REV.* 1049 (2000).

况：也许帖子被错误地发布了，接着在仅仅几秒钟后就被删除了。但此种错误应归咎于服务提供者，而非与隐私真正利益有关的一方，即用户或客户。

所以，我认为，对于曾经公开、现在已被删除的社交媒体内容，人们享有隐私合理期待。那么，要求执法人员获得授权令来访问这些内容是否合适呢？我认为，如果内容是非常私人的（例如，健康信息），而且是由于服务提供商的错误，它才曾经能被公开访问，那么，此种做法可能是合适的。但对于内容并不那么私人化，且是用户故意使其曾可被公开访问的情况下，这并不是一个理想的做法。因此，找到一个隐私合理期待只完成了"战斗"的一半。根据《第四修正案》，所有的政府访问信息行为都必须是有理由的，而且授权令只能在存在合理的理由时发出。但修正案并没有规定有理由的信息访问必须总是通过授权令进行。

法院可能不得不面对《第四修正案》的以上以及其他棘手的难题，但最好是由立法机构来迈出第一步。Daniel Solove 解释道："在一个理想的世界里，政府对于信息的收集应该由一个全面的法定制度来规范。法院将分析这一法定制度中的规则是否符合《第四修正案》的基本原则，而非由法院自行创设规则。像《第四修正案》这样简短而含糊的声明，最好是作为评估这些规则的指南，而非作为这些规则的来源。"①

然而，这并不意味着如果立法机构没有采取行动，法院就可以逃避宪法责任。Solove 继续指出："但是，目前还不存在一个全面的法定制度来规范政府信息收集。制定法规范了在某些孤立地区的政府信息收集，但并没有一个将所有情况包罗在内的制度。不管怎样，《第四修正案》都已被推向了政府信息收集的首要监管体系这一角色。在找到替代品之前，我们应该把《第四修正案》当作被赋予该任务的监管体系。如果立法机构以自己的规则来回应，那么，法院就应该

---

① Daniel J. Solove, Fourth Amendment Pragmatism, 51 *B. C. L. REV.* 1511, 1515 (2010).

从创设规则转向评估立法机构制定的规则。"①

法官 Alito 同时为自己和其他 3 名法官提出了与 United States v. Jones 一案中大致相同的观点:"在技术急剧变革的情况下,解决隐私问题的最好办法可能就是立法。立法机构能够很好地判断公众态度的变化和划定详细的界线,并以全面的方式平衡隐私和公共安全。"

迄今为止,在政府执法人员能否使用 GPS 跟踪公民的行踪这一问题上,美国国会和大多数州的立法者都没有制定相应的法律。因此,我们所能采取的最好的策略就是运用现有的《第四修正案》原则去分析以下情况:在特定的案件中政府执法人员使用 GPS 进行追踪的行为是否达到了对公民某种高程度的隐私侵犯,即该程度超出了一个理性人预期范围。②

理想情况下,立法机关制定的法规将规范对社交媒体信息的访问,法院将审查这些法规是否符合《第四修正案》的要求。立法机构不仅可以更一致地处理执法人员应对不同类型信息而产生的五花八门的情况,而且还可以规范私人社交媒体提供商的决策。然而,鉴于《第四修正案》只限制政府行为,因此并未对其他私主体主动披露信息施加限制,制定法可以对这两者都进行监管。

四、制定法和社交媒体

关于规范执法人员获取社交媒体信息的立法,我们既是幸运的,也是不幸的。之所以说我们幸运,是因为我们有这样的法规,特别是这三种联邦法律:《窃听法》③《笔式记录仪、陷阱和跟踪装置法》④和《存储通信法》。⑤ 之所以说我们不幸,是因为当涉及社交媒体等现代通信时,它们却不能发挥作用。社交媒体的技术和规范发展日新

---

① Daniel J. Solove, Fourth Amendment Pragmatism, 51 *B. C. L. REV.* 1511, 1515 (2010).

② United States v. Jones, 132 S. Ct. 945, 964 (2012) (Alito, J., concurring) (internal citations omitted).

③ Wire and Electronic Communications Interception and Interception of Oral Communications, 18 U. S. C. § § 2510 – 2522 (2006).

④ Pen Registers and Trap and Trace Devices, 18 U. S. C. § §3121 –3127 (2006).

⑤ Stored Wire and Electronic Communications and Transactional Records Access, 18 U. S. C. § § 2701 –2711 (2006).

月异,而这三部法律的法定结构以及大部分特定语言却都停滞不前。《存储通信法》(简称SCA)通过时(1986年)正处于电子公告板系统的时代。① 当时万维网还未面世,它在20世纪90年代末才出现。尽管经过几轮修订,但《存储通信法》的基本结构仍然一成不变。

如果从《窃听法》出发进行推断,那么,这三个法规之间的工作分配就相当清楚了。② 针对政府执法人员对公民实施的预期性实时监视行为,应当适用《窃听法》和《笔式记录仪、陷阱和跟踪装置法》,前者规制政府执法人员对公民通信内容的监视行为,而后者则规制政府执法人员对公民非内容性的监视行为。所谓非内容性的监视,指的是对其"拨号、路线、定址和信号传递"的监视。③ 针对政府执法人员对公民实施的追溯性、历史性的监视,则应当适用《存储通信法》。因此,如果执法人员希望在您发送或接收Facebook留言墙的帖子、消息或推文时获取它们,则这是有关《窃听法》的问题。如果执法人员希望以后通过Facebook或Twitter记录获取这些相同的信息,则是有关《存储通信法》的问题。

如果从隐私权的角度考虑,那么,这种区分是没有意义的。因为在信息性隐私权理论中,对信息的控制没有时间限制。认为Facebook消息是私人消息的用户,希望在发送时、发送后第二天、第二周或是第二年都能够控制该信息的传播。控制将有关您的哪些信息传达给别人以及出于何种目的传达给别人的权利和能力,不会随着时间的推移而减少价值分量。事实上,至少在某些情况下,陈年信息的隐私利益可能是最大的,因为这些信息在缺乏上下文背景和当前的相关性情况下可能会尤其有害。正如上文所讨论的,是隐私让我们日益成熟和发展,而这种能力受到了过去自我"出来"的威胁。因此,如果要正确地理解,《第四修正案》并不认可这种时间上的差异。然而不幸的是,目前的法律框架仍然认可此种差异。

---

① See Crispin v. Christian Audigier, Inc., 717 F. Supp. 2d 965, 980 – 981 (C. D. Cal. 2010) (gathering precedent applying the SCA to bulletin board systems).

② The Wiretap Act governs "intercepts", where intercept is defined as "the aural or other acquisition of the contents of any wire, electronic, or oral communication through the use of any electronic, mechanical, or other device." 18 U.S.C. §2510 (4).

③ 18 U.S.C. § 3127 (3). See also 18 U.S.C. § § 2510 (8), 2511 (1) (c).

第六巡回法院认为《存储通信法》提供的法规违反宪法，因为其未能很好地保护存储的电子邮件通信的隐私，许多人呼吁加强对历史信息目前相对较弱的保护。此外，法规保护还往往取决于令人困惑且通常无益的区别，例如，信息是否被视为"电子存储"，其定义与人们通常的认知相去甚远，以及提供商是否为"电子通信服务"或"远程计算服务"。举个例子，对于打开的 Gmail（Google 电子邮件）这一行为，对于 Google 来说可能这两者都不沾不上边，因为提供商是为了投放有针对性的广告而访问其内容的。

至于私人的主动披露，意味着在没有政府介入的情况下，雇主和其他不向"公众"提供服务的服务提供者将完全不受约束。由于社交媒体网站可供所有访问者使用，它们确实有向"公众"提供服务，因此它们通常无法披露有关民事责任的帖子、推文和聊天记录，包括不被允许回应要求此类内容的民事传票。而私主体，在向除政府以外的任何人公开披露交易和用户信息方面，则没有受到类似的限制。

以上这些具体的法规令人"一头雾水"，亟待实质性的改革。与此同时，如果能从更加宏观的视野去考虑法规的制定，立法机构也能从中获益。诚然，针对行业的、具体内容的规范是有意义的，但在制定这些规范时，立法者应当把它们放在更加统一且开阔的视角下进行考虑，以促进连贯的、深思熟虑的立法。当然，立法机构在考虑执法人员能否获取银行记录、社交媒体记录或医疗记录时，都有可以适用的原则。与其完全采取特定的方式，决策者不如从那些最重要的原则入手。所谓最重要的原则，指的是那些能为制定明智且一致的部门立法提供框架的原则。

5 年来，我和其他志同道合的伙伴们一直致力于建立上述的立法框架。第一个这样的立法框架在 2012 年 2 月 6 日问世，美国律师协会代表大会通过了我们提出的《关于执法人员获取第三方记录的基本法律原则》（黑体字法）标准。[①] 其将以附带非常详细评注的方式被出版，但愿在其他地方也会有更多关于它们的文章。我想这迈出了非常积极的第一步，现在我们有了一个框架，法院、立法机关和行政机构可以利用它做出艰难的决定，即为了兼顾执法人员的执法需要和

---

① See Criminal Justice Standards on Law Enforcement Access to Third Party Records, ABA.

公民隐私权利益、表达自由权及社会参与的需要，应当如何最好地规范执法人员对信息的访问行为。

五、结语

其实，社交媒体并不像许多人所认为的那样是一个新奇事物。它的起源可以追溯到几十年前，而且正如最初的"电子公告板系统"这一名称所清楚表明的那样，它的离线版本还要更加历史悠久。值得注意的是，世界上1/7 的人口可能很快就会使用单一的线上社交媒体资源，不仅归属第三方社交媒体提供商的信息数量正在急剧增长，其他类型的第三方信息数量也在节节升高。由于保护信息性隐私权是人类发展和尊严的基本原则，且这一原则已被所有现代民主国家所承认，因此，对政府访问信息的行为进行周到且谨慎的规范至关重要。一方面，政府执法人员访问公民信息的行为有其必要性，其目的除了预防和侦查传统的犯罪，还有防止和发现有害的私人访问，如身份盗用和电脑黑客等行为。另一方面，执法人员访问信息的行为涉及信息性隐私权、美国有限型政府的规范以及言论和结社自由原则。

尽管有《第四修正案》第三方原则这一不幸的限制，但不幸中的万幸在于那些不向公众传播的社交媒体内容受到宪法的隐私权保护。然而，对于交易性信息，宪法性保护确实需要重新制定其原则。这应该不仅是宪法也是立法的头等大事，因为正如人们对电话拨号记录享有隐私合理期待一样，人们也对在线交易信息（如浏览网页所涉及的因特网协议地址和在线通信有关的记录）有着隐私合理期待。学者们已经注意到并考虑在《美国联邦宪法第一修正案》中的"结社自由"之下施加对此类信息的保护，法院也已经承认此类《美国联邦宪法第一修正案》的权利应告知隐私合理期待的分析。

在执法人员能够获取特定信息之前，关于其究竟要受到什么样的限制这一问题，可以预见将会出现众说纷纭的局面，从而导致不同司法管辖区的规则也不同。在符合美国联邦宪法最低限度的情况下，这是情有可原且应当被鼓励的。但是，立法机构和其他决策者也不能完全依赖于特定行事方式的考虑，而是可以利用美国律师协会提供的《关于执法人员获取第三方记录的刑事司法标准》的框架，来规范政府执法人员获取不同类型第三方信息（包括社交媒体信息）的行为。

隐私合理期待设置：
社交媒体和《存储通信法》

克里斯托弗·J. 博尔切特　费尔南多·M. 平圭罗
大卫·陶[1] 著　邓梦桦[2] 译

目　次

一、导论
二、《存储通信法》背景的简要介绍
三、《存储通信法》法理解释的差异
四、《存储通信法》的修改
五、结语

一、导论

在过去的 10 年中，Facebook、Twitter、LinkedIn 和"谷歌+"等

---

[1]　3 位作者按照姓氏的字母顺序排列，这种顺序不反映作者的贡献程度。
　　克里斯托弗·J. 博尔切特（Christopher J. Borchert），美国康奈尔福利律师事务所的合伙人、康涅狄格大学法学院荣誉法学博士、乔治华盛顿大学政治传播专业学士。费尔南多·M. 平圭罗（Fernando M. Pinguelo），Scarinci Hollenbeck 在美国新泽西和纽约办事处的合伙人，是该公司网络安全和数据保护部门的主管，获波士顿学院的法学博士和文学学士学位。大卫·陶（David Thaw），美国匹兹堡大学法律和信息科学专业助理教授、耶鲁大学法学院信息社会项目研究员。David 在美国加州大学伯克利分校获得法学博士学位，在加州大学伯克利分校获得信息管理与系统博士学位和政治学硕士学位，在马里兰大学获得计算机科学学士学位和政府与政治学学士学位。
[2]　邓梦桦，中山大学法学院助教。

社交网络平台的用户呈爆炸式增长，从根本上改变了个人、组织沟通的方式。世界上最大的社交网络平台——Facebook 声称其每月的活跃用户数量超过了 10 亿。Twitter 的月活跃用户数量已经突破了 2 亿，而 LinkedIn 和"谷歌+"的月活跃用户数量分别达到了 1.6 亿和 1.35 亿。随着这些公司不断开发其社交网络平台的功能，并扩大这些功能所覆盖的范围，用户也将为了满足自己不断扩大的交流需求而越来越依赖社交媒体。由于这些平台提供了不同的沟通渠道——从网页上的帖子、推文到直接发送给对方的消息和私人聊天，用户最终必然会对每个交流渠道都产生不同的隐私期待。

然而，出于各种法律和实践原因，《美国联邦宪法第四修正案》（以下简称《第四修正案》）的保护是否适用于在网上共享和储存的通信，尚不明确。尽管美国国会在 1986 年颁布了《存储通信法》（Stored Communications Act，"SCA"），试图弥补这一不确定性，但法院对该法案却往往采取不同的，甚至是自相矛盾的解释，特别是在将该法规应用在现代技术时（该法案颁布时这些技术还不存在）。因此，看似私密的电子通信，如存储在 Gmail 上的电子邮件或保存在 Facebook 上的私人信息，可能不会受到《存储通信法》的完全隐私保护，但贴在墙上半公开的海报却可能可以得到该法案最高级别的保护。然而，在所有的情况下，由于这些电子通信是由个人委托给"第三方"的"记录"，对于《存储通信法》而言，因为第三方原则（Third-Party Records Doctrine，"TPRD"）的存在，所以它们将不再享受《第四修正案》的保护。已经发生的事件表明，基于从这些第三方提供商处获取的信息，联邦政府开展了广泛的监控行动，这进一步凸显了《第四修正案》保护网络通信的重要性。在 Gmail、Facebook 和 Skype 几乎取代邮政服务和电话系统的时代，《存储通信法》的保护显得至关重要。此外，这种技术上的转变以及由此导致的《存储通信法》保护的不确定性，证明了第三方原则的缺陷，并间接向国会提出了建议：应该将这一原则的适用范围限制在某些特定的情形下，如个人通信的情形。

本文分为三个部分。第一部分介绍了《存储通信法》的简要文本背景及其与第三方原则之间的交互，总结了《存储通信法》的立法历史，概述了该法案的关键组成部分以及为建议国会限制第三方记录原则的范围来保护隐私奠定了基础。第二部分探讨了当前《存储通信法》的传统法律解释与第九巡回法院的法律解释之间存在的分裂,其中,传统法律解释是由司法部(Department of Justice)颁布,并且最近被南卡罗来纳州最高法院在 Jennings v. Jennings 一案中被采纳;而第九巡回法院对《存储通信法》的解释则是在"已读状态的电子邮件是否被保存在该法案所定义的'电子存储'中"一处与传统法律解释有所不同。第二部分还讨论了《存储通信法》在社交媒体环境中的应用,以及审查了与社交网络平台隐私设置有效性相关的实际数据。第三部分向国会提出了修改《存储通信法》以恢复该法律初衷的建议,为私人电子通信提供普遍的隐私保护,不论这些通信是在传输的过程中还是在存储中。本文还建议国会采用技术中立的立法语言,而且这种立法语言要具有持久而非暂时的效力,以便能更有效地保护现在以及将来的通信内容。笔者认为,国会使用有助于实现这一目标的语言,同时也提供了法院在过渡时期应该如何维持国会通过《存储通信法》所建立起来的额外隐私保护的相关建议,而在此期间法院应如何行事,直接取决于美国联邦最高法院(以下简称《最高法院》)是否承认第三方记录原则。

二、《存储通信法》背景的简要介绍

《存储通信法》是一项美国联邦法规,管理着存储互联网通信的隐私。美国国会在 1986 年颁布了《存储通信法》,它提供了一套类似于《第四修正案》的在线通信隐私保护方案,因为传统《第四修正案》的保护是否也适用于网络环境,这在很大程度上是不清楚的,即使是现在也仍然如此。Orin Kerr 教授指出,宪法对不合理搜查和扣押的保护可能无法在虚拟世界中实现,对此他指出了三个原因:第一个原因是,最高法院的隐私判例已经导致了"互联网用户是否以及何时能够在发送给网络提供商的信息(包括电子邮件)中保留'合理隐私期待'的不确定性"。在 United States v. Miller 一案中,最高法院确立了第三方原则,该原则否认了《第四修正案》对披露给非通信最初方实体的信息的保护。[①] 因为几乎所有的互联网通信都是

---

① IMiller, 425 U. S at 443.

与网络服务提供商共享的,而网络服务提供商就是第三方,这样就相当于用户被明确告知,其在网上不享有合理的隐私期待。第二个原因是,《第四修正案》关于传召大陪审团的规定表明,政府可以传唤第三方网络服务提供商所持有的在线通信而无需事先获得基于合理理由的搜查令。① 第三个原因是,因为大多数提供商都是私人行为者,所以他们可以在不违反《第四修正案》的情况下公开存储的通信。

(一)《存储通信法》的立法历史

1985年10月,美国国会技术评估办公室发布了一份题为《电子监控与公民自由》的报告,其结论是"目前对电子邮件的法律保护十分薄弱、含糊不清,或者说是根本不存在",并且"电子邮件无论在法律上还是技术上都很容易受到未经授权的监视"。② 一年之后,美国国会通过了《电子通信隐私法》并一起通过了《美国法典》第18章2701—2712条,即《存储通信法》,国会称这两部法律是"根据计算机和电子通信新技术的巨大变化来更新和明确联邦隐私的保护及保护标准"。参议院在关于《存储通信法》的报告中强调,国会希望将已适用于邮政邮件和私人电话交谈的基本隐私保障拓展使用于电子通信。

宪法规定、判例法和美国邮政服务法规一起规定了平邮的信件可以受到高度的隐私保护,从而来对抗政府未经授权的查看。1968年美国颁布的《综合犯罪控制和安全街道法》中第三章规定了对通过公共载体传输的语音通信的保护。但是,目前还没有类似的联邦法律标准来保护通过新的、非通用运营商通信服务或新型电子通信和计算机技术传输的通信的隐私和安全。即使美国公民和美国企业正在使用这些新型技术来代替平邮或普通运营商的电话服务,抑或是两者同时使用,美国也还是没有对新型技术有像平邮或普通运营商电话服务那样的隐私保护标准。

通过《电子通信隐私法》,国会寻求促进技术创新,鼓励商业使

---

① Kerr, A User's Guide to the Stored Communications Act, and a Legislator's Guide to Amending It, 72 GEO. WASH. L. REV. 1208, at 1212.

② S. REP. No. 99 – 541, at 4 (1986), reprinted in 1986 U. S. C. C. A. N. 3555, 3358.

用"创新通信系统",防止未经授权的用户接触到不属于自己的通信,并且建立了更明确的标准来保护执法人员免于承担责任,以及提高合法获得证据的可采性。国会明确要在"美国公民的隐私期待和执法机构的合法需要之间取得公平的平衡"。参议院在关于《存储通信法》的报告中明白地表明了国会有意以与保护本地存储信息相同的方式来保护某些电子存储信息:"随着计算机记录存储系统的出现,美国人已经失去了锁定/保密大量个人信息和商业信息的能力……对于这些信息涉及的个人或企业来说,其对信息所享有的隐私或专有利益不应该被改变。"这以下观点在整个报告中反复出现:"隐私不能仅仅依靠实物保护,否则,它将逐渐随着技术的进步而被腐蚀。国会必须采取措施来保护我们公民的隐私。如果我们不这么做,那么,我们也是这一宝贵权利被逐渐腐蚀的推手。"《存储通信法》的基本组成部分反映了国会在推动技术创新与保护隐私合理期待之间的优先考虑,本文的下一节将对此进行解释。

(二)《存储通信法》的关键部分

《存储通信法》为两类互联网服务提供商的在线通信提供隐私保护:电子通信服务提供商和远程计算服务提供商。① 《存储通信法》将电子通信服务定义为"向用户提供发送或接受有线或电子通信能力的服务"。举个例子,当用户使用 Gmail 或 Yahoo! Mail 服务来发送或接收电子邮件时,Google 和 Yahoo! 就充当了电子通信服务提供商。《存储通信法》将远程计算服务定义为"通过电子通信系统向公众提供的电脑储存或处理服务"。② 再举个例子,当用户使用亚马逊的云驱动器来存储数据,以便能长期安全地保存数据时,亚马逊在这里就充当着远程计算服务提供商。

在确定《存储通信法》的规定是否覆盖了互联网服务提供商时,第一个要确定的问题就是存储通信的互联网服务提供商是否作为与该通信相关的电子通信服务提供商或远程计算服务提供商。如果互联网服务提供商没有作为以上两者,那么,《存储通信法》将不适用于相

---

① 18 U.S.C. § 2702 (a) (1) — (2) (2012).
② 18 U.S.C. § 2711 (2).

关有问题的通信。如何确定是否为电子通信服务提供商或远程计算服务提供商要取决于所涉通信的背景：判断的关键是提供方对于特定通信所发挥的作用，而不是提供者在通信中所处的抽象地位。重要的是，互联网服务提供商可以（并且经常可以）作为电子通信服务金额远程计算服务的提供者。《存储通信法》将在线信息分为内容信息和非内容信息，并为两者提供了不同的保护标准。内容信息通常是用户实际的通信信息，而非内容信息则通常包括通话记录和与用户有关的其他信息。《存储通信法》禁止电子通信提供商主动将电子存储中的内容信息泄露给第三方。它还禁止远程计算服务提供商自愿向第三方披露内容信息，除非远程计算机服务提供商"仅仅以向用户或客户提供存储或计算机处理服务为目的"而保存信息时。① 《存储通信法》对向政府实体的信息自愿披露则更为宽容，只禁止电子通信服务提供商和远程计算服务提供商披露非内容信息。除此之外，这些规定只适用于互联网服务提供商向公众提供服务的情况。第二个要确定的问题相当简单：如果一个实体向一个"大的群体"提供服务，那么，它就是在向公众提供服务，而不论它是否收费。② 大多数大学和政府的电子邮箱账户都是非公共服务提供商，因此不在《存储通信法》的覆盖范围之内。《存储通信法》第 2702 条规定了内容信息和非内容信息的自愿披露，第 2703 条规定了政府实体强制网络服务提供商披露电子存储信息的程序。

政府可以通过三种方式强制远程计算服务提供商披露内容信息。

第一种强制远程计算服务提供商披露内容信息的方式是：如果政府实体获得了有管辖权的法院根据《联邦刑事诉讼程序规则》所述程序签发的搜查令（或州法院通过州逮捕程序所签发的搜查令），那么，政府就有可能要求在不通知用户或客户的情况下进行信息披露。

第二和第三种强制远程计算服务提供商披露内容信息的方式要求政府必须通知用户或客户。在满足了提前通知的要求后，政府可获得"联邦、州法令或大陪审团授权的行政传票"，或法院根据《存储通信法》地 2703（d）条要求披露相关信息的命令。对于电子通信服务

---

① 18 U.S.C. § 2702 (a) (2) (B) (2012).
② Anderson Consulting LLP v. UOP, 991 F. Supp. 1041, 1042–1043 (N.D. Ill1.99 8).

提供商，政府必须遵守关于强制性披露的时间要求。如果内容信息在电子存储中保存了 180 天或更短的时间，要披露这些信息，政府必须获得强制披露的搜查令。如果内容信息在电子存储中保存超过了 180 天，政府可以在事先通知并获得行政传票或法院命令后强制披露这些信息。

要使所涉及的通信能适用于《存储通信法》的规定，通信的信息必须是存储在《存储通信法》条文所规定的"电子存储"中。《存储通信法》条文中规定了电子存储的两种定义。[1] 第一种电子存储的定义中包括了"在任何有线或电子通信中对电子传输附带物的临时、中间存储器"。第二种电子存储的定义中包括了"为备份保护目的而存储相关通信的电子通信服务"。无论是法条还是立法历史都没有对"备份保护目的"一词做出定义，因此，法院也一直在对其的解释上争执不休。[2]

（三） 第三方原则和《存储通信法》

学术上对第三方原则的辩护包括以下论点：《第四修正案》的保护并没有延伸到那些由其他人控制的财产，而且第三方原则在面对技术变革时是有优势的，因为它具有技术中立的属性。然而，在一个高度互联的世界中，以上这些理由是不够的，国会并未能在技术进步的时代中制定出一套额外保护通信内容的灵活标准。上文（一）（二）节的内容中为读者展示了《存储通信法》的背景，并讨论了该法案背后的美国国会立法目的。对美国国会来说，保证"通过新的非通用载体通信服务或新的电子通信和计算机技术传输的通信的隐私和安全"是至关重要的。[3] 当时美国国会在立法语言中体现了技术中立的观点——它没有限制对电子邮件或计算机通知栏的保护；相反，它用这些作为电子通信的例子来对比先前的技术，比如邮政服务或电话。美国国会指出，这些通信的内容往往是相同的，但这些内容在通过不

---

[1] 18 U.S.C. § 2510 (17).

[2] See Crispin, 717 F. Supp. 2d at 983 (noting the lack of definition for "purposes of back-up protection").

[3] S. REP. No. 99 – 541, at 5 (1986), reprinted in 1986 U.S.C.C.A.N. 3555, 3559.

同的通信系统进行传输时，对其的保护却有很大的不同。

这些用语对于理解《存储通信法》关于第三方原则的角色和目的来说至关重要。美国国会并没有忘记这一原则的存在，并且认为对电子通信提供保护是必要的——无论通信是在《电子通信隐私法》规则下传输的，还是在《存储通信法》规则下存储的——这对于限制第三方原则的影响来说至关重要。美国国会也不希望这种保护仅限于刑事调查或联邦审判——参议院的报告和这些法案的最终用语本身都支持对电子通信的保护应该是非常广泛的保护。那么，为什么《存储通信法》没有实现这个目标呢？

如本文第二部分所述，其失败之处在于其最终采取的法定语言，这些用语试图使法案成为技术中立的，但却造成了实质上特定技术的适用模糊性。该法案起草于20世纪80年代，立法语言并未能提供一个易于适应新时代的框架。这样所造成的结果是，法院必须来解释，使用新技术（比如使用Facebook、谷歌和苹果的iPhone等现代科技进行交流）的用户是否享有《第四修正案》的隐私保护？如果是，那么，他们在何种程度上享有这些保护？如果基本法规提供了一个框架来明确国会意图保护的活动和利益类型，那么，提供保护的结果可能是可取的。

不幸的是，正如本文第二部分所暗示的那样，《存储通信法》除了提供这样一个框架之外，什么都没有提供，而且留下了大量的模糊之处，从而导致了不同的司法结果。然而，尽管1986年的法律条文未能明确阐明现代技术，但国会的初衷是明确的——面对先进技术，希望加强对通信内容的保护，特别是对第三方原则的限制。

（四）民事诉讼和《存储通信法》

对于那些在"战壕"中奋力拼搏的法律从业者来说，《存储通信法》在民事诉讼策略中也扮演着重要的角色。《美国联邦民事诉讼规则》第4557条是关于联邦法院传票的规定，2658条是关于联邦法院证据开示的规定，而《存储通信法》则特别适用于向非诉讼当事人发出传票请求。因此，《存储通信法》适用于向Yahoo!、Facebook和Google等互联网通信内容持有者发出传票的请求。

越来越多的诉讼当事人像例行公事一样在社交网络平台上寻找共

享和存储的通信信息。因此，法院不仅要应付各州和联邦有关发现电子存储信息的程序规则，也要设计一些方案，让各方当事人可以获得相关的社交媒体内容，比如，状态更新、私人聊天和受保护的推文而不违反现有的隐私保护。虽然不同的法院已经制定了不同的方案来促进当事人之间就相关内容的交流，但因为没有《存储通信法》的规定，法院经常会因为第三方记录原则而同意诉讼人的请求，迫使非当事人大量披露通信内容而侵犯当事人的隐私。

然而，《存储通信法》中过时的法律语言使得法院必须进行不必要的法律分析已确定特定通信所涵盖的范围。例如，在捷蓝航空公司的隐私诉讼（In re Jetblue Airways Corp Privacy Litigation）中，一组原告声称捷蓝航空公司违反了《电子通信隐私法》的规定："在未经乘客授权或同意的情况下泄露了其存储的乘客通信信息。"[①] 但当捷蓝航空的首席执行官 David Neelman 公开承认公司违反了自己制定的隐私政策，将客户的个人身份信息传送给一家私人数据挖掘公司时，纽约地区法院却驳回了原告基于《电子通信隐私法》的索赔。法官裁定，由于捷蓝航空既不是电子通信服务提供商，也不是远程计算服务提供商，所以《存储通信法》无法适用于涉及通信的案件。Jetblue 法院主要借鉴于 Crowley v. Cybersource Corp. 一案和 Andersen Consulting LLP v. UOP 一案中的法院观点。在 Crowley 一案中，美国加利福尼亚的一个地方法院裁定："网络商家亚马逊（Amazon.com）不是一个电子通信服务提供商，尽管事实上，亚马逊维护着一个网站，并接收客户在购买商品时包含个人信息的电子通信。"在 Andersen 一案中，法院在购买互联网服务的公司和提供此类服务的公司之间做出了一个区分，并发现购买互联网服务的公司，如电子邮件公司，就像其他购买互联网服务的消费者意义，不是《电子通信隐私法》意义上的电子通信服务提供商。

如上所述，在当事人之间的诉讼背景下，正常的民事证据开示程序至少会为当事人提供在信息披露前充分解决问题的机会——从而将隐私保护的问题交给对抗制的审判。但是，当向非当事人提出披露要

---

① In re Jetblue Airways Corp. Privacy Litig., 379 F. Supp. 2d 299, 306 (E. D. N. Y. 2005).

求的情况时，如果没有《存储通信法》的保护——在一个几乎所有通信都由第三方传输和存储的世界里，向第三方提出的披露请求将成为证据程序的"后门"，从而使其脱离正常的民事诉讼程序。这种对民事证据开示程序的根本性改变并不是国会想要看见的局面，《存储通信法》的颁布，特别是《存储通信法》第2702条对自愿披露的保密限制证明了这一点。

三、《存储通信法》法理解释的差异

全国各地的法院都对《存储通信法》的条文用语做出了不同的、往往是相互矛盾的解释，特别是当它被应用于在法案颁布时还不存在的现代技术时。

（一）分歧：被打开后的电子邮件是否还保存在"电子存储"中

对于一个特定的通信，互联网服务提供商到底是作为电子通信服务提供商还是远程计算服务提供商，这是一个关键的区别，因为法案对不同类型的提供商提供了不同的隐私保护。在电子邮件已被打开的背景下，要做出这种区别尤其具有挑战性，而法院间对于打开后邮件是否存储在《存储通信法》所规定的"电子存储"中存在真正的分歧。由司法部颁布并为大多数法院所接受的传统方法认为，打开的电子邮件不应保存在"电子存储"中，因为它们不是在临时或中间存储器中进行的、偶然的有线或电子通信的备份副本。① 这一解释假设第2510（17）条第（B）款中关于"电子存储"的第二种定义——"为备份保护目的而存储相关通信的电子通信服务"——仅适用于第（A）款中的信息。第九巡回法院在 Theofel v. Farey-Jones 一案中没有采取以上对第2510（17）条的解释，并称第（B）款中"该等通

---

① See Orin S. Kerr, South Carolina Supreme Court Creates Split with Ninth Circuit on Privacy in Stored E-mails and Divides 2-2-1 on the Rationale, *VOLOKH CONSPIRACY*（Oct. 10, 2012, 4:24 PM）, http://www.volokh.com/2012/10/10/sourthcarolina-supreme-court-deepens-split-on-privacy-in-stored-e-mails-and-divides-2-2-1-on-the-rationale/（noting that the traditional view adopted by the DOJ is that subsection (B) refers to backup copies in subsection (A)）.

信"一词"在文法上没有提及第（A）款所定义的存储类型的属性。"① 因此，法院分析了争议中的电子邮件是否符合（A）款或（B）款的定义。法院认为，发送给用户、由用户检索，并由互联网服务提供商所存储的电子邮件信息是为了"备份保护目的"而存储的——完全符合第（B）款的规定——因此受到电子通信服务规则的保护。法院的理由是：为了防止自己不小心删除或找不到原始的邮件信息，用户经常依赖电子邮件服务器来保存电子邮件消息，所以，用户"是否事先打开该邮件与争议中的相关邮件是否在电子存储中无关"。在 Theofel 一案中，法院认为："重要的不是邮件是否已经被访问，而是邮件信息'是否在正常存储的时效内过期了'。"

在 United States v. Weaver 一案中，美国伊利诺伊州地方法院非常重视在 Theofel 一案中所涉及的特定电子邮件系统，并指出第九巡回法院得出结论的假设是用户从互联网服务提供商的服务器上下载电子邮件到自己的电脑上。在 Weaver 一案中，有争议的电子邮件系统是一个网页式的远程 Hotmail 账户。该案中，法院认为，存储在网页式电子邮件系统上的通信不是为了备份保护目的而存储的，而是为了"提供存储或计算机处理服务的目的"而保存的，因此必须遵守远程计算服务规则。但其中有一个重要的区别，即 Weaver 一案中的结论基于的假设是确定一个互联网服务提供商是电子通信服务提供商还是远程计算服务提供商取决于互联网服务提供商的主观意图，而不是用户在使用服务时的意图。Weaver 一案中的法院声明：除非 Hotmail 用户更改了其默认设置，否则，远程计算服务是他/她存储邮件的唯一位置，微软不会以备份为目的而存储该用户打开的邮件。相反，微软保留这些信息"完全是为了向相关用户或客户提供存储或计算机处理服务"。Weaver 一案的判决将判断的标准定为互联网服务提供商的意图，而不是用户的意图。然而，正如 Theofel 一案中第九巡回法院所指出的："《存储通信法》没有要求备份保护是为了互联网服务提供商的利益而不是用户的利益。"② Weaver 一案的法院进一步争辩说，

---

① Theofel v. Farey-Jones, 359 F. 3d 1066, 1076 (9th Cir. 2003).
② Theofel, 359 F. 3d at 1075.

Theofel 一案的判决与立法历史不符。① Weaver 一案的法院引用了众议院关于《存储通信法》报告中的一段话："有时，收件人在收到信息后，会选择将其保存在互联网服务中，以便以后重新访问。"法院委员会认为，这样的通信应该继续受到第 2702（a）（2）条的规管，因为这一条是关于远程计算服务的规定。但第九巡回法院在 Theofel 一案中提出电子通信服务的规则也应该适用，因为远程计算服务和电子通信服务的规则共同规制着电子邮件：如果第 2702（a）（2）条在用户未打开电子邮件之前也适用，那么委员会就不可能确定唯一的保护来源，因为即使政府也承认未打开的电子邮件是受电子存储条款保护的。②

在民事责任的背景下，远程计算服务和电子通信服务的区分是可以由结果来决定的。在 Quon v. Arch Wireless Operating Co., Inc. 一案中，民事责任的归属取决于 Arch Wireless———一家为安大略省提供短信寻呼机服务的私营公司——是否作为存储短信的远程计算服务或电子通信服务提供商。③ 地方法院认为，Arch Wireless 公司作为远程计算服务提供商，可以根据第 2702（b）（3）条的豁免条款披露私人短信的副本，因为它获得了市政府的同意，而市政府是法定豁免的"用户"。将 Arch Wireless 公司认定为远程计算服务提供商是至关重要的，因为即使获得了用户的许可，电子通信服务提供商也不能被免除披露此类内容的责任。第九巡回法院反过来认为，Arch Wireless 公司是电子通信服务提供商。它解释道："要理解《存储通信法》的含义，必须要理解基本的常识性定义。"第九巡回法院认为，《存储通信法》中关于电子通信服务的定义（"向用户提供发送或接受有线或电子通信能力的服务"）准确描述了 Arch Wireless 公司合同条款中所提供的功能。法院将这一功能与远程计算服务的功能进行了对比，解释说："在微软 Excel 等高级计算机处理程序出现之前，企业必须将复杂的处理程序外包给专门处理信息的服务。"此外，第九巡回法院

---

① Weaver, 636 F. Supp. 2d at 772-773.
② Theofel, 359 F. 3d at 1077.
③ Quon v. Arch Wireless Operating Co., Inc., 529 F. 3d 892, 900 (9th Cir. 2008), rev'd on other grounds in Ontario v. Quon, 560 U. S. 746 (2010).

还引用了 Theofel 一案的内容并写道："虽然还不清楚 Arch Wireless 公司是为了谁'存档'这些信息——可能是为了用户，也可能是为了 Arch Wireless 公司本身——但很清楚的是，这些信息被存档是为了'备份保护'，就像它们在 Theofel 中一样。"

2012 年，南卡罗来纳州最高法院驳回了 Theofel 的判决，并发现存储在网页电子邮件系统上的信息不会被保存在电子存储器中，这进一步加重了人们对于《存储通信法》的分歧。在 Jennings v. Jennings 一案中，南卡罗来纳州最高法院考虑了，如果一个人未经授权而访问了另一个人的 Yahoo! 网页邮箱，那么，根据《存储通信法》第 2701 条的规定，他必须承担民事责任。① 当知道他妻子正确地猜到了他 Yahoo! 邮箱安全保密问题的答案，并访问了他的电子邮件来获取有关他婚外情的信息时，Lee Jennings 提起了诉讼。这一举动是否要承担责任，首先要明确电子邮件是否被存储在《存储通信法》所规定的"电子存储"中。如果电子邮箱超出了法律对"电子存储"的定义，那么，根据《存储通信法》第 2701 条，Jennings 不得提出任何主张。具体来说，法院考虑的都是这些电子邮件的存储是否"出于备份保护的目的"。②

此前，美国南卡罗来纳州上诉法院基于第九巡回法院对 Theofel 一案的判决，发现网页电子邮件系统中的电子邮件保存在电子存储之中。③ 上诉法院首先发现，就有争议的邮件来说，Yahoo! 是作为电子通信服务提供商在行动的，法院特别指出，当案涉邮件被别人访问时，Yahoo! 仍在向 Jennings 提供电子邮件服务。法院随后考虑了这些电子邮件的存储是否处于备份保护的目的，并发现"之前被打开过的电子邮件存储在 Yahoo! 的服务器上，因此，Jennings 可以在必要的时候再次访问它们"。第九巡回法院明确提到了其在 Theofel 一案中的判决，法官写道："与第九巡回法院一样，我们认为，当一份电子邮件被打开后，对其备份副本的储存是为了在用户需要再次打开邮件的时候，系统能够响应。"然而，南卡罗来纳最高法院否决了这一

---

① Jennings v. Jennings（Jennings I），736 S. E. 2d 242（S. C. 2012）.
② 18 U. S. C. § 2510（17）（B）（2012）.
③ Jennings v. Jennings（Jennings II），697 S. E. 2d 671（S. C. Ct. App. 2010）.

解释，认为保留已打开的电子邮件并不构成该法案下为备份保护目的而进行的存储。① Jennings 一案中的法院非常重视字典对"备份"一词的定义，《韦氏字典》将其定义为"作为替代或支持的人"。法院（因此错误地）得出结论：网页电子邮件系统只保存电子邮件的单一副本，并认为保存电子邮件的目的不是为了备份保护。因此，电子邮件没有被保存在《存储通信法》所规定的"电子存储"中。②

值得注意的是，虽然南卡罗来纳最高法院的首席大法官 Toal 同意判决结果，但他也解释说，不同的字典对"备份"一词的确切解释不同，法官的多数意见所定义的"备份"（"一个替代或支持"）也可以很好地表明，在互联网服务提供商上的电子邮件信息可以存储以备用户需要重新浏览时使用。根据这个定义，无论是否存在第二份副本，电子邮件都可以被认为是出于备份保护的目的而存储的。首席大法官 Toal 是根据"备份保护"一词的法律和历史背景写下了这句话："司法部进一步发展了《存储通信法》的传统解释，加之美国国会从未考虑过这种新形式的技术，因此造成了这个判决结果。"然而，这种做法过分强调了 1986 年的技术，并没有充分考虑到《存储通信法》的核心——隐私问题。此外，正如上文第二部分第三节中所讨论的，参议院在关于《存储通信法》的报告中表明，美国国会并没有试图"考虑一种新的技术形式"，而是试图制定出一个技术中立的概念来为新兴技术提供保护。

（二）社交媒体和《存储通信法》

在社交媒体环境下应用《存储通信法》会带来许多实践和法律上的挑战。其中一个就是《存储通信法》的范围仅限于"不打算向公众开放的电子通信"。③ 然而，法院判决表明，一些通过社交网络平台进行的通信可能能受到《存储通信法》的保护，即使他们已经被泄露给数百甚至数千个第三方。

---

① Jennings 1，736 S.E. 2d at 242, 245 (S.C. 2012).
② Jennings 1，736 S.E. 2d at 245.
③ See S. REP. No. 99-541, at 35 (1986), reprinted in 1986 U.S.C.C.A.N. 3555, 3589.

1. Crispin v. Christian Audigier, Inc. 一案

在 Crispin v. Christian Audigier, Inc. 一案中，加州地方法院考虑了《存储通信法》是否适用于共享和存储在社交网络平台上的通信。① 案涉的三个社交网络平台是 Facebook、MySpace 和 Media Temple。在认定所有三个网站都提供私人信息或电子邮件服务时，法院得出结论，每个平台都是电子通信服务提供商。② 法院还进一步认为，每个社交网络平台都可以作为电子通信服务提供商。具体来说，法院在 Crispin 一案中写道："对于尚未被打开的信息来说，这些实体作为电子通信服务提供商而运作，并且这些信息正处于电子存储之中，因为它们属于第 2510（17）（A）条所定义的临时、中间存储。对于 Crispin 已经打开和保存的信息来说，Facebook、MySpace 和 Media Temple 就是远程计算服务提供商，因为它们像第 2702（a）（2）条所规定的那样提供了存储服务。"

在这种分析之下，社交网络平台将被禁止在未经适当授权的情况下，主动"向任何人或实体泄露"通过电子邮件或私人信息进行的通信内容。根据 Crispin 一案中法院的说理，未打开的私人信息在 180 天以内受到电子通信服务规则的管理，社交网络平台只能在政府提供有效授权的情况下披露这些信息。已被查看过的私人信息则不那么受严格的远程计算服务规则的管理：政府必须事先通知用户，然后只需要向社交网络平台提交庭审传票或法庭命令就可以获取这些信息。

Crispin 一案中法院接受了 Weaver 一案判决的逻辑，认为在社交网络平台上公开的信息应该由远程计算服务规则管理。该法院还否认其判决与第九巡回法院的先例相冲突，而且坚持其判决有 Theofel 一案先例的支持。但是 Theofel 一案的判决明确表示了：用户是否查看了电子邮件与电子邮件是否在电子存储中无关。③ 如果 Crispin 一案中法院认定 Facebook、MySpace 和 Media Temple 是电子通信服务提供者，那么，收件人是否查看过这些信息就无关紧要了。④ 因此，当

---

① Crispin v. Christian Audigier, Inc., 717 F. Supp. 2d 965 (C. D. Cal. 2010).
② Crispin, 717 F. Supp. at 982.
③ Theofel v. Farey-Jones, 359 F. 3d 1066, 1077 (9th Cir. 2003).
④ See Crispin, 717 F. Supp. 2d at 982.

Crispin 一案中法院认为 Facebook、MySpace 和 Media Temple 是电子通信服务提供商,但在公开信息方面却扮演了远程计算服务提供商的角色时,就明显与 Theofel 一案的判决相背离了。

Crispin 法院还考虑了 Facebook 公告栏上的帖子(留言)和 MySpace 上的评论是否有资格受到《存储通信法》的保护,法院分析了公告栏上的这些帖子和评论是否可以被定义为存储在电子存储中。根据第(A)款的定义,法院认为,作为临时、中间存储形式的留言和评论是不受保护的,因为它们不像电子邮件必须打开才能查看,它们的浏览不需要有这个步骤。但是,根据一个重要的类比,法院认为留言和评论都是为了备份保护的目的而存储的,因此包含在第(B)款的定义之中。法院将留言和评论类比为电子公告板服务(bulletin board service,以下简称 BBS)上的信息——这种技术不仅在 1986 年就已经存在,而且也明确被纳入了立法历史之中。

2. 留言和评论与私密 BBS 信息之间的类比

参议院关于《存储通信法》的报告将 BBS 定义为"计算机用户为在计算机之间传输信息而创建的通信网络",并指出,这些系统可能采用专有的系统形式,或者可能是在拥有共同利益的计算机用户之间运行的非商业系统。报告承认,向公众开放的 BBS 不包括在《存储通信法》的范围之内,因为公共公告栏的管理人能有效地授权任何人访问该通信。《存储通信法》在第 2511 条(2)(g)条写道:"任何人……拦截或访问通过电子通信系统进行的电子通信,且该电子通信系统是为一般公众容易获取该电子通信而配置的,不属违法。"[①]

Crispin 一案中法院在很大程度上借鉴了第九巡回上诉法院在 Konop v. Hawaiian Airlines, Inc. 一案中的判决,并得出结论:网络帖子一经发出,就会被保存起来以作备份。[②] 在 Konop 一案中,第九巡回法院考虑了,当雇主未经授权而访问由 Konop 维护的私有 BBS 时,是否违反了《存储通信法》的规定。随后其明确表示:该网站是电子通信服务提供商,在该网站上的通信保存在电子存储中。重要

---

① 18 U.S.C. § 2511 (2) (g) (2012).
② Crispin v. Christian Audigier, Inc., 717 F. Supp. 2d 965, 989 (C. D. Cal. 2010).

的是，法院考虑了 Konop 采取的限制公众进入的措施：

Konop 网站通过要求访问者使用用户名和密码登录来控制用户对其网页的访问。当事人创建了一个有资格访问该网站的人员名单，其中大多数是 Hawaiian Airlines 公司的飞行员和其他员工……Konop 为网站编写了程序，当用户输入符合条件的用户名、创建密码，并点击点击屏幕上的"提交"按钮，表示接受使用条款和条件时，就可以进入网站。这些条款和条件禁止 Hawaiian Airlines 公司管理层的成员浏览该网站，并禁止用户向任何人披露网站内容。

根据这个理由，Crispin 一案中法院发现，如果用户充分限制了别人对其社交媒体账户上通信的访问，那么，这些通信信息就可以被《存储通信法》所覆盖。① 特别地，法院指出，如果 BBS 的帖子浏览后没有被删除，那么，它在本质上就类似于 Facebook 公告栏上的帖子或 MySpace 上的评论，这样就会导致 BBS 的帖子被存储起来以作备份。因此，法院裁定："Facebook 和 MySpace 是电子通信服务提供商，这类信息都存储在电子存储中。"这个发现使得政府如果想要网站披露那些被限制访问的文章和评论，那么，它需要先获得一份搜查令。

但 Crispin 一案中法院的结论并未止步于此，在另一种情况下，法院认为对于留言板上的帖子和评论来说，Facebook 和 MySpace 是远程计算服务提供商。得出这种结论主要是因为 Viacom International, Inc. v. YouTube, Inc. 一案的案件事实。在 Viacom 一案中，纽约地区法院判定 YouTube 为用户上传的视频提供了远程计算服务，用户可以通过 YouTube 的隐私设置将这些视频指定为隐私视频。② Crispin 一案中法院将这些限制访问的视频类比为限制访问的留言和评论，发现在这两种情况下，网页存储内容都是"为了用户的利益和用户指定的利益"。Crispin 一案中法院的判决既互相矛盾又踌躇不定，因此，未能阐明《存储通信法》对于社交媒体平台通信的适用性。

这一分析为我们在下文第四部分中讨论的建议提供了支持，《存

---

① Crispin, 717 F. Supp. at 991.

② See Viacom Int'l, Inc. v. YouTube, Inc., 253 F.R.D 256, 264–265 (S.D.N.Y. 2008).

储通信法》显示美国国会希望第三方记录原则的范围能够对某些类型的活动和内容，如通信有所限制。此外，这一分析支持了我们所赞同的 Kerr 教授的建议，即修正《存储通信法》和《电子通信隐私法》以建立起一个保护传输中和存储中所有通信类型的单一定义，以及建立起一个单一、平等的保护标准，要求大多数刑事调查之中都需要获得搜查令。

虽然目前尚不清楚在社交网络平台上共享和存储的通信是否应受电子通信服务或远程计算服务规则的管辖，但上述判例法显然表明，某些社交媒体用户有权在《存储通信法》下获得一些保护。在 Crispin 一案中，法院考虑了通信者是否设置了足够的隐私限制这一因素，这一逻辑符合美国国会制定《存储通信法》时的明确意图：在美国公民的隐私期待和执法机构的合法需要之间取得公平的平衡。此外，确立的法定构建原则迫使对 SCA 的解读"实现而不是挫败立法者起草时的主要目的"。①

这篇文章建议美国国会应该修改《存储通信法》，将通过社交网络平台进行的、已访问通信纳入其保护之中。目前，Crispin 一案中的判决表明，留言和评论是否被《存储通信法》所覆盖的门槛问题完全取决于用户的隐私设置是否足够限制其他人的访问。因此，我们建议社交网络平台应该配置有效的隐私设置来限制访问的方式，从而足以让法院将这些平台类比为私密的 BBS。而这种方法至少提出了两个重要问题：第一个问题是，为了享受《存储通信法》的保护，用户必须在多大程度上限制别人对其资料文件的访问？第二个问题是，可用的隐私设置是否足够有效地使公众无法访问该平台？

3. 社交媒体隐私设置：隐私到底能有多私密

因为社交网络平台能够提供不同的沟通渠道，所以用户必然会对每个不同的渠道产生不同的隐私期待。但《存储通信法》并没有根据人们对隐私的合理期待来提供相应的保护。相反，该法案使用的还是基于 1986 年的技术所产出的用语。因此，用户可以在向数千名用户显示的通信中获得更高的保护，但该法案对只有两个人共享的私人

---

① Shapiro v. United States, 335 U.S. 1, 31 (1948).

信息的保护程度则相对较低。① 这些法律解释的结果可能会阻碍目的的实现，从而表明不应该对不同的技术提供不同程度的保护。

在国会重新审议《存储通信法》之前，法院有权选择忽视技术与技术之间的区别，从而提供与国会意图相称的更一致的保护水平。Crispin 一案中法院的结论是，可以将留言和评论类比为 BBS，这一结论是基于这样一个假设，即可用的隐私设置有足够的限制性。因此，对社交网络平台的隐私设置进行评估是合适的。《卡内基梅隆大学隐私与保密期刊》最近发表的一项研究使用了 5076 名 Facebook 用户的纵向调查数据②，这项研究调查了这 5076 名用户的隐私和披露行为从 2005 年——Facebook 网络平台运行的早期——到 2011 年间发生了怎样的变化。③ 该研究强调了三个趋势：第一个趋势是，随着时间的推移，在调查数据库里的 Facebook 用户表现出了越来越多的隐私期待，他们逐步减少了与在同一网络中没有关联的用户共享的个人数据数量。第二个趋势是，根据研究人员的观察，Facebook 在这段调查时间即将结束时，Facebook 实施的改变阻止了这种趋势，甚至在某些情况下逆转了这种趋势。第三个趋势是，Facebook 用户向其他有关联的用户透露的个人信息的数量和范围实际上随着时间的推移而增加，正因为如此，向网络上的"沉默听众"——Facebook 本身、第三方应用程序和（间接的）广告商披露的信息也在增加。第三个趋势最能用来说明 Facebook 的隐私设置是否足够。这一发现表明，有意保护隐私的用户通常会在不知情的情况下向第三方（如广告商和应用程序）披露信息，这凸显了这样一个现实：隐私设置可能无法像用户和法院想象的那样限制内容。例如，研究发现，用户经常在不知情的情况下向第三方应用程序透露他们的生日、位置、照片和朋友的位置。更重要的是，研究发现，用户经常错误地估计了有多少 Facebook 的用户访问了他们的个人资料数据：社交媒体用户总是低估了他们帖子的受众规模，往往估计的人数只有真实规模的 27%。这反

---

① See Crispin, 717 F. Supp. 2d at 991.
② 纵向研究（longitudinal study）也叫追踪研究，是指在一段相对长的时间内对同一个或同一批对象进行重复的研究。
③ Fred Stutzman et al., Silent Listeners: The Evolution of Privacy and Disclosure on Facebook, 4 *J. PRIVACY & CONFIDENTIALITY* 7 (2012).

映了 Facebook 的隐私设置并未足够严格地将留言帖子等同于私人的 BBS 消息。

哥伦比亚大学计算机科学系发表的一项研究发现了类似的结果。该研究调查了用户的 Facebook 隐私设置是否符合他们的分享意图,并得出结论,Facebook 目前的隐私设置方法"从根本上是有缺陷"。这项研究的参与者完成了意向表格,这份表格要求参与者说明特定的调查组是否可以访问特定的信息类别。参与者被告知,信息类别的区分是基于信息的内容而不是数据类型,并且调查的范围涵盖了所有的数据类型,包括留言、照片、链接和个人状态更新。研究发现,每 65 名参与者中就有 1 人至少经历过一次违反其意图的分享行为。换句话说:"每个参与者都在分享他们想要隐藏的东西,或者正在隐藏他们想要分享的东西。"①

此外,美国联邦贸易委员会最近关于社交网络平台隐私设置的禁令进一步质疑了将留言和评论类比成私人 BBS 消息的适当性。2011 年 11 月,美国联邦贸易委员会发布了一项禁令,指控 Facebook "欺骗消费者,因为 Facebook 告诉他们可以在 Facebook 上加密自己的信息,然后却一再地允许分享和公开信息"。例如,联邦贸易委员会发现,Facebook 告诉用户他们可以将数据共享限制在有限的受众范围内。比如"仅限好友",而事实上,"仅限好友"并不能阻止他们的信息被其好友使用的第三方应用程序共享。② 同年早些时候,美国联邦贸易委员会采取了涉及另一个社交媒体平台的行动。2011 年 3 月,美国联邦贸易委员会发布了一项禁令,指控 Google "在推出 Google Buzz 时使用了欺骗手段,违反了自己的隐私承诺"。该禁令称,Google 对消费者做了欺骗性的陈述,因为 Google 声称:"消费者能够控制哪些信息可以通过他们的 Google 公共文件而公开。"③ 联邦贸易委员会发现,"用户通过电子邮件和聊天最多的联系人将被默认公

---

① Michelle Madejski et al., The Failure of Online Social Networking Privacy Settings, *COLUM. U. COMPUTER SCI. TECH. REP.* (2011).

② Press Release, Fed. Trade Common, Facebook Settles FTC Charges that It Deceived Consumers by Failing to Keep Privacy Promises (Nov. 29, 2011).

③ Google, Inc., FTC File No. 102-3136, at 6 (Mar. 30, 2011).

开,通过其他 Google 产品提交的用户信息将通过 Buzz 自动披露"①。

上述研究和美国联邦贸易委员会的禁令表明,社交网络平台上的隐私设置可能不会提供 1986 年私人 BBS 上存在的那种限制。例如,美国参议院在关于《存储通信法》的报告中明确指出,《存储通信法》第 2701 条 "不阻止公众通过广泛的授权而访问通信设备"②。该报告具体指出:"该法案没有阻碍电子公告板或其他类似服务的开发或使用,只要其服务信息是可以被公众利用,且该服务的便利性是众所周知的,不需要专门的访问密码或警告来表明访问信息的私有性。"③

Crispin 一案中法院很快得出了结论:留言和评论可以被安全地类比为一个私人的 BBS 消息,只要留言和评论的作者采用了有效的隐私设置。然而,这一结论是基于这样一个假设:社交网络平台上有效的隐私设置具有足够的限制性。如上所述,这种假设不一定是恰当的。

四、《存储通信法》的修改

本文的第二部分和第三部分介绍了《存储通信法》的历史、实践和法律背景。第四部分建议美国国会应该修正《存储通信法》,为私人电子通信——如存储在 Gmail 上的私人电子邮件和保存在 Facebook 上的私人信息提供更高的法定保护,在这些情况下,用户可以通过充分利用隐私设置来证明其对隐私的合理期待。此外,它还表明,即使是现在,法院也可以解释现有的法律用语和宪法保护规则来提供在私人电子通信方面更符合美国国会保护的意图。

1976 年,最高法院在 United States v. Miller 一案中首次承认了第三方原则。尽管现在的时代在通信方式、利益和期待上有重大和实质性的改变,但最高法院并没有重新审视第三方原则。Kerr 教授在其最近的一篇文章中指出:"一些下级法院已经裁定,《第四修正案》

---

① Google, Inc., FTC File No. 102-3136, at 6 (Mar. 30, 2011).
② S. REP. NO. 99-541, at 36 (1986), reprinted in 1986 U.S.C.C.A.N. 3555, 3590.
③ S. REP. NO. 99-541, at 36 (1986), reprinted in 1986 U.S.C.C.A.N. 3555, 3590.

完全保护第三方提供商持有的电子邮件内容。"① 他引用了第六巡回法院在 United States v. Warshak 一案中的判决,指出一些地方法院的判决将 Warshak 一案中所确立的理论应用于其他形式的通信内容,如"Facebook 信息、短信、传真和有密码保护的网站"②。事实上,Kerr 教授得出结论:"除了与此相反的结论,Warshak 一案所确立的理论已经被每一个遇到此类问题的法院采用。"③

Kerr 教授认为:"只有一个联邦上诉法院明确地解决了这个问题。"④ 由于最高法院尚未重新审视这个问题,Miller 一案所确立的理论仍然被很多法院所采用。因此,虽然 Kerr 教授正确地将正在发展中的判例法描述为实质上支持《第四修正案》对第三方存储的通信内容进行保护,这个问题还远远没有得到解决。

一项针对联邦政府关于隐私和相关技术问题的决定的初步调查表明:一些法院可能不太倾向与遵循 Warshak 一案判决的说明。例如,第五巡回上诉法院最近认为,手机用户对第三方移动电话服务提供商存储的位置数据的隐私没有合理的期望,即使这些数据是提供该服务所必需的。第六巡回上诉法院在 2012 年也进行了类似的判决,尽管本案所涉及的技术与 United States v. Jones 一案所涉及的技术区别不是那么明显。其中的许多判决,尤其是包括 Jones 一案在内,都呼吁国会纠正这些法律含糊不清的地方,并在隐私和技术的背景下制定明确的指导方针。美国国会的行动可能需要时间。

虽然立法补救是最合适的解决方案,但在过渡时期,法院仍可选择保持国会试图通过《存储通信法》提供的隐私保护水平。本文希望敦促法院遵循 Warshak 一案的判决,并要求执法部门在强制披露第三方存储的在线通信内容前获得搜查令。由于没有《第四修正案》

---

① Orin S. Kerr, The Next Generation Communications Privacy Act, 162 *U. PA. L. REV.* 373, 399 (2014).

② Orin S. Kerr, The Next Generation Communications Privacy Act, 162 *U. PA. L. REV.* 399 – 400 (2014).

③ Orin S. Kerr, The Next Generation Communications Privacy Act, 162 *U. PA. L. REV.* 400 (2014).

④ Orin S. Kerr, The Next Generation Communications Privacy Act, 162 *U. PA. L. REV.* 400 (2014).

的保护，民事诉讼就成了另一个问题。正如上文在第二部分第四届中所讨论的，本文建议国会通过《存储通信法》创建出新的隐私保护措施，从而因应最高法院在 Miller 一案中的判决，这将防止诉讼当事人绕过证据公示诉讼程序的行动。因此，根据《存储通信法》的立法历史，法院应该寻求限制当事人对共享和存储在社交网络平台上的通信内容的披露请求。在《下一代通信隐私法案》中，Kerr 教授提出了一个思考：如果美国国会完全废除了《电子通信隐私法》并颁布新的隐私法来取代它，会发生什么？特别地，Kerr 教授建议，新的隐私法规应该：①对所有内容的访问都施加相同的授权要求；②对元数据的披露提出特殊性要求；③对所有被访问内容实施最小化访问和保密规则；④实施对美国境内的用户应用强制性规则，对国外的用户则实行宽松的制度。

虽然本文在很大程度上同意 Kerr 教授的建议，但笔者进一步建议国会应该采用技术中立的语言，以明确受保护的内容，同时给法院留下足够的灵活性来应对国会打算对未来技术应用的保护。正如本文第二和第三部分所讨论的，美国国会曾经试图在《存储通信法》上这样做，但未能起草成文。这项任务的核心挑战是"技术中立的语言"，以此来包含尚未定义的未来技术。使用这样的语言看似一个很合理的目标——美国国会可以关注自己想要达到的保护水平，而不是关注传达信息的具体技术来实现这一目标。本文也提供了一项适当的建议，即在通过一项关于存储通信内容的刑事和民事保护的单一标准时，立法草案如何可以描述这种保护的范围：

存储在允许一个或多个用户之间通信的任何互联信息系统上的通信内容，且该系统的设置可以被用户所更改以显示其足够的隐私期待，或允许这些用户能够显示其隐私期待。

针对隐私设置的用语反映了 Katz 一案及其后续案件所确立的核心原则。在 Katz v. United States 一案中，最高法院裁定，一名被告在一个封闭的公共电话亭拨打电话时，能够保持他对隐私的合理期待。[①] 法院阐述了"隐私的合理预期"判断标准，这是一个双重认定，即主观的隐私期待（通信者方）和客观的隐私期待（社会认为

---

① United States v. Katz, 389 U.S. 347 (1967).

合理的）。① Katz一案中电话亭可以作为隐私设置的恰当类比，因为这两种背景都显示了当事人对隐私的期待。② 尽管Katz一案的当事人在封闭的电话亭内享有《第四修正案》的保护，但Katz一案中的意见表明，如果一部公用电话没有安装在类似可关闭的电话亭内，那么，就无法享受到类似程度的保护。正如本文第三部分所讨论的，允许用户明确表达意图的隐私设置对于在包含公共和私有部分的复杂信息系统中划定边界非常重要。

同样地，在《第四修正案》判例中也能找到类似的例子，社交媒体和其他先进的通信系统中的隐私设置被有效地实施和使用时，充分地展示了对隐私的期望，社会愿意承认这是合理的。法院可以注意到这些设置和社会期待，就像上面讨论的Katz案件一样，并按照本部分中提出的用语实施保护。当用户在这些平台上采用了足够严格的隐私设置时，美国国会应该使用这样的用语以采用统一的标准来保护在社交网络平台上共享和存储的通信内容。

五、结语

在过去的10年间，当法院把《存储通信法》应用于该法案颁布时还不存在的技术时，往往对法案进行了各种不同的、甚至是相互矛盾的解释。因此，看似私密的电子通信，如存储在Gmail上的电子邮件或保存在Facebook上的私人信息，在《存储通信法》下可能不会受到完全的隐私保护，而半公共的留言和评论则可能会触发该法案的最高保护。此外，在一些最流行的社交网络平台上，隐私设置的有效性仍然存在很大的不确定性。

本文建议美国国会修正《存储通信法》，以确保该法案的应用能实现国会制定该法案时的初衷：为私人电子通信提供普遍的隐私保护，无论这些通信是在传输中还是在存储中。本文进一步建议美国国会采用技术中立的法定语言，以便现在和将来都能更有效地保护通信内容。这种语言的使用不仅能够更好地反映现代网页版电子邮件和消息传递系统的功能，而且更准确地结合了法案起草者的原始意图。这

---

① United States v. Katz, 389 U.S. 361 (1967).
② United States v. Katz, 389 U.S. 352 (1967).

篇文章提出了有助于实现这一目标的用语,并对法院在过渡期间如何采取行动来保持美国国会通过《存储通信法》创建的额外保护提出了有益建议。

《美国联邦宪法第四修正案》和在线社交网络

内森·彼得拉谢克[①] 著 邓梦桦[②] 译

目　次

一、导论
二、在线社交网络的基础
三、在线社交网络对用户和执法部门的吸引力
四、衡量在线社交网络内容中的隐私合理期待
五、保护在线社交网络用户内容的重要性
六、结语

一、导论

新兴技术对长期固化的法律概念提出了挑战。因此，就像当初固定电话在全国范围内得到广泛使用和认可一样。现在，当人们几乎人手一部移动电话时，与大型网络相连接的个人电脑也得到了广泛的使用，个人电脑使用的规模之大，以至于我们必须重新审视《美国联邦宪法第四修正案》（以下简称《第四修正案》）的核心概念——"隐私"在当今时代背景下的适用范围。[③]

---

① 内森·彼得拉谢克（Nathan Petrashek），美国马凯特大学法学博士、威斯康星州上诉法院助理法官。
② 邓梦桦，中山大学法学院助教。
③ United States v. Maxwell, 45 M. J. 406, 410 (C. A. A. F. 1996).

第三编 社交媒体时代的隐私合理期待（上）　　475

　　在助理大法官 Clarence 最近一次对佛罗里达大学莱文法学院的访问中，有人问他是否认为美国联邦最高法院的发展跟上了瞬息万变的科技进步的步伐。Clarence 回答：" 法院内部的科技发展不是最重要的，更重要的是在外部世界发生的科技变革。科技的发展已经改变了我们工作的方式，但它也改变了某些问题……我想我们所有人都免不了会经历一些有趣的时刻，因为那些曾经涉及隐私的领域……私人领域在这里，公共领域在那里。现在我们可以来看看它们是怎么合并的。当你在 Facebook 上发布某些信息时，这些信息可能会永远留在某个人的硬盘上。我们也怀着审慎的态度去看待政府是如何在刑事司法环境中获取信息的。实际上，政府现在不需要进入某个人的私人财产领域就可以获取这个人的私人事务信息，我想我们所有人都以一种我们没有预料到的方式进入了科技的美好新世界。"①

　　棘手的法律问题围绕这个新的交流论坛，Thomas 法官并没有就如何解决这些问题发表看法。现有的《第四修正案》理论尚不足以解决公共领域和私人领域趋同的问题；一般来说，在一个与世界共享的领域中，一个人会失去其所有的隐私期待。② 尽管这种宪法理论与社会实践之间的紧张关系还没有在法庭上表现出来，但它可能很快就会出现。

　　因为有如此多的个人在社交网络上分享了如此多的信息，所以社会网络服务吸引了罪犯和警方的注意也不足为奇。社交网站经常成为性侵犯者、个人身份信息窃贼和诈骗犯的工具。③ 因此，警方对这些网站的审查有所增加，执法部门也越来越多地使用社交网络来作为刑事调查的工具。④ 这种情况引发了一个宪法层面的问题：社交网络用户就其在网络上的信息得到了多大程度的保护？

　　以上意见评估了社交网络用户在他们的在线社交网络活动中是否

---

① Clarence Thomas, Associate Justice, U. S. Supreme Court, Address at the University of Florida Levin College of Law Marshall Criser Distinguished Lecture Series（Feb. 4, 2010）.
② See, e. g., Katz v. United States, 389 U. S. 347, 351（1967）.
③ Terrence Berg, The Changing Face of Cybercrime: New Interest Threats Create Challenges to Law Enforcement, *MICH. B. J.*, June 2007, at 18, 18 - 19（2007）.
④ Terrence Berg, The Changing Face of Cybercrime: New Interest Threats Create Challenges to Law Enforcement, *MICH. B. J.*, June 2007, at 18（2007）.

有合理的隐私期待,评估结果的不同会影响警方的审查是否符合《第四修正案》中的授权要求。本文的第二部分介绍了社交网络及其运作,讨论了社交网络现象的起源并详细考察了两个最大的社交网络网站(Facebook 和 MySpace)。第三部分讨论了社交网站所带来的社会福利和风险,包括越来越高的警方对个人监视的风险。第四部分介绍了《第四修正案》关于搜索理论的现状,解释了为什么我们说用它来分析用户的在线社交网络内容是一个糟糕的方法。第五部分讨论了法院拒绝保护用户在线信息会出现的后果。第六部分得出结论:在大多数情况下,法院应该承认用户对其在线社交网络的信息享有合理的隐私期待。

二、在线社交网络的基础

要理解《第四修正案》是否规范了,以及如何规范警方对虚拟社交网络内容的审查,我们需要关注这种媒体的基本特征。《第四修正案》的保护通常取决于被获取信息的类型、信息被收集的方式,以及信息被获取的地点。[①] 因此,我们有必要勾勒出一个在线社交网络的核心属性——它是什么、它有什么用、谁在使用它。在确定警方的行为是否构成"搜查"时,这些决定性的特征都是相关的。对在线社交网络进行一个如此全面的审查并非易事。社交网络网站是一种新颖的交流工具,人们还没有很好地理解它的动态,或者说,它的动态还没有被很好地固定下来。事实上,因为社交网站的商业模式要求它们吸引并抓住快节奏社会的注意力,所以社交网站是最容易预测世界发展趋势的。[②] 这些网站日新月异,使用者别无选择,只能随波逐流,被牵着走。[③] 此外,社交网站的流动性使得任何数量的社交网站在任何一天都可能突然出现或消失。因此,要真正全面地审视社交网络现象是不可能的。

首先,在得出警方是否进行"搜查"的结论之前,我们要定义

[①] See Orin S. Kerr, Four Models of Fourth Amendment Protection, 60 STAN. L. REV. 503, 508 – 09, 512 – 513(2007).

[②] Alexei Oreskovic, Facebook Privacy Revamp Draws Fire, *Reuters*(Dec. 10, 2009), http://www.reuters.com/article/idUSTRE5B82F320091210.

[③] Jason Kincaid, The Facebook Privacy Fiasco Begins, *TechCrunch*(Dec. 9, 2009).

这种评价的分析所应用的交流工具。其次,对于在线社交网络起源的简单讨论,可以让我们了解这种媒体的新颖性以及其未来增长的潜力。最后,介绍 MySpace 和 Facebook 两个成熟的社交网站。

(一) 在线社交网络的定义

人们关于在线社交网络的定义并没有达成一个明确的共识。[①] 但法院对在线社交网络下了如下定义:在线社交网络,是指允许其成员创建在线的"个人名片",这些个人名片是一个个独立的个人网页,社交网络的成员们可以在个人网页上发布与他们的生活、兴趣有关的照片、视频和信息。在线社交网络的理念是,成员们会利用他们的在线个人信息,与具有共同兴趣爱好的人组成一个在线社区,成为这个在线社区的一部分。

尽管此法院对于社交网络的定义是一个有用的基础,但仅仅用该定义本身来研究社交网络是远远不够的。一些社交网络社区仅仅是由拥有共同身份、特征的成员组成的(比如同一个大学或同一个学院的学生所组成的社团),但这种情况越来越少见。许多虚拟社区的用户可能和其中的某些成员并没有共同的生活经历或兴趣爱好。Facebook 最近抛弃了将用户按照学历或地理位置分组的分类系统,这也反映了以上的现实。法院对于社交网络的定义同时也对社交网络用户的活动进行了不全面的描述,并且忽视了用户在创建他们虚拟社区时的微妙过程。尽管存在种种缺陷,法院的定义的确准确地确定了在线社交网络的主要功能:成员可以通过其个人名片连接到一个广阔的虚拟社区。几乎所有的社交网络网站都在不同程度上围绕着两个基本要素而建立"个人名片"和"社区"。

在一般情况下,个人在注册社交网站账号时,需要创建自己的个人名片。个人名片的创建是通过填写一系列的虚拟表单来实现的,在个人填写这些表单的同时,网络获取了广泛的个人数据。不同的网站

[①] Facebook's New Privacy Settings, Gadgetwise, http://gadgetwise.blogs.nytimes.com/2010/05/27/5-steps-to-reset-your-facebook-privacy-settings/?scp=2&sq=facebook%20privacy&st=cse (May 27, 2010, 16:41 EST). See Brad Stone & Brian Stelter, Facebook Backtracks on Use Terms, *N.Y. TIMES*, Feb. 19, 2009, at B1.

需要的注册信息不同,但它们通常都会要求用户提供他们的姓名、家庭地址、电子邮箱、年龄、性别、住址和生日等信息。这些网站用用户所提供的信息填充用户的个人名片,用户可以在其个人主页上"聚合并展示她的个人信息、照片、网络日志、喜爱的超链接等信息"。填充后的个人名片变成了"一种多媒体拼贴画,通过图像、视频、音频和连接到其他人个人名片、网站的链接,这种多媒体拼贴画在网络空间中充当一个人的数据'脸面'"。个人名片创建的过程使成员们参与到社交网站的社区元素中去。用户通过连接她们的个人名片来建立虚拟社区,这个过程被称为"加好友"或者"联系"。一旦一个用户请求添加另一个用户为好友,接收请求的一方可以接受或拒绝加好友。如果接收方接受了请求,那么,这些个人简历就会被相互链接,被链接了的成员通常就可以不受限制地查看彼此的线上信息。通过连接过程创建的网络使用户可以和朋友聊天、显示对特定事由的支持、"加入任何感兴趣的群组"或者可以在各种社区、群组中"闲逛"。

社交网络通过鼓励用户勇于自我表达而使用户可以在线上社区、群组中到处浏览、参与讨论。一个用户个人名片信息的增加和其加入的在线社区的增加之间存在着直接的关系。用户提供的信息越多,与其他人联系的能力就越强。因此,网站通常会询问成员们关于他们的兴趣、喜欢的群组或组织、工作经历、教育背景、感情状况和偏好的问题。自我表达也直接地有利于使用定向市场营销来营利的网站。

因此,一个在线社交网络也可以被定义为一种在线服务,这种在线服务通过要求其成员们填写个人名片、完善个人信息来鼓励成员们的自我表达;同时,这种在线服务使成员们能够通过将自己与其他人的个人名片连接起来而创建出一个虚拟社区。互联网中上亿左右的网站都不符合这一定义,在这样的事实下,或许警方对这些网站的监视就不那么令人反感了。然而,随着越来越多的网站采用类似的原则来试图复制社交网络服务的成功,符合这一定义的网站数量肯定会增加。过去10年间在线社交网络的产生和快速发展证明了这一点。

(二)在线社交网络的发展

在线社交网络是在2001年互联网泡沫破灭的废墟上崛起的,那次泡沫的破灭使许多基于网络的企业陷入困境。学者们将从破灭泡沫中成长起来的新网络服务称为"Web 2.0"。Friendster 是最早的社交网络网站,它创建于 2002 年,给用户提供了"一个可以浏览朋友、朋友的朋友发布的个人名片,寻找约会对象和玩伴的网站"。Friendster 是一个开拓者,也是一个不受欢迎者。截至 2016 年,Friendster 是最不受欢迎的社交网站之一,其不受欢迎的程度仅次于 2005 年一个 16 岁高中生创办的网站。

尽管 Friendster 表现平平,但其他在线社交网络却蓬勃发展。2003 年和 2004 年分别诞生了两大最受欢迎的社交网络服务——MySpace 和 Facebook。MySpace 和 Facebook 自首次亮相之后,就吸引了数亿的用户,随着广告商越来越意识到这个新型交流论坛的营销潜力之后,它们的价值一跃而起。诞生后不到 10 年,社交网站就已经真正成为 21 世纪的"社会沸点",在这里,"一个社区里的成员聚在一起'谈天说地'——讨论当地的政治问题、分享最新的小道消息,或者抱怨天气"。

(三) 在线社交网络巨头:MySpace 和 Facebook

当无数的网站试图利用社交网络现象赚钱时,有两项服务值得我们特别关注,因为它们拥有庞大的用户基础和很高的知名度。每天,数以亿计的用户通过互联网巨头 MySpace 和 Facebook 的服务相互连接。毫无意外,这些网站是所有网站中最常被警察用来侦查犯罪活动的网站。不同的隐私功能、用户控制、甚至指导思想都要求这两种服务得到我们独特的关注。

1. MySpace

MySpace 自 2003 年创建以来,迅速成长为互联网上访问量最大的网站之一。尽管经过了 7 年的时间,人们对其企业发展历程仍然有争议,但该网站庞大的营销受众已经使其价值大幅度提升;2005 年,Rupert Murdoch 的新闻集团花费了 5.8 亿美元收购 MySpace,如今,MySpace 仍然归属新闻集团所有。尽管 MySpace 在 2006 年和 2007 年保持了稳定的增长,但"最受欢迎的社交网站"这一宝座已经易主,从 MySpace 变成了 Facebook。截至 2008 年 1 月,有 1.1 亿活跃用户经常访问 MySpace 网站,并且以平均每天 30 万新用户的速度增长。

在美国，每4个人中就有一个拥有MySpace账号，而且MySpace是互联网上访问量最大的网站。有一位评论员对这种增长做出了犀利的评价："如果MySpace是一个独立的国家，它的每一个用户都是一位公民的话，MySpace将成为世界上人口数量排名第12位的国家。"一个MySpace账号的个人名片清单中由两种信息构成，一种是强制必须填入的注册信息，另一种是非必填的非个人身份信息。MySpace的成功可以部分归因于没有严格的会员标准；年满14周岁、有互联网接入端口和一个电子邮箱的人就可以注册成为MySpace的会员。

在注册时还会收集包括用户全名、性别等信息。MySpace用户也可以选择在他们的个人名片中存储和显示非个人身份信息。当在创建个人名片时，用户需要填写"几个部分的信息，它可以被理解为我们平时说的'个人简介'"。必填的两个标准部分被命名为"我是谁"和"我想和谁接触"，同时MySpace的个人名片也会储存用户的兴趣、爱好、选择的生活方式、相关的人的群组（如学校、社团）、视频与图片、私人信息、对外简介和个性签名。MySpace对用户发的内容是有限制的，MySpace的使用条款列举了一长串被禁止展示在个人名片中的内容，包括"助长或帮助任何犯罪活动"的内容。① 用户可随时更改其注册或个人名片的信息。

MySpace允许用户通过多种方式相互联系。在Doe诉MySpace公司一案中，法院详细记录了MySpace的社区元素，记录了其交互过程。一旦个人名片被创建起来，成员们可以用它来向列表里的MySpace用户好友发出"邀请"，并且通过连接好友的个人名片或通过使用邮箱、即时消息和博客来与之进行在线交流，所有这些都是通过MySpace.com办到的。

成员们还可以通过关注共同兴趣（如电影、旅游、音乐等）的用户群组在MySpace.com上结识新朋友。MySpace.com的会员也可以成为名人、音乐家或政治家的在线"朋友"，这些人创建MySpace.com的个人名片来宣传他们的工作，并与其粉丝和支持者交流。成员们还可以在MySpace平台上使用游戏等第三方应用程序进行交流互

---

① Kermit Pattison, How to Market Your Business with Facebook, *N. Y. Times* on the Web (Nov. 12, 2009).

动。MySpace 用户可以在一定范围内决定他们的个人名片内容被其他人访问的程度。MySpace 的个人名片在默认情况下是公开的，但也有少数例外。个人名片一旦被建立起来，任何互联网用户都可以在无须通知其创建者的情况下立即查看。某些信息（如用户的姓名和照片）将始终保持公开，但对其他个人名片的内容，可能只有特定群组的人才能访问。任何保持公开的个人名片内容都可能被搜索引擎编入索引。此外，MySpace 可能与其广告商或营销商共享用户个人名片的内容。MySpace 否认其拥有个人名片内容的所有权，但保留使用或复制内容的权利。MySpace 的搜索功能使 MySpace 用户可以定位出其他用户的资料。MySpace 的隐私政策描述了该网站的搜索功能：

为了让你在 MySpace 中找到现实世界中的朋友，MySpace 允许用户使用注册 PII（个人身份信息，如全名或电子邮箱）来搜索其成员。为帮助成员之间的相互联系，MySpace 也允许用户浏览其他用户特定的个人信息（如用户曾就读过的学校和/或公司）。每次搜索最多生成 3000 个个人名片链接，这些结果按照搜索者选择的最新个人名片、最近更新的个人名片、最近的登录或到指定邮政编码的距离等分类来排序。根据搜索条件的不同，结果几乎可以瞬间改变。一旦一份个人名片出现在搜索结果列表中，我们只需点击它就会弹出该用户的个人名片。如果用户没有修改其默认的隐私设置，那么，它所有的个人名片内容都将被搜索者访问。

2．Facebook

Facebook 在 2004 年悄然进入了社交网络领域，它的诞生是这样的：当时还是哈佛大学本科生的 Mark Zuckerberg 想要通过电子手段复制分发给新生和员工的纸质"花名册"。这个网站从哈佛大学扩展到其他常春藤盟校，然后扩展到其他大学。在该网站的早期阶段，只有拥有大学分配的电子邮件地址的大学生才能使用该服务。因此，Facebook 用户的增长速度明显慢于 MySpace。这些限制是由于 Facebook 希望增强用户基于现实中的真实关系和他们周围的真实世界来与他真正的朋友进行互动。但其更受欢迎的竞争对手的成功很快就说服了 Facebook 放弃了这一理念；到 2006 年，只要年满 13 周岁并拥有一个有效电子邮箱地址的人都可以创建一个 Facebook 账户。

用户创建 Facebook 账户的方式与创建 MySpace 账户的方式十分

相似。Facebook 需要新用户提供他们的姓名、电子邮件地址、性别和出生日期。也许作为 Facebook 限制性根源的残留，用户还被要求说出他们就读过的任何高中、学院或大学的名字。用户可以在构成个人名片中的四个方面中选择任意一方面来进一步完善其个人信息：①"基本信息"，包括用户现居城市、家乡、婚姻状态、政治和宗教观点；②"个人信息"，包括兴趣、活动和喜欢的音乐、电影和书籍；③"联系信息"，包括个人主页网站、地址、电话号码和网名；④"教育背景和工作信息"，这一部分主要是自己描述。用户发布的"状态"是用户用其最新的消息来更新其个人名片，这些"状态"为用户在社区中提供了一个"临时表演台"。

Facebook 的社区元素可能比 MySpace 更复杂。该网站的设计使得用户可以很容易地编辑他们的朋友名单、在朋友的个人名片上发表公开评论，向其他用户发送私人信息，并为具有共同兴趣爱好的人创建群组，等等。成员们可以上传照片，并且 Facebook 和 MySpace 都允许用户在照片中"标记"他们的朋友。标记"在个人名片中创建了一个来自照片的链接，使用户很容易被识别，即使看照片的人与照片中的对象不是'朋友'"[1]。Facebook 的用户界面拥有与 MySpace 类似的搜索功能。[2] 而新功能经常被引入，用户有更多的机会通过内置在 Facebook 平台中的第三方应用程序来展示他们的偏好和活动。Facebook 为用户提供了一系列高级的隐私设置来限制其他人对用户个人名片内容的访问。用户可以控制几乎所有通过 Facebook 分享的信息的可见性，包括他们的兴趣和活动、家庭和关系、教育和工作，以及状态更新和评论。尽管如此，用户对其在线信息保持控制的感知能力在很大程度上是虚幻的，因为这些信息"在与他人共享的范围内仍然是可见的"，即使是用户在其个人名片中删除了这些信息或删除了他/她的账户。

此外，Facebook 认为某些信息，如包括用户的姓名、头像、性

---

[1] See also Samantha L. Millier, Note, The Facebook Frontier: Responding to the Changing Face of Privacy on the Internet, 97 KY L. J. 544 (2009).

[2] Matthew J. Hodge, Comment, The Fourth Amendment and Privacy Issues on the "New" Internet: Facebook.com and MySpace.com, 31 S. ILL. U. L. J. 97.

别、地理区域和网络,因此,Facebook 对这些类别的信息没有隐私设置。此外,有些信息用户根本无法删除。此外,Facebook 放弃了"确定的友谊"模式在这种模式下,网站会"根据用户与某些大学、高中、国家地区或公司的关系将用户分组到网络中,并且允许网络内的其他用户查看彼此的个人名片"。这样做的结果,一方面彻底改变了其隐私政策,另一方面受到了诸多批评。这种旨在让用户内容更加公开化的变化,是为了与社交网络后起之秀 Twitter 竞争。Twitter 是一个允许用户在地球上几乎任何地方实时分享 140 个字符信息的网站。Facebook 最主要的变化是某些信息的默认隐私设置:默认隐私设置把"每个人"的信息都默认为是公开可获取的信息,并且网络上的每个人都可以访问(即使是未登录 Facebook 的人),"每个人"的信息都可能被第三方搜索引擎索引,这件事关乎每一个人甚至是在 Facebook 之外的人,你在 Facebook 上发布的某些信息的默认隐私设置是对于"每个人"都公开可见。

Facebook 以每天 20 万新用户的增长速度实现了稳定增长。这些新增加的用户补充了已经使用 Facebook 服务的近 3 亿活跃用户。在可预见的未来里,拥有"55000 个地区、与工作相关的大学和高中网络"的 Facebook 一定会继续是最受欢迎的社交网络之一。①

三、在线社交网络对用户和执法部门的吸引力

随着技术的使用变得越来越具有侵入性,个人隐私变得越来越重要。犯罪集团的手段也越来越复杂,打击犯罪的执法需求也会越来越大。② 在线社交网络的产生和迅速发展引发了这样一个问题:人们正越来越多地涌向社交网站,在上面展示比以往使用时更多的信息,是什么让社交网站如此吸引人?③ 虽然这种信息共享通常会产生社会效益,但某些信息披露会鼓励非法活动,而过度的信息披露会招致不良的犯罪行为。社交网站可能被犯罪分子利用的属性反过来又吸引了执

---

① United States v. Mc Nulty (Inre StevenM. Askin), 47F. 3d 100, 105 (4th Cir. 1995).
② United States v. Mc Nulty (Inre StevenM. Askin), 47F. 3d 100, 105 (4th Cir. 1995).
③ Kermit Pattison, How to Market Your Business with Facebook, *N. Y. Times on the Web* (Nov. 12, 2009).

法部门。这种过度的信息披露、犯罪和执法部门监管相混合的情况必然会在不久的将来产生频繁的司法问题。

（一）在线社交网络的好处

Richard Guo 认为使用社交网络媒体至少有以下三个具体好处。

在线社交网络的第一个好处是：社交网络媒体做到了面对面互动可能无法做到的、对自我表达和社交的鼓励。① 社交网站通过提供一个对等交互的虚拟论坛来帮助用户理解（或建立）健康关系的轮廓，从而促进第一种好处的发展。② 虽然这种提升个人身份的机会可能会让所有用户受益，但这种增长在年轻的社交网络用户中最为明显。③

在线社交网络的第二个好处是：即使相隔遥远，人们也可以通过社交网站与他人保持联系。这种联系性使得家人、朋友之间可以保持密切联系，随时了解彼此的生活。虽然用户受益于社交网站的这种"监视"功能，通过这种功能更好地了解了其他成员的生活，但当监视成员识别出反社会行为并进行干预时，被监视的成员也可能受益。

在线社交网络的第三个好处是：可以在网上结识新朋友。这种连接可能是用户搜索的结果，也可能是用户与现有的在线朋友或在线群组中的成员进行交互的结果。不管是什么原因，许多用户现在利用社交网站来结交新朋友或建立起专业的联系。

在线社交网络这些好处表明，越来越多的人将使用在线社交网络服务。随着社交网站的拓展和对其用户交互的改进，它们对其抵制者的吸引力将会增加。这种成员的增长反过来意味着更多的个人信息将被快速地提供给其他用户——无论是出于善意还是恶意。

（二）在线社交网络对执法的效用

在个人信息的日益披露方面，有两个问题是显而易见的：第一个问题是，随着在线社交网络上披露的个人信息数量的增加，用户从事

---

① Kermit Pattison, How to Market Your Business with Facebook, *N. Y. Times* on the Web (Nov. 12, 2009).
② A. B. v. State, 885 N. E. 2d 1223, 1224 – 1225 (Ind. 2008).
③ Kermit Pattison, How to Market Your Business with Facebook, *N. Y. Times* on the Web (Nov. 12, 2009).

非法或高风险行为的可能性也随之增加。高风险行为包括酒精或药物滥用、不良性行为和暴力。最近的一项研究表明,在18岁MySpace用户的抽样资料中,超过一半的用户表现出一种或多种风险行为。①虽然最常见的风险行为是饮酒,但用户们也经常表现出不良的性行为。因为用户可以很容易地与其他有相似兴趣的人联系,从而展示或模仿风险行为,因此这些行为(及其在社交网站上的显示)成为一种常态。第二个问题是,越来越多的罪犯会利用这些网站来达到其罪恶的目的。美国联邦检察官Terrence Berg在2007年发表的题为《网络犯罪的发展面貌》的文章中对这一现象进行了到位的描述:从家庭合照、观影照片到职业兴趣,再到亲密朋友间的私密"八卦",数以百万计的用户用各种类型的个人信息来包装这些网站,这些网站成了存储有价值的个人身份信息、消费者偏好、个性和家庭问题,以及网络用途与习惯信息的巨大仓库,这些信息如果被那些怀有犯罪目的的人获取利用,那么,这些信息仓库是那些网络拐卖儿童犯和身份盗窃者的藏宝地。②

Berg指出的威胁,包括儿童性侵和身份盗窃,凸显了向网络"朋友"自愿披露大量个人信息所固有的风险。尽管更传统的网络论坛(如聊天室)也容易有针对儿童犯罪的问题出现,但这些问题在在线社交网络中尤为突出,因为它们"促进用户在MySpace或Facebook页面上泄露的大量个人信息的分享,并使人们对社交网络中的'朋友'产生信任感"。③ "MySpace已经成为一些针对儿童犯罪的著名案件的论坛",社交网站的信息聚合"为那些试图窃取数据的人提供了一个目标丰富的环境,它同时也存在这样的风险,即试图收集数据或破坏系统的病毒将产生毁灭性的乘数效应,因为如此多的用户是相互关联的"。④

---

① Gary Rivlin, Wallflower at the Web Party, N. Y. TIMES, Oct. 15, 2006, § 3, at 1.
② Terrence Berg, The Changing Face of Cybercrime: New Interest Threats Create Challenges to Law Enforcement, *MICH. B. J.*, June 2007, at 18, 18 – 19 (2007).
③ Terrence Berg, The Changing Face of Cybercrime: New Interest Threats Create Challenges to Law Enforcement, *MICH. B. J.*, June 2007, at 18, 18 – 19 (2007).
④ Terrence Berg, The Changing Face of Cybercrime: New Interest Threats Create Challenges to Law Enforcement, *MICH. B. J.*, June 2007, at 18, 18 – 19 (2007).

已经有大量的证据表明，政府已经开始使用在线社交网络来监视其管辖范围内的个人。警方越来越多地求助于网络社区来协助调查。例如，2006年，警察在MySpace上发现了一名16岁少年持有手枪的照片，随后警察以该少年持有手枪的罪名将其逮捕。事实上，使人负罪的用户照片似乎对执法人员最有用。执法部门明确表示支持、赞同这种做法。警察部门确实应该非常精通电脑技术，其中也包括社交网站，因为社交网站是年轻人进行社交或传递有关集会和抗议信息的一种流行方式。① 一些外国警察机构，比如英国的大曼彻斯特警察局已经认定Facebook是一个非常有用的工具，因此他们在该网站上建立了一个永久性的虚拟站点。

　　传统的执法部门并不是唯一意识到社交网络调查价值的政府行为体。特勤局利用那些发布在社交网站上的信息来调查针对总统的威胁。美国国家安全局（National Security Agency）目前正在资助一项研究，这项研究旨在开发其"获取"大量社交网络信息的能力。学校的行政人员经常会谴责那些发布"批评教授、老师和校长"信息的学生。因为学校行政人员、管理层的监视变得十分普遍，MySpace发布了一份名为"了解MySpace和解决社交网络问题的学校管理员官方指南"。

　　因此，由于守法者和罪犯都在使用和滥用网站提供的社交网络结构，执法部门将越来越多地被发布在网站上的用户内容所吸引。执法部门和其他政府部门对发布信息的使用对在线社交网络现象具有宪法意义。更具体地说，当政府行为者查看用户的个人名片来评估该用户是否有能力使其行为符合法律要求时，政府是否已进行了"搜索"行为？这就是本文关注的问题。

四、衡量在线社交网络内容中的隐私合理期待

　　从字面上理解，《第四修正案》并没有禁止政府进行搜查和扣押行为，只是要求政府在合理的情况下进行。一般来说，如果有警察在侵犯个人隐私之前获得了搜查令，那么，警察的行为才是合理的。然

---

① Erica Perez, Getting Booked by Facebook, *MILWAUKEE J. SENTINEL*, Oct. 3, 2007, at 1A.

而，由于最高法院不明朗的《第四修正案》原则构成了修正案下的"搜索"已经产生了许多困惑和争议。这使得警察处于一种困难的境地，即必须迅速区分哪些情况下需要搜查令、哪些情况下不需要搜查令，如果他们的决定错误，那么，他们可能无法使用他们所获得的任何证据。

识别哪些政府入侵行为构成了搜查行为，是一项很艰难的任务，随着技术的发展，它变得越来越艰难，因为技术的发展使得警察可以观察到个人以往难以被观察到的私人行为。尽管在这种情况下，最高法院偶尔会发布规定性文件，但实际上，最高法院不可能为每一项新技术的发展制定规则。① 因此，与快速发展的技术有关的问题通常会落在下级法院的头上，但它们往往会在现有的最高法院原则的模式下去处理。

为了区分搜查行为和非搜查行为，最高法院早期采用了一项原则，这项原则集中关注警方对他人家庭或财产入侵所带来的影响。② 因此，法院主要保护公民的"空间隐私"，并阻止政府执法人员破门而入和搜查个人物品。③ 在警方开始使用越来越复杂的技术时，比如窃听之前，这项规定基本上是足够的，因为它既不涉及人身侵犯，也没有留下任何个人受到监视的迹象。法院审理的第一个窃听案，即 Olmstead 诉 United States 一案，本案当事人要求法院确定警察使用放置在居民住宅外的窃听装置来窃听电话的行为是否涉及《第四修正案》的规定。④ 这一问题使法院左右为难。放弃对人身侵犯的要求意味着背离《第四修正案》的字面要求——该修正案禁止对人身、房屋、文件和动产进行不合理的搜查，并且还制定了一项新的、几乎更加模糊的标准。重申人身侵犯的标准可能同样不能令人满意，因为这

---

① See Orin S. Kerr, Four Models of Fourth Amendment Protection, 60 STAN. L. REV. 503, 508 – 509, 539 (2007).

② See Susan W. Brenner, The Fourth Amendment in an Era of Ubiquitous Technology, 75 MISS. L. J. 1, 7 (2005).

③ 277 U.S. 438, 455 (1928).

④ Thomas K. Clancy, What Is a "Search" Within the Meaning of the Fourth Amendment?, 70 ALB. L. REV. 1 – 2 (2006).

会使得警察的新做法和新调查技术（如窃听等）免受法院的审查。①

最终法院没有支持被告的抗辩理由，坚持了空间隐私的概念，并认为不涉及人身侵犯的警察活动不构成搜查行为。首席大法官 Taft 在《第四修正案》文本的基础之上对法院立场的正当性做出了一些解释，Taft 在为最高法院撰写的意见书中撤回了先前的观点，建议人们对《第四修正案》进行更广泛的解读：

> Boyd 一案的 Bradley 法官和 Gouled 一案中的 Clarke 法官都认为，《美国联邦宪法第五修正案》和《第四修正案》都被自由地解释为重视自由利益而忽视了制宪者的立法目的。但是，这并不能证明我们对《第四修正案》中所使用的语言进行了扩大解释，即超出了"人身、房屋、文件和动产"这些词语的可能的实际意义，或者是将对"搜查行为"和"扣押行为"的限制等同于限制警方"看"和"听"。②

在法院看来，《第四修正案》的措辞要求搜查行为"必须是实质性的东西，比如一个人、一栋房子、个人的文件或个人的动产"③。法院并不认为电话的发明和广泛使用（隐喻时代的变化和科技的发展）会给这个措辞的要求带来什么不同。④ 在 20 世纪的大部分时间里，Olmstead 一案所确定的规则占据了上风，在这段时间里，警察都可以在没有司法监督的情况下自由地使用新技术。⑤

1967 年，当最高法院签发"美国诉 Katz 一案"的调查令时，Olmstead 一案规则的持续适用性受到了严重质疑。当年，最高法院也裁定了 Berger 诉纽约州（Berger v. New York）一案，在该案中，最高法院审议了一项法规是否与宪法相违背，这项法案授权警方可以根据搜查令进行窃听行为；反过来，该法规在政府当局有"合理理由相信通过窃听等行为能够获取犯罪证据"的情况下，又会授权当局签发搜查令。⑥ 虽然法院最终还是裁定该法规无效，理由是该法定授权

---

① Olmstead, 277U. S. at 465.
② Olmstead, 277U. S. at464.
③ Olmstead, 277U. S. at465.
④ See Berger v. New York, 388 U.S.41, 47 – 49（1967）.
⑤ See Berger v. New York, 388 U.S.41, 47 – 49（1967）.
⑥ See Berger v. New York, 388 U.S.41, 47 – 49（1967）.

程序缺乏宪法上要求的特殊性,但是法院也裁定①"'对话内容'也在《第四修正案》的保护范围之内,使用电子设备窃听、拦截对话内容也是《第四修正案》中规定的'搜索'行为"②。法院认为,这一判决与 Olmstead 一案所确立的规则有着直接的冲突:"Olmstead 一案所确立的规则认为通过电话所进行的交谈内容不能被认为属于《第四修正案》中所列举的'个人、房屋、文件和动产'的范畴,因此,Olmstead 一案所确立的规则不适用于我们后来所遇到的案件。"③

1965 年的整个 2 月期间,警方监视到,Charles Katz 每天都在一些特定的时间内,在一家有 3 个公共电话亭的银行里,用公共电话通话。④ 接近 2 月底时,警方在其中 2 个电话亭的顶部安装了麦克风和录音笔,并关闭了第三个电话亭。⑤ 麦克风并没有穿透到达电话亭的内部,只能捕捉到 Katz 谈话的最后部分,警察只有在 Katz 在场时才会激活麦克风。⑥ 警方通过这种方法记录下了几份犯罪证明,这些证明表明 Katz 参与了一场赌博活动,警方也获准在 Katz 一案的庭审中使用这些证明,因为 Katz 的证明表明其违反了联邦的反赌博法令。⑦ 后来法院认为 Katz 无罪,并认为政府的行为是一种未经授权的搜查行为,所获得的证据无效。⑧ 最高法院通过拒接适用 Olmstead 一案所确立的规则来开始确立 Katz 一案所体现的规则,即搜查行为是否合法合理取决于警方是否侵犯了"宪法保护区域"。⑨ 最高法院严厉谴责了律师们以误导的方式阐述问题,其中著名的言论是"《第四修正案》保护的是人,而不是地方"⑩。这一观点明确否定了 Olmstead 一

---

① See Berger v. New York, 388 U. S. 41, 47 - 49 (1967).
② See Berger v. New York, 388 U. S. 41, 47 - 49 (1967).
③ Katzv. UnitedStates, 369F. 2d130, 131 (9th Cir. 1966).
④ Katzv. UnitedStates, 369F. 2d130, 131 (9th Cir. 1966).
⑤ Katzv. UnitedStates, 369F. 2d130, 131 (9th Cir. 1966). See 50 U. S. C. § 1801 (h) (2006).
⑥ Katz, 369F. 2dat131 - 32.
⑦ Katzv. UnitedStates, 389U. S. 347, 359 (1967).
⑧ Katzv. UnitedStates, 389U. S. 350 (1967).
⑨ Katzv. United States, 389U. S. 351 (1967).
⑩ See Peter Winn, Katz and the Origins of the "Reasonable Expectation of Privacy" Test, 40 *MCGEORGE L. REV.* 1, 9 - 10 (2009).

案所确立的规则,得出结论"我们之后的判决对 Olmstead 一案和 Goldman 一案所确立的规则的基础瓦解得如此之深,以至于'非法入侵'原则再也不能占据主导地位"①。

主导性的结论是从它对公共电话的社会意义的认识和理解而得出的:

当一个人进入一个公共电话亭,关上他身后的门,为自己的通话在电话底部投币之时,他当然有权期待他对着话筒说的话不会被全世界听到。如果我们对宪法的解释过于狭隘,那么就等于忽视了公共电话在私人通信中发挥的重要作用。

这一"关于电话亭的著名但未得到重视的讨论"表明,法院在一定程度上愿意分析它的判决对普通公民通信实践的影响。法院的结论是,保护隐私是必要的,即使隐私是发生在公众可以接触到的地方。

Katz 一案所确立的规则毫无疑问地在某种程度上扩大了《第四修正案》的范围,它指出在社交网站上的虚拟用户内容也应该受到保护,以此来使其免于受到未经授权的警方审查。尽管如此,就像在 Katz 一案中一样,一些私密的通话还是可能会被公众偷听到。和公共电话一样,在线社交网络也彻底改变了人们的交流方式。这并不是说我们的隐私概念必须在每一种新的交流媒体出现时重新定义。然而,就像 Thomas 大法官所认识的那样,在线社交网络已经从根本上改变了公众与私人之间的平衡,这种平衡在宪法上是不容忽视的。② 如果我们忽视这种平衡,那么,我们就会"忽视线社交网络在私人通信中发挥的重要作用"。③

但是,法院关于公共电话社会角色的讨论并不是 Katz 一案所留下的宝贵经验。对大多数意见的分析是微妙而复杂的,下级法院选择将 Harlan 大法官在判决中的并存意见作为以后的适用标准:"我对于在先例中确立的规则的理解是这样的,这个规则有双重要求,第一重要求是,一个人表现出了对隐私的实际(主观的)期待;第二重要

---

① See Katz, 389 U. S. at 353.
② See Katz, 389U. S. at 352.
③ See Katz, 389U. S. at 361.

求是,这种期待被社会认为是'合理的'。"① Harlan 大法官的论述在最高法院的意见中几乎找不到支持的声音②,而且"在执法的领域受到了严重的反对"。这些内容笔者将在下面的章节中予以介绍。③

(一) 第三方原则

在线社交网络建立在自愿披露的基础上。要想创建个人名片,社交网站的潜在用户必须共享一些个人信息。用户与他人交互的能力依赖于这些初始披露,这种交互鼓励用户自愿提供更多信息。在整个过程中,用户的信息与社交网站的服务器相互连接并存储在服务器上,等待其最终用户的访问。④ 在现行的搜索原则下,自愿向第三方披露信息的行为对公民隐私期待的合理性有显著影响。在史密斯(Smith)诉马里兰州一案中⑤,警方在通信公司的一台电话上放了一本登记簿,这本登记簿记录了这个电话拨出的号码,但没有记录电话交谈的内容,最高法院认为警方的这种行为并不构成搜查。⑥ 这一结论前提是法院认为的"一般来说,人们对自己所拨打的电话号码没有任何隐私方面的实际期待"⑦。法院认为,这是因为电话用户必须将电话号码传达给电话公司才能完成通话。⑧ 因为人们期望电话公司无论如何都能收集到那些可能因调查需要被警察查封的电话号码(毕竟拨打的号码都会被列在电话费清单上),所以,人们对电话号码这种信息所具有的任何隐私期待都是不合理的。⑨ 向第三方披露信息的简单行为可能会破坏一个人对于共享的非内容信息的隐私合理期待。

---

① See Katz, 389U. S. at 353.

② See, e. g. , Kyllo v. United States, 533 U. S. 27, 34 (2001). Jonathan Simon, Katz at Forty: A Sociological Jurisprudence Whose Time Has Come, 41 U. C. DAVIS L. REV. 935, 945 (2008).

③ Rich Miller, Facebook Now Has 30, 000 Servers, Data Center Knowledge (Oct. 13, 2009).

④ 442U. S. 735 (1979).

⑤ 442U. S. 735 (1979). at 745 – 746.

⑥ 442U. S. 735 (1979). at 742.

⑦ 442U. S. 735 (1979).

⑧ 442U. S. 735 (1979).

⑨ 442U. S. 735 (1979).

Smith 一案的反对者们也许认为法院的多数意见是 Katz 原则的重要退步,他们为被告的隐私权提供了有力的辩护。在大法官 Stewart 看来,通信公司记录拨号号码的事实与《第四修正案》的分析无关,因为它只不过描述了"电话呼叫的基本性质",所有这些都涉及电话公司财产的使用和电话服务的付费。①

　　大法官 Marshall 向第三方原则发起一个范围更广的指责时指出:"Katz 一案所确立的隐私期待原则之下的隐私期待是否合法,并不是取决于个人在向第三方传递信息时可能承担的风险,而是取决于他在一个自由开放的社会中应该被迫承担的风险。"Marshall 认为,这些风险不包括政府对非内容信息的拦截,因为他指出(用了类似于 Katz 一案中的语言),电话交流在我们的个人和职业关系中起着至关重要的作用。Marshall 强调,不受管制的政府监视会对言论自由和附属权利带来寒蝉效应。Marshall 的结论是,任何拦截个人联系信息的计划都应该在收集信息之前接受中立和独立的地方法官的审查。

　　最高法院从未确定第三方原则是否适用于互联网通信,以及如何适用于互联网通信,② 而反对者的观点可能会占上风。我们很难划清 Smith 一案所要求的界限;如果向第三方披露的行为消除了拨号者对非内容信息的隐私期望,那么,为什么拨号者应该在其谈话内容中拥有合理的隐私期望呢?在这两种情况下,通信公司都充当了拨号者和接收者之间的传递管道。在互联网上,内容信息和非内容信息之间的区别更加明显,因为在互联网中,用户以完全相同的技术方式向大量第三方披露信息的内容和路径/来源。③ 这个事实可能足以激励大多数法院采纳反对者的立场,特别是在涉及社交网络信息时,因为每一条发布在像 Facebook 这样的社交网站上的信息都被储存在第三方服务器上,等待着被检索。④

---

　　① 442U. S. 735 (1979).

　　② Robert Ditzion, Note, Electronic Surveillance in the Internet Age: The Strange Case of Pen Registers, 41 AM. CRIM. L. REV. 1321, 1334 (2004).

　　③ Robert Ditzion, Note, Electronic Surveillance in the Internet Age: The Strange Case of Pen Registers, 41 AM. CRIM. L. REV. 1336 (2004).

　　④ Rich Miller, Facebook Now Has 30,000 Servers, Data Center Knowledge (Oct. 13, 2009).

此外，储存这些信息并不只是为了方便网站使用者；相反，网站运营商通过使用这些信息来收集用户特别的兴趣爱好，根据这些偏好来向用户投放特定的广告并以此获取收入。正如一位评论员直接指出那样，"在互联网时代，Smith 一案基于第三方原则所确立的规则只能在一种不受欢迎的（而且很可能是不准确的）观点中才有意义，那就是认为人们在互联网通信中不享有任何隐私合理期待"①。法院和律师可能很难将社交网络信息纳入 Smith 一案规则中关于内容/非内容的框架之中，但在没有最高法院指导的情况下，该框架仍将是分析的重点。最近的案例再次证明了内容和非内容框架的活跃生命力，这是 Smith 一案规则中的基础。

在最近一项备受批评的裁决中，第九巡回上诉法院拓展了第三方原则，允许政府拦截电子邮件的"发送"和"发送"地址、访问过的网站的 IP 地址和账户使用的数据总量。② 根据 Forrester 一案中法庭的说法，这些信息是不受保护的，因为用户应该知道他们的电子邮件信息的发送和发送地址与他们访问的网站的 IP 地址是由互联网服务提供商为了信息传送路径而提供和使用的。③ 然而，法院强调政府既没有访问电子邮件的内容，也没有访问用户的浏览记录。政府最多只是根据它所知道的发送和接收邮件的电子邮箱地址，对邮件的内容或用户浏览的网页做出有根据的推测；但是法院认为，这"与基于拨号者身份而对其通话内容的推测并无不同"④。法院继续致力于区分内容和非内容数据，这意味着社交网络信息必须被归类到一个类别或另一个类别。与 Smith 一案和 Forrester 一案的情况不同，警方对用户社交网络信息的拦截涉及内容的获取，而不仅仅是地址或路由数据。当警察观察用户的在线图片或信息时，他们观察的是通常通过电话或电子邮件交谈传递的信息类型。换句话说，个人资料内容不仅仅是"路由"信息。《第四修正案》保护个人的实质信息不受未经授权的政府扣押行为。例如，在美国诉麦克斯维尔一案中，美国武装部队上

---

① Robert Ditzion, Note, Electronic Surveillance in the Internet Age: The Strange Case of Pen Registers, 41 *AM. CRIM. L. REV.* 1321, 1334 (2004).

② United States v. Forrester, 512F. 3d500, 510 (9th Cir. 2008).

③ United States v. Forrester, 512F. 3d500, 510 (9th Cir. 2008).

④ United States v. Forrester, 512F. 3d500, 510 (9th Cir. 2008).

诉法院裁定："电子邮件的发送者有理由相信，警察不会在没有正当理由和搜查令的情况下拦截邮件的投递。"①

承认人们对此类信息享有隐私合理期待并不能使这些信息完全免受警方的审查。法院一直认为，人们对自愿提交给互联网服务提供商、警方可以通过法律程序获取的用户信息不具有隐私期待。② MySpace 和 Facebook 的隐私政策都表明，它们将会按照法院命令或传票的要求披露用户信息。③ 在线社交网络的内容可能受到第三方原则的保护，但这并不能完全解决问题。很多时候，虚拟世界中的用户内容可以在没有授权或没有强制性的法律行为的情况下被公开访问，那我们是如何理解这种现象的呢？如果用户未能充分保护其在线信息，比如将隐私控制调整到更严格的设置，那么，这个时候《第四修正案》的意义是什么？警方能否取得用户那些通常被要求公开的登记资料信息？

（二）公共利益原则

公共利益原则，是指执法人员利用其感官，在一个合法的位置取得证据时，这种情况一般不会发生《第四修正案》中限制的搜查行为。尽管这项原则本身并没有在搜查要求的有效例外之外，再给警方一个可以立即搜集证据的许可，但是这项原则对警方来说，是允许其通过建立起合理的理由来支持搜查行为的强有力的工具。这项原则作为一个边界，基于有罪证据暴露于公众面前的程度，限制了一个人隐私合理期待的范围。公共利益原则与 Katz 一案中确定的隐私判断标准间有一种紧密的联系，因为即使最高法院在该案判决中指出一个人故意向公众披露的信息，即使是在他自己的家里或办公室里披露的，都不属于《第四修正案》的保护范围。④ 公共利益原则的适用范围可

---

① United States v. Maxwell, 45 M.J.406, 418 (C.A.A.F.1996).

② See, e.g., Guestv. Leis, 255F.3d325, 335–336 (6thCir.2001); UnitedStatesv. Hambrick, 55 F.Supp.2d 504, 507 (W.D.Va.1999), aff'd 225 F.3d 656 (4th Cir.2000); United States v. Kennedy, 81 F.Supp.2d 1103, 1110 (D.Kan.2000).

③ See Facebook.com, Facebook's Privacy Policy § 3, http://www.facebook.com/policy.php (last visited May 8, 2010).

④ Brown, 460 U.S. at 738–739.

以在加州诉西拉奥洛（Ciraolo）一案①和佛罗里达州诉莱利（Riley）一案中体现出来。② 在 Ciraolo 一案中，最高法院签发了调卷令，以确定警方在 1000 英尺高空对围篱后院进行未经授权的空中观察是否违反了《第四修正案》。③ 在这起案件中，警方接到了一份匿名举报，称被告在其后院种植了大麻。但警方感到沮丧是因为被告用两层高达 10 英尺的栅栏把他的后院围起来了，挡住了警方的视线。因此，两名接受过大麻鉴定培训的警官弄到了一架私人飞机，飞过了那座房子。在飞越的过程中，他们发现并拍摄了大麻植物，获得了搜查令，并查获了 73 株大麻植物。

法院引用了 Harlan 大法官对 Katz 一案中隐私判断标准的表述，认为被告对其后院内容的隐私期待是不合理的，因为"在该空域飞行的任何公众成员，只要向下看一眼，他们都能看到这些警察所看到的一切"。④ 法院拒绝确定被告是否通过建造 10 英尺高的栅栏表达出了其主观期待。可笑的是，有人认为后院的情景可能被一个"坐在卡车上或两层公共汽车的车顶上的公民或警察"观察到，只要有一点公众可见的可能性，无论多么难以置信，都足以击败所谓的隐私利益。毫不意外，多数意见的讨论招致了 4 位持不同意见法官的嘲笑，他们坚持认为，法院忽视了警察监视和公众使用该空域进行商业或娱乐活动之间的"质的差异"。

在 Riley 一案中，法院认为："从一架位于温室上方 400 英尺的直升机的有利位置，对一个部分有盖的温室内部进行监视的行为，无论是否构成'搜查'，根据《第四修正案》，这种行为都需要获得搜查令。"⑤ 佛罗里达州的执法部门得到消息，有人在温室里种植大麻，他们乘坐直升机在温室上空盘旋了两圈，试图观察温室里的大麻。执法人员准确地识别出了温室内的大麻植物，但却遭到了证据无效的压制，因为这种行为侵犯了被告依据《第四修正案》获得的权利。White 大法官撰写了一份简单多数意见，其中 4 名法官得出了结论，

---

① Katz v. United States, 389 U. S. 347, 351 (1967).
② 476 U. S. 207 (1986).
③ 488 U. S. 445 (1989).
④ Ciraolo, 476 U. S. at 209.
⑤ Florida v. Riley, 488 U. S. 445, 447 – 448 (1989).

认为 Ciraolo 一案迫使法院做出了不一样的决定:"如果被告的温室处于一架直升机的固定翼飞机的可航空域内,那么,被告对他温室的隐私期待就是不合理的,不能够期待他的温室会受到保护而不被公众或警方观察到。"就像在 Ciraolo 一案中一样,这次的判决再次取决于警方所观察到的证据公诸于世的程度。White 大法官广泛引用联邦航空管理局(FAA)的规定来支持他的立场,称在警方直升机飞行的高度,直升机交通没有障碍。

O'Connor 大法官同意了上述意见,并为被告有罪一方投上了第五票。但她煞费苦心地解释,在她看来,直升机可以在不违反联邦航空局规定的情况下,在几乎任何高度或角度观察该宅邸,这一事实本身并不意味着个人对这种观察没有合理的隐私预期。相反,O'Connor 大法官关注的是直升机是否在公共航线上飞行,在这条公共航线上的飞行高度是否足够规律、频繁,如果答案是肯定的,那么,Riley 对此空中观察的隐私期待就不是一个社会认为合理的隐私期待。O'Connor 大法官的结论是,因为被告没有提出能够表明公众没有使用那片空域的证明,因此,被告对警方进行搜查行为的事实未能承担举证责任。

公共利益原则是政府强有力的工具,至少已经有一家法院使用它来排除因社交网络用户个人资料内容的发布而导致的侵犯隐私的侵权赔偿。[1] 在 Moreno 诉 HanfordSentinel, Inc. 一案中,原告辛西娅·莫雷诺写了一首贬低自己家乡的诗,并将其发布在她的 MySpace 页面上。[2] 尽管她在 6 天后删除了这首诗,但为时已晚;当地一所高中的校长将这首诗投稿给了当地一家报纸,这家报纸发表了这首诗,并署上了辛西娅的名字。在她对报纸的诉讼中,辛西娅认为报纸刊登诗作的行为侵犯了她的隐私权。尽管法院认可"向少数人公开的信息可以保持其私密属性",但法院的理由是,"通过在 MySpace 网站上发布这篇文章,辛西娅已经向公众公开了这篇文章。"在这种情况下,法院宣称:"没有一个理性的人会对公开的资料信息具有隐私合理期待。"在涉及公共"聊天室"或电子公告栏的案件中,法院也得出了类似的结论,在这些案例中,用户可以与他人进行虚拟对话,并经常

---

[1] Moreno v. HanfordSentinel, Inc., 91 Cal. Rptr. 3d 858 (Cal. Ct. App. 2009).
[2] Moreno v. HanfordSentinel, Inc., 91 Cal. Rptr. 3d 858 (Cal. Ct. App. 2009).

共享图像或文档。Maxwell 一案中的法庭宣称:"人们对于在'聊天室'中发送给公众的信息或由一个通信者'转发'到另一个通信者的电子邮件都不具有隐私合理期待。"① 在 Guest 诉 Leis 一案中,法院不认为:"政府执法人员伪装成普通用户进入电子公告栏并下载样本图片的行为违反了《第四修正案》的规定,因为从逻辑上讲,用户对于发表或公开发布的信息资料不具有合理的隐私期待。"②

乍一看,公共利益原则似乎使人们对于任何在公共社交网络中的信息内容都无法主张合理的隐私期待。由于当局可能合法地出现在任何对公众开放的地方,所以没有什么能阻止警察在网站上巡逻,就像他们在没有事先获得搜查证的情况下在公共街道上巡逻一样。这意味着政府官员可以查看大量用户信息,因为许多用户从未采用过更严格的隐私设置。即使有精明的用户这样做了(即采用了更高级的隐私设置),大量的信息仍然是可被公开访问的。例如,在 Facebook 上,用户的姓名、个人照片、性别和交际圈都是公开可见的。③

这不是一个显而易见的结果,虽然聊天室或电子公告板用户可能打算向全世界广播他/她的消息,但这对社交网络用户来说并非如此。隐私设置仍然是社交网站的一个高级功能,如对其进行修改,则需要用户有一定程度的使用经验。因此,尽管有许多用户可能并不希望与公众共享其个人名片的内容,但因为他们缺乏网站操作的知识和经验,所以他们无法有效地更改这些设置和完成一些限制条件。

最近的社会科学数据强调了在多大程度上,用户可能没有意识到他们的个人信息是公开的。2009 年 1 月的一项研究发现,在接受调查的 MySpace 用户中,有 42% 的年龄在 18 岁至 20 岁之间的、表现出了风险行为倾向的用户,在被告知他们的个人资料可以被公开浏览后的一个月内,他们就修改了个人名片。④ 这一发现与之前的社会科学数据的观察结果是一致的,即许多互联网用户根本不了解社交网站的

---

① United States v. Maxwell, 45 M. J. 406, 419 (C. A. A. F. 1996).
② 55 F. 3d 325, 333 (6th Cir. 2001).
③ See Facebook.com, Facebook's Privacy Policy § 3, http://www.facebook.com/policy.php (last visited May 8, 2010).
④ Erica Perez, Many Teens Divulge Risk Behaviors Online, Study Says, *MILWAUKEE J. SENTINEL*, Jan. 7, 2009, at 1B.

运作，也不认为他们需要深入了解社交网站的运作后才能充分利用它。对于大多数用户来说，他们知道如何创建个人名片和进行虚拟社交就足够了。网站可以通过开发快速、简单的注册流程和鼓励移动应用来减少人们对深入操作网站的知识的需求。[1] 实际上，仅仅创建一个虚拟社交名片是"非常简单，小孩子都能做到的事情"。[2]

人们发布信息的意图通常可以从对电子公告栏或聊天室的使用就可以推断出来，却很难从对社交网站的使用中推断出来。对于一些了解网站隐私设置，也具备设置的技术能力的用户可能也会将隐私设置为默认状态，但这并不一定表明其想将个人资料内容公开给全世界的意图，对于这些用户来说，他们的行为可能更反映了一种认识：他们认识到限制性隐私设置的目的在某种程度上与在线社交网络的初衷不一样。如果用户打算通过社交网站来接触其他用户，那么，他必须允许其他人对他的个人资料进行一定程度的访问。限制性隐私设置既削弱了会员充分利用社交网络服务的能力，也破坏了这些网络的主要功能。[3]

公共利益原则的应用取决于用户的个人资料是否可以被公众访问。该原则不适用于用户修改其隐私设置以限制其他人访问其资料的情况。如果用户通过限制对朋友的信息披露来表现出一种主观意愿，即他希望自己在网上的信息不被窥探，那么，会出现什么结果？[4]

（三）错位的信任原则

如果一个用户已经采取了积极的措施来限制访问个人资料，那么，警方多数访问可能与犯罪有关的信息的尝试将会失败。但一开始获取犯罪信息方面的失败并不会使警方放弃。在社交网络环境中，如

---

[1] Richard M. Guo, Note, Stranger Danger and the Online Social Network, 23 *BERKELEY TECH. L. J.* 617, 620 (2008).

[2] Sasha Leonhardt, The Future of "Fair and Balanced": The Fairness Doctrine, Net Neutrality, and the Internet, 2009 *DUKE L. & TECH. REV.* 8.

[3] Matthew J. Hodge, Comment, The Fourth Amendment and Privacy Issues on the "New" Internet: Facebook.com and MySpace.com, 31 *S. ILL. U. L. J.* 95, 97-98 (2006).

[4] Matthew J. Hodge, Comment, The Fourth Amendment and Privacy Issues on the "New" Internet: Facebook.com and MySpace.com, 31 *S. ILL. U. L. J.* 95, 97-98 (2006).

果政府当局发现访问用户的个人资料时受到限制，那么，他们会用以下两种方法来获取用户的信息。

第一种方法是，警察可能会创建一个合法的个人虚拟名片，以此促使用户可以不加选择地接受其好友请求，或是警察可能采用调查人员在聊天室中流行的一种技术，创建一个替代的角色——可能是一个与用户的许多公开可见特征相同的虚构人物。

第二种方法是，警察可能会利用公开的信息来寻找那些目标用户的现有好友。没有什么能阻止警方直接从这些虚拟朋友那里获取犯罪嫌疑人的信息，这些虚拟朋友可以通过他们的在线链接访问到犯罪嫌疑人的个人资料。

根据错位的信任原则，上述这两种方法都是允许的。错位的信任原则对第三方原则进行了细微的改变，其根源可以追溯到 Hoffa 诉 United States 一案。[①] 在这个案件中，James Hoffa 因违反《塔夫脱－哈特莱法案（美国的劳资关系法案)》而被起诉，在其受审期间，一名全程陪同 James Hoffa 的线人向联邦探员报告了 Hoffa 关于贿赂陪审团成员的谈话。在回应 Hoffa 关于政府使用线人违反了《第四修正案》的论点时，法院指出，Hoffa 只是依赖于他"错误的信念"，即与 Hoffa 交谈的那些人不会揭露他的错误。在法院看来，《第四修正案》并不保护一个不法之徒的错误信念，这种错误信念是指，不法之徒相信倾听者不会透露其主动倾诉的不法行为。

United States 诉 Miller 一案[②]是一个影响重大的错位的信任案，根据一些有缺陷的传票，政府从银行获得了 Miller 的财务信息，并用这些信息来指控他诈骗美国税收。Miller 对这些证据提出质疑，称这些文件是通过非法的手段取得的，侵犯了他《第四修正案》中的权利。最高法院维持了 Miller 有罪的判决，认为 Miller 在银行文件中不存在可保护的隐私利益，因为一旦与银行共享，这些账户记录就不是 Miller 的"私人文件"。通过引用 Katz 一案中确立的老规则："一个人故意向公众披露的事情……不属于《第四修正案》的保护范围。"法院指出："警方所获取的所有文件，包括财务报表和存款单，都只

---

① 385U.S.293（1966）.

② 425U.S.435（1976）.

包含了 Miller 自愿披露给银行的、并在银行正常业务过程中向其员工披露的信息。"据此，该法院指出，储户冒着风险将自己的事情透露给另一人，而那个人将信息传达给了政府。本院曾多次表示，《第四修正案》并不禁止警方获取人们自愿向第三方披露的、由第三方转达给政府的信息，即使人们在披露信息时认为第三方不会背叛其信任，这些信息只会用于有限目的。①

当所涉及的证据来自电子通信而非当面交谈时，这条规则的运作方式并无不同。错位的信任原则已经被法院用于消除人们在电子邮件②和聊天室对话中表现出的隐私合理期待。③ 事实上，只要信息是通过其接收者披露给政府的，通信者在通信内容中的隐私期待通常都会被打破。

尽管错位的信任原则是一个相当简单的规则，但它对社交网络用户的隐私有着严重的影响。与第三方原则不同，错位的信任原则允许政府官员在没有法律强制的情况下获取用户的信息。用户保护其内容不受此类泄露影响的唯一方法是仔细选择他添加的好友。当然，这说起来容易做起来难。在线社交网络的目的是在大群体之间共享信息，而那些请求他人的虚拟友谊却被拒绝的个人可能会感到被轻视。对于用户来说，接受所有好友请求或某个特定组中的所有请求往往比挑选添加谁或拒绝谁更容易。正如庭审 Maxwell 一案的法官所认识到的那样，接收人的数量与信息被不利使用的风险有直接关系，接收人越多，他们中的一个或多人会以不利于通信者的方式来使用其信息的风险就越大。④

五、保护在线社交网络用户内容的重要性

尽管将法院的搜索判例应用于新的通信技术存在一些困难，但毫无疑问，随着在线社交网络的现象越来越普遍，法院必须给出一份答

---

① Miller, 425U. S. at 443.
② Commonwealth v. Proetto, 771 A. 2d 823, 831（Pa. Super. Ct. 2001）; United States v. Maxwell, 45 M. J. 406, 417（C. A. A. F. 1996）.
③ Proetto, 771 A. 2d at 832; United States v. Charbonneau, 979 F. Supp. 1177, 1178 - 1179（S. D. Ohio 1997）.
④ Maxwell, 45M. J. at 419.

卷。正如上文提到的，最高法院《第四修正案》规定，用户可以对其在线社交网络个人资料内容拥有合理的隐私期待，除非他错信了将其犯罪信息透露给政府的朋友，但这不是一个明确的规则。

在文章的这一部分，笔者想强调一下拒绝将《第四修正案》的保护延伸至在线社交网络内容的两个实际后果。

不承认在线社交网络用户内容中的隐私预期可能会削弱对广泛的公开信息的隐私保护。在 Kyllo 诉 United States 一案中，法院认为技术确实可以"缩小隐私保护的范围"。① 尽管法院认为，执法人员利用热成像系统对被告的家进行扫描并试图找出可能用于种植大麻的高强度灯的部分时，执法人员的行为构成了"搜查"，此时，公众没有使用热成像技术这一事实对法院的分析至关重要。

法院的分析表明，由公开使用的技术泄露的信息不受《第四修正案》的保护，如果公众没有使用这个技术，那么，警察使用这个技术来获取信息就构成了"搜查"；如果公众使用了这种技术，那么，警察获取结果的行为，可能不一定构成"搜查"（此处"搜查"指《第四修正案》中未经授权的搜查行为）。在线社交网络已经成为一种被大众广泛接受的实践，许多人显然没有保留地在 Facebook 个人资料上展示他们生活的私密细节。这包括我们社会中许多人认为是隐私的大量信息，比如一个人的性取向或其最喜欢的书籍。如果法院的"一般公众使用"分析在未来具有重要意义，那么，对这类信息的隐私合理期待在未来可能是不合理的。鉴于社交网站惊人的发展速度，这个预测可能还有一定的合理之处。

警方不受监管的对社交网络用户的监控，也可能成为公民行使既定宪法权利的负担。"法院认可，为了从事受第一修正案保护的活动，即言论、集会、申诉冤屈和宗教活动，公民有结社的权利。"② 这项权利至关重要，它可以防止把自己的观点强加给那些倾向于表达其他观点的人，即使这个观点可能是不受欢迎的。③ 此外，个人选择

---

① 533 U.S. 27, 34 (2001).

② Roberts v. U.S. Jaycees, 468 U.S. 609, 618 (1984); see also Kusper v. Pontikes, 414 U.S. 51, 56–57 (1973).

③ Boy Scouts of Am. v. Dale, 530 U.S. 640, 647–648 (2000).

"进入并维持某些亲密的人际关系"是"个人自由的基本要素",不受国家的侵犯。① 事实上,政府侵犯这些表达性协会的行为必须服务于强制性的国家利益,与对思想的压制无关,而这无法通过"大大减少对结社自由的限制"来实现。

通过向政府提供获取群组成员信息的方法,警方对社交网站的审查可能会损害群组成员之间的利益。信息收集不是通过监管直接削弱表达活动,而是通过威慑间接削弱表达活动。因此,警方对社交网站无限制的审查可能会在几个方面抹杀人们建立保护协会的热情:通过披露成员的存在及其信息,通过提高合法协会受到不公平审查的可能性,通过让群组认为他们不欢迎某位成员。② 通过用"《第一修正案》的特殊视角"来看待《第四修正案》,笔者为在在线社交网络用户内容中主张的隐私合理期待提供了额外的支持。③

六、结语

Thomas 大法官所设想的美好技术新世界,以及公共领域与私人领域的日渐融合,产生了棘手的宪法问题。随着社交网络服务越来越受欢迎,当局将经常利用它们收集公民信息和进行刑事调查。虽然现有的《第四修正案》原则是围绕信封和电话建立的,在这些情况下很难适用;除非根据错位的信任原则行事,否则,警方在审查网上个人资料之前必须先获得授权。除了能够保护用户的社交自由和非用户的隐私利益之外,这个结果还有一个额外的好处,那就是重拾了 Katz 一案所体现的"技术在促进交流方面的重要作用"。

---

① Roberts, 468U. S. at 617 – 618.
② Roberts, 468U. S. at 617 – 618.
③ See Katherine J. Strandburg, Freedom of Association in a Networked World: First Amendment Regulation of Relational Surveillance, 49 *B. C. L. REV.* 741, 783 – 786 (2008).

社交网络与《美国联邦宪法第四修正案》

丽莎·A. 施密特[1] 著　袁姝婷[2] 译

目　次

一、导论
二、Katz v. United States 一案与隐私合理期待标准
三、位置追踪与《美国联邦宪法第四修正案》
四、社交网络与《美国联邦宪法第四修正案》的影响
五、《美国联邦宪法第四修正案》的原则
六、朋友和人际关系当中的隐私合理期待：社交网络与假装朋友原则
七、社交网络与《美国联邦宪法第四修正案》：其他考量
八、结语

一、导论

《美国宪法第四修正案》（以下简称《第四修正案》）规定："公民的人身、住宅、文件和动产不受政府工作人员的无理搜查和扣押，政府工作人员不得随意侵犯这些权利，除非有正当理由，否则法院不

---

[1] 丽莎·A. 施密特（Lisa A. Schmidt），美国康奈尔大学法学院法学博士。
[2] 袁姝婷，中山大学法学院助教。

得颁发搜查令。"① 互联网的最新发展引发了一个问题,即这种权利是否可以延伸适用于社交网络。在 United States v. Jones 一案当中,Alito 大法官对此表示肯定,他指出:"社交工具将塑造普通民众对其日常活动的隐私期待。"②

在社交网络环境当中,执法人员是否可以使用照片、签到或状态更新来证明进一步搜查甚至逮捕犯罪嫌疑人的正当性?在现有的《第四修正案》判例法当中,最著名的一个案例要数 Katz v. United States 一案③,而该案对上述问题的回答似乎是肯定的。Harlan 大法官对 Katz v. United States 一案的支持意见已经成为判断一种搜查是否属于《第四修正案》所规定的搜查标准。④ 简而言之,《第四修正案》适用于公民享有隐私合理期待的情形。⑤ 社交网络并不符合这一标准。从新闻报道到隐私控制,甚至到用户自我更新,当公民在网上发布信息时,政府工作人员可能并没有采取真正的保护措施。

本文详细地说明了能够适用的《第四修正案》判例法,并从中得出所有的社交网络用户都应当对其在网上所发布的信息保持警惕的结论。政府工作人员可能以公开信息为由来证明其对犯罪嫌疑人进行逮捕或定罪的正当性,如果没有《第四修正案》的保护,用户可能会因为社交网站上所发布的私人照片、位置签到或状态更新而面临刑事责任。

有关社交网络的统计数据令人震惊。

首先,Facebook 是最受欢迎的一个社交网站,它已经成为一种全球现象。Facebook 允许用户与其"好友"分享照片、状态更新、位置以及其他信息。仅仅 Facebook 这一个社交网站就拥有超过 10 亿的用户,每一位 Facebook 用户平均每个月分享 90 条信息。Facebook 上每 20 分钟就有超过 100 万张照片被上传。另外,有超过 6 亿的活跃用户通过其手机应用程序访问 Facebook,其中许多用户会长时间持续登录 Facebook,手机应用程序可以追踪其位置。Facebook 表示,目前

---

① U.S. CONST. amend. IV.
② 132 S. Ct. 945, 963 (2012) (Alito, J., Concurring).
③ 389 U.S. 347, 359 (1967).
④ 389 U.S. 360 (Harlan, J., concurring).
⑤ 389 U.S. 360 (Harlan, J., concurring).

已经有超过170亿条带有位置标签的帖子,包括用户的实时位置签到。

其次,Twitter也是一个社交网站,它允许用户与"关注者"分享状态更新(不超过140字符)和照片。Twitter状态更新有时会反映用户的随感,但用户也会在其"推文"当中发布自己的位置或照片。Twitter在全球拥有超过1亿的活跃用户,该网站每天平均管理着2.3亿条推文。虽然在上亿用户当中,50%的用户会每天登录Twitter,但有40%的用户不分享自己的更新而只查看其他人发布的推文。

最后,Foursquare是一个相对较新的社交网络平台,它允许用户进行位置"签到",从而提供用户位置的实时更新。Foursquare目前拥有超过1000万的用户。用户同样可以通过手机应用程序访问Foursquare,实时共享信息,不过,很多用户并不想公开其位置。

正因为社交网站用户不计其数,所以我们有必要保护这些网站上的公民信息。例如,如果用户没有正确使用这些网站,他们会面临什么后果?在警察利用这些照片、签到或标签形式的信息来证明其搜查甚至逮捕的正当性时,是否有相应的保护措施?用户是否会因为其在网上发布的帖子而导致警察对其采取措施?美国联邦最高法院尚未权衡《第四修正案》与社交网络的关系,但随着技术的不断进步,正如Alito大法官在United States v. Jones一案中所指出的那样①,美国联邦最高法院很快就会解决这些问题。

本文关注的是社交网络活动在位置追踪方面对隐私所产生的影响。在用户登录网站时,Facebook、Twitter和Foursquare都能够追踪其位置,而《第四修正案》可能不适用于这种类型的位置追踪。本文还讨论了《第四修正案》判例法,详细地说明了隐私合理期待标准②,并得出这样的结论,即所有社交网站上的信息,包括位置签到,均不受《第四修正案》的保护,因为在Katz一案的判决观点看来,社交网络用户故意将这些信息公开给了社会公众。③ 因此,政府工作人员可以以公开信息为由来证明其对犯罪嫌疑人进行逮捕或定罪

---

① See United States v. Jones, 132 S. Ct. 945, 963 (2012).
② See Katz v. United States, 389 U. S. 347, 360 (1967) (Harlan, J., concurring).
③ See Katz v. United States, 389 U. S. 347, 360 (1967) (Harlan, J., concurring).

的正当性。本文详细说明了用户应当对社交网站上的公开信息，包括照片、状态更新以及位置签到保持警惕。

本文主要分为六个部分：①在第二点当中，笔者讨论了 Katz 一案所确立的隐私合理期待标准。②在第三点当中，笔者详细介绍了《第四修正案》在位置追踪方面的原则，包括对目所能力的移动和 GPS 追踪器的使用的考量。③在第四点当中，笔者讨论了《第四修正案》对社交网络所产生的各种各样的影响，包括对 Facebook、Twitter 和 Foursquare 隐私规则的同意和选择加入。笔者还用几个案件说明了《第四修正案》保护公民使用社会网络的最新发展。④在第五点当中，笔者讨论了美国联邦最高法院的一些重要案例，它们都与《第四修正案》息息相关，尤其是涉及新技术和全面监控。⑤在第六点当中，笔者重点论述了美国联邦最高法院对"假装朋友"原则的发展。⑥在第七点当中，笔者分析了警察对社交网络的搜查时应当考量的其他因素，包括青少年隐私和禁止索赔。

二、Katz v. United States 一案与隐私合理期待标准

在有关《第四修正案》的案例当中，最为经典的仍然是 Katz v. United States 一案。① 在 Katz 一案当中，Harlan 大法官持支持意见，他认为，应当根据隐私合理期待标准来认定那些违反《第四修正案》的行为。在该案当中，被告使用公共电话进行非法赌博。美国联邦调查局在电话亭中安装了一个电子设备来窃听 Katz 的电话通信，警察利用其通过窃听电话所收集的信息来证明其对 Katz 进行逮捕和定罪的正当性。Katz 提起上诉，声称警察使用电子设备违反了《第四修正案》所规定的搜查。美国联邦最高法院同意 Katz 的观点，认为窃听构成了搜查，因为无论其行为合法与否，Katz 均享有其通信不会被公开的合理期待，而警察的窃听有悖于这一合理期待。

在 Katz v. United States 一案当中，美国联邦最高法院指出："实际上，政府工作人员所实施的每一种行为都在一定程度上侵犯了公民隐私。所有的案件都面临一个问题，即这种侵犯是否违反了《美国

---

① See Katz v. United States, 389 U.S. 359.

联邦宪法》的规定。"① 《第四修正案》保护公民免受政府工作人员无理搜查和扣押的权利。② 持多数意见的 Justice Stewart 大法官认为,"如果公民在明知的情况下向公众公开其信息,那么,即使他是在自己家里或办公室里,《第四修正案》也不对其提供保护"③。

由于社交网站仍然处于起步阶段,美国联邦最高法院还没有将"知情公开"的适用范围限缩于社交网站活动。然而,这些社交网站已经成为人们最常见的一种交流方式,并且不可避免的是,美国联邦最高法院不久就要面临这一问题。④ 要想使用社交网络,用户必须同意标准隐私政策并接受使用条款协议。用户可能会反驳,他使用社交网络的目的不是为了向公众公开个人信息,而是希望某些人能看到这些信息。在发帖时,用户知道其发布在社交网站上的信息将在全世界广播,从而在知情的情况下公开。因此,在 Katz 一案的框架下,普通社交网站用户的在线社交活动似乎无法获得《第四修正案》的保护。

根据 Katz 一案的判决,即使信息在用户明知的情况下公开,只要是被告"试图保护的隐私,即使是处于公共领域当中,它也可能受到宪法保护"⑤。例如,在公共电话亭里,公民当然有权期待其所说的话不会向全世界公开。⑥ 然而,许多用户通过社交网络进行交流的目的恰恰是向全世界公开信息,或者至少向其封闭的朋友圈传播信息。⑦ 有些网络用户已经因为社交网络"炫耀"行为而受到了刑事处罚⑧,甚至更多的用户可能仍然不知道其在网上发布内容所带来的法

---

① See Katz v. United States, 389 U. S. 350 n. 5.
② See Katz v. United States, 389 U. S. 350 n. 5.
③ See Katz v. United States, 389 U. S. 351.
④ See United States v. Jones, 132 S. Ct. 945, 963 (2012).
⑤ Katz, 389 U. S. at 351.
⑥ Katz, 389 U. S. at 352.
⑦ See generally Social Networking's Good and Bad Impacts on Kids, AM. PSYCHOLOGICAL ASSOC. (Aug. 6, 2011), http://www.apa.org/News/press/releases/2011/08/social-kids.aspx (noting teenagers' narcissistic tendencies in Facebook posting).
⑧ See, e. g., Kelly Burgess, Facebook Bragging About Poaching Leads to Charges Against Man, L. A. TIMES (May 27, 2011, 10: 27 AM), http://latimesblogs.latimes.com/outposts/2011/05/facebook-bragging-leads-to-felony-poaching-arrest.html.

律后果。

三、位置追踪与《美国联邦宪法第四修正案》

（一）United States v. Karo 一案的位置追踪

《美国联邦宪法第四修正案》（以下简称《第四修正案》）是否保护所有形式的位置追踪？美国联邦最高法院在 United States v. Karo 一案当中回答了这一问题。[①] 在该案当中，警察用寻呼机追踪被告家中的一罐乙醚的移动。美国联邦最高法院指出，被告对其住宅享有隐私合理期待，由于警察无法看到室内的情况，寻呼机便在受宪法保护的范围内向政府工作人员提供公民的敏感资料。因为政府工作人员并不是通过自身感官感知的方式获得信息的，所以寻呼机的使用构成了搜查。然而，在 United States v. Knotts 一案当中，美国联邦最高法院对这一原则做出了修改。

（二）United States v. Knotts 一案：一览无余的位置追踪

Smith v. Maryland 重申了 Katz 一案[②]当中的合理标准："《第四修正案》的适用取决于在援引其所提供保护时，公民是否可以主张政府工作人员的行为侵犯了自己的'正当的''合理的'或者'合法的隐私期待。'"根据这个标准，法院必须回答两个问题：第一，法院必须考虑公民是否通过他的行为表现出一种实际的（主观的）隐私期待，具体来说，就是公民是否希望（某种东西）保持其私密性。第二，法院必须考虑公民主观的隐私期待是否社会所认可的合理期待，具体来说，就是在这种情况下，这种期待是否合理？

在 United States v. Knotts 一案[③]当中，政府工作人员通过使用放置在氯仿容器内的寻呼机装置来追踪被告汽车的移动。放有该容器的汽车行驶在公共道路上，其所载乘客和货物都一览无余。法院驳回了被告根据《第四修正案》所提出的主张，认为警察并没有对其进行

---

① 478 U.S. 705, 707 (1984).
② 442 U.S. 740 (citations omitted).
③ 460 U.S. 276, 277 (1983).

搜查,因为所有人都可以看到汽车在公共场合的移动,因此,寻呼机的使用是无关紧要的。法院认为,如果汽车出现在公众视野当中,那么,公民就不存在隐私合理期待。因此,《第四修正案》并没有禁止警察用科学和技术等手段来加强其天生的感官能力。换言之,美国联邦最高法院准备支持《第四修正案》所规定的搜查和搜查令之外存在一览无余这一例外,而这一概念可以轻易地扩展适用于网上所显示的信息,包括 Knotts 一案当中的位置和详尽说明犯罪行为的照片。

(三) United States v. Jones 一案:《第四修正案》与 GPS 追踪

在 2012 年 United States v. Jones 一案[1]当中,美国联邦最高法院认为,使用 GPS 追踪器监控汽车的移动构成《第四修正案》所规定的搜查。在该案当中,哥伦比亚特区警察怀疑被告贩卖毒品,并且希望得知 Jones 的下落,以此来确定他在持有及贩卖毒品共同犯罪过程当中所起到的作用。警察在 Jones 的车上安装了 GPS 追踪器,并因此获得了 2000 多页的数据,通过这些数据,法院最终认定 Jones 为其他嫌疑人提供了"藏身之所",其中包括有 85 万美元现金、97 公斤可卡因和 1 公斤可卡因碱。政府工作人员反驳认为,根据 Knotts 一案的判决,被告在对其一览无余的运动不享有隐私合理期待,因此,这种追踪并没有涉及《第四修正案》。然而,法院仍然认为,警察使用 GPS 追踪器来追踪汽车的运动属于《第四修正案》所规定的搜查。

Sotomayor 大法官持支持意见,他强调了警察对 Jones 财产的物理性侵扰[2],而 Alito 大法官则认为应当采用 Katz 一案所确立的隐私合理期待标准。[3] Alito 大法官特别指出了通过移动设备进行追踪的使用频率逐渐增加,他认为,通过手机上的社交工具进行追踪可能会影响公民的隐私期待。[4] 虽然政府工作人员可能不会根据《第四修正案》在公民的"财产"上装 GPS 追踪器,但 Jones 一案并不排除通过社交

---

[1] 132 S. Ct. 945 (2012).
[2] 132 S. Ct. 954 – 955 (Sotomayor, J., concurring).
[3] 132 S. Ct. 957 – 958 (Alito, J., concurring).
[4] 132 S. Ct. 963.

网站追踪公民活动的可能性。一方面，法院对 Jones 一案判决的部分依据是对私人财产的实际侵犯。① 如果警察选择通过社交网站来追踪公民的活动，那么，法院就可以理所当然地得出本案不存在任何的物理性侵扰的结论，因为这些活动信息是公开的。另一方面，社交网络活动可能不是私有财产，原因之一是用户选择使用网站，并接受社交网络公司强加的隐私协议。

但是，美国联邦最高法院指出，物理性侵扰并不是唯一的考量因素，恰恰相反，《第四修正案》要求将 Katz 一案所确立的隐私合理期待标准与"普通法所规定的侵权标准"结合起来。② 社交网络追踪可能会符合这两个标准，因为它既不存在 Katz 一案当中的隐私合理期待，也不存在任何的物理性侵扰。另外，互联网可能会因此被纳入《第四修正案》的保护范围。③ 虽然它只是《第四修正案》所确立标准的一部分，并且它可能无法决定《第四修正案》的合理性，但法院仍然可能会得出这样的结论：社交网站并不属于《第四修正案》的保护范围，并且用户也因此不享有隐私合理期待。

四、社交网络与《美国联邦宪法第四修正案》的影响

（一）社交网络与同意搜查

正如上文所讨论的那样，对于其在社交网站上所分享的信息，一般的社交网站用户可能并不享有真正的隐私期待。然而，根据《美国联邦宪法第四修正案》（以下简称《第四修正案》），我们还应当考量另一个因素。即使美国联邦最高法院认定社交网站受《第四修正案》的保护，执法人员在这些网站上看到的大部分用户信息也可能属于同意搜查的范围。也就是说，通常而言，虽然警察需要取得搜查令才能侵犯公民的隐私合理期待，但如果公民同意，警察无需取得搜查令也可以对公民进行搜查。④ 因此，即使证据的发现和使用构成了

---

① 132 S. Ct. 949.
② Jones, 132 S. Ct. at 952.
③ Jones, 132 S. Ct. at 953.
④ See Sherry F. Colb, What Is a Search? Two Conceptual Flaws in Fourth Amendment Doctrine and Some Hints of a Remedy, 55 STAN. L. REV. 119, 148 (2002).

搜查，社交网站用户也可能已经同意执法人员查看其个人信息。

虽然自愿搜查和非自愿搜查之间的界限可能还很模糊，但美国联邦最高法院认为它是合理的，因为二者之间存在"交叉"。在同意搜查当中，公民通过自己的一些行为表示其自愿放弃隐私权，通常是口头同意搜查。所以，在社交网络环境当中，用户行为以及其对网站隐私政策的接受可能会被认为是对搜查的一般性同意。在下文当中，笔者将详细介绍一些隐私政策，从而进一步讨论用户对网站使用其信息的同意。

（二）隐私规则

Facebook 的《权责声明》对用户的隐私保护做出了指导性规定："对于在 Facebook 上发布的所有内容和信息，您均享有所有权，并且您可以通过隐私和应用程序设置来决定采用何种方式分享这些内容和信息。除此以外，对于有知识产权的内容，比如照片和视频（知识产权内容），您应当通过隐私和应用程序设置给予我们特别许可，即对于您在 Facebook 所发布的，或者与 Facebook 有关的所有知识产权内容的非独占性使用的、可以转让的、次级授权的、免费的、在全世界范围内均可使用的许可（知识产权许可）。一旦您删除了知识产权内容或账户，这种知识产权许可就将终止，除非您已经将这些内容与他人共享，并且他们没有对其进行删除。"①

Twitter 的隐私政策对用户的状态更新做出了规定："我们的服务旨在帮助您与全世界共享信息。您所提供给我们的信息大多是您要求我们所公开的信息。这些信息不仅包括了在您发推文时，其中涵盖的信息和元数据，而且还包括了您创建的列表、您的关注者、您收藏或转发的推文，以及您使用 Twitter 所产生的其他信息。对于您所提供的信息，我们的默认设置是公开的，只要您没有删除，不过，我们通常会为您提供隐私设置，如果您想保持这些信息的私密性的话。您的公开信息十分广泛，并且可以即时传播。例如，您的公开用户配置信息和公开推文可以通过搜索引擎进行搜索，并可以通过 SMS 和我

---

① Statement of Rights and Responsibilities, FACEBOOK, http://www.facebook.com/legal/terms（last visited Sept. 7, 2012）.

们的 API 立即传送给其他的大量用户和服务，美国国会图书馆就是一个典型的例子，它会基于历史目的将推文存档。当您通过这些服务分享信息或照片、视频和链接等内容时，您应当特别注意所要公开的内容。"①

Foursquare 的隐私政策对用户向好友和其他人公开信息作出了警示："您的好友能够看到您的签到位置和时间、姓名、电子邮箱、电话号码、照片、家乡和徽章游戏、Twitter 和 Facebook 账户的链接（如果您将这些账户与 Foursquare 账户进行了关联）、好友列表、小贴士以及待办事项。别人阅读了这些信息，在不受我们控制以及您毫不知情的情况下，他们可以对其进行随意使用，或者向其他个人或实体进行披露。因此，我们敦促您特别注意在 Foursquare 上所创建的 Shouts、To Dos 或其他内容（位置或其他信息）当中包含的某些私密信息。"②

（三）隐私政策与隐私合理期待

在 Katz v. United States 一案当中，Harlan 大法官认为："对公民的隐私合理期待受宪法保护的领域进行电子性侵扰和物理性侵扰可能会构成对《第四修正案》的违反。"③ 这表明，互联网使用可能最终会受到《第四修正案》的保护。然而，想要区分社交网站上的公共电子信息和私人电子信息可能并非易事。正如 Blackd 大法官在其对 Katz 一案的反对意见当中指出的那样，美国联邦最高法院可能会发现，仅仅为了"使（法律）适应时代"而扩大《第四修正案》的保护范围是不合适的。④ 上述隐私政策不仅承认用户的许多信息可能会被公开，而且网站本身也警告用户不要发布他们所希望保密的信息。考虑到这些隐私政策的用语，我们很难认为，由于用户没有故意在网上公开这些信息，他们仍然享有某些隐私期待。

---

① Privacy Policy, TWITTER, https://twitter.com/privacy (last visited Sept. 7, 2012).
② Privacy Policy, FOURSQUARE LABS, INC., https://foursquare.com/legal/privacy (last visited Sept. 7, 2012).
③ Katz v. United States, 389 U.S. 347, 360 (Harlan, J., concurring).
④ Katz v. United States, 389 U.S. 364 (Black, J., dissenting).

（四）社交网络应用的最新发展

除了用户用于照片、位置和状态更新的标签，Facebook 和其他社交网站还带来了另一个问题，即使用"cookies"追踪用户其他的互联网使用。具体来说，如果用户登录了某一个社交网站，那么，该公司就可以追踪用户浏览的网站以及访问这些网站时的位置。许多 Facebook 用户为了方便一直保持电脑登录网站，但他们大多不知道 Facebook 可能在追踪其互联网使用。2011 年 9 月，Facebook 承认其在用户的电脑上安装了追踪用户互联网活动的 cookies，即使用户已经注销了 Facebook。随后堪萨斯州出现了有关 cookies 和追踪的诉讼。除了电脑上的位置追踪功能，许多用户还一直保持其智能手机登录 Facebook 网站。美国联邦最高法院可能不愿意认可 GPS 追踪，但这些网站能够通过社交网站的手机应用程序追踪用户位置。因此，虽然电脑追踪的使用足以加强人们对隐私的关切，但用户还必须考虑起对手机的隐私期待是否合理，因为政府工作人员随时都可能在没有合理理由或搜查令的情况下使用这些应用程序追踪嫌疑人的下落。

尽管隐私问题既广泛又复杂，但普通用户还是有希望的。这种希望出乎意料地来自立法者。最近，在美国商务部的支持下，美国参议员 John McCain 和 John Kerry 提出了一项法案，旨在为互联网用户推出一部"隐私权利法案"。目前，美国国会仍在考虑该项提案，但与此同时，联邦调查员为了自身利益继续使用社交网站。例如，近年来，为了确定可能存在的共犯，政府工作人员已经陆续针对照片、电子邮件地址和好友名单取得了搜查令。[①] 他们还利用 GPS 位置来确认犯罪嫌疑人的不在场证明。

即使有法律的保护，一般的社交网站用户也可能并不是真正地关切自身的隐私权。Facebook 创始人 Mark Zuckerberg 可以说是社交网络领域当中最杰出人物之一，他在最近表示，Facebook 用户并不关心自身的隐私。在 Facebook 网站发生无法预见的隐私泄露之后，Zuck-

---

① See Laura Vik, Facebook and the Fourth Amendment, BILL OF RIGHTS INSTITUTE BLOG（May 3, 2011）, http://blog.billofrightsinstitute.org/2011/05/facebook-and-the-fourth-amendment/.

erberg 对这一问题做出了回应，他指出："在过去的五六年里，博客获得了前所未有的巨大发展，各种各样的服务使得人们能够自由分享一切信息。人们不仅乐于分享更多的、各种各样的信息，而且抱有更加开放的态度，并愿意与更多人分享这些信息。这种社会规范是随着时间推移而不断演变的。"①

与此同时，社交网站用户可能很快就会更加意识到其在网上所发布信息的法律后果。有互联网评论人士声称，社交网站的使用可能会使社交媒体公司将用户所提供的信息披露给第三人，包括执法人员。因此，社交网站用户可能想知道《第四修正案》是否对其提供保护。本文认为，这一问题的答案很可能是否定的，因为警察可能并不需要取得搜查令就可以查看这些网站上的公开信息。

五、《美国联邦宪法第四修正案》的原则

（一）Ontario v. Quon 一案：《美国联邦宪法第四修正案》与新技术

在 City of Ontario v. Quon 一案②当中，美国联邦最高法院对涉及寻呼机这项新技术的政府搜查作出了裁决。在该案当中，作为雇主的政府怀疑作为雇员的被告有不当通信，因此其获得了被告使用政府所发放寻呼机发送出的短信。Quon 一案所涉及的隐私政策规定："本案保留监控和记录包括电子邮件和互联网使用在内的所有网络活动的权利，无论公民是否知情。在使用这些资源时，用户不应当有隐私合理期待或者保密性期待。"正如美国联邦最高法院在 Quon 一案当中所指出的那样，《美国联邦宪法第四修正案》（以下简称《第四修正案》）的原则是保护公民的隐私、尊严和安全免受政府工作人员的随意侵犯，无论政府工作人员是在调查犯罪还是在履行其他职能。该案

---

① See Helen A. S. Popkin, Privacy Is Dead on Facebook. Get Over It., MSNBC. COM (Jan. 13, 2010, 8:56 AM), http://www.msnbc.msn.com/id/34825225/ns/technology_and_science-tech_and_gadgets/t/privacy-dead-facebook-get-over-it/#.TxxcHJhA594. (omission in original).

② 130 S. Ct. 2619 (2010).

提出了一个问题，即什么样的政府行动是随意的。政府工作人员可能不会在调查犯罪的同时关注追踪信息，但是用户在被定位时还能保持隐私和尊严吗？这个问题仍然悬而未决，由于新技术的不断发展，该原则的进一步适用可能会发生改变。

在 Quon 一案当中，美国联邦最高法院注意到电话和短信通信无处不在，因此一些人可能认为它们是自我表达甚至自我认同的基本手段或必要条件。① 在今时今日，随着手机的逐渐普及，这一点尤其重要。手机上的互联网使用不断改变着法院在裁判案件时所必须考虑的因素。技术和通信手段日新月异，这意味着我们有必要重新评估隐私政策，并使社会网络用户继续保持警惕。

（二）Florida v. Riley 一案：全面监控

在 1989 年 Florida v. Riley 一案②当中，美国联邦最高法院根据《第四修正案》的原则回答了警察监控公民的问题。在该案当中，一位警长接到匿名举报，称嫌疑人 Riley 在自家后院的温室里种植毒品，随后他便利用直升机对 Riley 进行了监控。在没有取得搜查令的情况下，警察从 400 英尺的高空发现了 Riley 家中的毒品。Riley 争辩说，警察没有取得搜查令就进行搜查是非法的。他还认为，通过搜查其后院的温室所获得的一切信息都不应当采信。该案最终以 5 比 4 获得胜诉，White 大法官在庭审当中指出，警察所采取的行为不构成搜查，因此，其不需要根据《第四修正案》取得搜查令。根据美国联邦最高法院的判决，这种高度的飞行并没有违反任何法律，因此，任何公众均可能利用直升机飞近 Riley 的温室，查看其毒品种植情况。不过，美国联邦最高法院同时指出，如果这种高度的飞行是违法的，那么，政府行为就可能构成非法搜查。

因此，该案一方面突出了一览无余的概念，另一方面强调了 Katz 一案所提出的哪些信息是故意向公众披露的问题。如果适用于社交媒体领域，那么，这一问题就变成了：社交网站上的照片或位置是否可以属于警察无须取得搜查令也能搜查的内容？如上所述，社交网站有

---

① Quon, 130 S. Ct. at 2630.
② 488 U. S. 445（1989）.

自己的隐私政策和使用条款，因此在未来的案件当中，法院判决可能取决于公开信息和私人信息之间的差异或缺乏。

六、朋友和人际关系当中的隐私合理期待：社交网络与假装朋友原则

（一）线人与《第四修正案》

1. Hoffa v. United States 一案：对朋友的错误信任

普通的人际关系和互动如何影响《第四修正案》的内容？在Hoffa v. United States 一案当中，美国联邦最高法院解决了这个问题。①在该案当中，一名政府线人从罪犯 Jimmy Hoffa 那里获得了犯罪证据，从而在证人篡改控方证词时对其造成不利。美国联邦最高法院认为，线人的使用并不违反《第四修正案》，因为被告人在日常对话当中自愿向他提供了犯罪证据。美国联邦最高法院指出："对宪法所保护内容的恶意、强行侵犯，肯定违反了《第四修正案》。"不过，美国联邦最高法院认为，为了获得其犯罪证据，即使手段具有欺骗性，政府工作人员也可以自由地与犯罪嫌疑人建立关系。美国联邦最高法院指出，没有一位法官曾经表达过这样一种观点，即《第四修正案》也不保护违法犯罪者对自愿向其吐露自己不法行为的他人不会揭发的错误信任。②因此，尽管线人的使用具有欺骗性，美国联邦最高法院仍然认为（政府）使用秘密线人本身并不违反宪法。

2. United States v. White 一案：信任错误与技术

《第四修正案》也不保护违法犯罪者对自愿向其吐露自己不法行为的他人不会揭发的错误信任。在 United States v. White 一案③当中，美国联邦最高法院认定，被告对其与一名戴着录音设备的政府线人的对话内容不享有隐私合理期待。在该案当中，美国联邦最高法院发现，那些选择与别人交往并对其有信心的公民会承担信任错误的风险。因此，根据 White 一案的判决，公民对朋友不享有隐私合理期

---

① 385 U. S. 293 (1966).
② 385 U. S. 302.
③ 401 U. S. 745 (1971).

待，其应当承担彼此之间的对话被记录的风险。

Harlan 大法官持反对意见，他认为，美国联邦最高法院对该案的判决削弱了无辜者在自由社会中与别人交往时的安全感。警察可以使用线人，但如果涉及录音设备，法院就应当另做考量。可以说，美国联邦最高法院的判决允许政府工作人员引入一种并不天然存在于普通人际交往当中的因素，从而迫使公民怀疑自己的人际关系。因此，Harlan 认为，与普通的友谊相比，作为政府线人的"朋友"更类似于 Katz 一案当中所使用的录音设备。

(二) 假装朋友原则

美国联邦最高法院对许多有关《第四修正案》的案件所做出的判决均取决于对可靠证据的需要。① 美国联邦最高法院有时不愿意认可更多违反《第四修正案》的行为，因为这些行为会导致有价值的证据不予采信，从而使犯罪分子有机会逍遥法外。② 具体来说，美国联邦最高法院已经接受政府工作人员使用虚假朋友③或假装朋友④来窃听公民信息并将其作为证据。

美国联邦最高法院认为，政府工作人员可以假装朋友，努力获得嫌疑人的信任，希望最终能获得犯罪信息，将其作为对嫌疑人不利的证据。假装朋友并最终背叛所谓的友谊不是犯罪行为。在 Katz 一案当中，包括 Katz 及其听众在内的双方当事人都有理由相信彼此之间的对话是私密的，不会被窃听。然而，在 White 一案和 Hoffa 一案当中，嫌疑人的隐私并没有受到任何侵犯，因为对话的一方当事人是背叛者，他并没有隐私合理期待，而仅仅是成功地获得了犯罪证据。Katz 一案的判决结果和各种各样的线人案例表明，美国联邦最高法院认为，不论是在假装朋友的情况下，还是在真正朋友的日常交流中，友谊当中均存在一定程度的背叛和欺骗。

---

① 401 U.S.745.
② 401 U.S.745.
③ See Bernard W. Bell, Secrets and Lies: News Media and Law Enforcement Use of Deception as an Investigative Tool, 60 *U. PITT. L. REV.* 745, 800 (1999).
④ Sherry F. Colb, What Is a Search? Two Conceptual Flaws in Fourth Amendment Doctrine and Some Hints of a Remedy, 55 *STAN. L. REV.* 139–140.

与假装朋友的情况一样，社交网站的用户通常对友情和隐私具有相似的期待。这强调了在使用社交网站时的一些注意事项：一是如果用户不设置隐私设置，只显示那些被用户确认为"好友"的信息，那么，Facebook、Twitter 和 Foursquare 等网站上的信息可能是公开的，而这就会引发各种各样的同意搜查的争论。二是用户可能会在不知情的情况下确认一个假装朋友。具体来说，在假设其他用户合法的情况下，用户可能会允许线人查看其社交网站上的私人信息，普通用户没有兴趣调查这些已经发布的信息，而只是想扩大社交网络，结识新朋友。在假装朋友的情况下，一方面，与线人成为朋友的用户可能不会受到《第四修正案》的保护，因为他不享有隐私合理期待。另一方面，即使是用户的真正朋友也可能会给警察提供其犯罪证据。以 Facebook 为例，它鼓励用户举报可疑活动或非法活动。如上所述，美国联邦最高法院已多次裁定，公民对其朋友不应享有隐私合理期待，因此，社交网站的用户同样不受《第四修正案》的保护，其朋友可以向政府工作人员提供其犯罪信息。在 Katz 一案当中和假装朋友的情况下，如果社交网站用户有意向公众披露信息，或者他对朋友向第三人披露信息没有合理期待，那么，这些信息就可能几乎或根本不受《第四修正案》的保护。

　　回想一下假装朋友的情况，人们可能会疑惑 White 一案与 Katz 一案是否不一致。答案既是肯定的又是否定的。White 一案涉及第一方监控，而 Katz 涉及第三方监控。① 在 White 一案当中，美国联邦最高法院认为朋友的背叛是合理期待。这一观点不乏批评，康奈尔大学法学院教授 Sherry F. Colb 认为，公民所享有的隐私合理期待不应当由其发现假装朋友的能力来决定。② 虽然公民向朋友倾诉可能会面临风险，但这种风险的承担是有限度的。③ 换言之，所谓的假装朋友可能只做一些公民以为朋友会做的事情，而他们对彼此的信任和隐私合理期待是至关重要的。④

---

　　① See Katz v. United States, 389 U.S. 347, 348 (1967).
　　② Sherry F. Colb, What Is a Search? Two Conceptual Flaws in Fourth Amendment Doctrine and Some Hints of a Remedy, 55 *STAN. L. REV.* 141 (2002).
　　③ See Gouled v. United States, 255 U.S. 298, 305 (1921).
　　④ See Gouled v. United States, 255 U.S. 298, 305 (1921).

七、社交网络与《美国联邦宪法第四修正案》：其他考量

（一）青年和社交网络

虽然本文试图强调有关社交网站的各种隐私问题，但研究表明，社交网络一代可能认为完全丧失隐私不会有什么问题。例如，美国音乐电视网（MTV）和美联社（the Associated Press）最近进行了一项关于 Facebook 隐私问题的研究，他们调查了社交网站用户对隐私的重视程度。① 在一项有 1355 人参与的民意调查当中，只有不到一半的人对在使用社交网络时所受到的隐私侵犯感到非常不安。② 该研究表明，许多人对其在网上所发布的信息可能并没有隐私合理期待。如果当今时代的年轻人已经放弃了对私人生活的渴望，那么，我们很难指望法院作出有利于其隐私的判决。

（二）取得对非犯罪嫌疑人的搜查令

在 Zurcher v. Stanford Daily 一案当中③，美国联邦最高法院认定，即使被搜查之地的所有人没有被怀疑参与涉嫌的犯罪活动，政府工作人员也可以取得搜查证据的搜查令。

根据 Zurcher 一案的判决，唯一的问题就是证据实际上刚好在被搜查的地方。但是，Zurcher 一案解决了《美国联邦宪法第四修正案》（以下简称《第四修正案》）所存在的一个问题，即以损害《第四修正案》所规定新闻自由的方式寻找第三人。可以想象，这一标准可用于保护用户在社交网站上的言论自由，包括陈述位置、讨论可能表

---

① See Kashmir Hill, Really? Half of Young People Not That Upset By Hacking of Their Facebook and E-mail Accounts, FORBES (Oct. 12, 2011, 1:35 PM), http://www.forbes.com/sites/kashmirhill/2011/10/12/really-half-of-young-people-not-that-upset-by-hacking-of-theirfacebook-and-e-mail-accounts/.

② See Kashmir Hill, Really? Half of Young People Not That Upset By Hacking of Their Facebook and E-mail Accounts, FORBES (Oct. 12, 2011, 1:35 PM), http://www.forbes.com/sites/kashmirhill/2011/10/12/really-half-of-young-people-not-that-upset-by-hacking-of-their-facebook-and-e-mail-accounts/.

③ 436 U.S. 547 (1978).

明正在或即将发生犯罪活动的行为，以及发布可能表明正在或即将发生犯罪活动的图片。

（三）对纯证据的扣押

即使社交网站上的证据并不是犯罪结果，这些照片、位置签到、标签和状态更新也可能足以成为进一步调查、逮捕或最终定罪的理由。例如，在 Warden v. Hayden 一案①当中，美国联邦最高法院发现，搜查证据的权利不是基于政府的财产利益，而是基于政府和公众调查和解决犯罪的兴趣。它允许政府工作人员扣押"纯证据"，即这些证据本身不是犯罪结果，而仅仅是为犯罪提供线索或指引。② 根据纯证据标准，政府工作人员可以自由获取所有的犯罪证据。在社交网络环境当中，政府工作人员可能会搜查像 Facebook、Twitter 和 Foursquare 这样的网站，希望更多地了解犯罪嫌疑人的行踪或行为。然而，这也意味着可能不是主要犯罪嫌疑人的互联网用户也可能受到搜查。因此，根据 Zurcher 一案所确立的原则，政府工作人员可以搜查第三人的犯罪证据，即使他们没有理由怀疑其存在非法行为或协助犯罪嫌疑人的行为，也可以对其进行搜查。

（四）隐私合理期待与《第四修正案》禁止索赔

在所有有关《第四修正案》的案例当中，仅仅"有权"的公民，即享有隐私合理期待的公民才可以主张对非法证据不予采信。在社交网络环境当中，谁享有隐私合理期待，是用户还是社交网站？如果政府工作人员在社交网站上搜查你的信息，你能否提出对这些证据不予采信？

在 Rakas v. Illinois 一案当中③，美国联邦最高法院的判决阐明了《第四修正案》的立场，如果公民对其被搜查证据之地享有合法的隐私合理期待，那么，其有权主张对非法证据不予采信。而在 Katz 一案当中，质疑搜查合法性的公民必须在主观上对被搜查之地享有隐私

---

① 387 U.S.294（1967）.
② 387 U.S.300 – 301, 310.
③ 439 U.S.128（1978）.

合理期待。除此以外，他还必须证明社会认可这种隐私期待是合理的。

因此，有社交网站用户可能会认为，其对网上共享的信息有隐私合理期待，但社交网站有隐私利益本身也是极具争议的。这是因为这些网站的使用条款赋予网站在线发布信息的权利，而社交网站控制着政府工作人员在这些网站上所搜查的一切信息。因此，虽然社交网站用户可能希望其信息保持私密性，但如果这些信息被公开或被政府工作人员非法搜查，那么，他们可能无权要求索赔。

八、结语

随着社交网站越来越受欢迎，这些网站所涉及的法律问题也越来越多。虽然《第四修正案》保护公民免受政府工作人员的无理搜查和扣押，但美国联邦最高法院不会对它认为不属于搜查的对象提供保护。Facebook、Twitter 和 Foursquare 都为公民提供了与朋友联系和建立新关系的绝佳机会，但这些机会可能是有代价的。普通的互联网用户必须考虑在公共网络上发布私人信息的法律意义。8 亿 Facebook 用户、1 亿 Twitter 用户和 1000 万 Foursquare 用户必须时刻注意自身行为的合法性，尤其是如果他们在网上写作有关行为的文章或在公共网站上发布照片。此外，虽然美国联邦最高法院可能不认可 GPS 追踪[1]，但互联网用户可能会自愿选择位置追踪，无论是通过签到还是通过电脑或智能手机上的 cookies 的方式。

法院根据 Katz 一案所确立的隐私合理期待标准来认定《第四修正案》所规定搜查的索赔，本文认为，如果社交网络用户在隐私政策上签字放弃其权利，或者通过其朋友或任何互联网浏览者向公众公开信息，那么，他们就不能期许自己有隐私合理期待。遵循 Katz 一案判决的《第四修正案》判例法继续使用这一框架，许多公民通过公开披露信息放弃了其隐私权。

正如 Mark Zuckerberg 所指出的那样，美国既可能会进入后隐私

---

[1] See United States v. Jones, 132 S. Ct. 945, 951-952 (2012).

时代,也可能不会进入后隐私时代。① 的确,年轻人不像其长辈那样重视隐私,但一旦他们意识到自己全部的生活都可以通过互联网被追踪,他们的情感可能会发生改变。立法者越来越意识到社交网络的法律意义,而互联网隐私法的最新发展也是正朝着正确方向迈进。无论如何,我们唯一可以肯定的是,对公民在网上所发布信息,以及政府工作人员因此所获得图片的知情权均受到保护。用 Adele 的名言来说就是,他们会"找到你"。②

---

① See Helen A. S. Popkin, Privacy Is Dead on Facebook. Get Over It., MSNBC. COM (Jan. 13, 2010, 8: 56 AM), http://www.msnbc.msn.com/id/34825225/ns/technology_and_science-tech_and_gadgets/t/privacy-dead-facebook-get-over-it/#.TxxcHJhA594. (omission in original).

② ADELE, SOMEONE LIKE YOU (Columbia 2011).

第四编　社交媒体时代的隐私合理期待（下）

脸书与人际隐私权：第三人原则为何不能够在脸书当中适用

莫努·贝迪[①] 著　袁姝婷[②] 译

目　次

一、导论
二、《美国联邦宪法第四修正案》与第三人原则
三、脸书与第三人原则
四、人际隐私权
五、脸书人际关系与人际隐私权
六、结语

一、导论

事实证明，《美国联邦宪法第四修正案》（以下简称为《第四修

---

① 莫努·贝迪（Monu Bedi），美国德保罗大学法学院助理教授。
② 袁姝婷，中山大学法学院助教。

正案》）难以对互联网环境当中的隐私权提供保护。《第四修正案》主要保护公民的人身、住宅、文件和财产免受政府的"无理搜查和扣押"①。其所反映出来的基本问题是，几乎所有的网络通信，包括脸书、谷歌邮箱和微软邮箱等网站上的信息，都存储于第三方服务器或网络服务提供商，尽管它们存储的时间长短不一。脸书、谷歌邮箱等不同的网络服务提供商往往利用自己的专属系统存储用户信息，并使得这些信息能够顺利送达接收者。对于已经向第三人披露的信息是否仍然受隐私权保护的问题，学者们争论不休。本文将借助人际隐私这一概念来证明，尽管互联网通信已经向第三人披露，它们仍然受到《第四修正案》的保护。

实际上，信息披露和隐私权之间的联系可以追溯到 20 世纪中叶的美国联邦最高法院判例，那时互联网还远远没有产生。直到今时今日，第三人原则这一基本前提没有发生任何改变，它的基本含义是，如果公民自愿向第三人披露其任何形式的信息，他就不再受到《第四修正案》的保护，也就是说他不再享有隐私合理期待。政府能够在没有取得合法搜查令的情况下获得公民的通信信息，并在诉讼当中对公民造成不利。第三人原则最初得到适用的典型案例就涉及政府工作人员。如果公民向政府工作人员披露其任何形式的通信，那么，即使该政府工作人员是间谍，并且公民并不知道其目的，他仍然会丧失法律保护。② 不过，这要求公民向第三人披露通信必须是出于自愿。

在 1979 年的 Smith v. Maryland 一案当中，美国联邦最高法院对第三人原则进行了扩张解释，认为如果公民自愿向自动化机器披露其任何形式的信息，他也不再受《第四修正案》的保护，不再享有隐私合理期待。③ 虽然 Smith 一案已经过去 30 年之久，但它在一定程度上解决了互联网通信的隐私问题，至今仍然是一个重要的先例。由于用户自愿向网络服务提供商这一机器公开其互联网通信，可以说，在 Smith 一案当中，用户的这些通信似乎丧失了《第四修正案》所提供

---

① U. S. CONST. amend. IV.
② See Miller, 425 U. S. at 443; White, 401 U. S. at 750 – 752; Hoffa, 385 U. S. at 300 – 303.
③ Smith v. Maryland, 442 U. S. 735, 744 – 746 (1979).

的保护。根据宪法的规定，即使没有取得合法的搜查令，政府也可以从第三方服务提供商处获得用户的通信信息，并在诉讼当中对其造成不利。

虽然 Smith 一案说明第三人原则或许能够扩张适用于互联网通信，但直到今时今日，美国联邦最高法院仍然没有直接对此做出明确的规定，对于在互联网环境下如何解释第三人原则的问题，各地方法院之间也存在着较大的分歧。在 2012 年的 United States v. Jones 一案当中，美国联邦最高法院就其所涉及技术和《第四修正案》的相关问题做出了最新回应，认定在没有取得合法搜查令的情况下，原告在被告汽车上安装 GPS 追踪器的行为违反了《第四修正案》的规定。[①] 虽然该案的判决并不能从根本上解决上述问题，但仍然有着深远的意义。因为法官们最终支持了被告 Jones 的观点，并提出了第三人原则在当今技术主导的时代所具有的可行性这一命题。[②]

第三人原则究竟是否能够适用于互联网通信这一问题至关重要，原因在于，全世界范围内不计其数的人目前都在使用社交网站，包括 Myspace、脸书和"谷歌+"等。因为这些平台的存在，人们的通信方式和发展人际关系的方式均发生了翻天覆地的变化。通过这些网站，用户不仅能够发送消息、发布状态更新、发布图片和进行视频会议，还能够做其他各种各样的事情。尽管许多的社交网络用户坚定地认为，他们的通信将继续由网络服务提供商私人存储，并且不受政府的侵犯，但根据第三人原则，用户的一切通信似乎都将丧失《第四修正案》所提供的保护，因为用户完全是出于自愿而向网络服务提供商披露了其通信信息。

对于互联网环境下的信息披露问题，学者们采取了广泛的、各式各样的研究方法。有些学者将目光集中于用户向其披露通信信息的互联网实体的性质[③]，而有些学者则将目光集中于用户所披露通信信息

---

① See United States v. Jones, 132 S. Ct. 945, 949–954 (2012).
② See Jones, 132 S. Ct. at 957 (Sotomayor, J., concurring); United States v. Jones, 132 S. Ct. 962–963 (Alito, J., concurring).
③ See Matthew Tokson, Automation and the Fourth Amendment, 96 *IOWA L. REV.* 581, 611–19 (2011) (arguing that Internet communications that are not viewed by a human observer remain private for purposes of the Fourth Amendment).

的类型划分。还有些学者认为，向网络服务提供商披露通信信息与向政府机构披露通信信息之间存在本质的差异。虽然这些理论不尽相同，但都有一个共同点，即它们都局限于分析信息传输本身，并试图扩大《第四修正案》的保护范围。

然而，很少有学者将人际隐私引入对《第四修正案》的讨论当中。这些讨论通常局限于学者们就人际隐私与《第四修正案》所规定公民权利之间的内在冲突所进行的一般性争论。到目前为止，好像还没有学者将人际隐私与脸书等社交网站上的通信联系起来。

鉴于脸书的普及程度较高，本文将以脸书作为社交网络的代表，重点介绍脸书及其相关功能和隐私政策。但没有人能预测未来是否会发生一些新变化，或许会出现其他社交网络平台，并进一步改变人们在网络上的互动方式。本文认为，《第四修正案》对网络通信提供了保护，这一观点不仅适用于现有的社交网络平台，也同样适用于未来可能出现的社交网络平台。本文的核心是探讨网络社交关系的形成和相关隐私权保护的一般问题。

为了研究如何使《第四修正案》扩张保护脸书通信，本文使用了人际隐私的概念。"人际隐私"一词已经被广泛使用，美国联邦最高法院也常常用它来保护人际关系及相关的表达自主性。人际隐私并不是起源于《第四修正案》当中的隐私。它关注的是人际关系及其相关的同一性和自主性问题，并以正当程序、平等保护和《美国联邦宪法第一修正案》（以下简称《第一修正案》）的规定为基础。

在 2003 年的 Lawrence v. Texas 一案当中，美国联邦最高法院在判决中首次使用了人际隐私权，并因而产生了重要的影响。[①] 在该案当中，美国联邦最高法院推翻了政府做出的一项关于同性恋的禁令，理由是政府的这一行为侵犯了公民自由发展其人际关系的权利。[②] 随后，许多其他有关人际隐私的案件纷纷援引《第一修正案》的规定和平等保护原则，进一步巩固了人际隐私权利，使其成为维护人际关

---

① See Lawrence, 539 U. S. at 578 – 579.
② See Lawrence, 539 U. S. at 578 – 579.

系本质特征的一种权利。①

本文将全面、广泛地阐释这些案例,并提出人际隐私权适用于脸书人际关系及其通信。在今时今日,社会科学家和心理学家都已经认识到,脸书当中的人际关系和传统的、面对面的人际关系本质上有着相同的结构。无论是在深度上,还是在广度上,抑或在性质上,二者均存在相似之处。如果美国联邦最高法院对这种从传统关系当中衍生出的人际关系予以重视,并设法保护自由发展其人际关系的权利,那么,在适用《第四修正案》时,美国联邦最高法院也应理所当然地对通过脸书等社交网站所形成的人际关系予以重视。

要想证明上述论证是成立的,我们需要经过两个关键步骤:其一,本文借助了人际隐私的概念,认为在适用《第四修正案》所确立的隐私合理期待这一标准时,我们应当特别关注构成脸书人际关系组成部分的通信。其二,与传统的、面对面的人际关系不同,在脸书人际关系当中,用户会向网络服务提供商披露其通信信息,而这不应当损害对用户隐私权的保护,因为网络服务提供商实际上并不参与到用户的人际关系当中。本文之所以提出这种观点,目的并不在于让脸书当中的人际关系凌驾于传统的、面对面的关系之上。恰恰相反,笔者的主要意图是使脸书当中的人际关系与面对面的人际关系受到同等的隐私保护。当政府工作人员对公民实施隐私侵犯行为时,脸书人际关系应当承担与传统人际关系同样的风险和负担。

我们需要明确的是,像脸书这样的社交网站当中的人际关系并不能完全与 Lawrence 一案当中的传统的、人与人之间面对面的人际关系相提并论。二者仍然具有本质上的差异。例如,脸书当中的人际关系可能涉及许许多多的其他用户,他们都可能获取该用户的海量信息。再例如,脸书当中的人际关系并不会发生在私人的物理空间,比如用户的家里。但是,与有关《第四修正案》的案件(如 Smith 一案)相似,Lawrence v. Texas 等隐私侵权案件从来没有考虑像脸书这样的社交网站会带来巨大的社会影响。因此,在当今以技术为基础的时代,至少就适用《第四修正案》而言,人际隐私权的概念应当得

---

① See Boy Scouts of Am. v. Dale, 530 U. S. 640, 659 (2000); Roberts v. U. S. Jaycees, 468 U. S. 609, 617 – 629 (1984).

到发展并走向成熟。

在今时今日,社交网站上的通信并不仅仅是所有类型的通信相加的总和,各组成部分俨然是一个有机的整体。与传统的通信方式(如电话、信件)不同,这些通信方式不仅促进了面对面的人际关系,而且成为人际关系的组成部分。事实上,对于许多用户尤其是年轻人来说,脸书已经取代了传统的、以身体接触作为发展和维持人际关系的通信手段。在讨论网络关系时,我们可以援引人际隐私的概念,从而为适用《第四修正案》所规定的隐私权保护以及隐私合理期待标准提供一种新方法,使脸书人际关系与传统人际关系受到同等的保护。

本文共分以下四个部分。

首先,本文将追溯第三人原则的历史及其在《第四修正案》所规定的隐私权保护当中的基本适用。

其次,本文将讨论第三人原则如何适用于互联网环境,尤其是如何适用于像脸书这样的社交网站。在这一部分当中,笔者研究了立法对于网络隐私的回应,以及学者们就如何将《第四修正案》完美适用于网络通信所提出的不同观点。笔者还分析了 United States v. Jones 一案以及美国联邦最高法院就本案所涉及技术和隐私问题作出的最新判决。

再次,本文将概述美国联邦最高法院确立人际隐私原则的历史,以及美国联邦最高法院和学者们如何对这一原则进行扩张解释,从而保护更多的人际关系。

最后,本文将解释人际隐私的概念应当适用于脸书(和其他类似的)通信的原因,以及这些通信与其他网络传输之间的区别。笔者还利用人际隐私权对《第四修正案》所确立的合理隐私期待进行了重新评估,并通过该理论的运用实例得出最终结论。

二、《美国联邦宪法第四修正案》与第三人原则

在本文的这一部分当中,笔者将考察第三人原则的历史及其如何适用于《美国联邦宪法第四修正案》(以下简称《第四修正案》)所规定的隐私权保护,主要分为三个方面的内容:其一,介绍《第四修正案》从保护空间隐私权向确立隐私合理期待标准的转变,以及

第三人原则的出现；其二，说明美国联邦最高法院如何将第三人原则适用于对话、私人文件和记录；其三，从美国联邦最高法院对 Smith v. Maryland 一案所做出的判决得出结论，即第三人原则能够扩张适用于公民向第三方机器披露其信息。

（一）空间隐私权与 Katz v. United States 案

在历史上，《第四修正案》仅仅保护普通公民的物质财产免受政府工作人员的无理侵犯。① 如果政府工作人员要实施这种侵犯行为，就必须取得由美国联邦最高法院依法签发的搜查令。学者们将这种隐私权称为"空间隐私权"。空间隐私权是由 1928 年的 Olmstead v. United States 一案所提出的概念，美国联邦最高法院指出，《第四修正案》的保护范围仅限于公民的私人财产。② 在该案当中，在没有取得合法搜查令的情况下，政府工作人员对不属于私人财产的部分电话线进行了物理性入侵，从而监听了 Olmstead 的电话。美国联邦最高法院认为，即便政府没有事先取得搜查令，它仍然可以毫不受限地监听和记录其电话通信内容，因为这并没有侵犯 Olmstead 的任何财产。

Olmstead 一案为之后其他涉及政府工作人员监听公民面对面交谈的案件树立了典范。③ 根据这些判决，只要政府工作人员没有侵犯公民的财产，公民向其他人披露的信息就不受《第四修正案》的保护，即使公民坚定地认为其他人不会将其信息披露给政府工作人员。④ 政府工作人员在没有取得搜查令的情况下仍然可以收集公民的这些信息，并在诉讼当中对公民造成不利。正如美国联邦最高法院所指出的那样，如果一个人自愿向别人坦白自己的错误行为，并错误地认为别人一定会为自己保密，那么，《第四修正案》并不会为其提供任何保

---

① See Olmstead v. United States, 277 U.S. 438, 465-466 (1928).
② Olmstead, 277 U.S. at 464-465.
③ See Hoffa, 385 U.S. at 302-303; Lewis, 385 U.S. at 210-211; Lopez, 373 U.S. at 438-439; On Lee, 343 U.S. at 751-755.
④ See, e.g., Hoffa, 385 U.S. at 302-303; Lewis, 385 U.S. at 210-211.

护。① 这就是所谓的"第三人原则",它是指《第四修正案》并不保护公民自愿向第三人披露的信息,哪怕之后政府从第三人处获得了这些信息。

在 1967 年的 Katz v. United States 一案当中,美国联邦最高法院作出了十分戏剧性的判决,对《第四修正案》进行了重新解释。它不再将《第四修正案》的保护范围局限于私人财产或物理空间,而是将其扩张并适用于各种各样的情形,只要公民对此享有隐私合理期待。② 美国联邦最高法院有个著名的论断,即《第四修正案》规定:"保护的是公民,而不是空间。"

在 Katz 一案当中,被告借助电话亭当中的电话进行非法赌博,政府工作人员在没有取得搜查令的情况下利用电话亭外的设备对其实施了监听,而被告对此毫不知情。美国联邦最高法院认定,政府工作人员的这种监控行为侵犯了《第四修正案》所赋予被告的隐私权。

John Marshall Harlan II 大法官支持了这一判决意见,他指出,判断一种情形是否适用《第四修正案》所规定的隐私权保护应当分两步走:第一步,公民必须在主观上对通信保有隐私期待;第二步,公民的这种隐私期待必须在客观上是合理的。在本案当中,虽然政府工作人员没有侵犯被告的财产,但通信的内容和被告的行为均说明了《第四修正案》应当对此提供保护。被告使用电话亭,关上其身后的门,并支付了相应的电话费。据此,美国联邦最高法院推断,被告在主观上期待自己的谈话是私人性质的,并且这种期待在客观上是合理的。因此,政府在监听公民的电话之前必须取得合法的搜查令。

尽管 Katz 一案对《第四修正案》所保护的隐私权进行了扩张解释,但它并没有确立第三人原则。③ 美国联邦最高法院没有说明其应当如何适用,因为被告对政府工作人员监听自己的电话这一情况毫不知情。④

---

① Hoffa, 385 U. S. at 414; see Junichi P. Semitsu, From Facebook to Mug Shot: How the Dearth of Social Networking Privacy Rights Revolutionized Online Government Surveillance, 31 PACE L. REV. 291, 330 – 332 (2011).

② See Katz, 389 U. S. at 353.

③ See generally Katz, 398 U. S. 347 (failing to discuss the Third Party Doctrine).

④ See generally Katz, 398 U. S. 352.

（二）第三人原则的早期发展

不久之后，在 1971 年的 United States v. White 一案当中，美国联邦最高法院明确指出，第三人原则经过了新隐私合理期待标准的检验。① 在 White 一案当中，政府线人使用无线电发射器，将其与被告在各个地方的谈话内容偷偷传送给了政府，包括在被告住宅处的谈话内容。美国联邦最高法院认为，政府在诉讼中将这些谈话内容作为证据使用并没有违反《第四修正案》，因为被告是自愿将这些信息披露给政府线人的，并因此丧失了隐私的合理期待。

在 1976 年的 United States v. Miller 一案当中，美国联邦最高法院对第三人原则进行了扩展，使之不仅适用于公民与第三人的谈话，也适用于公民向第三人传送的私人文件和记录。② 在该案当中，被告自愿向银行披露其记录，从而丧失了《第四修正案》所提供的隐私权保护。美国联邦最高法院表示，即使被告向银行披露这些记录是出于财务安全等特定目的，结果仍然是一样的。他主观上的错误认识或盲目信任并没有改变这样一个事实，即一旦他向银行传送了自己的信息，他就承担了政府可能从银行处获得这些信息的风险。因此，美国联邦最高法院认为，虽然政府没有取得搜查令就搜查了被告的文件，但被告无权拒绝。

在美国联邦最高法院对 Miller 一案作出判决之后，一些学者开始将第三人原则视为一种同意或放弃原则。③ 根据他们的观点，如果公民向第三人披露其通信，那么，就表示他"同意"或"放弃"《第四修正案》对其权利的保护。④ 无论公民披露信息是出于特定目的还是出于无知，自愿性都使得其通信丧失了一切的隐私权保护。⑤

---

① White, 401 U. S. at 750.

② See Miller, 425 U. S. at 442 – 443.

③ See, e. g., Orin S. Kerr, The Case for the Third-Party Doctrine, 107 *MICH. L. REV* 561, 588 – 590 (2009); Sonia K. McNeil, Privacy and the Modern Grid, 25 *HARV. J. L. & TECH.* 199, 216 – 218 (2011).

④ See, e. g., Orin S. Kerr, The Case for the Third-Party Doctrine, 107 *MICH. L. REV* 588 – 90; Sonia K. McNeil, Privacy and the Modern Grid, 25 *HARV. J. L. & TECH.* 216 – 218.

⑤ See Orin S. Kerr, The Case for the Third-Party Doctrine, 107 *MICH. L. REV* 588 – 589.

这种丧失隐私权保护的情况不仅适用于向第三人披露信息，而且还适用于向公众披露信息。① 例如，在 United States v. Knotts 一案当中，美国联邦最高法院就认定，司机对其在公共街道上的驾驶行为不享有任何的隐私合理期待。② 自愿在公共场所驾驶的行为表明，司机已经同意其之后的驾驶行为将会受到监控，并且不享有《第四修正案》所提供的保护。③

（三）第三人原则与技术：自动化原理

在1979年的 Smith v. Maryland 一案当中，美国联邦最高法院所作出的判决将第三人原则扩张适用于技术进步。④ 在 Smith 一案当中，政府要求电话公司装置一个"笔式记录器"，用来记录被告在家中拨出的所有电话号码。由于该装置安装在电话公司的办公室当中，因此，政府自始至终没有侵犯被告的财产。

美国联邦最高法院支持了政府在没有取得搜查令的情况下使用笔式记录器的做法，并指出《第四修正案》不保护电话用户所拨打的号码。按照 Katz 一案所确立的两步走标准，美国联邦最高法院认为，其一，被告在主观上对所拨号码不享有隐私合理期待；其二，这种期望在客观上也不合理。⑤ 电话用户应当认识到，他们只有将电话号码传送给电话公司才能打电话，而电话公司有能够永久性记录其所拨号码的装置。

除此以外，更为重要的是，美国联邦最高法院认为，被告的任何主观隐私期待（如果有的话）都不会被社会认可是合理的。美国联邦最高法院援引了 Miller 一案的判决，认定被告不符合隐私合理期待标准的第二个条件，因为他对所拨号码不享有合理的隐私期待。美国联邦最高法院进一步解释道："在使用电话时，被告自愿向电话公司传送了号码信息，并在日常业务中将该信息'暴露'给电话公司的

---

① See, e.g., United States v. Knotts, 460 U.S.276, 281-282 (1983); United States v. Cowan, 674 F.3d 974, 955-956 (8th Cir.2012).
② Knotts, 460 U.S. at 281-282.
③ See Knotts, 460 U.S. at 281-282.
④ 442 U.S. at 744-746.
⑤ 442 U.S. at 741-746.

设备。因此，被告放弃了其所享有的隐私权。"

由于公民自愿将信息披露给第三人，使这些信息不再属于秘密，而政府也可以在不违反《第四修正案》的情况下获得这些信息。虽然被告所拨号码是由一台自动化机器而不是一个人披露给政府的，但这无关紧要。因为现今处理电话号码的转换设备正相当于之前亲自为用户接通电话的电话接线员，二者并无本质区别。而被告也承认，如果他是通过接线员拨打的电话，那么，他就不享有任何合法的隐私期待。我们并不认为应当对本案作出一个截然不同的判决，因为电话公司已经走向自动化。

美国联邦最高法院的上述观点为 Smith 一案的判决提供了有力的支持。虽然美国联邦最高法院没有关注第三人是否真的亲眼所见用户所拨打的号码。① 但这显然与本案无关。至关重要的是，被告是出于自愿而向第三方机器（在本案当中是电话公司的转换设备）披露其电话号码。也就是说，如果公民在日常业务中向第三方机器披露了其信息，那么，他就会丧失《第四修正案》所提供的隐私权保护，无论第三人是否真的注意到了这些信息。

三、脸书与第三人原则

在互联网环境当中，美国联邦最高法院究竟应当如何适用第三人原则是一个很大的难题。在本文的这一部分，笔者将以脸书为例，说明第三人原则在互联网环境当中的适用性，包括以下五个方面的内容：其一，笔者研究了第三人原则对社交网络通信的严格适用。其二，笔者讨论了地方法院和学者在将第三人原则适用于互联网通信和信息时所采取的各种方法。其三，笔者总结了脸书的隐私政策，并评估了这些政策与第三人原则之间的相互作用。其四，笔者说明了《电子通信隐私法》当中的某些条款是如何适用于社交网络通信的。其五，笔者分析了美国联邦最高法院对 2012 年 United States v. Jones 一案做出的判决，该判决认为，在没有取得合法搜查令的情况下，政府在公民汽车上安装 GPS 追踪器的行为违反了《第四修正案》的规定。

---

① Smith, 442 U.S. 744-745.

（一）在线数据存储与第三人披露

事实已经证明，第三人原则难以适用于互联网环境。几乎所有的在线数据都存储在第三方服务器或网络服务提供商当中。这些服务器和网络服务提供商往往利用自己的专属系统存储用户信息，并使得这些信息能够顺利送达接收者。常见的电子邮件系统，包括谷歌邮箱、微软邮箱和Yahoo! 等都需要借助于这些第三方服务器和网络服务提供商。

脸书与其他社交网站具有相同的运作方式。脸书为用户提供了一个社交网络空间，他们能够创建带有图片和其他个人信息的个人资料，并利用各种互动工具与其他用户通信，包括发布状态更新或发布图片、发送和接收电子邮件或即时消息，以及进行视频会议。这些信息几乎全部存储在脸书旗下私人服务器或网络服务提供商当中。如果严格适用Smith一案所确立的第三人原则，那么，脸书用户就将丧失《第四修正案》对通过社交网站传输的通信或发布的信息所提供的保护，因为用户是在明知的情况下向第三方的存储系统披露信息的。

根据放弃理论，脸书用户对向网络服务提供商披露信息做出了同意的意思表示，因此，似乎丧失了法律对信息传输所提供的保护。[①] 在注册账户之前，用户自愿选择签署协议，同时也允许脸书保有其通信。因此，即使在没有取得合法搜查令的情况下，政府从网络服务提供商处获取用户的这些信息也不存在任何宪法上的障碍。[②] 虽然个人用户可能在主观上期待自己的通信保持私密性，既不受网络服务商审查，也不会以其他方式披露给政府，但这微不足道。用户向网络服务提供商披露信息与其向政府线人披露信息本质上没有什么不同，用户错误地认为这些信息或者将被用于特定目的，或者不会在诉讼中对自己不利。

在用户向政府线人披露信息时，无论用户在向政府线人披露信息之前是否知悉全部事实，也无论用户是否认识到政府线人的真实身

[①] See Orin S. Kerr, The Case for the Third-Party Doctrine, 107 *MICH. L. REV*, pp. 588 – 590.

[②] See Miller, 425 U. S. at 443.

份,这些都无足轻重。至关重要的是,用户是自愿披露这些信息的。① 这一行为本身就已经使得《第四修正案》所规定的隐私权保护荡然无存。同样的,在用户向网络服务提供商披露信息时也是如此。在 Katz v. United States 一案及之后的其他类似案件当中,尽管公民在主观上的隐私期待可能是一个考量因素,但对隐私期待是否"在客观上是合理的"这一规范性判断仍然是决定性因素。

(二) 对第三人原则的回应与互联网隐私

直到今时今日,美国联邦最高法院还没有彻底解决第三人原则应当如何适用于互联网通信,尤其是通过社交网站传输的通信这一问题。对于在目前的技术背景之下如何适用第三人原则,或者是否应当适用第三人原则的问题,许多学者和地方法院也意见不一、争论纷纷。在适用《第四修正案》裁决有关互联网通信的案件时,有些联邦上诉法院采用了第三人原则,而有些联邦上诉法院则更注重于区分互联网通信当中所包含的不同类型的信息。

在第三人原则被适用于互联网通信时,研究《第四修正案》的学者做出了巨大的甚至尖锐的反应。② 他们提出了各种各样的解决办法,包括制定积极保护互联网通信的法律;对《第四修正案》在互联网环境下的适用重新做出阐释;以及彻底废除第三人原则。

本文并不在于对《第四修正案》所确立的、能够适用于互联网通信的原则做出全面的分析。这项工作当然需要对之前的各种理论学说进行讨论,而其中大多与本文无关。这一分析最重要的是,总的来说,在试图解释为什么这些信息传输需要获得隐私权保护时,这些理论都将通信本身作为重点。

本文抛弃了上述的传统方法,试图为隐私合理期待理论提供一种新的解释方法。虽然本文旨在确定与第三人原则及其对互联网通信的适用(在学术界经常引起讨论的一个话题)相关的常见问题,最终

---

① See Miller, 425 U. S. at 443; Orin S. Kerr, The Case for the Third-Party Doctrine, 107 *MICH. L. REV.* 588 – 589.

② Will Thomas DeVries, Protecting Privacy in the Digital Age, 18 *BERKELEY TECH. L. J.* 309 – 310.

目的是拟订一个解决方案，其重点是社交网站上的互联网通信所建立起来的关系，而不是用户个人的信息传输。因此，本文将简要介绍美国联邦最高法院在适用《第四修正案》裁判案件时所提出的三种代表性理论，从而解释在互联网环境下应当如何适用第三人原则。

1. 机器观察者与人类观察者

对于用户向电子存储设施披露信息这一行为使《第四修正案》所规定的隐私权保护荡然无存的观点，Tokson 表示怀疑。[1] 他提出了一种人类观察者理论，该理论认为，如果要合理地适用第三人原则，那么，我们就应当考虑到这些信息最终会暴露在人类观察之下，而这恰恰打破了用户的隐私合理期待。

在线用户通过互联网传输大量的数据。但这些数据存储在第三方服务器当中，并且几乎不会被人类所直接观察到。根据人类观察者理论，机器不能真正侵犯用户的隐私权。这些自动化系统无法看到我们、无法对我们有所看法、无法评判我们、无法嘲笑我们、无法对我们感到好奇，换言之，它们根本无法感知我们。因此，如果仅仅因为把信息存储在这些机器当中就说我们丧失了隐私权，这是毫无意义的。

在美国联邦最高法院审理的一些涉及技术和监控的案件当中，人类观察者理论得到了支持，美国联邦最高法院认定，只有信息暴露在人类观察之下时，这些信息才会被广泛搜索。[2] 例如，在 1984 年的 United States v. Karo 一案当中，美国联邦最高法院认定，仅仅在被告所购买的乙烯罐中安装传呼机这一行为并没有侵犯其根据《第四修正案》所享有的权利，因为政府工作人员没有对这些信息传输进行监控。[3] 只有在警方开始监控被告家中的传呼机时，他们才损害了被告对隐私合理期待。[4] 同样地，在 2001 年的 Kyllo v. United States 一案当中，美国联邦最高法院得出的结论是，被告并不享有隐私期

---

[1] Matthew Tokson, Automation and the Fourth Amendment, 96 *IOWA L. REV.* 616 – 617.
[2] Matthew Tokson, Automation and the Fourth Amendment, 96 *IOWA L. REV.* 615 – 616.
[3] See United States v. Karo, 468 U.S. 705, 712 – 713 (1984).
[4] Karo, 468 U.S. at 714 – 715.

待。①只有在警察使用热成像仪监控被告在其住宅内部的活动时,他们才侵犯了被告根据《第四修正案》所享有的权利。②如果不存在这种人类观察,而仅仅是使用了机器收集这些信息,那么,根本不会违反《第四修正案》的规定。③

美国联邦上诉法院目前还尚未采纳上述理论。④总体而言,它们仅仅接受了 Smith v. Maryland 一案所确立的自动化原理,而没有讨论人类观察的相关性。⑤例如,美国联邦第九巡回上诉法院认为,电子邮件当中的某些信息,包括"发送至"和"发送自"一行均不受《第四修正案》的保护,因为用户自愿将这些信息发送给了第三方设备。⑥美国联邦第四巡回上诉法院也做出了类似的认定,在没有考虑是否有人类观察到了这些信息的情况下,该上诉法院指出,由于用户向第三方设备披露了电子邮件,因此他丧失了对电子邮件的隐私合理期待。⑦

在讨论脸书通信时,人类观察者理论究竟如何对《第四修正案》所规定的隐私权保护产生影响,这一问题也有待商榷。脸书的隐私政策明确规定:"为了确保脸书的安全性和可靠性,它不仅可以使用用户的信息,而且其善意地认为法律有所要求,它就可以根据法律的规定共享用户的这些信息。"⑧这些用语表明,为了防止欺诈或者为了遵守政府所提出的要求,脸书员工可能会随时审查所存储的用户数据。人类观察的可能性会改变上述分析吗?如果脸书员工根据隐私政

---

① See Kyllo v. United States, 533 U. S. 27, 34 (2001); Matthew Tokson, Automation and the Fourth Amendment, 96 *IOWA L. REV.* 615.

② Kyllo, 533 U. S. at 34 – 35; Matthew Tokson, Automation and the Fourth Amendment, 96 *IOWA L. REV.* 615.

③ Matthew Tokson, Automation and the Fourth Amendment, 96 IOWA L. REV. 615 – 616.

④ See, e. g., United States v. Forrester, 512 F. 3d 500, 510 – 11 (9th Cir. 2008); United States v. Hambrick, No. 99 – 4793, 2000 WL 1062039, at *3 – 4 (4th Cir. Aug. 3, 2000).

⑤ See, e. g., Forrester, 512 F. 3d at 510 – 511.

⑥ See Forrester, 512 F. 3d at 510 – 511.

⑦ See Hambrick, 2000 WL 1062039, at *3 – 4.

⑧ Data Use Policy: Some Other Things You Need to Know, Facebook, https://www. Facebook. com/full_ data_ use_ policy.

策定期检查一些特定的随机抽样的用户信息，结果会怎么样？

　　主张人类观察必要性的学者们肯定会把重点放在实际观察上，并把它作为判断《第四修正案》所提供的保护是否受到损害的关键因素，就像 Karo 一案和 Kyllo 一案的判决一样。① 而在 Smith 一案中，电话接线员有可能查看用户所拨打的号码。此时，需要考虑的问题就变成了：当涉及隐私权时，与可能受到监控相比，事实上被监控的信息究竟有什么独特之处？如果合理地使用放弃原则来进行分析，那么，我们会发现，这两种情况没有什么不同，因为用户都是自愿向某人或某物披露信息的。因此，如果采纳人类观察理论，Smith 一案的判决结果就可能会被推翻，因为美国联邦最高法院没有对用户向机器披露信息和向人类披露信息做出区分。②

2. 内容性信息与非内容性信息

　　Kerr 提出了一种重要的理论，即关注内容性信息与非内容性信息之间的区别，最初之所以将二者进行区分是为了保护美国邮局所投递的邮件。③ 根据美国联邦最高法院长期以来的判例，公民仅仅对其发出邮件的内容享有隐私合理期待，对信封上所载的信息则不享有隐私合理期待，包括收件人和邮寄地址。其理由是，公民有权自由地利用邮政系统，而不需要预先对密封信件进行隐私保护。

　　需要说明的是，内容性信息与非内容性信息二分理论试图为在互联网环境下适用《第四修正案》提供一个总框架，它比较侧重于传统空间隐私权理论的运用。根据该理论，我们可以将信件上的收件人和邮寄地址类比为电子邮件中的"发送至"和"发送自"地址字段，它们都属于非内容性信息。所寄信件的内容类似于电子邮件的主题和正文，它们都应当受到《第四修正案》的保护。

　　内容性信息与非内容性信息二分理论并不一定会妨碍第三人原则的合理适用，因为该原则的核心仍然存在。在公民将信件交给邮政工作人员或者将通过互联网发送电子邮件时，他就丧失了对这些信息的

---

① See Kyllo, 533 U.S. at 34 – 35; Karo, 468 U.S. at 712 – 714.
② See Smith, 442 U.S. at 744 – 745.
③ Orin S. Kerr, Applying the Fourth Amendment to the Internet: A General Approach, 62 STAN. L. REV. 1020 – 1031.

隐私期待。不过，这种信息披露仅限于非内容性信息，而不适用于信件当中的密封信息或电子邮件的主题和正文。无论用户将这些通信披露给了机器还是人类都无关紧要。这一理论提供了一种仅以内容性信息和非内容性信息为标准的区别方法。① 与上述人类观察者理论不同，通过这种方法，内容性信息与非内容性信息二分理论避免了依靠经验确定通信是否正在或将要被人类观察到才能作出判断。

美国联邦第六巡回上诉法院认为，即使用户的信息存储在第三方服务器当中，他仍然对电子邮件的内容享有隐私合理期待。但是，其他联邦上诉法院则赞成直接适用第三人原则，即电子邮件的内容也不受《第四修正案》的保护。

从概念上来说，内容性信息与非内容性信息的区别能够很好地运用于通过谷歌邮箱和雅虎等网站所发送的电子邮件，因为电子邮件的"发送至"和"发送自"地址字段与正文之间具有明显的差异。但并非所有通过脸书等社交网站进行的通信都能轻易地转化为内容性信息与非内容性信息两类。②

内容性信息与非内容性信息二分理论如何解释状态更新、即时消息以及图片？我们很难看出内容性信息与非内容性信息的区别如何适用于这些通信。③ 该理论将互联网通信与邮政信件进行类比，认为互联网通信同时包括了内容性与非内容性两部分，而人们可以轻而易举地做出区分。但事实上，通过脸书进行的互联网通信并没有想象中这么简单。状态更新似乎并不同时包括没有内容性与非内容性两类信息，即时消息也是如此。这些通信不能像邮政信件或电子邮件那样被简单地分成内容性信息与非内容性信息。对于脸书上发布的图片，我们也很难对其进行区分，甚至比状态更新和即时消息要更难。

因为简单地认为由于整个通信包含了实质性内容，所以它就应当

---

① Orin S. Kerr, Applying the Fourth Amendment to the Internet: A General Approach, 62 STAN. L. REV. 1020.

② See Katherine J. Strandburg, Home, Home on the Web and Other Fourth Amendment Implications of Technosocial Change, 70 *MD. L. REV.* 643 & n. 150. The content/non-content theory may adequately explain Facebook messages that are sent between users.

③ See Katherine J. Strandburg, Home, Home on the Web and Other Fourth Amendment Implications of Technosocial Change, 70 *MD. L. REV.* 643 & n. 150.

受到保护，这是不切实际的。因为该二分理论的基本立足点是将互联网通信类比为邮政信件。如果这个类比不成立，那么，保护通信内容的理由也就不复存在了。问题在于，互联网通信，尤其是像脸书这样的社交网站上的通信，不能被简单地将其视为电子版本的信件，因为它所使用的工具种类更多、也更复杂。这一理论的问题源于人们对信息传输本身及其组成部分的关切。相反，从这些通信所建立起来的关系来看，有效性为保护这些通信提供了一个更强有力的理论。

3. 技术社会连续性

Strandburg 则反对在当今技术时代适用第三人原则。[①] 他的基本论点是，积极地适用第三人原则并不能充分地理解互联网所扮演的社会角色，在 United States v. Miller 一案和 Smith 一案首次确立该原则时，互联网所扮演的社会角色就没有得到充分的理解。Strandburg 所提出的技术社会连续性理论认为，"网络空间已经成为社会生活中一个不可或缺的空间，并且通过这个空间数字和物理社会领域不可避免地交织在一起"。由于社交媒体在我们生活中无处不在，技术社会连续性理论指出，网络空间已经成为家庭或办公场所的延伸，而传统上《第四修正案》一直适用于家庭或办公场所。因此，将第三人原则适用于社交媒体环境是不合理的，它也不应当得到积极的适用。

技术社会连续性理论进一步指出，第三方互联网服务存储系统与现代意义上的房东，或者可以与别人共享对住宅及其他物理空间的其他服务提供者事实上没有任何区别。第三方服务器同样能够促进和维持用户通过互联网将信息从一个人传输给另一个人的能力。因此，即使存在信息传输的共享，向第三方服务器披露信息也不应当损害用户的隐私合理期待。

在美国联邦最高法院有关公民共享房屋的判例当中，这种技术社会连续性理论得到了支持。Strandburg 引用了美国联邦最高法院对 2006 年 Georgia v. Randolph 一案的判决，在该判决当中，美国联邦最高法院认定，在一名居住者同意而另一名居住者不同意的情况下，

---

① Katherine J. Strandburg, Home, Home on the Web and Other Fourth Amendment Implications of Technosocial Change, 70 *MD. L. REV.* 634 – 639.

政府无权对其共同居住的房屋进行搜查。① 除此以外，美国联邦最高法院在其他判决当中也认为，即使业主或房东仍然有权进入其房屋，居住在其中的公民在一定的时间范围内仍享有隐私合理期待。② 因此，共享并不意味着隐私保护自动丧失，尤其是在诸如房东等第三人为促进和维持该财产而提供服务时。

Strandburg的上述观点值得肯定。事实上，在当今以技术为主导的世界当中，信息披露的普遍性已经导致一些学者对第三人原则是否应当被理解为一种放弃或同意原则产生了质疑。有学者认为："即使公民允许第三人获取其信息，这并不一定意味着公民或第三人已经同意政府获取这些信息，第三人原则假设公民可以选择是否对第三人披露信息。"③ 为了更好地进行说明，他以支付电费和在银行存款为例，认为根据同意理论，这些行为将意味着公民放弃了其信息所受到的隐私权保护。④ 互联网通信也同样适用这一推断。由于网络服务提供商是信息传输过程当中不可或缺的重要一环，因此，互联网用户对于信息披露不享有真正的选择权。⑤

技术社会连续性理论是否能够真正发挥作用最终将取决于人们如何解释同意的性质。如果对同意一词进行严格解释，我们似乎可以认为脸书用户实际上已经同意披露这些信息。一方面，技术主宰着我们的生活；另一方面，人们大多可能会争辩说，用户必须向其他第三人披露信息（如银行流水、电费账单）才表示同意，而脸书似乎并不符合这种情况。但事实上，即便人们没有脸书账号也能生存下去。因此，用户对一个网站的使用行为已经表明他愿意披露信息。不过，尽管该理论具有上述优点，美国联邦最高法院并没有对《第四修正案》当中的同意采取狭义解释。根据目前所适用的第三人原则，公民应当

---

① Randolph, 547 U. S. at 106; Katherine J. Strandburg, Home, Home on the Web and Other Fourth Amendment Implications of Technosocial Change, 70 *MD. L. REV.* 639 – 640.

② Katherine J. Strandburg, Home, Home on the Web and Other Fourth Amendment Implications of Technosocial Change, 70 *MD. L. REV.* 640 & n. 138 (collecting cases).

③ Sonia K. McNeil, Privacy and the Modern Grid, 25 *HARV. J. L. & TECH.* 216.

④ Sonia K. McNeil, Privacy and the Modern Grid, 25 *HARV. J. L. & TECH.* 216 – 217.

⑤ See Rich Miller, Facebook Makes Big Investment in Data Centers, Data Center Knowledge (Sept. 14, 2009), http://www.datacenterknowledge.com/archives/2009/09/14/Facebook-makes-big-investment-in-data-centers/.

承担披露其信息的风险,即使这些信息是其生活当中不可分割的一部分。①

然而,技术社会连续性理论本身似乎也不能完全保护公民的通信免受政府侵犯。政府似乎可以无所顾忌地强制要求服务提供者(如女佣、房东)披露公民的犯罪信息,服务提供者似乎也能够肆无忌惮地主动向政府举报公民的犯罪行为。② 同样地,政府可以自由地从网络服务提供商获取用户信息,网络服务提供商也可以自由地向政府披露用户信息。在这两种情况下,政府获取公民信息的权力都没有受到任何的宪法约束。

更为重要的是,技术社会连续性理论抛弃了第三人原则,至少是放弃了第三人原则对互联网通信的适用。③ 该理论的提出者 Strandburg 发现,政府线人可以使用聊天室收集潜在犯罪者的犯罪证据,因为聊天室不属于家庭或办公场所的延伸,尽管如此,政府机构也不能使用虚假的脸书个人资料来收集用户信息,因为脸书属于家庭或办公场所的延伸。④ 目前,我们还不能清楚地说明用户自愿向网络服务提供商披露信息和向政府线人披露信息有什么不同,但二者确实存在差异。

本文并没有直接放弃第三人原则,美国联邦最高法院也没有采取如此严厉的救济措施。⑤ 事实上,本文基本保留了第三人原则。笔者并不想阻止政府通过社交网站利用假身份或其他手段从潜在犯罪者处获取信息。笔者的目的只在于把互联网关系放到与面对面的关系同等的地位上,同时保留第三人原则所暗含的基本原则。

---

① See Smith, 442 U. S. at 744 – 745; Miller, 425 U. S. at 442 – 443.
② Katherine J. Strandburg, Home, Home on the Web and Other Fourth Amendment Implications of Technosocial Change, 70 *MD. L. REV.* 641.
③ See Katherine J. Strandburg, Home, Home on the Web and Other Fourth Amendment Implications of Technosocial Change, 70 *MD. L. REV.* 634.
④ Katherine J. Strandburg, Home, Home on the Web and Other Fourth Amendment Implications of Technosocial Change, 70 *MD. L. REV.* 670 – 679.
⑤ Katherine J. Strandburg, Home, Home on the Web and Other Fourth Amendment Implications of Technosocial Change, 70 *MD. L. REV.* 670 – 679.

(三) 脸书隐私政策

《第四修正案》只对社交网站上的通信提供了最低限度的保护。除此以外，还有一些其他的非宪法机制可以对其提供额外的保护，比如隐私政策或国会立法。和大多数网站一样，脸书有着全面的隐私政策，旨在对用户信息提供保护。

脸书隐私政策的有关部分规定，用户的"隐私至关重要"，公司仅在某些有限的情况下共享信息，包括：用户已经对此表示同意、用户已经获得充分的通知（如在隐私政策中）、用户的姓名和个人信息已经被删除等。这些情况看似相对严格，脸书只有在匿名披露或仅向用户做出通知时才能进行实质性的信息披露，但从其他隐私政策来看，脸书在向第三人披露用户信息方面有着相当大的自由裁量权。[1] 脸书隐私政策当中最重要的部分涉及与政府共享用户信息。脸书隐私政策规定："如果有充分的理由相信法律要求我们这样做，那么，应法律要求，我们可能访问、保留和分享您的信息。这可能包括来自美国以外司法管辖区的法律要求，只要我们确信该回应系经该司法管辖区法律要求、影响该司法管辖区内的用户并符合国际认可的标准。"[2] 上述措辞似乎无所不包，根据该隐私政策，在没有取得合法搜查令的情况下，政府包括国际执法机构可能仍然有权要求其披露用户信息。[3]

但是，即使这种说法有失合理性，脸书隐私政策的上述规定及其包罗万象的语言打破了前文所提供的隐私权保护。其有关规定指出，脸书也可能在必要时为了"防止欺诈或其他非法活动"而共享用户信息，并可能利用这些信息来"调查可能违反我们隐私条款或政策的行为"。这份《权责声明》详细列出了一系列禁止性行为，包括用户不得发布任何带有仇恨性、威胁性、色情或暴力等内容，不得利用

---

[1] See Junichi P. Semitsu, From Facebook to Mug Shot: How the Dearth of Social Networking Privacy Rights Revolutionized Online Government Surveillance, 31 *PACE L. REV.* 305 – 306.

[2] Data Use Policy: Some Other Things You Need to Know, Facebook, https://www.facebook.com/full_data_use_policy (last revised Dec. 11, 2012).

[3] See Junichi P. Semitsu, From Facebook to Mug Shot: How the Dearth of Social Networking Privacy Rights Revolutionized Online Government Surveillance, 31 *PACE L. REV.* 306.

脸书从事任何具有误导性、恶意性或歧视性的行为。尽管从整体上看,这些禁止性行为肯定会让用户受益,但这种包罗万象的语言在披露个人信息方面赋予脸书更多的自由。

然而,这些隐私政策只约束脸书。脸书在任何时候都能够自由修改这些隐私政策,并且为用户提供更少的隐私保护。最近的研究表明,由于大多数用户没有意识到这些隐私政策的存在,或者没有仔细阅读这些隐私政策,因此他们可能不知道,根据脸书不断更改的隐私政策,他们的信息可能更容易遭到披露。另外,这些隐私政策并没有在法律上阻止政府在没有获得合法搜查令的情况下获取公民信息。正如一些美国联邦上诉法院所认为的那样,现行法律允许政府在没有获得合法搜查令的情况下获取公民信息,尽管脸书已经努力限制政府提出这种要求。

或许最重要的是,即使网络服务提供商不断调整的隐私政策是能够发挥作用的,这也并不意味着用户信息受到了宪法的保护。根据第三人原则,一旦用户向第三方服务器,比如脸书服务器披露自己的信息,他/她就丧失《第四修正案》所提供的隐私权保护。那么,就算在没有对用户做出任何通知的情况下,脸书突然改变了其隐私政策,并损害了用户权益,结果也不会有什么不同。从宪法的角度来看,最为重要的是用户在明知的情况下将这些信息披露给了脸书,即使是他认为这些信息只会被用于有限的目的,第三人并不会有所泄露。

(四)美国国会立法

美国国会立法可能为社交网站上的通信提供了另一种更有力的保护。1986年的《电子通信隐私法》(ECPA)试图在《第四修正案》之外提供一种更全面的隐私保护方法,从而限制政府在没有获得合法搜查令的情况下对公民的电子通信进行监控。[①] 在该法当中,可以适用于脸书通信的内容主要有三部分:其一,窃听法[②];其二,存储通

---

① See Electronic Communications Privacy Act of 1986, Pub. L. No. 99-508, 100 Stat. 1848 [codified as amended at 18 U.S.C. §§ 2510-2522, 2701-2711, 3117, 3121-3127 (2006)].

② 18 U.S.C. §§ 2510-2522.

信法①；其三，笔录法②。

窃听法禁止联邦执法机构窃听公民的电子通信，除非其有合法的理由和美国联邦最高法院签发的搜查令。③ 脸书通信似乎应当纳入《窃听法》的规制范围，因为它属于电子通信。然而，窃听法又将"窃听"定义为同时"获取所有"电子传输的内容。④ 这将意味着大多数脸书通信不受其保护，因为该社交网站被设计为一个通信存储站点，而不是双向通信机制。美国联邦最高法院就这一问题的结论是，由于上述原因，窃听法的规制范围不包括脸书通信。

而存储通信法的目的正是规制各种各样可能不受《第四修正案》保护的互联网通信。该法禁止政府获取公民的电子存储内容，其中包括获取公民存储在脸书服务器上的通信。

但是，也存在一些例外情况，主要取决于信息存储的时长。如果"电子储存"通信只有180天或不足180天，那么，其将受到最大限度的保护，政府只有在具有合法理由并取得美国联邦最高法院搜查令的情况下才能获取公民的这些通信。而如果"电子储存"通信超过180天，政府则只需要在产生合理怀疑且美国联邦最高法院对此进行审理的情况下就可以要求脸书提供这些通信记录。因此，存储时间较长的脸书通信不会受到国会在存储通信法当中所规定的那些保护。

如果通信存储不足180天，那么，它或许不能受存储通信法的充分保护。问题在于，存储通信法没有对"电子存储"做出清晰的界定，可能不包括已读的通信。这一点至关重要，因为大多数脸书通信，包括电子邮件、照片或帖子，在大约180天内就已经被阅读或浏览完毕。因此，大多数脸书通信将不受存储通信法保护。在对相关的法律术语进行解释时，不同的美国联邦上诉法院之间存在着分歧。一些美国联邦上诉法院对"电子存储"作出了狭义解释，认为不应当将存储通信法的保护范围扩大到已读的互联网通信。然而，一些美国联邦上诉法院则对"电子存储"做出了广义解释，认为应当将存储

---

① 18 U.S.C. §§ 2701 - 2711.
② 18 U.S.C. §§ 1321 - 1327.
③ See 18 U.S.C. §§ 2510 - 2522.
④ 18 U.S.C. § 2510 (4).

通信法的保护范围扩大到已读的互联网通信。

也许最令人担忧的是，存储通信法明确指出，在政府违反法律规定从网络服务提供商处获得公民信息时，唯一的救济方法是对受害人进行损害赔偿。这意味着即使政府违反程序获得了公民信息，法律也不禁止政府将这些信息作为刑事审判的证据使用。

除了窃听法和存储通信法，《电子通信隐私法》还包括了笔录法，它同样也能够对脸书通信提供保护，该法规定，在安装电子设备记录输入的地址信息之前，政府必须取得美国联邦最高法院指令。其合宪性源于 Smith 一案，不过，相比于《第四修正案》而言，笔录法对电子通信提供了更多的保护。如前所述，公民对其所拨电话号码不享有隐私合理期待，政府可以在没有取得美国联邦最高法院搜查令的情况下自由获取这些信息。但是，笔录法现在却要求政府在安装笔录设备之前至少要证明这些信息可能与正在进行的调查有关。这一规定同样适用于某些互联网通信，特别是电子邮件通信的"发送至"和"发送自"地址字段。① 然而，笔录法并不授权政府获取公民电子邮件的内容。原因在于，政府获取电子邮件等电子存储内容的权力是由存储通信法所规制的。

总而言之，《电子通信隐私法》似乎很难对社交网络通信提供全面的保护，尤其是在人们认为大多数存储通信在 180 天内就已经被阅读完毕的情况下。不过，从长远来看，《电子通信隐私法》现有的漏洞并不是真正的问题所在。如果它们既不能有效规制所有的社交网络通信，也不能为这些通信提供充分的保护，那么，国会就有权修改相关法律条款。例如，国会有权通过立法，规定政府获取一切存储信息（无论存储时间或通信性质如何）均应当取得美国联邦最高法院的搜查令，并对受到政府不法侵害的公民提供排他性救济。

事实上，更值得注意的是宪法性问题。无论是现在已经做出的修改，还是未来可能做出的修改，《第四修正案》都无法为这些立法措施提供合法性。如前所述，第三人原则损害了公民的隐私合理期待。脸书用户往往受制于立法机构及其所享有的自由裁量权，希望立法机

---

① Junichi P. Semitsu, From Facebook to Mug Shot: How the Dearth of Social Networking Privacy Rights Revolutionized Online Government Surveillance, 31 PACE L. REV. 365.

关能够实施更加严格的隐私权法,规定政府在没有取得合法搜查令的情况下不能从脸书处获取用户信息。为了避免出现这种困境,人们不得不争辩说,这些通信在某种程度上仍然值得宪法对其提供保护,因为宪法保护可以强制立法机关采取救济性立法措施。本文在这方面迈出了重要一步,提出了一个观点,即我们应当关注人际隐私权,避免在依照传统将《第四修正案》适用于互联网时所引发的上述相关问题。

(五) 美国联邦最高法院对 United States v. Jones 一案的判决

美国联邦最高法院就有关《第四修正案》和技术的案件曾作出了判决,揭露了第三人原则所存在的问题,并可能为第三人原则的未来发展带来曙光。在 2012 年 United States v. Jones 一案的判决当中,美国联邦最高法院认为,在没有取得合法搜查令的情况下,政府在被告的汽车上安装了 GPS 跟踪设备,这一行为违反了《第四修正案》。[①] 警方随后使用该装置对车辆在公共街道上的行驶情况进行了为期一个月的监控,并收集了数千页的数据。这些信息最终导致了被告被判有罪。

Antonin Scalia 大法官持多数意见,他认为,政府在没有取得合法搜查令的情况下就在被告汽车上安装这种 GPS 跟踪设备,这种行为实质上是对被告财产的侵犯,明显违反了《第四修正案》。在本案当中,美国联邦最高法院援引了公民的"人身、住宅、文件和财产"免受政府的无理搜查和扣押这一先例。紧接着,美国联邦最高法院又指出,尽管 Katz 一案改变了适用《第四修正案》所提供保护的标准,但它绝没有否定这一基本原则。不过,法官们的多数意见并没有涉及更多的第三人原则问题,以及对车辆在公共街道上的行驶情况进行了为期一个月的监控是否构成了《第四修正案》所规定的搜查。

有趣的是,Sonia Sotomayor 法官和 Samuel Alito 法官都持赞成意见,他们不约而同地对第三人原则适用于这种类型的电子监控提出了质疑。Sotomayor 法官指出:"GPS 监控可以精确、全面地记录公民的

---

① Jones, 132 S. Ct. at 949 (majority opinion).

公共活动，揭示出其在家庭、政治、职业、宗教和性方面的信息。"①Sotomayor 法官解释道，在判断公民是否对其公共活动享有隐私合理期待时，我们应该考量这种监控的性质。同样地，Alito 法官也对政府长期跟踪被告的行为表示了强烈的反对，认为这种行为确实违反了《第四修正案》。

就目前来说，公民 GPS 信息的披露当然不受《第四修正案》保护，因为司机出于自愿向公众披露自己的位置。② 自愿披露使得公民丧失了隐私合理期待。正如 Sotomayor 法官所解释的那样，"只有在《第四修正案》不再把保密作为隐私的先决条件时，这种行为才能获得宪法的保护"③。她认为，鉴于当今时代的技术进步，美国联邦最高法院应当重新考虑适用第三人原则的可行性。④ 她指出："这种方法并不适合数字时代，在日常生活当中，他人就已经向第三人披露了自己的众多信息。人们向手机运营商披露自己所拨打或发短信的电话号码、所访问的网址相应的电子邮件地址，以及从在线零售商处所购买的书籍、百货和药品。"⑤ 笔者认为，Sotomayor 法官的观点颇有道理。在今时今日，他人通过第三人以前所未有的方式和频率传递和传达信息。难道仅仅因为他人出于某些目的而向公众或第三人披露信息，我们就应当拒绝通过《第四修正案》对其提供保护吗？

在涉及通过诸如脸书等社交网站进行通信时，这一问题就变得尤为重要。用户依赖于第三方服务器来促进其与别人之间的通信，但这并不意味着用户不认为这些信息是私密的。用户之所以向服务器披露其信息，是为了确保将信息送达对方。毫无疑问的是，仅凭用户所保有的主观期待并不必然要求《第四修正案》对其提供保护。然而，我们必须思考，就政府监控和通信方面的技术进步而言，是否有必要重新审视现有的第三人原则。

但是，任何的改变都可能对传统的披露方式产生影响，因为它涉及执法。公民为了某些目的向政府线人披露其部分信息，这是否意味

---

① Jones, 132 S. Ct. at 955 (Sotomayor, J., concurring).
② See United States v. Knotts, 460 U. S. 276, 281 (1983).
③ Jones, 132 S. Ct. at 957 (Sotomayor, J., concurring).
④ Jones, 132 S. Ct. at 957.
⑤ Jones, 132 S. Ct. at 957.

着这些信息不能用于诉讼？大多数人会说"不"，而现有的判例也持相同的意见。① 可以肯定的是，无论第三人原则发生何种改变，我们都必须考虑上述这些问题。

四、人际隐私权

鉴于第三人原则适用于互联网通信（包括社交网络通信）的可行性和难度，有关人际隐私权的宪法性法律为保护这些通信提供了另一种途径。在本文的这一部分，笔者讨论了人际隐私原则以及它如何与《第四修正案》所规定的隐私相辅相成。首先，笔者概述了人际隐私权的发展。其次，笔者考察了人际隐私权的扩张。最后，笔者讨论了《第四修正案》所规定的隐私与正当程序和《第一修正案》所规定的隐私之间的联系和区别。

（一）人际隐私权的早期发展

与《第四修正案》规定的隐私权不同，人际隐私权涉及对公民人际关系和自由利益的保护，它起源于美国宪法当中的正当程序条款。② 在20世纪中期的一些案件当中，美国联邦最高法院根据正当程序条款作出判决，维护了公民享有自由避孕和抚养孩子不受政府侵犯的权利。③ 但直到1965年，在 Griswold v. Connecticut 一案当中，美国联邦最高法院才第一次确立了一种与《第四修正案》所规定隐私权相独立的实体隐私权。④

在 Griswold v. Connecticut 一案当中，美国联邦最高法院推翻了

---

① See Jacobsen, 466 U. S. at 117; Miller, 425 U. S. at 443.

② See generally Ryan C. Williams, The One and Only Substantive Due Process Clause, 120 YALE L. J. 408 (2010); Thomas P. Crocker, From Privacy to Liberty: The Fourth Amendment After Lawrence, 57 UCLA L. REV. 10 - 12.

③ See Stanley v. Illinois, 405 U. S. 645, 649 (1972); Pierce v. Soc'y of Sisters, 268 U. S. 510, 534 - 535 (1925); Meyer v. Nebraska, 262 U. S. 390, 399, 403 (1923); Thomas P. Crocker, From Privacy to Liberty: The Fourth Amendment After Lawrence, 57 UCLA L. REV. 10.

④ Griswold v. Connecticut, 381 U. S. 479, 481 - 486 (1965); Thomas P. Crocker, From Privacy to Liberty: The Fourth Amendment After Lawrence, 57 UCLA L. REV. 11 - 12.

康涅狄格州最高法院所作颁布的禁止已婚夫妻避孕的禁令。① 美国联邦最高法院认为，这一禁令践踏了"受到几项宪法性法律共同保护的隐私权"。以《美国联邦宪法第十四修正案》当中的正当程序条款为基础，美国联邦最高法院援引了《权利法案》所提供的各种保护，包括《美国联邦宪法第一修正案》（以下简称《第一修正案》）、《第四修正案》和《美国联邦宪法第五修正案》（以下简称《第五修正案》），以及其中反对政府禁止公民避孕的相关规定。例如，《第四修正案》和《第五修正案》保护公民的"家庭生活和私人生活神圣不受侵犯"，《第一修正案》保护公民的结社自由和交往隐私不受侵犯。即使没有具体的宪法性条款就避孕问题作出规定，上述各种权利也足以保护已婚夫妻的亲密关系不受政府的无理侵犯。美国联邦最高法院指出，如果不是这样的话，这种关系将会受到毁灭性的影响。通过对其他隐私权相关案件的判决，美国联邦最高法院将保护公民权利免受政府侵犯的范围扩大到包含了未婚夫妻避孕和夫妻生育决定的权利。②

在有关堕胎权的案件当中，美国联邦最高法院进一步阐明了这一权利的范围，并正式确立了人际隐私权。③ 在1973年的Roe v. Wade一案当中，美国联邦最高法院认为，这种隐私权的范围十分广泛，包括了妇女对是否终止妊娠的决定权。④ 由于宪法没有明确提及该权利，美国联邦最高法院已有的判例仍然根据《第一修正案》和《第五修正案》保护公民在某些方面的隐私权。⑤

同样地，在1992年的Planned Parenthood of Southeastern Pennsylvania v. Casey一案当中，美国联邦最高法院认为："（这一隐私权）是宪法对公民自由所做出的承诺，政府不能侵犯公民的这种隐私权。"⑥ 在支持妇女享有堕胎权的案件当中，美国联邦最高法院将公

---

① Griswold, 381 U.S. at 485–486.
② See Carey v. Population Servs. Int'l, 431 U.S. 678, 687 (1977).
③ Roe v. Wade, 410 U.S. 113, 152–153 (1973).
④ Roe v. Wade, 410 U.S. 113, 152–153 (1973).
⑤ Roe v. Wade, 410 U.S. 113, 152 (1973).
⑥ Planned Parenthood of Se. Pa. v. Casey, 505 U.S. 833, 847 (1992).

民自由作为重要的判决依据。① 美国联邦最高法院将这种权利视为"公民在其一生中可能做出的最亲密、最私密的选择,而这些选择对个人尊严和公民自治来说至关重要"②。

（二）人际隐私权的扩张

在有关堕胎权的案件当中,美国联邦最高法院通常关注的是公民自治和个人自由。③ 这是有理有据的,因为美国联邦最高法院所面对的问题是,妇女对自己的身体和生活享有决定权而免受政府的侵犯。在 2003 年的 Lawrence v. Texas 一案当中,美国联邦最高法院认定得克萨斯州所颁布的一部法律无效,因为该法律将同性之间的某些性行为规定为犯罪行为,另外,美国联邦最高法院还将人际隐私权的范围扩大到包括了与人际关系有关的自由权。④

美国联邦最高法院已经开始对上述自由权做出说明。⑤ 它指出,这种自由权保护公民的"家庭生活和其他私人领域免受政府的无理侵犯"。在涉及空间界限之外的问题时,美国联邦最高法院认为,这种"自由权"预设公民自治,包括思想自由、信仰自由、表达自由和亲密行为自由。根据这一观点,美国联邦最高法院认定,得克萨斯州的《反鸡奸法》实质上侵犯了并试图控制伴侣之间的亲密关系。

最为重要的是,美国联邦最高法院认为,这部法律远远不只是禁止了一种具体的性行为。根据其观点,这部法律具有深远的影响,它涉及最私密的人类行为和性行为,以及最私密的地方即家庭。换言之,这部法律不利于同性关系的存在和发展。亲密行为是人际关系的一种,因此也属于公民的个人自由范围之内。正如美国联邦最高法院所指出的那样："《鸡奸法》试图控制公民可以自由选择而不受惩罚的一种私人关系。"⑥ 在这种情况下,美国联邦最高法院对 Lawrence

---

① Planned Parenthood of Se. Pa. v. Casey, 505 U.S. 847 – 853 (1992).
② Planned Parenthood of Se. Pa. v. Casey, 505 U.S. 851 (1992).
③ Planned Parenthood of Se. Pa. v. Casey, 505 U.S. 847 – 853; Roe, 410 U.S. at 152 – 153.
④ See Lawrence v. Texas, 539 U.S. 558, 578 (2003).
⑤ Lawrence, 539 U.S. at 562.
⑥ See Lawrence, 539 U.S. at 567.

一案所做的判决不仅仅保护了公民选择伴侣的权利，而且还试图保护其中所固有的特征。

事实上，美国联邦最高法院的判决已经超越了亲密关系和亲子关系，并确认了在其他情况下对公民人际关系的保护。它以《第一修正案》和平等保护原则为依据，保护公民自由确立与别人之间的关系而不受政府侵犯的权利。

例如，在1984年的Roberts v. U. S. Jaycees一案当中，美国联邦最高法院就指出："公民从与别人的亲密关系中获取丰富的情感，保护这些关系免受政府的无理侵犯，这有助于独立地界定公民的身份，而这种身份正是一切自由理论的核心。"① 在确立这一宪法性自由利益的界限时，美国联邦最高法院将由一小部分关系密切的个人所组成的团体与一个由许多陌生人组成的企业区别开来。美国联邦最高法院发现，前者的自由更多，他们与彼此所共享的不仅包括思想、经验和信仰，而且还包括其私人生活的其他方面。这就与商业组织形成了鲜明的对比，商业组织之间并不会共享共同的深深依恋和承诺，也不会在更私密的关系中享有"选择"或"独处"的权利。基于这个理由，美国联邦最高法院认定，由于U. S. Jaycees是一个大型的、由许多陌生人组成的非选择性组织，因此，它不能将妇女排除在成员之外，因为这种排除并没有体现该组织关系的特点。

然而，在2000年的Boy Scouts of America v. Dale一案当中，美国联邦最高法院确实允许Boy Scouts这一私人组织歧视和排斥同性恋。② 与U. S. Jaycees组织不同，就Boy Scouts而言，美国联邦最高法院更加关注该组织本质的体现，并且它发现，如果不允许该组织排斥同性恋，那么，该组织的身份会因而受到负面影响。③ 美国联邦最高法院援引了Boy Scouts组织的誓词及其向年轻成员灌输的某些价值观目标。④ 在本案当中，美国联邦最高法院认定，异性恋理想是Boy

---

① U. S. Jaycees, 468 U. S. at 619.
② Dale, 530 U. S. at 644, 659.
③ Dale, 530 U. S. at 656–659.
④ Dale, 530 U. S. at 649.

Scouts 身份的重要组成部分。① 因此，该组织可以自由地表达这种理想而不受政府的侵犯，即使这意味着对某一群体的歧视。②

可以肯定的是，一方面，Lawrence 一案采取了个别的、狭义的观点，另一方面，Dale 一案和 U.S. Jaycees 一案似乎表现出了不同的宪法原则，即前者根据正当程序具体保护亲密行为，而后者则根据《第一修正案》和平等保护原则保护关系要素的体现。但是，从总体上来看，这些案例均体现了一种类似的基本原理，即保护关系的基本特点和界定关系的自由免受政府的侵犯。而人际关系所具有的这种至高无上的价值，以及与之相关的特点体现恰恰证实了我所做出的分析。

Crocker 对这一普遍结论进行了强有力的论证。③ 根据上述三个案件，他认为美国联邦最高法院有意保护人际关系的神圣性和界定人际关系的自主权。这些价值观构成了人际隐私权的基本原则。Crocker 指出："自主、亲密和尊严也是受到正当程序保护的人际价值观。"④ 在这种情况下，自主的程度是不言而喻的：公民有能力选择与谁交往，以及在这种关系中做出什么行为。无论是性关系还是成员关系，这些关系在亲密程度上都是各不相同的。公民之间会彼此共享经验、情感、思想和信息。保护这些人际关系也就同时保证了公民的尊严。公民的身份以及他对自己的看法与其人际关系是密不可分的。

（三）隐私利益的交叉：《美国联邦宪法第四修正案》与《美国联邦宪法第一修正案》

前面所提到的两个隐私权概念，即《美国联邦宪法第一修正案》（以下简称《第一修正案》）的人际隐私权与《美国联邦宪法第四修正案》（以下简称《第四修正案》）下的隐私权，保护了两种不同的

---

① Dale, 530 U.S. at 659; Thomas P. Crocker, From Privacy to Liberty: The Fourth Amendment After Lawrence, 57 *UCLA L. REV.* 20 – 21.

② Dale, 530 U.S. at 659.

③ See Thomas P. Crocker, From Privacy to Liberty: The Fourth Amendment After Lawrence, 57 *UCLA L. REV.* 22 – 32.

④ See Thomas P. Crocker, From Privacy to Liberty: The Fourth Amendment After Lawrence, 57 *UCLA L. REV.* 22.

利益。前者保护人际关系的自主权，而后者则注重隐私合理期待。它们都保护公民权利免受政府侵犯。尽管如此，只有少数学者将人际隐私权引入到更大范围的对第三人披露的讨论之中，而这正是《第四修正案》所无法避免的经典话题。①

Thomas Crocker 对人际隐私权与第三人原则之间的联系进行了全面的分析。② 他最终发现，这两个理论之间是互相矛盾的。他认为，《第四修正案》将隐私视为保密，这一狭义解释没有充分认识到正当程序条款所保护的人际关系价值。

Crocker 首先解释了第三人原则的含义以及我们与他人通信时所承担的风险："无论是在我们与别人面对面交流还是书面通信时，他们都可能会根据语境重复我们的话语、想法和意思，或者以我们意料之外的方式转达给第三人。更具体地说，我们承担这样一种风险，即在与别人共享信息时，他们会将我们所说的话当作犯罪行为或政治危险的证据，并将其作为法律证据提交给政府工作人员。"③ 一旦公民与别人进行通信，他们就承担着别人可能向政府披露公民信息的风险。Crocker 认识到，无论公民在与别人通信之后是否要求对方做出某些行为都无关紧要。公民既无法控制别人如何处理这些信息，也无法控制别人向谁披露这些信息。事实上，这一原则对秘密线人来说是至关重要的。他们蓄意地（可能是通过欺骗手段）获得公民的信任，从而收集公民的有关信息并将向政府披露。如前所述，《第四修正案》不为向政府线人披露其通信的公民提供任何保护。

Crocker 紧接着指出，这种根据第三人原则向政府线人披露信息的风险破坏了人际隐私权背后的原则。④ 当人际关系当中的通信无法获得私密保护时，政府如何保护与人际关系息息相关的自由利益？在

---

① Neil M. Richards, The Information Privacy Law Project, 94 *GEO. L. J.* 1087, 1118 – 19（2006）.

② Thomas P. Crocker, From Privacy to Liberty: The Fourth Amendment After Lawrence, 57 *UCLA L. REV.* 32 – 48.

③ Thomas P. Crocker, From Privacy to Liberty: The Fourth Amendment After Lawrence, 57 *UCLA L. REV.* 33.

④ Thomas P. Crocker, From Privacy to Liberty: The Fourth Amendment After Lawrence, 57 *UCLA L. REV.* 47 – 48.

提出这一观点时，Crocker 把重点放在了公民自由利益与人际关系之间的联系上。他认为："对社会实践的准确理解应当是，它是通过产生各种各样特定的隐私概念的共享社会生活来实现个人价值的一种特殊方式。在一般的社会实践当中，隐私所扮演的角色是变化的、有关联的。毫无疑问的是，隐私有时意味着秘密，但它并不总是如此。如果了解了我们的生活是如何通过社会实践共享所塑造的，那么，我们就不应当将'肉眼可见的、周围人认为是私人性的行为和财产'这一事实与公开的事实相等同起来。"①

不妨再回过头来看一看 Lawrence 一案。之所以废除《鸡奸法》，是因为这种人际关系以及与之相关的自主利益至关重要。② 总而言之，这是一种私人关系，政府无权干涉。③ 根据上述种种事实，他人不希望自己的通信在超出彼此关系的范围内被披露给伴侣。事实上，通信隐私似乎是这种人际关系的重要组成部分。正如 Crocker 所说的那样："显而易见，我们的生活方式是通过与别人，包括亲密的伙伴、家人、朋友或同事共享的行为所建立的，我们并不想也不愿意与全世界共享。"④ 但是，如果政府线人将自己伪装成这些人当中的一员，从而获得公民的犯罪证据，即使利用了人际关系，这种行为也并不违反宪法。⑤

于是，就出现了两种相互对立的宪法性学说。第一种学说主要体现在诸如 Lawrence 一案、Dale 一案以及 U. S. Jaycees 一案的案件当中，它十分重视人际关系。该学说认为，人际隐私权旨在保护公民的人际关系免受政府的侵犯。⑥ 可以肯定的是，美国联邦最高法院对人际关系价值的关切正是政府不能禁止公民做出亲密行为或限制公民采

---

① Thomas P. Crocker, From Privacy to Liberty: The Fourth Amendment After Lawrence, 57 *UCLA L. REV.* 47 (citing Georgia v. Randolph, 547 U. S. 103, 133 (2006) (Roberts, C. J., dissenting).

② See Lawrence, 539 U. S. at 567.

③ See Lawrence, 539 U. S. at 567.

④ Thomas P. Crocker, From Privacy to Liberty: The Fourth Amendment After Lawrence, 57 *UCLA L. REV.* 53.

⑤ See Miller, 425 U. S. at 443.

⑥ Thomas P. Crocker, From Privacy to Liberty: The Fourth Amendment After Lawrence, 57 *UCLA L. REV.* 21.

取避孕措施的原因所在。第二种学说主要源于《第四修正案》,它反对上述观点。该学说认为,《第四修正案》并不保护公民与其有共享关系的政府线人之间的通信。通过干涉这种关系,政府限制了普通公民发展其身份和形成真正的人际关系纽带的能力。的确,确保通信不被披露给政府的唯一方法只有避免与别人通信。这意味着《第四修正案》没有考虑到通信当事人之间的关系状态。

  Crocker 发现,在当今这个以技术为导向的时代,这个问题或许更加突出。① 他不仅提到了手机的普及,以及政府监控这种设备和追踪公民位置的能力,而且还提到了脸书等社交网站,以及政府使用假名监控这些网站的能力。笔者推测,此处的重点是,尽管根据第三人原则这些通信都不受《第四修正案》的保护,但所有通信都促进了人际关系的发展,而这正属于受到正当程序和《第一修正案》所确立原则保护的行为范畴。Crocker 讨论了在涉及这种政府侵犯时将对人际隐私的考虑纳入《第四修正案》所确立原则的适用当中的各种方法。他建议,政府应当首先取得所有当事人的同意,或者取得法院搜查令,这样才能获取人际关系当中的有关通信。Crocker 的全局观念是正确的。人际隐私与《第四修正案》所保护的隐私之间似乎存在某种张力,因为它涉及政府对公民隐私的侵犯。一方面,人际隐私旨在保护和促进人际关系。另一方面,《第四修正案》允许政府干涉这些关系来收集公民信息。

  也就是说,这些隐私权保护不同的东西。由于涉及第三方信息披露,《第四修正案》主要规制通信,而人际隐私关注的则是人际关系的基本要素。在人际隐私当中,政府不能禁止个人或团体以自己认为适当的方式界定人际关系,因为这些选择触及人际关系的核心。如果不保护公民与政府线人之间的通信,那么,公民就会担心政府线人可能会假装与其有亲密关系,并因而不敢与之建立联系。但是,这种对通信保护的缺乏以及由此产生的威慑力,似乎并不是人际关系。换言之,政府不会对人际关系的本质措施造成任何干扰。公民可以自由地与自己选择的人建立人际关系。因此,援引人际隐私并不会对《第

---

  ① See Thomas P. Crocker, From Privacy to Liberty: The Fourth Amendment After Lawrence, 57 *UCLA L. REV.* 53 – 56.

四修正案》所确立的隐私合理期待有所影响。

有人可能会说,政府不保护通信的行为实际上破坏了公民对别人的信任。虽然大多数人会同意信任是一切人际关系的重要组成部分,但这并不意味着政府可以对其进行干涉,在没有合法理由或搜查令的情况下获取公民通信。可以肯定的是,即使不是政府线人或与政府有其他关系,别人也可能会背叛公民的信任。的确,破坏公民对别人的信任会侵犯其自主权或自由。① 因此,公民总是承担着别人可能向第三人泄露其秘密的风险。而政府的加入并没有在本质上改变这种风险,因为被别人背叛是所有人际关系中固有的风险。换言之,尽管公民可能会因为害怕政府在其与别人的人际关系当中所扮演的角色而放弃进入这种关系,但是政府伪装的能力并不会严重禁止或限制这种人际关系。

人际隐私的概念确实与互联网上的社交网络和第三人信息披露问题尤其息息相关。然而,我们需要更加深入地讨论一个问题,即脸书用户之间的通信关系,以及网络服务提供商在这种关系的建立过程当中所扮演的角色(或者网络服务提供商在这种关系的建立过程当中的缺位)。

五、脸书人际关系与人际隐私权

笔者认为,鉴于通过社交网站建立的关系的性质,人际隐私原则为保护这些通信提供了一种机制。笔者以脸书为例,说明在人际隐私原则下,社交网络通信是如何工作的。

(一)脸书人际关系的本质

如前所述,用户可以利用脸书发送电子邮件、发布照片和状态更新,以及发送即时消息等。脸书最近还增加了视频会议的新功能。现在所有的个人资料都遵循时间轴的形式,它按时间顺序详细记录了每一位用户在网站上的足迹,包括用户以前所发布的帖子、照片、所去过的地方以及其他内容。然而,对这些不同特征的简单描述掩盖了脸书的真正影响及其范围。脸书彻底改变了人们交流和发展社会关系的

---

① This would most likely run afoul of basic First Amendment principles.

方式。毋庸置疑的是,全球有超过10亿的用户都是该网站的会员,这就要求其不断增加存储设施,容纳通过互联网传输的海量信息。

社会学家和法律学者都认可了这种新型的沟通方式,并对其社会影响进行了分析。正如社会学家Bareham所写的那样:"脸书为用户通过互联网发展和维持友谊提供了与众不同的方式,不管他们相距多远。"① 创造并维持新的人际关系的能力可能是这种社交网络最重要的功能。

有心理学家发现,对于一些人尤其是大学生来说,脸书已经取代了肢体接触,成为发展和维持人际关系的一种方式。通过这种方式,脸书满足了用户的一个重要社会需求,即允许他们以面对面交流无法表达的方式来表达自己。脸书提供了一个安全的环境,那些有社交焦虑和感到孤独的人可以将其作为与别人建立亲密和真实关系的一种方式。的确,有学者经过研究发现,相比于面对面交流,他人通过社交网站交流时更能自由地表达真实的自我。使用脸书的整体效果是与他人进行实时互动,而不考虑物理存在或距离。心理学家对此有一项重要的推论,即脸书人际关系可以和面对面交流时产生的人际关系一样"真实"。这些研究表明,在脸书上所建立网络关系的广度、深度和质量与在人们身上所建立关系的广度、深度和质量是相同的。至少James Grimmelmann已经认识到,脸书人际关系和传统的面对面关系有着相似的结构。基于社会学和心理学研究,他列举了脸书促进社会发展和提升人际价值的三种方式。② Grimmelmann认为:"脸书为用户提供了一个平台,通过这个平台他们可以塑造社会身份、建立相互关系,以及积累社会资本。"③

Grimmelmann就此提出了以下三个因素。

第一个因素是指社会身份,即他人如何向别人展现自己。④ 在所有的社会交往当中,"说服别人接受你对自己的看法"这一基本愿望

---

① Hope Bareham, The Creation and Maintenance of Relationships with Social Networking Sites: How Facebook Has Recreated the Way Friendships Are Formed, Digital Literacies Blog (Apr. 25, 2011), http://digitallithb.wordpress.com/2011/04/25/final-paper-digitalliteracies/.
② E. g., James Grimmelmann, Saving Facebook, 94 *IOWA L. REV.* 1151–1160.
③ E. g., James Grimmelmann, Saving Facebook, 94 *IOWA L. REV.* 1151.
④ James Grimmelmann, Saving Facebook, 94 *IOWA L. REV.* 1152.

是十分普遍的。① 根据 Grimmelmann 的说法，像脸书这样的社交网站通过允许用户自由塑造身份来满足其身份塑造的需求。② 用户完全可以决定上传什么样的照片和个人资料。因此，这些个人资料完全是社会所建构的、用户对别人查看享有决定权的信息。从技术层面上来说，脸书支持用户使用一种共同的语言就"声誉、差异、真实角色和戏剧角色"进行交流。③

  第二个因素是指脸书能够建立和维护人际关系，这方面上文已经提到。④ Grimmelmann 认为，社交网络是"用户结识新朋友的一种方式"，同时也有助于传递社交线索，促进线下交易。Grimmelmann 即刻指出了脸书所具有的建立人际关系的独特功能，这使它区别于传统的、只支持信息往来的电子邮件系统。他还特别提到了用户添加他人为联系人的能力，通过这一基本行为，别人能够访问用户的个人资料，从而在二者之间建立一种表示信任的亲密关系。除此之外，Grimmelmann 还列举了脸书促进人际关系发展的其他功能，包括"戳"一下其他用户，或者在其他用户的留言墙上留言。这一讨论引出了 Grimmelmann 关于相互关系的观点。脸书之所以能成为强有力的关系构建工具，是因为它能够鼓励用户做出回应，或者以其他方式进行相互对话。这一点体现在两个特性上：其一，留言墙工具，它能够显示用户之间的往来通信；其二，状态更新工具，它能够提示用户询问你在想什么？并显示其他脸书好友的最新回复。这些工具促进人们现有的和根深蒂固的彼此回应的冲动和建立关系的冲动。

  第三个因素是指脸书等社交网站的社区建设。⑤ Grimmelmann 初步观察发现，某位用户使用脸书会激励其他用户也使用脸书。在看到其朋友注册脸书时，他人也更有可能注册脸书。此外，脸书的"网络空间"允许用户在虚拟空间当中重建现实生活里的社交网络。这种结构也诱使用户通过添加更多的人为好友来扩展其网络。

  由于用户可以在自己的网络当中确立自己的社会地位，这种社区

---

① James Grimmelmann, Saving Facebook, 94 *IOWA L. REV.* 1152.
② James Grimmelmann, Saving Facebook, 94 *IOWA L. REV.* 1152 – 1153.
③ James Grimmelmann, Saving Facebook, 94 *IOWA L. REV.* 1152.
④ James Grimmelmann, Saving Facebook, 94 *IOWA L. REV.* 1154 – 1158.
⑤ James Grimmelmann, Saving Facebook, 94*IOWA L. REV.* 1157 – 1160.

意识得到了进一步的增强。例如，用户之间可以比较谁拥有最多的联系人，它们可以成为"社交货币"。更直接地说，许多脸书应用程序都采用了竞争性游戏的形式。用户可以向所有人公开自己的最高分，并鼓励其脸书好友参与到这一竞争当中，从而争取最佳表现。这种竞争精神培育了一种社区建设环境，在这种环境当中，用户有着与现实世界相同的姿态。[①] 脸书的一款应用程序甚至允许用户为自己的友谊定价。

值得注意的是，Grimmelmann 的观点归根结底涉及人的欲望。社会身份、人际关系和社区建设这三个特质并不是社交网站所独有的，它们是"线下社交和线上社交的基本元素"。脸书等社交网站只是提供了一种结构，在这种结构下，用户可以在虚拟环境当中满足这些冲动。

（二）脸书人际关系的保护

保护人际关系的神圣性，包括人际隐私权免受政府侵犯是人际隐私权有关案件的核心。这些权利的目的是建立一个隐私区域，公民可以自由在其中建立关系，以及以自己认为合适的方式界定这些关系。如果脸书人际关系和面对面的人际关系有着相似的结构，那么，显而易见的是，它们也应当受到隐私保护，即使用户向网络服务提供商披露了这些信息。其目的很简单，就是要在涉及《第四修正案》所提供的保护时，把这些网络人际关系与面对面的人际关系置于同一基础之上。

1. 人际隐私概念的适用

虽然用户向网络服务提供商披露了其信息，但是脸书人际关系及其基础通信符合了隐私合理期待的标准。如前所述，"隐私合理期待的标准"在本质上是客观的，它要求法院认定某些通信是否应当受到隐私权保护而免受政府侵犯。然而，在提及人际隐私之前，我们需要分析一下，人际隐私的概念为何适用于，以及如何适用于脸书人际关系及其基础通信。

简而言之，无论是网络人际关系还是面对面的人际关系，这两种

[①] James Grimmelmann, Saving Facebook, 94 IOWA L. REV. 1158 – 1159.

关系都促进了公民自治、社会身份和社区建设的原则。正如 Crocker 所说的那样："Lawrence 一案、U. S. Jaycees 一案以及 Dale 一案保护了不同类型的人际关系，这些人际关系既有表达性的，也有身份定义性的。"① 而其对人际隐私所做出的说明也完全包括了脸书人际关系。

然而，有一些区别至关重要。人际隐私权通常涉及在公民家中所发生的面对面的人际关系。② 要求其物理存在几乎是不可能的。毫无疑问，脸书人际关系并不是在公民家中所发生的面对面的人际关系。但至少从规范的角度来看，它之所以如此重要，其原因在于，脸书人际关系完全可以是在线的，所以交流本身就扮演了一个更重要的角色，它们构成了这种关系。因此，在讨论网络环境下的人际隐私概念时，我们将重点放在基本的"肢体行为"上是没有意义的，因为在这种媒体当中，人际关系并不存在传统意义上的"肢体行为"。事实上，就像前面所提到的《第四修正案》判例试图将第三人原则适用于互联网环境当中一样，我们应当将重点放在适用人际隐私的概念来保护通过新媒体所进行的通信上。

首先，仅仅关注亲密行为也不一定会对这一结论提出质疑。在 2003 年的 Lawrence v. Texas 一案当中，尽管美国联邦最高法院废除了得克萨斯州的《鸡奸法》，但其同时在判决当中援引了公民自治和人际关系的原则，因此这不是一个简单的关于性的案件。例如，一项反对同性友谊的法律也会与 Lawrence 一案的判决相冲突，即使该法并不会明确禁止性行为。③

其次，由于本文对人际隐私采取广义解释，而不认为这一术语仅仅适用于涉及亲密行为的关系。事实上，在 1984 年的 Roberts v. U. S. Jaycees 一案和 2000 年的 Boy Scouts of America v. Dale 一案当中，美国联邦最高法院均以平等保护原则和《第一修正案》所确立原则为依据，主张公民个人和团体能够在不受政府干预的情况下界定其人际

---

① Thomas P. Crocker, From Privacy to Liberty: The Fourth Amendment After Lawrence, 57 *UCLA L. REV.* 21.

② E. g., Lawrence v. Texas, 539 U. S. 558, 578 (2003); Griswold v. Connecticut, 381 U. S. 479, 481 – 486 (1965).

③ See Boy Scouts of Am. v. Dale, 530 U. S. 640, 648, 656 – 59 (2000); Roberts v. U. S. Jaycees, 468 U. S. 609, 617 – 629 (1984).

关系。① 例如，Dale 一案就涉及一个团体，它想要以自己认为合适的方式来界定其成员。② 法院基于对人际隐私的考量承认了这一权利，即使这种关系不涉及任何形式的亲密行为。③

最后，脸书关系发生在"网络空间"这一事实也不应当改变这一分析。假设这是一个公共空间，根据 Dale 一案的判决，公共场所的身份塑造是受到保护的。④ 我们目前还不清楚脸书人际关系是否发生在公共场所。但可以肯定的是，这种关系区别于面对面的人际关系。不过，这一事实本身并不意味着产生这种关系的虚拟空间自动转化为公共场所或公共空间：其一，脸书上的通信是私人通信，只有特定的接收者或某些特定的好友才能看到。这与在公开场合或公共场合所进行的交流有很大的差异，因为在公开场合或公共场合当中，公民不会在主观上享有隐私合理期待。其二，为什么互联网，或者至少是通信传输的虚拟空间不被视为私人空间，以及公民的家庭或办公场所的延伸，其原因尚不清晰。无论是否公开，脸书人际关系都能体现出与传统人际关系相同的基本特点，因此在《第四修正案》的背景下，保护这些人际关系免受政府干涉的观点是合理的。

在脸书的背景下，人际隐私相关案例当中还有一个因素，它也可以将脸书人际关系与面对面人际关系区别开来。在上述所有案例当中，美国联邦最高法院均认为政府无权干涉公民人际关系，以及侵犯公民界定其人际关系的权利。在 Roe v. Wade 一案当中，法院认为政府无权禁止某些类型的堕胎⑤；在 Lawrence 一案当中，法院认为得克萨斯州政府无权禁止鸡奸⑥；在 Dale 一案当中，法院认为政府无权禁止私人组织排除某些个体。⑦ 然而，在脸书的背景下，实体法并不存在争议。相反，政府只是为了执法目的而获取公民信息。不过，这并

---

① Dale, 530 U. S. at 647 – 661.
② Dale, 530 U. S. at 647 – 661.
③ Dale, 530 U. S. at 647 – 661.
④ See Steven G. Gey, Reopening the Public Forum—from Sidewalks to Cyberspace, 58 OHIO ST. L. J.1535, 1611 – 17 (1998).
⑤ 410 U. S.113, 162 – 164 (1973).
⑥ 539 U. S. at 567, 578.
⑦ 530 U. S. at 659.

不会改变我们将人际隐私的概念适用于脸书关系上所采取的方式。正如在面对面的背景下一样,如果涉及互联网上的人际关系塑造,那么,政府所享有的获取公民脸书通信的权力也会产生类似的消极影响。另外,《第四修正案》所提供的隐私保护并不会损害政府的利益,因为政府仍然享有收集公民信息的权力。事实上,与禁止政府使用特定立法的人际隐私案件不同,在此处,只要政府有合法的理由和法院搜查令,它仍然可以无所顾忌地获取公民信息。①

2. 人际隐私保护脸书通信的背景

为了研究人际隐私概念对脸书人际关系和《第四修正案》的适用情况,我们必须弄清该框架适用的背景。人际隐私的概念能够适用于所有的脸书通信吗?通信是针对某一个个体或某一些个体,还是针对某一个用户的整个脸书好友圈呢?

一方面,所有的人际隐私概念都应当只适用于建立一种有助于社会身份、公民自治和社区建设的"关系"的通信;另一方面,我们应当将这种关系广泛纳入考量之中。U. S. Jaycees 一案所涉及的私人组织对于一种特殊关系是否值得保护可能具有启发性(尽管不是决定性的)。在这个框架下,如果通信完全表明了人际关系的类型,即用户不仅共享其思想、经验和信仰,而且还共享其私人生活的其他方面,那么,这种关系就应该受到保护。② 因此,一旦用户持续不断地与某一个个体或某一些个体进行脸书通信,包括信息、帖子、视频和照片,他们可能会形成一种关系。相比之下,如果用户仅仅将一条脸书信息发给一个之前很少联系的别人,他们可能不会构成一种关系。同样地,无论通信多么频繁,与商业有关的信息并不包含着深深依恋和承诺,因此这种关系值得保护。

3. 第三方服务器在脸书人际关系当中所扮演的角色

在这一争论当中还有一个关键问题。基于类似的考虑,为什么脸书通信比面对面的人际隐私更值得受到隐私保护?脸书人际关系可能和面对面的人际关系有着同样的结构。但是,正如前面所讨论的那样,在面对面的人际关系当中,即使二者之间存在真正的"关系",

---

① See U. S. CONST. amend. IV.

② See Roberts, 468 U. S. at 620.

公民与第三人进行通信也并不值得受到隐私保护,并且别人可以随意地向政府透露这些信息。虽然人际隐私的重点是防止政府干扰人际关系,但公民在向第三人披露信息时就已经承担了风险,无论该第三人是否是政府线人。

脸书人际关系与面对面的人际关系有所不同。因为从某种程度上来说,第三方服务器是脸书人际关系所不可或缺的组成部分。面对面的人际关系和基础通信不涉及任何的第三方服务器或其他中介,公民之间能够直接进行对话。因此,接受者扮演着双重角色。他既可能造成政府对公民人际关系的干扰(即政府线人),也与公民之间存在真正的人际关系。在分析这些通信隐私和政府获取公民信息的权力时,我们不能考虑人际隐私。如前所述,公民承担了与其存在人际关系的第三人可能向政府透露其信息的风险。这种风险是一切关系所固有的。事实上,人们可能会认为,人际关系的本质,即公民自治、社会身份和社区建设离不开潜在的信息披露风险。因为只有在这种风险存在的情况下,由此产生的关系才能被认为是真正的、真实的人际关系。

脸书通信的传输及其相应的风险在本质上是独一无二的。政府对公民人际关系的干扰可以从概念上与脸书人际关系本身分离开来。脸书关系由三个部分所组成:发送方、接收方(即脸书好友)以及网络服务提供商(即脸书公司)。毫无疑问的是,这三个要素对于脸书人际关系来说都是必不可少的,但人们可以从概念上排除政府干扰脸书关系这一要素。政府可以通过服务器自由地获取公民信息而不受宪法的限制,从而干扰公民的脸书关系。当然,原因主要在于第三人原则和这样一个事实,即公民由于信息披露而丧失了对这些通信的隐私期待。然而,存储服务器或网络服务提供商只是一个中介,它们不共享任何真正的人际关系。服务器不选择通信或以其他方式积极参与关系。它只是提供了用户交互和发展关系的"空间"。在这种情况下,如果政府干预的风险来自关系之外的其他因素,那么,当服务器(风险的来源)对关系没有实质性的贡献时,用户为什么要承担这种额外的风险呢?事实上,用户不应当承担这种风险。如果社会重视脸书人际关系当中固有的特征(与面对面人际关系的特征相似),那么,它就应该保护这些作为人际关系功能的通信免受政府的干扰。

技术社会连续性理论似乎可以对其进行合理的解释,该理论认为网络服务提供商扮演着中间人的角色。这些网络服务提供商为公民之间的通信提供了便利,就像房东或其他提供商一样,不过他们之间有一个重要的区别。在促进人与人之间的通信时,房东、佣人和其他服务人员在这种人际关系当中扮演着一个角色,尽管只是一个小角色。在这种情况下,他们可能既不存在利害关系,也不对结果抱有任何期待。不过,他们仍然是人际关系的一个组成部分,因为他们与发送方和接收方形成了一种关系(可能不像发送方和接收方之间的关系那么深厚)。换言之,他们并不仅仅是传递信息的渠道。这与网络服务提供商有着很大的不同,后者没有类似的作用。网络服务提供商只是一个传输信息的中介机制。而服务器是计算机这一事实更是证实了这一点。在这一过程当中,没有发生任何的人际交往。简而言之,发送方、接收方与第三方服务器之间不存在任何关系。

然而,这种分析并没有改变脸书通信的发送方和接收方之间的动态关系,因为这种互动类似于面对面交流。与线下伙伴一样,脸书用户承担着一个或多个脸书好友可能背叛其信任并泄露其通信的风险。对于人际隐私的考量在这里发挥不了任何作用。无论是线上还是线下,这种风险在一切人际关系中都是固有的。在通过面对面交流向别人披露信息时,我们必须保持谨慎。同样地,在向脸书好友披露私密信息之前,我们也必须保持谨慎。任何人都无法阻止政府线人成为用户的脸书好友并获取其私密信息。这一点并不会令人惊讶或担忧。如前所述,在适用隐私合理期待标准时,人际隐私并不能发挥作用。与第三方服务器的情况不同,脸书"好友"和面对面的朋友一样是人际关系当中不可或缺的一部分。这种信息披露的风险构成了从事这种社会交往的必要成本。

4. 其他互联网通信

前面对人际隐私的讨论主要集中在脸书等社交网络关系当中的通信,它不包括其他互联网通信,尤其是通过谷歌邮箱或微软邮箱传输的电子邮件。由于这些通信与脸书通信具有相同的模式,即由发送方、第三方服务器和接收方所组成,因此,从人际隐私的角度来看,我们很容易得出这样的结论:这些通信也应当受到《第四修正案》的保护。但它们之间有一个关键的区别。脸书通信是公民之间人际关系的组成部分，而电子邮件通信似乎只是促进了公民各自的人际关系。

换言之，电子邮件类似于电话交谈或邮政信件。人们使用这些通信方式来维持既有的关系或开始建立新的关系。但这些通信方式很难被认为是面对面交流的替代品。例如，只在电话里交谈通常不被视为一种完整的关系，或者至少不被视为一种培养诸如公民自治、社会身份或社区建设等特征的关系。我们最好将对话看作面对面关系的一种补充。

同样的道理也适用于电子邮件。就像电话交谈一样，这些通信通常会促进人际关系。它们只允许公民发送和接收消息，作为对现有线下关系的补充。大多数人并不仅仅依靠这种通信方式来发展和维持他们的关系。严格地说，这意味着通信对双方的关系来说并不是必不可少的。

如果只使用电子邮件通信，那么，这可能意味着发送方和接收方更像是商业伙伴或泛泛之交。大多数人会同意这种类型的联系不会上升为一种人际关系，或者至少这种关系不会促进人际隐私的核心特征，即公民自治、社会身份或社区建设。事实上，没有人真正讨论"谷歌邮箱关系"或"微软邮箱关系"。这些系统虽然是有效的通信方式，但并不如社交网络通信重要，因为社交网络可能是在线关系的唯一通信渠道。这并不是说，远距离即时收发电子邮件不是质的技术飞跃。但是从其他方面来看，这种通信在概念上与更传统的通信方式没有什么不同。邮政信件也支持公民远距离发送和接收信息。虽然这一通信需要更长的时间才能送达，但是二者的基本概念仍然是相同的，它们都是信息传输。

这正是社交网站如此独一无二的原因。用户有史以来第一次可以使用各种各样的电子工具，实时发送即时消息，发布图片、状态更新和视频。难怪社会学家和法律学者都对这种通信方式的独特社会含义做出了分析。他们所得出的最终结论是，这种关系和传统的面对面关系一样真实。无数的脸书通信工具（及其产生的效果）将这种类型的交互与传统的电子邮件系统区分开来，因为传统的电子邮件系统仅仅构成信息传输。脸书的通信对于在线关系而言是不可或缺的。如果没有这些通信，就没有公民之间的人际关系。

并不是所有的互联网通信都需要考量人际隐私。一旦公民向网络服务提供商披露其发送给商业伙伴或泛泛之交的电子邮件,他就将丧失《第四修正案》所提供的所有保护。这一结论是可以接受的。本文的目的在于认识到互联网人际关系的价值并保护其中的互联网通信,而不在于保护所有的互联网通信。公民在人际关系当中似乎最可能做出有罪陈述,这就需要我们对这些通信提供更多的保护,使其免受政府的无理侵扰。

这一点仍然有待商榷。人际隐私的概念可能适用于谷歌邮箱或微软邮箱通信,并因而成为解决网络服务提供商信息披露问题的一种手段。公民仅仅使用谷歌邮箱的电子邮件也许就已经发展出了一种真正的"关系",这足以让宪法对其提供保护。或者我们应当利用对人际隐私的考量来保护所有的互联网通信,从而促进公民已有的人际关系,不过它不包括与工作或商业相关的电子邮件。

这并不会对上述分析造成实质性的改变。笔者的基本结论仍然是未受质疑的。有一个令人信服的论点是,对人际隐私的考量可以作为一种工具用来解释为什么脸书通信继续受到《第四修正案》的保护,即使这些通信被披露给了第三方服务器。

(三) 使用人际隐私权重新评估隐私合理期待

当涉及脸书通信时,在互联网环境中使用人际隐私权来评估用户的隐私合理期待提供了一种新的、基于宪法原则的方法。在美国联邦最高法院对 1967 年的 Katz v. United States 一案作出判决之后,隐私合理期待的客观标准就成为《第四修正案》所提供隐私保护的基石。Katz 一案认为是指"社会所认可的合理的隐私期待"。此时我们应当适当考量法院是否认为隐私是受保护的。在这种情况下,如何界定"合理的"并非一件易事。[①] 在就此做出评估时,美国联邦最高法院并没有采用一个单一标准。有学者认为,在进行评估时,美国联邦最高法院实际上使用了四种不同的概念,其中两种是描述性的,另外两种则是规范性的。[②] 描述性概念关注的是一个理性人在这种情况下会

[①] See Orin S. Kerr, Four Models of Fourth Amendment Protection, 60 *STAN. L. REV.* 504.
[②] Orin S. Kerr, Four Models of Fourth Amendment Protection, 60 *STAN. L. REV.* 508.

怎么做，或者政府在对公民进行搜查时是否违反了现有的法律。① 而规范性概念则更加注重于政府所搜查信息的性质，以及支持这种搜查的政策之含义。②

正如前面所讨论的那样，学者们已经提出了各种各样的方法来适用隐私合理期待标准，包括机器观察与人工观察、内容性信息与非内容性信息，以及技术社会连续性，他们最终得出结论：尽管第三人公开了信息，用户的通信仍然是私密的。我们已经讨论了有关司法判决的优点，此处不再赘述。无论是明确的还是含蓄的，这三种理论都做出了描述性和规范性的评估。理性的互联网用户认为服务提供者应当扮演什么样的角色？电子邮件正文中包含的信息与"发送自"和"发送至"字段中包含的信息是否有质量上的区别？如果第三人是机器，那么，用户真的会披露其信息并因而丧失隐私吗？这些问题有助于评估用户是否对这些通信享有隐私合理期待。

将个人隐私引入这一讨论具有类似的作用。它也运用了上述规范性和描述性标准。使用人际隐私概念的好处是，所有的这些标准都将得到满足，并且可以得出令人信服的结论，即用户对其社交网络通信中享有隐私合理期待。

在描述性标准下，我们有理由说，一个理性的脸书用户期待政府不会侵犯其网络关系，因为这些关系就像面对面的关系一样"真实"。使用人际隐私也意味着政府违反了宪法所确立的原则，因为公民根据宪法有权建立人际关系，而政府却试图窃听其通信。规范性标准也支持用户的隐私期待。这些通信不仅仅是信息传输。事实上，所有的脸书通信都被简单地理解为单一的传输，看起来与用户自愿向第三人披露的其他通信没有什么不同。但是，由于这种通信被视为人际关系的组成部分，在这种关系中，网络服务提供商只是作为一个中介，因此，我们可以认为这种传输应该受到保护。综上所述，这些通信所构建的人际关系可以和面对面的人际关系一样深厚、有意义。美

---

① Orin S. Kerr, Four Models of Fourth Amendment Protection, 60 STAN. L. REV. 508 – 512, 516 – 519.

② Orin S. Kerr, Four Models of Fourth Amendment Protection, 60 STAN. L. REV. 512 – 515, 519 – 522.

国联邦最高法院已经开始注意到人际隐私的概念和人际关系的保护，并因此提供了一个规范框架来认定公民对脸书通信是否享有隐私合理期待。

（四）人际隐私权保护的应用：现实世界的一个假设

我们不妨以下面的场景为例来强调即时理论在现实世界中的潜在应用。Amit 和 Monica 在大学里只是泛泛之交，他们在毕业后都参了军。他们身处不同的地方。Amit 通过他的一个脸书好友认识了 Monica，并决定加她为"好友"。Monica 接受了这一邀请。在接下来的几个月时间里，他们经常进行通信。他们不仅视频聊天、发送邮件、发送即时消息，甚至还创建了一个只有其二人的脸书群组。这样 Amit 和 Monica 就可以上传只有他们俩能看到的照片和状态更新了。虽然他们在这段时间没有真正地见面，但是他们对彼此有着强烈的感情，并且发展成了非常亲密的关系。Amit 和 Monica 均向对方披露了自己的一些私密事件。

可以想象一下，当地警察正在调查一起发生在校园附近的谋杀案，当时两人都在学校。警察怀疑 Amit 可能参与其中。再进一步假设 Amit 确实向 Monica 发送了一些有关这起谋杀案的罪证。它可能是一封能够证明其有罪的电子邮件、帖子或照片。根据第三人原则，《第四修正案》并不对这种通信提供保护，因为 Amit 是自愿向脸书披露的。因此，政府即使没有合法理由也可以从脸书处获取 Amit 的信息，并在诉讼当中将其作为证据使用。

学者们提出的上述理论，要么不按自己的方式提供《第四修正案》的保护，要么代价太高。例如，机器观察与人工观察的区别是否有效尚不明晰。我们必须确定这些信息是否真的被脸书的员工审查过，可能是在质量控制审查的情况下。更重要的是，这一理论的支持者必须证明，为什么这种审查（基于脸书的政策）不会损害用户所受到的保护。同样地，内容性与非内容性信息理论也不能在所有情况下对用户通信提供保护。作为犯罪证据的通信可以是一张照片或一个帖子，但这些照片或帖子很难运用于这种分析。技术社会连续性理论可能确实提供了一个隐私保护的框架，但它的适用将付出巨大的代价。这一理论同时也能够防止政府人员通过秘密手段获取公民信息。

本文的人际隐私理论在尽量付出较少代价的情况下对公民提供了《第四修正案》所规定的保护。通信是真实人际关系的重要组成部分，并因此适用《第四修正案》所确立的隐私合理期待标准。做出这种事实认定与做出是否适用《第四修正案》所提供保护的认定没有什么区别。唯一的不同就是分析的因素。

  法院不会考量通信是在什么地方（例如，住宅内或公共区域）、在什么情况下进行的，而是考量通信是否构成了一种值得保护的关系。笔者认为，如果公民在与别人进行通信时存在这种关系，那么，其向网络服务提供商披露通信的事实就无关紧要了。因此，在从脸书处获取该信息之前，政府应当有合法理由和搜查令。然而，如果 Amit 仅仅是将其犯罪信息发布给他所有的脸书好友看，这就会不利于我们发现这种关系，从而不利于保护其通信。公民对网络服务提供商的披露将会损害其所享有的一切隐私利益。

  笔者所提出的理论仍然认为，政府享有使用某些调查工具而免受《第四修正案》审查的权力。本文的目的仅仅在于将所有真实的社交网络关系与面对面的社交网络关系置于同等地位。换言之，政府仍然可以自由地从 Monica 那里获取 Amit 的有关信息。这其中并不存在违反《第四修正案》的地方。类似地，政府可以伪装成 Amit 的脸书好友，并试图通过这种方式从 Amit 那里收集信息。① 这些是我们所有人在向朋友披露自身信息时都会面临的风险，无论是线上还是线下。

六、结语

  有趣的是，当谈到互联网和脸书等社交网站时，《第四修正案》的适用范围就显得有些狭窄。在试图反对第三人原则时，学者们主要关切的是线下的通信。对此，他们提出了各种各样的理论，而这些理论大多关注于通信的性质和所传输的信息。可以肯定的是，对于第三人原则如何适用于这些互联网通信，学者们已经做出了大量的说明。但是这些说明并没有认识到这些通信所具有的整体效果。在做出这些说明时，学者们忽视了社交网络的重要性，以及人际隐私的概念如何

---

① See Junichi P. Semitsu, From Facebook to Mug Shot: How the Dearth of Social Networking Privacy Rights Revolutionized Online Government Surveillance, 31 PACE L. REV. 322-324.

为弥补第三人原则的缺陷提供了一种独特方式。本文在最后就这个问题进行了讨论。

因此，本文没有对隐私合理期待原则采用静态解释也就不足为奇了。无论是规范性原则还是描述性规范，合理的标准都会随着时间的推移而自然地改变。随着技术的进步更是如此。Katz 一案发生时正值人们使用公共电话的时代，以财产为主导的隐私保护框架需要做出改变。在今时今日仍是如此。对隐私合理期待的评估不能仅仅局限于对通信的简单分析。我们必须认识到互联网通信在塑造和维持人际关系方面所发挥的独特作用。这种对人际隐私的关注并不意味着第三人原则在当今以技术为基础的时代一无是处。适当的应用程序仍然可能存在。在本文的框架下，通过谷歌邮箱或微软邮箱发送的电子邮件（例如，商务电邮）可能并不一定会达到用户对其享有隐私合理期待的程度，因为它们并不是真实人际关系的组成部分。

即使不涉及通信，这一原则仍然是一种可行的机制，而公民也将因此丧失《第四修正案》所提供的保护。以 Jones 一案和 GPS 技术的使用为例。假设政府对公民安装了 GPS 跟踪设备，笔者的观点不会改变第三方披露的结果。因为公民所驾驶汽车的行驶路线是向公众公开的，所以其也就没有什么隐私可言。人际隐私的概念没有起到与第三人原则势均力敌的作用，因为这种情况下显然不存在人际关系。在这些公共活动当中，公民可能基于其他原因享有隐私合理期待，但这不是笔者所关注的重点。

本文专门分析了在涉及脸书通信时，如何将对人际隐私的考量纳入《第四修正案》所提供保护的讨论当中。为此，本文提出了一种与众不同的方式来思考互联网，以及《第四修正案》所赋予我们的相应权利。

社交媒体数据搜查与隐私合理期待

布莱恩·蒙德[①] 著　邓梦桦[②] 译

目　次

一、导论
二、隐私与社交媒体数据
三、社交媒体数据与政府的情报收集
四、重新审视对私人社交媒体数据的隐私合理期待范围
五、结语

一、导论

现在朋友之间的日常对话和传统上属于私人谈话的一种对话，已经被Facebook、Twitter和LinkedIn等社交平台所泄露。然而，与传统的"线下"对话不同，在线的社交对话会留下持久的数字足迹。因此，社交平台创造了关于个人行为的数字证据踪迹。随着社交网站用户越来越多地在网上分享他们的生活经历，社交平台中可能储存着大量记录个人活动、偏好、观点的信息。此外，这种个人信息的社交分享在不断增长的过程中，伴随着一种被误导的安全感，即在个人社交网络上被分享的信息能够保持一种私密性。这种对数据隐私的假设不一定是正确的。相反，在如今的法律框架内，在私人网络上所分享的信息并没有能避免陷入更大范围的传播。

[①] 布莱恩·蒙德（Brian Mund），美国耶鲁大学法学博士。
[②] 邓梦桦，中山大学法学院助教。

社交平台上分享的信息可能会为政府调查人员提供宝贵的资源。例如，有些人会在交谈中实际上向他们的社交网络成员承认了自己犯罪。① 其他社交媒体数据可以帮助政府了解其犯罪动机、跟踪具有潜在威胁的个体、创建人与人之间的关联连接、确认某人的不在场证明或提供起诉证据。虽然政府对信息的搜查通常限于合理的、有合适理由支持的搜查，但政府有办法在不触发"搜查"门槛的情况下访问大量的社会媒体数据。Facebook、Twitter 和 LinkedIn 等社交网络平台允许用户在一个封闭的社交网络中共享数据。当用户发布社交内容时，他们是在与其私密网络中其他成员共享这些内容。

本文关注的是两个点：第一个是他人所享有的、在私人社交媒体网络上发布的信息的隐私合理期待；第二个是伴随而来的、《美国联邦宪法第四修正案》（以下简称《第四修正案》）对政府侵入式搜查的保护。对现存判例法的研究表明，社交媒体用户对他们所发表的社交媒体帖子不享有隐私合理期待——即使用户是在受密码保护的页面后交流他们的信息。因此，法院允许政府在不受《第四修正案》监督的情况下搜查私人社交媒体的信息。法律认为这些"私密的"社交页面应该受到与它们在互联网上公开发布时同样的保护。因此，法院允许政府在没有任何法律上独特的隐私保护的情况下搜查私人社交媒体信息。这种教条主义的立场造成了一个令人不安的现实：强制执法人员可以，也确实参与了"隐秘交友"行动。②

笔者认为，《第四修正案》要求对社交媒体数据进行更大程度的隐私保护。司法和立法的活动表明大众愿意重新思考公民所享有的隐私合理期待，并且扭转隐私和保密之间的过时问题。政府对私人社交媒体网页的监控构成了一种侵入性很强的监控形式，也同时涉及《美国宪法第一修正案》赋予公民的权利。私营部门应该具有主动披露第三方社交媒体信息的能力，与此同时，政府利益与隐私利益之间的平衡有利于在政府"隐秘交友"的情况下适用《第四修正案》的保护措施。

---

① See e. g. United States v. Flores, 802 F. 3d 1028, 1033.
② United States v. Gatson, 2014 WL 7182275, at *22.

二、隐私与社交媒体数据

社交技术的普及使得私营部门和政府部门收集个人身份数据变得更加容易。许多隐私倡导者关注着这个问题以及其他技术的发展，并注意到它对消费者隐私的有害影响。事实上，这种趋势已经发展得太远了，远到甚至导致一些人声称，人们已经不再享有对社交媒体数据的隐私合理期待。① 然而，法律并没有使消费者陷入无隐私保护的境地；个人享有源于普通法、成文法以及《权利法案》的保护。这篇文章关注的是他人对于发布在私人社交媒体网络上的通信的隐私合理期待，以及随之而来的、针对政府侵犯的《第四修正案》保护。

（一）《第四修正案》

《第四修正案》赋予美国人民免受政府不合理搜查的权利。② 根据美国联邦最高法院（以下简称"最高法院"）的解释：当隐私期待被侵犯的时候（这种隐私期待被社会认为是合理的），一个"搜查"行为就出现了。③ 在 Katz 诉 United States 一案中，最高法院概述了在现代判例法中管理这一权利的框架。④ 正如最高法院的解释那样，《第四修正案》规定，对违反他人"合理隐私期待"的搜查行为，政府需要获得司法批准的搜查令。⑤ 正如 Harlan 法官在其 Katz 一案多数意见中所解释的那样，评估隐私期待是否合理的要素有两个：一个是主观因素，另一个是客观隐私。⑥

在社交媒体数据方面，个人对其社交网络公开信息所享有的隐私合理期待的程度，决定了法院是否会认为政府对社交数据信息的搜查是"不合理的"，并且决定个人是否能受到《第四修正案》的保护。然而，我们应该注意到，《第四修正案》是保护个人隐私免受政府不

---

① See David Alan Sklansky, Too Much Information: How Not to Think About Privacy and the Fourth Amendment, 102 CAL. L. R. 1069, 1087 (2014).
② U.S. CONST. amend. IV.
③ United States v. Jacobsen, 466 U.S.109, 113 (1984).
④ 389 U.S.347 (1967).
⑤ 389 U.S.347 (1967).
⑥ Katz v. United States, 389 U.S.347, 361 (1967) (Harlan, J., concurring).

合理搜查的"底线"。联邦和州的立法者都有能力补充《第四修正案》的隐私保护,并且已经这样做了。例如,1986年的《电子通信隐私法》(ECPA)规定了政府部门在拦截通信和获取储存数据时需要的要求和程序。①

(二) 隐私合理期待的例外

一方面,数字数据与传统信息一样,也受到《第四修正案》的保护。在没有以合理的理由获得搜查令的情况下,政府不能访问私人储存的信息——个人有权不受政府无根据干预的情况下储存信息。当行为和交谈在一个人房屋中的私人领域内发生时,公民有合理的理由期待这些行为和交谈能够对抗政府的侵犯,并得到最大限度的保护。另一方面,公民对于发生在公共环境②的政府搜查行为或情报收集工作,不享有合理的隐私期待,此外,对于公民向第三方公开的私人信息,公民也不享有合理的隐私期待。③

1. 第三方主义

第三方主义通过创造一个隐私合理期待的例外,严重地限制了《第四修正案》的保护。第三方主义在 Smith 诉 Maryland 一案中被首次明确地提出,法院指出,一旦一个个体向第三方披露了信息,并且自愿地同意与信息接收者共享信息,那么,他就丧失了对该信息所享有的任何隐私合理期待。尽管遭到了很多隐私倡导者的反对,Smith 一案仍然是一部好的判例法。④

第三方主义只是 Smith 一案观点中一部分的正当理由。Smith 一案指出,被告只有在首次确定政府没有进行《第四修正案》中的不合理搜查行为后,才能根据第三方披露来确定被告不享有合理的隐私

---

① 18 U. S. C. § 2510 – 2522. In 1986, Congress passed major statutes collectively known as the Electronic Communications Privacy Act (ECPA).

② See Harris v. United States, 390 U. S. 234, 236 (1968).

③ Smith v. Maryland, 442 U. S. 735, 743 – 744 (1979); see also United States v. Miller, 425 U. S. 435, 442 (1976).

④ See e. g. , United States v. Graham, 824 F. 3d 421, 437 (4th Cir. 2016). For a defense of the third-party doctrine (in a modified form), see Orin Kerr, The Case for the Third-Party Doctrine, 107 *MICH. L. REV* 561 (2009).

期待。① 该法院在法律上对内容和非内容信息进行了长期的区分，因为法院对通信的内容提供了更大限度的保护。② 例如，在 Exparte Jackson 一案中，美国联邦最高法院发现邮寄的信件和密封的包裹"除了外观和重量外，都得到严密的保护，免受执法人员的检查和监视"。③ 尽管政府可能可以自由地获取信封表面上的信息，但打开信封和搜查其内容的行为将会违反《第四修正案》。在评估社交媒体通信时，法院还没有能明确通信内容和非内容的区别。相反，法院认为第三方主义具有决定性意义。④

当我们将第三方主义应用于社交媒体信息时，我们会发现个人对社交媒体数据不享有隐私合理期待。因此，政府机构应该可以在不满足任何合理要求的情况下，访问被发布的社交媒体数据。如果一旦用户在一个社交平台上发布了信息，那么，这个用户就把这些信息公开给了第三方平台的运营商。此外，对于大多数社交网络帖子而言，发帖者社交网络中的所有成员都可以访问发布的信息。在两个用户的"墙对墙"式对话中，用户社交网络的其他功能就作为第三方，信息的发布者和接收者都自愿向这个第三方披露信息。如果第三方主义统治了社交媒体行为，那么，用户自愿在一个私密社交网络联系中共享已发布内容的行为，会使其失去隐私合理期待，包括对"用户与用户之间的联系不会使他们的社交数据被交给调查机构"所享有的隐私合理期待。⑤

2. 自愿同意

与第三方主义类似，当个人同意政府对其私密信息进行搜查时，他们也会失去隐私合理期待。但与第三方主义不同的是，第三方主义评估隐私合理期待的标准是用户是否自愿披露信息，而"自愿同意"的例外情况涉及的是对搜查行为本身的同意。最高法院在 Schneckloth v. Bustamonte 一案中指出："它很好地解决了一个问题，即政府进行

---

① Smith, 442 U. S. at 741.
② Smith, 442 U. S. at 741.
③ 96 U. S. 727, 733 (1877).
④ See, e. g. , Palmieri v. United States, 72 F. Supp. 3d 191, 210 (D. D. C. 2014).
⑤ See R. S. ex rel. S. S. v. Minnewaska Area Sch. Dist. No. 2149, 894 F. Supp. 2d 1128, 1142 (D. Minn. 2012).

搜查需要搜查令和合适的理由，但一个特别的例外情况就是，政府可以不需要搜查令和合适的理由，因为它是依据他人的同意而进行的搜查。"① 因此，如果个人慷慨地同意了政府的搜查，那么，政府就可以自由地进行搜查。

《第四修正案》下的搜查行为并不需要政府部门的一个公开肯定同意。根据最高法院的说法，即"在警察客观上有理由相信嫌疑人所做出的同意的范围允许他进行即将实施的搜查行为时，这种搜查就没有违反《第四修正案》"②。然而，Schneckloth 一案给我们提供了一个"谨慎的、小心翼翼绘制的"同意例外来对抗不合理的搜查行为，并且这种同意例外只在个人有意并自动接受搜查时才适用。因此，最高法院发现，同意例外的情况并不当然地适用于电子监视案件。法院的理由是，即使嫌疑人同意，电子监视的本质也排除了它在这种情况下的使用。③ 法院指出，电子监视的有效性依赖于一项事实，即嫌疑人不知道自己被监视，并且，法院认为，在没有预先通知的情况下，Schneckloth 一案中所确立的例外情况不能适用。

Schneckloth 一案中所确立的同意原则的重点是他人在一个机构对其进行搜查时自愿和非强迫的同意。这种同意在理论上仍然区别于个人在不知情的情况下同意了政府的搜查，因为它更像是在不知不觉中同意了一个秘密政府特工的存在。秘密政府特工可能会基于一个虚假的身份而合法地获取访问信息的权利。④ 如果个人提供了对其私密信息的合法访问渠道，那么，这个人就自愿承担了该访问可能将该信息暴露给政府的风险。⑤ 例如，一名便衣警察在一家公共书店中接受别人关于经营非法商品的提议并不违反《第四修正案》，一名便衣警察获准进入一个人的家中进行非法毒品买卖也不构成一个宪法上的问

---

① U.S.218, 219 (1973).

② Florida v. Jimeno, 500 U.S.248 (1991); see also United States v. Brooks, No. 12-CR-166 RRM, 2012 WL 6562947, at *3 (E.D.N.Y. Dec.17, 2012) (citing Jimeno, 500 U.S. at 249); United States v. Mendenhall, 446 U.S.544, 558 (1980).

③ See Katz v. United States, 389 U.S.347, 358 (1967).

④ See, e.g. Hoffa v. United States, 385 U.S.293, 302 (1966); United States v. Longoria, 177 F.3d 1179, 1183 n.2 (10th Cir. 1999).

⑤ Hoffa, 385 U.S. at 302.

题。① 在以上两个案子中，一个政府机构，可以与私人一样，接受做生意的邀请，并可以出于居住者的预期目的而自由地进出经营场所。② 在以上两个卧底案例中，个人对于政府机构访问的同意，反映了个人接受了政府机构可能会使用或披露自己所发布信息的风险。然而，在这两种情况下，个人都没有允许政府机构使用在业务交易中公开的信息。总而言之，不要求搜查令的自愿同意例外情况，特别为个人对公开政府搜查的知情同意而设想出了一种狭义的划分。

三、社交媒体数据与政府的情报收集

人们往往错误地相信自己的社交媒体讨论是绝对私密的。正如隐私学者所指出的，社交媒体网络用户一直低估了社交信息公开所固有的风险。③ 社交网络创造出一种私人空间的感觉，让人们觉得自己好像关起了门，没有暴露在公众视野中，可以自由交谈。④ 社交对话通常符合 Katz 一案中合理期待判断标准的主观标准：当用户知道社交网络平台和其联系网络内的其他用户有能力获取他的对话内容时，用户会认为自己对此享有隐私权。下文回顾了现有的、关于社交媒体信息的隐私合理期待的判例法，并发现第三方主义导致了人们对于公开的社交媒体数据不享有隐私合理期待。这种隐私合理期待的缺失导致了现有的判例法允许政府机构采用信息收集技术来收集社交数据，且这丝毫没有违反禁止不合理搜查和扣押的《第四修正案》。然而，司法和立法的活动表明，人们愿意重新思考第三方主义下，隐私和保密之间的不当等式。

（一）开放共享的社交媒体数据

很多社交媒体用户在社交平台上表现出一种对隐私的错误主观期待，甚至在他们把"隐私设置"设置成"公开"的情况下也是如此。一些原告试图辩称，他们对社交媒体上公开发布的信息抱有隐私合理

---

① Lewis v. United States, 385 U. S. 206（1966）.
② Lewis, 385 U. S. at 211.
③ James Grimmelman, Saving Facebook, 94 *IOWA L. REV* 1137, 1140（2009）.
④ James Grimmelman, Saving Facebook, 94 *IOWA L. REV* 1137, 1140（2009）.

期待。然而，法院已经断然否定了原告可以对公开的社交媒体内容享有合理隐私期待的观点。一名法官就隐私抗辩的合理性提出了以下问题：思考下面这些情况，一个男人走到他的窗户旁，打开窗户，并且向一位正在下楼的女士尖叫道，很抱歉我打了你，请你赶紧回到楼上去。那么，在审判中，陪审团会询问一个当时正在穿越该街道的证人，检察官会问他，当时被告喊了什么？很显然，证人的答案是与当时情况相关的，并且他们可以强迫证人作证。现在，这条街道已经成为了一条在线的信息高速公路，目击证人可以是像 Twitter、Facebook、Instagram、Pinterest 之类的第三方提供商，或者是下一个热门的社交媒体应用。①

在上面的例子中，Sciarrino 法官将公开的社交媒体帖子比作一个人向开着的窗户外大声喊叫谈话内容，在互联网上共享信息就像在公共街道中心中分享信息一样。任何上网的人都可以获取这些发布的信息。这些发布者希望在这样的行为下依然保持信息的私密性，但法官的意见是社会不可能合理地保护这些人。因此，这些公开信息的发布者不能期望法律会保护他们免受政府对其信息的使用。政府并没有"搜查"这些数据，因为发布者担心自己的数据暴露于所有网络用户的眼皮底下。② 简而言之，不管主观意愿如何，法院已经明确，社会拒绝对暴露在公共互联网之上的信息提供一种客观的隐私期待。

(二) 私人网站上的情报收集

然而，多数社交网络数据隐藏在封闭的私人网络之中。与公开获取的数据不同，在一个私人社交网络分享的数据更类似于一个在私人房间中的对话。在后一种情况下，发布者可以积极努力地将陌生人拒之门外。通过将社交网络的隐私设置限定为针对社交媒体上的"朋友"们分享，个人已经表现出他在寻求保护如隐私一类的事物。③ 因此，受保护的互联网论坛自然比公共开放的论坛具有更大的私密性。那么，这种区别会影响反对政府获取这些数据的隐私合理期待吗？根

---

① People v. Harris, 949 N.Y.S.2d 590, 594 (Crim. Ct. 2012).
② See California v. Greenwood, 486 U.S. 35, 41 (1988).
③ See Smith v. Maryland, 442 U.S. 735, 740 (1979).

据现有的判例法，并不会。当用户在他们的社交网络上发帖时，大多数法院已经裁定，发布者对这些数据失去了所有合理的隐私期待。

通过社交媒体交流，发布者知道发布的内容被记录在网站平台上。在某种程度上，如果发布者"冒着社交媒体联系可能会重复所有他听到和观察到的一切的风险"，那么，发布者会知道他的社交联系已经获取了那些被记录下来的信息。社交媒体联系可以向任何人重复共享信息，包括政府官员。正如社交媒体发布者冒着他的网络联系会提醒强制执法部门关注其帖子的内容一样，发布者同时也承担着另一种风险，即他的一个社交媒体联系人实际上是一个秘密的政府机构。正如 United States 诉 Meregildo 一案所指出的："《第四修正案》并不禁止获取透露给第三方，并由第三方传递给政府部门的信息，即使这个信息是在这样一种假设下被披露的：即信息只会用于有限的目的，发布者对第三方的信任不会被辜负。"①

在接下来的文章将探讨《第四修正案》中的隐私保护，这种隐私保护针对政府可能采取的、用于手机公民社交媒体数据的两种策略。第一种策略是，一个社交网络联系可能会自动地将发布的社交媒体信息发送给政府机构。第二种策略是，一个隐秘的政府机构可能会要求直接加入个人的社交媒体网站中。在以上两种策略中，法律都允许政府在不受《第四修正案》可能限制的情况下搜索和使用数据。

1. 与政府共享信息

法院发现，第三方社交网络联系有能力使用那些自愿分享在社交媒体上的数据，并且把那些数据移交给政府。在过去，一些法院认为第三方社交关系会是预期的信息接收者。② 传统上，法律很少对考虑不周的信息披露给予保护，比如说在一个共享的社交网络中分享了关键的犯罪证据。

在现有的法律制度下，如果一个人自愿向另一方披露信息，那么，这个人就潜在地放弃了自己的隐私权，并且无法合理期待法律会限制信息接收者对该信息的使用。最高法院明确指出："一个人有意向公众披露的信息，即使是在他自己的房子或办公室里披露的，也不

---

① 425 U.S.435, 443 (1976).
② See, e.g. United States v. Meregildo, 883 F. Supp. 2d 523, 526.

受《第四修正案》保护。"① 在第三方主义之下,这种使用包括有能力与政府分享自己所接收到的信息。②

纽约南区在 United States 诉 Meregildo 一案中曾考虑向政府披露 Facebook 的数据。在 Meregildo 一案中,法院认为被告毫无疑问地相信了他的 Facebook 个人资料不会被分享给执法部门。③ 然而,尽管被告主观上有隐私合理期待,他却未能在客观上实现它。法院指出:"被告对他的朋友会保密其个人资料的事件不享有隐私合理期待,因为那些朋友可以自由地使用他们想要的信息,包括与政府分享。"④ 因为政府从一个合作方合法地获取了信息,所以政府并没有实施《第四修正案》意义中的"搜查",而《第四修正案》的保护也不能应用。⑤ 其他几个法院已经考虑了第三方社交媒体联系的数据的披露问题,并得出了相同的结论:社交媒体用户对发布在一个私人社交媒体网络中的数据并没有合理的隐私期待。⑥ 法院发现个人缺少主观隐私合理期待的原因中包括法院的一个见解,即人们使用社交网络网站的目的是为了联系朋友、结识新朋友;原因中还包括一个事实,即个人有意地将自己的信息暴露给自己成百上千的社交媒体联系人及这些联系人的联系人,或者说,这仅仅只是作为将信息暴露给整个私人网络的结果。⑦

由于法院认为信息的自愿披露是决定性的事件,因此法院尚未触及对社交媒体交流的"内容"的监视问题是否影响隐私合理期待分析的问题。⑧ 由于对社交媒体数据缺乏一个合理的隐私期待,一个人可能会允许一个政府机构访问其社交网络账户,然后该机构会有能力来搜查这个人发布在共享网络中的任何信息。总而言之,法院一直认

---

① Katz v. United States, 389 U. S. 347, 351 (1967).
② James Grimmelmann, Saving Facebook, 94 IOWA L. REV. 1137, 1197 (2009).
③ Meregildo, 883 F. Supp. 2d at 526.
④ Meregildo, 883 F. Supp. 2d at 526.
⑤ See also Palmieri v. United States, 72 F. Supp. 3d 191, 210 (D. D. C. 2014).
⑥ E. g., Chaney v. Fayette Cty. Pub. Sch. Dist., 977 F. Supp. 2d 1308, 1315 (N. D. Ga. 2013).
⑦ Ladeau, 2010 WL 1427523, at *5.
⑧ See, e. g., United States v. Brooks, No. 12 - CR - 166 RRM, 2012 WL 6562947, at *2 (E. D. N. Y. Dec. 17, 2012).

为机构在浏览由一个能够访问该受保护网络的私人合作方提供的社交网络数据前不需要搜查令。下文将会分析《第四修正案》的限制，即当一个隐秘的政府机构添加了一个社交网络"朋友"来秘密监视该"朋友"的网络时，《第四修正案》会有什么限制。

2. 政府的秘密好友

政府可能会尝试更直接地访问社交网络数据——通过创建一个账户并请求个人允许进入他的社交网络。传统上，公民一方并没有法律救济来使其可以把他们的任何朋友都当成政府秘密特工，也没有法律帮助他们从政府信息猎物的状态转变为被秘密特工示好的对象。在Hoffa诉United States一案中，法院指出，根据《第四修正案》，出于错误的信任而把信息自愿提供给一个卧底线人的行为并不能主张基于《第四修正案》的一个合法隐私利益。[1] 类似地，在Lewis诉United States一案中，最高法院基于一个重要的政府利益，即保持部署卧底的能力，再次重申了信息秘密收集的合宪性。[2] Hoffa一案和Lewis一案都主张"一个人对其朋友的忠诚不享有隐私利益。因此，如果一个人接受了来自一个政府秘密机构的好友申请，那么，这种接受就意味着这个人像故意暴露或允许发送自己的私人社交媒体信息给政府机构一样，授予了政府相同的访问权限"[3]。

自愿承担曝光风险的行为在考虑政府秘密好友的案例中起到了关键作用。仅仅要求加入一个私人社交网络的行为并不侵犯任何隐私利益；要求加入一个社交媒体网络的行为就好比一个人敲开一户人家的门并要求进入。美国最高法院裁定："一位没有搜查令的警官可能会接近一户人家并敲门，这恰恰是因为这'可能并不比任何普通公民做得更多'。"[4] 好友请求本身并没有侵犯被告的隐私权利，被告可以简单地拒绝请求好友方公开其数据的要求。当选择接受了该好友的申请时，该被告就承担了伴随而来的、第三方可能泄露其私人信息的风

---

[1] 385 U.S.293（1996）.

[2] 385 U.S.206, 210（1966）.

[3] See United States v. Gatson, Crim. No. 13-705, 2014 WL 7182275, at *22（D. N.J. Dec.16, 2014）.

[4] Florida v. Jardines, 133 S.Ct.1409, 1416（2013）[quoting Kentucky v. King, 563 U.S.452, 469（2001）].

险。这包括了政府机构访问和搜查其私人信息的风险。

在 United States 诉 Sawyer 一案中，俄亥俄州的一个区的法院指出：通过与"政府秘密线人（SB）"成为线上好友，被告 Sawyer 授予用户名为"SB"的用户可以访问其发布的任何个人文件或文件夹的权限。"SB"用户名的所有者随后自愿同意机构使用该用户名来访问在 Sawyer 计算机上的共享文件夹和文件。这无异于"SB"被授予通过网络访问和下载计算机上文件的权限，而不是授予了对实际存储这些文件的计算机的现实访问权，特别是，因为机构们只通过互联网远程访问文件。①

即使是在重要的隐私利益受到威胁的情况下，Sawyer 自愿接受"SB"好友申请的性质对任何隐私合理期待都是一个沉重的打击。虽然被告对于"SB"好友申请的接受并不会构成对搜查行为的自愿同意，但是通过向"SB"披露了其文件，被告有效地排除了《第四修正案》的隐私保护，而这种隐私保护会限制"SB"对被告信息的搜查行为。因为被告心甘情愿地允许任何对这些资料有兴趣的人访问信息，所以，这种接受并没有错误地侵犯被告的基本财产权。相反地，被告放弃了对这些可获取材料的隐私合理预期。像发生在公共空间的监视并没有自动地违反《第四修正案》一样，对公开曝光的社交媒体数据的监控一般不会违反《第四修正案》，因为人们对此缺乏合理的隐私期待。简而言之，政府隐秘的好友可以在不违反《第四修正案》的情况下添加和监视个人的社交网络。

（三）第三方主义：铠甲上的裂缝

尽管第三方主义仍然是好的法律，但它已经岌岌可危。隐私合理期待不应要求保密作为必要条件。第三方主义在很大程度上依赖于这样两者之间的平衡，即信息的暴露使得保密性缺乏以及对该公开信息的任何隐私合理期待的排除之间的平衡。正如最近 United States 诉 Graham 一案，第四巡回法院对第三方主义表示遗憾，并宣称，如果只是在理论方面提供了更大的司法灵活性，那么，法院将"不再把

---

① United States v. Sawyer, 786 F. Supp. 2d 1352, 1357 (N. D. Ohio 2011).

保密作为隐私的先决条件"①。法官们发现自己被先例束缚了手脚，于是承认了这一诉求，即我们是白纸黑字写个人资料，总是对大量的位置信息享有合理的隐私期待，但第三方主义并没有允许我们这样做。② 相反，"除非"和"直到"最高法院认为保密不再是隐私的需要，否则，"我们一直被法院所阐述的第三方主义的条条框框所束缚"。③ 不再把秘密与隐私等同起来的法理方法有着悠久的历史，而且近年来得到了越来越多的支持。在 1967 年 Katz 诉 United States 一案中，法院认为，尽管被告自愿地通过一种允许电话公司监控其通话的服务来进行通信，但其对于通信内容享有合理的隐私期待。根据 Katz 一案中法院的说法，如果一个人试图保持信息的私密性，即使这个信息是在一个可以公开访问的空间里，那么，这些信息也可以受到宪法保护。Smith 一案通过强调捕捉通信内容的监控和不捕捉内容的监控之间的区别来厘清 Katz 一案的规则。④ 因此，捕捉非内容信息的行为并没有构成一种宪法上的搜查。⑤ 对社交媒体通信的监视涉及通信的内容，适用于 Katz 一案中的分析。⑥

在 United States 诉 Warshak 一案中，第六巡回法院驳回了第三方披露的风险必然排除隐私合理期待的观点。⑦ 法院将电子通信和在 United States 诉 Miller 一案⑧中的银行记录区分开来，并且明确指出："仅凭一个第三方中介获取一个通信内容的能力并不足以消除隐私合理期待。" Warshak 法官认为他们的区分是合理的，因为 Miller 一案关注的是"简单的银行记录"，并不是高度机密的信息，而且储户披

---

① United States v. Graham, 824 F. 3d 421, 437 (4th Cir. 2016) (citing United States v. Jones, 132 S. Ct. 945, 957 (2012) (Sotomayor, J., concurring)).
② United States v. Graham, 824 F. 3d 421, 437 (4th Cir. 2016) (citing United States v. Jones, 132 S. Ct. 945, 957 (2012) (Sotomayor, J., concurring)).
③ United States v. Graham, 824 F. 3d 421, 437 (4th Cir. 2016) (citing United States v. Jones, 132 S. Ct. 945, 957 (2012) (Sotomayor, J., concurring)).
④ Smith v. Maryland, 442 U. S. 735, 741 (1979).
⑤ Smith v. Maryland, 442 U. S. 735, 741 (1979).
⑥ Smith and Katz dealt with monitoring through electronic interception, while social media surveillance occurs after the reception of the electronic transmission.
⑦ United States v. Warshak, 631 F. 3d 266 (6th Cir. 2010).
⑧ 425 U. S. 435 (1976).

露银行记录是为了方便银行在正常业务过程中的使用。Warshak 法官的区分理论也可以适用在社交媒体信息方面。一些法院还发现,蜂窝基站位置信息的披露并不排除他人在第三方主义下享有的隐私合理期待。① 纽约法院也强烈反对将第三方主义应用于信息数据。②

最高法院建议对电子数据有限地适用第三方主义,但并没有推翻第三方主义。Sotomayor 法官在 United States 诉 Jones 一案中的意见中初步表明了法院不愿将第三方主义应用于数字数据的想法。在 United States 诉 Jones 一案中,Sotomayor 法官强调了一个事实,即 GPS 监控等数据信息产生了大量关于个人的家庭、政治、职业、宗教和性关系的细节。对这些数据的访问揭示了一个人关于社会联系的私人信息,这让一个人的"社会关系自由和表达自由"受到威胁。信息披露的程度导致 Sotomayor 法官得出结论,认为通过某些电子监控手段收集大量信息数据的行为违反了隐私合理期待,适合《第四修正案》中的搜查问题,这与是否自愿披露无关。在判决书中,Sotomayor 法官建议有必要重新考虑第三方主义,指出该原则不适合数字时代。③

在 Riley 诉 California 一案中,八名大法官中的多数派引用了 Sotomayor 法官在 Jones 一案中的意见,认为对智能手机通话记录的无证搜查违反了《第四修正案》,即使这种搜查是在逮捕附带搜查中进行的。④ 因为电子数据在数量和质量上的差异,法院发现用手机储存数字信息是十分普遍的现象,这使得对电子数据的搜查比一个传统的搜查要求更多的隐私保护。尽管政府在逮捕附带搜查中合法地没收了被告的手机,手机内容可能也有向第三方披露过,但是被告依然对手机里的内容享有隐私利益。

立法活动也提供了一些推翻这种观点的事实。ECPA 是第三方信息披露的早期抑制剂,它要求电子通信提供商在通过它们的网络披露

---

① See e. g., In re Application for Tel. Info. Needed for a Criminal Investigation, 119 F. Supp. 3d 1011, 1029 (N. D. Cal. 2015), appeal dismissed (Feb. 5, 2016).
② See e. g. People v. Thompson, 28 N. Y. S. 3d 237, 251 (2016).
③ United States v. Jones, 132 S. Ct. 945, 955 (2012) (Sotomayor, J., concurring) (citation omitted).
④ Riley v. California, 134 S. Ct. 2473, 2493 (2014).

私人线路、口头和电子通信信息时面临一些阻碍。① 尽管个人已经向医疗专业人士披露了自己的数据，但《健康保险携带和责任法案》限制了向第三方的信息披露。② 美国公民自由联盟指出，政府机构可以相对容易地规避 HIPPPA 法案的隐私保护③，但立法仍然强化了隐私不必要需要保密的概念。因此，美国国会已经表示，它不想把隐私和保密等同起来。在某种程度上，美国国会的意图反映了社会对隐私合理期待的态度，立法活动表明社会希望把隐私合理期待的保护拓展到那些私人但非秘密的信息上。由于"个人和社会价值观"影响着在《第四修正案》背景下的隐私合理期待分析④，社会隐私期待的立法特征为《第四修正案》的隐私保护勾勒出了合理的轮廓。

综上所述，尽管第三方主义仍然占据主导地位，但与立法活动相一致的司法判决已经渐渐削弱了第三方主义在保密和隐私之间的核心平衡，即不是保密的信息才具有隐私合理期待，人们对隐私而非保密的信息也可以享有隐私合理期待。法院已经开始讨论，在数字世界中，对隐私合理期待适用旧的第三方主义是不恰当的。接下来我们将讨论，社交媒体监视中涉及的隐私利益提供了特别有力的案例，证明了《第四修正案》要更好地保护现代数字行为所创造的隐私漏洞的必要性。

四、重新审视对私人社交媒体数据的隐私合理期待范围

越来越多的司法呼声要求重新考虑对私人社交媒体数据的隐私合理期待。⑤ 在一个联系日益紧密的世界里，学术界也在努力理解隐私

---

① Bureau of Justice Assistance, Electronic Communications Privacy Act of 1986 (ECPA), 18 U. S. C. § 2510 – 22, U. S. DEP'T OF JUSTICE (Jul. 30, 2013), https://it. ojp. gov/privacyliberty/authorities/statutes/1285.
② Your Rights Under HIPAA, U. S. DEP'T OF HEALTH & HumAN SERVICES, http://www. hhs. gov/hipaa/for-individuals/guidance-materials-forconsumers/index. html.
③ FAQ On Government Access To Medical Records, AM. CIVIL LIBERTIES UNION, http://www. aclu. org/faq-government-access-medical-records.
④ Tracey v. State, 152 So. 3d 504, 523 (Fla. 2014).
⑤ See United States v. Jones, 132 S. Ct. 945, 957 (2012) (Sotomayor, J., concurring).

合理期待的意义,并且已经发现第三方主义"大错特错"。① 例如,William Baude 和 James Stern 已经主张应用一个积极的法律模型来替代第三方主义。② David Sklansky 相信隐私合理期待判断标准误解了《第四修正案》的精神,并且法院必须重新把隐私作为一个保护的极致重点区域。Jed Rubenfeld 在其相关题名为《隐私的终结》(The End of Privacy)一文中也考虑到技术进步对隐私利益的不利影响。像 Sklansky 一样,Rubenfeld 认为,法院必须重新关注《第四修正案》的法理而不是镶嵌在第三方主义中的"陌生人原则",从而在现在社会中维护一种可辨识的《第四修正案》保护。③ 在这一章中,笔者认为,法院必须重新考虑用户对社交媒体数据的隐私合理期待。笔者认为,政府对私人社交媒体资料的监视侵犯了相比监视家庭而言更大的隐私利益。笔者认为,允许政府监控社交媒体资料的行为涉及个人在《第一修正案》中的权利。最后,笔者发现,政府利益与隐私利益之间的平衡有利于在政府秘密交友的案件中应用《第四修正案》的保护,但与此同时,这也让第三方联系人自愿披露信息的行为超出了《第四修正案》的保护范围。

(一)对私人社交媒体数据隐私的特殊考虑

尽管隐私倡导者有很多理由来推动第三方主义的大逆转,但私人社交媒体的使用为缩小第三方主义的漏洞以至于能在此适用《第四修正案》的保护提供了一个格外引人注目的案例。根据主流的第三方主义理论,社交媒体用户对他们所发布在其私人网络上的任何信息都不享有隐私合理期待,因为这些信息被他们披露给了他们的社交媒体联系人。允许政府普遍使用第三方所披露的私人信息会使得政府相对容易地实施侵入性、广泛性的监视。由于私人社交媒体用户容易受到第三方的渗透,政府的积极监控也会削弱公民表达个人异议的声音,并对言论自由产生寒蝉效应。

---

① Orin S. Kerr, The Case for the Third-Party Doctrine, 107 MICH. L. REV. 561, 563 – 564 (2009).

② William Baude & James Y. Stern, The Positive Law Model of the Fourth Amendment, 129 HARV. L. REV. 1821, 1871 – 1873 (2016).

③ See Jed Rubenfeld, The End of Privacy, 61 STAN. L. REV. 101, 113 (2008).

1. 侵入式的社交媒体监控

现在，无论是通过秘密特工好友，还是通过与社交媒体好友的合作，政府机构都有了搜查私人社交媒体信息的扩张能力，这就造成了严重侵犯个人隐私。搜查社交媒体信息通常比搜查一个人的家庭揭示了更多的信息，而家庭是《第四修正案》典型的保护对象。[1] 因此，政府对私人社交媒体资料的搜查可以导致对个人隐私造成更具侵入性的威胁。[2] 由于社交媒体用户主页上重复地出现过多的社会关系和其他私密信息，政府的监控等同于一种持续的监视。像其他形式的音频或视频监控一样，社交媒体监控会在很长一段时间内追踪一个不知情用户。作为一项一般规则，法院更严格地适用《第四修正案》来保护个人，因为政府采用了更具有侵入性的方式来实施搜查。[3] 法院已经区分了在一个单次搜查中实施的隐私侵权行为和在一个持续监视案件中的隐私侵权行为。在《第四修正案》的背景之外，在著名的Nader一案中，首席大法官Fuld承认，当仅仅在公共场所中观察原告的行为并没有侵犯他的隐私，在某些情况下，监控会过分敬业以至于变成可起诉的对象。[4] 法院认为："不能仅仅因为一个人是在公众场合行为，就自动公开他所做的一切事情。"换句话说，纽约上诉法院发现，一个人仅仅暴露在公众场合的状态并不会损害对隐私权的所有合法期望，并且一场长期的监视活动可能会侵犯个人的隐私权。

其他法院在评估政府行为时已经运用了一个相似的区分来区别短期搜查和长期监控。例如，在Jones一案中，Sotomayor法官和Alito法官在其一致意见中区分了"对一个人在公共街道上的移动所进行的短期监控"和"更长期的GPS监控"，其中，前者并不会侵犯隐私

---

[1] See Riley v. California, 134 S. Ct. 2473, 2491; Kyllo v. United States, 533 U. S. 27, 31 (2001).

[2] See United States v. Warshak, 631 F. 3d 266, 284 (6th Cir. 2010).

[3] See e. g., United States v. Wells, 739 F. 3d 511, 518 (10th Cir.), cert. denied, 135 S. Ct. 73 (2014); see also United States v. Shabazz, 883 F. Supp. 422, 424 (D. Minn. 1995).

[4] Nader v. Gen. Motors Corp., 25 N. Y. 2d 560, 570 (1970) (citation omitted); cf United States v. Powell, 943 F. Supp. 2d 759, 776 (E. D. Mich. 2013).

合理期待，而后者会侵犯隐私合理期待。① 同样地，Jones 一案中的巡回法院发现了州法律中支持一个"全国范围内的社会理解"的证据，该理解是指，持续的 GPS 监视破坏了我们社会认为合理的隐私期待。② 华盛顿巡回法院提出了"政府监控的马赛克理论"，强调了一个受限制的搜查和持续监视之间的关键区别，持续监视依赖于这样一个事实，即整体揭示了更多信息，有时远远超过了部分之和。③ 在 United States 诉 Nerber 一案中，第九巡回上诉法院援引了其先例④，以及第五巡回上诉法院⑤、第七巡回上诉法院⑥和第十巡回上诉法院⑦的裁决，强调了电子视频监控异常高的侵入特性。⑧ Nerber 一案中的法院还直接引用了 Kozinski 法官的话："每个考虑这个问题的法院都注意到了视频监控可以导致对个人隐私极端严重的侵犯。如果这种侵犯是被允许的，那么，其背后必须表现出极端的需要来证明它是正当的。"⑨ 因此，允许政府进行无证监控活动的门槛应高于允许单独搜查的门槛，这表明了无理的社交媒体监控等同于"一种对个人隐私的严重侵犯"。⑩

第九巡回上诉法院后来将 Jones 一案的裁决区分为只解决侵入性异常的监视的案例。在 United States 诉 Wahchumwah 一案中，巡回法院调查了一宗案件，该案件中，被告邀请了一个卧底探员来其家中，而这名探员在拜访期间使用了隐蔽的视听装置。⑪ 法院的重要发现是，这种监控只持续了几个小时，并且这种监控只在探员处于被告家

---

① United States v. Graham, 824 F. 3d 421, 435 (4th Cir. 2016) (quoting United States v. Jones, 132 S. Ct. 945, 964 (2012)).
② United States v. Maynard, 615 F. 3d 544, 564 (D. C. Cir. 2010), aff'd in part sub nom. United States v. Jones, 132 S. Ct. 945 (2012).
③ United States v. Maynard, 615 F. 3d 544, 564 (D. C. Cir. 2010), aff'd in part sub nom. United States v. Jones, 132 S. Ct. 945 (2012).
④ United States v. Taketa, 923 F. 2d 665, 677 (9th Cir. 1991).
⑤ See United States v. Cuevas-Sanchez, 821 F. 2d 248, 251 (5th Cir. 1987).
⑥ See United States v. Torres, 751 F. 2d 875, 882 (7th Cir. 1984).
⑦ See United States v. Mesa-Rincon, 911 F. 2d 1433, 1442 (10th Cir. 1990).
⑧ United States v. Nerber, 222 F. 3d 597, 603–604 (9th Cir. 2000).
⑨ United States v. Nerber, 222 F. 3d 597, 603–604 (9th Cir. 2000).
⑩ Nerber, 222 F. 3d at 603.
⑪ United States v. Wahchumwah, 710 F. 3d 862 (9th Cir. 2013).

中时才能产生。① 当通过监控技术收集私人社交媒体信息时，可以想象，政府只可以在几个小时内的时间里实施搜查，但是探员更可能地是在一个更长的时间内进行监控。因此，即使在 Wahchumwah 一案所确立的判断标准之下，这种监控也会属于一种侵入性异常高的监控。这一立场与 Katz 一案中对程序性保障措施的要求一致，这种要求使得是否使用搜查性电子监视的许可不再"仅由警方决定"。②

法院同时发现，新技术所具有的更强侵入性要求法官加强宪法保障来确保技术创新不会侵蚀传统的《第四修正案》保护。例如，在 People 诉 Weaver 一案中，纽约州法院认识到，同时期的技术使我们的私人活动以前所未有的方式投射到公共空间中。③ 然而，法院认为，技术的进步并没有伴随着人们的通信和交易将在很大程度上保持私密性这种社会合理期待而发生较大变化。④ 更广泛地说，Weaver 一案中法院采取的立场是，技术的发展不该能够规定社会所认为的合理的隐私水平。虽然在 Kyllo 诉 United States 一案中，最高法院的裁决表明，技术在公共使用中的整合可以最终影响对一个人隐私合理期待的分析，但它在 Kyllo 一案中同意了 Weaver 一案中判决的主要观点，即技术不应规定隐私合理期待的界限在哪儿。⑤ Weaver 一案中第六巡回上诉法院将 Kyllo 一案解释为一种观点的代表，即法院需要更新《第四修正案》来跟上技术发展那不可阻挡的步伐，否则，《第四修正案》的保护将枯萎和消亡。⑥ 因此，随着技术允许更具侵入性的监控存在，法院必须确保《第四修正案》的保障措施在保护隐私合理期待的方面保持灵活性。

政府在社交媒体数据搜查时监视私人通信的行为进一步支持了严格实施《第四修正案》保护的必要性。最高法院裁定："政府对通信所进行的广泛而不受怀疑的侵犯，使得《第四修正案》保障措施的

---

① United States v. Wahchumwah, 710 F. 3d 862（9th Cir. 2013）.
② Katz v. United States, 389 U. S. 347, 359（1967）.
③ People v. Weaver, 12 N. Y. 3d 433, 442–443, 909 N. E. 2d 1195, 1200（2009）.
④ People v. Weaver, 12 N. Y. 3d 433, 442–443, 909 N. E. 2d 1195, 1200（2009）.
⑤ Kyllo v. United States, 533 U. S. 27, 34（2001）.
⑥ United States v. Warshak, 631 F. 3d 266, 285（6th Cir. 2010）.

应用成为必要。"① 正如上面的讨论所表明的,政府对社交媒体数据的监控范围十分广泛,同时也不易引起社交媒体发布者的怀疑。即使是在提出第三方主义的 Smith 一案中,法院发现监控的侵扰程度影响了说话者的隐私合理期待,并因此隐含了应用第三方主义的合理性。② 总而言之,社交媒体监控的侵入性特别强,即使是在有限第三方主义披露的情况下,也必须对它提供高度的隐私保护。

2. 监控所带来的寒蝉效应

社交媒体用户已经证明了他们对隐私做出了糟糕的判断。如果政府能在用户不知情的情况下收集信息,那么,政府的监控措施可能会对社交媒体网络中的私人言论产生寒蝉效应。经验表明,粗心大意和社交网络隐私相关信息的缺乏会使个人非常容易接受隐秘的好友请求。因此,在社交网络的环境下,错误信任的问题似乎被极大地放大了,而隐私侵犯信息的披露所造成的伤害要多得多。例如,一项研究发现,41% 的 Facebook 用户会添加一个以塑料青蛙作为头像的好友的请求。换句话说,尽管有明确的迹象表明,通过添加这个"青蛙"头像的好友,用户们与一个陌生人分享了个人信息,但将近一半的研究对象都同意公开他们的个人信息。③ 另一项针对大学生的研究显示,"20% 到 30% 的人不知道 Facebook 的隐私控制是如何运作的,不知道如何更改隐私设置,甚至不知道自己是否曾经改变过它们"④。

有些人可能会反驳说,这个问题很容易解决——社交媒体用户可以在接受好友申请时更加谨慎。毫无疑问,个人可以通过在接受未知的好友请求时更加谨慎地尽量减轻威胁,但这并不能完全消除问题。一方面,社交网络的性质给人们创造了与朋友的朋友分享信息的激励,但用户必须在相信自己在成百上千个社交好友中没有错误地添加一个卧底特工时,才能够放心地去分享信息。另一方面,即使一个用户没有向他们朋友的朋友,即二级联系人披露过信息,仅仅向直接联

---

① United States v. U. S. Dist. Court for E. Dist. of Mich., S. Div., 407 U. S. 297, 313 (1972).

② Smith v. Maryland, 442 U. S. 735, 741 (1979).

③ James Grimmelman, Saving Facebook, 94 IOWA L. REV. 1137 (2009).

④ Lauren Amy Gelman, Privacy, Free Speech, and 'Blurry-Edged' Social Networks, 50 B. C. L. REV. 1315 (2009).

系人透露个人信息的行为就可能涉及重要的隐私利益。

即使没有人接受未知的社交媒体访问请求，隐秘的政府好友关系仍然会造成问题。一个秘密政府特工可以在网络上添加这个人之前就与其见面，从而提供一种更有说服力的申请通过理由。通过这种策略，特工可以对一群单独的人实施侵入性的和不会引起怀疑的监视。例如，如果一个执法人员想要监视一个宗教社区的行为，他可以出现在一个礼拜场所，并与社区的成员们见面。在这种情况下，一个后续的好友请求似乎是合理的，并且政府机构可以广泛地访问少数网络的隐私，尽管我们对此缺少任何合理的怀疑。一个机构可以对另一个宗教团体、社区和政治团体采取这种行动。因此，允许政府秘密添加私人的网络账号会助长那些不合理的对社交媒体数据的搜查行为，而那些正是《第四修正案》要禁止的。

由秘密政府"加为好友"的情形并不存在于假想的学术理论空间。《纽约时报》报道称，政府特工已经把目光转向了社交媒体网站，从而来调查那些被联邦调查局（FBI）怀疑有恐怖主义倾向的个人。[1] 例如，一名卧底特工向疑似 ISIS 同情者的 Hasan Edmonds 发送了好友申请，并与之保持着线上联系，这致使 Edmonds 因恐怖主义的相关罪行而被捕。[2] 尽管联邦调查局广泛访问 Edmonds 的社交媒体，但政府从未需要法院来证明其侵入追踪 Edmonds 生活的行为的合理本质。此外，特工没有义务将他们的搜索限制在 Edmonds 自己的通信上——当 Edmonds 允许特工访问他的私人社交网络时，他还允许特工在不受《第四修正案》的限制下监视 Edmonds 所有朋友的社交网络行为。

此外，社交媒体的使用已经上升到一种程度——它在私人交流中起到了至关重要的作用。因此，社交媒体的使用，就像传统交流方式的使用一样，涉及了言论自由问题。社交媒体用户利用他们的平台在一个安全、有限访问的社区内发表非主流的观点。例如，在最近的警

---

[1] Eric Lichtblau, F. B. I. Steps Up Use of Stings in ISIS Cases, *N. Y. TIMES*（Jun. 7, 2016）http://www.nytimes.com/2016/06/08/us/fbi-isis-terrorismstings.html.

[2] Eric Lichtblau, F. B. I. Steps Up Use of Stings in ISIS Cases, *N. Y. TIMES*（Jun. 7, 2016）http://www.nytimes.com/2016/06/08/us/fbi-isis-terrorismstings.html.

察枪击事件之后,一些公民表达了他们对警察暴力的认同。① 这种煽动暴力的言论可能会导致这些人受到刑事指控,但人们可以预料到,许多其他人可能有理由担心受到政府的监视而不敢说话,即使是在没有什么非法的东西需要隐藏的情况下。最高法院所指出"历史充分证明了政府的倾向,无论其动机是多么仁慈和善良,政府总是对那些最强烈质疑其政策的人持怀疑态度,怀疑他们是否有反动举措。当政府监视的目标可能是那些被怀疑政治信仰不正统的人时,《第四修正案》的保护就变得很有必要了"②。因此,激发《第四修正案》隐私保护的一个关键特征与言论自由有关。

长期以来,法院一直认为《第四修正案》是防止侵犯私人言论的壁垒。③ 在 Keith 一案中,最高法院表达了它对不加限制的监视会扼杀言论自由的担忧。④ 尽管实际进入家庭的行为是《第四修正案》的措辞所针对的主要罪恶,但其更广泛的精神体现在保护私人社交媒体数据免受不合理的搜查。

合法的公众异议所付出的代价绝不能是民众变得害怕而屈从于一个不受约束的监控权力。对未经授权的官方窃听的恐惧也不能阻止公民在私人谈话中对政府的行动所表达出的强烈不满和讨论。对我们的自由社会来说,私人的异议和公开的公众言论同样重要。40 多年前,Keith 一案中的法院就曾撰文称,授权政府对国家安全事务进行广泛的监控,可能会对国家的言论自由产生不利影响。如果公民不觉得他们可以在私人空间表达自己的想法而不用害怕政府观察员的注意,那么,公民就不会公开大声地表达自己的想法和异议,私人的讨论将会受到不利影响。因此,法院认为,即使政府认为被告正在谋划危害国家安全的行动,对被告的电子监视也仍然需要法庭批准的搜查令。⑤

---

① Naomi LaChance, After Dallas Shootings, Police Arrest People for Criticizing Cops on Facebook and Twitter, INTERCEPT (Jul. 12, 2016), https://theintercept.com/2016/07/12/after-dallas-shootings-police-arrestpeople-for-criticizing-cops-on-facebook-and-twitter.

② United States v. U. S. Dist. Court for E. Dist. of Mich., S. Div., 407 U.S. 297 (1972). See also Neil Richards, Intellectual Privacy, 87 *TEX. L. REV.* 387, 389 (2008).

③ In Reno v. American Civil Liberties Union, the Supreme Court clarified that the First Amendment applies to speech on the Internet. 521 U. S. at 885 (1997).

④ United States v. U. S. Dist. Court for E. Dist. of Mich., S. Div., 407 U.S. 297 (1972).

⑤ United States v. U. S. Dist. Court for E. Dist. of Mich., S. Div., 407 U.S. 297 (1972).

虽然 Keith 一案中的事实涉及国家安全问题，但最高法院的判决理由能够更适用于没有涉及具体国家安全理由情况下的政府监控案件。法院明确指出："无论其目的是刑事调查还是持续的情报收集，政府的监控都有侵犯宪法保护言论隐私的风险。"① 尽管最高法院裁定，即使在涉及国家安全的情况下，出于对私人言论的考虑，政府的监控行为也需要搜查令。但如果一个政府特工在网络上添加了一个好友，这个特工就可以在没有搜查令的情况下监控这个人的整个社交网络而不会引起他的怀疑。这种广泛披露的风险可能会对人的尊严产生最有害的影响，而且肯定会导致人与人之间谨慎而有保留的谈话。② 对隐蔽的社交媒体数据监控的恐惧，特别是如果政府持续将这种做法扩大化的话，这种监控"很容易被滥用"，并且可能对私人言论产生严重的寒蝉效应。对言论自由的关注有利于限制政府的秘密监控。③ 由于社交媒体监控的侵入性，再加上公众对私人社交媒体网络作为私人言论论坛的依赖性，私人社交媒体数据应该得到隐私合理期待的保护。

（二）区分政府的情报策略

上面已经讨论了对隐私的假定期待，这一节将区分两种政府情报收集的策略。尽管我们在社交媒体数据中存在对隐私的假定期待，但笔者认为，政府应该能够在不触发《第四修正案》的情况下访问私人朋友共享的社交媒体信息。一方面，社会合作关系所进行的第三方披露不应受到《第四修正案》的保护。另一方面，导致了对一个私人公民社交数据进行无差别搜查的秘密政府交友行为，应该值得更高层次的隐私保护。

即使第三方主义不会自动地否定公民在公开信息中对隐私的所有合理期待，公民也必须证明其在自愿共享数据中对隐私的期望是合理的。毕竟，社交媒体用户接受好友申请时能够预料到他们的朋友会访

---

① United States v. U. S. Dist. Court for E. Dist. of Mich., S. Div., 407 U. S. 297 (1972).
② Dietemann v. Time, Inc., 449 F. 2d 245, 249 (9th Cir. 1971).
③ United States v. Mayer, 503 F. 3d 740, 753 (9th Cir. 2007).

问他们所发布的内容。① 因此，发布者不会设想没人会阅读他们的社交媒体帖子——事实上，社交媒体帖子会引起网络中其他社交媒体用户的回应，它们明确地提醒发帖者其他用户看到了他们发布的社交媒体信息。② 个人必须表现出其隐私利益至关重要的态度来对抗他们披露社交媒体信息的自愿行为。在第三方自愿地向政府披露信息的情况下，被搜查的一方无法表现出如此高的隐私利益。政府更有限的监视能力和披露方所享有的《第一修正案》的权利都允许政府自由搜索由第三方联系人所披露的信息。

1. 监控能力

合作方同意披露信息的性质限制了政府搜查公开社交联系网络的能力范围。政府机构智能获取合作方选择披露的信息。③ 如果一个第三方与一个机构共享其社交网络账户的访问信息，政府在社交网络中漫游的能力可能是有限的，除非披露方（第三方）已经查看了这些文件。在 Walter 诉 United States 一案中，最高法院裁定政府不能观看那些出演人员还没有看过的、私人方提供的电影。④ 不过，法院也指出了一个例外，即"平视原则"。⑤ 由于政府需要进行数据搜索以提取相关信息，因此，在社交媒体网络上搜索更多信息可能会构成"搜查的拓展行为"，并且需要一个搜查令。⑥ 鉴于最高法院在 Riley 诉 California 一案中的裁决，上面的情况是很可能发生的。出于类似的原因，在合作方未经他人明确同意而泄露信息时，政府使用一个公开的账号来查看发布的社交媒体信息的行为可能是不被允许的。

即使一个第三方可以提供一个账号密码，并且在没有事先查看

---

① Maryland v. Macon, 472 U.S. 463, 470 (1985).

② This dynamic creates a contrast to United States v. Nerber, 222 F. 3d 597, 604 (9th Cir. 2000), where the privacy damage came in part from a falsesense of being alone.

③ Walter v. United States, 447 U.S. 649, 657, 100 S. Ct. 2395, 2402, 65 L. Ed. 2d 410 (1980).

④ Walter v. United States, 447 U.S. 649, 657, 100 S. Ct. 2395, 2402, 65 L. Ed. 2d 410 (1980).

⑤ Walter v. United States, 447 U.S. 649, 657, 100 S. Ct. 2395, 2402, 65 L. Ed. 2d 410 (1980).

⑥ Walter v. United States, 447 U.S. 649, 657, 100 S. Ct. 2395, 2402, 65 L. Ed. 2d 410 (1980).

所有搜索资料的情况下允许政府进行搜查，搜查的持续时间和保密性将取决于被搜查个人的行为（如是否公开信息等），这将抵消一定程度的隐私侵害。当政府通过合作伙伴访问社交媒体数据时，政府的搜索能力的范围和时间都应该有限。例如，Meregildo一案涉及一个提供Facebook数据访问的合作证人，所以政府收到信息的这个行为一直取决于合作方的持续合作。[①] 合作方有权在任何时候撤回政府对未来社交媒体数据的访问，或者有选择地给政府机构分享信息。

相比之下，当一个政府机构获得了社交媒体通信的直接渠道时，目标联系人的同意会允许政府进行一种更广泛的监控形式。一旦机构的搜查行为被暴露后，如果这个人还是同意了机构的好友申请，那么，机构就可以不受限制地访问目标人物的所有社交媒体数据，以及来自其"朋友的朋友"的大量信息。[②] 虽然政府部门可以利用现有的社交媒体关系，但要求个人为了搜索目标用户的社交数据而请求访问另一个人的社交网络可能会给政府带来额外的困难。《第四修正案》不适用于私人方进行的搜查，但这种不适用的情况仅体现在这些私人方不代表政府机构时。[③] 如果政府委托了私人方进行加好友申请，那么，这种加好友的行为就构成了政府行为。由于一个合作方的信息披露需要经过私人中介机构的同意，因此，此时政府的监控能力会比允许通过秘密政府交友时不受约束的监控的情况下受到更大的限制。

2.《美国联邦宪法第一修正案》的权利

无论第三方主义如何发展，私人社交媒体用户向政府披露社交媒体信息的能力不应受到限制。与第三方运营商相比，社交媒体用户与政府的关系要直接得多。此外，正如上面所讨论的，用户将信息发布到他的社交媒体网络上，从而方便他们的社交联系。事实上，限制社交媒体联系人向执法部门披露有问题的材料，可能会侵犯这些社交媒体联系人在《美国联邦宪法第一修正案》（以下简称《第一修正

---

① This analysis sets aside the question of whether giving unrestricted access to another party violates the Terms of Service of a given social network, which goes beyond the scope of this Note.

② See United States v. Wahchumwah, 710 F. 3d 862, 868 (9th Cir. 2013).

③ United States v. Jacobsen, 466 U. S. 109, 113 – 114 (1984).

案》)下言论自由的权利。正如法院在 Fernandez 诉 California 一案中所指出的:"任何其他规则(即禁止自愿披露的规则)将践踏那些自愿同意的人的权利。"① 具体来说,第三方联系人可能会希望警方进行搜查,从而来消除其因与疑犯之间有联系而引起的怀疑。②

此外,禁止合作第三方自愿披露信息的行为会逐渐给社会带来不利的政策。如果一个社交媒体用户发现他们的某个社交联系人发布了一些十分令人担忧的信息,以至于该用户向警方求助了,那么,干扰该求助报告的行为似乎是不理智的。虽然将社交媒体数据交给强制执法部门的行为可能违反了管理社交媒体使用的标准社会规范的规定,限制这些信息披露将对公共福利产生不利影响。因此,在任何隐私合理期待的假设下,法律不应试图限制来自合作方的第三方的信息披露。相比之下,政府秘密交友涉及以官方身份行事的政府部门,因此,对这些言论自由的关注并没有那么重要。③

3. 权力的差异

人们可能还会疑惑通过合作方进行政府情报收集与通过秘密政府好友进行的情报收集之间的区别,认为两者涉及的风险是相同的。毕竟,如果一个被告承担了这样的一个风险,即他的一个"朋友"会给执法人员报告他犯了罪的实施,那么,被告同样会认为他的一个"朋友"实际上是一名执法人员。④ 然而,这就造成了一个错误的比较,即试图比较政府活动和私人方活动的行为忽视了这两个群体之间的权力差异。公民和警察是不一样的,我们绝不可能像警察对待我们一样对待他们。在很大程度上,警察可以做普通公民做不到的事情,如带枪、把人锁起来、进行搜查等。警察受益于普通公民所缺乏的默认假设:警察的目标和行动被认为是符合他们的公共保护使命的,而私人的同样目标和行动则被推定为非法或犯罪的。警察受到保护而不受这些行为后果的影响,这是普通公民所没有的。⑤ Erin Murphy 有力

---

① Fernandez v. California, 134 S.Ct.1126, 1137, 188 L. Ed. 2d 25 (2014).
② Fernandez v. California, 134 S.Ct.1126, 1137, 188 L. Ed. 2d 25 (2014).
③ See Garcetti v. Ceballos, 547 U.S.410, 421 (2006).
④ See United States v. Brooks, 2012 WL 6562547, at *3 (E.D.N.Y. Dec.17, 2012).
⑤ Erin Murphy, The Case Against the Case for Third-Party Doctrine: A Response to Epstein and Kerr, 24 BERKELEY TECH. L. J. 1239, 1249 – 1250 (2009).

地剖析了警察和公民之间的权力差异。因此，个人可以合理地保持一种隐私合理的期待，即不必承担在无意中同意了警方间谍对其进行秘密监视的行为的风险，即使相同的行为有通过第三方信息暴露而被警方获知的风险。

五、结语

合理性主导着《第四修正案》的隐私分析。传统上，法理学理论并没有在社交媒体数据中发现对隐私的合理期待。一个热门博客上的公开评论和私人社交媒体页面上的评论受到同样的隐私保护。本文讨论了政府机构通过社交网络合作或秘密加好友的方式对个人社交媒体数据进行无证搜索的可能性。在这两种情况下，法院目前允许政府在没有授权的情况下监视和搜查这些信息。笔者主张我们应对社交媒体数据享有隐私合理期待，并限制第三方主义的适用。当应用于政府的这两种监控策略时，笔者发现政府能够在没有搜查令的情况下搜索第三方披露的信息。然而，笔者发现《第四修正案》要求政府在通过更具侵入性的加好友策略来获取信息之前，必须获得搜查令。这样的搜查限制保护了公民免受毫无根据的政府监控，并有助于减轻对言论自由的寒蝉效应的担忧。一个可能的标准将恢复隐私利益和合法执法利益之间的适当平衡。

合理的分析取决于规范的视角。最高法院认为："正确的调查应该是调查政府的侵入行为是否侵犯了《第四修正案》所保护的个人价值观和社会价值观。"① 当然，这些价值观取决于社会上的个体是否愿意在他们的私人生活中留下政府的印记。David Sklansky 曾表示，现代美国人不再十分关注数据隐私。② 如果他的话是对的，那么，政府的监控可能不会造成那么大的危害。然而，Sklansky 也认识到许多学者不同意这一观点③，而 Clapper 一案中的原告提供了与此相反的

---

① Oliver v. United States, 466 U.S.170, 182-183 (1984).
② See David Alan Sklansky, Too Much Information: How Not to Think About Privacy and the Fourth Amendment, 102 CAL. L. R. 1086 (2014).
③ See David Alan Sklansky, Too Much Information: How Not to Think About Privacy and the FourthAmendment, 102 CAL. L. R. 1094-1099 (2014).

证据。① 无论如何,最高法院对《第四修正案》保护的理解仍在不断变化,并且在未来的几年里,最高法院的理解都可能会反映出社会大众对社交媒体数据的隐私合理期待。

---

① Clapper v. Amnesty Int'l USA, 133 S. Ct. 1138, 1148 (2013).

网络社交媒体时代隐私合理期待的再思考

布莱斯·克莱顿·纽厄尔[①] 著 袁姝婷[②] 译

目　次

一、导论

二、截然不同的隐私观：尊严、自由抑或控制

三、网络社交媒体时代不断变化的隐私合理期待

四、《美国侵权法》当中的隐私合理期待

五、《美国联邦宪法第四修正案》当中有关数字通信的隐私合理期待

六、《加拿大权利和自由宪章》当中的隐私合理期待

七、基于人格尊严保护隐私：《欧洲人权和基本自由公约》

八、结语

一、导论

1890年，Warren 和 Brandeis 首次"创造"出了美国普通法上的

[①] 布莱斯·克莱顿·纽厄尔（Bryce Clayton Newell），美国犹他谷大学数字媒体系兼职讲师。

[②] 袁姝婷，中山大学法学院助教。

隐私权。① 他们认为，美国普通法有必要保护他人的隐私权，即所谓的"独处权"，原因在于，最新技术（摄影）和商事手段使得新闻媒体能够将他人的隐私暴露于天下。Warren 和 Brandeis 指出："快照和报业已经侵入他人神圣的私人生活和家庭生活领域，不计其数的机器都在预示着'窃窃私语将会被公之于众。'"由于当时的技术创新，Warren 和 Brandeis 指出："对于个人而言，独处和隐私变得比以往要更加重要。"正因为十分重视他人神圣的私人生活和家庭生活，他们最终得出了这样的结论："法律必须以'人格不受侵犯'为原则来保护隐私。"从本质上来说，Warren 和 Brandeis 试图将欧洲大陆的隐私权理论引入美国法当中。

在今时今日，新兴技术的发展为隐私权理论提供了更加坚实的基础。互联网技术和各种各样的软件平台使得人们之间的交流更加便捷，也使得他人的在线交流信息的查找更加容易。对于许多人尤其是年轻一代而言，私人生活的"神圣领域"俨然已经拓展成为信息高速公路。无论是有权还是无权，人们越来越多地通过互联网发布、上传或分享个人信息、争论和纠纷，以及公共知识产权和私有知识产权。事实上，随着人际交流越来越多地借助于电子媒体，传统的信件已经演变为各种各样的电子邮件、短信、推文，以及博客、墙壁、论坛和聊天室的帖子。

在某些人看来，往日的种种障碍不复存在，现在他们已经能够获取他人 Facebook 或 MySpace 上的部分个人信息。的确，在使用这些服务时，用户能够自由决定谁有权访问他们发布的内容和在线交流的信息。Facebook 声称其有超过 5 亿的活跃用户，并且半数以上的用户每天都会登录这一网站。尽管 Warren 和 Brandeis 指出了隐私权问题，但最近的司法判决均否认了对在线社交网络（"OSNs"）上所发布的信息进行隐私保护。这些司法判决表明，个人信息能够随意地"公之于众"，尽管这与很多人对隐私的合理期待相违背。执法机构越来越多地采用发布在社交网络上的个人信息，并将其作为获取信息和查

---

① See Dorothy J. Glancy, The Invention of the Right to Privacy 21 *ARIZ. L. REV.* 1, 1 (1979).

明犯罪嫌疑人的一种手段。① 在线社交网络甚至为犯罪嫌疑人提供了忏悔的机会。不过，通常来说，在被应用到这些新技术上时，隐私权法并没有发挥其真正的作用。

在18世纪英国一个有关版权法的案子中，一些法官认为："每个人都有权保留自己的情绪，他当然有权决定是对所有的公众公开这种情绪，还是只对自己的朋友公开这种情绪。"② 无论这一权利在各种各样的案件中得到怎样的发展，近来的司法判决都没有予以重视，在这些案件中，虽然当事人都试图就发布在社交网站上的信息主张隐私权，结果却不尽如人意。最新的案例表明，无论社交网站上的信息是对所有的公众公开，还是只对用户的"朋友"公开，都不会影响最终的判决结果。这些案件当中存在着私主体和公主体的隐私侵犯行为，因此涉及普通法及美国宪法当中的隐私权保护理论。对于那些将Facebook或MySpace上限制访问的帖子视为个人信息的人来说，网络发帖不涉及隐私合理期待这一观点是不合理的，这些帖子能够让众多的朋友获取其有关信息，并且应当纳入隐私权保护的范围。然而，有些人认为，隐私合理期待仅仅是就个人而言的，使用这种在线服务的用户大多对隐私没有任何期待。

现有的美国隐私权法由联邦和各州的宪法、法律以及普通法拼凑而成，虽然受到了保护人格尊严和人格不受侵犯至关重要这一观点的启发，但它的主要理念还是个人控制、公民自治和免受政府的侵犯。然而与美国不同，欧洲人所采取的主要观点是隐私权维护了人格尊严，并促进了人与人之间的关系。虽然是以一种不同的方式，但欧洲人所采取的观点也更大程度地促进了公民自治，而这正是本文所提倡的。在分析个人对隐私的合理期待时，保护隐私和公民自治的观点并不严格要求把控制和豁免理论合理化，而是将人格尊严纳入其中。除此以外，它还与这样一种观点相契合，即如果没有隐私，我们就将丧失我们作为人的完整性。③

---

① Samuel D. Warren & Louis D. Brandeis, The Right to Privacy, 4 *HARV. L. REV.* 193, 195 (1890).

② Millar v. Taylor, (1769) 98 Eng. Rep. 201 (K. B.) 242.

③ Whitman James Q. Whitman, The Two Western Cultures of Privacy: Dignity Versus Liberty, 113 *YALE L. J.* 1151, 1153 (2004).

《美国联邦宪法第四修正案》（以下简称《第四修正案》）保护公民在人身、住宅和财产方面的隐私权益免受政府的侵犯，前提是个人主观上有隐私期待，而且社会对此表示承认。同样地，在加拿大和欧洲，为了在相互冲突的个人利益和公共利益之间寻求平衡，法院也以隐私合理期待为标准，通过《加拿大权利和自由宪章》和《人权和基本自由欧洲公约》（ECHR）对公民的隐私提供保护。本文认为，公民对在可以有限访问的社交媒体网站上发布的信息所享有的主观隐私期待，即所谓的"网络隐私"是21世纪社会所承认的合理期待。

Levin教授和Abril教授认为，在数字通信和在线"社区"的背景之下，法官应该采用一种更现代化的隐私合理期待理论，而本文对这一观点进行了一定的发展。尤其是在案件涉及社交媒体网站上所发布的可以有限访问的信息时，法官更应当采用一种更现代化的隐私合理期待理论。本文还认为，欧洲隐私权法关注私人生活权，将隐私视为建立相互关系的辅助手段和保护人格尊严的有力工具，它不仅更准确地反映了数字时代的社会现实，也妥善地保护了互联网上的个人隐私。一方面，基于人格尊严而保护公民自治，另一方面，隐私合理期待可以在在线社区和数字通信的背景之下占据一席之地（尽管数字通信不如线下通信直接和私密），因此，隐私权法能更有效地保护公民个人及其宪法性权利。最近，欧洲人权法院在司法判决中支持了隐私合理期待理论，这为加强保护在线环境下的人格尊严奠定了理论基础，如果将其运用到在线环境中，那么，为在线社交网络上发布信息的用户将提供更充分的保护。

二、截然不同的隐私观：尊严、自由抑或控制

世界各地的学者对于隐私保护的理论基础争论不休。对此，西方国家主要有两种隐私权理论：第一种理论是，应当基于个人信息控制权保护隐私；第二种理论是，应当基于保护人格尊严和促进人际关系的重要性保护隐私。但是，值得注意的是，隐私权的概念着实难以界定。无论是想要将隐私制度归入专门的理论当中，还是想要通过比较界定隐私，都需要对其进行抽象和概括，而这并不总是能得出完全准确的结果。尽管如此，隐私这一概念的使用仍然为隐私分析提供了良好的基础。本文将对不同地区所普遍认可的一般性做法做出研究，并

基于这些不尽相同的概念总结出一般性概念。

欧洲人对保护私人生活的重视主要来源于法国法和德国法。它们最初是为了保护精英阶层而使个人尊严和荣誉神圣化。在今时今日，《欧洲宪章》体现了由《欧洲人权公约》所保障的人格尊严。① 《欧洲宪章》规定："人格尊严神圣不可侵犯，它必须得到充分的尊重和保护。"② 它还赋予公民以私人生活和家庭生活、住宅及通信受尊重权。同样地，《欧洲人权和基本自由公约》规定，每个人均享有私人生活和家庭生活、住宅及通信受到别人尊重的权利，除非依法且确有必要为了保护公共利益；否则，政府不得侵犯公民的这些权利。这些规定保护了公民尊严免受政府不当公开的侵犯。正如英国法院所作出的最新司法判决所指出的那样，法律保护公民对隐私的合理期待，即使在之前公民与别人之间并不存在任何关系，他仍然应当负有保密义务……因为法律的目的就在于防止公民自治、人格尊严和自尊受到别人的侵犯。③ 因此，欧洲法通常"在消费者权利和民事诉讼知情权"等各个方面对公民隐私进行全面的、高度的保护。

这一隐私权理论为 Warren 和 Brandeis 所提出的"神圣不可侵犯的人格"提供了支持，它同样认为，隐私所面临的最大敌人是新闻媒体，因为它总是以损害公众尊严的方式公开我们的隐私信息。虽然各地的法律略有差异，但大多数西方国家均注重保护公民的个人信息控制权。个人信息控制权在欧洲法当中扮演着十分重要的角色，尤其体现为公民的公众形象受保护权。

与欧洲的隐私权法不同，美国的隐私权法主要基于公民免受政府侵犯和住宅自由的政治价值，而不是基于公众形象或公众尊严。但是，美国法同时也保护公民的个人信息控制权。这种个人信息控制权主要是指，公民有权决定对哪些信息进行保密，以及将哪些信息公开。在以个人信息控制权为基础的美国法学当中，风险自担和隐私豁免理论找到了立足之地。除了公民自治之外，个人信息控制权还

---

① See Charter of Fundamental Rights of the European Union, art. 1, 2000 O. J. （C 364）10.
② See Charter of Fundamental Rights of the European Union, art. 1, 2000 O. J. （C 364）10.
③ Mosley v. News Grp. Newspapers Ltd., [2008] EWHC (QB) 1777, [7] (Eng.).

"将'保密'的重任完全赋予公民个人，而他们往往无法利用现有的法律或技术……。"尽管 Warren 和 Brandeis 的《论隐私权》在美国隐私权法中地位重要，但美国仍然忽视了其保护"神圣不可侵犯的隐私"这一要求。

应当注意的是，自由和尊严并非完全对立，而是既相互区别也相互联系。二者有着许多相同点。根据公民对个人信息的控制程度来预测隐私合理期待这一理论虽然受到了一些学者的质疑，但同时也被一些学者所承认。然而，在网络社交媒体时代，有学者认为，将公民对个人信息的控制视为衡量公民隐私合理期待的重要标准，这一观点过于简单化、不合时宜并且根本不可能成立。他们指出，这种衡量标准是基于一种错误的假设，即无论是在线还是离线都能够实现公民对个人信息的控制。为了就网络社交媒体时代的隐私合理期待提出一种合乎时宜的、现代化的理论，我们就必须在充分尊重控制和自由的同时对人格尊严进行实质性的保护。

三、网络社交媒体时代不断变化的隐私合理期待

有学者注意到，传统的隐私权法（至少这些地区的隐私权建立在自由理念和信息控制权的基础之上）与网络社区的新趋势之间存在着分歧。他们将这种分歧称之为一种隐私权的矛盾，因为虽然社交网站的用户更愿意在网上透露其许多个人信息，但他们似乎仍然享有隐私期待。根据传统的隐私观以及互联网，即 Palfrey 教授所称的数字移民，对于一切发布在互联网上的东西，公民都没有隐私合理期待。事实上，最近的司法判决也对这些观点表示了肯定，并且在网上引起了不小的轰动。有些人认为，数字移民和数字原住民之间的区别是自摇滚乐时期以来最难以逾越的鸿沟。

一些学者指出，在线社交网络对隐私控制理论提出了根本性的挑战。一方面，由于数字技术不像"人类记忆那样短暂"，并且人们能够以前所未有的方式操控数字技术或挖掘数据来获取信息。因此，隐私风险迅速增加。数字档案包含越来越多的互联网信息，而这些信息可能会造成现实的损害。诚然，如果我们公开个人信息，那么，许多新技术可能会赋予我们更多的控制权，让我们决定如何公开、在何处公开以及在何时公开这些信息。然而，互联网的参与性越来越强，这

引发了更大的风险,即网络用户会发布"有关彼此的贬损性的、诽谤性的信息或个人信息,而如果不受任何限制,这些信息就会反过来被成千上万的在线用户获取"①。相比于隐私权法发展过程中所存在的更古老、更传统的传播方式,通过互联网和在线社交网络,别人能够更加容易地向公众公开公民的个人信息。② 一些人认为,这一变化对于不久之后的声誉理论产生了深远的影响。③

公民可能会通过互联网公开个人信息。虽然他们往往不会向公众公开这些信息,但在多数情况下,他们会向其 MySpace 或 Facebook 上的"好友"公开。有法院已经在判决当中指出,尽管用户的主观隐私期待不同,但向许多好友公开个人信息与向公众公开个人信息本质上并无任何区别。在离线的情况下,如果僵硬地将公民的隐私合理期待与控制和豁免理论联系起来,那么,就会忽略这样一个问题,即网络社区中的主观隐私期待逐渐成为社会上不可或缺的组成部分,我们是否应当给予其更多的重视,甚至承认其具有合理性。当然,完全不顾个人信息控制、通过公开信息而放弃隐私权以及隐私合理期待之间的联系是不明智的。但是,法院可以将人格尊严解释为保护在线社交网络上的信息隐私的理论基础,从而更好地解决了矛盾,比如欧洲人权法院就在司法判决中采取了这种做法。

Levin 教授和 Abril 教授发表了一项实证研究结果,在该研究当中,他们对 2500 名美国和加拿大学生的在线社交网络活动和隐私期待进行了调查。④ 最终,Levin 教授和 Abril 教授提出了"网络隐私理论",从而支持了他们所得出的结论,即这些网络用户已经发展出了一种新的、合法的网络隐私概念的结论与本文的目标有异曲同工之处,如果这种网络隐私的概念得到承认,那么,网络用户就能够实现

---

① Avner Levin & Patricia Sanchez Abril, Two Notions of Privacy Online, 11 *VAND. J. ENT. & TECH. L.* 1001, 1002 (2009).

② Avner Levin & Patricia Sanchez Abril, Two Notions of Privacy Online, 11 *VAND. J. ENT. & TECH. L.* 1001, 1006–1007 (2009).

③ Avner Levin & Patricia Sanchez Abril, Two Notions of Privacy Online, 11 *VAND. J. ENT. & TECH. L.* 1001, 1006–1007 (2009).

④ Avner Levin & Patricia Sanchez Abril, Two Notions of Privacy Online, 11 *VAND. J. ENT. & TECH. L.* 1001, 1002–1026 (2009).

对自身的尊严和声誉的控制和保护。通过研究，他们还认识到，公民对个人信息的控制程度与公民隐私受保护的程度息息相关。实际上，许多在线社交网络的佼佼者已经在宣传这种用户享有控制权的隐私理念。Facebook 的旧隐私政策（于 2009 年 11 月 10 日发布）载明了两个核心原则："一是你有权控制你的个人信息；二是你有权获得别人想要公开的信息。"而别人公开信息的能力恰恰是控制理论的"眼中钉"。

根据 Levin 教授和 Abril 教授的研究结果，大多数在线社交网络用户都公开了各种各样的个人信息，包括"真实姓名、家乡地址、高中就读学校、婚姻状况、兴趣、爱好、最喜欢的音乐、书籍、电影以及照片"。超过 3/4 的用户上传了自己的真实照片，只有一小部分人公开了假名或假照片。将近一半的受访者表示，他们非常担心陌生人访问他们的个人信息。研究结果显示，受访者有选择性地公开自己的信息，并且"能够区分那些可以让他们放心地与其他用户进行社交的个人信息，以及可能带来潜在危险的信息"。

根据该项研究，72% 的受访者均进行了隐私设置，限制别人访问自己的信息，其中有半数以上禁止特定的人查看自己的信息。[1] 超过 60% 的受访者认为自己已经采取了有效的隐私保护措施，但也有很多受访者不知道如何保护自己的信息，以及如何防止别人公开自己的信息。Levin 教授和 Abril 教授认为，这说明了将以控制为导向的隐私保护工具和政策与尊严问题完全统一起来十分困难。如果将以控制为导向的隐私保护工具置于支配性地位，那么，尊严问题就无法得到应有的重视，而这些问题的出现导致了这些工具的有效性受到更多质疑。

研究还发现，很多受访者担心无法控制自己的个人信息（37%），尤其是担心自己的声誉和人际关系无法获得充分的保护（32%）。绝大多数受访者均强烈支持通过在线社交网络的隐私设置，比如，不允许雇主或父母访问其个人信息，从而将职业生活和私人生活完全隔离开来。总而言之，尽管不少网络用户都愿意公开自己的个人信息，但许多网络用户对上传到在线社交网络上的个人信息确实享

---

[1] Avner Levin & Patricia Sanchez Abril, Two Notions of Privacy Online, 11 *VAND. J. ENT. & TECH. L.* 1033.

有主观隐私预期，或者是基于谨慎维护社会身份的需要，或者是基于情境人格的需要。因此，Levin 教授和 Abril 教授所称的"网络隐私"是建立在公众在预期范围内对公民个人信息的可访问性的基础之上。这些网络用户更关切的是谁查看了他们的信息以及信息是如何公开的，而不是这些信息是否一开始就公开了。

当然，公民对其在线社交网络上的个人信息是否享有主观隐私期待并不总是能够被准确衡量。事实上，通过在线社交网络进行某些活动，其内在本质常常违背公民的隐私期待。通过注册、登录和发布信息，用户已经明确表现出向其他人公开这些信息的意图。电子邮件和电话的接收者数量是相对确定的、有限的，相较而言，通过在线社交网络进行某些活动的行为体现了更明确的公开个人信息的意图。因此，在线社交网络的个人信息相当于年鉴、目录或公告栏，因为通过在一个天然的公共平台上发布信息，用户能够与许多人交流信息。然而，用户往往采取措施来防止公众访问其个人信息，即通过隐私设置使信息仅仅对"好友"公开，这表明将在线社交网络的个人信息类比为年鉴、目录或公告栏是不恰当的。相比而言，将其类比为"群发电子邮件"则可能更准确，因为只有特定的收件人必须登录自己的收件箱才能查阅群发电子邮件。显然，在最近的司法判决当中，为了证明自己对那些向公众公开的个人信息享有主观隐私合理期待，公民仍然需要经历一场艰苦的战斗。[1] 然而，不计其数的在线社交网络用户事实上均享有这种主观隐私合理期待。[2] 只不过，这些隐私合理期待的程度和结果可能截然不同。

与上一代那些使用过或没有使用过互联网的人相比，那些在互联网尤其是最近兴起的 Web 2.0 陪伴下成长的人对网络隐私采取了不同的观点。年轻的"原住民"不想让自己的信息被某些人看到，他们希望技术壁垒能够实现这种保护，无论其真实与否，而其他人则认为他们的行为是十分荒唐的、愚蠢至极的。有学者对这种困境做出了这样的描述："对于数字移民来说，在线社交网络隐私是一个自相矛

---

[1] See Romano v. Steelcase Inc. 907 N. Y. S. 2d 650 656（N. Y. App. Div. 2010）.

[2] See Avner Levin & Patricia Sanchez Abril, Two Notions of Privacy Online, 11 *VAND. J. ENT. & TECH. L.* 1045 – 1046（2009）.

盾的说法。"毕竟这是互联网,在面对与网络媒体有关的隐私风险时,数字移民坚持认为:"'如果你承受不了这种热度,那就离开MySpace。'这一观点与他们控制个人信息的传统以及他们那一代著名法律学者以控制为主导对隐私所做出的界定是一致的。"

然而,公民主观的、合理的隐私期待不断形成和增加,如果不假思索地让互联网上的一切都成为公共信息,那么,不仅会严重破坏公民的这种隐私合理期待,而且还会忽视能够加以利用的技术保护措施,这就导致了由于技术使用不当而造成越来越多无法挽回的现实损害。简而言之,这种做法会使得法律保护无法与不断变化的世界相适应。在这个科技迅速发展的新时代,在线社交网络逐渐成为人格同一性发展的主要场所,它们取代并弥补了过去现实世界当中的物理场所,比如商场或汽车影院等。为了个性、人格同一性和人际关系的发展而保护隐私,这将有利于维护在线社交网络的关键发展目的,并且与《人权和基本自由欧洲公约》当中所明确规定的某些目的不谋而合。

四、《美国侵权法》当中的隐私合理期待

在美国,很多州的侵权法都规定了各种各样的隐私权。这些州的法律常常使用一些标准来确定公民的隐私期待是否合理。Prosser 在 1960 年确定了四种主要的隐私侵权行为:①不合理侵扰他人的安宁;②公开披露他人的私人事务;③公开丑化他人的形象;④擅自使用他人的姓名、肖像和其他人格特征。[①] 当公民的隐私受到类似的侵犯时,有些州法律为其提供了救济。Warren 和 Brandeis 曾经提醒过我们:传统的印刷媒体正在侵犯公民的隐私,正因如此,这些侵权行为才得以发生。然而,Prosser 所指出的这四种侵权行为并不一定能够完全适用于网络空间的隐私危机。

首先,不合理侵扰他人安宁的侵权行为保护了私人事务或关切免受对一般理性人来说令人反感的侵犯。但它不保护处于公开状态的个人隐私,而且随着互联网被视为一种主要的公共媒体,这种侵权行为目前还不能够为网络信息提供充分的保护。其次,在公民的私人事务

[①] See William L. Prosser, Privacy, 48 *CAL. L. REV.* 383, 389 (1960).

受到公众不合理的关注，以"对一般理性人来说令人反感"的方式被广泛公开给他人时，公开披露他人私人事务的侵权行为往往为其提供了救济。这种侵权行为没有为行为人侵犯他人不受广泛公开或不高度令人反感的隐私提供有效的救济。最后，后两种侵权行为，即公开丑化他人形象和擅自使用他人的姓名、肖像和其他人格特征，分别与诽谤法和知识产权法密切相关，并且在信息技术问题丛生的背景下，这些侵权行为有限适用于行为人侵犯他人的隐私。各州根据侵权法对隐私做出了各种各样的分析，这并不在本文的讨论范围之内。然而，最近发生在加利福尼亚的一个案件与本文有着密不可分的联系，它十分准确地揭示出，印刷媒体和互联网这一新兴媒体相互交叉带来了许多隐私问题。①

在 Moreno v. Hanford Sentinel 一案当中，原告 Moreno 是加州大学伯克利分校的一名学生，她为自己位于加州中部的家乡科灵加写了一首批评性的诗歌，并将其发布在了 MySpace 的主页上。② 在这首诗的开头，她写道："随着年龄的不断增长，我越来越意识到自己有多瞧不起科灵加。"随后她又对该镇及其居民发表了负面评论。这首诗歌仅仅在 Moreno 的 MySpace 主页上发布了 6 天，紧接着就被她删除了。然而，就在这短短的 6 天时间里，在既没有通知 Moreno 也没有征得其同意的情况下，当地的中学校长将该诗歌转发给了报纸编辑，并随后将该诗歌发表在当地报纸的"读者来信"专栏当中，作者署名为 Moreno。结果，Moreno 在科灵加的家庭收到了死亡威胁信，甚至有人朝着他们家开了一枪。由于社会的过激反应，Moreno 的家庭不仅搬离了科灵加，还关闭了已有 20 年历史的家族企业。Moreno 及其家人以侵犯他人隐私权和故意造成他人精神痛苦为由起诉了报社，但是法院驳回了原告的诉请。③

作为加州宪法的一部分，加州隐私法在很大程度上反映了 Prosser 所提出的四种隐私侵权行为。④ 它对四种不同类型的损害进行

---

① See Moreno v. Hanford Sentinel, Inc., 91 Cal. Rptr. 3d 858, 860 (Cal. Ct. App. 2009).
② See Moreno v. Hanford Sentinel, Inc., 91 Cal. Rptr. 3d 861 (Cal. Ct. App. 2009).
③ See Moreno v. Hanford Sentinel, Inc., 91 Cal. Rptr. 3d 860–861.
④ Hill v. Nat'l Collegiate Athletic Ass'n, 865 P.2d 633, 647 (Cal. 1994).

救济：第一种是侵扰他人的私人事务所造成的损害，第二种是公开披露他人的私人信息所造成的损害，第三种是公开丑化他人的形象所造成的损害，第四种是擅自使用他人的姓名或肖像所造成的损害。为了在相关的隐私权侵权诉讼当中胜诉，当事人必须证明自己：①存在受法律保护的隐私利益；②在该情况下享有隐私合理期待；③隐私利益严重受到侵犯。① 在 Moreno v. Hanford Sentinel 一案当中，法院认为公开在 MySpace 页面上的、任何人均可以获得的诗歌并不属于私人范围内的事项，因此，原告不能对发布到其 MySpace 个人资料当中的信息享有隐私合理期待。② 法院指出，在这种情况下，任何一般理性人都不会对已经公开的内容有隐私期待。法院明确表示，虽然不要求完全保密，但在一个完全公开的网站上发表这首诗歌，Moreno 没有能够清晰地界定自己的亲密圈，即便她原本希望只有经授权的少数人才能访问她的主页。法院最终得出的结论是，Moreno 对发布在 MySpace 上的诗歌客观上不享有隐私期待。其理由是 Moreno 在 MySpace 网站上发布了该诗歌，意味着她将诗歌公之于众，她的潜在受众不计其数。其他一些法院也纷纷作出了类似的判决。

五、《美国联邦宪法第四修正案》当中有关数字通信的隐私合理期待

虽然美国宪法没有明确提到隐私权，但它确实保护了隐私权当中的某些内容。《美国联邦宪法第四修正案》（以下简称为《第四修正案》）禁止政府借助某些形式侵犯公民的私人生活，具体地说，除非有正当理由，否则，政府执法人员不得非法搜查和扣押公民的人身、住宅、文件和动产。③ 仅仅在公民有隐私合理期待的情况下，它才保护其免受政府执法人员的搜查。《第四修正案》指出："公民享有人身、住宅、文件和动产不受他人侵犯的权利，任何人不得违反，除非有正当理由，否则，政府不得签发搜查令，要求搜查公民的住宅和人

---

① Moreno v. Hanford Sentinel, Inc., 91 Cal. Rptr. 3d 862. (citations omitted).
② Moreno v. Hanford Sentinel, Inc., 91 Cal. Rptr. 3d 862.
③ See U. S. CONST. amend. IV.

身，或者扣押公民的文件和财产。"① 相比之下，《美国联邦宪法第五修正案》则禁止政府强迫公民在任何刑事案件当中自证其罪。② 这些宪法修正案一度禁止政府"强迫当事人提供证词或私人文件，并将其作为证据来证明他犯了罪或他丧失了权益"，因为这样的强迫是一种侵犯他人不可剥夺的人身安全权、人身自由权和财产权的行为。③ 不过，法院在之后的司法判决当中放弃了这一立场。④ 一些学者认为，《第四修正案》对隐私给予的关注有所错位，而且在瞬息万变的时代中没有得到良好的发展。其他人则认为，《第四修正案》对隐私给予的这种关注仍然至关重要。事实上，法院没有能够明确地对隐私概念作出界定，这已经导致了法院根据《第四修正案》所做司法判决在信息时代面临着诸多问题。

在 1928 年 Olmstead v. United States 一案当中，Brandeis 大法官慷慨激昂地写了一篇反对意见，与他在 1890 年发表的著名文章《论隐私权》当中的观点非常一致，⑤ 在该文当中，Brandeis 认为，由于没有发现警察通过窃听对公民进行非法搜查，美国联邦最高法院根据《第四修正案》所做的判决没有很好地与时俱进。⑥ Brandeis 写道："保护公民免受权力滥用之害的法律条款必须具备适应瞬息万变的时代的能力。"⑦ 而在 39 年之后的 Katz v. United States 一案当中，美国

---

① U. S. CONST. amend. IV.

② U. S. CONST. amend. V.

③ Boyd v. United States, 116 U. S. 616, 630 (1886); Daniel J. Solove, The Digital Person 63 (Jack M. Balkin & Beth Simone Noveck eds. , 2004.

④ SeeDaniel J. Solove, The Digital Person63 - 64 (Jack M. Balkin & Beth Simone Noveck eds. , 2004; see, e. g. , Warden, Md. Penitentiary v. Hayden, 387 U. S. 294, 309 - 310 (1967) (overturning the mere evidence rule); Shapiro v. United States, 335 U. S. 1, 16 - 17 (1948) (explaining the Fifth Amendment does not bar production of an individual's records as incriminating evidence).

⑤ See generally Samuel D. Warren & Louis D. Brandeis, The Right to Privacy, 4 *HARV. L. REV.* 198 (1890).

⑥ See Olmstead v. United States, 277 U. S. 438, 466, 472 - 473 (1928) (Brandeis, J. , dissenting); Hodge, Matthew J. Hodge, Note, The Fourth Amendment and Privacy Issues on the "New" Internet: Facebook.com and MySpace.com, 31 *S. ILL. U. L. J.* 100 (2006).

⑦ Olmstead, 277 U. S. at 472 (Brandeis, J. , dissenting).

联邦最高法院采纳了 Brandeis 大法官的观点,① 并且 Harlan 大法官对此案表示了支持意见,从而提出了一个崭新的两步法来确定《第四修正案》所规定的政府行为的合理性。② 首先,公民必须"表现出自己主观上有隐私期待"。其次,这种主观的隐私期待必须是社会所认可的合理的隐私期待。③ 无论是在 Katz v. United States 一案当中,还是在之前的 Berger v. New York 一案当中,美国联邦最高法院均认定,政府执法人员窃听公民电话的行为违反了《第四修正案》,并因此违背了公民的隐私合理期待。④ 在 Katz 一案当中,法院指出,在打电话时,公民当然有权期待自己所说的话不会被公开给其他所有人⑤,因此,他对于电话交谈享有隐私权。⑥

从原则上讲,如果要证明政府执法人员的行为违反了《第四修正案》的规定,那么,公民的主观隐私期待必须在客观上是合理的。⑦ 当然也存在一些例外,包括:警察对"在逃嫌疑犯"进行搜查,警察对可疑车辆进行安全搜查,基于合理怀疑对公民进行询问和人身搜查,在合法逮捕的情况下对公民进行搜查,以及在某些情况下,对储存超过180天的电子通信记录进行搜查,虽然这一法律条款的合宪性受到了质疑。这种主观性判断是"一个经验性问题,需要法官利用每一个个案当中的证据来作出决定"。Katz 一案当中的衡量标准是以保护公民对电话交谈有隐私期待为前提而适用的。从实际情况来看,尽管一些法官并不习惯于对物理世界和电子世界进行类比适用,但一些地方法院已经对其进行了一定的扩展,将这种衡量标准适

---

① See Katz v. United States, 389 U. S. 347, 352 – 353 (1967).

② Katz v. United States, 389 U. S. 361 (1967) (Harlan, J. concurring); Matthew J. Hodge, Note, The Fourth Amendment and Privacy Issues on the "New" Internet: Facebook. com and MySpace. com, 31 *S. ILL. U. L. J.* 100 (2006).

③ Katz, 389 U. S. at 361. (emphasis added).

④ See Berger v. United States, 388 U. S. 41, 62 (1967); Katz, 389 U. S. at 359; see also Warshak v. United States, 490 F. 3d 455, 470 (6th Cir. 2007), vacated, 532 F. 3d 521 (6th Cir. 2008).

⑤ Katz, 389 U. S. at 352.

⑥ Warshak, 490 F. 3d at 470 (citing Katz, 389 U. S. at 352).

⑦ See Matthew J. Hodge, Note, The Fourth Amendment and Privacy Issues on the "New" Internet: Facebook. com and MySpace. com, 31 *S. ILL. U. L. J.* 101 (2006).

用于数字环境下的交流。而在 2010 年的 City of Ontario v. Quon 一案当中，美国联邦最高法院就这个问题发表了意见。①

在 Quon 一案当中，美国联邦最高法院认定，公共雇主对警察的传呼机短信进行搜查是完全合理的，因为这种行为是出于合法的工作目的，没有超过任何界限。在本案当中，Quon 每月发送的信息超出了规定的字符限额，为了确定这究竟是由于工作过多还是私人通信所造成的，安大略市警察局对他的传呼机短信记录进行了搜查。当 Quon 的雇主发现这些短信带有色情内容且与工作无关时，他的上司将此事上报给了安大略市警察局的内务部，内务部最终就 Quon 的行为对其作出了处罚。随后，Quon 以《第四修正案》为法律依据提起诉讼，声称雇主的搜查行为不合理，但美国联邦最高法院予以驳回。然而，在作出判决之前，法院指出："新兴技术在社会当中所扮演的角色尚不明朗，在此之前，如果就《第四修正案》当中的有关规定做出过于详尽的阐释，可能会导致一系列错误的出现。即便 Quon 事实上对自己的短信中享有隐私合理期待，法院也认定雇主搜查短信的行为是正当的、不属于隐私侵权行为。

在具有里程碑意义的 Smith v. Maryland 一案当中，美国联邦最高法院认定，公民的隐私合理期待不能扩展适用于笔式记录器等设备所收集的非实质性信息，比如数字拨号，因为不同于 Katz 一案和 Berger 一案当中的窃听，笔式记录器并不能获取通信的内容。② 法院所作出的判决事实上基于这样一个前提：所有的电话用户都了解到他们必须向电话公司提供电话号码，因为他们的月账单记录了这些号码。③ 虽然否认了原告享有任何的隐私期待，但是法院指出："即使原告对其拨打的电话号码享有主观隐私期待，这种隐私期待也并不是社会所认

---

① See generally City of Ontario v. Quon, 130 S. Ct. 2619, 2624 (2010).

② Smith v. Maryland, 442 U. S. 735, 741 (1979); see Warshak v. United States, 490 F. 3d 455, 470 (6th Cir. 2007), vacated, 532 F. 3d 521 (6th Cir. 2008); Matthew J. Hodge, Note, The Fourth Amendment and Privacy Issues on the "New" Internet: Facebook. com and MySpace. com, 31 S. ILL. U. L. J. 103 (2006).

③ Smith, 442 U. S. at 742; Matthew J. Hodge, Note, The Fourth Amendment and Privacy Issues on the "New" Internet: Facebook. com and MySpace. com, 31 S. ILL. U. L. J. 103 (2006).

可的隐私合理期待。"①

Smith 一案的判决表明，政府可以从记录器当中获取非内容性的信息，即电话用户所拨打的号码②，但公民的通信内容仍然受到法律的保护。Stewart 大法官认为，即使电话交谈必须借助于电话公司的设备才能实现电子传送，并且别人可能利用其他设备进行录音或窃听，但是公民对通信内容仍然享有隐私合理期待。③ 然而，United States v. Miller 一案再次确认了这一理论，在该案当中，Powell 大法官援引了"公民对其自愿向第三人披露的信息不享有隐私合理期待"④的观点，他指出，在公民向第三人披露相关信息时，他就面临着"这些信息将被传送给政府"的风险。⑤ 法院已经在各种各样的案件当中适用这种风险承担的理论，从而驳回了原告根据《第四修正案》所提出的诉讼请求⑥，比如，在 2004 年的 United States v. Jacobsen 一案当中，美国联邦最高法院通过判决再次重申了这一理论。⑦ 因此，对于其他人就通信或者通过第三人渠道传送的信息所做出的行为，公民不可能享有隐私合理期待。

显而易见的是，在 Smith 一案、Miller 一案和 Jacobsen 一案当中，法院坚定地支持了一种观点，即社会，至少是 20 世纪 70 年代末和 80 年代中期的社会还没有做好认可公民对某些私人信息享有隐私合理期待的准备，尤其是那些与第三人共享的非内容性信息。⑧ 然而，美国国会以及许多的州法院却持与此相反的观点。⑨ 国会通过立法部分否定了美国联邦最高法院在 Smith 一案和 Miller 一案的裁判，而许

---

① Smith, 442 U. S. at 743 (quoting Katz, 389 U. s. at 361); accord Matthew J. Hodge, Note, The Fourth Amendment and Privacy Issues on the "New" Internet: Facebook. com and MySpace. com, 31 *S. ILL. U. L. J.* 103 (2006).

② Accord Warshak, 490 F. 3d at 470; see Smith, 442 U. S. at 741 – 742.

③ Smith, 442 U. S. at 746 (Stewart, J., dissenting).

④ Smith, 442 U. S. at 743 – 744.

⑤ United States v. Miller, 425 U. S. 435, 443 (1976).

⑥ See, e. g., United States v. Jacobsen, 466 U. S. 109, 117 (1984).

⑦ See Jacobsen, 466 U. S. at 117.

⑧ See Matthew J. Hodge, Note, The Fourth Amendment and Privacy Issues on the "New" Internet: Facebook. com and MySpace. com, 31 *S. ILL. U. L. J.* 103 (2006).

⑨ See Matthew J. Hodge, Note, The Fourth Amendment and Privacy Issues on the "New" Internet: *Facebook. com* and MySpace. com, 31 *S. ILL. U. L. J.* 103 – 104 (2006).

多的州法院也放弃了这种观点，认为公民根据州宪法的规定享有更加广泛的隐私权。

如果私主体在先实施了侵犯他人隐私的行为，那么，政府利用此所进行的行为同样不会侵犯公民的隐私权。在这种情况下，警察可以利用私主体侵犯他人隐私的行为，这样就不会对公民的隐私期待造成额外的损害，从而避免违反《第四修正案》的规定。警察还可以对公民进行更彻底或更深入的搜查，同时又不会侵犯《第四修正案》所保护的公民隐私权益，只要他们没有显著扩大搜查范围或改变搜查性质。在最近的一个案件当中，法院采纳了这一做法：一位匿名来电者向政府提供了他人在线照片存储的密码和用户名，政府工作人员利用这些信息搜索并查找到了其实施犯罪行为的有关照片。①

（一）非内容性的数据不涉及隐私合理期待

美国联邦最高法院和一些州法院已经开始将上述判例运用于数字通信和网络活动当中。② 尽管并非出乎意料，但有趣的是，在2007年，一个地方法院就曾经指出："在Smith等一系列案件当中，美国联邦最高法院一致认定，互联网用户对数据提供者所必须访问的信息，包括其用户信息、所存储文件的长度，以及其他非内容性的数据不享有任何的隐私合理期待。"③

（二）对数字通信内容的隐私合理期待

在最近的一个案件当中，地方法院认为："如果他人将私人信息放在互联网等公共媒体上，而又没有对其采取任何的保护措施，那么，他的隐私权主张将无法得到满足。"④ 紧接着，该法院又指出："他人如果将私人信息置于信息高速公路上，这就清楚地表明任何的利益相关者都能够获取这些信息。简而言之，如果他人想要获得充分的隐私保护，那么，像互联网这样没有公共传播媒体就不再是一个理

---

① See D'Andrea, 497 F. Supp. at 122.
② See Matthew J. Hodge, Note, The Fourth Amendment and Privacy Issues on the "New" Internet: *Facebook.com* and MySpace.com, 31 *S. ILL. U. L. J.* 101 (2006).
③ D'Andrea, 497 F. Supp. 2d at 120.
④ Gines-Perez, 214 F. Supp. 2d at 225.

想的论坛了。"因此,法院认定,社会并不承认他人对互联网上的照片享有隐私合理期待;那些将照片放到互联网上的人,正是有意放弃这些照片当中所包含的隐私权益,尤其是在被告没有采取保护措施或设备,对第三人获取相关网页或照片实施控制这一情况下。

这种推理看起来是符合《第四修正案》所确立的"目视法则"的。因此,当犯罪信息十分明显地呈现在公共场所时,警察可以在不需要搜查证的情况下扣押有关证据。他人将物品放在目所能及的地方必然表示其已经放弃了一切隐私合理期待。然而,法院的推理并未止步于此。令人不安的是,法院还认为:"无论采取多少的保护措施,将信息置于信息高速公路上必然意味着公众能够获取这些信息……"

Warren LaFave 教授对《第四修正案》颇有研究,身为权威人士,他认为,如果他人通过密码来保护网页当中的内容,则他有权对网页当中的内容享有隐私合理期待。这一观点指出了内容性数据和非内容性数据之间的一个重要区别,表明风险假设并未战胜他人的隐私合理期待。其原因在于:"尽管网站服务提供者需要访问用户的身份和使用该网站的频率和程度等信息,它也没有任何的合法理由去审查他人网站上的实质性内容,正如邮政服务没有合法权利去检查客户第一类邮件的内容,或者电话公司没有合法权利去监听客户的谈话内容一样。"①

根据这种观点,LaFave 教授认为:"采取诸如个人电脑账户、密码保护以及数据加密等保护措施,其合理性应该不会比使用锁、螺栓和防盗报警器等工具要低,虽然说任何一种保护措施都不是完全保险。"这种推理将使他人对受保护的秘密或限制访问的社交网络信息有更高的隐私期待。如果他人向诸多"好友"公开社交网络当中的个人资料,最大的问题在于,这些"好友"可能会将其信息传递给政府。

然而,上述判决并非特例,许多其他法院也同样认为,他人对电子邮件和网络通信不享有隐私合理期待。有地区法院指出:"虽然他人往往对其家庭电脑有隐私合理期待,但根据《第四修正案》的规

---

① D'Andrea, 497 F. Supp. 2d at 121. But see Doe v. GTE Corp., 347 F. 3d 655, 660 (7th Cir. 2003).

定,他们对通过互联网传输的内容或已经送达的电子邮件不享有隐私合理期待"① 不过,我们应当对此做出正确的理解,即这一规则应当仅仅适用于收件人所做出的行为,而不应当适用于第三人由于收件人收到邮件而进行的任何无关的搜查或扣押行为。

(三) 电子邮件和其他电子通信中的隐私

如上所述,在裁判涉及电子邮件隐私以及使用电子媒体通信技术是否构成对隐私权放弃的案件时,法院通常会将电子邮件类比为更加传统的通信方式,比如信件或电话。② 尽管并非所有法官都同意这种观点。除此以外,法院还会考量各种各样的因素,包括互联网服务提供商所宣传的隐私政策、使用条款以及用户的身份。中间人,通常也就是互联网服务提供商(ISP),会像写信件或打电话那样发送和传递电子邮件,因而将电子邮件类比为信件或电话似乎理据充分,并且与隐私权豁免密切相关。③ 因此,法律应当以与适用于线下媒体相同的方式适用于电子邮件和其他形式的私人电子通信。事实上,一些法院认为,虽然离不开中间人,但他人对自己的电子邮件和计算机文件当然享有合法的隐私权益。

除了私人通信,隐私合理期待也适用于政府计算机或办公计算机通信。但是,如果中间人制定的隐私政策允许其监控用户利用其提供服务所进行的通信时,那么,问题就会接踵而至。在很多案件中,为了使用互联网服务提供商所提供的服务,用户往往会选择放弃自身的隐私期待。而许许多多的收件人也极有可能会降低自身的隐私合理期待。在当今网络社交媒体时代,在线社交网络得到迅速发展,例如,Facebook 和 MySpace,诸多好友均可以查看他人限制访问的私人信

---

① United States v. Rodriguez, 532 F. Supp. 2d 332, 339 (D. P. R. 2007) (citing United States v. Lifshitz, 369 F. 3d 173, 190 (2d Cir. 2004).

② See United States v. Maxwell, 45 M. J. 406, 417 (C. A. A. F. 1996); see also Warshak v. United States, 490 F. 3d 455, 470 (6th Cir. 2007), vacated, 532 F. 3d 521 (6th Cir. 2008).

③ United States v. Charbonneau, 979 F. Supp. 1177, 1185 (S. D. Ohio 1997) ("The expectations of privacy in e-mail transmissions depend in large part on both the type of email sent and recipient of the e-mail.").

息,所以我们应当尤其关注这种潜在的趋势。不过,用于公共消费或至少对公众开放的电子通信与仅限于特定人群访问的电子通信之间存在着差异。因此,他人对公开网站上的帖子、聊天室中的帖子、电子公告板中的帖子,以及社交网络个人档案基本上均不享有隐私期待。

在 Warshak v. United States 一案当中,美国联邦第六巡回上诉法院(以下简称为第六巡回法院)认为,美国联邦最高法院在 Katz 一案、Smith 一案和 Miller 一案当中所作出的判决同意适用于电子邮件通信。[①] 第六巡回法院承认,正如 Katz 一案所指出的那样,仅仅是与第三人共享通信这一事实还不至于使公民完全丧失隐私合理期待。在与第三人共享通信的情况下,法院应当将公民愿意与之共享通信的第三人和公民不愿意与之共享通信的第三人区分开来。公民愿意与之共享通信的第三人可能将其信息披露给政府,而公民当然应该承担这种风险,尽管如此,如果中间人仅仅是能够获得政府所需要的公民信息,那么,公民并不因此丧失隐私权。否则,电话交谈永远不会受到保护,仅仅是因为电话公司能够对其进行监听;信件永远不会受到保护,仅仅是因为邮政服务能够对其进行检查;共享保险箱或储物柜当中的物品也永远不会受到保护,仅仅是因为银行或存储公司能够对其进行查看。

正如 Smith 一案的判决一样,美国联邦最高法院通常认为,就中间人所存储的信息而言,他人仅对其通信内容享有隐私合理期待。而在 Warshak 一案当中,第六巡回法院则指出:"政府确实可以强制要求与公民共享通信的第三人披露公民信息。但是,一方面,政府只能强制第三人披露其已经获取的公民信息;另一方面,政府不能引导第三人从获取公民通信当中的某一部分(如电话号码)到获取公民通信当中的另一部分(如通话内容)。"

根据上述分析,政府可以强制网络服务提供商披露用户信息和相关的非内容性信息,这并不会侵犯 Smith 和 Miller 当中所涉及的、由《第四修正案》所规定的公民权益。与此相反的是,社会上存在着这样一种期待,即网络服务提供商或电话公司当然不会披露公民的通信内容。事实上,主要的在线社交网络和许多其他的网络服务提供商都

---

① Warshak, 490 F. 3d at 469 – 470.

在自己的隐私政策当中规定了这一点。无论政府是要求电子邮件收件人将公民的通信内容呈交给法院，还是要求在线社交网络当中的"好友"将公民的通信内容呈交给法院，它都不会侵犯公民权益，因为在这些情况下，公民应当自担风险。但如果政府要求存储信息的中间人将公民的通信内容呈交给法院，那么，公民并不一定要自担风险，仅仅在最终收件人获得了电子邮件之后，这种风险才会出现。另外，《美国爱国者法》（Usa-Patriot Act）扩展了笔式记录器的定义，将"电子邮件和 IP 地址当中的地址信息"也纳入其范畴。根据该法，政府想要获取公民信息或企业信息可谓轻而易举。①

在涉及计算机网络使用的一些案件当中，美国联邦巡回上诉法院已经通过判决解决了这个问题。美国联邦第四巡回上诉法院认为，雇员对其办公计算机当中的电子文件不享有隐私合理期待，因为就业政策明确授予了雇主审核、检查和（或）监控这些电子文件的权利。②然而，美国联邦第九巡回上诉法院却认为，即便大学生将个人计算机连接到校园网络上，他仍然对其计算机文件享有隐私合理期待，因为大学政策不允许全面监控，或者没有明确要求学生放弃这种隐私合理期待。③ 在 Warshak 一案当中，法院指出："如果用户协议明确规定电子邮件和其他文件将会受到监控或检查，正如 Simons 一案那样，那么在完全了解这一事实时，用户就丧失了隐私合理期待。然而，如果用户协议没有做出这样的规定，即使互联网服务提供商事实上对这些文件享有控制权，并且在某些受限的情况下能够获取这些文件，用户仍然享有隐私合理期待。"④

尽管《第四修正案》可能会对限制访问的个人信息提供保护，但是它是否适用于在线社交网络当中的个人资料仍未可知，而且按照最高法院针对上述规则所采取的方法，《第四修正案》对在线社交网络当中的个人资料提供保护是否能够经过宪法审查也遭到了不少的质疑。

---

① See United States v. Miller, 425 U.S. 435, 443 (1976).
② United States v. Simons, 206 F.3d 392, 398 (4th Cir. 2000).
③ See United States v. Heckenkamp, 482 F.3d 1142, 1147 (9th Cir. 2007).
④ Warshak v. United States, 490 F.3d 455, 473 (6th Cir. 2007) vacated, 532 F.3d 521 (6th Cir. 2008).

六、《加拿大权利和自由宪章》当中的隐私合理期待

与美国一样,加拿大的宪法也没有明确地保护公民的隐私权。[①]然而,《加拿大权利和自由宪章》对隐私权提供了保护,其目的在于保证公民的人格尊严、完整性和自治。就隐私权理论来说,加拿大采取的是一种介于美国和欧洲之间的中间立场,而这不失为一种好方法。然而,在公民对限制访问的在线社交网络个人信息是否享有隐私合理期待方面,加拿大法院近来所作出的一些判决并没有太多的指导意义。

(一) 加拿大隐私保护的概况

在《加拿大权利和自由宪章》当中有两处规定都为公民提供了隐私权保护:第一处规定是第 8 条,该条款保护公民免受政府无理的搜查和扣押,其与《宪法第四修正案》所采取的方法大致相同;第二处规定是第 7 条,该条款保护公民的安全。这两处规定在某种程度上都涉及公民的隐私合理期待。1984 年,加拿大最高法院公开宣称,公民的隐私合理期待正是《加拿大权利和自由宪章》第 8 条的核心。就像《第四修正案》一样,《加拿大权利和自由宪章》第 8 条仅仅保护公民在客观是隐私合理期待免受政府的侵犯。在公民涉嫌犯罪的情况下,法院规定了政府要进行合理搜查所必须满足三个条件。美国法院所规定的条件包括事先的独立司法授权,通常也就是指搜查令,相较而言,加拿大法院所规定的这些条件建立在犯罪证据可能于搜查之处被发现的基础之上。然而,后来有些法院认定,这些标准并不一定会确立严格适用于所有案件的硬性规定,有些对特定搜查背景进行合理分析的措施可能需要宽大处理。恰恰相反,这些条件旨在确保"在保护人格尊严、完整性和自治的社会利益与有效执法之间实现适当的平衡"。

除此之外,《加拿大权利和自由宪章》第 8 条禁止擅自使用公民数字数据和文件的行为,与第 7 条所规定的隐私权保护并行不悖,后

[①] Avner Levin & Mary Jo Nicholson, Privacy Law in the United States, the EU and Canada: The Allure of the Middle Ground, 2 *U. OTTOWA L. & TECH. J.* 378 (2005).

者或者将公民的隐私权作为"公民安全的附带保障"加以保护，或者将公民的隐私权作为"个人自由的组成部分"加以保护。在认定公民对存储或获取的数据以及其他信息是否享有隐私合理期待时，法院已经逐渐确立了一系列需要考量的相关因素。在当今数字信息时代的背景之下，信息的性质已经成为实践当中最具决定性的因素。相比于反映公民个人"履历"的私人数据，比如显示私人生活方式选择的信息，商业信息受到的保护要少得多。其他非私人信息，包括公共记录在内，则可能不会涉及公民的隐私合理期待。在 R. V. Plant 一案当中，加拿大最高法院支持和认可了美国联邦最高法院就 United States v. Miller 一案所作出的判决，即为了使公民的隐私权受到更多的宪法保护，被扣押的信息必须是私人的、机密的。① 加拿大最高法院认为："《加拿大权利和自由宪章》第 8 条确立了人格尊严、完整性和公民自治的基本价值，它旨在保护公民的私人信息，因为在一个自由和民主的社会当中，公民希望能够维护这些信息并防止它们被披露给公众。而这些信息包括了可能揭示公民个人生活方式和个人选择的细节性信息。"②

（二）加拿大的通信隐私

《加拿大刑事法典》对电话通信提供了强有力的隐私保护。加拿大最高法院的观点是："监听私人通信是一件非常严肃的事情，只有在有正当理由的情况下，政府才能将其用于调查公民的严重罪行，并且在进行这种特殊调查时，政府采取监听行为的必要性必须受到严格的审查。"③ 法院要求政府在监听公民的电话通信之前必须取得司法授权，并且一般只允许政府在进行刑事调查的过程中找不到其他合理的、替代性的调查方法时才能采取这一措施。④ 尽管有上述这些规则，但是，这些规则如何适用于电子邮件和其他数字信息仍然是个问题。一些地方法院发现，公民事实上对电子邮件通信享有隐私合理期

---

① R. v. Plant, 1993 CarswellAlta 94, para. 23, 27（Can. S. C. C.）（WL）.
② R. v. Plant, 1993 CarswellAlta 94, para. 27（Can. S. C. C.）（WL）.
③ R. v. Araujo, 2000 CarswellBC 2440, para. 29（Can. S. C. C.）（WL）.
④ Araujo, 2000 CarswellBC 2440, para. 29.

待，因而将其纳入了《加拿大权利和自由宪章》的保护范围。然而，这种隐私期待要低于公民对第一类邮件（即信件）的隐私期待，因为未经加密的电子邮件更容易受到中间人的检查。在加拿大签署了《欧洲网络犯罪公约》之后，政府宣称，其将要求公民提供特定的计算机数据或用户信息，以及主要包含非内容性数据的互联网流量数据，从而降低公民的隐私期待。在司法部于 2002 年发表的一份咨询文件当中，政府指出："相比于通信内容而言，公民对电话号码或互联网地址的隐私期待较低，所以互联网流量数据应当与电话记录和拨号记录一样适用低标准。"但是，这些数据适用低标准的合宪性仍然受到了一些质疑，因为《加拿大权利和自由宪章》第 8 条保护的是公民，而非空间或物体，而且政府所采取隐私侵权行为的程度应当取决于公民信息的披露会在多大程度上影响其隐私合理期待。

（三）涉及在线社交网络个人资料信息的最新判决

在最近一些涉及一方当事人请求获取另一方当事人个人资料信息的案件当中，加拿大对在线社交网络个人资料所载信息隐私的尊重受到了检验。事实上，在加拿大，他人的 Facebook 个人资料可能包含着与诉讼相关的信息的观点无可争议。法院大多支持一方当事人请求获取另一方当事人公开信息的请求，并且许多法院已经在诉讼中认可这些信息可以作为证据使用。然而，在 Murphy v. Perger 一案和 Leduc v. Roman 一案当中，人身伤害之诉都是由汽车事故引起的，法院考虑了被告请求获取原告限制访问的 Facebook 个人资料信息的适当性。①

在 Murphy 一案当中，原告在其公开个人资料上发布了一些照片，显示出她参与了各种各样的社交活动。被告希望获取原告限制访问的照片。法院支持了被告的诉请。我们认为，可以得出这样的结论，即在网站上可能有与诉讼相关的照片的原因有二：首先，www.facebook.com 是一个社交网站，我们都知道该网站上的大量照片是由用户所存储的；其次，考虑到公共网站上有与诉讼相关的照片，我们似乎可以推理出私人网站也有与诉讼相关的照片。至于关联

---

① See Roman, 2009 CarswellOnt 843, para. 1; Murphy v. Peger, 2007 CarswellOnt 9439, paras. 1 - 2（Can. Ont. Sup. Ct. J.）（WL）.

性问题,在本案当中,原告显然必须考虑到有些照片与他的诉讼请求息息相关,因为其在事故发生之前就已经提供了自己的照片,尽管这些照片只不过是即时的快照。①

在争议解决过程中,法院要求原告提供其限制访问的个人资料信息,并认定被告需要原告的照片来评估案情,这一点至关重要,而由此产生的所有隐私侵权行为都可以忽略不计。法院认为,可以访问原告个人资料内容的好友数量是基本确定的,既然366人都能够访问这一私人网站,那么,原告就不可能享有较高的隐私合理期待。

安大略省高等法院曾驳回了一名法官所作出的原审判决,并允许被告就原告"与其在 Facebook 个人资料上所发布内容有关"的补充证据对原告进行交叉询问。在 Leduc 一案当中,在原告承认其在精神病检查期间交了很多 Facebook 好友后,被告要求原告提供其个人资料当中的证据材料。② 原告的 Facebook 个人资料几乎完全是私人信息,而这一公共页面上只包含了他的姓名和照片。原审法院的法官裁定驳回被告的诉讼请求,因为被告是试探性调查,他既没有证明原告的个人资料当中可能包含相关材料,也没有在调查时询问原告是否存在某种形式的相关照片。

安大略省高等法院认为,从公开的在线社交网络个人资料当中获得的信息属于合适的调查范围之内,这种观点并无问题。该法院还支持 Murphy 一案的判决结果,即根据当事人公开个人资料当中的内容,我们可以合理推断出,私人个人资料当中可能也包含类似的内容。③ 然而,最为重要的是,安大略省高等法院得出了一个结论:"正如本案一样,如果一方当事人将 Facebook 个人资料设置为私人信息,只在其公共页面上发布用户身份信息,那么,法院就可以根据 Facebook 的社交网络性质以及它提供给用户的应用程序(如发布照片)推断出,用户试图利用 Facebook 的应用程序向其他人提供自己的个人信息。"

安大略省高等法院法院进一步认定:"一方当事人的 Facebook 个

---

① Perger, 2007 CarswellOnt 9439, para. 17 – 18.
② Leduc v. Roman, 2009 CarswellOnt 843, paras. 3,6 (Can. Ont. Sup. Ct. J.) (WL).
③ Roman, 2009 CarswellOnt 843, para. 30.

人资料无论是私人的、限制访问的还是公开的,这都无关紧要。在本案当中,Leduc 先生对社交网络和信息网站实施了一定的控制,仅仅允许特定的'好友'访问该网站。因此,我们可以合理推断出,Leduc 先生的社交网络可能包含一些与诉讼相关的内容,主要涉及其发生交通事故之后的生活状况。"

Murphy 一案和 Leduc 一案的判决虽然主要涉及加拿大民事诉讼规则如何适用于在线社交网络个人资料,但它们都说明了他人主观上对其在线社交网络个人资料享有隐私期待。当法院从社交网站的一般性质中推断出原告已将相关信息发布到其个人资料上,从而认为要求他人提供限制访问的照片和其他信息对其隐私造成的侵犯可以忽略不计时,这就严重剥夺了他人主观的、合理的隐私期待。

七、基于人格尊严保护隐私:《欧洲人权和基本自由公约》

《欧洲人权和基本自由公约》(以下简称《公约》)第 8 条规定了一种具体的公民隐私权,即签约各国尊重公民对"其私人生活和家庭生活、住宅和通信"享有的权利。这项权利表明受《公约》约束的政府既有消极义务,也有积极义务。如果政府要侵犯公民的这种权利,那么,必须满足两个条件:第一,依照法律,有必要在民主社会中采取该行为;第二,该行为必须与"国家安全、公共安全或国家经济"息息相关,或者该行为的目的是防止动乱或犯罪、维护健康或道德、保护其他公民的权利和自由。[①] 因此,这些条件事实上是要求政府平衡公民的个人利益和社会利益之间的冲突。法院认为,"依照法律"一词是指政府采取任何侵犯行为都必须符合国内法的规定,而且国内法本身必须也保护那些受《公约》所保护的权利。[②]

事实上,由于国内法必须规定法律保护措施,从而防止政府随意

---

① European Convention for the Protection of Human Rights and Fundamental Freedoms, art. 8 § 1, Apr. 11, 1950, 213 U. N. T. S. 221 [hereinafter ECHR], available at http://www. echr. coe. int/NR/rdonlyres/D5CC24A7-DC13-4318-B457-5C9014916D7A/0/ English Anglais. pdf.

② Copland v. United Kingdom, App. No. 62617/00, 45 Eur. H. R. Rep. 37, 867 § 45 (2007).

侵犯公民对其私人生活和家庭生活、住宅和通信所享有的权利，因此，法院根据《公约》第8条对国内法的充分性、适当性进行了检验。国内法必须使公民充分了解到政府可能侵犯其私人生活的各种情况。否则，政府依据国内法采取的侵犯公民私人生活的行为就可能违反《公约》的规定。

尽管不同地区的司法之间存在着差异，但从总体上来看，欧洲国家通常都将对隐私的关注集中在保护公民的人格尊严上。在保护公民的人格尊严方面，美国更注重自由，而欧洲则更注重维护公民的社会地位、保护公民不受羞辱，以及防止公民的社会形象被丑化，它是一个能够反映社会规范的社会观念。这些社会价值观在欧洲数据保护立法以及欧洲人权法院判例法当中均得到了充分的体现。在决定"与尊重公民私生活权有关"的立法实施问题时，如果英国和爱尔兰共和国等双重法域国家的法院要求执行法律，从而使《公约》通过国内法完全生效，那么，它们就有义务参照欧洲人权法院判例法。除此以外，随着《里斯本条约》的通过，欧盟正式加入了《公约》，并且该公约已经成为欧盟普通法的一个组成部分，为欧洲人权法院作出司法判决提供了更多的制度支持。不仅如此，《里斯本条约》还赋予欧洲宪章及其尊重人格尊严的核心以同等的法律价值。

（一）《公约》第8条所规定的私生活权

欧洲人权法院对隐私权做出了较为宽泛的解释。在其为公民隐私权所提供的各种各样的保护措施当中，《公约》第8条对公民私生活的保护主要是为了在不受外界侵犯的情况下，确保每一个公民在与其他人的关系中得到人格的发展。[1] 它尤其保护公民"自由追求其人格发展和人格实现"的权利[2]，以及"形成其作为人的身份特征"的权

---

[1] Von Hannover v. Germany, 2004 – Ⅵ Eur. Ct. H. R. 41, 66 § 50; see also Botta v. Italy, 1998 – Ⅰ Eur. Ct. H. R. 412, 422 § 32; Niemietz v. Germany, 251 Eur. Ct. H. R. (ser. A) at 33 § 29 (1992).

[2] Sidabras v. Lithuania, 2004 – Ⅷ Eur. Ct. H. R. 367, 385 § 43.

利。① 保护公民人格发展的权利不仅适用于公民最亲密的私人事务②，而且明确包含了与其他人及外界建立关系和发展关系的权利。③ 与其他人的互动，即使是在公共场合的互动或涉及商业或专业领域的互动④，均有可能属于《公约》第 8 条"私人生活"这一概念的范围。⑤ 在确定公民在公共领域的活动是否涉及其私人生活时，其隐私合理期待可能是一个重要的考量因素。因此，通过闭路摄像机等进行适当的、预期的模拟或技术监控根本不成问题。然而，"数据的记录和记录的系统性或永久性可能会引发一些问题。"在最近的一个案件当中，法院采取了与 Warren 和 Brandeis 于 1890 年所发表的《论隐私权》相似的观点，它认为，新兴的通信技术使得个人数据的存储和复制成为可能，为了应对这一局面，我们有必要在保护公民的私人生活方面提高警惕。⑥

（二）合法且合理的隐私期待

所有公民，包括那些大名鼎鼎的公民和那些默默无闻的公民，他们均享有私人生活受到保护和尊重的合法期待。⑦ 而且，个人对其电话通话⑧、电子邮件和互联网使用情况，甚至通信时长和时间信息⑨，以及所拨号码信息⑩也享有合法的隐私期待。根据《公约》的规定，

---

① Goodwin v. United Kingdom, 2002 – Ⅵ Eur. Ct. H. R. 1, 31 § 90; see also Pretty v. United Kingdom, 2002 – Ⅲ Eur. Ct. H. R. 155, 193 § 61.

② Niemietz, 251 Eur. Ct. H. R. at 33 § 29.

③ Peck v. United Kingdom, 2003 – Ⅰ Eur. Ct. H. R. 123, 142 § 57.

④ Niemietz, 251 Eur. Ct. H. R. at 33 – 34 § 29 (" [I] t is, after all, in the course of their working lives that the majority of people have a significant, if not the greatest, opportunity of developing relationships with the outside world. ").

⑤ Von Hannover v Germany, 2004 – Ⅵ Eur. Ct. H. R. 41, 66 § 50; Peck, 2003 – Ⅰ Eur. Ct. H. R. at 142 § 57; P. G. v. United Kingdom, 2001 – Ⅸ Eur. Ct. H. R. 123, 217 § 56.

⑥ Von Hannover, 2004 – Ⅵ Eur. Ct. H. R. at 71 § 70.

⑦ Von Hannover, 2004 – Ⅵ Eur. Ct. H. R. at 71 § 69; Halford v. United Kingdom, 1997 – Ⅲ Eur. Ct. H. R. 1004, 1016 §45.

⑧ See, e. g. , Copland v. United Kingdom, App. No. 62617/00, 45 Eur. H. R. Rep. 37, 866 § 42 (2007); see Halford, 1997 – Ⅲ Eur. Ct. H. R. at 1016 § 45.

⑨ Copland, 45 Eur. H. R. Rep. 37 at 866 § 42.

⑩ Copland, 45 Eur. H. R. Rep. 37 at 867 § 43.

公民对非内容性的信息，比如电话交谈的时间、时长，以及所拨号码享有隐私期待，因为这些信息构成了电话通信的一个组成部分。① 《公约》的这一规定与美国宪法拒绝对"笔式记录器"信息提供隐私权保护的规定形成了鲜明的对比，原因在于，美国法认为，在与别人进行通信时，公民自愿将其信息透露给第三方即通信服务提供商，从而放弃了一切合法的隐私期待。②

在1997年的Halford v. The United Kingdom一案当中，欧洲人权法院使用了"隐私合理期待"这一标准进行判决。③ Halford一案主要涉及公民的私人生活，在该案当中，一名政府雇员起诉政府监听了其办公室和家庭电话，并查看了通信记录。④ 因为Halford女士没有理由期待其他人监听其电话通信，因此法院认定，她对办公室电话通信享有隐私合理期待。⑤ 继Halford一案之后，法院开始使用隐私合理期待的标准，将其作为符合常识的和能够适用于每一个新案件的、细致入微的方法。⑥ 在Von Hannover v. Germany一案当中，Zupan法官支持了原告的诉请，他建议根据Halford一案所确立的"隐私合理期待"标准进行裁判。⑦ 不仅如此，在各种各样的其他案件当中，法院也同样适用了这一标准。

(三) 保护公民在公共领域的活动

《公约》与《第四修正案》的另一个主要区别是，根据《公约》第8条，公共活动有可能属于受保护的私人生活的范畴。在最近引起热议的Von Hannover v. Germany一案当中，法院认为，摩纳哥公主Caroline对其私人生活受到保护享有合理的期待，而这种期待可以延伸到她在公共领域的活动。⑧ 法院指出，德国法允许狗仔队公开原告

---

① Copland, 45 Eur. H. R. Rep. 37 at 867 § 43..
② See Smith v. Maryland, 442 U. S. 735, 744 (1979).
③ Halford, 1997 – Ⅲ Eur. Ct. H. R. at 1016 § § 44–45.
④ Halford, 1997 – Ⅲ Eur. Ct. H. R. at 1010–11 § § 16–17.
⑤ Halford, 1997 – Ⅲ Eur. Ct. H. R. at 1016 § 45.
⑥ Von Hannover v. Germany, 2004 – Ⅵ Eur. Ct. H. R. 41, 78 (Zupan, J., concurring).
⑦ Von Hannover v. Germany, 2004 – Ⅵ Eur. Ct. H. R. 41, 78 (Zupan, J., concurring).
⑧ Von Hannover, 2004 – Ⅵ Eur. Ct. H. R. at 48 § § 8–10, 73 § 78 (2004) (Zupan, J., concurring (internal quotation marks omitted).

非官方活动的照片并发表相关文章，而这违反了《公约》第 8 条的规定。有趣的是，法院认定她日常生活当中的情景，比如参加体育活动、外出散步、离开餐馆或度假都属于纯粹私人性质的活动。因此，即使是在原告常常受到公众关注，并且"尽管公众享有知情权"的情况下，该案仍然不会进入到任何政治领域或公共讨论领域，因为被告所公开的照片以及随之而来的公众评论仅仅涉及原告的私人生活。

（四）保护通信

法院没有对《公约》第 8 条当中的"通信"一词做出与"生活"一词相同的界定，即它必须是"私人的"。即使是在工作场所当中的电话、电子邮件、日记、信件和互联网使用情况，它们也都属于《公约》第 8 条所规定的、不受侵犯的个人通信的范围。如前所述，公民对这些的通信形式都享有隐私合理期待。对个人通信的不正当监控、记录或其他侵犯行为均违反了《人权和基本自由欧洲公约》第 8 条的禁止性规定。

在 Niemietz v. Germany 一案当中，欧洲人权法院认定，被告根据法院的搜查令对原告的律师事务所和客户档案所实施的搜查行为违反了《公约》第 8 条的规定。① 法院认为，"通信"一词包括律师的客户档案当中所载的一些信息，并且尽管被告的搜查行为符合德国法的规定，但搜查令的范围过于宽泛。由于搜查令和搜查行为与法律的合法目的不成比例，法院判决该搜查行为侵犯了原告根据第 8 条所享有的权利。

在 Copland v. The United Kingdom 一案当中，原告是公立大学的一名员工，法院认为，为了查明原告是否基于私人目的而过度使用了学校设施，公立大学对其电话、电子邮件通信和互联网使用情况进行了监控，这一行为违反了《公约》第 8 条的规定。② 政府承认自己对该公立大学的电话账单进行了分析，其中包括所拨电话号码、通话日期和时间、时长及费用。政府还承认自己对原告互联网使用情况进行

---

① See Niemietz, 251 Eur. Ct. H. R. at 29 § 11, 41 § 59.
② Copland v. United Kingdom, App. No. 62617/00, 45 Eur. H. Rep. 37, 860 § 10 (2007).

了分析，并记录了她的电子邮件通信。法院认为，因为原告对其电话可能受到监听毫不知情，所以她对电话、电子邮件通信和互联网使用情况享有隐私合理期待。因此，在原告不知情的情况下，被告收集和存储与其电话、电子邮件通信和互联网使用情况有关的个人信息的行为，构成了对《公约》第8条所规定的公民私人生活和通信受尊重权的侵犯。由于在有关期间内没有可以直接适用的英国法，雇主的行为"不符合法律"或无法满足其他合法目的。因此，该行为违反了《公约》第8条的规定。[1]

在K. U. v. Finland一案当中，欧洲人权法院就一个与《公约》第8条有关的不同问题做出了回答，它主要涉及互联网的使用。[2] 法院认为，通信隐私和言论自由有时必须让位于对犯罪嫌疑人私人生活的侵犯。在本案当中，一个匿名者在互联网上发布了一则私人约会广告，一个12岁的男孩自称是约会申请人，并声称自己有兴趣与其他男孩或男人发生性关系。之后，男孩收到了一个男人的电子邮件，对方提出要和他见面，表示我还想看看你想要什么。男孩的父亲联系了警察，试图查明广告发布者的身份，但网络服务提供商以保密为由拒绝提供信息。赫尔辛基地方法院也拒绝了警方要求网络服务提供商提交相关信息的请求。欧洲人权法院重申，公民的私人生活或家庭生活受尊重权对政府施加了积极义务，同时它还认为在涉及私人生活的基本价值和主要内容时，《公约》第8条需要通过刑法的有效规定获得支持。由于政府没有为原告或警察提供有效的机会，使其能够通过查明罪犯来充分解决隐私侵权问题，因此政府违反了《公约》第8条的规定。法院指出："虽然言论自由和通信的保密性是主要的考量因素，并且电信和互联网服务用户必须保证自己的隐私权和言论自由受到尊重，但是这种保证不可能是绝对的，它有时必须让位于其他的合法目的，比如防止混乱或犯罪，以及保护其他人的权利和自由。"

正如上述司法判决所说明的那样，《公约》第8条所规定的隐私权保护远远胜于《第四修正案》所规定的隐私权保护。除此以外，

---

[1] Copland, 45 Eur. H. R. Rep. 37 at § 49.

[2] See generally K. U. v. Finland, No. 2872/02, 48 Eur. H. R. Rep. 52, 1246 § 35 (2009).

这些判决还表明，对于隐私合理期待，法院越来越愿意采纳一种更加宽泛的解释方法。① 这种趋势极有可能是受到《公约》基于对公民人格尊严的尊重而保护其私人生活这一观点的启发，它并不仅仅注重个人控制。② 诚然，法院的判决取决于政府是否根据国内法的相关授权采取行动。③ 不过，如前所述，国内法仍然要接受法院的审查，而当政府实施侵犯公民隐私合理期待的行为时，法院就会积极发现这些违反行为。④ 通过在公共活动、电子邮件、互联网使用、工作交流和非内容性交流信息当中发现公民的隐私合理期待，法院维护了公民的人格尊严和私人生活受尊重权的理论基础，即便有些隐私合理期待经不起《第四修正案》的审查。因此，法院可能会对发布在限制访问的、只供特定人群查看的在线社交网络个人资料当中的准私人信息提供更多的保护。

八、结语

许多在线社交网络用户主观地期待，只有他们授予访问权限的用户才能查看他们发布或上传到个人资料当中的信息。这种观点以在线社交网站所使用技术当中的隐私工具作为前提，它使得用户能够控制自己的隐私设置。它基于用户对选择性匿名和网络隐私的期待。然而，在这些用户进行隐私设置时，出于维护声誉和尊严的关切，他们往往会采取控制措施。这些关切是合法的，这些期待也是合理的。但很少有法院尊重公民的这些隐私期待，它们并不认为社会已经认可这些隐私期待是合理的，甚至很多法院至今都还没有正面回应这一问题。随着在线社交用户的数量不断增加，而对在线社交网络隐私保有主观期待的用户数量可能随之增加，以及法官越来越熟悉互联网技术和网络隐私侵权案件，或许在不远的将来，社会可能会认可用户享有

---

① Finland, 48 Eur. H. R. Rep. 52 at 1250 § 49.

② See Avner Levin & Mary Jo Nicholson, Privacy Law in the United States, the EU and Canada: The Allure of the Middle Ground, 2 *U. OTTOWA L. & TECH. J.* 388-389.

③ See, e.g., Copland v. United Kingdom, App. No. 62617/00, 45 Eur. H. R. Rep. 37, 867 § 46 (2007).

④ See, e.g., Copland v. United Kingdom, App. No. 62617/00, 45 Eur. H. R. Rep. 37, 867 § 46 (2007).

隐私合理期待。这种社会认可能够通过多种方式得以实现，包括本文所指出的方式，即采用更加现代化的隐私合理期待理论，以及在对隐私期待的合理性进行审查时给予人类尊严更多的尊重。因为对面对有关私人生活的案件时，欧洲人权法院的裁判基础是通过积极维护公民的对私人生活和个人事务受尊重权来保护人格尊严和公民声誉，其涵盖了建立关系的重要因素，不仅包括个人与其他人的关系，也包括自身的人格的尊重。因此，无论是在纯粹的私人环境当中，还是在数字通信环境当中，这些判决都填补了其他法律的空白。

论公共场所隐私权：我们对社交媒体情报享有怎样的隐私合理期待

莉莲·爱德华兹[①]　拉克兰·厄克特[②] 著　缪子仪[③] 译

目　次

一、导论
二、现代监视：从全景监视"老大哥"到公开信息和私密信息的分析
三、情报为警务开辟崭新天地：社交媒体情报和公开资源情报
四、社交媒体情报的相关法律法规
五、公开的社交媒体情报是否能够作为"隐私"而受到法律保护
六、社交媒体时代的隐私合理期待
七、结语

一、导论

2013年轰动一时的斯诺登事件虽然已经渐渐烟消云散，但是它

[①] 莉莲·爱德华兹（Lilian Edwards），英国思克莱德大学电子政务学院教授。
[②] 拉克兰·厄克特（Lachlan Urquhart），英国诺丁汉大学混合实验室博士。
[③] 缪子仪，中山大学法学院助教。

在普罗大众心中蒙上的阴翳却久久难以散开。如今公众开始渐渐觉醒,他们已经意识到自己的私人通信(无论是通过电话、短信、电子邮件还是社交网络所进行的通信)受到政府执法人员和情报机构的监视早已不是"天方夜谭",因为诸如美国国家安全局(NSA)和英国政府通信总部(GCHQ)一类的机构早已布下监控的天罗地网。不过,本文既无意探讨斯诺登事件,也无心分析国家秘密监视私人电子通信的行为到底是否合法;恰恰相反,本文选择另辟蹊径,去讨论一个相对冷门并且很少受到关注的领域——社交媒体情报领域。如今,为了调查、起诉、预测甚至预防犯罪和社会动荡,政府执法机构(LEAs)越来越频繁地使用能够公开获取的社交媒体通信或社交媒体情报,这仿佛已经成为一件理所当然的小事。

总的来说,社交媒体情报可谓无所不包,无论是他人在Facebook上公开发布的帖子、在Twitter上发出的推文,还是在YouTube中上传的视频抑或在线公共报纸和电视新闻网站上发表的评论,这些信息无一例外地都属于社交媒体情报的范畴。这些信息不仅大部分都包含欧盟《个人数据保护指令》(*EU Data Protection Directive*)框架下的个人数据①,即那些与已识别或可识别的在世者息息相关的数据;而且它们还构成《欧洲人权和基本自由公约》第8条中的"私人生活"。此外,大部分信息或许还构成《个人数据保护指令》中的敏感信息,即诸如性取向、种族、肤色或健康状况之类的私密问题。在如今这个万物为媒、数据为王的时代,不仅这些素材的数量早就超乎普通人的想象,而且它们的重要性也不言而喻。英国议会情报与安全委员会在2015年的报告中就曾指出:"互联网承载着24亿用户的通信。在短短一分钟内,这24亿用户便传输了1572877 GB的数据,其中包括2.04亿封电子邮件、410万次Google搜索、690万条Facebook消息、347222个Twitter帖子和总计超过138889小时的YouTube观看时间。"

如此海量的数据使人们的生活和许多事情都开始发生天翻地覆的变化。如果政府执法人员想要获取相关可疑人员的情报,那么,他们曾经就不得不花费大量的资源进行秘密行动等活动,砸钱、派人、花

---

① OJ L 281/31, 23.11.95.

时间都是常有的事；而如今，政府执法人员可能只需动动手指头就能通过廉价简便的技术手段来监视每一个公民。换言之，只需通过浏览Facebook 和 Twitter 之类的社交网站，政府执法人员就能不费吹灰之力地了解到大部分公民的所言所感和所思所想。

自2011年以后，政府执法人员便开始致力于扩大和改善将数字通信（包括电话、短信、社交媒体帖子、即时消息和推文）作为情报使用的行为。此外，预测分析软件如今也开始为这些以情报为主导的行为助以一臂之力，这使得政府执法人员不再仅仅被动地做出反应，而是能够主动预测犯罪行为和反社会行为的发生。①

根据2015年英国皇家联合服务研究所（RUSI）的报告，情报机构收集的大多数情报（高达95%）都来自公开资源情报而非封闭资源情报；这并没什么好大惊小怪的，毕竟与"秘密"情报相比，正常人都知道收集和获取公开资源情报的成本可要低得多。② 虽然并非所有的公开资源情报都来自社交媒体，但社交媒体在这其中依旧功不可没——不仅国家情报局局长James Clapper 曾将社交媒体描述为无数机构组织的巨大情报目标③，而且《安德森报告》经过深入研究后也清楚表明，对社交媒体情报的集中依赖正在与日俱增。④

鉴于用户通过社交媒体公开的大量信息通常是个人信息甚至是敏感信息，加之政府执法人员和情报机构越来越频繁使用这些信息来了解并锁定某些特别关注公民和可疑公民，因此，相关部门和机构很有必要扪心自问一下，这真的是一场公平的游戏吗？未经他人同意或在他们不知情的情况下收集、处理社交媒体情报，这样是否会侵犯他人的隐私权呢？⑤ 如果他人公开发布自己的个人信息，那么，他们对这些信息享有合理的隐私期待吗？如果答案是肯定的话，那么，不仅法

---

① See C Miller and others, The road to representivity, Demos/IPSOS Mori, September 2015.

② RUSI A Democratic Licence to Operate: Report of the Independent Surveillance Review Panel of the Independent Surveillance Review, Whitehall Reports, 13 July 2015.

③ A Question of Trust—Report of the Investigatory Powers Review, 11 June 2015, para 4.27.

④ C Hobbs and others (eds), Open Source Intelligence in the Twenty-First Century: New Approaches and Opportunities (Palgrave 2014) 24.

⑤ See description at < https://www.echosec.net/twitter-api-vs-firehose/ >.

律必须衡量治安维持方面的公共利益是否超过受监视者的隐私利益，而且法律还必须就收集此类信息所需的授权类型（如果有的话）和针对滥用信息行为可采取的救济方法达成共识。

事实上，针对这些问题，英国的法律并不是全然一片空白——不仅2000年颁布的《调查权力规范法》中包含监管政府执法人员拦截私人电子邮件、短信和电话的基本法律框架，而且1985年的《通信拦截法》中也能寻觅到类似规定的踪迹。因此，如果我们想要找寻规制社会情报收集行为的相关规定，那么，《调查权力规范法》必然是我们脑海中最先蹦出的那部法律。此外，2015年夏季当选的保守党政府在自己的第一次讲座致辞中，也曾许诺对《调查权力规范法》和《2014年数据保留和调查权力法》进行重新考虑和重塑，而《2015年调查权力法》目前则正处于商讨阶段。虽然上述正在进行的法律变革能让我们稍稍松口气、舒舒心，但是新法案在阐明政府执法人员获取和使用社交媒体情报（和一般公开资源情报）所构成的法律问题方面仿佛也心有余而力不足。事实上，即使历经斯诺登事件后网络隐私权风雨飘摇的法律动荡期，这一问题也仍旧未能明朗起来。①

在上述背景下，本文内容的第一部分将简要介绍现代监视从传统的自上而下的警察监视向个人信息分析和犯罪预防的转变。第二部分将详细回顾公开资源情报和社交媒体情报是如何兴起，又是怎样被政府执法人员和安全机构使用的。第三部分将探讨英国法律目前是否给予社交媒体情报以任何隐私方面的法律保护。鉴于第三部分的答案是否定的，因此第四部分将分析，在欧洲人权法院和英国最高法院的判决中，《欧洲人权和基本自由公约》第8条中公开的社交媒体通信是否与隐私权有所关联。第五部分将探讨分析关于"公开社交媒体通信有时值得隐私保护"的实证数据和社会学数据，从相关文献中我们可以得出两个关键点：一是以年轻人为首的多数社交网络用户对自己的交流环境是公开环境这一事实浑然不知；二是搜索引擎（和其他自动化分析）如今已经颠覆传统的档案文本结构化理论，国家只

---

① Digital Rights Ireland Ltd (C-293/12) v. Minister for Communications, Joined Cases C-293/12 and C-594/12.

有在有正当理由的情况下才能保存这些档案文本。本文第六部论述现有法律没有为公开社交媒体情报提供足够的保护。同时,随着越来越多的个人数据在隐私期待没有被明确定义的情况下被披露和收集,这一问题也将越来越处于风口浪尖之上。

二、现代监视:从全景监视"老大哥"到公开信息和私密信息的分析

首先,不管你承不承认,监视是社会控制的指导性组织原则这一点早已是不争的事实;特别是在通过收集、分类、管理数据和数据风险评估来管理人口方面(即所谓的"数据监视"),这一点体现得淋漓尽致。① 值得一提的是,英国民政事务高级专员委员会在报告中指出,早在2008年,所有的新监视技术就已经全部建立在数据库的基础之上。② 如今,这些由国家或非国家实体进行的数据收集行为③已经变得越来越广泛化、规范化和常规化。④ 最关键的是,科技日新月异,现代监视早已脱胎换骨而拥有崭新面貌——它已经超越从前自上而下、全景监视"老大哥"的传统概念⑤,即简单粗暴地行使集中化、制度化的规训权力⑥;恰恰相反,在福柯所谓的"控制社会"中,⑦ 现代监视在收集信息时不再仅仅借助于那些信息收集公权力,而是开始借助五花八门的私行为主体,其中不乏有线下和线上零售商、雇主、保险公司、税务机关和医疗服务提供商。在这其中,"信

---

① R Clarke, Information Technology and Dataveillance' in C Dunlop and R Kling (eds), Computerization and Controversy: Value Conflicts and Social Choices (Academic Press, Inc 1991).

② Home Affairs Select Committee, A Surveillance Society?, Fifth Report of Session 2007 - 2008 (HC 2008 2009 58 - 1).

③ GT Marx, What's New about the New Surveillance? Classifying for Change and Continuity '(2002) 1 Surveillance and Society 9.

④ W Webster and others, Deliverable 2.1—The Social Perspective: A Report Presenting a Review of the Key Features Raised by the Social Perspectives of Surveillance and Democracy' (increasing Resilience in Surveillance Societies, 2013).

⑤ K Haggerty, Tearing Down the Walls: On Demolishing the Panopticon' in D Lyon (ed), Theorizing Surveillance: The Panopticon and Beyond (Willan 2006).

⑥ M Foucault, Discipline and Punish: The Birth of the Prison (Penguin Books 1979).

⑦ G Deleuze, Postscripts on the Societies of Contro? (1992) 59 October Winter Ed 3.

息中介机构"的地位更是举足轻重,如社交网站、搜索引擎、互联网服务提供商、固定电话运营商和移动电信运营商等。随着国家不再是数据整理的"一把手"①,他人开始被相关主体以商业、娱乐、安保和管理等目的进行监视和社会分类。② 种种因素交织在一起,我们可以将其理解为一种"监视组合";在这个组合中,参与者通常通过计算中心(如警察局、法医实验室和统计机构)来制定管理和控制策略。③ 正如Trottier所言,社交媒体警务已经成为现代监视模型中不可分割的一个组成部分,它将迥异的公民、设备和个人软件一股脑地整合到"监视组合"之中,而这种监视组合则使得我们的日常生活逐渐暴露在阳光下。④

其次,在充斥着"监视组合"的世界中,他人要想感知、挑战和抵抗监视过程已经渐渐如同白日做梦。就像Murakami Wood等人所断言的那样,"监视系统"属于基础设施,当它笼罩在一片技术迷雾下运作时,产生任何重大变化的概率近乎为零。在控制监视带来的影响方面,他人处于严重的劣势地位。⑤ 与这种观点不谋而合,英国上议院特别委员会也曾在2009年的报告中指出:"这种监视行为通常是隐秘的、不透明的且不负责任的。就收集、使用他人个人信息的行为人而言,鉴于监视行为的目的、动机和程序通常模糊不明且捉摸不定,即使行为人的行为已经落入法律调整的范围内,想要规制和监管他们也仍然是困难重重。"⑥

最后,虽然现代监视具有分散性和公/私属性,但国家在监视行

---

① D Lyon, Surveillance as Social Sorting: Privacy, Risk and Digital Discrimination (Routledge 2003) 13.

② K Haggerty and R Ericson, Surveillant Assemblage, (2001) 51 British Journal of Sociology 605.

③ Haggerty and Ericson (n 25) at 613; B Latour, Science in Action: How to Follow Scientists and Engineers through Society (Harvard University Press 2001).

④ D Trottier, Social Media as Surveillance: Rethinking Visibility in a Converging World (Ashgate Publishing 2012).

⑤ D Murakami Wood and others, A Report on the Surveillance Society (Surveillance Studies Network, UK Information Commissioner Office 2006).

⑥ Select Committee on the Constitution, Surveillance: Citizens and the State Vol I: Report (HL, 2008 - 2009, 18 - 1).

为的协调和使用中仍然发挥着至关重要的作用。例如,在棱镜门事件中,虽然绝大多数数据都是由 Google、Facebook 等组织收集的,但只有当国家情报机构获得这些数据时(数据控制者并不总是合作或知情),这些数据才可能导致监禁或审讯等严厉的强制性制裁措施。Trottier 就曾指出,在社交媒体的语境下,监视意味着 360 度无死角地遍览全局,这不仅仅依靠瞭望塔所带来的有利位置,而且也是数字技术使这一切由幻想变为可能。同时,国产化技术更是使得这些优势愈发凸显。如果说瞭望塔甚至闭路电视监视是对于理想社会生活的一种自上而下的尝试,那么,社交媒体监视就是自上而下和自下而上的努力之间的一种合作(通常是不情愿的)。[1]

三、情报为警务开辟崭新天地:社交媒体情报和公开资源情报

(一)社交媒体情报和公开资源情报的兴起

相比于警方使用的且大家耳熟能详的情报资源,例如,信号情报、电子情报、通信情报和人工情报,公开资源情报和社交媒体情报称得上是初来乍到的新鲜面孔。[2] 为了便于读者更深刻地了解公开资源情报和社交媒体情报异军突起的重要意义,本文在此先讨论英国普遍出现的一个新现象——情报主导警务。

首先,在 Tilley 看来,所谓情报主导警务,是指一种通过精明地结合现代信息技术和现代方法来进行警察业务行为的方式。[3] 在情报主导警务的语境下,为了以最快捷有效的方式干预犯罪、铲除犯罪网络并一举缉拿罪恶多端的罪犯,警方会发展并跟进有关犯罪和犯罪模

---

[1] D Trottier, Social Media as Surveillance: Rethinking Visibility in a Converging World (Ashgate Publishing 2012).

[2] D Omand, J Bartlett and C Miller, Introducing Social Media Intelligence, (2012) 27 *Intelligence and National Security Review* 1.

[3] N Tilley, Modern Approaches to Policing: Community, Problem Orientated and Intelligence Led in T Newbum (ed.), Handbook of Policing (Willan Publishing 2008) at 383.

式的详细最新情况。① Newburn、Willliamson 和 Wright 曾强调指出，被动反应式调查现在正渐渐转变为主动的情报主导式调查，这意味着虽然警方仍然是调查中不可或缺的一部分，但是他们中的许多人如今根本不是在从事那些老掉牙的警察业务——从公民监视人员到高技能分析人员，如今他们才是警务系统中响当当的中流砥柱，如果少了他们，那么，整个系统都会举起白旗彻底瘫痪。②

其次，在情报主导警务的现象中，其实管理主义在英国警务系统中的崛起才是这种现象背后至关重要的动力源泉。③ 所谓管理主义，是指一种包含多方面内容的主义，它不仅包括以统计数据监测为指导的策略规划方法、依靠于机构间默契十足的合作，而且还专注于将"服务标准"作为衡量资源有效利用的一种手段并崇尚着精算主义。④ 与仅仅预防或制止犯罪迥然不同，精算主义野心勃勃，它不仅提倡一种建立在风险之上的犯罪管理方法，而且还将人口方面可能出现的统计偏差也考虑在内。⑤ 一些颇具影响力的报告不仅在一定程度上缓缓拉开"国家情报模式"的序幕，例如《协助调查：有效应对犯罪》⑥和《情报警务》⑦，而且还成为警方在收集、使用情报时高高悬挂着的那盏指明灯。⑧ 因此，当社交媒体在历史舞台粉墨登场的时候，从这些社交媒体收集情报对于警方而言其实是一种自然而然且有益无害的进步。

---

① N Tilley, Modern Approaches to Policing: Community, Problem Orientated and Intelligence Led in T Newbum (ed.), Handbook of Policing (Willan Publishing 2008) at 384.

② T Newburn, T Williamson and A Wright, Handbook of Criminal Investigation (2nd edn, Willan Publishing 2008) 653.

③ T Jones and T Newburn, The Transformation of Policing: Understanding Current Trends in Policing Systems, (2002) 42 *British Journal of Criminology* 129 at 136.

④ A F Bottoms, The Philosophy and Politics of Punishment and Sentencing, in C Clarkson and R Morgan (eds), *The Politics of Sen tencing Reform* (Clarendon Press 1995) 25.

⑤ M Feeley and J Simon, The New Penology: Notes on the Emerging Strategies of Corrections and Its Implications, (1992) 30 *Criminology* 449, 452 – 454.

⑥ Audit Commission, Helping with Enquiries: Tackling Crime Effectively (Audit Commission 1993).

⑦ HMI Constabulary Policing with Intelligence (HMIC 1997).

⑧ A James, Examining Intelligence Led Policing: Developments in Research, Policy and Practice (Palgrave Macmillan 2013) 81 – 86.

再次，所谓公开资源情报是指出于情报相关目的，行为人从公开可用的来源收集、分析和使用数据的行为①，其中包括对社交媒体情报的挖掘。② 有一些法律评论员认为，由于公开资源情报数据是公共网站上的数据，因此根本无需进一步授权或控制，行为人就可以轻轻松松地访问这些数据。③

所谓社交媒体情报，是指对社交媒体的分析，通过了解和估量"成千上万的人在网上针锋相对、交谈打趣、嬉笑怒骂和喝彩鼓掌的场景"，这些分析就能够"识别犯罪活动、发现动乱爆发的早期预警、提供相关团体、个人的信息和情报、帮助理解和回应公众关切"。在一份提交给英国智库 Demos 的重要报告中，Bartlett 等人不仅强调聚合社交媒体数据对于情绪分析或趋势分析有着无与伦比的重要性④，指出个人众包信息的独特价值；而且还提出悉心倾听社交媒体通过强大的"大数据"和分析工具是如何帮助警方锁定新兴犯罪事件、整合网络和团体、辨别公众态度和提高态势意识的。⑤ 就目前正在运行的公开资源情报系统和社交媒体情报系统而言，欧盟的 Virtuoso 公开资源情报平台算是极具代表性的例子。⑥ 该平台不仅提供将公开资源情报整合在一起以便做出执法战略决策的工具包，而且还配备有 Raytheon 公司的快速信息叠加技术大数据分析系统⑦，通过使用历史位置（例如 Foursquare 等服务的"签到"数据或在线发布照片中的元数据）和网络关系，该系统能够轻而易举地追踪他人在不同社交网站上的行踪。⑧

---

① BJ Koops, J Hoepman and R Leenes, Open Source Intelligence and Privacy by Design, (2013) 29 *Computer Law and Security Review*, 676.

② BJ Koops, Police Investigations in Internet Open Sources: Procedural Law Issues, (2013) 29 *Computer Law and Security Review*, 654.

③ I Walden, Computer Crimes and Digital Investigations (OUP 2007).

④ J Bartlett and others, Policing in an Information Age (Demos 2013).

⑤ J Bartlett and others, Policing in an Information Age (Demos 2013).

⑥ BJ Koops," Police Investigations in Internet Open Sources: Procedural Law Issues´ (2013) 29 *Computer Law and Security Review* 654.

⑦ S Vaughan-Nicols, Raytheon Riot: Defense Spying is Coming to Social Networks, ZDNEt, 12 February 2013.

⑧ See The State oj the Art: A Literature Review of Social Media Intelligence Capabilities for Counter-Terrorism (Demos, 2013).

最后，虽然上述数据对警方而言是拿真金白银都不换的无价之宝；但是 Demos 报告也认为，在没有恰当考虑隐私权、信任和公信力的情况下，警方采用这些新兴情报资源应当谨慎，切莫大意。Demos 报告指出，从英国国家安全战略来看，不仅公众的同意和理解对于安保工作和情报工作而言举足轻重，而且这两项工作还取决于公众、社区的主动参与和积极合作。如果公众不信任或根本不接受国家的努力和行动，那么不仅一切都徒劳无功，而且国家安全也就岌岌可危了。① 据此，该报告得出结论，如果警方想要使用社交媒体情报，那么，他们必须"基于人权、责任原则、比例原则和必要性原则"，这些要素缺一不可。②

（二）现代警察对社交媒体的使用：2011 年伦敦骚乱所拉开的序幕

首先，在讨论英国之前，我们不妨先将视线投向美国。在某一段时间内，美国使用社交媒体情报简直如同家常便饭。例如，在 2012 年对 1221 个联邦、州级和地方执法机构所进行的调查中，有 4/5 的政府执法人员表示自己曾使用过社交媒体进行调查。③ 此外，在使用社交媒体数据进行预测分析方面，美国也是始终以领头羊的姿态一骑绝尘。例如 IBM 预测分析系统，通过使用犯罪统计、统计分析/建模和地理信息系统（GIS），该系统能够轻轻松松地预测警方能够获取情报的热点区域。美国孟菲斯警察局就曾骄傲地声称，自打引入系统以来，该系统已经将严重犯罪总体上减少了 30%。④ 然而，凡事有利就有弊，美国用亲身经历证明通过社交媒体获取众包情报存在的问题

---

① D Omand, J Bartlett and C Miller, Introducing Social Media Intelligence, （2012）27 *Intelligence and National Security Review* 1, p7.

② D Omand, J Bartlett and C Miller, Introducing Social Media Intelligence, （2012）27 *Intelligence and National Security Review* 1, p23.

③ LexisNexis, Law Enforcement Personnel Use of Social Media in Investigations: Summary of Findings（LexisNexis Risk Solutions Government, 2012）.

④ IBM, Memphis PD: Keeping ahead of criminals by finding the hot spots, IBM Press Release Febraary 2011.

重重。例如,2013 年的波士顿马拉松爆炸一案①,虽然 Twitter 和 Reddit 在协助识别嫌疑人方面帮了不少忙,但其实每个人都心知肚明,这种公众参与会导致许多无辜的人被错误识别,并最终沦为受害的羔羊。②

其次,我们再来看看英国和欧盟。由于资源相对匮乏,因此,这两个区域对于社交媒体情报的使用起步相对晚一些。Trottier 就曾在 2015 年指出,就欧盟和英国 13 个国家和地区的警方而言,他们对社交媒体情报的使用仍处于形成阶段。在英国,如果说有一个关键事件标志着社交媒体情报正式在警务中闪亮登场并开始大放异彩,那么,这个事件必属 2011 年 8 月的"伦敦骚乱"无疑。虽然事件的导火索不过是再寻常不过的一起抗议事件,但这场骚乱却以迅雷不及掩耳之势几近失控,并迅速像星火燎原般向全国蔓延。

在这场骚乱中,由于黑莓即时消息(Blackberry instant messages)是闹事者首选无二的通信方式,因此,伦敦警方霸道拦截并充分利用加密的黑莓即时消息。为了更好地逮捕嫌疑人,警方不仅与 RIM 公司肩并肩携手合作,而且他们还通过"#ukuncu"等井号标签追踪嫌疑人在 Twitter 上的活动行踪。值得注意的是,伦敦骚乱前脚发生,伦敦警方后脚便创建了一个 Flickr 账户并将犯罪嫌疑人的照片火速上传,以此要求公民辨认这其中有没有他们熟悉的面孔;最终,该事件以 770 人被逮捕、167 人被指控告终。

与此同时,骚乱期间拍摄的大约 2800 张闭路电视监控图像也被上传到移动应用程序 Facewatch 上,而公民则可以通过该应用来帮助警方识别犯罪嫌疑人。此外,在被骚乱无辜殃及的曼彻斯特,社交媒体再一次大显神通,针对闹事者猖狂肆意的"洗劫商店"行动,警方不仅借助物理空间和网络空间(主要是 Facebook 和 Flickr),而且还结合当地广播媒体、海报和电子显示屏;凭借这些渠道,警方高声呼吁全市的公民对整个城市(尤其是火车站、电影院和酒吧)的嫌

---

① J O Hahony, Boston Marathon Bombs: How Investigators use Technology to Identify subjects, The Telegraph (19 April 2013).

② R Sanchez, Boston Marathon Bombings: How Social Media Identified Wrong Suspects, The Telegraph (19 April 2013).

疑犯进行辨别。

再次，虽然风波渐渐平息，但是警钟却依然长鸣；在伦敦骚乱之后，许多时评开始深刻反思骚乱期间有关社交媒体使用方面的缺陷。在随后的伦敦奥运会期间，汲取的教训很快便有了用武之地。2012年的伦敦奥运会前夕，在分析56000个社交媒体平台中的3100万个项目之后，英国创建出大约2565份情报报告。此外，有关社交媒体情报的使用如今已经将触角伸向国外；针对外国士兵在叙利亚发布的照片和地理标签，这些社交媒体信息不仅被广泛用于识别士兵的大致位置和行踪轨迹，而且这些信息还在默默地为相关调查提供材料和证据。

最后，英国也未能免俗地开始走上美国的那条老路，即使用预测性分析，并将社交媒体作为情报来源之一和犯罪调查的工具。典型的例子如：第一，在2010年，英国司法部和多个警察部门已经摩拳擦掌地开始试用美国开发的IBM预测分析系统。第二，最近英国的E-MOTIVE项目开始使用公开资源情报方法并借助Twitter来评估民众情绪。该实验软件（即EMOTIVE）不仅每秒内扫描的推文高达2000条，而且它还能够对这些推文进行八个情绪等级的评级，从而识别特定位置的内乱、追踪潜在犯罪行为和发现公共安全的早期威胁。第三，自2013年年初以来，包括肯特郡在内的大部分英国警方都开始采用预测分析系统——PredPol；而西约克郡警方预测地图则被用来预测抢劫和车辆盗窃的热点区域。[①] 第四，在这个经济紧缩时代，预测分析系统的价值早已是众所周知的事情。因此，为了应对预测分析系统不断扩张的版图，警察学院在2015年就已经发布关于公开情报收集和使用的国家级指导。第五，当前英国和欧盟的研究计划还在继续探索使用社交媒体情报来预测犯罪的地点和发生方式。就拿最近的一项重大项目"ePOOLICE系统"来说，该系统能够结合警方数据和社交媒体数据来识别网络犯罪、人口贩运和毒品贩运中的新犯罪趋势。总而言之，随着2013年伦敦警察局公开资源情报部门的顺利成

---

① M Fielding and V Jones, Disrupting the Optimal Forager: Predictive Risk Mapping and Domestic Burglary Reduction in Trafford, Greater Manchester, (2011) 14 *International Journal of Police Science and Management* 30.

立,公开资源情报和社交媒体情报势必会在未来的警务中占有无可替代的一席之地。

(三) 英国警方在社交媒体情报使用方面存在的问题

首先,在伦敦骚乱之后,骚乱留下的余音却没有散去,许多报告都开始考虑警方对公开资源情报和社交媒体情报的使用问题。有一篇名为《伦敦警察厅8月5日:对2011年8月伦敦骚乱的战略评估》的报告指出,社交媒体是骚乱期间信息来源的主力军;在情报机构评估的全部信息报告中,不仅有19%的信息与社交网站息息相关,而且还有14%的信息涉及黑莓即时消息。不过,该报告也强调指出,由于自动检索工具的缺乏大大拖慢进度,所以警方手头根本没有充足资源来实时管理包括公开资源数据在内的数据流量。此外,虽然相关工具已经在商业情报收集方面进行优化,但是警务方面的优化却毫无动静。

其次,为了解决2011年伦敦骚乱后的公共秩序问题,英国皇家督察局在其审查报告中提出一套名为"交战规则"的全新国家制度框架。① 除了更广泛的警务计划和动员战术策略,该框架还提出了中央信息枢纽概念,即通过收集所有可用信息来帮助警方预测骚乱,而这些信息就包括社区成员的直接联系和社交媒体监控。② 值得注意的是,该报告指出,面对难计其数的社交媒体数据量,警方常常感到不知所措。在接受采访时,一位官员认为寻找有用素材的过程无异于大海捞针,这就好比"在文献浩如烟海的大英图书馆中寻找区区一页纸,而你却可怜巴巴地没有任何索引可以拿来参考"。③

再次,在提取和分析社交媒体情报方面,有的报告指出警方改进自己的技术能力和组织能力已经刻不容缓。曾有一份名为《谈谈伦敦骚乱》的非官方报告,该报告将矛头直指警方使用社交媒体情报

---

① Her Majesty's Inspectorate of Constabulary, Review into the Disorder of August (hereafter " HMIC, 2011"), p. 3.

② Her Majesty's Inspectorate of Constabulary, Review into the Disorder of August (hereafter " HMIC, 2011"), p. 6.

③ Her Majesty's Inspectorate of Constabulary, Review into the Disorder of August (hereafter " HMIC, 2011"), p. 31.

数据所存在的"方法论"问题。① 比如,摆在眼前的就有一个问题——社交媒体到底是煽动骚乱的幕后帮凶②,还是平息骚乱并恢复事态的好帮手?这份报告相关证据表明,在伦敦骚乱期间,相比于 Facebook 和 Twitter,黑莓即时消息才是广受追捧的大明星;同时,Twitter 常常被用于协调处理骚乱过后的清理工作,而不是去组织非法行动。不过,Omand、Bartlett 和 Miller 认为这样的结论根本不具备说服力,因为分析样本中的 260 万条推文是通过 150 个井号标签云收集的,而那些缺少特定井号标签的推文(例如"#伦敦骚乱")则会被系统从数据集中排除出去。在这种情况下,如果用 Twitter 指挥犯罪的用户不希望使用特定标签来广播相关消息,那么,这些推文就会变成漏网之鱼。由此看来,上述结论的数据基础仿佛脆弱得不堪一击,那么这样的结论要如何让人信服?③

最后,自从 2011 年以来,公开资源情报、社交媒体情报、警务语境中的数据挖掘、分析的可靠性和质量已经日益成为老大难的问题。最近针对社交媒体提起的诉讼层出不穷,虽然其中很多诉讼表明他人在网上的言论可能与自己的真实意图相差十万八千里。例如,就算借给 Paul Chambers 很多支持,他也不会真的想要炸毁唐卡斯特机场④;同时,大多数人恐吓威胁 Criado Perez 的用户也并没有真的打算强奸她⑤;但是这并不意味着滥用社交媒体的行为就永远都不会构成犯罪。虽然根据相关法律,警方没有什么合理根据来对滥用社交媒体的行为进行调查或起诉⑥,但是我们必须承认,这一问题确实让他人心中的担忧开始肆意生长。在一个以自动预测分析警务为特征的时代,一旦社交媒体情报分析遭遇鼎鼎大名的网络"松绑效应"(dis-

---

① See P Lewis and others, Reading the Riots: Investigating England's Summer of Disorder (London School of Economics and The GUARDIAN., London 2012).

② See BBC News, David Cameron considers banning suspected rioters from social media, (11 August 2011).

③ D Omand, J Bartlett and C Miller, Introducing Social Media Intelligence, (2012) 27 *Intelligence and National Security Review* 1, p. 9.

④ See Chambers v. DPP [2012] EWHC 2157 (Admin).

⑤ Criado-Perez story, *The GUARDIAN*. (London, 16 December 2013).

⑥ Dominic McGoldrick, The Limits of Freedom of Egression on Facebook and Social networking Sites: a UK perspective, (2013) 13 (1) *Human Rights Law Review* 125.

inhibition effect）那么糟糕的事情就会一发不可收拾：先是糟糕透顶的数据，紧接着这些数据再导致错误荒谬的逮捕和离谱至极的起诉，甚至最终可能造成啼笑皆非的定罪。此外，该领域的社会科学研究者也被现实情况泼了冷水，因为从 Twitter 等素材库中获取的数据根本达不到最基本的社会科学方法论标准，诸如抽样、人口标准化、某些群体的排除和人口代表性不足之类的问题常常被忽略不计。不过，虽然这一问题也颇具价值，但是它并不在本文的讨论范围之内。

四、社交媒体情报的相关法律法规

首先，笔者已经将社交媒体情报大致分为公开情报（所有人均可访问）和封闭情报（受好友锁、密码和加密等限制）；为了便于本部分内容的讨论，笔者在此将该分类方法进一步扩展，即所谓社交媒体情报是指以下四类信息：

第一，与已识别或可识别的在世者不相关的信息（至少是表面上不相关），即与《个人数据保护指令》中的"个人数据"① 不相关的信息；例如，涉及区域交通观点的汇总数据和网上发布的公交时刻表。只要这些信息是匿名的或保持匿名状态，这些就与本文讨论的内容无关。②

第二，与已识别或可识别的在世者相关的公开信息。这些信息不仅指《个人数据保护指令》第 2 条和《通用数据保护条例》（GDPR）中所谓的"个人数据"，而且也是本文探讨的重中之重。

第三，警方可以通过"秘密手段"获取的公开"或"封闭信息。所谓"秘密"，是指他人对于获取或处理自身相关数据行为的性质、范围和目的并没有充分了解或被告知，或者他们被警方欺骗或误导。例如，其一，通过虚假的个人主页，警方以虚构身份成为他人好友并访问他人在 Facebook 上设置好友锁的帖子；其二，警方凭借匿名个人主页加入并"监听"加密保护的群组；其三，通过公开表达某些并非警方真正掌握的挑衅性言论，警方借此观察和利用他人在 Twitter

---

① See Art 2（h），DPD 1995 transposed into the DPA 1998 sl (1).
② See the seminal discussion in P Ohm, Broken Promises of Privacy：Responding to the Surprising Failure of Anonymization，(2010) 57 *UCLA LAW REVIEW* 1701.

上的回应；其四，通过 Google 或其他搜索引擎，警方搜索那些内容提供商通过 robots.txt 标准明确表明不希望被抓取的信息。

第四，警方可以通过"后门"（Backdoor）获取的封闭信息。①例如，电子邮件、通过窃听技术获取的直接拦截信息、从互联网服务提供商处获取的通信流量日志等。

其次，《调查权力规范法》是监管英国政府执法人员获取通信和记录行为的排名头一号手段。需要注意的是，根据犯罪侦查和犯罪预防的豁免规定，警方获取和处理个人数据的行为不受大多数数据保护法的约束。② 这就意味着，在英国，不仅警方收集或以其他方式处理公民个人数据时无需经过他们同意，而且公民也无权要求访问由警方掌握的、涉及自己的相关数据（即"主体访问权"或 SARs）。③ 此外，无论是英国数据保护监管人员还是信息专员，他们大多时候也无暇顾及警方的数据处理行为，毕竟每个人都各司其职并且各有各的专攻之务，如通信拦截专员。④ 不过，这也不代表警方的这些行为就能够无拘无束、肆意妄为，因为就"数据保护原则"第 2 条至第 8 条所规定的数据保留、数据存储安全性和其他事项而言，数据保护规则仍然能在这些关键领域派上用场。⑤

再次，2018 年，《通用数据保护条例》⑥将会粉墨登场并将《个人数据保护指令》取而代之。虽然《通用数据保护条例》并没有对警务活动的实质范围做出任何更改，但是警务活动仍然会因第 2 条（e）而受到豁免；同时，鉴于《通用数据保护条例》无需进行任何修改，因此，该豁免自 2018 年起就会在英国自动适用。至于英国届时到底会不会选择改革该豁免规定或《1998 年数据保护法》的其他方面内容，这依旧是一个巨大的未知数。

复次，其实《欧洲人权和基本自由公约》第 8 条的规定就是英

---

① 在信息安全领域的所谓后门，是指绕过安全控制而获取对程序或系统访问权的方法。后门的最主要目的就是方便以后再次秘密进入或者控制系统。
② DPD 1995, art 3 (2).
③ DPA 1998, s 7 and s 29 (2).
④ See Information Commissioner Office Disclosure Log, (14 October 2011).
⑤ DPA 1998, Sch1.
⑥ Regulation (EU) 2016/679.

国《1998年数据保护法》的主要内容，该条规定将他人私人生活受尊重的权利作为一项基本人权进行保障。虽然根据《欧洲人权和基本自由公约》第8条，当前针对《调查权力规范法》合法性的质疑声不绝于耳，并且欧洲人权法院（ECtHR）已经收到不少相关申诉；但是事实上，至少早在斯诺登事件爆发之前，该法律框架基本的合法性就已经在 Kennedy v. UK 一案中得到过确认了。①

最后，在下文中我们将重点讨论两个关键问题——他人在社交媒体中公开披露的"个人数据"是否应该受到隐私权方面的法律保护？如果答案是肯定的话，那么，这些数据又应该在多大程度上受到保护？

五、公开的社交媒体情报是否能够作为"隐私"而受到法律保护

（一）相关法律法规：《通用数据保护条例》《调查权力规范法》和新《知识产权法》

首先，当提到要对公开社交媒体情报的收集行为进行某种法律控制时，大部分人条件反射般的第一反应就是提出异议："开什么玩笑？警方当然可以阅读公开帖子了！毕竟它们是公开的呀！"② 同时，如果稍加留心，那么，我们就会发现大多数法律专家对此的回应也如出一辙。例如，网络刑法方向的领军人物 Gillespie 就曾断言："如果帖子是公开发布并且所有人都可以看到的话，那么，类似对这些信息的查看行为是秘密的这种结论简直会让人笑掉大牙，因为发布帖子的人必然会意识到当权者也完全能够查看这些信息。"③

同时，《通用数据保护条例》也很可能站在上述观点的阵营当中，因为根据涉及特殊数据的第8（2）（e）条规定，虽然处理此类

---

① （2010）50 EHRR 45.

② Eg Sailor, You don't need a RIPA authorisation to monitor what people post publicly on the internet, 23 February 2011.

③ A Gillespie, Regulation of Internet Surveillance,（2009）4 *European Human Rights Law Review* 552.

数据的行为必须获得他人明确同意,但是"他人明确公开的数据"并不受该要求限制。尽管我们尚不清楚这是否意味着"不敏感数据"将被排除在《通用数据保护条例》第 7 条规定的要求之外,不过,答案似乎是肯定的。此外,如前所述,虽然《通用数据保护条例》要求行为人获取个人数据需要有合法根据,但是警方却大可不必担心受此限制。

其次,并非所有人都抱着一模一样的想法。在美国,Bartow 曾借鉴 Semitsu 的话指出:"Facebook 就好比一个巨无霸监视工具,既无需任何搜查令也几乎不受任何现有法律限制,政府执法人员就可以开动脑筋、发挥自己的奇思妙想来想出千百种监视方法。"① 鉴于《美国联邦宪法第四修正案》如同坚实的臂膀保护着私人资料免受缺乏搜查令的搜查行为侵犯,所以在 Bartow 看来,社交媒体监视是一种变相逃避该规定的投机取巧方式。Bartow 大声抗议说:"我们几乎完全没有注意到,Facebook 将我们置于一种最易受到搜查行为和扣押行为侵犯的处境之中,而恰恰是无形却暗藏杀气的政府监视促成了这两种行为。"

针对"由于他人自愿选择向公众披露自己的私人生活和私人事务,所以社交媒体情报不应作为私人事务得到法律保护"的观点。目前有三种观点与该观点不同:

第一,除了显而易见的表面内容外,公开的社交媒体情报中还包括大量实质内容,例如文本、图片、视频和发布的链接。② 如果从情报角度来看,社交媒体主页中最具价值的一块"肥肉"就是好友关系网或"社交关系表";然而讽刺的是,作为被几十亿用户狂热簇拥、世界上最受追捧的社交网站,Facebook 在使用户的"好友列表"免受公开披露方面仍然无能为力。③ 与 Facebook 相比,Twitter 如今将

---

① J Semitsu, From Facebook to Mug Shot: How the Death of Social Networking Privacy Rights Revolutionized Online Government Surveillance, (2011) 31 *Pace Law Review* 1, pp. 291 - 381.

② D. Boyd, It's Complicated: the Social Lives of Networked Teens (Yale University Press 2014).

③ Kurt Wagner, Your Private Facebook Friends List Isn't Actually That Private Maskable (New York 2 June 2014).

"用户发送推文会显示发送位置"作为默认设置;① 虽然用户可以取消该设置,但是不知道如何操作或被该设置困扰的用户可不在少数。在这种情况下,那些有权访问 Twitter 应用程序接口(APIs)的人可以很方便地使用这些价值无限的位置数据。

第二,在很多时候,社交媒体内容涉及的已识别或可识别主体与发送内容的主体很可能压根不是一个人。例如,在封闭的 Facebook 个人主页中,虽然照片可能会附带包含别人名字的标签,但是这个人自己或许连 Facebook 为何物都不知道,更不要说访问或通知用户删除标签了。此外,如果黑客或某些专家等高手从被"好友锁"封闭的个人主页中"剪切并粘贴"用户的相关信息,那么后果将更是不堪设想。②

第三,不仅每个社交平台的隐私设置各有特色,而且这些隐私设置还会随着时间的推移因时而变,这就要求用户必须时刻保持警惕以维持自己的隐私现状。总的来说,针对类型迥异的内容(如帖子、评论、群组、照片和好友列表等),有五花八门的隐私设置和各种各样的更改方案等着它们。在以 Facebook 打头阵的大多数社交网站上,为了尽最大限度地增加用户量并将相关数据用于市场营销,这些网站千方百计地使用户的信息和资料尽可能多地公开。众所周知,许多用户傻乎乎地天真以为只要自己掌握账户密码,自己的隐私就仿佛被锁进保险箱般得到了充分保护。然而,现实却无情残酷得多——在对 65 名大学生进行的小型研究中,Madejski、Johnson 和 Bellovin 发现,由于每个研究对象都曾错误地管理自己的一些 Facebook 隐私设置,因此,某些个人数据被意料之外地获取是常有之事。③

综上所述,与主流观点恰恰相反,他人控制自己在社交媒体上公开哪些个人数据并不是简简单单的一个自愿选择题而已。很多人可能会立刻跳起来反驳:如果他人不希望别人(例如警方)看到这些数据信息,那么,他们怎么会傻到主动公开呢?事实上,这种观点实在

---

① Note the Twitter privacy policy as of 3 November 2014.
② See Samuel Gibbs, Google removes results linking to stolen photos of Jennifer Lawrence nude, The GUARDIAN. (20 October 2014).
③ M Madeski M Johnson and S. Bellovin, The Failure of Online Social Network Privacy Settings, Tech Report CUCS – 010 – 11, Columbia University, 2011.

有失偏颇；针对该观点，本文不得不高举喇叭大声疾呼：他人应当对于公开社交媒体上的信息享有合理的隐私期待，用《通用数据条例》的术语来说，他人很可能没有"明确"地公开相关数据。

再次，我们将视线移到英国的一些典型案例上面进行一番探究。如前文所述，针对警方获取和使用公开社交媒体情报的行为，如果我们想要找寻规制这些行为的相关规定，那么，《调查权力规范法》必然是我们脑海中最先蹦出的那部法律。① 然而，在涉及警方收集大量公开社交媒体情报、以情报分析为目的进行数据挖掘的典型案例中，几乎没有任何证据表明警方将《调查权力规范法》视作自己行动的拦路虎。虽然目前还没有任何权威指导或判例法来规制这个问题，但是，O'Floinn 和 Ormerod 的学术研究表明，2013 年和 2015 年的 Demos 报告②对该领域产生了不容小觑的地震级影响。③ 一方面，最近的一份 Demos 报告声称，无论是他人还是社会，它们对于公开社交媒体情报都不享有合理的隐私期待。另一方面，即使在舆论对斯诺登事件所引发的社交媒体监视问题一片哗然之后，Demos 2015 年的报告也依旧在强调上述观点。该报告认为，由于他人是在了解相关条款和情形的情况下披露相关信息和数据的，即他们知道自己的数据可能会与别人共享，因此，他们对公开社交媒体情报不享有合理隐私期待。此外，该份报告还断言，如果社交网站允许从应用程序接口处获取数据的行为，那么，这就意味着他人理所当然知道自己的帖子能够被公开获取。对于 Demos 报告的这些主张，笔者必须高举双手大声反对；同时基于下面这些原因，笔者不认为这些主张能够准确反映社交媒体使用行为的现实状况。

总的来说，虽然 Demos 报告确实表明在某些情况下，警方只有获得某种授权才能够获取社交媒体情报，但该报告并不认为这是基于《调查权力规范法》第一部分的要求，即公认的该法案涉及数据调查的部分。恰恰相反，Demos 报告是从《调查权力规范法》第二部分

---

① RNTL Group Ltd v. Ipswich Crown Court [2002] EWHC 1585 (Admin).
② J Bartlett and others, Policing in an Information Age (Demos 2013).
③ M O'Floinn and D Ormerod, Social Networking Sites, RIPA and Criminal Investigations, (2011) 10 *Criminal Law Review* 766.

中找寻到依据,即涉及警方通过定向监视和秘密情报手段收集证据的规定,如跟踪嫌疑人、与嫌疑人的亲戚或女友交朋友甚至建立关系。①

复次,概括而言,本文将阐述该报告的观点并从以下三个方面进行分析:

第一,Demos 报告认为根据《调查权力规范法》第二部分的规定,在某些情况下,警方只有获得授权才能对公民进行"定向秘密监视"。所谓定向监视②是指以一种可能获取他人私人信息的方式而进行的秘密监视手段③,该手段一般用于特定调查目的而不是对相关事件的迅速反应(例如跟踪抢劫案嫌疑人)。如果警方要获得授权来进行定向监视,那么,他们需要从内部高级警官那里获得授权,而不是去找什么法官或政客。④ 同时,根据《调查权力规范法》第 26(10) 条规定,所谓"私人信息"是指包括"任何与他人的私人生活或家庭生活有关的信息"。⑤ 综上所述,公民理应想到警方很可能会通过秘密监视社交媒体情报来获取自己的信息。为了加强说服力,Demos 报告还举出两个定向秘密监视中需要授权的示例:一方面,如果一份"详细个人资料"是由公开可用来源中的"特定个人"构成的,并且只有通过自动或手动名称识别技术才能获取该个人资料,那么,警方只有获得授权才能对公民进行"定向秘密监视"。另一方面,如果警方是从技术开放的公共社交平台收集数据,但是公民对这些数据享有合理的隐私期待(例如为学校业余俱乐部或当地合唱团成员设置的 Facebook 页面),那么,警方也需要获取授权才能进行"定向秘密监视"。但是,O'Floinn 和 Ormerod 的想法可截然相反——他们认为,如果警方能够推测出对监视毫不知情的公民⑥,那么,警

---

① See eg Police apologise to women who had relationships with undercover officers, *GUARDIAN*. (20 November 2015).
② RIPA 2000, s 26 (2).
③ RIPA 2000, s 48 (2).
④ RIPA 2000, s 28 (2).
⑤ Home Office Revised Code of Practice for Covert Surveillance and Property Interference (HMSO 2014).
⑥ M O'Floinn and D Ormerod, Social Networking Sites, RIPA and Criminal Investigations, (2011) 10 *Criminal Law Review* 766.

方此时也应当需要获得授权才对，毕竟"社交媒体抓取技术"和网络搜索引擎"爬虫"等情况已经屡见不鲜。本文赞同这种观点，因为该观点表明在获取对社交媒体情报的定向监视授权方面，警方需要承担远比现行惯例做法更多的责任和义务。

第二，Demos 报告认为，如果相关内容涉及"秘密情报资源"（CHIS），那么警方也需要获得授权才能对社交媒体情报进行收集，最常见的情况就是警方通过创建假个人主页来访问封闭的帖子、主页或群组。众所周知，英国警方常常会为了某些调查而创建虚假的个人主页，如在 Bebo 等平台上冒充小孩来加入美容组织。此外，警方还有一些比较隐蔽且难以察觉的手段，比如警方可能使用假身份或至少是非警察身份在公开或封闭论坛上"到处闲逛"，从而通过虚假的草根民众观点或挑衅性观点来钓鱼执法，"引蛇出洞"。

第三，Demos 报告、O'Floinn 和 Ormerod 在某个方面的观点出奇一致，即在某些情况下，《调查权力规范法》第一部分第一章的通信拦截规则可能能够适用于社交媒体情报。他们认为，如果将社交媒体拦截与电子邮件拦截等熟为人知的机制进行类比，那么，我们显然可以顺理成章地得出这样的结论——只有在持有拦截令的情况下，警方才能够通过"技术后门"来获取 Facebook 或 Twitter 上的定向信息（私人的一对一通信）或带有好友锁的私密帖子。虽然在这种情况下，公民对这些信息享有合理隐私期待将是毋庸置疑的事情；但是事实上，我们其实很难将社交媒体拦截与电话、电子邮件拦截相提并论。根据《调查权力规范法》的规定，只有当通信处于"传输过程中"时，警方才可以申请获取拦截令。① 然而，由于 Facebook 中的定向信息或带有好友锁的评论一般被公认为是传输完毕的信息，因此警方根本无法拦截这些信息。此外，虽然《调查权力规范法》的第 2(7) 条将传输过程进行一定的延长，即所谓传输过程是指"系统以一种使预期接收者能够收集或访问信息的方式而进行信息存储的任何期间"。换言之，该条规定将传输过程延长至发帖或评论之后的某个时间，即直到"预期接收者"实际阅读过这些信息后，该传输过程才终止。但是现实中的案例还催生出更多的问题。在 R v. Coulson 一

---

① RIPA s 2 (2).

案中①，法官认为就那些为将来的访问而存储的语音邮件信息而言，即使它们已经到达预期目的地甚至已经被他人收听，这些信息也属于"传输过程中"的信息。这在一定程度上是因为这些信息被绑定在移动运营商的专有系统中，所以它们无法轻易地被转移到离线存储中去。那么，该案中的观点到底能不能适用于社交媒体帖子呢？毕竟这些帖子不仅也绑定在专有平台中，而且与语音邮件相比，帖子作为一种文本也更容易"剪切和粘贴"。事实上，关于警方能不能对阅读甚至回复后的社交媒体帖子发出拦截令，这仍然是一个悬而未决的难题。这就意味着，与英国议会计划中的有限"实时"拦截迥然不同，当前拦截制度仍将在很长一段不确定时间内继续适用。

最后，鉴于《知识产权法》中的崭新制度将取代《调查权力规范法》中的拦截规则，因此，警方通过"后门"获取信息的行为可能会被归为"计算机设备干扰行为"或"合法的黑客行为"。② 在最新提议的制度中，除了紧急情况，诸如拦截之类的干扰行为均需要国务卿和法官的双重授权；这就意味着与黑客攻击行为相比，《调查权力规范法》中常规拦截行为的严重程度似乎不相上下。总而言之，虽然《知识产权法》和《调查权力规范法》通常对于社交媒体情报而言无济于事，但是所谓的政治与司法方面的"双重授权"却可能有其妙用之处。

（二）社交媒体情报的相关内容在《知识产权法》议案中会更清楚吗

总体而言，《知识产权法》不仅是一部正在审议通过的法案，还是一部复杂且具争议的法案。虽然想要对该法案做出任何有力的论述都可谓困难重重，但是就本节标题而言，笔者可以说，标题答案显而易见是否定的。笔者这样说主要基于以下三个原因：其一，该法案没有采取任何行动来公开承认他人对社交媒体情报（无论是公开还是

---

① [2013] All ER (D) 287.
② Key reports on the IP Bill include the HC HL Joint Committee on the Draft Investigatory Powers Bill Report (3 Febraary 2016, HL Paper 93 HC 651) and the Intelligence and Security Committee Report on the draft Investigatory Powers Bill, 9 February 2016, HC 795.

封闭)享有隐私期待。其二，虽然该法案口出狂言地宣称，"为了获取通信和通信数据，它将尽数汇集政府执法人员、安全和情报机构手中掌握的所有权力"，并且"它将尽力确保这些权力良好地适应数字化时代"。但事实上，在该法案涉及数据调查的内容和《调查权力规范法》第二部分中仍然有效的实际权力之间，巨大的分歧依旧像根刺一般扎眼。因此，就社交媒体情报的保护而言，它在这些制度的夹缝中间总是十分别扭。其三，由于该法案的权力范围极其广泛，加之法律界在许多情况下对该法案知之甚少；所以，针对警方未经同意就获取社交媒体情报的行为，我们根本无从预测该法案的哪些新内容能够有其用武之地。此外，笔者还注意到，根据该法案中的新制度，警方通过"后门"获取信息的行为可能会被归为"计算机设备干扰行为"；同时，就"大型个人数据集"的新获取规则而言，该法案规定所谓"大型个人数据集"是指"涉及大量主体的个人信息集，并且其中大多数主体都不是安全机构和情报机构的菜"。虽然该法案针对这些数据集所给出的例子（即"电话簿或选举记录"）似乎与社交媒体情报风马牛不相及，但我们仍然期待官方指导和判例法能够及时阐明新法案在社交媒体情报方面的适用情况。

行文至此，我们可以得出一个初步结论——作为英国法律中规制警方权力的《调查权力规范法》，似乎在为公开社交媒体情报提供充分且持续的法律保护方面差点火候。除非是在上述极为有限且不确定的情况下，否则，警方获取公开社交媒体情报简直是易如反掌，毕竟他们既不需要政治上的授权令也无需警方内部的授权。此外，不仅涉及社交媒体情报的法律保护不是以《调查权力规范法》的"数据"部分为基础，而是零星分散在其余各个部分之中，而且即使《知识产权法》以当前形式通过，这种特征也将继续存在。所以，本文在下一节内容中将探讨，在英国坚决主张警方无需法律授权就能获取和使用公开社交媒体情报的情况下，我们是否可以从《欧洲人权公约》中找寻到些许法律根据。

（三）《欧洲人权和基本自由公约》第 8 条

首先，如果我们想要找寻与社交媒体情报相关的主要国际条款[①]，那么，大名鼎鼎的《欧洲人权和基本自由公约》（以下简称《公约》）第 8 条就一定不能错过。虽然该条保障他人私人生活受尊重的权利，但是"为了国家安全、公共安全、国家经济福祉、预防混乱或犯罪、保护健康或道德和保护他人的权利和自由所进行的干预"则不受该条规定限制。同时，《1998 年英国人权法》（HRA）也将《公约》第 8 条涉及的权利作为英国国内法的一部分生效。根据《公约》的一般原则，如果要对相关权利加以任何限制，那么，这些限制不仅必须基于公开、明确和具体的法律规定；而且它们还必须是为了民主社会的合法目的进行服务，并且对于这些合法目的而言，这些限制必须是"必要"且"相称"的。此外，欧洲人权法院所裁判的众多蜚声国际的案件都表明，即使行为人是出于国家安全、犯罪预防或犯罪侦查的原因而侵犯他人隐私权，上述这些限制也依然存在，其中，Weber v. Germany 一案[②]和 Klass v. Germany 一案[③]就是最好的例证。

其次，从近几年来欧洲人权法院的判例来看，这些判例很明显地支持这样的观点——即使在公共场所，他人也依然可能享有合理隐私期待，而这对本文的研究来说意义非同小可。就拿 von Hannover v. Germany 一案[④]来说，在该案中，摩纳哥的卡罗琳公主只是过着再平凡的普通人生活，例如逛街购物、与家人共享天伦之乐抑或是在悠闲的午后漫步；可是德国媒体却闻风而动，偷拍下这些生活照片并大肆刊登在杂志上。因此，卡罗琳公主一纸诉状将该媒体告上法庭，并请求法院禁止德国媒体刊登她的照片。欧洲人权法院认为，无论是照片内容属于私人生活的范畴之内，还是卡罗琳公主对这些照片享有合理

[①] M O'Floinn, It wasn't all White Light before Prism: Law Enforcement Practices in Gathering Data Abroad, and Proposals for Further Transnational Access at the Council of Europe, (2013) 5 *Computer Law and Security Review* 610.

[②] (2006) 46 EHRR SE5.

[③] (1978–80) 2 EHRR 21.

[④] (2005) 40 EHRR 1.

隐私期待，这两点都是无可辩驳的事实。因此，问题不仅在于德国媒体的侵权行为是否基于正当理由，而且关键命脉在于这些照片是否涉及公共利益。如果这两个问题的答案是否定的，那么，法律的天平就会倒向隐私合理期待这一边。

再次，在英国，由于《1998 年英国人权法》和 Campbell v. MGN. 一案中上议院的裁决影响颇为深远，因此，英国受其影响的一系列案件并没有完全采纳 Hannover 一案的理论。[①] 与隐私的"收集、使用和储存行为"相比，虽然 Hannover 一案和后续一系列英国狗仔队案件更多涉及的是"公开私人事务"对他人隐私权所造成的影响，但是这些案件所涉及的原则却依然有着无可替代的重要意义。

总体而言，虽然绝大多数"公共场所隐私权"案件都和名人脱不了干系，但是明眼人都能看出普罗大众的诉求和主张更为强烈，因为他们手中通常没有能够抗衡公共利益的底牌。在 Peck v. UK 一案[②]中，由于自己在公共场所自杀未遂的录像在电视上广为传播，因此，以《公约》第 8 条规定为依据，一名精神疾病患者一怒之下将英国告上欧洲人权法院。与 Hannover 一案惊人相似的是，在 Peck 一案中，欧洲人权法院也是以"公开行为"对他人造成的影响来判定案件，而不是以"收集或处理行为"的思路来处理该隐私侵权案件。此外，关于公约第 8 条规定到底能否（或何时）被解释为"记录、处理和储存私人事务的行为构成侵权行为"，恐怕至今没有人知道答案。

复次，在社交媒体情报领域中，警方的情报分析主要依赖于收集和处理从公共社交媒体中获取的个人数据，而不是公开（或重新公开）这些数据信息或它们的衍生信息。虽然欧洲人权法院的一些典型案例已经认定，行为人的储存行为侵犯了《公约》第 8 条所规定的权利，并且在一些个案中，欧洲人权法院也判定行为人后续使用或传播数据的行为构成侵权行为；但是如今仍有一个悬而未决的问题，那就是如果行为人仅仅是搜索或查询数据而并没有储存或使用数据，那么，他们的行为到底是否会侵犯他人根据《公约》第 8 条所享有

---

① [2004] UKHL 22.
② (2003) 36 EHRR 41.

的权利？①

让我们把这个问题摊开来说——如果行为人仅仅是收集和储存相关数据，或者在储存数据的过程中对数据进行些许处理，但是他们并不公开或分享这些数据，那么，行为人的行为到底会不会侵犯他人根据《公约》第 8 条规定所享有的权利呢？关于这个问题，Rotaru v. Romania 一案②中的名言不仅广为流传，而且它还常被各路人马拿出来引用。这句名言是："如果公共信息被系统性地收集并储存在政府部门的文档中，那么，这些信息就属于私人生活的范畴。"

Koops 根据这句名言声称，非系统性的信息收集行为可能并不构成对他人私人生活的侵权行为。同时 Friedl v. Austria 一案③中的观点也如出一辙——在该案中，虽然奥地利警方确实拍摄过示威者的照片，但他们既没有通过示威者姓名来识别这些照片，也没有将它们作为记录而输入数据处理系统。因此，欧洲人权法院最终判定，奥地利警方的行为并不违反《公约》第 8 条的规定。与上述案件形成鲜明对比的是 Leander v Sweden 一案，在该案中，由于瑞典警方出于安全风险考虑而将原告姓名输入人员控制系统，因此，原告不明不白地就被所任职的博物馆炒了鱿鱼。欧洲人权法院认为，就瑞典警方储存原告私人生活相关数据的行为而言，即使瑞典警方并没有公开发布这些数据，他们此前的储存行为也可能会侵犯原告根据《公约》第 8 条所享有的权利，因为他们的行为已经涉及系统性地收集、处理和公开披露行为。④ 此外，无论是在 Peck 一案、Friedl 一案还是 Marper v. UK 一案⑤中，欧洲人权法院都明确指出，关于行为人的行为到底是否侵犯他人根据《公约》第 8 条所享有的权利，这在很大程度上取决于相关信息被记录和保存的具体背景、记录的性质、使用和处理这些记录的方式和可能导致的结果。

最后，在下面的内容中，本文不仅将进一步探讨英国法院是如何

---

① BJ Koops, Police Investigations in Internet Open Sources: Procedural Law Issues, (2013) 29 *Computer Law and Security Review* 656.
② (2000) 8 EHRC. 449.
③ 15225/89 [1995] ECHR 1 (31 January 1995).
④ [1987] 9 EHRR 433 at 48.
⑤ [2008] ECHR 1581 at 18.

处理警方相关问题的,而且还将讨论警方针对公开私人信息的收集行为是否能被视为隐私侵权行为。

(四)英国判例法涉及《公约》第 8 条、警方和公共场所隐私权的内容

迄今为止,在英国知名度颇高的隐私权案件和公共信息案件中,涉及媒体组织隐私侵权行为的案件可谓占去半壁江山。可是,如果这些案件的侵权行为人换成是警方又会是怎样的情形?与新闻媒体组织迥然不同,警方既手握权力也身负义务,他们完全可以违背公民的意愿而采取行动。一方面,许多人提起"警察国家"可能都会不自觉地起鸡皮疙瘩。所谓警察国家,是指那些警方肆无忌惮地侵犯公民人权而没有任何保障措施、透明度和补救措施的国家,而各类人权公约的制定就是为了防止这样令人毛骨悚然的情况出现。另一方面,我们却不得不承认,如果要使警方的行动迅捷高效,那么,警方就需要有权在未经公民同意的情况下收集相关数据(尽管有正当理由并有保障措施),而这也是警方不受大多数数据保护法律规制的主要原因之一。

首先,在 Wood v. Metropolitan Police Commissioner 一案[①]中,一名反对武器贸易的抗议者声称,警方的一名摄影师不仅在 Reed Elsevier 公司的年会上拍下他的照片,而且警方后来还试图通过这些照片和相关文件来辨别他的身份。在这位名为 Wood 的抗议者看来,警方的行为侵犯了他根据《公约》第 8 条所享有的权利;而警方则抗辩说,不仅不存在 Wood 的永久档案,而且这些照片也仅仅是为了预防犯罪而仅供警方内部查看的。

面对双方的主张,英国高等法院大法官 McCombe 指出,无论是在本院还是在欧洲人权法院,涉及《公约》第 8 条的案件十有八九都与媒体侵权行为、公开社会名流相关信息的行为息息相关。虽然涉及国家侵犯个人隐私权的案例屈指可数,但是公约起草者却在 1949 年颇具先见之明地关注到了这一问题。同时本人始终认为,法院不仅应当在这一问题上始终保持高度警惕,而且还应当认识到在民主社

---

① [2008] EWHC 1105 (Admin). The case was appealed ([2009] EWCA Civ 414).

会，警方想要保护所有公民免受犯罪行为侵害确实是难于上青天。McCombe 大法官还回顾起民主德国的国家安全部斯塔西（Staatssicherheitsdienst）来，该人曾因密集普遍的监视活动而臭名昭著。就当年斯塔西所做的监视规模而言，不只是苏联的"克格勃"望尘莫及，就连纳粹时代的"盖世太保"也自叹不如。[①] 因此，McCombe 大法官继续指出："大多数人都期盼着《公约》能够让诸如斯塔西之类的极端隐私侵权行为不再重复上演。当然，虽然我们此处讨论的国家侵权行为与斯塔西的行为相比还是有着天差地别，但在本人看来，我们还是必须对诸如此类的国家行为保持高度警惕。"如果你认为法官因此会将天平倾向原告那一边，那么，你可就想多了——虽然心怀上述主张，但 McCombe 大法官仍然认为警方的行为并没有侵犯 Wood 根据《公约》第 8 条所享有的权利。根据欧洲人权法院先前的判例[②]，McCombe 大法官发现，针对行为人出于协助侦查犯罪的目的而在公共场所拍摄照片的行为，英国法院采取了一种非常给力的方法来判断相关行为到底有没有侵犯他人根据《公约》第 8 条所享有的权利。简而言之，如果要判定行为人的行为是否侵犯《公约》第 8 条所规定的权利，那么，以下三个条件必须要同时满足：其一，行为人的隐私侵权行为必须达到"一定程度的严重性"；其二，他人必须享有合理的隐私期待；其三，法院必须审查相关行为是否基于《公约》第 8 条所规定的正当理由。由于 Wood 在该案中参加的是公开年会，加之他是小有名气的维权人士，因此，法官认为 Wood 对于这些照片几乎不享有合理的隐私期待。

然而，在 Wood 上诉后，事情却再一次发生反转，因为上诉法院将上述判决一并推翻。[③] 上诉法院认为，虽然警方单纯在公共场所拍照的行为并没有侵犯 Wood 根据《公约》第 8 条所享有的权利，但警方对这些照片实际或可预见的使用行为却得另当别论。事实上，鉴于警方是在 Wood 全然不知道拍摄原因和拍摄用途的情况下而拍摄照片

[①] Judith Rauhofer, Staff Seminar Series Edinburgh,（Edinburgh, 18 March 2014）.

[②] See X v. UK（1973）Decision 5877/72, Friedl v. Austria（1995）21 EHRR 83, PG & JH. UK（2001）Appl. 44787/98 and Perry v. UK（2004）39 EHRR 3.

[③] [2009] EWCA Civ 414（21 May 2009）.

的，因此该行为不仅足以构成对 Wood 私人空间的侵扰，而且还会侵犯 Wood 根据《公约》第 8 条所享有的权利。Laws J. 大法官指出："这种价值集群不仅能够被概括为他人的个人自主权，并且以反对干涉他人的自由作为具体表现形式，而且它也是自由社会最基本的特征。因此，即使只有零零星星的几个案件会涉及它，我们也依然需要去保护这种群体。不过，为了防止相关权利诉求变得脱离现实和荒唐离谱，无论《公约》第 8 条所保护的权利如何千变万化，我们也应当心中始终牢记不要去过分广泛地解读这一权利。"

其次，Wood 一案这一戏剧性的大转折可并不仅仅是昙花一现而已——在时隔几年之后，R（Catt）v Commissioner of Metropolitan Police 一案①便引用了 Wood 一案中的观点。在该案中有两位被上诉人，一位是年事已高的和平抗议者，另一位则是一名妙龄女子，她声称警方记录并保存自己行径的行为侵犯了自己的隐私权。该案和 Wood 一案有一个共同点，那就是警方所记录的行为都是在公共场所或公共区域发生，并且警方最初收集数据的行为都被公认为是合法且合理的。因此，该案争议的焦点就在于警方对这些数据和信息的保存时间竟然长达 10～12 年之久。

首席大法官 Sumption 认为："虽然该案显然发生在公共场所，但是原告毋庸置疑地享有合理隐私期待，这与欧洲人权法院所说的'更广泛的个人自主权'相一致。"同时根据欧洲人权法院相关的判例，我们可以认为："如果国家以可检索的形式系统性地收集和储存公民信息，那么，即使国家收集和储存的是涉及公民的公共信息，该行为也依旧构成侵扰公民私人生活的行为。"鉴于此，Lady Hale 大法官也认为，有关"系统性"档案信息的要求至关重要。接着，英国最高法院继续判定，虽然警方的行为侵犯了原告根据《公约》第 8 条所享有的权利，但是不仅他们的行为是基于法律规定而实施，而且他们的行为手段也是相称的。具体而言，不仅警方的侵权行为较为轻微、相关数据并不属于敏感数据，并且主要案件事实发生在公共场所案件；警方也没有使用侵入式程序来获得这些数据，加之还有强大的程序来确保警方遵循相关程序和限制。因此，最高法院最终得出结

---

① ［2015］UKSC 9.

论，警方的行为并不构成隐私侵权行为。

最后，近期有一个案例与社交媒体情报息息相关——在涉及"司法审查申请"的一个案件①中，一名正值青春年少的14岁男孩曾参与过德里爆发的一场严重骚乱，或许就在他挥舞双臂甚至激情澎湃的时候，闭路电视便恰巧拍下了这一幕。后来在警方的"曝光行动"中，警方不仅将这名男孩的图像公之于众，还把他的图像印在传单上四处分发，铺天盖地的传单仿佛想让每一个人都知道这个男孩就是骚乱分子。因此，男孩认为，警方的行为侵犯了他根据《公约》第8条所享有的权利。通过多个角度的说理，最终最高法院判定，无论警方的行为涉不涉及《公约》第8条（例如有的法官认为骚乱不属于"私人生活"的一部分），警方的行为都是合理的。具体来说，警察不仅在行动过程中思虑再三、煞费苦心，而且散布男孩形象只是他们迫不得已的"最后手段"。虽然该案一定程度上暴露出英国法学界在该领域的困惑，但好在最终大家达成一个共识，即该男孩并不享有《公约》第8条涉及的权利。在众多法官的观点中，数 Kerr 大法官的说法最为有意思。他认为，考虑到男孩的年龄和公开该照片对男孩可能造成的影响，该案的确涉及《公约》第8条规定。同时他也明确指出，他之所以这样判决并不是完全依赖于判断男孩是否"享有合理的隐私期待"，而是取决于无数的相关因素。此外，他还强调，虽然该男孩被警方怀疑参与犯罪活动，但是仅凭怀疑并不足以判定警方实施相关行为就是合理的。② 事实上，比起男孩的隐私利益，无论是男孩脱离犯罪活动的好处、社区在犯罪预防方面的利益还是逮捕罪犯方面的利益都重要得多。

（五）欧洲人权法院与英国法院，谁更胜一筹

从上述讨论中我们不难看出，欧洲人权法院在判决中一贯支持这样的观点：其一，如果行为人在未经他人同意的情况下收集、储存、保留、使用和传播他人信息和数据，那么，即使行为人是警方，或者即使行为人是从公共场所收集的这些信息和数据，而不是从他人家

---

① ［2015］UKSC 42.

② ［2015］UKSC 42, paras 41.

中、尸体或车辆中收集，原则上他们也可能会侵犯他人根据《公约》第 8 条所享有的权利。其二，如果警方的侵权行为不仅具备法律根据，而且该侵权行为还与警方的目的相称，那么，他们的行为就是合理的。其三，如果行为人不仅收集他人的个人信息和数据，而且他们还以令人不快的方式进一步使用这些信息和数据（例如长期保存、公开发布、系统地放在档案中以供将来访问、搜索和使用），那么，他们的行为就极有可能会侵犯他人根据《公约》第 8 条所享有的权利。其四，法院在判决时非常依赖案件发生的具体情境和相关因素。

总结完欧洲人权法院的判例，让我们再来将目光投向英国——起初，针对警方收集、保存和披露个人数据的行为，英国法院并不愿意将这些行为视为隐私侵权行为。而如今，它不仅开始扭头向欧洲人权法院的做法比肩看齐，而且还毅然决定与 MM v. UK 一案[①]提到的英国式做法脱钩。

综上所述，无论是在欧洲人权法院还是在英国法院，他人在公共场所也享有合理隐私期待早已是一个不争的事实。同时，如果警方的侵权行为涉及公共利益并显示出合理的保障措施，那么，由于他们的行为具备法律根据且与目的相称，因此欧洲人权法院和英国法院都有可能判定警方的侵权行为是合理的。而在后面的内容中，本文将进一步讨论在数字化时代和社交媒体情报时代，"行为人系统性地收集或保存他人信息和数据才构成隐私侵权行为"这种理论是否仍然切实可行。

在接下来的内容中，本文将具体探讨在社交媒体情报领域底气越来越强的隐私权，而且将分析该现象背后的两方面原因——其一，作为一种火遍全球的普遍现象，社交媒体迅速扩张着自己的势力和版图；其二，搜索引擎（和其他自动化分析）如今已经颠覆传统的档案文本结构化理论。

---

① [2012] ECHR 1906.

六、社交媒体时代的隐私合理期待

（一）以社交网站条款为视角，重新审视他人对社交媒体情报的信息的数据所享有的隐私合理期待

在自己关于网络青年的先锋著作中，Boyd 提出问题的余音至今在笔者耳畔回响：在这个崭新数字化世界中的"公共场所"，我们的所作所为、所言所语和所思所想真的都是在众目睽睽之下公开的吗？① 从前文所述内容中我们不难看出，面对这一质疑，绝大多数人都认为，如果相关信息和数据被公开披露在网络上，那么，无论这些信息和数据有多么私人化，它们都不会受到相应的隐私权保护。而根据 2013 年和 2015 年更新的 Demos 报告中的观点②，只有在以下两种情况下，他人才对社交媒体情报中的信息和数据享有合理的隐私期待。第一，他人认为这些信息数据是私人的；第二，社会从客观上合理地认为这些信息数据属于个人隐私。具体在社交媒体的语境下而言，针对第一种情形，如果用户做出"明确的努力或决定来确保第三人无法访问这些信息和数据"，那么，他们就对这些信息和数据享有合理的隐私期待，例如对好友关闭自己的账户或使用密码来保护自己的账户。③ 针对第二种情形，2015 年的报告曾断言，如果用户"知道相关信息和数据很可能会被分享和使用""相关协议和条款并没有任何迹象表明用户所上传的信息和数据属于隐私"，并且相关信息和数据是社交网站通过应用程序接口提供给第三人的，那么，无论在何种情况下，社会都会合理地认为这些信息数据是公开的。

总而言之，上述观点的核心内容在于，如果用户在社交网站上披露个人信息和数据，并且社交网站条款和条件表明第三人能够共享或访问社交网站上的信息和数据，那么，用户对这些信息和数据就不享有隐私期待。基于以下五个方面原因，笔者对这个观点不能苟同：其

---

① D. Boyd, It's Complicated: the Social Lives of Networked Teens, p. 203 (Yale University Press 2014).
② J Bartlett and others, Policing in an Information Age (Demos 2013).
③ See Demos 2015 report at 70.

一，虽然从合同法的角度来看，用户原则上可能会因为点击"我接受"而受社交网站条款和条件的约束（暂时先不考虑不平等条款的情形）；但是这种默示同意并不能限制他们的基本人权。其二，这些社交网站条款不仅常常隐藏在超链接下，而且几乎没有人有心情、有精力花大把时间去阅读它们。正如有的学者所言①，鉴于这些社交网站条款和条件是社交网站单方面施加的格式条款，因此，用户的"同意"不仅不是自由、明确、知情的，像相关数据保护法要求的那样②，而且这种同意也不过是流于表面、走个过场罢了。③ 其三，社交网站的隐私政策不仅晦涩难懂，而且它们还大量使用常人难以理解的法律术语，这往往使得用户看得不知所云。其四，不仅社交网站上的用户隐私控制如同迷宫般让人晕头转向，而且社交网站还总是处心积虑地设置有利于信息披露的模式。同时，为了向更多类别的潜在用户群体披露各式各样的数据，社交网站三天两头就变着花样地单方面更改隐私设置和隐私政策。④ 其五，用户就仿佛是待宰的羔羊，他们在充分保护自己隐私权方面几乎没有什么选择的余地，毕竟几乎所有火爆的社交媒体网站采用的都是不可协商的格式合同，而这些合同则表明允许网站使用用户提供的信息、数据来获利和共享。就拿 Facebook 来说，在饱受社会谴责之苦后，虽然 Facebook 认错态度良好，并且下了一番功夫去改进用户隐私控制的呈现方式（例如允许用户查看自己的个人主页在非好友眼中是什么样的），但是批评之声却依旧不绝于耳。

退一步来说，即使上述谴责和批评都不成立，情况也不会有多大的好转。因为在这种情形下，虽然合同法能够被光明正大地用来使用户受那些晦涩难懂或他们根本没读过的网站条款约束，但如果用户想要弄明白这些条款是如何消除自己所享有的隐私期待的，那么，这难度确实很大。

---

① L Edwards, Privacy, Law, Code and Social Networking Sites, in I Brown, Research Handbook on Governance of the Internet (Edward Elgar 2013) 321.
② See art 2, DPD.
③ N Bilton, Price of Facebook Privacy? Start Clicking, *New York Times* (12 May 2010).
④ K Opsahl, Facebook's Eroding Privacy Policy: A Timeline, Electronic Frontier Foundation (28 April 2010).

（二）重新审视年轻人在社交媒体网站上所享有的隐私合理期待

对于年轻人和未成年人而言，隐私合理期待一直是一个老大难问题；而在长达十年的研究项目中，Boyd 发展出一套颇具说服力的理论。在 Boyd 看来，一方面，青少年需要通过社交和沟通来建立自己的身份认同感；另一方面，由于现代家庭教育的潮流包括严格的监视和控制，所以，诸如购物商场、房屋等随处可见的传统公共场所一次又一次地伤透青少年的心。在这样的背景下，虽然青少年选择退而求其次地在网上进行社交活动，但他们通常情况下却都不会设置"好友锁"。到底是什么原因造成这样的局面？或许很多人都百思不得其解。而在 Boyd 看来，青春年少、活力满满的青少年不仅渴望与自己的同龄伙伴谈天说地，而且不希望自己的父母和老师插手自己的社交，那些有强大监视能力的警方也就更不用说了。出于这样的心理，青少年选择自己掌控个人数据到底要如何传播，而不是将个人数据交给捉摸不定的网站隐私设置，从而使自己冒着社交努力一不小心就会付诸东流的风险。① 具体来说，青少年会选择使用某些私密或共享的隐秘语言或"社交信息伪装术"（social steganography）。② Boyd 曾对这种局面做出总结："媒介化社交场合的动态性不仅使得问题愈发复杂，包括看不见的受众、完全起不到作用的社交语境和持续不断的内容，也使得青少年想破脑袋也想不到这些媒介化社交场合的边界到底在何处。"③

对于青少年和年轻人来说，这种种行为造成的结果很可能就是天降灾难：一方面，在默认情况下，绝大多数社交媒体网站都会将用户的通信保存为持久且可搜索的存档；另一方面，青少年的帖子或评论可能会被剥离出发送的语境并被输入数据化配置文件中，从而导致语

---

① D. Boyd, It's Complicated: The Social Lives of Networked Teens, Yale University Press, 2014, pp. 61 - 65.

② A Marwick, The Public Domain: Social Surveillance in Everyday Life, (2012) 9 *Surveillance and Society* 378.

③ D. Boyd, It's Complicated: the Social Lives of Networked Teens, Yale University Press, 2014, p. 61.

义混乱和一些出乎意料的有害后果。此外，如果政府执法机构也参与其中，那么，后果更是不堪设想。例如，青少年可能会在游戏或黑客网站上发布带有"强奸"字样的帖子，可是"强奸"一词在这种语境下的含义与它通常的含义可能相差十万八千里，如果青少年仅因这一敏感词就被政府执法机构等第三人盯上，那么，可真是跳进黄河都洗不清了。① 鉴于此，Nissenbaum 坚决主张，判断他人是否享有隐私期待一定要基于相关语境和情景——这是因为，他人往往在某些特定情境中才愿意公开自己的信息（例如向自己的医生或亲密伙伴），并且他人往往会假定没有第三人听到这些信息（例如广告商、父母或警方）。② 可是，如果社交场所被切换为社交媒体网站，那么，这种社交情境的混乱就会对用户、警方记录和个人信息造成难以衡量且持久的严重影响。

（三）重新审视他人对非结构化数据与结构化数据所享有的隐私合理期待

首先，在社交媒体情报时代，结构化数据与非结构化数据之间的区别也是一个不容忽视的问题。不知大家是否还记得前文提到的 Rotaru 一案中的名言，即只有行为人系统性地收集、使用和储存相关数据的行为才有可能侵犯他人根据《公约》第 8 条所享有的权利，而对他人的零星监视则不会。后来在 Segerstedt-Wiberg v Sweden 一案③ 中，这一概念再次被强化；该案涉及他人的一些信息资料，而这些信息资料则是瑞典警方从报纸和公开会议记录等资源中获取并储存的。最终欧洲人权法院判定："就这些储存在警察局登记册上并被公开的相关信息而言，它们显然已经构成涉及他人'私人生活'的数据。事实上，由于这些信息是被系统性地收集并储存在政府部门文档中的，因此那些本身就是公开资源的信息也属于'私人生活'数据的一部分。"④

---

① C Miller, This is your Brain Online: How Twitter Changed The Word Rape, Politics. co. uk (20 January 2014).
② H Nissenbaum, Privacy as Contextual Integrity, (2004) 79 *Procedural Law Issues* 119.
③ (2007) 44 EHRR 2.
④ (2007) 44 EHRR 2, para 71.

因此，从传统观点来看，如果想要将类似于警察国家的、无处不在的监视行为与合法的警方观察区分开来，那么，关键就要看警方到底有没有汇编和储存系统性的信息和档案资料。在前文提到的 Wood 一案中，法官曾表达过对斯塔西式监视的忧心忡忡和胆战心惊，而这种风险在 Rotaru 一案、Segerstedt-Wiberg v. Sweden 一案和其他一系列案件中也可见一斑。就拿 Segerstedt-Wiberg v. Sweden 一案来说，该案当时就有反对的声音表示：即使公开的社交媒体情报涉及他人"私人生活"，但是如果这些信息和数据没有转变为特定数据集中的详细档案资料，那么，警方就仍然可以观察和收集这些公开社交媒体情报。

其次，与欧洲人权法院的理论恰恰相反，在计算机科学的语境下，相关行为构成隐私侵权行为的可能性大小最主要取决于结构化数据和非结构化数据之间的根本差异。具体而言，结构化数据能够被查询或进行数据挖掘，非结构化数据则反之。不过，随着互联网、自动化处理和搜索算法的出现，这种区别几乎已经消失得无影无踪。而如今，只要 Google 等搜索引擎在手，任何一个普通人都可以立即创建出一份档案，而这份档案中完全能够涵盖有关他人横跨数十年时间的非结构化数据。此外，警方如今能做的就更不用说了，他们现在动动手指头就可以使用预测分析工具来创建出有关公民未来所作所为的预测模型。遥想当年，斯塔西这样的机构需要出钱出力出资源才能为每个公民建立档案；而现在，只需一点点精力和成本的投入再加上些许时间，搜索工具和数据挖掘工具就能够使整个不受限的互联网变成档案库，而操作者只需要付出点耐心等待就行。

最后，欧洲法院关于 Google 西班牙一案（著名的"被遗忘权"一案）的判决书一经发布便旋即在网络世界广为流传，因为它在判决书中承认了自动搜索引擎对隐私权造成的影响。欧洲法院指出："我们必须从一开始就点明说清这个问题，如果搜索引擎运营商以他人姓名为基础进行相关搜索，那么，就搜索引擎运营商随后进行的个人数据处理行为而言，它们极有可能会对他人的隐私权和个人数据保护方面的基本权利造成严重影响。之所以这样说，是因为在有了这种个人数据处理行为之后，如果任何行为人想要获取他人的相关信息，那么，他们只需要动动手指头就能够通过结果列表获得他人的结构化信息概览;这些信息可谓应有尽有,不仅囊括一切可以在互联网上找到的信息,还极有可能涉及他人私人生活的方方面面。反过来说,如果没有搜索引擎,那么,这些信息要么零零散散地无法相互联系,要么行为人用尽浑身解数说不定也找不到这些信息,更不要说建立一份关于他人的详尽档案了。此外,在如今这个万物互联的时代,互联网和搜索引擎的作用不言而喻也无须多言,这不仅导致结果列表中的信息无处不在,而且还使得相关侵权行为对他人造成的影响日趋严重。"①

从欧洲法院所做判决的这个角度来看,社交媒体情报就好比一个使得他人无法避免系统性收集和数据整理的终极大漏洞,而这或许会是他人获得《公约》第 8 条保护的一个不错理由。

七、结语

首先,在《查理周刊》于 2015 年 1 月遇袭事件博得全世界的眼球后,David Cameron 在一次公开演讲中呼吁,为了反恐事业的利益,带有有效加密的公共通信应当被一刀封杀。他指出,虽然在极端情况下,政府当局阅读公民的往来信件、监听公民在电话中的言言语语或在移动通信中监听公民都皆有可能,但是问题却并没有因此被根除。那么,我们是否会允许公民以政府当局不可能读取的方式来进行通信呢? 对于这个问题,我的答案是:不允许,我们坚决不允许!② 鉴于阿拉伯世界和其他地区明显无法解决的政治问题,上述这种社会大环境只会变得雪上加霜,而不会变得越来越好。在这种大环境下,学者们根本张不开口去呼吁更多的隐私保护来对抗警方的监视行为,更不要说为隐私保护事业添砖加瓦了。虽然在人们随口谈论社交媒体上的公开帖子时,很多人的第一反应会认为这和法律八杆子都打不着③;但是,与目前各方仍然争得面红耳赤的"安全机构拦截秘密通信"的相关辩论一样,和社交媒体公开帖子相关的这场辩论也举足轻重。

---

① Google Spain v Costeja Gonzales, ECJ, Case C-131/12, para 80.
② See How has David Cameron caused a storm over encryption?, *GUARDIAN*(15 January 2015).
③ See Social Media use in Law Enforcement LexisNexis, November 2014.

其次，每天被发布的数百万条推文、不计其数的 Facebook 帖子和数不胜数的 YouTube 视频充斥着他人的生活，而他们生活中的光鲜亮丽、酸甜苦辣还有各种生活细节则都在这些内容中暴露无遗。我们不妨来分析一下以下三种观点：其一，有人认为，当他人加入一个坐拥数百万用户的社交平台时，由于他们尚未阅读、无法理解且无法更改该平台的条款和条件，所以他们默默自动放弃自己对相关信息享有的所有隐私期待；这种说法基本上是胡说八道。其二，有人认为，只有那些足够了解现代数据挖掘方法、熟悉情报、具备充足的技术知识并且知道如何保护自己的人，才有权继续留在公共话语中并保留一小部分自己的私人生活；这种说法仿佛是一份心如死灰的绝望声明。其三，还有人认为，如果年轻人想要在网络上寻找并建立自己的身份认同感，那么，他们必然会面临一系列问题和随之而来的警方监视；这不得不说是这一代人的悲哀。综合上述所有观点，本文不禁疑惑：如果我们认为针对公开社交媒体情报的收集行为对他人隐私权没有一丝一毫的影响，那么，我们是不是相当于正在为通过社交媒体进行的大规模、自动化、全景式监视开出一张空头支票？在 20 世纪 50 年代，只有使用大约 10 万名秘密警察、将近 50 万名线人的帮助，斯塔西才能凑合着监视民主德国 1600 万到 1900 万人口；这样算下来，每个斯塔西特工大概要观察 35 个公民。[①] 而如今情形已经有了质的飞跃，很多人或许做梦都想不到，伦敦警察局公开资源情报部门区区 17 名警察去监视伦敦大约 800 万人口根本就不在话下；在这种情况下，每一名警察大约观察的人数是 47 万人。

面对这些情形，当前法律到底有没有考虑到大规模公开社交媒体情报获取行为背后暗潮涌动的隐私风险呢？就警方通过社交媒体实施的监视行为而言，本文没有探讨（也无法探讨）法院在判决该行为违反《公约》第 8 条规定后可能提出的救济方法，因为这显而易见将取决于案件的具体事实和警务需要。不过，根据个别案例来看，有的法院认为，虽然通过社交媒体访问的个人数据可能无法形成传统意义上的"系统性"档案信息，但是它们却可能是"监视社会"中不可多得又至关重要的工具。

---

① Judith Rauhofer, Staff Seminar Series Edinburgh,（Edinburgh, 18 March 2014).

再次，就警方对社交媒体上披露的个人数据所进行的监视行为而言，它只不过是一场大范围宽层面辩论中的一小部分内容。这场辩论拥有一个更为宏大的主题，即到底有哪些主体有权使用他人留在互联网公共长廊上的数字足迹？面对无所不在又难以割舍的虚拟网络世界，又有哪些法律和道德保障措施能够将网络用户保护起来？事实上，无论我们谈论的是"Facebook 帖子和点赞被用来建立个人档案信息""推文被用来好意探寻他人是否有自杀倾向"①"通过公民云空间中的移动通话记录和照片、美国国家安全局据此查明相关公民是否属于恐怖组织"，还是在探讨"当地警方正在通过社交媒体帖子挖掘从随地乱扔垃圾到圣战宣传的一切活动"，其实最后的问题殊途同归——追根溯源，我们不过是在讨论对于那些行为人从公共渠道收集的个人数据，用户、公民和消费者到底享有怎样的控制权？就拿最近的案例——约会网站 OK Cupid 一案来说，2016 年 5 月，该网站开始允许公布丹麦研究人员从 7 万用户那里收集到的数据。这些数据不仅将涉及性癖好和恋物癖等高度敏感信息与用户化名捆绑在一起，而且在绝大多数情况下，这些化名不费吹灰之力地就能被识别出哪些是实际用户。有些人可能会高举双手反对，并且质疑这些收集和发布数据的行为到底会不会违反道德准则，虽然有不少作者在自己的文章草稿中写下上述这样的话，但思来想去、再三考虑之后，他们删掉上述言论并说："既然数据集中的所有数据都是公开可获取的，因此网站发布该数据集只不过是以一种更具价值、物尽其用的形式来呈现这些数据罢了。"② 根据这种观点，无论那些公开分享的信息和数据有多敏感，也无论它们是否有可能通过分析、数据聚合技术和公开行为转变为其他形式，只要它们是公开可获取的，他人对于这些信息和数据就都不享有隐私权；而本文的立论之点和成文之据就是为了质疑这种观点。

最后，这场空前的大辩论所争论的焦点早已不再是他人"在网

---

① See the Samaritans radar affair, Kirsty Marrins, Samaritans Radar: Charity deserves round of applause for putting mission front and centre, *The GUARDIAN*. (London, 3 November 2014).

② See Fortune, Researchers Caused an Uproar By Publishing Data From 70,000 OkCupid Users, 18 May 2016.

上"分享了哪些数据,而是转变为讨论现实世界中有哪些涉及他人的数据可能会被收集。时光如水般不断飞逝,科技的巨轮也在开足马力奋勇向前,生活更是在发生天翻地覆的变化——他人的一举一动开始被物联网追踪;他人用来乘坐交通并用来付款的智能卡开始悄无声息地记录下他们的公共交通轨迹;物联网汽车或"自动驾驶汽车"开始承包他人的国内度假与休闲旅行。如果他人佩戴健康监测设备或者植入心脏起搏器之类的医疗设备,那么,他们的健康数据可能已在不经意间被全面收集。如果他人生活在配备有智能仪表的智能房屋中,那么,不仅他们的能耗会被事无巨细地记录下来,而且他们还会目瞪口呆地发现,无论是自己的居住模式还是家庭设施的使用情况,这些隐私都将暴露无遗。一言以蔽之,这些数据和信息不仅可能在私密环境中被收集(例如在智能房屋中),而且它们还可能在公共场所被收集。如果这些数据和信息被收集、处理、分析和公开,那么,它们就应当被自然而然地视为公共信息,并因此变成一场所谓的"公平游戏"吗?!虽然这种对未来的猜想已经超出本文讨论的范围,①但在笔者看来,它既是本文立论的关键因素,也是不容小觑的问题。展望未来,如果他人将来对公开披露的数据不享有隐私权,那么,或许要不了多久,他们自己应享有的隐私权也会点滴不剩、荡然无存。

---

① See further L Edwards, Privacy, Security and Data Protection in Smart Cities: A Critical EU Law Perspective, [2016] *European Data Protection LawReview* 28.

雇主监视与员工隐私：
社交媒体和职场隐私的新现实

萨比·戈什雷[①] 著　邓梦桦[②] 译

目　次

一、导论
二、雇佣关系的前景
三、禁止不合理监视的《美国联邦宪法第四修正案》
四、数字世界中雇主权利的范围和限制
五、结语

一、导论

场景一：有一天早上，李先生宿醉未醒。然而，他还有一份重要的客户文件需要完成。他的老板非常需要他和他的工作成果，但是，由于前一天饮酒过量，他的头脑一片混乱。所以，李先生拿起电话向老板请病假。这使李先生的老板大为恼火。尽管老板知道李先生是一个强迫性的社交媒体用户，任何事不发推特就不舒服，但他并没有想到什么可疑的事情，直到他在下午晚些时候偶然发现了一条李先生发的"我刚刚睡醒，正朝海滩走去。昨晚的比赛真精彩"推特之后，愤怒的老板走下楼去和人力资源部（Human Resource，HR）的同事聊了起来。当李先生在外面享受海滩美景的时候，人事经理已经在考

[①] 萨比·戈什雷（Saby Ghoshray），美国华盛顿大学法学院法学博士。
[②] 邓梦桦，中山大学法学院助教。

虑下一步是解雇李先生还是训诫他,抑或惩罚他?

场景二:Melissa 是一家投资银行的一线分析师,她正在研究一种复杂的交易模式,这种交易模式对公司有巨大的好处。虽然她的经理看到了她的潜力,但最近,经理发现她的注意力不集中,犯了一些不常见的错误。这位经理还知道,Melissa 是社交媒体的狂热用户,有很多粉丝。她也知道 Melissa 的粉丝十分热衷于看 Melissa 的定期更新,而 Melissa 也不喜欢让她的粉丝失望。但经理无意中看到了 Melissa 最近的更新内容,这个内容是对公众开放的,因为 Melissa 没有设置隐私相关内容。经理在更新中读到了一篇长文,长文的内容暗示了 Melissa 正在研究的专有方法论,这让经理感到十分震惊。怀着慌乱和担忧的心情,这位经理走进了她上级的办公室。Melissa 是在不知情中泄露了商业秘密吗?经理马上就要和人力资源代表进行紧张的电话会议。Melissa 应该保持自律还是应该放弃社交媒体的更新?

场景三:Shawn 就职于四大会计师事务所之一,是所里的中层主管。Shawn 是一名优秀的员工,也是三个孩子的父亲。他很少使用社交媒体。他也没有粉丝,但他经常在工作的时候和妻子聊天。Shawn 没有使用隐私设置。而他的妻子则是 Facebook 的狂热用户,会使用隐私设置。Shawn 的妻子设置了只有她指定群体里的人才可以查看她的通信。Shawn 的上司发现 Shawn 的工作效率在下降。当上司在网上搜查时,发现了 Shawn 与他的妻子晚上在他的办公室待到很晚。根据网上搜查到的个人信息,Shawn 的主管对他即将获得的晋升提出了负面意见。Shawn 会因为其社交媒体上的交流而影响其晋升吗?

上述场景都是假设的,但是,随着雇主越来越加大对其员工的监控力度,这些场景会成为美国职场正在出现的现实情况。因此,这些假想的场景就像一个个小插曲,通过这些场景来观察和检查我们的社交媒体行为是如何缓慢地侵蚀我们对隐私的期待的。本文的内容就是对这种新现实的探索,并以雇佣关系这样的双边关系作为背景视角来处理这种现实。

上述假设的场景可以证明当代社会的数字化现状,在这个社会,绝大多数人的生活都是通过社交媒体来随时联系和调节的。因为生活在社交媒体的电子世界里,所以这些人在网络空间留下了自己的数字足迹。数字足迹传达了一些关于使用者的有意义的信息。雇主们对获取员工的这些数字足迹展现出了越来越多的兴趣。随着这种社交媒体搜查在不断变化的雇佣关系中演变成一种新功能,雇佣双方都在持续努力对抗其所带来的不利后果。在监管结果的推动下,随着雇主能够决定其员工的未来,今天的劳动力市场已经意识到了职场隐私在法律上的不确定性。

上述所假设的每一个场景,已经变成了大量的现实生活场景,并在成千上万的公司里上演着。随着就业纠纷的案件越来越多地进入法院和行政裁判所,法官和行政人员开始意识到这一新的现实情况。在这种现实情况中,我们既缺乏既定的法律,也缺少先例,因此对这些社交媒体关系的法律含义评估显得比较困难。但即使这些决策者能够根据法律和社交媒体之间的相互作用来决定人们的生活和生计,他们所处的位置也并不惹人羡慕。①

让我们来看看国家劳动关系委员会(National Labor Relations Board,NLRB)最近审查的首批因社交媒体原因而终止雇佣关系的案例。② 国家劳动关系委员会是第一个被推入这类案件的机构——在对行政法法官(administrative law judge,ALJ)的裁决提出上诉后,Facebook陷入了一起劳工法案件。③ 案件涉及的员工曾经是宝马的销售人员,他在其雇主经销商赞助的活动中拍了很多照片。然后这名员工在自己的Facebook页面上传了一些带讽刺的评论和照片。随着越来越多的人浏览他的帖子,他的主管也了解到了他所发布的内容,这导致了这名销售人员被经销商终止了劳动合同。在上诉中,行政法官做出了有利于经销商的裁决。为了证明这一裁决的合理性,行政法法官认为员工发布此种照片和评论的行为是对雇佣关系的侵犯,因为这是员工自行决定的行为,而且没有经过任何的职场咨询。行政法官认为,这名员工在Facebook上发帖的行为是一种不受保护的表达形式,

---

① See Facebook Post Gets Worker Fired, ESPN. com(Mar. 9,2009,5∶41 PM), http∶//sports. espn. go. com/nfl/news/story?id = 3965039.

② See the NLRB's page, http∶//www. nlrb. gov/nlrb-process, for an overview of the NLRB process and organizational setup.

③ See Karl Knauz Motors, Inc., 358 N. L. R. B. No. 164, 2012 - 13 NLRB Dec P 15620(Sept. 28, 2012).

所以，行政法官拒绝审查其内容本身的合法性。① 国家劳动关系委员会同意了行政法官的决定。

国家劳动关系委员会支持员工被解雇的行为代表了当代社会个人沉浸于社交媒体的结果。它进一步强调了社交媒体行为可能会对生活产生切实的负面影响。随着雇主监视其员工的案件逐渐开始出现在法院系统中，复杂的法律问题也浮出水面。特别是，雇主及其员工之间的交叉权利及其演变的关系将持续地引起人们注意。这些关系将如何塑造《美国联邦宪法第一修正案》（以下简称《第一修正案》）中言论权或《美国联邦宪法第四修正案》（以下简称《第四修正案》）中隐私权的轮廓，还具有很大的不确定性。这引发了一系列需要确定性范式的问题。

雇主的无端监视是如何影响员工所享有的《第一修正案》权利的？雇主是否应该规定所有的员工在工作时都不能使用社交媒体吗？雇主必须对员工进行职场社交媒体礼仪培训吗？公司的大门是否隔绝了员工们在社交媒体上所享有的言论自由权吗？在社交媒体交流中，员工能期待从雇主的监视中享有合理程度的隐私吗？这些问题大多涉及员工的个人权利因其在网络空间中留下了自己的数字足迹之后，是如何受到影响的。在下面的例子中，情况确实变得更加复杂。

让我们来看看 Janis Roberts 的例子，Roberts 女士曾是 CareFlite 公司的一名飞行护理人员。她对她所帮助过的一位病人的态度感到沮丧。② 在一次紧急呼叫结束后，这位飞行护理人员在她同事的 Facebook 页面上留言以发泄情绪，抱怨了某个不守规矩的任性病人。Roberts 女士并不满足于区区抱怨。她在 Facebook 上的负面情绪高涨，甚至表达了她想扇那个病人一巴掌的愿望。Janis Roberts 在 Facebook 上与她的飞行护理同事进行了长时间的交流，而他们很快就被他们的上司盯上了。结果，Roberts 女士因不专业和不服从而被解雇了。随后，针对该解雇决定的上诉很快就到了第二地方法院，该法院维持了塔兰特县法官的判决，认为被解雇员工在 Facebook 上的咆哮"不属

---

① Knauz, 358 N. L. R. B. No. 164 at 174.
② See Roberts v. CareFlite, 02－12－00105－CV, 2012 WL 4662962（Tex. App. Oct. 4, 2012）.

于她的隐居、独处和私人事务的范围"。通过提供一个说明个人的社交媒体交流是如何影响雇主监视的例子，这个案例强调了当代社会深度沉浸社交媒体的潜在法律后果。此外，这一案例还预示着未来的许多相似案例，这些未来案例会展示个人的社交媒体行为是如何跨越雇主监视、非法解雇和隐私侵犯等多个法律层面的。

从表面上看，社交媒体时代的隐私似乎正走向消亡。在现实中，隐私的范围和法律保护已经随着社会规范和人们期望的改变，在不断地演变发展，已经成了一种复杂的现象。例如，在职场遇到挫折是很常见的，而发泄这种挫折情绪也是典型的人类反应。然而，上述案件的事实表明，其中的两名同事对这种行为持有不同的看法。被解雇的员工Janis Roberts认为，她有权在私下的对话中发表关于其职场情况的贬低性言论。① 而与Roberts女士在Facebook上交流的那名同事却觉得，这样的谈话可能超出了私人谈话的范围。然而，根据实际情况，极端的做法很可能会出现员工不再享有任何隐私权的情况。毕竟，Janis Roberts只是像许多人一样在Facebook上发泄了自己的不满，结果被解雇了。或许，几十年前的类似情形与现在相比较，会对现在的情形提供一些解释性的观点。想象一下，在10年前有一位同样沮丧的员工，她要么打电话给同事发泄，要么在休息时面对面地与其他人分享她的沮丧。这既不会招致主管的审查，也不会招致解雇。我们可以看出，类似的事件发生在不同的特殊时期却有完全相反的结果，这揭示了科技催生的社交媒体行为是如何塑造他人在职场的隐私预期，正如笔者在下文的观察中指出的。

首先，社会上普遍存在的网络沉浸行为表现为个体与多个其他个体之间即时、瞬息的交流能力增强。因此，通过社交媒体进行的一对一信息交流可以立即变成多对多的交流。这些信息通过其底层的数字交换机制，现在可以储存起来，以便我们将来根据内容进行审查和决策。相反，在电话时代，同事之间通过物理线路进行相似的私人交流时，不会使内容落入行为人的即时存储和监视之中。因此，这种通信机制很难用来监视员工的行为，除非用可能的原因来窃听目标员工的电话。

---

① Roberts, 2012 WL 4662962, at *2.

其次，即时通信的便捷性以及在社交媒体上访问存储内容的便携性，可以为雇主的监控提供强有力的条件。因此，由于广泛地参与社交媒体，当代的个体可能会牺牲人权中一个基本的组成部分——个人隐私。不可否认，数字足迹对员工在个人交流中的隐私权产生了负面影响。但是，雇主在工作中对员工私人事务侵犯的范围随着社交媒体的出现而变得更加广泛，这篇文章探究了这种更加广泛的范围是否必然地符合《第四修正案》。

最后，雇主通过监督员工的私人领域进而揭露其私人事务细节是一种令人不安的趋势。认识到这一新兴现象之后，这篇文章开始探究雇主对员工的监视是否员工数字沉浸的结果。因此，本文思考的是，社交媒体的诱惑是否可能成为一个以保护雇主的合法商业利润为借口而侵犯员工个人隐私的驱动因素。此外，立法指导方针的缺乏可能已经强调了数字沉浸和法律无法解决这种沉浸之间日益增长的矛盾。[1]在这方面，我们可以从不同的法庭诉讼中提炼出以下两种情况：①雇主在雇佣前就对雇员进行网络审查，②在实际雇佣期间对员工进行网络审查。本文详细讨论了第二种情况，并对日益增长的法律指导需要做出了回应。

本文还考察了数字沉浸在当代社会的现状。这项讨论将揭示促成这种新社交媒体繁荣出现的背景。尽管社交媒体繁荣和雇主监视之间的联系还没有从法律上建立起来，但它们之间的关系值得我们分析。第二部分同时也分析了导致法律向这一方向发展演进的原因，并考察了导致法律向这一方向发展演进的社会因素。第三部分探讨了现行《第四修正案》的法理如何适用于确定他人的行为"如何被既有的判例范围所影响"。本文通过分析一个案例在侵权方面的内容来得出结论，并观察发现了后现代时代的类似行为。这项分析将有助于我们更好地理解当前雇主对于现代监督的偏好。第四部分探讨了他人在社交媒体上的个人行为，这些个人行为可能与社交媒体消除个人的主观隐私期待之间有一定的联系。通过阐述一系列基本原理，第四部分强调了当代社会的数字沉浸是个人对交流"对称"的基本渴望，但是，

---

[1] See, e.g., Eli R. Shindelman, Note, Time for the Court to Become Intimate with Surveillance Technology, 52 *B. C. L. REV.* 1909, 1914 (2011).

反过来可能不利于个人在职场寻求隐私。第五部分的结论是,《第四修正案》的判例可以解决社交媒体行为及在雇佣-雇主双边关系中的影响所产生的复杂性。

二、雇佣关系的前景

社交媒体在个体与个体之间催生了一种新的行为模式,并推动了雇主与员工之间关系模式的演变。20年前,如果一个雇主一直在监视员工的谈话,那么,这种做法是相当不合情理的。相反,对员工的数字信息进行持续的监控可能会成为新的规范。这是因为在网络空间搜查个人的数字足迹时,我们会发现多个行为特征,这些行为特征可能会帮助雇主就员工是否能够在组织中继续贡献自己的才智做出决策。尽管这是一个非常敏感的领域,但这一现象对雇主权利和员工权利都有影响,因为雇主对其雇员的监视开辟了一条未知的法律轨道,而其法律优先级却是有限的。在这种新的社会环境中,通过员工所产生的大量行为特征,雇主可能会训诫、惩罚和解雇员工,每一种结果都可能导致多方面的法律后果。本文关注的是,一旦雇员接受了一个职位,那么,在这种雇主-员工之间的关系中会创造出什么样的情景。这一事件可能会引发员工行为特征的多样性,而每一种行为特征都需要特定于事实的法律分析。笔者会在本文中讨论其中的几种情况。

新技术使得法律尚未准备处理的行为成为可能。为解决此项法律漏洞而制定的立法必须先解决此种问题定性的复杂性。因此,雇主在搜查员工数字足迹时进行监视的合法性必须取决于搜查的范围和深度。例如,监视的合法性可能要取决于雇主如何进行搜查行为。从法律上讲,监视要合法,其范围必须根据员工受保护的阈值而确定。相比起监视员工在下班时间用私人电脑进行的社交媒体足迹,在雇主提供的电脑上对员工行为进行此类的监视时,员工受保护的阈值要低得多。当然,员工在其私人电脑上所创造的数字足迹必须拥有更高的《第四修正案》隐私保护的门槛。然而,如果雇主搜查的是员工在上班时间、在雇主提供的电脑上所留下的数字足迹时,那么,《第四修正案》的这一项保护措施也可以反过来对雇主有利。

上面的场景有点类似于在租客和房东在租赁背景下所发展出来的

共享权利。租客有权不受打扰，但房东保留其定期检查的权利，并且房东可以根据观察到的违规情况对租客进行惩罚。类似地，雇主可能不会持续地监视员工的每一个小行为，但他可以根据一个可能的违规原因来审查员工访问过的网站内容。因此，在与雇主提供的机器相关的问题上，雇主对员工社交媒体行为的监视门槛要低得多。

员工创造数字足迹时所使用的设备的所有权，比如是否是员工的私人电脑或智能手机，很可能是描绘和构造共享的隐私权和监视权的一个因素。因此，在职场的社交媒体交流中，描绘权利特征和识别影响这种描绘的因素将会形成一些双方都可接受的行为。

（一）对雇主影响的问题

前面所讨论的假设场景和所列举的司法案例提供了一个有趣但趋同的行为快照，即员工在社交媒体上的行为是如何对雇主的各种利益造成不利影响的。认识到这种新技术可能会使员工分心，雇主在员工手册中规定了一系列可接受的员工规范。在编制这样一本手册时，雇主可以考虑自己的发展目标，如合法的商业利益、合规义务和对员工责任的免除。这也将在发生争议时给雇主提供一些参考。因此，这将使发来吧的轮廓以一种确定的方式演变，从而充分地平衡雇主的监视行为与员工的行为，使雇主的监视变得合理。

1. 雇主的合法商业利益

员工的生产力被认为是企业持续生存的核心驱动力之一。因此，有人可能会说，这种持续生存的驱动力赋予雇主从其员工身上榨取生产力的合法权利。所以，在一个每个个体之间被持续连接的环境中，对员工的监视可能会变得至关重要。从相关的文献调查中收集到的轶事证据中充斥着这样一种趋势，即员工为了不断地通过社交媒体进行沟通而牺牲了工作效率，在社交媒体中，经常更新状态不仅是常态，而且几乎是必需的。因此，越来越有必要对员工进行有效的监视，而这将要求我们要确定这种监视的范围，并考虑员工在职场的在线活动中可以被允许有多少隐私。雇主的监视应该成为其商业活动中合法的一部分吗？这种监视是否应该作为对生产率下降的一种特殊应对？下面的文章内容阐明了这些问题。

2. 确保员工的服从性

在一个即时通信和持续状态更新的时代，一个典型的员工是处于持续沟通模式中的。在繁忙的工作中，员工们常常没有注意到自己工作时所出入的时间、地点和背景。在这种无处不在的数字沉浸式发展模式中，家庭和办公室之间的界线变得模糊起来。当数字环境和对应的非数字环境处于一个连续的、不受管制的空间中时，身处其中的一个典型员工就会忘记社交媒体交流的限制，在工作时间里用雇主提供的机器进行无限制的交流。然而，这种与社交媒体交流相关的违规行为可能不会很容易被监管人员所发现，因为它可能只有通过追踪或第三方报告才能被发现。所以，雇主可能通过监视雇员来了解违规行为。因此，相关的问题是，一名员工应该被监视多长时间？虽然监视可能是确保员工服从的唯一方法，但监视的范围和持续时间需要有所限制吗？尽管雇主可能会得到积极的结果，但在没有合理理由的情况下，肆无忌惮的监视行为仍必须被视为对员工基本隐私的侵犯。因此，监视的范围应该基于一个触发点，即员工的违规行为。显然，雇主应该何时启动此类监视仍然有待讨论。

3. 涉及雇主的责任

雇主因员工的社交媒体交流而需承担的法律责任可以通过各种途径体现出来。评论家们已经注意到雇主是如何因员工的社交媒体交流而需要在侵权、合同或知识产权的理论上承担责任。这些交流的内容可能包括雇主的商业秘密，或者对同事的贬损性言论。一组场景可以说明不知情的雇主可能面临的潜在危险。首先，如果是在工作时间内进行的，或者是通过雇主提供的机器进行的，那么，雇主就有可能对员工或相关受影响的人造成伤害。其次，如果不小心，员工还可能会在更新 Facebook 状态时不经意地就与公众分享了商业机密。如果这种无意的分享被竞争对手公司的成员所了解，那么，本公司可能会由于收入的损失或市场份额的突然下降而对员工的业务造成无法弥补的经济损失。再次，员工可能会利用社交媒体来发泄工作中一时的挫败感。其他可能的情况还包括，发表有意针对其他同事的言论，这些言论可能被视为贬义的，或者被认为违反了商业规定。在所有这些情况下，雇主可能会面临法律上的责任。这些情况都证明了，员工在 Facebook 上看似无关痛痒的更新，都可能会迅速成为雇主的潜在噩梦。

尽管提出了允许雇主监视的更有力的理由，但上述强调的事件并没有回答雇主应该对员工监视多长时间、什么频率以及何时监控等更深入的问题。对这类问题的充分解释将使我们有必要将监视的背景与更基本的个人隐私问题脱钩。这就需要对员工个人的隐私期待进行讨论，这里的隐私是在广泛的社会合理期待中得到认可的。

（二）对员工影响的问题

智能手机、Facebook和Twitter都代表了后现代员工交流和结社的各个维度。在这个生活互联、持续分享和在线直播的社会中，实现个人生活中所有的愿望同时意味着他人向自己选择的数字社区里展示自己的私人生活。尽管生活的旅程可能需要人们认识到隐私是实现生活愿望的一个基本要素，但后现代员工被不断深入的数字沉浸可能带来了一个意想不到的生活成本——他们的隐私被消除了。隐私是自由的基本组成部分，也是自由人生活的基本要素。但是，后现代员工沉浸以个人行为规范为棱镜来确定个人隐私的轮廓。换句话说，一个人的隐私轮廓可以发展到什么程度取决于他在相关和类似的环境中表现出什么样的行为规范。因此，尽管我们可能会哀叹个人的隐私空间以惊人的速度缩小了，但我们无法将自己与这种缩小的根源——新兴交流模式的作用——脱钩。

随着通信从电话交谈转变为计算机信息的交换，通信的频率、内容和范围都发生了真正的变化。个人能够与更多的人进行交流，其同时交流和频率更高的交流的能力增强了。当今交流的超互联性创造了一种情景，即雇主监视可以超越相关的雇佣关系，因为技术上增强了的交流已经打开了雇主监视会影响更多个人隐私的可能性。随着技术在各方面的发展，雇主监视的范围也扩大了。虽然雇主的监督是在雇主－员工的双向维度上建立的，但社会的数字沉浸效应也产生了一个次要的影响。因为目标员工与其数字社区中的许多成员有联系，所以这种监视会在一对多关系的更大范围内影响其他对象；因此，很明显，简单的双边雇主－员工监视可能会迅速发展为多边监视，从而影响到相关员工之外的其他人的个人隐私。显然，一般的员工监视对非员工的个人的隐私权也有塑造作用。社交媒体被大规模地适应，社会中无处不在的数字沉浸，开辟了完全未知的隐私侵权领域。在这些领域中，一种契约约束的双边关系——雇主与员工之间的关系可能会打开一个充满社会不确定性和法律不确定性的潘多拉魔盒。

尽管存在一种新的趋势，但对此的讨论并没有解决雇主要求应聘者需要提供个人信息的问题。出于识别和评估应聘者数字身份的愿望，雇主经常要求应聘者提供他们的个人账户信息，包括能够查看其社交媒体活动的密码。这一领域目前正是持续的调查重点，其中一部分原因是，相关的诉讼不断增加、州和联邦一级的相关立法工作悬而未决。由于认识到其中的一些隐私侵权行为可能是不合理、不可接受的，因此，立法者正在考虑新的法律保护措施。然而，考虑到法律和技术之间相互作用会涉及的复杂性和其在不同地区可能会有的细微差别，在全国范围内制定统一的立法可能需要时间。因此，尽管法律保护的前景尚未成熟，也没有在全国范围内协调，但在《第四修正案》中所一直坚持的原则中，我们仍然可以预见使雇主行为变得合理谨慎的途径。

三、禁止不合理监视的《美国联邦宪法第四修正案》

后现代个人的数字沉浸迫使人们几乎在进行每一个社会交流时都会留下数字足迹，驻留在这些数字足迹中的是与个人相关的私人信息。因此，对这些足迹的搜查总是会侵犯个人的隐私。然而，社会的行为规范是这样构建的：一个人无法逃避数字沉浸。因此，技术增强了监视功能，使得监视人可以访问这些被监视人的数字足迹。

虽然这种对个人隐私的侵犯与他人的自由利益相冲突，但在雇佣关系的背景下，雇主监视权的范围最好根据员工对其隐私的主观期待来予以确定。美国联邦最高法院（以下简称"最高法院"）在评论当代社会的个人对隐私的期待与个人的数字沉浸之间的联系时指出："交流和信息传播的动态变化不仅体现在技术本身，也体现在社会所认可的正确行为上。智能手机交流和短信交流如此普遍，以至于一些人认为智能手机是自我表达甚至是自我认同的必要手段或必备设施。这可能会加强人们对其隐私的期待。"[①]

---

① City of Ontario, Cal. v. Quon, 130 S. Ct. 2619, 2629 – 2630 (2010).

最高法院上述精细的观察结果形成了其对他人隐私主观期待的看法。① 尽管最高法院自身必须遵循的方向尚不明确，但它可能暗示了一条基于两项基本原则的道路。第一条原则是，通过将他人的主观隐私期待作为最高法院所认为的社会对可接受的行为框架的期待其中之一，从而来确定这种隐私期待的范围和轮廓。第二条原则是，最高法院在更广泛的个人自我表达范围内找到所有必要的成分，从而来进一步调整个人的隐私期待。尽管与雇佣双边关系的讨论相距甚远，但法院还是谨慎地认为应该考虑这一项。最高法院将个人的数字沉浸和由此产生的交流模式视为对个人表达能力的一系列基本需求中的一部分，这是笔者在其他地方详细讨论过的一个领域。虽然最高法院的上述意见可能会倾向于限制雇主的监视，从而来保障个人的隐私不受侵犯，但考虑到雇主合法业务的需要，最高法院这些意见的影响可能会被削弱。② 反过来，在一个监视技术空前发展的环境中，雇主有能力追踪员工的每一个数字足迹，因此，为目标员工设立一个保护主义的门槛是很重要的。这将允许雇主发展出一个合理的监视模式。在缺乏可适用的立法规定的情况下，这种合理监视的模式可以通过从《美国联邦宪法第四修正案》（以下简称《第四修正案》）判例中获取的法律指导来更好地形成，更具体地说，可以通过其 Katz 一案中所确立的原则来形成。

（一）将 Katz 一案中所确立的原则应用于雇主对员工的监视

尽管全社会都沉浸在数字化环境中，但社会中的普通公民对雇主在先进监控技术上的优势程度知之甚少或一无所知。由于大多数员工没有、也无法意识到他们可能受到的监视，个别员工可能在雇主监视的范围内充分表达了一些对其不利的观点。这种认识对于开发一个细致入微的研究路线图非常重要，通过这样一个路线图，我们可以在数字足迹搜查的背景中分析雇员与员工的关系。存在于这种认识中的是一种平衡模式，它阐明了《第四修正案》要确定的是，个人隐私应

---

① See Katz v. United States, 389 U.S. 347, 361 (1967) (Harlan, J., concurring).
② See O'Connor v. Ortega, 480 U.S. 709, 717 (1987).

该对监管权力有多大程度的限制——无论是来政府的监视还是来自行使监管职能的雇主。

最高法院在 Katz 一案中基于 Harlan 大法官的判决采纳了一种新观点,这种新观点打开了一个新的视角,我们可以通过它来评估个人隐私以应对技术进步的冲击。除了政府执法人员侵权的案件,根据《第四修正案》,Katz 一案中所确立的原则已经成为平衡个人隐私与执法监管利益的参考点。Harlan 大法官阐述了一项双重检验标准以检测《第四修正案》中可以拓展到雇主监视的不合理搜查保护是否可以实施。因此,Katz 一案提供了一个权威的框架,我们可以通过这个框架来评估他人的隐私应该在多大程度上限制监管权力的范围。根据 Katz 一案中所确立的原则,是否侵犯了隐私将通过一项双重检验标准来确定。第一重测试是,个人必须表现出对隐私主观的、实际的期待。第二重测试是,在满足第一重检验标准的阈值之后,我们必须评估,这样的期待是否是更广泛的社会将会承认的"合理"期待。

上述检验标准的有效应用性来自这样一个事实:在阐述他的双重检验标准时,Harlan 大法官遵循了 Katz 一案中多数意见对《第四修正案》的强势解释,即"《第四修正案》保护的是人,而不是某个地方"。因为与《第四修正案》最初的目的仍然保持一致,所以 Katz 一案中所确定的原则框架在定义《第四修正案》中他人隐私期待的轮廓时仍然有效,这种有效性甚至持续到 Harlan 法官提出"合理隐私期待"检验标准后近半个世纪。通过提供与各种搜查和监视相关的明确指导,Katz 一案为他人对隐私的主观期待提供了一个阈值,这个阈值必须在当代个人沉浸与数字社交媒体不断发展的环境中进行评估。对基本隐私利益的重新审视开启了 Katz 一案的两条主线:①他人隐私期待的本质,②他人的期待与社会对合理期待的认可之间的关系。①

评估个人对隐私的主观期待需要定性和定量的结构。在这里,定性的方面是从这样一个事实中得到的:虽然个人的期待被认为是主观

---

① See Katz v. United States, 389 U.S. 347, 360-362 (1967).

的，但这种主观的方面必须与个人的实际期待相一致。① 定量的方面必须根据这样一个事实：评价的手段依赖于对社会合理期待的识别，需要一个更加可量化和可识别的框架。这可以被认为是一个主要的客观框架，这就需要我们依赖于识别社会的合理期待。可能在概念上，在客观框架和主观框架之间建立一种关系是困难的。然而，可以通过确定一组决定性的基准点来克服这种困难，例如，确定一组决定因素，根据这些因素可以做出决定。

在试图确定他人对隐私实际期待的范围时，围绕个人的行为模式得出所有的辅助事实模式是很重要的。因此，如果一个人表现出了一种共享的空间感，例如，一个人可能并不愿意在他的数字通信路径中使用可用的隐私设置，那么，我们会认为他对其隐私的实际期待是比较低的。相反，如果他使用了所有可用的隐私设置，那么，他的Facebook朋友们就能得到这样一种认识：他的隐私期待是相对比较高的。通过这样的方式，尽管他人对隐私的期待可能是主观的，也可能只在一定的范围内得到认可，但它们代表着相关个体的实际期待。

因此，在他人主观期待的框架内，我们有可能在一个更大的范围内去识别各种主观阈值。这种阈值可以看作一个人在其数字足迹上留下的触发点。识别这些足迹不仅可以揭示个人生活的内容，更重要的是，它可以作为评估个人隐私期待的基准点。通过询问一系列问题来评估他人的数字交换模式，评估这些触发点可能需要查看个人的数字档案：这些个体以什么样的频率与更广泛的社会分享敏感的个人信息？这些个体是否在其数字环境中广泛地使用了适当的隐私设置？

在分析雇主监视的适用和允许的范围时，识别他人的线上角色非常重要。在这种评估中，员工的行为可以成为其隐私阈值的预测器。例如，如果一个人的数字角色在其在线交流中表现出了对隐私的漠视，那么，这个人还会被认为对其隐私有更高的主观期待吗？对他人隐私期待的初始评估将启动隐私保护是否触发的第二阶段，就是评估主观期待的性质、范围和定量因素。

以下一系列步骤可能会决定什么样的主观期待才能成为合理的

---

① See Saby Ghoshray, Looking through the Prism of Privacy and Trespass: Smartphone's New Challenge for the Fourth Amendment, 14 UDC/DCSL L. REV. 73, 74–75 (2012).

期待。

第一，从法律上说，员工对其隐私的主观期待不能凭空产生，它必须得到社会对隐私的合理期待的认可。然而，雇主可以通过提出一个更有说服力的、合法的商业理由的例子，来阻止员工这种基于交流的期待，这可能会使个体已经确定的合理期待变得不合法。职场中可能会有各种各样的紧急情况，还有员工的服从性问题和违规问题，来使得员工的个人期待不合法。

第二，对社会合理期待的评估一直是各种说法争论的主题。这种评估中隐含着第三方学说的概念。为了本文的分析逻辑，笔者将通过提请一些注意事项来限制第三方原则的范围，即第三方原则的含义应该基于这样一个事实，即在数字通信时代，如果一个人自愿向第三方服务提供商共享了其受保护的信息，那么，其在社会中的隐私合理期待可能会减弱。考虑到"第三方"在理论上的含义可能会给雇佣关系带来额外的复杂性，因此不在本文中进行讨论。此外，笔者已经在其他地方讨论过人机交互和自动交互之间有趣而复杂的二分法，这是第三方学说的理论难点的争论核心。因此，让我们关注影响个人主观隐私期待和社会隐私合理期待之间关系的其他因素。

第三，在确定允许雇主追踪员工数字足迹的范围时，对异常值的识别是很重要的。异常值是指一些群体的主观隐私期待可能与社会的合理隐私期待不一致。围绕使用和滥用社交网络的法律必须充分解决这些问题，否则，平等原则可能会受到威胁。例如，那些不那么活跃于社交媒体的人，或者那些不沉浸于数字世界的人，可能会期待更高的隐私保护。他们的隐私权必须在一个比之前讨论的其他个体更高的阈值上进行评估。法律必须保护这些"独行侠"们免受因社会广泛使用社交媒体而对其产生的不利影响。个体对隐私的主观期待不应该与多数人的主观期待混杂在一起。雇佣关系的法律框架必须为这些个体构建合理的保护，否则，隐私权学说可能会得到进一步的（负面）调整，就像第三方原则侵入了《第四修正案》法理的堡垒一样。因为，即使一个人没有沉浸在技术中，但由于他生活在社会中，他就可能会受到更广泛的社会规范的约束。

第四，在绘制雇佣关系框架和描述他人对其隐私的主观期待的讨论中，重要的是理解一个人的个人行为是如何可能塑造他自己的期待，这是一个在目前讨论中没有得到太多关注的领域。接下来，笔者将通过社交媒体中的个体行为，在个体的主观期待和社会的合理期待之间建立一种更加现实的联系。

（二）塑造主观隐私合理期待的个人行为

如今的个体生活在一个数字连接的世界里。然而，矛盾的是，这些数字化的个体允许他们的数字 DNA 在网络空间中流动。更新 Facebook 状态、发推特和短信来表达他们自己的情感是一种数字活动，它们类似于人们在自己的私人住所里所进行的活动。正如私人住所里的内部空间为一个人提供了一个内在的圣地，让他可以进化成他想要的存在，Facebook 的更新、推特的推文和短信的发送就是这种存在本质的组成部分。就像他人在他们的私人住宅里会拥有《第四修正案》所规定的全部隐私权，不会受第三方原则的有害影响和被弱化的细微差别一样，在 Facebook、Instagram 和推特内部活动的个体也应该拥有独处的权利。

然而，当我们要建构一个社区时，一个自我选择的群体，可能是这个新的数字世界存在的必要前提，这种网络连接可能给数字世界中的人们一种有缺陷的授权感。人们沉浸在数字世界中，呈现一个脚本化的自我广告展示，在这个连接的环境中，同一个人既是作家、制作人，也是讲故事的人。在这里，订阅者在等待着作者的下一次更新，作者的下一条推特就是这个不断展开的个人传奇故事的下一章。在这个过程中，这些人大多都会提出一些"半生不熟的"和"不成熟"的想法来供公众消费。① 这些大多是个人的沉思，而现在它们却被放入开放的网络空间中，做好了被观看、评论，甚至被经常嘲笑的准备。②

因此，以下问题就出现了：他人的数字交换是否会因为被释放到公共空间而失去了隐私保护？这些被"蓄意"传播的数字通信是否

---

① See Alex Kozinski, The Dead Past, 64 STAN. L. REV. ONLINE 117 (Apr. 12, 2012), availableat http://www.stanfordlawreview.org/online/privacy-paradox/dead-past.

② See Naomi Goodno, How Public Schools Can Constitutionally Halt Cyber Bullying: A Model Cyberbullying Policythat Survives First Amendment, FourthAmendment, and Due Process Challenges, 46 WAKE FOREST L. REV. 641 (2011).

应该因为其创建者的隐私期待低而失去了隐私保护？在主张需要保留个人隐私的神圣性的同时，我们必须接受一个基本的现实。这一基本的现实为我们提供了一则警世寓言，寓言是一个有缺陷的授权变得失控的故事。通过这些不受约束的自我展示行为，其实每个个体都在持续侵蚀他们自己对隐私的期待。为了让个人能够更好、更全面地展示自己，企业不断向市场推出更新、更轻便、更快捷的电子产品，让个人能够更快、更频繁地发送信息。① 在隐私的数字屏障不断降低的同时，他人的行为塑造着其主观期待。这是因为从根本上说，行为是一种外部表达。在这个表达中，存在着一个人储存的思想，这种思想表现在其外部行为中，同时，也仅仅因为盈利，而通过大量的数码设备将一个又一个个体连接起来。企业在本质上是降低他人隐私期望的催化剂，因为社会主要是由这些个人组成的。所以，当代社会的数字沉浸所驱动的主观隐私期待，与 Katz 一案中所确定的个人隐私概念不同。

（三）通过对称的诱惑来降低他人的主观隐私合理期待

沉浸于社交媒体的人往往迫切地需要更新他们私人生活的几乎每一个细节。由于这些人中的大多数是通过社交媒体与其他许多人联系在一起的，任何一对一的联系都会自动变成多对多的联系。尽管社交媒体提供了各种隐私设置，私密的个人细节可能不会被隐藏在他人神圣不可侵犯的私人空间里。因此，一个人可能正在侵蚀自己对隐私的期待，而甚至没有意识到他个人行为的长期有害影响。

因此，在讨论他人的个人隐私受到侵犯时，我们不一定要把雇主监视单独扯进来。不管雇主拥有多么强大的监控能力，也不管社会的数字化规范如何，员工都不能与个人责任脱钩。尽管数字通信很便利，但为了在网络空间建立个人隐私权，他人应该充分保护其个人通信的门户。然而，他人却继续在社交媒体上进行杂乱的私人信息交

---

① See Kyle, Apple's Latest Innovation Is Turning Planned Obsolescence Into Planned Failure, IFIXIT. COM (Jan. 20, 2011), http://www.ifixit.com/blog/2011/01/20/apples-latest-innovation-is-turning-planned-obsolescence-into-planned-faiure/.

流。让我们通过对称的诱惑这一概念来剖析这种行为。①

对称的诱惑是一种复杂的社会秩序现象,在这种社会秩序中,大多数成员的观点倾向于争论中更能为社会所接受的一面。这种社会学趋势表现为社会成员对争论的一方表现出的偏见。在这里,对称是统一的终点。这种统一的过程是通过成员之间行为规范的凝聚力和采用一套可预测的社会习俗来进行的,在这些社会习俗中,分歧的出现被视为是异议。在一个梦想拥有强大凝聚力的目标国家的框架中,任何异议都将威胁着异议的提出者,即他可能会被驱逐出社会。因此,对称的诱惑是人们对一个理想社区的期望,其中社区内部的接受是基于成员遵循社区所接受的原则。在数字环境中,一套公认的原则是社会强制采用以社交媒体为中心的交流模式,在这种模式下,他人频繁更新个人状态的行为被认为是适当的行为。通常情况下,一个不符合Facebook规则的朋友会被社区驱逐或被解除好友关系。因此,对称的诱惑是一个既可以强加于个体,也可以吸引到目标个体的过程。社会的个体成员由于各种各样的原因而成为对称诱惑的受害者,其中最重要的原因是他们无法承受不对称给他们所处的环境所带来的代价。对称是与外部力量一致或与外部环境一致的状态。因此,存在不对称的反查状态就是存在与自身所处环境相矛盾的状态。这可能包括与社会公认的原则相冲突或与行为模式相矛盾,所有这些都会给试图从对称中脱离出来的个体带来各种形式的代价。在一个社区的形成和信息交流大多发生在网络环境中,在社交媒体上解除好友关系等同于在社会上孤身一人——这是大多数人不愿意承担的代价。其结果是,私人交流在网络空间继续有增无减,这就使得他人为对其的搜查和监视留下了广泛的数字足迹。

四、数字世界中雇主权利的范围和限制

当代社会为个人提供了过多的选择。然而,很多时候,这些选择要么是单向的,要么是被强迫的。例如,在社交媒体驱动的狂热中,一个人被不断地哄骗和劝诱,让其在其他社交媒体渠道上传个人资

---

① See Saby Ghoshray, CapitalJury Decision Making: Looking Through the Prism of Social Conformity and Seduction to Symmetry, 67 U. MIAMI L. REV. 477, 486 – 491 (2013).

料。类似地，应聘者也会受到朋友和专业人士的负面评价。可以预见的是，这个人最后会发现自己完全沉浸在社交媒体中。很快，他的数字足迹就开始储存在网络空间中。

然而，将数字 DNA 留在网络空间，并不能将他人与其基本权利——隐私权和不受打扰的权利脱钩，笔者在其他地方解释过这些权利。员工和雇主在一个双边和互补的框架内，处于一种双边关系中。两者在共享空间内都有一定的权利。这些权利不是凭空产生的，它们也不会轻易蒸发。我们必须理解这些权利的动态本质。当两个明显互补的实体在一个共享空间内发展时，摩擦就产生了。通过一系列相互竞争的权利的演变，这些互补实体的竞争利益在相互作用。它们在相互作用，看看谁的权利可能占上风。在这种大背景下，下面的讨论确定了一个新的现实，即为什么员工的网络行为可能会赋予后现代雇主更多监视其员工的权利。

（一）员工行为中的一项是承认雇主的权利

在融入普遍数字世界的紧迫性的驱使下，员工喜欢让自己处于活跃的在线状态，并且表现出可预见的社交媒体行为。在这个过程中，员工在网络空间中产生并留下了相当多的数字足迹。这些数字足迹可以作为一种催化剂来促使雇主进行监控，从而规范和调整员工的社交媒体活动。当代社会的超级数字化状态带来的一个切实影响是，因为员工过度沉迷网络，所以社会赋予雇主有更大的权利来对员工进行监视。

他人隐私丧失的背景很重要。如上所述，他人隐私的衰减是由于个体对数字媒体的过度沉迷。通常情况下，雇主对隐私的侵犯可能是员工因自己肆无忌惮或不合理地使用社交媒体的结果。但这个观点存在一个明显的悖论。隐私权是自由的基本组成部分。就其本身而言，自由权意味着他人对自由的追求——一种追求自我选择的自由。一个人的选择是其多方面决策的结果。因为对数字世界无节制的追求，一个人牺牲了他在社交媒体上的隐私。相反，通过限制他对自己的数字参与的程度和混杂程度，同样的一个人可能会期待获得更高的隐私门槛。所以，自由赋予个人进行理性选择的权利。在职场隐私衰减的背景下，我们必须通过个人理性选择的角度来看待社会媒体传播的新现实。在这种选择与隐私之间的紧张关系中,他人行使个人选择权是如何危害个人隐私的呢?

技术的成熟和对数字设备的普遍使用为个人提供了过多的选择。一个人利用这种途径所做的事情将会塑造一些个人权利的轮廓。一个人的自我膨胀程度主要取决于个人的选择。技术可以以最谨慎的方式使用——既不涉及隐私,也不会不必要地扩展人们的选择。不幸的是,如此丰富的选择可能已经开始使后现代时代隐私的基本原则复杂化。正如 Kozinski 法官所暗示的那样,大多数人都在社交媒体上追求暂时的荣耀。很多时候,人们通过在网络空间中释放不完整的想法和不成熟的想法来宣布自己的重要性,这就使得他把自己私人通信的阀门打开,让其他人窥探。员工留下的大量数字足迹现在很容易被雇主监控。由于员工自己的行为,他已经降低了对这种搜查的隐私期待。

通过搜查这些数字足迹,雇主可以建立起员工们的个人综合档案,以供其进一步审查。这样的评估可以用来决定员工的未来。在网络空间留下这些数字足迹是出于个人可以做出选择的。然而,在有缺陷的追求自我重要性的过程中,他人继续与他的数字社区分享个人信息,同时降低了他的隐私门槛。因此,员工错误的选择可能会给如今的雇主一个监视他的机会。毕竟,隐私缩水可能是这种选择的自然结果。

(二) 对称的诱惑——不需见面的联系

科技和社交媒体赋予个体罕见的沟通能力。在这种新的模式中,个体不再需要与其他个体进行直接的交流。他人可以不再需要听到另一端的声音,也不需要被迫去看另一个人的眼睛就可以满足其交流需要。因此,他人可以在不被别人盯着看的时候,仍然与这些人进行交流。这种数字沉浸感就像一种会传染的冲动,席卷了整个社会,人们的眼睛就一直盯着固定的数字屏幕。当他人交流的时候,他能即时地交换信息,能够频繁地同时与多个个体交换信息。这种交流模式是对称的普遍诱惑的一部分。由于个体不愿意表现得特立独行,因此他们无法打破这种对称性。这种无能为力迫使个体需要回应无数的推文,进行无数的状态更新,而这种交流的无形本质给他们提供了额外的动力。然而,这种对称的诱惑是一种选择的行为,是认识选择保持对称，还是打破对称。

对称的诱惑并不是本文讨论的重要，笔者已经在其他相关的细节中解释了这一现象。但对称的诱惑是一个透镜，通过它我们可以理解社会的数字沉浸感。这种诱惑是一种有生命的力量。它应该被视为一种现象，通过这种现象，我们可以理解为什么这些人会持续做出沉浸于数字世界的选择——这些选择持续地剥夺了他们对隐私的期待。通过比较两个时期发生的 Katz 一案前和 Katz 一案后，我们可以看见人们对隐私的期待是如何随着时间的推移而降低的。例如，当 Katz 一案被判决时，这种对称的诱惑并不是一种强有力的力量，因为他人的主观隐私期待和社会对这种隐私的合理期待之间可能存在着更多的分歧和脱节。换句话说，在前社交媒体时代，他人对隐私的主观期待与社会对隐私的合理期待之间的自然差异，为法院和法官提供了一定程度的不确定性的缓冲。在后社交媒体时代，数字沉浸是如此广泛地传播，使得缓冲已经不复存在。通过强迫大众接受思想和意识形态，对称性的诱惑可能已经减少了他人对隐私的主观期待与社会对隐私的合理期待之间的分歧。这可能最终会为雇主提供一个更有力的理由来进行监视，因为他人可能会将自己的命运引向一个比以前低得多的隐私门槛。

（三）雇主对员工监视的限制

虽然他人的隐私权可能会受到其个人行为的影响，但雇主对员工的数字足迹进行监视的程度必须有所限制。因此，雇主监视的范围必须建立在一个强健的框架内，这个框架是通过一组已确定的模式来定义的。

在这种监督框架下，雇主只有在员工的行为超出了其应遵循的规范时，才可以监视他。这项规定应该在《员工手册》中予以明确规定，其内容应该明确对员工的行为做出的限制，并将这种限制与雇主监视的范围联系起来。监视能在多大程度上侵犯员工的隐私，是由员工在职场里从事的一套标志性的行为模式来决定的。

员工从事的某一特定标志性行为模式，并不必然地赋予雇主可以对其进行全方面地、随时监视的权利。这种监视应该以两种主要的模式为基础：①雇主的合法商业利益，这种商业利益要将员工的社交媒体活动与可能的生产力损失联系起来;②雇主因员工的社交媒体活动而承担的责任,此时员工的活动可能招致了监管机构的审查,或可能恶意中伤了其他员工。

在确定对员工监视范围内,雇主必须注意两点:第一点,雇主有确保员工的生产力符合雇主的合法商业利益的权利。根据对特定行为模式的识别,如果雇主发现员工花在社交媒体上的时间多于工作时间,那么,雇主就可能会有合法的权利对此进行监视并收集员工的数字足迹。这些搜查的结果可以用来惩罚、训诫甚至解雇这些员工。第二点,如果员工在社交媒体交流中暴露了一些不当行为,比如泄露商业机密、秘密进行竞争行为或泄露专有信息,那么,雇主可能有权对这些员工的每一个数字足迹都进行持续的监控。

我们必须认识到,《第四修正案》并不排除雇主享有"有意义的存在"的权利。雇主有合法的监视权利保护自己免于承担责任。免于承担责任有两种形式:一是因雇主和员工之间不适当的沟通交流而导致的员工的责任;二是员工违反了公司规章制度的责任。在这两种情况下,雇主都有权对员工进行持续监视。

尽管公司对员工的社交媒体行为给予了广泛的自由,但雇主不得对员工进行不受约束或歧视性的监视。这种行为是受到限制的。好奇心、仇杀心理和私人原因绝不是雇主监视员工的正当理由。与好奇心和仇怨有关的个人问题不属于合法的商业利益范畴,即使员工没有履行相应的职责也不会引起雇主需要承担的责任。因此,任何情况下,都不允许雇主侵犯《第四修正案》赋予员工的隐私权。

五、结语

近年来,保护他人的个人隐私变得越来越困难,因为雇主拥有前所未有的监控机制,可以搜查员工在网络空间留下的所有数字足迹。为了确定允许雇主进行监视的范围,本文对社交媒体中的个人行为与工作场所隐私期望之间的联系进行了基本分析,并进行了一系列观察。

首先,随着社交媒体的蓬勃发展,数字沉浸已经导致陌生人之间的网络交流无处不在,这些陌生人在网络空间中被贴上了"朋友"的标签。通常情况下,这将导致人们在一个共享的多对多的交换中与虚拟的陌生人朋友共享私密的细节，这会侵蚀个人的隐私利益。随着这种隐私利益被转移到雇佣关系中，这些个体带来了新兴的社交媒体行为规范。在这个过程中，这些个体继承了被削弱的隐私合理期待。

其次，雇主监视的范围必须与目标员工对隐私的主观期待相平衡，对此，我们应以宪法学为指导原则。本文回顾了 Harlan 大法官关于隐私的两方面测试，并将个人隐私作为社会技术调节行为的功能置于讨论。因此，雇主监视的合法性应该根据雇主的合法商业利益和受影响的雇员的隐私主观期待来分析，并从更广泛的社会期待的角度来衡量。

再次，跨平台、多用户、多端口、高速度的即时沟通，降低了他人的隐私门槛。然而，存在于每一个个体内部的是一种自我决定是否共享信息的能力。这反过来又塑造了个体对社会隐私的期待，可以作为员工对职场隐私合理期待的客观标志。雇主的监视行为不能侵犯这种隐私合理期待。

最后，在社交媒体繁荣现状的推动下，一种新的行为规范正在当代社会逐渐形成。我们必须认识到，这一行为规范是促使他人的个人隐私轮廓缩小的一个因素。